SEITE 38

REISEZIELE IN DÄNEMARK

ALLE ZIELE AUF EINEN BLICK
Fundierte Einblicke, detaillierte Adressen, Insider-Tipps und mehr

SEITE 329

PRAKTISCHE INFORMATIONEN

SCHNELL NACHGESCHLAGEN
Tipps für Unterkünfte, sicheres Reisen, Smalltalk und vieles mehr

Allgemeine Informationen 330
Verkehrsmittel &-wege......339
Sprache.......................... 346
Register 355
Kartenlegende.................. 364

Carolyn Bain
Cristian Bonetto, Andrew Stone

Willkommen in Dänemark

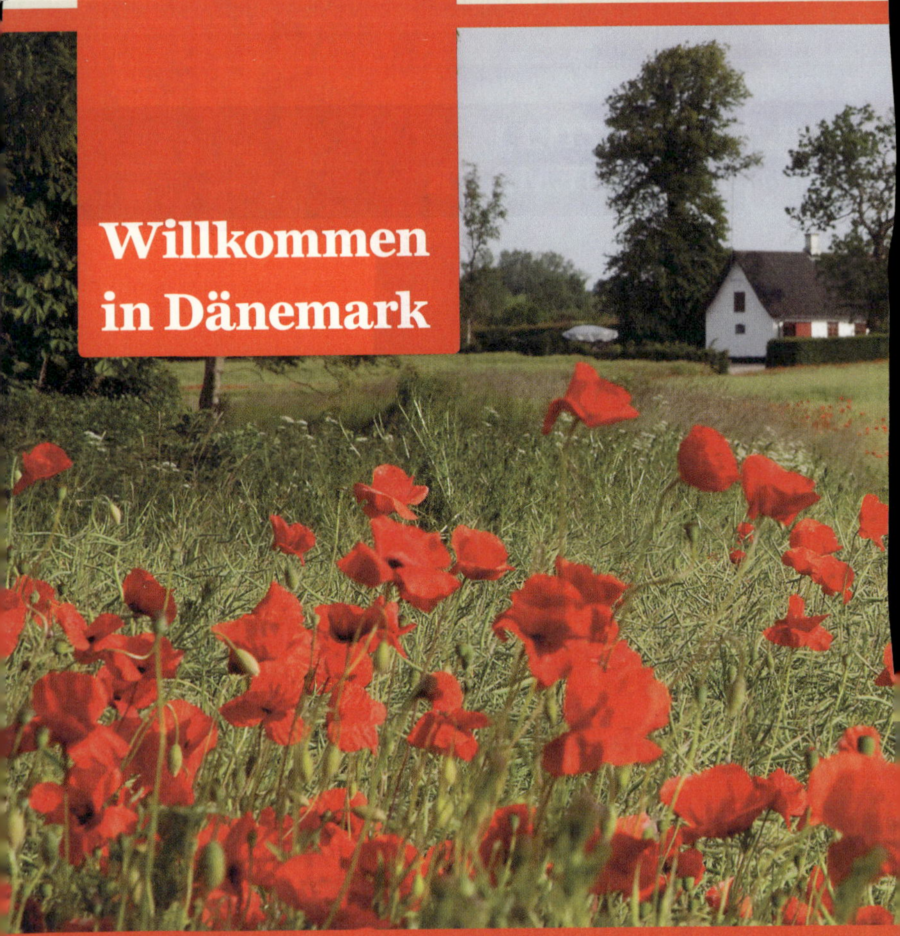

Glück & Hygge

Gut zu wissen, dass es noch ein Land gibt, wo das Wort „märchenhaft“ bedingungslos verwendet werden kann. Egal, ob man von literarischen Klassikern oder schönen Schlössern spricht. In Dänemark stimmt einfach alles: Altmodischer Charme vereint sich mit hochmodernem Design und sozialem Fortschritt. Es nimmt regelmäßig den Spitzenplatz als lebenswertestes Land der Welt mit den glücklichsten Menschen ein. *Hygge* ist ein unübersetzbarer und typisch dänischer Begriff, der das Wohlbefinden der Einwohner stark beeinflusst. *Hygge* bedeutet: ein Gefühl der Behaglichkeit, Zugehörigkeit und Zufriedenheit, wo die Sorgen der Welt außen vor gelassen werden.

Lebensqualität

Dänemark betrat vor über 1000 Jahren erstmals die Weltbühne, als dänische Wikinger sich übers Meer aufmachten und weite Teile Europas plünderten. Wie sich doch die Zeiten geändert haben! Heute gilt Dänemark als Inbegriff einer zivilisierten Gesellschaft und spielt auf vielen Ebenen in der ersten Liga: Es gilt als progressiv in den Bereichen Politik, Stadtplanung und Nachhaltigkeit, aber auch Design, Architektur, Film und Literatur – und in der Neuen Nordischen Küche.

Während viele Länder sich durch die immer größer werdende Kluft zwischen Arm und Reich hervortun, scheint in Dänemark überwiegend eine genügsame Mittelschicht zu leben. Die sichtbar Reichen

Wikinger, Hans Christian Andersen, Lego und seit Kurzem die Neue Nordische Küche – das kleine Dänemark setzt hohe Maßstäbe und hat die Kunst des guten Lebens perfektioniert.

(links) Landhaus bei Egeskov Slot, Fünen
(unten) Bunte Fassaden in Christianshavn, Kopenhagen

und Armen sind selten. Die egalitäre Haltung sorgt dafür, dass Kunst, Architektur, Gastronomie und Unterhaltung für alle zugänglich sind. Das entscheidende Stichwort in Dänemark mag tatsächlich „Integration" sein – alle sind willkommen und für alle wird gesorgt, seien sie jung, alt, schwul, hetero, männlich oder weiblich; gleiches gilt für Reisende mit Kindern, Haustieren, Fahrrädern oder Behinderung. Die Städte sind kompakt und übersichtlich, die Infrakstruktur sauber und modern.

Dänische Ästhetik

Dänemark besitzt zwar nicht die umwerfend grandiose Natur der Nachbarländer, aber die Landschaften sind unaufdringlich, klar und einfach, oft erfüllt von einem ätherischen nordischen Licht. Das spiegelt sich auch im dänischen Design wider, in der Mode, Küche, Architektur, den Möbeln und der Kunst. Einfache Formen und Funktion stehen an erster Stelle, jedoch nie zu Lasten der Ästhetik. Reisende erleben hier Momente von urdänischem Charme: an einem langen Sandstrand, einem stillen See, vor einem Renaissanceschloss, auf Fahrradwegen oder in einem kerzenbeleuchteten Café, das ein perfektes Händchen für Gemütlichkeit, für *hygge* hat.

› Dänemark

Bornholm
Auf Dänemarks perfekter Urlaubsinsel entspannen (S. 144)
Skagen
Sonne, Meeresfrüchte, Strände und Kunst (S. 281)
Silkeborg
Phantastische Landschaft und mysteriöse Moorleichen (S. 247)
Aarhus
Dänemarks überraschende zweitgrößte Stadt erkunden (S. 225)
Jütlands Westküste
Den Wind die Kitesurfsegel füllen lassen (S. 266 & S. 291)
Helsingør
Das majestätische Hamlet-Schloss besuchen (S. 90)
Kopenhagen
Die Einheimischen um ihre Lebensqualität beneiden (S. 40)
Stavanger; Bergen; (Norwegen)
Färöer-Inseln; Island
Kristiansand (Norwegen)
Larvik (Norwegen)
Oslo (Norwegen)
SCHWEDEN
Göteborg
Varberg
Halmstad
Gilleleje
KATTEGAT
Anholt
Læsø
Østerby Havn
Vesterø Havn
Byrum
0
40 km
Christiansø
BORNHOLM
Sandvig
Schweden
Allinge
Gudhjem
Hasle
Svaneke
Rønne
Nexø
Åkirkeby
Køge
Deutschland
gleicher Maßstab wie Hauptkarte
Gammel Skagen
Skagen
Hirtshals
Ålbæk
Tornby
Sindal
Hjørring
Frederikshavn
Øster Vrå
Løkken
Sæby
Brønderslev
Blokhus
Tranum Strand
Aabybro
Hjallerup
Asaa
Hanstholm
Fjerritslev
Nørresundby
Aalborg
Hals
Klitmøller
Thisted
Nibe
Limfjord
Stenbjerg
Støvring
Skørping
Agger
Nykøbing M
Aars
Farsø
Hurup
Hadsund
Assens
Hobro
Mariager
Handest
Skive
Lemvig
Struer
Vinderup
Viborg
Randers
Auning
Nimtofte
Grenaa
Bjerringbro
Holstebro
Karup
Rønde
Tirstrup
Ulfborg
Dråby
Ebeltoft
Herning
Ikast
Silkeborg
Aarhus

Legoland
Für große und kleine Kinder ein Abenteuer (S. 256)
Roskilde
Wikingerschiffe und die letzte Ruhestätte der Könige (S. 105)
Ribe
In die Geschichte von Jahrhunderten eintauchen (S. 207)
HÖHE
225 m
150 m
75 m
0
NORD-SEE
OSTSEE
Wattenmeer
Lille Bælt
Store Bælt
Øresund
Køge Bugt
Fakse Bugt
JÜTLAND
FÜNEN
SEELAND
LOLLAND
FALSTER
MØN
LANGELAND
ALS
Tåsinge
Ærø
Samsø
Fanø
Rømø
Sylt
Sjællands Odde
DEUTSCHLAND
KOPENHAGEN
Helsingør
Helsingborg
Humlebæk
Hillerød
Rungsted
Lyngby
Hellerup
Dragør
Rønne (Bornholm)
Harwich (England)
Hvide Sande
Skjern
Kibæk
Ry
Skanderborg
Odder
Hov
Horsens
Snaptun
Give
Jelling
Billund
Vejle
Juelsminde
Nørre Nebel
Henne Strand
Henne Strandby
Varde
Oksby
Esbjerg
Nordby
Rindby
Sønderho
Holsted
Bramming
Vejen
Kolding
Fredericia
Middelfart
Strib
Nørre Åby
Båring
Bogense
Søndersø
Otterup
Korup
Odense
Munkebo
Kerteminde
Langeskov
Ullerslev
Nyborg
Korshavn
Sælvig
Årup
Glamsbjerg
Assens
Hårby
Årslev
Ørbæk
Ringe
Kværndrup
Korinth
Faaborg
Bøjden
Svendborg
Lohals
Ribe
Jels
Christiansfeld
Vojens
Haderslev
Toftlund
Skærbæk
Lakolk
Havneby
Løgumkloster
Aabenraa
Nordborg
List
Højer
Møgeltønder
Tønder
Tinglev
Augustenborg
Fynshav
Gråsten
Mommark
Dybbøl
Sønderborg
Kruså
Padborg
Flensburg
Søby
Ærøskøbing
Marstal
Rudkøbing
Spodsbjerg
Bagenkop
Tårs
Nakskov
Søllested
Sakskøbing
Maribo
Holeby
Rødby
Rødbyhavn
Nysted
Nykøbing F
Horreby
Marielyst
Gedser
Nørre Alslev
Stubbekøbing
Stege
Vordingborg
Præstø
Fakse
Fakse Ladeplads
Rødvig
Store Heddinge
Køge
Ringsted
Næstved
Sorø
Slagelse
Trelleborg
Korsør
Skælskør
Gørlev
Jyderup
Holbæk
Roskilde
Ølstykke
Frederikssund
Frederiksværk
Hundested
Rørvig
Lynæs
Odden
Puttgarden
Kiel

15 TOP ERLEBNISSE

Kopenhagen

1 Es ist schwierig, auf die Bewohner der coolsten Hauptstadt Skandinaviens nicht neidisch zu sein. Die 850 Jahre alte Hafenstadt (S. 40) besitzt zwar noch viel von ihrer alten Schönheit (Kupferdachtürme, gepflasterte Plätze und bunte Giebelhäuser), der Schwerpunkt aber liegt auf dem Neuen. Die leistungsstarke Hauptstadt Dänemarks präsentiert sich mit einer blühenden Designszene, einem futuristischen Metronetz und ökologisch einwandfreien Neubauten. Die Straßen sind gesäumt von lässig-hippen Läden, Cafés und Bars, Museen und Kunstsammlungen von Weltrang und kühner Architektur. Es gibt zehn Restaurants mit Michelinsternen.

Cafés am Nyhavn

Neue Nordische Küche

2 Der Begriff „Neue Nordische Küche" versetzt die internationale Feinschmeckerszene in Aufregung und lockt Gourmets in Scharen nach Kopenhagen. Zweimal in Folge (2010 und 2011) wurde das Kopenhagener Restaurant Noma (S. 71) zum besten Restaurant der Welt gewählt. Der Küchenchef René Redzepi ist das Aushängeschild einer Bewegung (S. 319), die sich leidenschaftlich für lokale und saisonale Erzeugnisse einsetzt. Er hat Kopenhagen, und allmählich auch andere Teile Dänemarks, von der eintönigen Schwein-mit-Kartoffeln-Tradition zu kulinarischen Höchstleistungen geführt.

Gericht im Restaurant Noma

1

CHRISTER FREDRIKSSON / LONELY PLANET IMAGES ©

2

Y.LEVY / ALAMY ©

Radfahren

3 Ist Dänemark das beste Land der Welt für Radfahrer? Wahrscheinlich, dank des landesweiten Radwegenetzes (S. 310), des flachen oder nur leicht hügeligen Geländes und einer Kultur, die sich dem Zweirad verschrieben hat. Aber niemand muss sich auf lange Strecken durchs Land begeben, um Radfahren zu genießen. Auch die Städte sind äußerst radelfreundlich, viele haben kostenlose öffentliche Fahrradverleihstationen. Fast 40 % der Pendler in Kopenhagen fahren mit dem Rad zur Arbeit. Es ist leicht, als Urlauber ihrem Vorbild zu folgen.

Bornholm

4 Die „Perle der Ostsee" (S. 144) liegt etwa 200 km östlich des dänischen Festlands und eigentlich näher an Deutschland und Schweden als am restlichen Dänemark. Für die zauberhafte Insel hegen die Dänen eine besondere Liebe, da sie sehr sonnig ist und herrliche Sandstrände besitzt, dazu endlose Radwege, typische *rundkirker* (Rundkirchen), Künstlerkolonien und idyllische Reetdachhäuser. Wem das noch nicht reicht: Die Insel erwirbt sich allmählich einen Ruf für herausragende Restaurants und lokale Spezialitäten.

Leuchtturm auf Bornholm

5

HOLGER LEUE / LONELY PLANET IMAGES ©

6

STEVE RAYMER / CORBIS ©

Legoland

5 Disneyland mag Anspruch auf den Slogan „Der glücklichste Ort der Welt" erheben, aber das wesentlich kleinere Legoland (S. 256) könnte dem Konkurrenz machen. Schließlich handelt es sich um einen Themenpark für das „Spielzeug des Jahrhunderts" (wie die US-Zeitschrift *Fortune* erklärt hat), das zudem in dem Land erfunden wurde, das als „glücklichste Nation der Welt" gilt (laut US-Forschungsinstitut Gallup World Poll). Legoland ist zweifellos etwas Besonderes. Daneben gibt es noch ein weiteres Dutzend familienfreundlicher Vergnügungsparks im Land.

Copenhagen Jazz Festival

6 Es gibt eine endlos lange Liste mit Sommerfesten im ganzen Land, von Folk in Tønder bis zu Rock in Roskilde. Allein die Anzahl der Jazzfestivals legt nahe, dass die Dänen diese am liebsten mögen. Das größte Musikevent Kopenhagens (S. 63) bringt Anfang Juli über zehn Tage Leben in die Stadt. Geboten wird eine breite Palette an dänischem und internationalem Jazz, Blues und Jazzrock auf über 500 Club- und Freiluftkonzerten. Musik ertönt dann vom Strøget bis zum Tivoli praktisch auf jedem Platz, in Parks, aus Kneipen und Cafés.

Segeln & Windsurfen

7 Dänemarks lange und abwechslungsreiche Küste und zahlreichen Inseln sind wie geschaffen zum Segeln. Die Mischung aus Seen, beschaulichen Fjorden und stillen Küstengewässern machen Dänemark, zusammen mit hervorragenden Yachthäfen und alten Fischerdörfern, zum erstklassigen Segelrevier. Die starken Winde an der jütländischen Westküste bieten ideale Bedingungen für Wind- und Kitesurfer. Sie locken Enthusiasten in Wassersportorte wie Hvide Sande (S. 266) und Klitmøller („kaltes Hawaii"; S. 291).
Segeln an der Øresundbrücke

Kronborg Slot

8 Etwas ist faul im Staate Dänemark? Nicht in diesem Schloss in Helsingør (S. 90), das Shakespeare als Schauplatz seines *Hamlet* berühmt machte. Kronborg entstand zunächst nicht als königliche Residenz, sondern als prachtvolles Zollhaus, das über 400 Jahre lang von Schiffen, die durch den schmalen Øresund zwischen Dänemark und Schweden fuhren, Zölle verlangte. Dass Hamlet, der Prinz von Dänemark, eine fiktive Gestalt war, hält Legionen von Besuchern nicht davon ab, herzukommen. Während des Hamletfestivals im Sommer wird das Shakespeare-Stück aufgeführt.

7

8

9

W. KORALL / IMAGEBROKER ©

10

JOHN ELK III / LONELY PLANET IMAGES ©

11

EGON BÖMSCH / IMAGEBROKER ©

Skagen

9 Skagen (S. 281) ist ein entzückender Ort, anregend und schön zugleich. Er liegt an der Nordspitze Dänemarks und lockt jeden Sommer unglaublich viele Dänen an. Der Ort ist dann zwar rappelvoll, aber das stört nicht. Ende des 19. Jhs. strömten Künstler hierher, die von der Wirkung des strahlenden Lichts auf die raue Landschaft verzaubert waren. Heute erfreuen sich Touristen an den Werken der Skagen-Maler, tanken das helle Licht, genießen Meeresfrüchte und faulenzen an den schönen Sandstränden. Tilsandede Kirke

Moorleichen

10 Relikte aus der Vergangenheit Dänemarks gibt es reichlich. Die beiden Stars der frühen Eisenzeit sind die intakten Leichen des Tollund-Manns (S. 247) und des Grauballe-Manns (S. 231), die etwa 300 v. Chr. lebten und nach 2000 Jahren in den Mooren Dänemarks ausgegraben wurden. Ihre Leichen sind nicht nur ein Berührungspunkt mit der Frühzeit, sondern sorgten auch für Spekulationen wie in einem spannenden Krimi: Waren sie Menschenopfer, hingerichtete Gefangene oder wurden sie ermordert? Ermitteln kann man in den Museen, in dem die Leichen aufbewahrt sind. Tollund-Mann

Ribe

11 Das kompakte, bildschöne Ribe (S. 207) ist die älteste Stadt Dänemarks und präsentiert die goldene Vergangenheit des Landes. Dazu gehört der imposante Dom aus dem 12. Jh., Kopfsteinpflasterstraßen, schiefe Fachwerkhäuser und grüne Auen. Stimmungsvolle Unterkünfte verströmen historisches Ambiente, z. B. die Zimmer mit niedriger Balkendecke in einem Gasthaus aus dem 17. Jh. Kostenlose abendliche Stadtrundgänge werden vom Nachtwächter kommentiert – die beste Art, die Straßen zu erkunden und dabei lokale Histörchen zu erfahren. Ein Haus in Ribe

12

13

Wikingergeschichte

12 Die Wikinger machten das dänische Volk vom 8. bis 11. Jh. in ganz Europa berüchtigt und gefürchtet. Aber die Wikinger waren nicht nur kampflustige Plünderer, sondern auch erfolgreiche Händler, geschickte Seefahrer und wissbegierige Entdecker. Einen Eindruck der Wikingerzeit vermitteln unter anderem das Schiffsgrab von Ladby (S. 177), die Wikingerburgen auf Seeland (S. 120), das Wikingerschiffsmuseum in Roskilde (S. 105) und die vielen Freilichtmuseen, die jene Zeit lebendig werden lassen. Schiffshalle im Wikingerschiffsmuseum in Roskilde

Dänisches Design

13 Dänemark ist Weltmarktführer im Gebrauchsdesign (S. 307), das von kühlen, klaren Linien, eleganten Formen und Funktionalität geprägt ist. Das Konzept gilt für Konzerthäuser wie Kaffeekannen und Legosteine. Das Geschäft mit der anerkannten Kunstform läuft prächtig. Zu den berühmten Marken gehören Bang & Olufsen (schnittige Stereoanlagen), Bodum (Küchengeräte), Georg Jensen (Besteck, Schmuck) und Royal Copenhagen (Porzellan). Und dann sind da noch die vielen Möbelläden und Modehäuser. Kreditkarte parat? Schale von Georg Jensen

GIESBERT KÜHNLE / IMAGEBROKER ©

ARCAID IMAGES / ALAMY ©

Strände

14 Nach dem Winterschlaf erwacht Dänemark richtig zum Leben. Die 7314 km lange Küste des Landes und die 406 Inseln verführen zu Freiluftaktivitäten und verhelfen zu einer Extradosis Vitamin D. Die Wassertemperaturen können zwar etwas ungemütlich sein, aber lange Sandstrände wie der in Dueodde (S. 150) auf Bornholm oder im jütländischen Skagen (S. 281) erfüllen durchaus Träume vom Strandurlaub. Ebenso beliebt sind Tisvildeleje (S. 103), die Sommerhäuser in Marielyst (S. 139) und die Cafés und Bars im Amager Strandpark (S. 62). Dueodde

Aarhus

15 Aarhus, die zweitgrößte Stadt Dänemarks, steht aus touristischer Sicht stets im Schatten von Kopenhagen. Doch es ist eine phantastische Stadt (S. 225), die einen mehrtägigen Besuch verdient. Es gibt hervorragende Restaurants, ein blühendes Nachtleben, das hauptsächlich auf die große studentische Gemeinde ausgerichtet ist, malerische Waldwege und Strände am Stadtrand. Und sie besitzt eines der besten Kunstmuseen des Landes, seit Neuestem gekrönt mit einem begehbaren „Regenbogen". ARoS Aarhus Kunstmuseum

Gut zu wissen

Währung
» Dänische Kronen (Kr)

Sprache
» Dänisch; Englisch wird häufig gesprochen.

Reisezeit

Hochsaison
(Mitte Juni–Mitte Aug.)

» Viele Konzerte und Festivals, volles Programm in Themenparks.

» Volle Campingplätze, Strände, Sehenswürdigkeiten und Verkehrsmittel.

» Hohe Übernachtungspreise.

Zwischensaison
(Mai–Mitte Juni, Mitte Aug.–Sept.)

» Das Wetter ist meist mild, es gibt weniger Touristen.

» Im Frühling blüht es überall, einige Festivals finden statt.

» Im Herbst färbt sich das Land golden, die Abende sind gemütlich.

Nachsaison
(Okt.–April)

» Kühl und nass mit kurzen Tagen, aber dafür ist *hygge* (Behaglichkeit) angesagt.

» Weihnachtsbeleuchtung, Eisbahnen und *gløgg* (Glühwein).

» Eingeschränkte Öffnungszeiten, manche Attraktionen sind geschlossen.

Tagesbudget

Budget unter
750Kr

» Schlafsaal oder DZ im Hostel: 150–600 Kr

» Bäckereien und Supermärkte für Selbstversorger

» Imbiss: unter 100 Kr

» Ermäßigte Bahnfahrkarten; Fahrradverleih kostenlos–80 Kr pro Tag

Mittelklasse
750–1500 Kr

» DZ im Mittelklassehotel: 600–1500 Kr

» Hauptgericht im Restaurant: 100–200 Kr

» Zugfahrt Aarhus–Kopenhagen: 350 Kr

» Autoverleih: ab 650 Kr pro Tag

Spitzenklasse ab
1500 Kr

» DZ im Spitzenhotel: ab 1500 Kr

» Hauptgericht im Spitzenrestaurant: ab 200 Kr

Geld
» Geldautomaten sind weit verbreitet, Kreditkarten werden fast überall akzeptiert.

Internet
» In vielen Unterkünften gibt es Computer zum Surfen im Internet oder WLAN.

Handy
» Dänische SIM-Karten gibt es für fast alle internationalen Handys. Der Empfang ist flächendeckend.

Verkehrsmittel
» Das Bahnnetz ist hervorragend; das gilt auch für andere öffentliche Verkehrsmittel.

Websites

» **Visit Denmark** (www.visitdenmark.com) Praktische Infos und gute Reisetipps.

» **Visit Copenhagen** (www.visitcopenhagen.com) Alle Highlights der Hauptstadt.

» **Rejseplanen** (www.rejseplanen.dk) Prima Reiseplaner.

» **Denmark.dk** (www.denmark.dk) Sehr informativ zu vielen Themen.

» **Blogging Denmark** (http://blogs.denmark.dk) Spannende Blogs.

» **Lonely Planet** (www.lonelyplanet.com/denmark) Infos, Hotelbuchung, Foren usw.

Wechselkurse

Eurozone	1 €	7,43 Kr
	1 Kr	0,13 €
Schweiz	1 sFr	6,16 Kr
	1 Kr	0,16 sFr

Wichtige Telefonnummern

Es gibt keine Ortsvorwahl in Dänemark.

Landesvorwahl ☎0045	☎45
Notfall (Polizei, Feuerwehr, Krankenwagen) ☎112	☎00
Telefonauskunft (lokal) ☎118	☎112
Telefonauskunft (international) ☎113	☎118

Ankunft in Dänemark

» **Flughafen Kopenhagen-Kastrup**

Zug – Verbindet den Flughafen mit dem Hauptbahnhof Kopenhagen (København Hovedbanegården) alle 20 Min. (36 Kr, 12 Min.).

Taxi – Fahrzeit ist etwa 20 Minuten zwischen Flughafen und Stadtzentrum und kostet um die 200/250 Kr (Tag/Nacht).

Metro – Linie M2 fährt vom Flughafen (Station Lufthavnen) in viele Stadtteile (z. B. Christianshavn, Kongens Nytorv, Nørreport, Frederiksberg), aber nicht zum Hauptbahnhof.

Umweltfreundlich reisen

In Dänemark ist es unglaublich einfach, sich umweltfreundlich zu verhalten, nicht zuletzt wegen des hervorragenden Nahverkehrsnetzes, der fahrradfreundlichen Kultur und der umweltbewussten Haltung der meisten Betriebe. Die folgenden Websites informieren darüber, wie man umweltbewusst in und nach Dänemark reisen kann:

» **Blue Flag** (www.blueflag.org) Internationales Umweltzeichen für gute Badewasserqualität, kennzeichnet auch Strände und Freizeithäfen in Dänemark.

» **Green Key** (www.green-key.org) Ebenfalls internationales Umweltzertifikat, für Tourismus und Freizeiteinrichtungen.

» **Rejseplanen** (www.rejseplanen.dk) Reiseplaner, der den CO_2-Ausstoß berechnet.

» **Visit Copenhagen** (www.visitcopenhagen.com/ecopenhagen) Grünes Reisen in der Stadt.

» **Visit Denmark** (www.visitdenmark.com) Infos unter „Erlebnisse/Grünes Dänemark“.

Das erste Mal

Jeder braucht ein paar Tipps beim ersten Besuch eines Landes. Es gibt Redewendungen zu lernen, man muss sich an Landessitten gewöhnen und Umgangsformen verstehen. Das folgende Kapitel hilft, Dänemark zu begreifen, damit die Reise wie am Schnürchen läuft.

Sprache

Dänisch ist Landessprache, aber die meisten Dänen sprechen sehr gut Englisch, viele auch Deutsch. Die Buchstaben æ, ø und å erscheinen übrigens am Ende des dänischen Alphabets.

Reservierung

So relaxt wie die Dänen sind, so einfach ist auch die Planung einer Reise nach Dänemark. Ein wenig Voraborganisation kann dennoch nicht schaden.

Tickets für das Tivoli und Legoland oder für Festivals sollten online gekauft werden, um mögliche Schlangen zu umgehen. Für Feinschmecker lohnt es sich, einen Tisch in den Spitzenrestaurants Kopenhagens mindestens ein paar Wochen vorher zu bestellen.

Eine Zimmerreservierung zumindest für die erste Nacht sorgt für einen Urlaubsbeginn ohne Stress. Wer im Juli und August in die beliebten Küstenregionen reist, sollte auf jeden Fall zuvor eine Unterkunft buchen, da es die Hauptferienzeit ist.

Hallo.	*Goddag.*	gu *da*
Ich möchte gerne buchen	*Jeg vil gerne bestille …*	jei vil *gerne* beste*j*le …
ein Einzelzimmer	*et enkelt værelse*	et *eng*kelt *wärl*se
ein Doppelzimmer	*et dobbelt værelse*	et *dob*belt *wärl*se
Ich heiße	*Mit navn er …*	mitt naun är …
von … bis … (Datum)	*fra … til …*	fraa … til …
Was kostet es …?	*Hvor meget koster det …?*	wor *mee*jet *kos*ta de …
pro Nacht/Person	*per nat/person*	peer nat/*person*
(Vielen) Dank(e)	*(Mange) Tak.*	(*mange*) tack

Kleidung

Dänen sind auf natürliche Art stylisch. Für Männer reichen Jeans, Hosen und Hemden oder T-Shirts, für Frauen Kleider, Röcke oder Jeans/Hosen. Abends ist sportlich-elegant die Norm. Shorts sind im Sommer in Ordnung, aber warmes Wetter ist nie garantiert, also auch wärmere Kleidung einpacken. Regenjacke und bequeme Schuhe sind das ganze Jahr über ein Muss.

Gepäck

» Reisepass/Ausweis
» Kreditkarte
» Führerschein
» Handy und Ladegerät
» Kamera und Ladegerät
» Steckdosenadapter
» Reisewörterbuch
» Ohrstöpsel
» Augenmaske
» Aufblasbares Kissen
» Kleidung
» Kulturtasche
» Medikamente
» Sonnencreme
» Sonnenhut und -brille
» Badeanzug
» Regenkleidung
» Regenschirm
» Vorhängeschloss
» Taschenlampe
» Taschenmesser

Checkliste

» Ablaufdatum Pass bzw. Ausweis prüfen

» Wichtiges buchen (Sehenswürdigkeiten, Unterkunft usw.)

» Sperrnummer für die Kreditkarte notieren

» Reiseversicherung abschließen (S. 337)

» Informieren, ob das eigene Handy in Dänemark funktioniert oder ob eine lokale SIM-Karte nötig ist (S. 335)

» Alles Nötige für die Autovermietung erfragen (S.343)

Umgangsformen

» **Verkehrsregeln** Radfahrer haben oft Vorfahrt, und Autofahrer müssen beim Rechtsabbiegen unbedingt die Fahrradfahrer im Auge haben. Immer mit Abblendlicht fahren.

» **Pünktlichkeit** Züge und Führungen sind auf die Minute pünktlich. So halten es die Dänen auch im normalen Leben: Sie warten nicht auf lahme Zeitgenossen.

» **Anstehen** In dänischen Bäckereien oder in Touristeninformationen bzw. eigentlich überall, wo sich Schlangen bilden können, gibt es einen Automaten mit Nummernvergabe. Jeder Hereinkommende zieht sich ein Ticket.

» **Anstoßen** Wer sein Glas hebt und *skål* (Prost!) sagt, sollte mit allen Anwesenden Augenkontakt halten.

Trinkgeld

» **Hotels & Restaurants** Hotel- und Restaurantrechnungen enthalten Bedienungsgeld. Zusätzliches Trinkgeld ist unnötig, aber üblich ist, den Betrag aufzurunden, wenn der Service gut war.

» **Taxis** Taxipreise enthalten Trinkgeld, ein zusätzliches ist nicht nötig. Der Preis kann aber aufgerundet werden.

Geld

Währung ist in Dänemark die dänische Krone (Finanzkürzel DKK, in diesem Buch Kr), die in 100 Øre aufgeteilt ist. Dänische Kronen können mit EC-Karte, Visa oder MasterCard an Geldautomaten gezogen werden. Kredit- und EC- bzw. Debitkarten können fast überall benutzt werden, manchmal aber nur für bzw. ab einem Mindestbetrag. Visa und MasterCard sind am verbreitetsten, American Express wird nur in größeren Ketten akzeptiert. In Kneipen, Cafés und Restaurants sollte vorher gefragt werden, ob sie Karten annehmen.

In vielen Hotels, Restaurants und Läden wird eine Gebühr auf ausländische Karten erhoben (bis zu 3,75 %). Sie muss jedoch angezeigt werden, z. B. auf der Speisekarte oder an der Rezeption. Banken wechseln Bargeld.

Was gibt's Neues?

Für diese neue Ausgabe von Dänemark haben unsere Autoren Neues, Verändertes, Angesagtes und Spannendes aufgespürt. Hier nun eine Auswahl dessen, was uns am besten gefällt. Topaktuelles siehe www.lonelyplanet.com/denmark.

Neue Nordische Küche

1 Kopenhagen und die Neue Nordische Küche (S. 316) sind in den Blickpunkt der Feinschmeckerwelt gerückt, und die Restaurants der Hauptstadt werden hochgelobt. Das Noma (S. 71) wurde sogar zum besten Restaurant der Welt gekürt (2010 und 2011). Hinzu kommen zehn michelinbesternte Restaurants und das Geranium (S. 72), der Laden des jungen Rasmus Kofoed, der 2011 beim renommierten Bocuse d'Or die Goldmedaille gewann.

Schlachthofviertel

2 Der einstige Schlachthofkomplex Kødbyen (S. 59) in Kopenhagen hat sich zu einem der coolsten Stadtviertel entwickelt, in dem immer mehr Restaurants, Bars und Galerien eröffnen.

Your Rainbow Panorama, Aarhus

3 Der spektakuläre Rundlaufgang auf dem Dach des Kunstmuseums ARoS stammt vom dänisch-isländischen Künstler Olafur Eliasson (S. 225).

Aalborger Hafenviertel

4 Aalborg (S. 270) hat sein Hafenviertel runderneuert, mit einem grandiosen Design- und Architekturzentrum von Jørn Utzon und einem Kulturzentrum in einem umgebauten Elektrizitätswerk.

Essen, herrliches Essen

5 Auch die Inseln Bornholm (S. 144) und Møn (S. 127) springen auf den Gourmetzug auf und bieten eine zunehmende Anzahl von Feinkostproduzenten, tolle neue Restaurants und (auf Bornholm) einen jährlichen Kochwettbewerb.

Graceland Randers

6 Einen Elvis-Presley-Wallfahrtsort erwartet wohl niemand in diesem Land des Designs, und doch hat ein Fan die Memphis-Villa des King of Rock 'n' Roll nachgebaut (S. 259).

Wasserspaß

7 In Hvide Sande (S. 266) gibt es eine neue Wasserskibahn, in Klitmøller (S. 291) eine neue Surfschule, auf den Kopenhagener Kanälen (S. 61) mehr Kajaktouren und in Billund jetzt eine Filiale des Wasserparks Lalandia (S. 256).

Nationalparks

8 Mehrere neue Parks bewahren das Naturerbe Dänemarks: z. B. Mols Bjerge in Djursland (S. 245), Thy in Nordjütland (S. 291) und der Nationalpark Vadehavet an der Westküste Jütlands (S. 214).

Neue Museen

9 In Herning eröffnete HEART mit zeitgenössischer Kunst (S. 253), in Ladby auf Fünen ein Wikingermuseum (S. 177), und Lolland hat sich ebenfalls mit einem Kunstmuseum verstärkt (S. 141).

Königliche Nachkommen

10 Es gibt einen königlichen Babyboom! Kronprinz Frederik und Kronprinzessin Mary haben Zwillinge, Vincent und Josephine, bekommen, Prinz Joachim und Prinzessin Marie feierten im Januar 2012 die Geburt ihrer Tochter.

Wie wär's mit …

Inseln

Dänemark wird gern mit einem Flickenteppich verglichen. Kein Wunder: Es gibt außer dem dänischen Festland noch 406 Inseln. Die mittelgroßen Inseln, jede mit eigenem Charakter, sind die spannendsten.

Bornholm Auf der Ferieninsel in der Ostsee locken Natur und feine Küche (S. 144)

Møn Rauf auf die weißen Kreideklippen Møns Klint (S. 129)

Falster Faule Sommertage in Marielyst, Falsters Hauptbadeort (S. 139)

Lolland Hier locken der Kleinstadtcharme von Maribo und familienfreundliche Großattraktionen (S. 141)

Langeland Bunker und Kriegsschiffe im einstigen Militärstützpunkt Langelandsfort (S. 190)

Ærø Radeln zwischen lauschigen Dörfern mit großer Seefahrtstradition (S. 191)

Læsø Salziges ist hier Tradition, und so gibt es auch heilsame Salzbäder (S. 279)

Fanø Das reizende Fanø ist nur einen Sprung von der Industriestadt Esbjerg entfernt (S. 205)

Rømø Das Tempo ist entweder sanft (zu Pferd) oder schnell wie der Wind (Strandsegler und Kitebuggys) (S. 214)

Wikinger

Wagemutig und reiselustig waren sie, die Wikinger. Sie standen jahrhundertelang an der Spitze europäischer Macht, und das wird an vielen Orten des Landes dokumentiert.

Roskilde Fünf Wikingerschiffe vom Grund des Roskilde-Fjord sind in den Schiffshallen ausgestellt (S. 105)

Lejre Das Zentrum für experimentelle Archäologie „Sagenland" (S. 109)

Ladby Ein Schiffsgrab, in dem einst ein Häuptling mitsamt Kriegsschiff bestattet wurde (S. 177)

Trelleborg Eine rätselhafte Ringburg aus dem 10. Jh. wurde nach einem genau berechneten Grundriss angelegt (S. 119)

Ribe Ein sachliches Museum und ein lebendiges Wikingerdorf – mit Kriegerausbildung! (S. 207)

Jelling Sitz von König Gorm auf dem Höhepunkt der Wikingermacht (S. 254)

Aalborg Das Wikingergräberfeld in Lindholm Høje (S. 270)

Kopenhagen Runensteine und Beutestücke der Wikinger im Nationalmuseum (S. 43)

Hobro Eine Wikingerburg wie in Trelleborg und ein nachgebauter Wikingerhof (S. 262)

Klasse Küche

In dänischen Küchen tut sich was, vor allem entwickelt sich eine kulinarische Bewegung, die die Welt zum Schwärmen bringt: die Neue Nordische Küche. Aber liebenswert ist Dänemark auch wegen der deftigen Gerichte, Kuchen, köstlichen Fischgerichte und des kunstvollen Smørrebrød.

Kopenhagen Alles skandinavisch Appetitliche, was das Herz begehrt – traditionell, modern, mit Michelinsternen oder bauchfüllend (S. 68)

Lammefjord Dänemarks berühmter „Gemüsegarten" macht Dragsholm Slot zu einem beliebten Gourmetziel (S. 110)

Bornholm Räucherfisch (frisch aus der Rauchkammer) ist Tradition, hinzu kommen zahlreiche Hersteller feinster Delikatessen (S. 144)

Skagen Lautstarke Fischauktionen, Garnelen frisch vom Boot und schicke Restaurants (S. 281)

Aarhus Die zweitgrößte Stadt Dänemarks hat was zu bieten: eine Restaurantszene mit wahren Perlen und tollen preiswerten Mahlzeiten (S. 225)

Møn Berühmt ist die Insel für die blühende Gastroszene und tolle Feinschmeckerlokale (S. 129)

» Radeln zwischen Blumen auf Bornholm (S. 144)

Familienvergnügen

Dänemark ist sehr kinderfreundlich, wie Freizeitparks, Zoos und kindgerechte Strände belegen. Aber auch kleinere Einrichtungen scheuen keine Mühen, Familien mit Kindern willkommen zu heißen.

Kopenhagen Zuerst kommt das Tivoli, der touristische Spitzenreiter Dänemarks. Aber es gibt noch viel mehr (S. 43)

Legoland Weiter geht's mit der phantastischen Welt aus bunten Steinen, nun auch mit einem gigantischen Lalandia-Wasserpark nebenan (S. 256)

Odense Die Geburtsstadt von Hans Christian Andersen, dem berühmten Märchenonkel (S. 165)

Randers Hier steht ein großartiger künstlicher Regenwald samt Tieren (S. 259)

Djursland Familienmekka mit Stränden, Vergnügungs-, Themen- und Safariparks (S. 243)

Lolland Noch mehr Wasser- und Safariparks und noch mehr Strände (S. 141)

Als Danfoss Universe ist ein Erlebnispark für neugierige Kinder (S. 223)

Hirtshals Ein riesiges Aquarium mit Robben sowie zahllose Meerestiere (S. 286)

Outdooraktivitäten

Essen, Museen – gut. Aber manchmal will man einfach nur raus, spazieren gehen, in der Natur sein, den Wind in den Haaren spüren. Das flunderflache Dänemark ist ideal zum Radfahren, hat aber noch mehr zu bieten.

Kopenhagen Joggen, Fahrrad- und Kajaktouren sowie eine architektonisch designte (na klar) Badestelle am Hauptkanal (S. 61)

Seenhochland Sanfte Hügel, Buchenwälder, Seen und Flüsse – und Kanuverleiher, die gern eine Paddeltour zusammenstellen (S. 247)

Bornholm Eine Insel voller Fahrradwege und Sehenswürdigkeiten entlang der Strecke (S. 144)

Hvide Sande Kurse, um die wilden Winde zum Kite- und Windsurfen zu nutzen, und ein Wasserskiparcours (S. 266)

Rebild Bakker Wanderwege und Mountainbikepfade in sanft hügeligen Wäldern (S. 263)

Klitmøller Wind und Wellen mit Hilfe von Wind- und Kitesurflehrern bezwingen (S. 291)

Rømø Ausritte entlang der Inselküste oder mit dem Kitebuggy und Strandsegler über den Sandstrand (S. 214)

Architektur & Design

Dänemark hat enormen Einfluss auf die Architektur öffentlicher und privater Bauten in aller Welt. Dazu kommen innovative Designs für Inneneinrichtung.

Kopenhagen Die Goldgrube für Architektur und Design. Moderne Glanzstücke wie der Schwarze Diamant und die Oper, Museen für zeitgenössische Kunst wie Arken, Louisiana und Ordrupgaard, und Museen für Design (S. 43)

Aalborg Ein markantes Design- und Architekturzentrum, das nach seinem Schöpfer Jørn Utzon benannt ist, und ein Kunstmuseum des finnischen Meisters Alvar Aalto (S. 270)

Kolding Das Museum Trapholt für moderne bildende und angewandte Kunst und Möbeldesign ist ein Schmuckstück und umfasst auch den Prototyp des Kubeflex-Sommerhauses von Arne Jacobsen (S. 199)

Tønder In einem ehemaligen Wasserturm stehen die fabelhaften Stühle des Designers Hans Wegner (S. 217)

Aarhus Eine modernistisches, von Jacobson entworfenes Rathaus und ein faszinierendes Kunstmuseum mit begehbarem „Regenbogen" auf dem Dach (S. 225)

Monat für Monat

Top-Events

1. **Riverboat Jazz Festival**, Juni
2. **Roskilde Festival**, Juli
3. **Copenhagen Jazz Festival**, Juli
4. **Aarhus Festival**, August
5. **Advents- und Weihnachtszeit**, Dezember

Januar

Nach den Weihnachtsfeierlichkeiten und den Festen zum Jahreswechsel fallen die ersten Wochen im Jahr ruhig aus. Die kurzen Tage und das ungemütliche Wetter hellen auch nicht gerade die Stimmung auf.

Vinter Jazz Festival

Die Dänen lieben ihre Jazzfestivals im Sommer; diejenigen, die im Winter unter „Jazz-Entzug" leiden, können sich von Ende Januar bis Anfang Februar bei diesem feinen Festival eine Dosis einverleiben (www.jazz.dk/en/vinter-jazz); Konzerte finden überall im Land an lauschigen Orten statt.

Februar

Die Wintersonnenwende in Dänemark mag bei Schnee und im Sonnenlicht ein malerisches Bild abgeben, in der Regel sind die Tage aber grau. Nur wenige Veranstaltungen erwärmen das Gemüt. In den Winterferien zieht es viele Dänen mit ihren Skiern Richtung Norden.

Copenhagen Fashion Week

Models und Stilbewusste bringen zweimal im Jahr zur Fashion Week (Anfang Februar und Anfang August) den Glamour nach Kopenhagen. Beim dazugehörigen Fashion Festival (www.copenhagen-fashionfestival.com) können auch Normalos mitmachen: Shoppen, Ausverkäufe, Shows und Partys.

April

Frühling! Wärmer, trockener und blühender. Nun öffnen die Attraktionen, die im Winter geschlossen bleiben: Legoland Anfang April und Tivoli Mitte April.

CPH:PIX

Für zwei Wochen ab Mitte April bringt das Kopenhagener Spielfilmfestival (www.cphpix.dk) rund 170 Streifen aus Dänemark und dem Ausland auf die Leinwände der Stadt, ein buntes Begleitprogramm inklusive.

Sort Sol

Das Marschland im Wattenmeer an der Westküste ist Nahrungs- und Rastplatz für Millionen von Zugvögeln; von Ende März bis April (und erneut im September/Oktober) versammeln sich am Himmel massenhaft Stare zu einem herrlichen Naturspektakel, auch „Sort Sol" (Schwarze Sonne) genannt; s. S. 214.

Mai

Die Sonne ist nun fast ständiger Begleiter, immer mehr Freiluftangebote öffnen die Pforten, und der Veranstaltungskalender füllt sich, denn die Dänen lassen endlich die winterliche Schwermut hinter sich. Die Touristenzahlen halten sich noch in Grenzen.

Karneval in Aalborg

Ende Mai haut Aalborg mit dem größten Karneval in Nordeuropa (www.karnevaliaalborg.dk) mächtig auf den Putz; mehr als 100 000 Teilnehmer schütteln ihre Rasseln und verwandeln die Stadt in eine große Partyzone.

Ølfestival

Spezialbiere und Mikrobrauereien sind der große Renner in Dänemark. Dies ist das größte Bierfest des Landes (http://beerfestival.dk, auf Dänisch); Mitte Mai in der Hauptstadt mit mehr als 13 000 durstigen Besuchern.

Juni

Hallo Sommer! Die Festivaldichte nimmt mit steigenden Temperaturen und längeren Tagen rasant zu. Ende Juni beginnt die Hauptferiensaison, wenn die Schulen für sieben Wochen dicht machen.

Copenhagen Distortion

Das Distortion Festival (www.cphdistortion.dk) hat den Ruf des Ungewöhnlichen. Die fünftägige Straßenparty mit DJs und Clubmusik zieht jeden Tag durch einen anderen Bezirk und macht die Nacht zum Tag.

Sculpture by the Sea

Der südliche Strand von Aarhus verwandelt sich für einen Monat in eine riesige Freiluftgalerie (www.sculpturebythesea.dk); am und im Wasser werden Dutzende Skulpturen von dänischen und internationalen Künstlern ausgestellt. Alle zwei Jahre (ungerade Jahreszahlen).

Riverboat Jazz Festival

Fünf Tage Jazz (www.riverboat.dk) bringen Musik in das idyllische Seengebiet von Jütland rund um Silkeborg. Zwar ist das nicht New Orleans, aber mit dem Konzertticket geht's auch hier auf große Flussfahrt, oder man schlendert einfach durch die Straßen und lauscht kostenlos.

Mittsommerfest

Am längsten Tag des Jahres (23. Juni), zu Sankt Hans Aften, machen die Dänen richtig einen drauf, mit Lagerfeuern in Parks, Gärten und ganz besonders beliebt an Stränden. Es wird eine Hexenpuppe aus Stroh verbrannt, gemeinsam gesungen und fröhlich gefeiert.

Sol over Gudhjem

Auf Bornholm findet der größte, eintägige Kochwettbewerb Dänemarks statt („Sonne über Gudhjem"). Die besten Chefköche des Landes treten gegeneinander an, wobei sie ausschließlich Zutaten aus Bornholm verwenden dürfen. Jedes Jahr kommen mehr Zuschauer; die Küchenschlacht wird im Fernsehen übertragen, s. Kasten S. 156.

Juli

Die ersten drei Wochen im Juli sind Hauptferienzeit der Dänen; Ferienunterkünfte an der Küste, Campingplätze wie Hotels, sind da schnell ausgebucht. Um am sommerlichen Strandleben teilnehmen zu können, sollte frühzeitig reserviert werden.

Skagen Festival

Skagen ist im Sommer ein wahrer Magnet, besonders die gut betuchten Urlauber zieht es an die Nordspitze von Jütland. Ende Juni/Anfang Juli unterhält das Festival (www.skagenfestival.dk) vier Tage lang mit ausgezeichneter Rock-, Folk- und Weltmusik.

Roskilde Festival

Anfang Juli rockt in Roskilde für vier Tage das größte Musikfestival Skandinaviens (www.roskilde-festival.dk), mit internationalen Stars und gut 75 000 Fans (die meisten campen auf dem Gelände). Das Festival ist bekannt für seine gelöste und freundliche Atmosphäre, s. Kasten S. 107.

Copenhagen Jazz Festival

Diese swingende Party (www.jazzfestival.dk) ist das größte Hauptstadtereignis des Jahres – zehn Tage dänischer und internationaler Jazz, Blues und Fusion satt, mit 500 Konzerten, drinnen und draußen.

August

Sommer ohne Ende, überfüllte Strände und Vergnügungsparks – und Urlauber, die den Sommer bis zum letzten Sonnenstrahl auskosten. Mitte des Monats beginnt die Schule wieder.

Hamlet-Aufführungen

Das herrliche Kronborg Slot in Helsingør hat als Schloss Elsinore in Shakespears Hamlet Weltruhm erlangt. Jeden Sommer wird eine Freiluftinszenierung des Stücks geboten – Laurence Olivier, Richard Burton und Kenneth Branagh haben

NIELSDK / IMAGEBROKER ©

(Oben) Ausstellungsstücke bei der Copenhagen Design Week, Kopenhagen
(Unten) Prince zu Gast beim Roskilde Festival (S. 107)

ALAMYCELEBRITY / ALAMY ©

hier schon „den Dänen" gespielt.

Copenhagen Pride

Seit 1996 feiern sich Schwule und Lesben mit einem fünftägigen, bunten und fröhlichen Hauptstadtfestival (www.copenhagenpride.dk), Höhepunkt ist ein Straßenumzug mit Tanz und Flirts.

Tønder Festival

Das südjütländische Fest (www.tf.dk) gilt als eines der besten Folkmusik-Festivals Europas und zieht jedes Jahr rund 20 000 Besucher an, es herrscht eine fröhlich-ausgelassene Stimmung.

Skanderborg Festival

Das Musikwunder zur Monatsmitte bezeichnet sich selbst als Dänemarks „schönstes" Festival (www.smukfest.dk; smuk bedeutet „hübsch"); es ist mit bis zu 40 000 Zuschauern das zweitgrößte Festival nach Roskilde und findet in Dyrehaven statt, einem Parkgelände einige Kilometer östlich der Stadt; s. Kasten S. 255.

Aarhus Festival

Die zweite Stadt des Landes feiert ihr größtes Fest Ende August, wenn das Aarhus Festival (www.aarhusfestival.com) die Stadt für zehn Tage mit Musik, Essen, Kurzfilm, Theater, Kunst und Veranstaltungen im Freien (für jedes Alter, viele kostenlos) in Atem hält.

Copenhagen Design Week

Wie es sich für eine der größten Designstädte der

Welt ziemt, findet in Kopenhagen alle zwei Jahre, Ende August/Anfang September (ungerade Jahre), ein großes Designfestival (www.copenhagendesignweek.com) statt. Zum Festival gehört die Verleihung des INDEX:Award, des lukrativsten Designpreises der Welt.

Copenhagen Cooking

Die Objektive der globalen Feinschmeckerszene scheinen fest auf Kopenhagen gerichtet; das Festival (das größte seiner Art in Skandinavien) konzentriert sich auf die Gourmetküche und findet überall in der Stadt in verschiedenen Orten und Restaurants statt. Mehr unter: www.copenhagencooking.dk.

September

Der sommerliche Höhenflug stürzt so abrupt ab, wie er begann – mit einem Mal sind die Massen verschwunden. Mit dem Wetter kann man noch Glück haben, aber zum Monatsende packen viele Openair-Attraktionen ein und schließen bis zum nächsten Frühjahr.

Copenhagen Blues Festival

Wen die kürzeren Tage wieder sentimentaler stimmen, der bekommt bei diesem fünftägigen, internationalen Festival (www.copenhagenbluesfestival.dk) den passenden Soundtrack; mehr als 50 mitreißende Konzerte an verschiedenen Orten überall in Kopenhagen.

Oktober

Der Sommer verblasst in der Erinnerung; das Wetter wird frisch und kühl, und das Land verfärbt sich golden. Geschäftsreisende sind nun gegenüber den Feriengästen in der Überzahl.

Kulturnatten (Kulturnacht)

Bei dieser herrlichen, stimmungsvollen Veranstaltung (www.kulturnatten.dk), in der Regel am zweiten Freitag im Oktober, laden die Museen, Theater, Galerien, Bibliotheken und sogar das Rosenborg Slot zu nächtlichen Besuchen und einem besonderem Programm ein.

Halloween

Halloween gehört eigentlich nicht zu den historisch gewachsenen Traditionen Dänemarks, aber es fällt zeitlich mit dem Semesterende zusammen. Die großen Vergnügungsparks des Landes, darunter auch Tivoli und Djurs Sommerland, öffnen noch einmal die Tore und bieten eine Woche (familienfreundlichen) Gruselspaß.

Dezember

Das Wetter ist kalt und feucht, aber überall in Dänemark wird *hygge* (Gemütlichkeit) zelebriert und Weihnachten stilvoll begangen: blinkende Lichter, Eislaufbahnen und literweise wärmender *gløgg* (Glühwein).

Weihnachtsmärkte

Den ganzen Dezember über gibt es landesweit Weihnachtsmärkte; an Ständen werden Kunst- und Handwerksstücke verkauft und traditionelle Weihnachtsleckereien serviert. Die Idylle vergangener Tage können Besucher vor allem an historischen Orten genießen: in Den Gamle By in Aarhus oder in Ribe im südlichen Jütland.

Tivoli

Der Tivoli in Kopenhagen öffnet zu Weihnachten mit einem riesigen Markt und eimerweise Schmalz. Sehenswert sind die Krippenfiguren, das kostümierte Personal und die Theatervorstellungen. Nur wenige Fahrgeschäfte sind in Betrieb, dafür gibt es traditionell *gløgg* und *æbleskiver* (Apfelkrapfen).

Reiserouten

Ob eine Woche oder vier, mit folgenden Tourenvorschlägen ist der Grundstein für eine unvergessliche Reise gelegt. Noch mehr Inspiration gibt's online im Chat mit anderen Reisenden: lonelyplanet.com/thorntree.

Zwei Wochen
Dänemarks Klassiker

Dänemark ist ein kleines Land; die Fahrten zwischen zwei Reisezielen dauern niemals lange. Eine Klassiker-Tour beginnt in der Hauptstadt **Kopenhagen** mit Kultur, Gastronomie und Einkaufen. Von hier ist es ein Katzensprung in die alte Königs- und Wikingerstadt **Roskilde**. Richtung Westen führt die Reise ins märchenhafte **Odense**. Bekanntester Sohn der Stadt ist Hans Christian Andersen; ihm begegnet man dort auf Schritt und Tritt. **Kolding** macht vor, wie spannend das Nebeneinander von alter und neuer Architektur sein kann. **Ribe** ist Dänemarks älteste Stadt und so etwas wie ein Kronjuwel. Nach so viel Geschichtskunde bieten **Legoland** mit einer kräftigen Dosis kindlichem Vergnügen und die Seenlandschaft um **Silkeborg** Abwechslung. Ausflüge oder Kanutouren durch die idyllische Gegend bringen Ruhe und Erholung. Zum Abschluss gibt's in **Aarhus** wieder Anschluss an das weltoffene Dänemark. Die zweitgrößte Stadt des Landes hält einige Überraschungen bereit, z. B. ein Kunstmuseum mit Regenbogenkrone. Auf der Fähre geht es zurück nach Nordseeland und Kopenhagen.

Drei bis vier Wochen

Dänemark unter der Lupe

Wer das Land genauer kennenlernen will, sollte für den Aufenthalt in **Kopenhagen** auch einige Tagesausflüge in die Umgebung planen, z. B. zum Louisiana Museum of Modern Art in **Humlebæk** und Kronborg Slot in **Helsingør**. Weiter geht's nach Süden in die alte Hafenstadt **Køge** und mit der Fähre nach **Bornholm**. Für die Insel, ihre Sandstrände und kulinarischen Genüsse sollte man sich ein paar Tage Zeit nehmen, und die möglichst auf dem Fahrrad verbringen. Kaum zurück in Seeland, geht's wieder aufs Wasser: Die nächste Insel ist **Møn**. Dänemark ist ein flaches Land; die weißen Kalkklippen von Møn, die sich schroff aus dem jadegrünen Meer erheben, sind ein echter landschaftlicher Höhepunkt.

Durch Südseeland führt die Tour weiter auf die Insel Fünen. **Odense** gehört als Geburtsstadt Hans Christian Andersens auf die Reiseroute, ebenso das Wikingerschiffsgrab bei **Ladby** und das Renaissanceschloss **Egeskov Slot**. Erholung bringen ein bis zwei Tage auf der alten Seefahrerinsel **Ærø**.

Mit der Fähre kommt man von Ærø auf die Insel **Als** und schließlich nach Südjütland. Weitere Geschichtslektionen erteilt die alte Stadt **Ribe** mit nachgebauter Wikingersiedlung und Nachtwächterrunde durch Kopfsteinpflastergassen. Die Umgebung bietet außergewöhnliche Möglichkeiten zur Vogelbeobachtung. Bei Esbjerg setzt eine Fähre in zwölf Minuten auf die idyllische Insel **Fanø** hinüber – Pause in Sønderho.

Ein Abstecher nach **Legoland** ist unumgänglich. Verblüffende Modelle aus den berühmten einfachen, kleinen Plastikbausteinen kurbeln die Fantasie an. An der Westküste warten überwältigende Aktivitäten anderer Art: Die starken Nordseewinde sind perfekt zum Kitesurfen in **Hvide Sande**.

Nun geht es zurück Richtung Osten ins grüne, am See gelegene **Silkeborg** und weiter nach **Aarhus** mit seinen erstklassigen Museen. Auf dem Weg nach Norden erfordern großartige Utzon-Architektur und eine Wikingergrabstätte einen Zwischenstopp in der neu erblühten Stadt **Aalborg**. Das beste kommt, wie immer, zum Schluss: die dramatische Kulisse von **Skagen**, die nördlichste Spitze des Landes. Dort sollte noch Zeit genug sein, um die wunderbaren Gemälde der Skagen-Maler zu bestaunen, den guten Fisch zu kosten, nordisches Licht zu tanken und einen Zeh in die wilde See zu halten.

Zwei Wochen
Der wilde Norden

Erholung gibt's in Nordjütland: Sonne, Sand, Meer und Meeresfrüchte - garniert mit ein paar ungewöhnlichen Extras. Die Route beginnt in **Aarhus** mit einem klassischen Kulturprogramm, z. B. einem Besuch im ARoS Kunstmuseum. Sie führt weiter nach Norden mit Zwischenstopp im künstlichen Regenwald von **Randers** und einer unerwarteten Begegnung mit Elvis auf Graceland Randers. Das verschlafene **Hobro** bietet Historisches in Gestalt einer Wikingerfestung aus dem 10. Jh.; **Aalborg** beeindruckt mit einer neugestalteten Hafenfront, zu deren attraktivem Anblick der Architekt Utzon, berühmter Sohn der Stadt, tüchtig beigetragen hat. Im süßen **Sæby** liegt Literatur in der Luft. Opulente Fisch- und Meeresfrüchtebüffets sind ein Augen- und Gaumenschmaus.

Von **Frederikshavn** fährt eine Fähre nicht nur zur Insel **Læsø** sondern auch zurück in der Zeit (ein Salzbad ist optional). Schließlich gibt's in **Skagen** eine ordentliche Portion Küstenleben, ein tolles Kunstmuseum, Boutiquehotels und schöne Hafenrestaurants. Südwestlich von Skagen zeigt die Wanderdüne **Råbjerg Mile**, dass hier oben noch Mutter Natur das Sagen hat, und in **Hirtshals** sind im größten Aquarium Nordeuropas weitere Naturwunder zur Besichtigung freigegeben. In **Løkken** kurz entspannen, und dann auf ins nahe gelegene **Fårup Sommerland**. Freizeit- und Wasserpark in einem, lässt das Gelände keine Wünsche offen. Auf der Rückfahrt nach Aarhus wird der heimatliche Alltag in weite Ferne gerückt sein.

HOLGER LEUE / LONELY PLANET IAMGES ©

» (oben) Slender Ribs, Skulptur von Alexander Calder im Louisiana (S. 8

» (links) Nordspitze Dänemarks bei Skagen (S. 281)

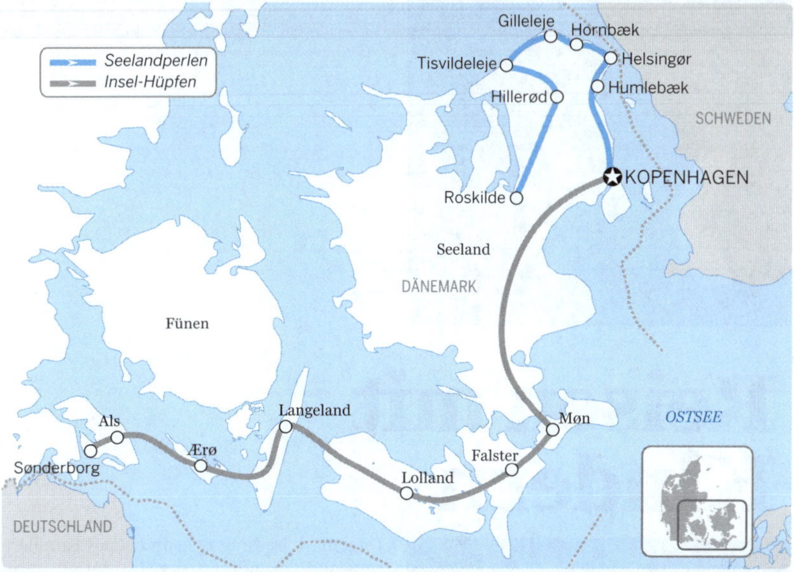

Eine Woche
Seelandperlen

Eine entspannte Tour durch Nordseeland bietet herrliche Strände, märchenhafte Schlösser, Wikingerschiffe und moderne Architektur.

Beim Start im Fjord von **Roskilde** ist ein Langschiff der Wikinger zu sehen und in der schönsten Kirche des Landes können Besucher dänischen Monarchen aus 1000 Jahren die Ehre erweisen. Nördlich von Roskilde überragt das prächtige Frederiksborg Slot das unspektakuläre **Hillerød** – schwer zu sagen, was eindrucksvoller ist, das barocke Inventar oder die königlichen Gärten.

Mit nordischem Licht und Sonnenbädern locken die Strände im Norden: die schicken Badehotels in **Tisvildeleje** sind so sehenswert wie der Skulpturenpark zwischen **Gilleleje** und Hornbæk. Die Jeunesse dorée genießt in **Hornbæk** den traumhaften Strand und ihre eigene Gesellschaft.

An der Küste entlang erreicht man Kronborg Slot in **Helsingør**, die Heimat Hamlets. Von hier führt die schöne Küstenstraße Richtung Süden nach **Humlebæk** und zum Louisiana Museum of Modern Art, dessen herausragende Architektur der Kunst Konkurrenz macht. Danach ist es nur noch ein kurzes, aber schönes Stück entlang der „dänischen Rivieria" bis nach **Kopenhagen**.

Eine Woche
Insel-Hüpfen im Süden

Die meisten Reisenden zwischen Kopenhagen und Jütland nehmen den schnellsten und direkten Weg über Fünen. Hier ein Vorschlag für alle, die ländliche Ruhe und Dorfidylle suchen und Lust darauf haben, mit kleinen Fähren von Insel zu Insel zu schippern.

Von der Hauptstadt geht es Richtung Süden nach **Møn**, dann über **Falster** weiter nach **Lolland**. In der „dänischen Südsee" findet man statt Kokospalmen und Hula-Atmosphäre ländliches Inselleben: weite Felder, Sandstrände und verstreute Bauernhöfe. Besondere Urlaubserlebnisse garantieren die Kalksteinklippen von Møn, der herrliche Strand von Marielyst auf Falster und Lollands spektakuläre Freizeitparks.

Westlolland ist über eine Fähre mit **Langeland** verbunden, und damit mit dem südfünischen Inselmeer. Von dem verschlafenen, grünen Streifen Land kann man zu der bezaubernden Insel **Ærø** übersetzen. Die windschiefen Häuschen der kleinen Seefahrerstädtchen erzählen Geschichten vom Meer. Genug gesehen? Dann weiter mit der Fähre nach **Als**, das über eine Straßenbrücke bei **Sønderborg** mit Jütland verbunden ist. Hier wartet schließlich eine ganze Halbinsel auf Erkundung …

Reisen mit Kindern

Beste Ziele mit Kindern

Kopenhagen

Haupt(stadt)attraktionen: An erster Stelle steht der Tivoli, wo Vergnügungspark auf Märchenland trifft, an zweiter das Experimentarium.

Møn, Falster & Lolland

Natur kombiniert mit Geschichte: Kalksteinklippen und ein geologisches Zentrum auf Møn, Strände und ein mittelalterliches Dorf auf Falster sowie ein Safari- und ein Wasserpark auf Lolland.

Fünen

Literarische Legende: Odense würdigt Hans Christian Andersen. Zudem gibt's ein Schloss mit Irrgärten sowie Bunker und Schlachtschiffe in einer Militäranlage aus der Zeit des Kalten Krieges.

Mitteljütland

Phantastische Welt aus Plastik: Legoland. In der Nähe gibt es einen großen Wasser- und einen Safaripark, Reviere für Kanuausflüge, Strände und viele, viele Vergnügungsparks.

Nordjütland

Sand ohne Ende: Unzählige Strände und wandernde Dünen sowie ein Mega-Aquarium, das die Geheimnisse des Meeres aufdeckt.

Dänemark ist ein ausgesprochenes Familienreiseland, besonders in der Hochsaison, wenn Eltern mit Kind, Kegel und Campingwagen das Land erobern, um die langen Sommerferien auszukosten. Der Tourismus ist ganz auf Familien ausgerichtet. Sie werden besonders umworben, und Kinder sind immer und überall willkommen – all die Themenparks, Vergnügungsparks, Zoos und kinderfreundlichen Strände sprechen für sich.

Dänemark für Kinder

Praktisch jede Touristeninformation kennt Angebote für Kinder vor Ort. In allen Landesteilen gibt es Plätze, an denen die Kinder Könige sind, vom riesigen Spaßbad bis zu Spielplätzen und Streichelzoos.

Kulturfreaks

Der Eintritt zu den meisten Museen ist für Kinder frei; viele bieten Aktivitäten und Ausstellungsräume für Kinder, so dass die Zeit für den Museumsbesuch nicht knapp bemessen werden muss.

Kopenhagen Das Nationalmuseum hat eine brillante Kinderabteilung; im Louisiana steht Kindern ein ganzer Gebäudeflügel zur Verfügung, wo sie eigene Kunstwerke schaffen können.

Seeland In einem großartigen Museum sind fünf Wikingerschiffe ausgestellt; außerdem kann man beim Bau von Wikingerschiffen helfen und auf einem Langboot mitsegeln.

Fünen Im Fyrtøjet (Zündholzschachtel) in Odense können Kinder mit Geschichten und Musik die

» (oben) Riesenrad im Tivoli (S. 43), Kopenhagen
» (links) Hans Christian Andersen, Odense (S. 165)

PETER HORREE / ALAMY ©

» (oben) Größenvergleich im Legolan
(S. 256)
» (links) Sandburgen bauen im
Wattenmeer (S. 214))

Welt des Hans Christian Andersen entdecken. Egeskov Slot ist ein Muss – zum Sommerprogramm gehören Abendkonzerte, Falknervorführungen, Geisterjagden und Feuerwerk.

Mitteljütland Eine gigantische Jungen-Plastik *(Boy)* und ein begehbarer „Regenbogen" auf dem Dach des Kunstmuseums von Aarhus lässt Kinderaugen groß werden. Das Kvindemuseet bietet in der Abteilung „Die Geschichte der Kindheit" Interaktives.

Vergnügungs- & Themenparks

Kopenhagen Der Tivoli ist eine charmante Mischung aus Rummelplatz, Blumengarten, Kostümspektakel und Freiluftshows. Der 400 Jahre alte Vergnügungspark Bakken in Klampenborg bereitet bis heute Kindern Spaß.

Seeland Das größte Fahrgeschäft von BonBon-Land ist die Achterbahn „Wildschwein".

Møn, Falster & Lolland Lalandia auf Lolland ist mehr als nur ein „Wasserpark", hier gibt's auch Indoorspielplätze, Restaurants und vieles mehr.

Südjütland Das Danfoss Universe ist ein „Entdeckungspark für Neugierige" und vermittelt interaktiv und spaßig eine Menge Wissenswertes.

Mitteljütland Legoland ist der Großvater der dänischen Themenparks, erst kürzlich ist ein neues Lalandia in seine Nachbarschaft gezogen. In Aarhus gibt es Tivoli Friheden, und Djurs Sommerland kombiniert Vergnügungs- mit Wasserpark.

Nordjütland Die nördliche Schwester von Djurs Sommerland ist Fårup Sommerland, genauso beliebt und mit einem ähnlichen Angebot.

Tierische Begegnungen

Kopenhagen Der Zoologisk Have beherbergt unzählige Tiere, einige wohnen in architektonisch ansprechenden Häusern. In Danmarks Akvarium werden alle Belange rund um den Fisch betrachtet.

Møn, Falster & Lolland Im Knuthenborg Safari Park auf Lolland fahren Besucher mit dem Auto wie durch eine echte afrikanische Savanne.

Bornholm Sommerfugle og Tropeland mit Dschungelklima und 1000 Schmetterlingsarten.

Fünen Im Odense Zoo wurde ein Stück Afrika naturgetreu nachgebildet. Das Aquarium von Kertimende zeigt außer Fischen auch Seehunde und Schweinswale.

Mitteljütland Randers Regnskov liegt unter einer Kuppel; in dem tropischen Zoo, der die Besucher nach Afrika, Asien und Südamerika entführt, herrscht entsprechend schwüles Klima. Im Skandinavisk Dyrepark leben die Tiere des Nordens, darunter auch Eis- und Braunbären. Ree Park zeigt Tiere aus aller Welt, und im Aqua in Silkeborg tummeln sich unzählige Fische und süße Otter.

Nordjütland Der Zoo von Aalborg ist in ganz Dänemark bekannt, und in Hirtshals befindet sich das größte Aquarium Nordeuropas.

Zeitreise

Die Dänen entwickeln einen unendlichen Enthusiasmus, wenn es darum geht, in vergangene Zeiten einzutauchen. Zahllose Freiluftmuseen, nachgebaute Wikingersiedlungen und mittelalterliche Dörfer zeugen von der nationalen Leidenschaft. Alle bieten auch besondere Aktivitäten für die Jüngsten.

Seeland Das Zentrum für experimentelle Archäologie Sagnlandet Lejre („Sagenland") ist faszinierend.

Møn, Falster & Lolland Das Middelaldercentret in Falster versetzt die Besucher in ein mittelalterliches Dorf aus dem 15. Jh.

Bornholm Noch eine auf alt gemachte Siedlung: Im Middelaldercenter von Bornholm ist eine Festung mit Dorf nachgebaut.

Fünen Den Fynske Landsby ist ein Freiluftmuseum mit alten Bauernhäusern, Angestellten in historischen Kostümen und Tieren.

Südjütland Das Ribe VikingeCenter stellt die Wikingerzeit in der ältesten Stadt Dänemarks nach; zum Abschluss des Tages bietet sich ein Spaziergang an der Seite des Nachtwächters von Ribe an.

Mitteljütland Den Gamle By (Die Altstadt) in Aarhus gleicht einem fotogenen Freiluftmuseum. In Hobro ist neben der Wikingerfestung noch ein Bauernhof aus der Zeit aufgebaut.

Reiseplanung

Reisezeit

Für Familien liegt die günstigste Zeit für einen Dänemarkurlaub, wie auch für alle anderen Reisenden, zwischen Mai und September. Die Schulferien dauern in Dänemark von Ende Juni bis Mitte August. In der Zeit ist die Wahrscheinlichkeit für gutes Wetter sehr hoch (wenn auch nicht garantiert), alle Attraktionen und Aktivitäten sind in Betrieb, und Kinderfreundschaften sind allernorts schnell geschlossen. Allerdings sind Strände und Angebote dann auch ziemlich voll und Campingplätze und Hostels in der Regel gut ausgelastet, leider häufig auch teurer als zu anderen Zeiten des Jahres.

GROSSER FREILUFTSPASS

Kopenhagen Der Amager Strandpark ist eine künstliche Bucht mit einem kilometerlangen Sandstrand. Die Spielplätze und das flache Wasser sind ideal für Kinder. Im Stadtzentrum von Kopenhagen steigen die meisten Besucher an Bord eines der Kanalboote.

Seeland Der Dschungelpfad am Ledreborg Slot führt über zahlreiche Hängebrücken, Seile, Leitern und Hindernisse.

Møn, Falster & Lolland Das Feriendorf am Strand bei Marielyst auf Falster wird als besonders familienfreundlich beworben; Bootstouren führen zu den weißen Klippen von Møns Klint.

Bornholm Die ruhige und seichte See am weitläufigen Strand von Dueodde ist wie gemacht für Familien.

Fünen Im abenteuerlichen Gorilla Park kann man an Tarzan-Schaukeln und Hochseilen den Affen rauslassen. Das Maritimt Center Danmark bietet Segelausflüge und Piratenspaß.

Südjütland Für ältere Kinder hält der südliche Strand von Rømø windschnittige Abwechslung bereit: Hier gibt's Blokarts (Einsitzer mit Kite-Segeln).

Mitteljütland Kanufahren und Camping im hübschen Seengebiet ist immer eine runde Sache für die ganze Familie.

Nordjütland Überall Strände, riesige Sanddünen bei Rubjerg Knude und Råbjerg Mile und eine Fahrt mit einem von einem Traktor gezogenen Wagen zur nördlichsten Spitze Dänemarks.

Übernachtung

In der Hochsaison (Mitte Juni bis Mitte August) ist auf den Campingplätzen viel los; häufig gibt es besondere Unterhaltungsprogramme und Aktivitäten für die jungen Gäste.

Hostels bzw. Jugendherbergen eigenen sich hervorragend für Familien. Die Zimmer (mit Hochbetten) sind in der Regel für bis zu sechs Personen ausgerichtet, es gibt immer Gemeinschaftsküchen und Aufenthaltsräume. Bauernhöfe bieten ländliche Idylle und/ oder die Möglichkeit, auch mal im Dreck zu wühlen.

In vielen Feriendörfern werden Sommerhäuser zu angemessenen Preisen (meist pro Woche) vermietet. Die Städte sind in den Sommerferien oft leerer; hier bieten Businesshotels dann manchmal Zimmer günstiger an oder stellen ein weiteres Bett zur Verfügung, um Familien anzulocken.

Restaurants

Im Großen und Ganzen sind Kinder in dänischen Restaurants willkommen. Praktisch alle haben Kinderstühle, viele bieten ein *børnemenu* (Kindergericht) an oder servieren zumindest kindgerechte Portionen, manchmal gibt es sogar Spielecken. Zwei Restaurantketten wenden sich ausdrücklich an Familien: die Steak-Restaurants von **Jensen's Bøfhus** (www.jensens.com, auf Dänisch) und das amerikanische **Bone's** (www.bones.dk, auf Dänisch) mit Spare-Ribs, Burger und gegrilltem Huhn (auf Jütland und Fünen) auf der Speisekarte. Beide Ketten haben ein großes Angebot an Kindergerichten und sogar ein Eisbuffet!

Wer in der Ferienunterkunft eine Küche zur Verfügung hat, kommt problemlos als Selbstversorger zurecht – größere Supermärkte haben alles, was man braucht (auch für Säuglinge). Und es gibt unzählige Plätze in der Natur für ein schönes Picknick.

Transport

Ein eigenes Auto zur Verfügung zu haben, macht natürlich alles leichter, aber die öffentlichen Verkehrsmittel sind auch in Ordnung. In Zügen fahren Kinder unter 12 Jahre in Begleitung eines Erwachsenen kostenlos mit (pro Erwachsener mit Standardticket max. zwei Kinder).

Mit älteren Kindern ist auch ein Fahrradurlaub gut machbar, denn das Land ist flach und die Entfernungen zwischen den Orten sind nicht zu groß.

Dänemark im Überblick

Kopenhagen

Essen ✓✓✓
Design ✓✓✓
Museen & Galerien ✓✓✓

Neue Nordische Küche oder traditionell

Kopenhagen hat sich zu einem der begehrtesten kulinarischen Reiseziele überhaupt gemausert. Unter den Augen der Gourmetfachwelt hat sich eine Garde junger, kreativer Meisterköche mit nordischen Gerichten aus heimischen Zutaten an die Weltspitze gekocht. Am anderen Ende des Spektrums bleiben die traditionellen Cafés und die historischen Restaurants ihrem gewohnt guten Standard treu. Hier gibt es die Favoriten der Dänen wie Smørrebrød, Hering und Aquavit.

Bestes Design

Da sind architektonische Hingucker wie die Bibliothekserweiterung „Schwarzer Diamant" oder die neue Oper; eine Stadtplanung, die Kopenhagen so wunderbar besucherfreundlich macht; und Museen, die nationales Design mit globaler Wirkung ausstellen. In exzellenten Flag-Ship-Stores und Kaufhäusern kann man sich mit schicken Accessoires fürs eigene Heim oder dänischer Mode eindecken.

Für Kulturfreaks

Es gibt eine Menge zu entdecken bei Dänemarks Kultur und Geschichte, z. B. in Kirchen, Schlössern und Konzerten. Den besten Kurztrip durch die Geschichte des Landes bietet das Nationalmuseet, bei den schönen Künsten stechen Statens Museum for Kunst und Ny Carlsberg Glyptotek heraus. Außerhalb der Stadt präsentiert sich moderne Kunst in einem architektonischen Meisterwerk (Louisiana), und die urbane Kunstszene pulsiert in den angesagten Galerien V1 und Ny Carlsberg Vej 68.

S. 40

Seeland

Schlösser ✓✓✓
Wikingergeschichte ✓✓✓
Strände ✓✓

Royale Pracht

Die meisten Besucher zieht es zum Kronborg Slot in Helsingør, bekannt als Heim von Shakespeares unentschiedenem Antihelden Hamlet. Frederiksborg Slot ist ein herrliches Bauwerk im Stil der niederländischen Renaissance. Im stattlichen Dragsholm Slot werden herrschaftlicher Glanz und gute Küche souverän miteinander kombiniert.

Wikingerzeit

Wer am Leben der bärtigen Nordmänner interessiert ist, erfährt Wissenswertes im Wikingerschiffmuseum in Roskilde oder bei der rätselhaften Ringburg in Trelleborg. Im Zentrum für experimentelle Archäologie außerhalb von Lejre (bei Roskilde) taucht man in das Leben der Eisenzeit ein.

Strandvergnügen

Weiße Sandstrände mit seichten Wellen ziehen sich entlang der Nordküste. Im Sommer herrscht in den beliebten Ferienorten wie Hornbæk und Tisvildeleje eine heitere Sonnen- und Eiscremestimmung.

S. 86

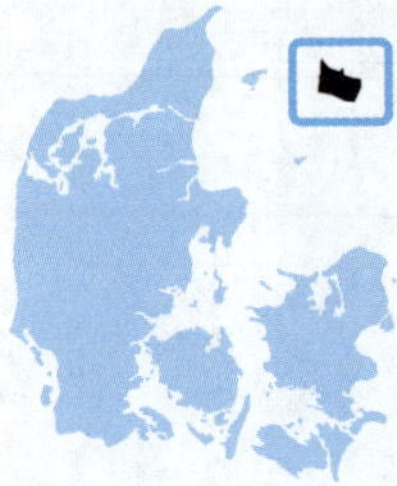

Møn, Falster & Lolland

Landschaften ✓✓
Familienspaß ✓✓
Kunst & Handwerk ✓✓

Hoch hinaus

Die auffälligen weißen Kalksteinklippen, die sich 128 m aus dem Meer erheben, sind im ansonsten flachen Dänemark ein beliebtes Ausflugsziel. Die Klippen gehören zu den berühmtesten Sehenswürdigkeiten Dänemarks – den besten Blick auf sie hat man vom Boot aus.

Spaß für die ganze Familie

Das Inseltrio zieht im Sommer viele sonnenhungrige Familien an. Entsprechend werden viele Attraktionen geboten: interaktive Museen, ein gigantischer Wasserpark, ein Zoo, ein Safaripark und ein nachgebautes mittelalterliches Dorf.

Kunsthandwerk aus Møn

Die Klippen und Lehmböden von Møn liefern Künstlern und Töpfern schöne Motive und gutes Material. Die Ergebnisse werden in Ateliers und Galerien auf der Insel ausgestellt. Aus einer früheren Zeit stammen die erstaunlichen Fresken in mehreren alten Kirchen.

S. 127

Bornholm

Strände ✓✓✓
Essen ✓✓✓
Radfahren ✓✓✓

Baden und Strände

Dieser Außenposten in der Ostsee wird fast nahtlos von Stränden umrahmt; der in Dueodde ist eindeutig der schönste: ein gewaltiger Sandstreifen mit Dünen und Kiefern im Hintergrund. Der weiche Sand ist so feinkörnig, dass er einst für Sanduhren benutzt wurde.

Kulinarische Angebote

Die Insel ist Heimat von Fischräuchereien, Bioprodukten, Feinschmeckerlokalen (das Restaurant Kadeau ist der neue Star) und einer wachsenden Gemeinde von Kochkünstlern, die Leckereien von Eis bis Karamell und von Schinken bis selbstgebrautem Bier zaubern.

Fahrradglück

Es gibt über 230 km Radwege entlang von Straßen, Wäldern, ehemaligen Bahngleisen und Stränden, über die man zu hübschen Küstendörfern und mittelalterlichen Rundkirchen radeln kann. Exzellentes Essen wartet als Belohnung nach der Tour durch die sanft hügelige Landschaft.

S. 144

Fünen

Schlösser ✓✓
Märchen ✓✓✓
Inseln ✓✓

Herrschaftliche Sitze

Dutzende Schlösser und Gutshäuser überziehen Fünen. Ganz oben auf der Liste steht das prächtige Egeskov Slot, mit Festungsgraben und Zugbrücke und im Sommer mit Feuerwerk.

Es war einmal ...

... im Jahr 1805 in Odense, als einem Schuster und einer Wäscherin ein Kind geboren wurde. Dieses Kind sollte Märchen schreiben, die alle Welt kennt und liebt. An das Kind, Hans Christian Andersen, wird in seiner Geburtsstadt Odense in vielerlei Weise erinnert, z. B. mit einem Museum und Skulpturen seiner berühmtesten Figuren.

Insel-Hüpfen

Zum südfünischen Inselmeer gehören neben Fünen rund 90 kleine Inseln, einige sind bewohnt, auf anderen leben nur Vögel und Wildkaninchen. Mit der Fähre oder dem eigenen Boot von Insel zu Insel zu schippern, ist sehr vergnüglich, dazu gehört der Landgang auf der Seefahrerinsel Ærø.

S. 163

Südjütland

Alte Dörfer ✓✓✓
Natur ✓✓
Design ✓✓

Bilderbuchziele
Reetgedeckte Häuser, blühende Gärten und Kopfsteinpflastergassen, Boutiquen, Museen und Cafés: Zu den Bilderbuchzielen gehören Ribe (Dänemarks älteste Stadt), Møgeltønder und die Insel Fanø.

Vogelparadies
Entlang der Westküste von Jütland erstreckt sich der Nationalpark Vadehavet und wartet auf Erkundung. Der Rhythmus der Gezeiten bietet Gelegenheiten, Austern zu sammeln. Hier kann man nach Seehunden Ausschau halten und nonstop Vögel beobachten.

Architektur & Design
Außergewöhnlich sind die moderne Architektur von Utzon in Esbjerg, das Kunst- und Designmuseum in Kolding und in einem umgenutzten Wasserturm in Tønder eine Sammlung von Wegner-Stühlen, die Designfreunde verzücken wird.

S. 197

Mitteljütland

Aktivitäten ✓✓✓
Familienspaß ✓✓✓
Kunst ✓✓

Tolles Outdoorterrain
Das Seengebiet ist ein gutes Revier für Kanutouren und Wanderungen, die raue Westküste perfekt für Wind- und Kite-Surfer. Mountainbiker finden in dem Waldgebiet Rold Skov exzellente Wege. Radfahren ist auch in der Stadt Aarhus ein Vergnügen, Djursland lockt mit makellosen Stränden.

Legoland & mehr
Hier ist die Heimat des beliebten Plastikbausteins. Mehr tolle Angebote für Kinder gibt es in Aarhus, in Randers sogar einen künstlichen Regenwald und in Djursland, dem Urlaubsziel Nr. 1, mehrere Vergnügungs- und Safariparks.

Perlen der modernen Kunst
Kunst zieht sich durch die gesamte Region – an erster Stelle steht der begehbare „Regenbogen" auf dem Dach des ARoS in Aarhus. In Ebeltoft kann man Glaskunst bewundern, in Silkeborg sind Werke von Asker Jorn ausgestellt, und in Herning gibt's Konzeptkunst.

S. 224

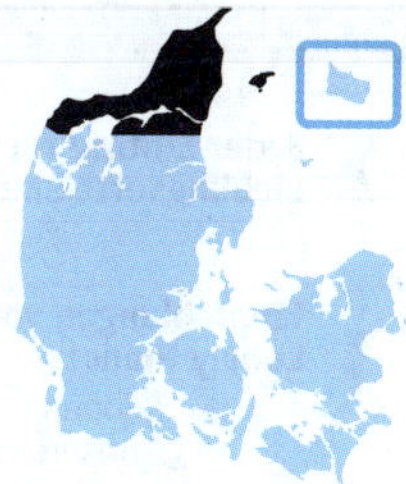

Nordjütland

Landschaften ✓✓✓
Strände ✓✓✓
Essen ✓✓

Mutter Natur vom Feinsten
Besucher können hier die Schönheit der Natur erleben: wandernde Dünen, leuchtendes Licht, tobende Winde und spritzende Gischt. Es ist leicht nachzuvollziehen, warum Künstler und Schriftsteller sich hier inspirieren ließen.

Strand bis zur Spitze
Sowohl die Ost- als auch die Westküste sind mit ihren langen Sandstränden attraktiv für Urlauber – im Westen ist es häufig eher windig und nebelig, im Osten etwas geschützter. Ganz im Norden hinter Skagen stoßen beide Seiten aneinander; Løkken, Tornby Strand und Frederikshaven verströmen Küstenatmosphäre.

Frischer Fang
Die *røgeri* (Räucherei) in Klitmøller, die Hafenbuffets von Sæby, die schicken Restaurants von Skagen und die Speisekarten rund um Aalborg lassen keinen Zweifel zu: Fisch steht hier an erster Stelle. Ganz zu Recht, frischer geht's nicht.

S. 269

❯ **Jeder Eintrag wird von unseren Autoren empfohlen, und ihre Lieblingsorte sind zuerst aufgeführt**

❯ **Empfehlungen von Lonely Planet:**

LP TIPP Topempfehlung unserer Autoren

Nachhaltig und umweltverträglich

GRATIS Hier bezahlt man nichts

KOPENHAGEN 40
RUND UM KOPENHAGEN...83
Arken Museum für moderne Kunst.......... 83
Charlottenlund.......... 83
Louisiana................84
Klampenborg 84
Lyngby 84

SEELAND.......... 86
ØRESUND-KÜSTE 87
Rungsted............... 87
Helsingør............... 90
ORTE IM BINNENLAND....96
Hillerød................ 96
Esrum Kloster........... 97
Fredensborg 98
NORDKÜSTE............100
Hornbæk 100
Gilleleje 102
Tisvildeleje............ 103
FJORD-STÄDTE..........105
Roskilde............... 105
Lejre 109
Dragsholm Slot..........110
SÜDSEELAND...........110
Køge...................111
Vallø...................115
Sorø...................116
Trelleborg..............119
Der Große Belt 121
Næstved & Umgebung..............121
Vordingborg........... 125

MØN, FALSTER & LOLLAND..........127
MØN...................129
Stege 129
Ulvshale & Nyord........131
Keldby 133
Elmelunde 133
Møns Klint & Umgebung............ 134
Klintholm Havn......... 136
Westliches Møn 136
Bogø...................137
FALSTER 137
Nykøbing F 137
Marielyst 139
LOLLAND............. 141
Maribo 141
Fuglsang Kunstmuseum 143
Rund um Lolland 143

BORNHOLM 144
Rønne................ 146
Åkirkeby.............. 149
Zentrale Waldgebiete.... 150
Dueodde 150
Snogebæk 150
Hallegård..............151
Nexø...................151
Svaneke 152
Gudhjem & Melsted..... 154
Rund um Gudhjem & Melsted 157
Sandvig & Allinge....... 158
Hammershus Slot 160
Hammeren............. 160
Christiansø 160

FÜNEN 163
ODENSE................165
UNTERWEGS AUF FÜNEN.................175
Kerteminde.............175
Ladbyskibet & Vikingemuseet Ladby 177
Egeskov Slot 177
Hindsholm..............178
Faaborg 179
Svendborg............ 182
Tåsinge............... 185
LANGELAND 187
Rudkøbing 187
Nordlangeland 189
Südlangeland 190
ÆRØ...................191
Ærøskøbing........... 192
Marstal............... 194
Søby 195

SÜDJÜTLAND......197
Kolding............... 198
Esbjerg............... 202
Fanø 205
Ribe.................. 207
Nationalpark Vadehavet 214
Rømø 214
Tønder 217
Møgeltønder 219
Sønderborg............220

Alle in diesem Buch vorgestellten Reiseziele listet das Register auf.

Reiseziele in Dänemark

Frøslevlejren 221
Schloss Gråsten 214
Als 223

MITTELJÜTLAND . . 224

AARHUS 225
DJURSLAND 243
Ebeltoft 243
Nationalpark Mols Bjerge 245
Grenaa 245
Durch Djursland 246
DAS SEENHOCHLAND . . . 247
Silkeborg 247
Heart 251
Ry 252
Himmelbjerget 253
DAS LANDESINNERE 254
Jelling 254
Billund & Legoland 256
Randers 259
Hobro 262
Rebild Bakker & Rold Skov 263
Viborg 264
MITTLERE WESTKÜSTE 266
Hvide Sande 266
Ringkøbing 267

NORDJÜTLAND . . . 269

Aalborg 270
Frederikshavn 277
Læsø 279
Sæby 280
Skagen 281
Råbjerg Mile 286
Hirtshals 286
Hjørring 287
Løkken 288
Hanstholm 289
Rubjerg Knude 290
Klitmøller 291
Nationalpark Thy 291

Kopenhagen

Inhalt »

Kopenhagen 40
Rund um Kopenhagen 83
Arken Museum für moderne Kunst 83
Charlottenlund 83
Louisiana 84
Klampenborg 84
Lyngby 84

Gut essen

» Noma (S. 71)
» Geranium (S. 72)
» Relæ (S. 73)
» Kødbyens Fiskebar (S. 72)
» Fischer (S. 73)

Schön übernachten

» Hotel Nimb (S. 65)
» Hotel Guldsmeden (S. 67)
» WakeUp Copenhagen (S. 68)
» CPH Living (S. 67)
» Hotel Fox (S. 65)

Auf nach Kopenhagen

Kopenhagen ist der angesagteste Ort im Norden Europas. Trendiger als Stockholm, weltgewandter als Oslo – von allen Hauptstädten Skandinaviens hat Kopenhagen den besonderen Kick. Ein Blick in die stilbildenden Magazine reicht, um über Bars im Industrieschick, die Design- und Modeszene oder die kulinarischen Novitäten ins Schwärmen zu geraten. In Kopenhagen sitzt der Pionier der Neuen Nordischen Küche, das Noma, das 2010 und 2011 zum besten Restaurant der Welt gewählt wurde und eines von zehn mit Michelinsternen ausgezeichneten Restaurants der Stadt ist. Nicht schlecht für eine Metropole mit 1,2 Mio. Einwohnern.

Kopenhagen hat aber noch mehr zu bieten, als trendige Cocktails und geometrische Formen. Fast neun Jahrhunderte royale Geschichte auf dem anmutigen Buckel haben der Stadt auch Museen von Weltklasse und Stadtansichten wie aus dem Bilderbuch beschert. Es herrscht eine heimelige Mischung aus kopfsteingepflasterten, fahrradfreundlichen Straßen und Stadthäusern mit bunten Fassaden, Handwerksateliers und gemütlichen Cafés. Dazu kommt eine kompakte Größe. Das Paket für die wahrscheinlich dichteste städtische Erfahrung in Europa ist geschnürt.

Reisezeit

Die beste Zeit für eine Reise nach Kopenhagen ist sicherlich von Mai bis August, wenn die Tage lang und die Stimmung gut ist. Veranstaltungen wie das Distortion-Musikfestival im Juni, das Jazz Festival im Juli und die Copenhagen Pride im August versetzen die Stadt in eine tolle Atmosphäre, allerdings haben viele der Toprestaurants im Juli und August für mehrere Wochen geschlossen.

Golden schimmerndes Laub und hochkarätige Kulturereignisse wie das Kopenhagen Contemporary und die Kulturnacht (Kulturnatten) machen auch den Herbst reizvoll, während die Stadt im November und Dezember mit Weihnachtsmärkten, blinkenden Lichtern und *gløgg* (Glühwein) der Kälte trotzt.

Geschichte

Kopenhagen wurde 1167 von Bischof Absalon gegründet, der auf der Insel Slotsholmen eine kleine und bis dahin ungeschützte Hafenstadt befestigen ließ.

Danach gewann das Hafenstädtchen an Bedeutung und nannte sich Kømandshavn (Handelshafen), was später zu København verkürzt wurde. Absalons Festung stand bis 1369 und wurde dann bei einem Angriff der mächtigen Hansestaaten zerstört.

1376 begann der Bau einer neuen Festung auf Slotsholmen, der Burg Kopenhagen, die König Erik VII. 1416 zu seiner Residenz machte. Damit begann die Geschichte Kopenhagens als Hauptstadt von Dänemark.

Aber erst unter der Herrschaft von Christian IV., in der ersten Hälfte des 17. Jhs., gewann die Stadt an Glanz. Als stolzer Renaissancebauherr begann Christian IV. ein ehrgeiziges Bauprojekt, das zwei neue Burgen und zahlreiche andere großartige Bauwerke umfasste, darunter das Rundetårn-Observatorium und die prächtige Børsen, Europas erste Börse.

Im Jahr 1711 starb ein Drittel der damals 60 000 Kopenhagener an der Beulenpest. Verheerende Brände in den Jahren 1728 und 1795 vernichteten große Teile der Stadt und die meisten Holzhäuser. Als schlimmste Katastrophe gilt jedoch der Beschuss durch die Engländer während der Napoleonischen Kriege 1807. Der Angriff auf die Innenstadt forderte unzählige zivile Opfer und setzte Hunderte von Häusern, Kirchen und öffentlichen Gebäuden in Brand.

Im 19. und 20. Jh. blühte Kopenhagen wieder auf. Es wuchs über die alten Stadtmauern hinaus und machte sich einen Namen als Zentrum für Kultur, liberale Politik und Kunst. Finstere Zeiten brachte die Nazibesetzung im Zweiten Weltkrieg. Die Stadt kam jedoch relativ glimpflich davon.

Während des Krieges und der vorangegangenen Wirtschaftskrise verkamen viele Wohngebiete zu Elendsvierteln. Ab 1948 wurde im Rahmen des ehrgeizigen „Finger Plans“ ein Großteil der Stadt saniert, wobei neue Wohnsiedlungen mit Grünflächen, Parks und Freizeitanlagen entstanden, die sich wie Finger vom Zentrum stadtauswärts erstrecken.

In den 1960er Jahren rebellierte die Jugend von Kopenhagen gegen wachsenden Materialismus, nukleares Wettrüsten und das autoritäre Erziehungssystem. Studenten protestierten auf dem Unicampus und besetzten leer stehende Häuser in der ganzen Stadt. Die Situation gipfelte 1971 in der Besetzung einer 41 ha großen ehemaligen Militärkaserne östlich von Christianshavn, die Freistadt Christiania (S. 55) getauft wurde.

Während die globale Finanzkrise überall Unbehagen verursacht, strahlt Kopenhagen

KOPENHAGEN IN ...

... zwei Tagen

Am Anfang steht eine Kanal- und Hafentour, gefolgt von einem Abstecher in die Hafenatmosphäre von Nyhavn und zum **Designmuseum Danmark**. Mittags steigt man mit einem Smørrebrød von **Schønnemann** im Magen hoch hinauf auf den historischen **Rundetårn**, um die Stadt aus der Vogelperspektive zu betrachten. Danach schaut man im freigeistigen **Christiania** vorbei, bevor man den Tag mit ausgelassenem Spaß im **Tivoli** abschließt. Tag zwei beginnt mit einer Geschichtslektion im **Nationalmuseet**, zum Mittagessen geht's zu den Senkrechtstartern der nordischen Küche, zu **Marv & Ben**, und dann können es ruhig noch ein oder zwei Museen auf **Slotsholmen** sein. Für ein kulinarisches Highlight am Abend im **Noma**, **Alberto K** oder **Mielcke & Hurtigkarl** muss lange vorab reserviert werden.

... vier Tagen

Der dritte Tag ist für einen Ausflug ins Kunstmuseum **Louisiana** außerhalb der Stadt reserviert. Dort mittags eine Stärkung einnehmen, um für den nachmittäglichen Kaufrausch in den Designmekkas **Hay** und **Illums Bolighus** gewappnet zu sein. Zum Abend steht ein Abstecher in das Trendviertel Kødbyen in Vesterbro auf dem Programm, Essen in **Kødbyens Fiskebar** und danach für einen (oder mehrere) Drinks zu **Mesteren & Lærlingen**. Tag vier beginnt wieder mit Kunst im **Statens Museum for Kunst** und endet in den Straßen von **Nørrebro**, beim Kaffee in **The Coffee Collective**, beim Wein im **Malbeck** und bei modernem dänischen Essen im **Relæ**.

Highlights

1 Design und Mode aus Dänemark bei den Trendsettern Hay (S. 79), Henrik Vibskov (S. 79) und Wood Wood (S. 78) in der **Altstadt** aufstöbern

2 Auf einer **Kanal- und Hafentour** (S. 62) durch die Stadt kreuzen

3 Kunst mit Meerblick im **Louisiana** (S. 84), einem Hochkaräter der modernen Kunst, genießen

4 Die Neue Nordische Küche in einem der vielen angesagten Restaurants der Stadt testen

5 Einen Abend lang mit Adrenalin und Zuckerwatte im ewig verzaubernden **Tivoli** (S. 43) schwelgen

6 In der Hauptstadt des freien Geistes das alternative Wohnprojekt **Christiania** (S. 55) besuchen

7 Im **Nationalmuseet** die Wahrheit über die Wikinger (S. 43) erfahren

8 In den Szene-Bezirken **Nørrebro** (S. 57) und **Vesterbro** (S. 59) durch Cafés, Bars, Boutiquen und Galerien schlendern

9 In hippen **Altstadtbars** wie Ruby (S. 73), 1105 (S. 73) und Union Bar (S. 74) angesagte Cocktails schlürfen

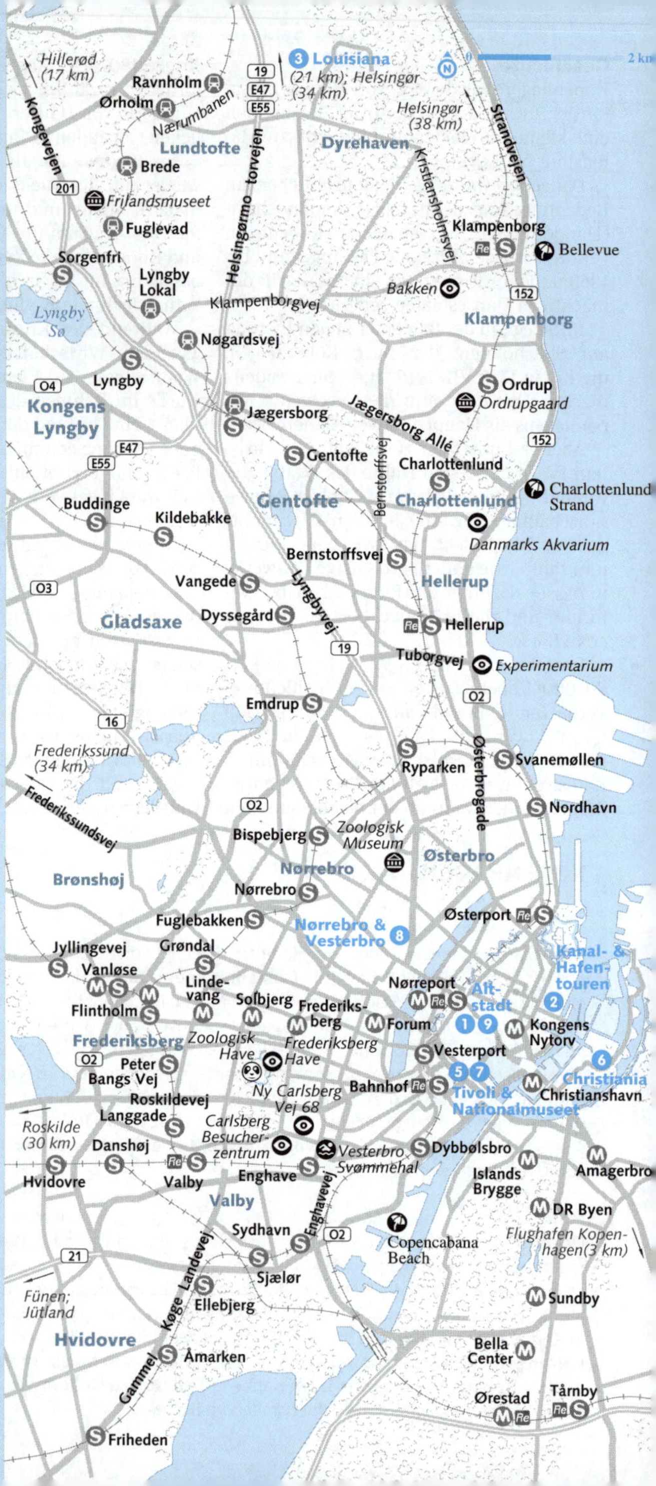

in selbstbewusstem Glanz. 2008 hat das international einflussreiche englischsprachige Lifestylemagazin *Monocle* Kopenhagen zur lebenswertesten Stadt gekürt. Zwei Jahre später (und auch im darauf folgenden Jahr) stand das nebenbei mit einem Michelinstern ausgezeichnete Restaurant Noma (S. 71) auf Platz eins der S. Pellegrino-Liste der weltbesten Restaurants und besiegelte damit den Status Kopenhagens als angesagten Hot Spot kulinarischer Novitäten. Dazu kommen architektonische Ausrufezeichen wie der „Schwarze Diamant" (die Erweiterung der Kongelige Bibliotek; S. 52) und die Auszeichnung durch den internationalen Radsportverband als eine der besten Fahrradstädte weltweit. Kein Wunder, dass Kopenhagen für Besucher so attraktiv ist.

Sehenswertes

Ein großer Vorteil von Kopenhagen ist die Größe. Fast alle Sehenswürdigkeiten liegen direkt im oder nahe dem mittelalterlichen Stadtkern: Tivoli, Nationalmuseet, Statens Museum for Kunst, Marmorkirken, Nyhavn, Rosenborg, Christiansborg, Christiania und Amalienborg. Nur die Kleine Meerjungfrau liegt etwas außerhalb im Hafen.

RÅDHUSPLADSEN & TIVOLI

Der große, zentrale Rådhuspladsen (Karte S. 48) erstreckt sich im Herzen von Kopenhagen zwischen dem Rathaus *(rådhus)* und dem Busbahnhof der Stadt. Die belebte Fußgängerzone Strøget beginnt nordöstlich des Rådhuspladsen, südwestlich davon lärmt der historische Vergnügungspark Tivoli.

Tivoli VERGNÜGUNGSPARK

(Karte S. 48; www.tivoli.dk; Vesterbrogade 3; Erw./bis 8 J. 95 Kr/frei, Fr nach 20 Uhr 125 Kr/frei; ⌚ Mitte Juni–Mitte Aug. So–Do 11–23, Fr bis 0.30, Sa bis 0 Uhr; Mitte April–Mitte Juni & Mitte Aug.–Ende Sept. So–Do kürzer) Mitten im Herzen der Stadt gelegen, bietet der Tivoli eine reizvolle Mischung aus Fahrgeschäften, Blumengärten, Restaurantpavillons, Kirmesspielen und Bühnenshows. Der Freizeitpark aus dem Jahr 1843 ist die beliebteste Attraktion Dänemarks. Besucher können mit der **Achterbahn** fahren, nachts das berühmte **Feuerwerk** genießen oder sich einfach der ganz besonderen, zeitlosen Atmosphäre hingeben.

Der Tivoli ist auch am Tag ein Erlebnis, doch abends hüllt er sich in eine besonders romantische Stimmung, wenn Tausende von märchenhaften Lichtern angehen und vielfältige Veranstaltungen beginnen: von Theateraufführungen über Pantomime bis hin zu Rock- und Popkonzerten, teils mit internationalen Stars.

Jede der zahlreichen Tivoli-Bühnen hat ihren eigenen Charakter. Am bekanntesten ist wohl das **Openair-Pantomimentheater**, das Pantomime- und Ballettaufführungen zeigt und 1874 von Vilhelm Dahlerup erbaut wurde, der auch das Hoftheater entwarf. Außerdem gibt es im Tivoli ein Kabaretttheater und eine große Konzertbühne für internationale Sinfonieorchester und Ballettensembles.

Mit all seinen Lichtern und Blumenbeeten ist der Tivoli ein bezaubernder Ort zum Flanieren. Man findet hier auch ordentliche (und sogar einige sehr gute) Restaurants für einen schönen Abend.

Im Sommer bietet sich der Freitagabend für einen Besuch an. Dann treten auf der Freiluftbühne Plænen ab 22 Uhr dänische Rockbands und manchmal auch internationale Stars auf.

Tickets für Fahrbetriebe kosten 25 Kr (für einige Fahrten werden bis zu drei Tickets benötigt!), in den meisten Fällen lohnt sich die Mehrfachkarte (199 Kr).

Die zahlreichen Veranstaltungen im Freien sind kostenlos, während Vorführungen in den Gebäuden meist Eintritt kosten. Infos zu Auftrittsorten, Künstlern und Preisen gibt es auf der Website.

Außerhalb der Sommersaison öffnet der Tivoli für etwa zehn Tag um Halloween herum und in der (Vor-)Weihnachtszeit von Mitte November bis Ende Dezember. Die aktuellen Öffnungszeiten stehen auf der Website des Tivoli.

GRATIS **Nationalmuseet** MUSEUM

(Nationalmuseum; Karte S. 48; www.natmus.dk; Ny Vestergade 10; ⌚Di–So 10–15 Uhr) Wer mehr über die dänische Geschichte und Kultur erfahren möchte, verbringt am besten einen Nachmittag im Nationalmuseet. Es befindet sich westlich von Slotsholmen.

Das Nationalmuseum hat Anspruch auf alle Artefakte, die auf dänischem Boden gefunden werden. Die Ausstellungsstücke reichen von der Altsteinzeit bis in die 1840er Jahre und umfassen Steinwerkzeuge, Wikingerwaffen sowie Runensteine und eindrucksvolle Sammlungen aus der Bronze- und Eisenzeit. Sehenswert sind auch die Bronze-Luren (Blasinstrumente), von denen einige 3000 Jahre alt sind und noch heute funktionieren, sowie der prachtvolle

Kopenhagen

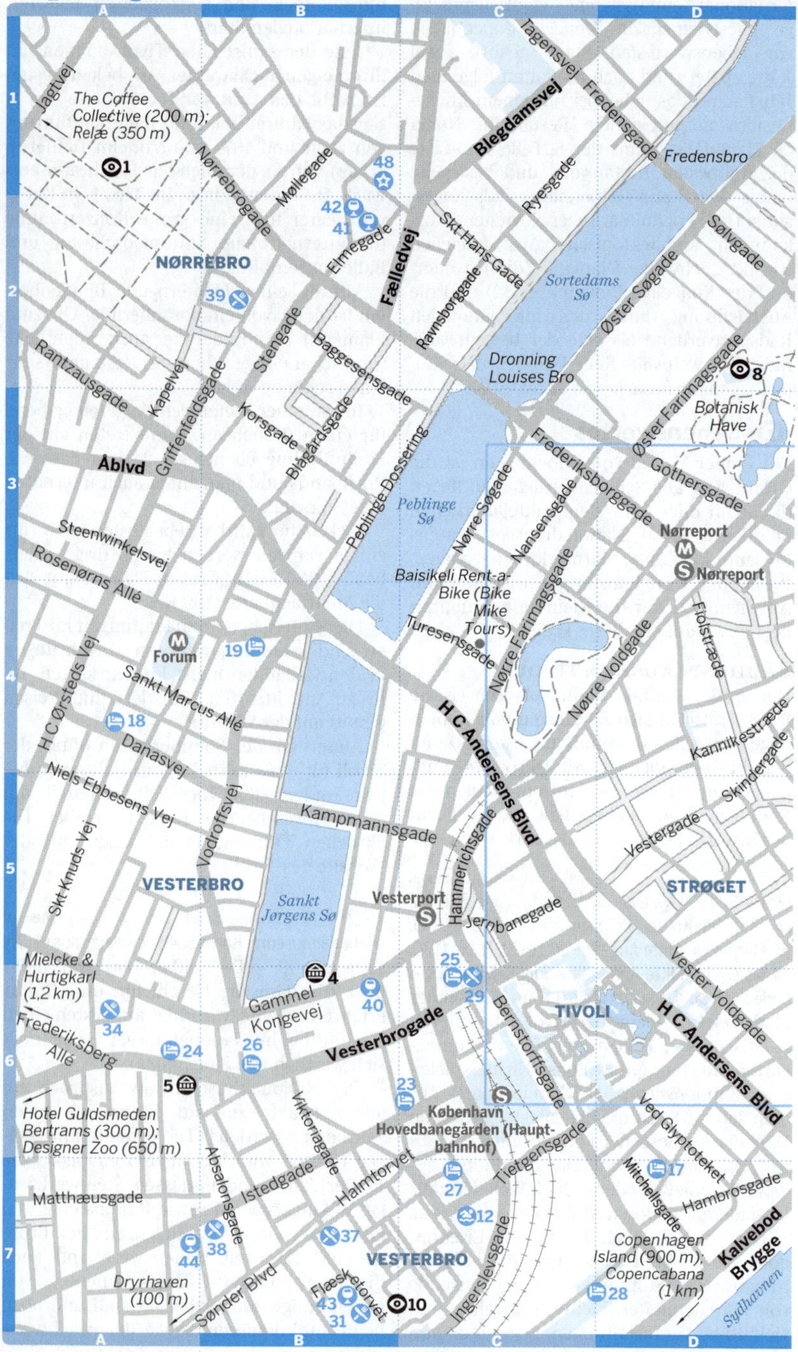

The Coffee Collective (200 m); Relæ (350 m)
Jagtvej
Nørrebrogade
Møllegade
Elmegade
Fælledvej
Blegdamsvej
Tagensvej
Fredensgade
Fredensbro
Ryesgade
Skt Hans Gade
Sølvgade
Sortedams Sø
Øster Søgade
NØRREBRO
Stengade
Ravnsborggade
Baggesensgade
Dronning Louises Bro
Øster Farimagsgade
Botanisk Have
Rantzausgade
Kapelvej
Griffenfeldsgade
Korsgade
Blågårdsgade
Peblinge Dossering
Frederiksborggade
Gothersgade
Åblvd
Peblinge Sø
Nørre Søgade
Nansensgade
Nørreport
Steenwinkelsvej
Rosenørns Allé
Baisikeli Rent-a-Bike (Bike Mike Tours)
Nørre Farimagsgade
Turesensgade
Forum
Fiolstræde
Nørre Voldgade
Sankt Marcus Allé
H C Ørsteds Vej
H C Andersens Blvd
Kannikestræde
Danasvej
Niels Ebbesens Vej
Skindergade
Vodroffsvej
Kampmannsgade
Vestergade
Skt Knuds Vej
VESTERBRO
STRØGET
Sankt Jørgens Sø
Vesterport
Hammerichsgade
Jernbanegade
Mielcke & Hurtigkarl (1,2 km)
Vester Voldgade
Gammel Kongevej
TIVOLI
Frederiksberg Allé
Vesterbrogade
Bernstorffsgade
Hotel Guldsmeden Bertrams (300 m); Designer Zoo (650 m)
Viktoriagade
København Hovedbanegården (Hauptbahnhof)
Ved Glyptoteket
Absalonsgade
Tietgensgade
Halmtorvet
Mitchellsgade
Hambrosgade
Matthæusgade
Istedgade
Ingerslevsgade
Copenhagen Island (900 m); Copencabana (1 km)
Kalvebod Brygge
Dryrhaven (100 m)
Sønder Blvd
Flæsketorvet
Sydhavnen

0
1 km
E
F
G
H
1
2
3
4
5
6
7
ØSTERPORT
Oslo Plads
Kristianiagade
Østbanegade
Østerport
Folke Bernadottes Allé
Langelinie Allé
Langelinie
6
Yderhavnen
Kastellet
15
Øster Farimagsgade
Upsalagade
Stockholmsgade
2
Øster Voldgade
Store Kongensgade
Grønningen
Smedelinien
3
Statens Museum
for Kunst
Rigensgade
Kronprinsessegade
Gernersgade
Skt Pauls Gade
Esplanaden
Sølvgade
45
33
Designmuseum
Danmark
9
Fredericiagade
Yderhavnen
NØRREPORT
Amaliegade
Larsens Plads
Adelgade
Store Kongensgade
Bredgade
Toldbodgade
Gothersgade
Åbenrå
47
Købmagergade
Sværtegade
22
NYHAVN
49
Holmen
Nyhavn
Herluf Trolles Gade
16
Bremerholm
Kongens
Nytorv
Tordenskjoldsgade
Amagertorv
Læderstræde
36
Vindebrogade
Holmens Kanal
Havnegade
Børsgade
Slotsholms
Kanal
Tøjhusgade
Slotsholms Kanal
Christiansborg
SLOTSHOLMEN
Strandgade
7
Christiania
Infocafé
Refshalevej
Christiania
35
Torvegade
46
CHRISTIANIA
11
Bådsmandsstræde
s. Karte Strøget & Latinerkvarter (S. 48)
32
Christianshavn
Prinsessegade
30
Inderhavnen
21
14
20
Langebrogade
CHRISTIANSHAVN
Stadsgraven
Langebro
13
Amager Blvd
Stadsgraven
Vermlandsgade

Kopenhagen

Highlights

- Christiania ... H6
- Designmuseum Danmark ... G3
- Statens Museum for Kunst ... E2

Sehenswertes

1 Assistens Kirkegård ... A1
2 Den Hirschsprungske Samling ... E2
3 Frihedsmuseet ... G2
4 Imax Tycho Brahe Planetarium ... B6
5 Københavns Museum ... A6
Lille Molle ... (s. 30)
6 Kleine Meerjungfrau ... H1
7 Orlogsmuseet ... G6
8 Palmehus ... D2
9 Sankt Ansgars Kirke ... G3
10 V1 Gallery ... B7
11 Vor Frelsers Kirke ... G6

Aktivitäten, Kurse & Touren

12 DGI-byen ... C7
13 Islands Brygge Havnebadet ... E7
14 Kayak Republic ... E7
15 Østerport Cykler ... F1

Schlafen

16 71 Nyhavn Hotel ... G5
17 Cab Inn Copenhagen City ... D7
18 Cab Inn Copenhagen Express ... A4
19 Cab Inn Scandinavia ... B4
20 CPH Living ... E7
21 Danhostel Copenhagen City ... E7
22 Front ... G4
23 Hotel Guldsmeden Axel ... C6
24 Hotel Guldsmeden Carlton ... A6
25 Radisson Blu Royal Hotel ... C6
26 Savoy Hotel ... B6
27 Tiffany ... C7
28 Wakeup Copenhagen ... D7

Essen

29 Alberto K ... C6
30 Bastionen & Løven ... G7
31 Kødbyens Fiskebar ... B7
32 Lagkagehuset ... G6
33 Le Sommelier ... G3
34 Les Trois Cochons ... A6
35 Morgenstedet ... H6
36 Noma ... G5
37 Paté Paté ... B7
38 Siciliansk Is ... B7
Spiseloppen ... (s. 46)
39 Spiseri ... B2

Ausgehen

40 Estate Coffee ... B6
41 Laundromat Cafe ... B2
42 Malbeck ... B2
43 Mesteren & Lærlingen ... B7
44 Sort Kaffe & Vinyl ... A7

Unterhaltung

45 Culture Box ... F3
46 Loppen ... G6
47 Operaen (Opernhaus Kopenhagen) ... H4
48 Rust ... B1
49 Skuespilhuset (Königlich Dänisches Theater) ... G4

3500 Jahre alte Sonnenwagen, der vor 100 Jahren auf einem Feld in Seeland ausgegraben wurde. Weitere Abteilungen widmen sich den Normannen, den Inuit aus Grönland oder dänischen Möbeln aus dem 18. Jh. Außerdem gibt es eine „Bitte berühren"-Ausstellung für Sehbehinderte.

Der Komplex beheimatet noch ein ausgezeichnetes Spielzeugmuseum, eine tolle Kinderabteilung mit praktischen Versuchen, eine Sammlung griechischer, römischer und mittelalterlicher Münzen sowie eine Abteilung klassischer Altertümer mit ägyptischen Mumien. Und es gibt ein Café und einen Souvenirladen.

LP TIPP **Ny Carlsberg Glyptotek** KUNSTMUSEUM
(Karte S. 48; www.glyptoteket.dk; Tietgensgade 25; Erw./erm. 75 Kr/frei, So frei; Di–So 11–17 Uhr) Das Museum zeigt eine außerordentliche Sammlung griechischer, ägyptischer, etruskischer und römischer Skulpturen und Kunstwerke. Erbauen ließ sie vor 100 Jahren der Bierbaron und begeisterte Kunstsammler Carl Jacobsen. In der Mitte des von Vilhelm Dahlerup entworfenen Hauptgebäudes befindet sich eine beeindruckende Glaskuppel, darunter ein Wintergarten voller Palmen. Hier gibt es ein reizendes Café – die perfekte Fluchtmöglichkeit vor dem dänischen Winter.

Die Ny Carlsberg Glyptotek war und ist hauptsächlich der klassischen Kunst gewidmet, doch eine spätere Schenkung von über 20 Werken Paul Gauguins (dessen Frau Dänin war) bildet heute den Kern der französischen und dänischen Abteilung mit Werken aus dem 19. Jh. Darunter sind Werke der dänischen Künstler J. C. Dahl, C. W. Eckersberg, Christian Købke und Jens Juel. Die französische Sammlung konzentriert sich auf mittlerweile 47 Gemälde Gauguins, die neben Werken von Cézanne, van Gogh, Pissarro, Monet und Renoir im modernen Flügel ausgestellt sind. Der „Französische Flügel" beherbergt außerdem eine von nur drei kompletten Serien von Bronzeskulpturen Degas'.

Ein besonderer Anreiz für einen Besuch sind die klassischen Konzerte, die von August bis Mai sonntags in der Konzerthalle des Museums zwischen lebensgroßen Statuen römischer Patrizier gegeben werden. Abgesehen von der Sommerkonzertreihe im August und September (100 Kr), sind die Konzerte wie auch der Eintritt am Sonntag frei.

Dansk Design Center DESIGNMUSEUM
(Karte S. 48; www.ddc.dk; HC Andersens Blvd 27; Erw./erm. 55/30 Kr; ⌚Mo–Fr 10–17, Mi 10–21, So & So 11–16 Uhr; 📶) In dem Gebäude des dänischen Architekten Henning Larsen zeigt das Dansk Design Center im Kellergeschoss dänische Designklassiker, im Parterre und ersten Stock gibt es sehr kreative Wechselausstellungen zu verschiedenen designbezogenen Themen zu sehen. Die Sammlung ist nicht besonders groß; wer nur wenig Zeit hat, beschränkt sich lieber auf einen Besuch im größeren Designmuseum Danmark (S. 54). Im Haus gibt es auch ein schickes Café, kostenloses WLAN und einen Laden, um die eigene Sammlung zu Hause zu erweitern.

GRATIS **Rådhus** HISTORISCHES GEBÄUDE
(Rathaus; Karte S. 48; Eintritt frei; ⌚Mo–Fr 7.45–17, Sa 10–13 Uhr) Das protzige Rathaus von Kopenhagen wurde von dem dänischen Architekten Martin Nyrop entworfen und 1905 fertiggestellt. Stilistisch wurde nationalromantische Architektur des 19. Jhs. mit dänischer Mittelalter- und norditalienischer Architektur (besonders im Innenhof) vermengt.

An der Fassade prangt direkt über dem Haupteingang eine goldene Statue von Bischof Absalon, der die Stadt 1167 gegründet hat. Der Eingang führt zur Haupthalle, einem grandiosen Saal, der bei Gemeindewahlen zur Stimmabgabe dient. Er kann auf eigene Faust erkundet werden. Die Besteigung des 105 m hohen **Turms** (Eintritt 20 Kr; ⌚Führung Mo–Fr 11 & 14, Sa 12 Uhr, mind. 4 Pers.) ist aber interessanter und eröffnet eine geniale Perspektive. Ein noch ausgefallenerer Anziehungspunkt des Rathauses ist die **Jens-Olsens-Uhr** (Erw./erm. 10/5 Kr; ⌚Mo–Fr 8.30–16.30, Sa 9.30–13 Uhr). Sie wurde von dem dänischen Astromechaniker Jens Olsen (1872–1945) entwickelt und hat eine Million Kronen gekostet. Sie zeigt nicht nur die örtliche Zeit an, sondern auch die Sonnen- und Sternzeit, Sonnenauf- und -untergang, die Bewegungen der Himmelspole, die Planetenbahnen, den gregorianischen Kalender und sogar bewegliche Feiertage wie Ostern.

STRØGET & LATINERKVARTER (ALTES UNIVERSITÄTSVIERTEL)

Der Name der Fußgängerzone Strøget (Karte S. 48) bedeutet soviel wie „Strich", denn die Flaniermeile besteht eigentlich aus fünf aufeinander folgenden Straßen (einem langen Strich eben). Sie schlängeln sich durch das historische Zentrum der Stadt und bilden einen ansehnlichen Laufsteg für Shoppingcracks, Fotofans und Straßenkünstler. Am westlichen Ende tummelt sich eine eher geschmacklose Mischung aus Souvenirläden, Billigboutiquen und Kebabimbissen. Das Bild verändert sich nach Osten Richtung Kongens Nytorv. Die „I Bike CPH"-T-Shirts machen Platz für ausgesuchte Designläden, Kaufhäuser und teure Boutiquen. Doch auch hier verkaufen die meisten Geschäfte die üblichen Weltmarken. Die durchschnittlichen Cafés und Restaurants preisen ihr überteuertes Angebot an. Am besten, man schlendert ein Stück über die Einkaufsmeile und biegt dann in eine der Seitenstraßen ab, wo es weniger wuselig, dafür kreativer und individueller zugeht.

Besonders hübsch ist das so genannte Latinerkvarter. Es liegt nördlich der Strøget rund um den alten Campus der Universität Kopenhagen. Hier gibt es lauschige Cafés, Bars, Antiquariate und alternative Boutiquen. Die 1479 gegründete Universität ist inzwischen weit über ihre ursprünglichen Grenzen hinaus gewachsen und auf einen neuen Campus auf der Insel Amager umgezogen, doch einzelne Fachbereiche wie Jura sind hier geblieben.

Im Norden des Latinerkvarter liegt der **Kultorvet**, eine ziemlich normale Einkaufsstraße mit Bierkneipen, Blumen- und Lebensmittelständen, im Sommer aber ein beliebter Treffpunkt. An sonnigen Tagen treten Straßenkünstler auf, darunter die allgegenwärtigen Panflötenspieler und Pantomimen.

Rundetårn HISTORISCHES GEBÄUDE, OBSERVATORIUM
(Runder Turm; Karte S. 48; ☎33 73 03 73; www.rundetaarn.dk; Købmagergade 52A; Erw./erm. 25/

Strøget & Latinerkvarter

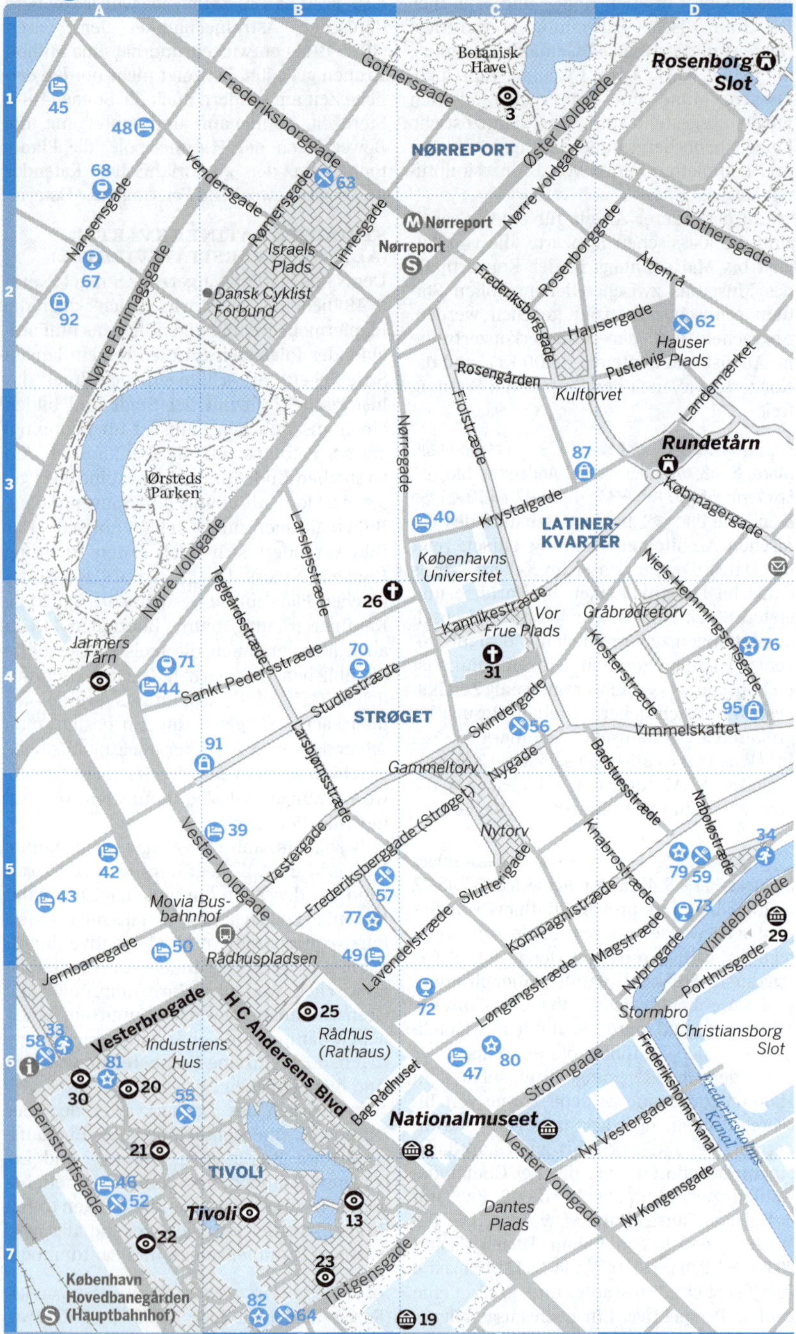

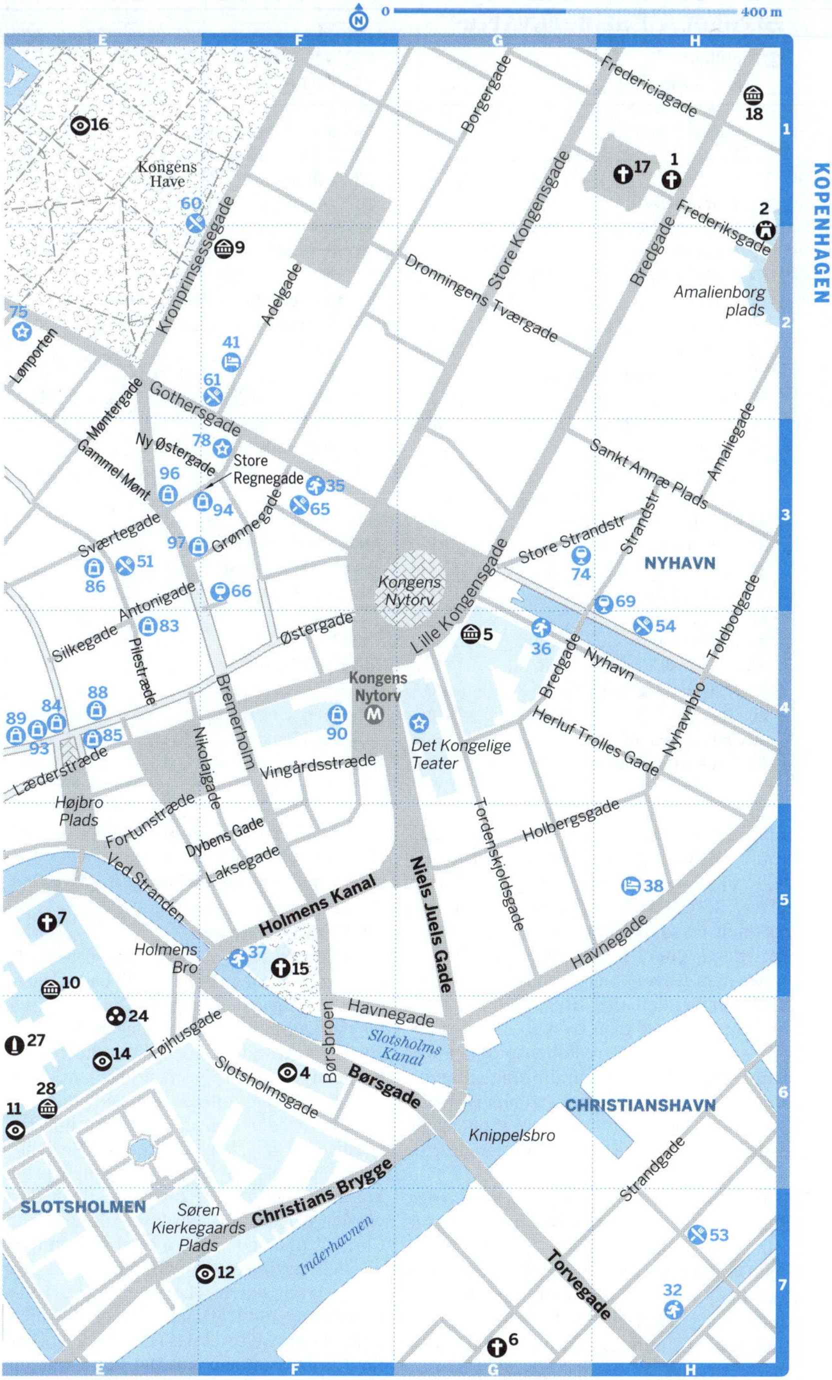

0
400 m
E
F
G
H
1
2
3
4
5
6
7
KOPENHAGEN
16
Kongens Have
60
9
Kronprinsessegade
Adelgade
Borgergade
Fredericiagade
18
17
1
2
Frederiksgade
Store Kongensgade
Bredgade
Dronningens Tværgade
Amalienborg plads
75
Lønporten
41
61
Møntergade
Gothersgade
78
Ny Østergade
Gammel Mønt
96
Store Regnegade
35
65
94
Grønnegade
97
Sværtegade
51
86
66
Antonigade
83
Silkegade
Pilestræde
Sankt Annæ Plads
Amaliegade
Strandstr
Store Strandstr
74
NYHAVN
69
54
Kongens Nytorv
Lille Kongensgade
5
36
Toldbodgade
Østergade
Bremerholm
Kongens Nytorv
Bredgade
Nyhavn
88
84
89
93
85
90
Det Kongelige Teater
Herluf Trolles Gade
Nyhavnbro
Læderstræde
Nikolajgade
Vingårdsstræde
Højbro Plads
Fortunstræde
Dybens Gade
Tordenskjoldsgade
Holbergsgade
Laksegade
Ved Stranden
Holmens Kanal
Niels Juels Gade
38
7
Holmens Bro
37
15
Havnegade
10
24
Børsbroen
Havnegade
27
Slotsholms Kanal
14
Tøjhusgade
4
Slotsholmsgade
Børsgade
28
11
CHRISTIANSHAVN
Knippelsbro
Christians Brygge
Strandgade
SLOTSHOLMEN
Søren Kierkegaards Plads
53
Inderhavnen
12
Torvegade
32
6

Strøget & Latinerkvarter

Highlights

Nationalmuseet ... C6
Rosenborg Slot ... D1
Rundetårn ... D3
Tivoli ... B7

Sehenswertes

1 Alexander Newsky Kirke ... H1
2 Amalienborg Slot ... H2
3 Botanisk Have ... C1
4 Børsen ... F6
5 Charlottenborg ... G4
6 Christians Kirke ... G7
7 Christiansborg Slotskirke ... E5
8 Dansk Design Center ... C6
9 Davids Samling ... F2
10 De Kongelige Repræsentationslokaler ... E5
11 De Kongelige Stalde & Kareter ... E6
12 Det Kongelige Bibliotek ... F7
13 Riesenrad ... B7
14 Folketinget ... E6
15 Holmens Kirke ... F5
16 Kongens Have ... E1
17 Marmorkirken ... H1
18 Medicinsk Museion ... H1
19 Ny Carlsberg Glyptotek ... C7
20 Openair-Pantomimentheater ... A6
21 Openair-Bühne ... A6
22 Tivoli-Achterbahn ... A7
23 Tivoli-Achterbahn (Der Dämon) ... B7
24 Ruinerne under Christiansborg ... E6
25 Rådhus ... B6
26 Sankt Petri Kirke ... B4
27 Statue Christians IX. ... E6
28 Teatermuseet ... E6
29 Thorvaldsens Museum ... D5
30 Tivoli Haupteingang ... A6
31 Vor Frue Kirke ... C4

Aktivitäten, Kurse & Touren

32 Christianshavns Bådudlejning og Café ... H7
33 Copenhagen City Sightseeing ... A6
34 DFDS Canal Tours ... D5
35 Københavns Cyklerbørs ... F3
36 Netto Bådene ... G4
37 Netto Bådene ... F5

Schlafen

38 Copenhagen Strand ... H5
39 First Hotel Kong Frederik ... B5
40 First Hotel Sankt Petri ... C3
41 Generator Hostel ... F2
42 Hotel Alexandra ... A5
43 Hotel Ascot ... A5
44 Hotel Fox ... A4
45 Hotel Kong Arthur ... A1
46 Hotel Nimb ... A7
47 Hotel Twentyseven ... C6

5 Kr; ⏲Mai–Ende Sept. 10–20 Uhr, sonst 10–17 Uhr) Beim Aufstieg zur Plattform des 34,8 m hohen, runden Backsteinturms folgen Besucher den Fußspuren von berühmten Persönlichkeiten: z. B. von König Christian IV., der das Observatorium für den berühmten Astronomen Tycho Brahe (S. 95) 1642 erbauen ließ, den Hufspuren des Pferdes von Zar Peter dem Großen und der Legende nach auch den Reifenspuren eines Autos, das 1902 die spiralförmige Rampe hinaufgefahren sein soll. Letzteres ist nicht bewiesen. Oben breitet sich ein großartiger Blick aus über die Dächer und Kirchturmspitzen der Stadt.

Der Turm dient bis heute als großartige Plattform für Sternengucker und ist mit seinem 3 m langen Teleskop-Fernrohr in der Dachkuppel das älteste Observatorium Europas. Besucher, die den Nachthimmel durch das Fernrohr betrachten wollen, sollten die Öffnungszeiten und -tage telefonisch erfragen.

Auf halber Höhe des Turms befindet sich eine Ausstellungsfläche, auf der zeitgenössische Kunst und Architektur gezeigt werden.

GRATIS **Vor Frue Kirke** DOMKIRCHE

(Frauenkirche; Karte S. 48; www.koebenhavnsdomkirke.dk; Nørregade 8; ⏲8–17 Uhr) Gegenüber der Universität liegt die Vor Frue Kirke, die Kathedrale von Kopenhagen. Sie wurde 1191 gegründet und nach verheerenden Bränden dreimal wiederaufgebaut. Der heutige Bau stammt aus dem Jahr 1829, gestaltet wurde er von C. F. Hansen im klassizistischen Stil. Mit ihren hohen Gewölbedecken und Säulen wirkt die Kirche wie ein Museum – was auch gut passt, denn dort werden Bertel Thorvaldsens Skulpturen von Christus und den zwölf Aposteln ausgestellt, die 1839 fertig gestellt wurden und als sein bestes Werk gelten. Thorvaldsens Christusdarstellung, mit tröstend geöffneten Armen, ist bis heute weltweit das beliebteste Vorbild für Christusstatuen. Im Mai 2004 war die

48	Ibsens Hotel	A1	73	Ruby	D5
49	Palace Hotel	B5	74	Union Bar	G3
50	The Square	A5			
	Essen			**Unterhaltung**	
51	42° Raw	E3	75	Cinemateket	E2
52	Andersen Bakery Hotdog	A7	76	Copenhagen Jazz House	D4
53	Café Wilder	H7	77	Grand Teatret	B5
54	Cap Horn	H4	78	Jazzhus Montmartre	F3
55	Grøften	A6	79	La Fontaine	D5
56	La Glace	C4	80	Mojo	C6
57	Lagkagehuset	B5		Simons	(s. 74)
58	Lagkaghuset	A6	81	Tivoli Billetcenter	A6
59	Marv & Ben	D5	82	Tivoli Koncertsal	B7
60	Orangeriet	E1		**Shoppen**	
61	Pastis	F2	83	Day Birger Mikkelsen	E4
62	Schønnemann	D2	84	Georg Jensen	E4
63	Torvehallerne KPH	B1	85	Hay	E4
64	Wagamama	B7	86	Hay	E3
65	Wokshop Cantina	F3	87	Henrik Vibskov	C3
	Ausgehen		88	Illum	E4
66	1105	F3	89	Illums Bolighus	E4
67	Bankeråt	A2	90	Magasin du Nord	F4
68	Bibendum	A1	91	Nordisk Korthandel	B4
69	Fisken	H3	92	Piet Breinholm - The Last Bag	A2
70	Jailhouse	B4	93	Royal Copenhagen Porcelain	E4
71	Never Mind	A4	94	Rützou	F3
	Nimb Bar	(s. 46)	95	Stilleben	D4
72	Oscar Bar & Café	C6	96	Storm	E3
			97	Wood Wood	E3

Vor Frue Kirke Schauplatz einer großen dänischen Hochzeit: der von Kronprinz Frederik mit Mary Donaldson.

GRATIS **Sankt Petri Kirke** KIRCHE
(Karte S. 48; www.sankt-petri.dk; Sankt Pederstræde 2; ⏲Di–Sa 11–15 Uhr) Ein weiteres, sehr ansprechendes Gotteshaus im alten Universitätsviertel ist die Sankt Petri Kirke, eine deutsche Kirche aus dem 15. Jh. und damit das älteste Kirchengebäude der Stadt.

SLOTSHOLMEN

Slotsholmen ist der Sitz der dänischen Regierung und ein Sammelsurium historischer Stätten. Die kleine Insel ist durch einen Kanal wie ein Burggraben von der übrigen Innenstadt Kopenhagens getrennt. Ihr Herzstück bildet **Christiansborg Slot** (Karte S. 48), ein riesiger Palast, der das Folketing (Dänisches Parlament) und andere Regierungsbüros beherbergt.

Mehrere kurze Brücken verbinden die Insel mit dem Rest der Stadt. Von der Ny Vestergade geht es von Westen her nach Slotsholmen. Der große Haupthof von Christiansborg diente einst als königliche Reitbahn. Mit einer **Reiterstatue von Christian IX.** (1863–1906), den Stallungen im Norden und den Kutschengebäuden im Süden erinnert hier auch heute noch vieles an Pferde.

Die Ställe und Gebäude um den Haupthof herum stammen noch aus den 1730er Jahren, als Christian VI. den ursprünglichen Christiansborg-Palast erbauen ließ, um die schlichtere Festung Kopenhagen zu ersetzen.

Der imposante Westflügel seines Palasts ging 1794 in Flammen auf, wurde im frühen 19. Jh. wieder aufgebaut und 1884 abermals vom Feuer zerstört. 1907 schließlich legte Frederik VIII. den Grundstein für den dritten (und jetzigen) Christiansborg-Palast.

KOPENHAGEN GRATIS

Kopenhagen hat den Ruf, tief in die Taschen seiner Besucher zu greifen. Viele der Hauptsehenswürdigkeiten sind aber kostenlos, wenigstens an einem Tag der Woche. Die Geldbörse kann bei einem Besuch der folgenden Orte in der Tasche bleiben (täglich; oder es wird gesondert angegeben):

» Assistens Kirkegård (S. 59)
» Christiania (S. 55)
» Kirchen, einschließlich Marmorkirken (S. 54)
» Davids Samling (S. 58)
» Den Hirschsprungske Samling (nur am Mittwoch kostenlos; S. 59)
» Folketinget (S. 53)
» Frihedsmuseet (S. 55)
» Københavns Museum (nur am Freitag kostenlos; S. 60)
» Nationalmuseet (S. 43)
» Ny Carlsberg Glyptotek (nur am Samstag kostenlos; S. 46)
» Ny Carlsberg Vej 68 (S. 60)
» Statens Museum for Kunst (S. 57)
» Thorvaldsens Museum (nur am Mittwoch kostenlos; s. u.)
» V1 Gallery (S. 60)

Neben den hier aufgeführten Sehenswürdigkeiten können Besucher die **Christiansborg Slotskirke** (Karte S. 48; Eintritt frei; ⏲Aug.–Juni So 12–16 Uhr, Juli tgl. 12–16 Uhr) bewundern, eine Kuppelkirche, die 1996 von einem verirrten Feuerwerkskörper in Brand gesteckt, mittlerweile aber sorgfältig restauriert wurde.

De Kongelige Repræsentationslokaler RENAISSANCESAAL

(Königliche Audienzräume; Karte S. 48; www.ses.dk; Erw./erm. 70/35 Kr; ⏲Mai–Sept. 10–17 Uhr, Okt.–April Mo geschl., engl. Führungen 15 Uhr) Der prachtvollste Teil von Christiansborg ist der kunstvolle Renaissancesaal, in dem die Königin Bankette gibt und Staatsoberhäupter empfängt.

Bemerkenswert sind die sehr farbenfrohen Wandteppiche, auf denen die Geschichte Dänemarks von der Wikingerzeit bis heute dargestellt ist. Zehn volle Jahre (bis 2000) dauerte es, bis die von dem Gobelindesigner Bjørn Nørgaard entworfenen Werke vollendet waren. Zu den interessantesten Stücken gehört eine Darstellung der Königin und ihres Mannes als Adam und Eva (vollständig bekleidet) in einem dänischen Garten Eden.

Thorvaldsens Museum KUNSTMUSEUM

(Karte S. 48; www.thorvaldsensmuseum.dk; Bertel Thorvaldsens Plads 2; Erw./erm. 40 Kr/frei, Mi frei; ⏲Di–So 10–17 Uhr) Das Museum stellt die Werke des bekannten dänischen Bildhauers Bertel Thorvaldsen (1770–1844) aus. Stark von der Mythologie beeinflusst, kehrte Thorvaldsen nach 40 Jahren Aufenthalt in Rom nach Kopenhagen zurück und stiftete seine private Sammlung dem dänischen Staat. Im Gegenzug stellte die Königsfamilie das Land zur Verfügung, auf dem das außergewöhnliche, freskengeschmückte Museum für Thorvaldsens Zeichnungen, Gipsformen und Statuen entstand. Außerdem birgt das Museum antike Kunstwerke aus dem Mittelmeerraum, die Thorvaldsen im Lauf seines Lebens gesammelt hat.

GRATIS Det Kongelige Bibliotek BIBLIOTHEK

(Die Königliche Bibliothek; Karte S. 48; www.kb.dk; Søren Kierkegaards Plads; ⏲Mo–Fr 9–21, Sa 10–17 Uhr) Det Kongelige Bibliotek ist die größte Bibliothek Skandinaviens. Sie besteht aus zwei unterschiedlichen Teilen: dem ursprünglichen Backsteinbau aus dem 19. Jh. und dem atemberaubenden „Schwarzen Diamanten“, einer Erweiterung des Gebäudes, die 1999 fertiggestellt wurde. Der Anbau ist mit seiner glänzend schwarzen Granitfassade, den dunklen Rauchglasfenstern und seinem Parallelogramm-Design eines der auffälligsten Beispiele moderner Architektur in Kopenhagen.

Im Inneren birgt die Nationalbibliothek eine lückenlose Sammlung aller dänischen Druckwerke, die seit 1482 erschienen sind. Sie besitzt damit rund 21 Mio. Titel.

Die Lobby bietet nicht nur einen Blick auf den Kanal, sondern auch auf ein 210 m² großes Deckengemälde des gefeierten dänischen Künstlers Per Kirkeby sowie faszinierende wechselnde Kunst- und Geschichtsausstellungen.

Außerdem gibt es einen Buchladen und ein Restaurant, das moderne dänische Küche auftischt.

Teatermuseet MUSEUM
(Theatermuseum; S. 48; www.teatermuseet.dk; Christiansborg Ridebane 18; Erw./erm. 50 Kr/frei; ⌚Di–Do 11–15, Mi 13–17, Sa & So 13–16 Uhr) In den Räumen des Hoftheaters, das von 1767 stammt und von historischen Erinnerungen überquillt, befindet sich das Theatermuseet. Die Aufführungen hier reichten von italienischen Opern und Pantomimen bis zu Ballettauftritten, wo unter anderen auch der junge Ballett-Eleve Hans Christian Andersen zu sehen war. Für das Theater, das sein Aussehen seit 1842 unverändert bewahrt hat, fiel 1881 der letzte Vorhang, doch 1922 wurde es als Museum wiedereröffnet. Bühne, Logen und Garderoben können besichtigt werden – außerdem Kulissenmodelle, Zeichnungen, Kostüme und historische Plakate, welche die Geschichte des dänischen Theaters dokumentieren. Wer mag, kann einen Blick in die königlichen Logen werfen.

Ruinerne under Christiansborg RUINEN
(Ruinen unter Christiansborg; Karte S. 48; www.ses.dk; Erw./erm. 40/20 Kr; ⌚Okt.–April 10–17 Uhr, Mo geschl.) Ein Rundgang durch das an eine Krypta erinnernde Kellergeschoss von Slotsholmen, bekannt als Ruinerne under Christiansborg, bietet einen ungewöhnlichen Einblick in die abwechslungsreiche Geschichte Kopenhagens. Unter dem Turm des heutigen Palasts liegen die Überreste von zwei älteren Festungen. Am bemerkenswertesten sind die Ruinen von Bischof Absalons Festung, der ersten Festungsanlage auf Slotsholmen, errichtet 1167.

De Kongelige Stalde & Kareter MUSEUM
(Königliche Stallungen & Kutschen; Karte S. 48; www.kongehuset.dk; Erw./erm. 20/10 Kr; ⌚Mai–Sept. Fr–So 14–16, Okt.–April Sa & So 14–16 Uhr) Besucher können die alten Kutschen, Uniformen und Reitausrüstungen, die anlässlich königlicher Empfänge zum Teil noch genutzt werden, bestaunen. Sogar die Kutsch- und Reitpferde der Königsfamilie sind zu sehen.

GRATIS **Folketinget** PARLAMENT
(Karte S. 48; www.ft.dk; Rigsdagsgården; ⌚engl. Führungen So & Feiertage 13 Uhr sowie Juli–Anfang Aug. Mo–Fr 12 & 14 Uhr) Im Folketinget debattieren die 179 dänischen Parlamentsmitglieder. Führungen umfassen auch die Wandelhalle mit dem Original der Verfassung des Königreichs Dänemark, die 1849 in Kraft getreten ist. Kostenlose Tickets gibt es am Tag der Führung ab 9 Uhr am Eingangsschalter.

GRATIS **Holmens Kirke** KIRCHE
(Kirche der Königlich Dänischen Marine; Karte S. 48; www.holmenskirke.dk; Holmens Kanal 21; Eintritt frei; ⌚Mo–Fr 10–16, Sa 9–12 Uhr) Nordöstlich von Slotsholmen, gleich auf der anderen Seite des Kanals, steht Holmens Kirke. Das historische Ziegelgebäude, dessen Hauptschiff 1562 ursprünglich als Ankerschmiede errichtet worden ist, ist 1619 in eine Kirche für die Königliche Marine umfunktioniert worden. Der Großteil des vorwiegend im niederländischen Renaissancestil gehaltenen Gebäudes stammt aus dem Jahr 1641. Die Bestattungskapelle birgt die Überreste einiger Marinepersönlichkeiten, darunter Admiral Niels Juel, der in der entscheidenden Schlacht in der Køge-Bucht 1677 die Schweden zurückgeschlagen hat.

In der Kirche hat auch Königin Margrethe II. 1967 ihr Eheversprechen gegeben. Altar und Kanzel der Kirche stammen aus dem 17. Jh. und sind sehr aufwändig aus Eichenholz gefertigt.

Børsen HISTORISCHES GEBÄUDE
(Börse; Karte S. 48; Børsgade) Ein weiteres, eindrucksvolles Renaissancegebäude ist die Børsen am östlichen Rand von Slotsholmen. In den 1620er Jahren unter Christian IV. erbaut, sind besonders die reich verzierten Giebel und die Turmspitze aus vier ineinander verschlungenen Drachenschwänzen bemerkenswert. Die Handelskammer, die während der wechselvollen Herrschaft von Christian IV. eingerichtet wurde, wird noch heute genutzt und ist die älteste Europas. Für die Öffentlichkeit sind die Räume nicht zugänglich.

VON NYHAVN ZUR KLEINEN MEERJUNGFRAU

Wenn die Sonne über Kopenhagen strahlt, ist es eine gute Idee, am Nyhaven Kanal ein Bier zu zischen. Der Kanal wurde gebaut, um Kongens Nytorv mit dem Hafen zu verbinden. Es war lange ein Lieblingsort der Matrosen und Schriftsteller. Einer von ihnen war Hans Christian Andersen, der dort den Großteil seines Lebens (nacheinander in den Häusern Nummer 20, 18 und 67) verbrachte. Heute ist Nyhavn ein beliebtes Postkartenmotiv mit Touristengedränge, bunt gestrichenen Giebelhäusern, Heringständen und schäumendem Bier. Jenseits des Wirbels von Nyhavn liegt das hochherrschaftliche Viertel Frederiksstaden – Heimat der beliebten königlichen Familie, der pompösen Marmorkirken, faszinierender Museen sowie herausragender Kunstgalerien und Antiquitätenläden in den Straßen Bredgade und Store Kongensgade. Am nördlichen Ende liegen die alte Stadtfestung Kastellet und gleich nebenan das enttäuschendste Touristenziel Kopenhagens: die Kleine Meerjungfrau.

LP TIPP **Designmuseum Danmark** MUSEUM

(Karte S. 44; www.designmuseum.dk; Bredgade 68; Erw./erm. 60 Kr/frei; ⌚Di–So 11–17 Uhr) Südlich vom Kastellet liegt das dänische Designmuseum im ehemaligen Frederikshospital von 1752. Die zusammengewürfelte Sammlung umfasst rund 300 000 Gegenstände aus Europa und Asien, die bis ins Mittelalter zurückreichen. Das Museum richtet sich vor allem an jene, die sich für angewandte Kunst und Industriedesign interessieren.

Zu sehen ist eine umfangreiche Ausstellung dänischen Silbers und Porzellans sowie jede Menge zeitgenössisches Design aus Dänemark. Eine Abteilung dokumentiert dänisches Stuhldesign im 20. Jh. und zeigt Stühle der richtungsweisenden Designer Kaare Klint, Poul Henningsen und Arne Jacobsen. Das Café des Museums hat an sonnigen Tagen Plätze im herrlichen Außenbereich.

Amalienborg Slot SCHLOSS

(Karte S. 48; www.dkks.dk/amalienborgmuseet; Amalienborg Plads; Erw./erm. 60 Kr/frei; ⌚Mai–Okt. 10–16 Uhr, sonst kürzer) Besucher können in einem Flügel von Schloss Amalienborg königliche Gemächer besichtigen, die zwischen 1863 und 1947 von drei Generationen des Königshauses genutzt wurden.

Die Räume enthalten schwere Eichenmöbel, Wandteppiche aus vergoldetem Leder, Familienfotos und alten Nippes. Sie umfassen Arbeitszimmer und Salon von Christian IX. (1863–1906) und Königin Louise, deren sechs Kinder in fast ebenso viele Königshäuser eingeheiratet haben: Eines bestieg z. B. den Thron von Griechenland, ein anderes heiratete den russischen Zaren Alexander III. Täglich zur Mittagszeit findet vor dem Schloss die **Wachablösung** statt – eigens zur Unterhaltung der Schaulustigen, wie es scheint. Die neue Wache marschiert um 11.30 Uhr von der Kaserne an der Gothersgade durch das Stadtzentrum zu ihrem Posten.

DÄNISCHES DESIGN

- » Designmuseum Danmark (s. oben)
- » Dansk Design Center (S. 47)
- » Illums Bolighus (S. 79)
- » Hay (S. 79)
- » Designer Zoo (S. 79)

Marmorkirken KIRCHE

(Marmorkirche; Karte S. 44; www.marmorkirken.dk; Frederiksgade 4; Kirche Eintritt frei, Kuppel Erw./erm. 25/10 Kr; ⌚Kirche Mo–Do 10–17, Fr–So 12–17 Uhr, Kuppel Juli & Aug. Sa & So 13 & 15 Uhr) Die auch Frederikskirken genannte Marmorkirken ist eine imposante, neobarocke Kirche einen Block westlich von Amalienborg Slot. Die gewaltige, vom Petersdom in Rom inspirierte Kuppel hat einen Durchmesser von über 30 m und ist eines der eindrucksvollsten Wahrzeichen der Stadt.

Die Planung der Kirche wurde von Frederik V. in Auftrag gegeben und von Nicolai Eigtved im Rahmen eines großen Projekts entworfen, zu dem auch das Stadtpalais von Amalienborg gehörten. Der Bau der Kirche begann 1749, hatte aber – teils wegen der enormen Preise für norwegischen Marmor – mit finanziellen Problemen zu kämpfen und musste bald eingestellt werden.

Erst als C. F. Tietgen, Dänemarks wohlhabendster Geldgeber des 19. Jhs., das Projekt unterstützte, konnte der Bau fertiggestellt werden. 1894 wurde die Kirche eingeweiht.

Ihre Außenseite säumen Statuen von dänischen Theologen und Heiligen. Lohnend ist nicht nur eine Besichtigung des Inneren mit dem riesigen, runden Kirchenschiff, sondern auch die Besteigung der Kuppel, von der sich eine weite Aussicht auf die Stadt eröffnet.

Charlottenborg KUNSTMUSEUM

(Karte S. 48; www.kunsthalcharlottenborg.dk; Nyhavn 2; Erw./erm. 60 Kr/frei, Mi ab 18 Uhr frei; ⌚Di & Do–So 11–18, Mi bis 21 Uhr) Gegenüber von Kongens Nytorv liegt Charlottenborg, das

1683 als Palast für die Königsfamilie erbaut wurde. Seit 1754 beherbergt es die Königliche Kunstakademie. Ihre Ausstellungshalle zeigt sehenswerte Wechselausstellungen moderner Kunst dänischer und internationaler Künstler. Im Museumscafé stehen Möbel des italienischen Designers Martino Gamper.

GRATIS Alexander Newsky Kirke — KIRCHE

(Karte S. 48; Bredgade 53; Eintritt frei; ⏲nur während der Messen) Eine Reihe von Sehenswürdigkeiten und viele erstklassige Antiquitätenhändler und Auktionshäuser säumen die exklusive Bredgade. Die Alexander Newsky Kirke wurde 1883 von Zar Alexander III. im russisch-byzantinischen Stil errichtet.

Medicinsk Museion — MUSEUM

(Karte S. 48; www.museion.ku.dk; Bredgade 62; Erw./erm. 50/30 Kr; ⏲Führung auf Englisch Juli & Aug. tgl. 14.30 Uhr, auf Dänisch ganzjährig Mi, Do, Fr & So 13.30, 14.30 & 15.30 Uhr) Gegenüber der Alexander Newsky Kirke liegt das Medicinsk Museion, in der ehemaligen chirurgischen Akademie von 1786. Es befasst sich mit der Geschichte der Medizin, Pharmazie und Zahnheilkunde der letzten 300 Jahre.

GRATIS Sankt Ansgars Kirke — DOMKIRCHE

(Karte S. 44; Bredgade 64; Eintritt frei; ⏲Di–Fr 10–16 Uhr) Die Sankt Ansgars Kirke neben dem medizinhistorischen Museum ist die römisch-katholische Kathedrale von Kopenhagen. Sie wurde 1841 im neoklassizistischen Stil erbaut und hat eine farbenfroh bemalte Apsis.

GRATIS Frihedsmuseet — MUSEUM

(Museum des dänischen Widerstands; Karte S. 44; www.natmus.dk; Churchillparken; ⏲Okt.–April Di–So 10–15, Mai–Sept. Di–So 10–17 Uhr) Das Museum dokumentiert den dänischen Widerstand während der deutschen Besetzung von 1940 bis zur Befreiung 1945. Es informiert über die dänische Untergrundpresse, geheime Funkkontakte mit England und Schleuseraktionen, die 7200 dänische Juden vor den Nazis gerettet haben.

CHRISTIANSHAVN

Der Stadtteil Christianshavn lebt vor allem vom Charme der Kanäle, von den Caféterrassen und der gelassenen Stimmung. Das Viertel im Südosten des Zentrums wurde von Christian IV. im frühen 17. Jh. als Handelszentrum und militärischer Schutzwall für die expandierende Stadt gegründet. Die Ähnlichkeit mit Amsterdam ist kein Zufall: Das Netz der Wasserstraßen ist nach dem Vorbild der niederländischen Grachten entstanden. An den Freigeist von Amsterdam erinnert auch die berühmteste Attraktion des Bezirks – das alternative, nach Hasch duftende Wohnviertel **Christiania**.

Noch immer von den alten Wallanlagen umgeben, bietet das moderne Christianshavn eine interessante Mischung aus einförmigem sozialem Wohnungsbau und schmucken ehemaligen Lagerhäusern, die heute als Luxuswohnungen oder Regierungsbüros dienen. Die Gegend hat einen bunten Haufen von Künstlern, Yuppies und anarchistischen Aussteigern angezogen, außerdem gibt es hier eine recht große Gemeinde von Grönländern (so war Christianshavn auch ein Schauplatz des erfolgreich verfilmten Romans *Fräulein Smillas Gespür für Schnee*). Christianshavn ist entweder zu Fuß zu erreichen (von Slotsholmen über die kupferfarbene Knippelsbro), mit einem Bus der Linien 2A, 19, 48 oder 350S oder mit der Metro.

Christiania — STADTTEIL

(Karte S. 44; www.christiania.org; Prinsessegade) 1971 haben Demonstranten ein großes, verlassenes Kasernengelände im Osten von Christianshavn besetzt und zur „Freistadt" mit eigenen Gesetzen erklärt. Die Polizei versuchte, das Gebiet zu räumen, aber da die Hippiebewegung auf ihrem Höhepunkt war, strömte eine nicht enden wollende Masse von Alternativen aus ganz Dänemark herbei, fasziniert von der Idee des alternativen Zusammenlebens und dem Ziel, das Militärgebiet friedlich zu nutzen.

Die Regierung beugte sich schließlich dem öffentlichen Druck und erlaubte das Fortbestehen der Kommune als soziales Experiment. Rund 1000 Menschen siedelten sich in Christiania an, verwandelten die alten Kasernengebäude in Schulen und Wohnungen, gründeten kollektive Betriebe und entwickelten Müllrecycling-Programme.

Irgendwann schien es den unabhängigen, umweltorientierten und generell sehr toleranten Einwohnern von Christiania ratsam, ihre anarchistische Alles-ist-erlaubt-Einstellung in bestimmten Bereichen einzuschränken. Harte Drogen wurden verboten, und die Heroin- und Kokaindealer wurden ausgewiesen; der Verkauf von Marihuana und Haschisch in der „Pusher Street" hingegen wurde noch jahrelang toleriert.

Das Gelände ist enorm groß und zeichnet sich durch eine einzigartige Lage aus, so

DIE KLEINE MEERJUNGFRAU

New York hat seine Freiheitsstatue, Sydney sein (von einem Dänen entworfenes) Opernhaus und wenn die Welt an Kopenhagen denkt, kommt ihr wahrscheinlich die **Kleine Meerjungfrau** (Den Lille Havfrue; Karte S. 44) in den Sinn. Sie wird geliebt oder abgelehnt (Kopenhagener verziehen bei ihrer bloßen Erwähnung schon das Gesicht). Aber es ist unbestritten, dass diese kleine, unspektakuläre Statue die meist fotografierte Sehenswürdigkeit Dänemarks ist – gleichzeitig aber bei zahllosen Touristen für enttäuschtes Achselzucken sorgt, wenn sie nach rund einem Kilometer Fußmarsch am oft windigen Kai entlang vor ihr stehen.

1909 war der dänische Bierbaron Carl Jacobsen von einer Ballettaufführung des Andersen-Märchens *Die Kleine Meerjungfrau* so gerührt, dass er den Bildhauer Edvard Eriksen beauftragte, als Schmuck für den Kopenhagener Hafen eine Statue der Nixe zu schaffen.

Das Gesicht der berühmten Statue wurde nach der Ballerina Ellen Price modelliert, während Eline Eriksen, die Frau des Bildhauers, für den Körper Modell stand.

Die Weltwirtschaftskrise und die deutsche Besetzung während des Zweiten Weltkriegs hat die Kleine Meerjungfrau unbeschadet überstanden, doch in den letzten Jahren ist es der First Lady Dänemarks weniger gut ergangen. Mehrere Enthauptungen und verlorene Körperteile waren die Folge von Vandalismus und politischen Protestaktionen.

Zum Teil wohl als Reaktion darauf hat Carlsberg im Jahr 2006 bei dem dänischen Künstler Bjørn Nørgaard eine neue Kleine Meerjungfrau in Auftrag gegeben. Die „genetisch manipulierte" neue Jungfrau sitzt nur einige hundert Meter vom Original entfernt. Und auch wenn Eriksens Schöpfung unbestritten die hübschere Version ist, kommt Nørgaards missgebildete Figur dem Geist von Andersens düsteren, verwickelten Märchen irgendwie näher. Seine fischschwänzige Heldin erleidet offensichtlich physische und psychische Qualen und findet ihr Glück doch nicht.

dass die Regierung immer wieder versucht hat, das Land zurückzufordern, das sie vor über 35 Jahren an die Bewohner von Christiania „verliehen" hat. Im Juni 2011 haben sich die „Christianiter" gegenüber der Regierung vertraglich verpflichtet, das Land bis 2018 offiziell zu kaufen – für stattliche 76 Mio. Kronen. Die nächsten Jahre werden eine große Herausforderung für das Viertel und seine Bewohner, die das Geld durch Bankkredite und Veranstaltungen auftreiben wollen.

Trotz des Drucks hat Christiania seinen freien Geist nicht verloren. Besucher sind willkommen, zu Fuß oder auf dem Fahrrad. Die Kommune hat einen eigenen kleinen Markt, ein paar Handwerksläden und Restaurants; der offene Verkauf von Drogen ist inzwischen verboten. Es lohnt sich, vor allem die ruhigeren Ecken abzulaufen, wo weitläufige Pfade an selbstgebauten Hütten und heimeligen kleinen Gärten vorbeiführen.

Der Hauptzugang nach Christiania liegt an der Prinsessegade, 200 m nordöstlich der Kreuzung mit der Bådsmandsstræde. Es gibt sogar **Führungen** (☎32 57 96 70; www.rundvisergruppen.dk; 40 Kr pro Pers.; ⏱Ende Juni–Aug. tgl. 15 Uhr, Sept.–Juni Sa & So 15 Uhr) durch Christiania. Treffpunkt ist der Haupteingang. Ein **Infocafé** (☎32 95 65 07; nytforum@christiania.org; ⏱12–18 Uhr) befindet sich an der „Pusher Street" direkt neben dem Café Oasen. Hier gibt es auch den nützlichen Christiania Guide (10 Kr).

Vor Frelsers Kirke KIRCHE, AUSSICHTSTURM

(Erlöserkirche; Karte S. 44; Sankt Annæ Gade 29; Kirche Eintritt frei, Turm Erw./erm. 30/10 Kr; ⏱Kirche 11–15.30 Uhr; Turm Juni 10–16 Uhr, Juli–Mitte Sept. Mo–Sa 10–19, So 10.30–19 Uhr, sonst kürzer) Wenige Minuten südwestlich von Christiania liegt die Vor Frelsers Kirke aus dem 17. Jh. Sie ist prachtvoll ausgestattet mit einer kunstvoll geschnitzten Orgel von 1698 und einem reich verzierten Barockaltar mit Cherubinen und Engeln aus Marmor.

Vom 95 m hohen Spiralturm eröffnet sich eine atemberaubende Aussicht auf die Stadt. Wer sie genießen möchte, muss den Aufstieg über 400 Stufen bewältigen, von denen die letzten 150 an der Außenseite verlaufen und immer schmaler werden, bis sie oben schließlich fast ganz verschwinden. Die originelle Spitze wurde 1752 von Lauritz de Thurah hinzugefügt, der sich von Borrominis Turm der Kirche Sant'Ivo in Rom inspirieren ließ. Bei ihrer Einweihung hat auch König Frederik V. sie erklommen.

Orlogsmuseet MUSEUM

(Königlich Dänisches Marinemuseum; Karte S. 44; www.orlogsmuseet.dk; Overgaden Oven Vandet 58; Erw./erm. 40 Kr/frei; ⌚Di–So 12–16 Uhr) Das ehemalige Marinekrankenhaus am Christianshavn-Kanal ist ein Paradies für alle, die am liebsten mit Hobbykleber und Modellen werkeln. Im dänischen Marinemuseum stehen mehr als 400 Schiffsmodelle aus dem 16. bis 19. Jh. Zu den Schätzen gehören außerdem Galionsfiguren, Navigationsgeräte, Schiffslaternen und die Schraube des deutschen U-Boots, das den Passagierdampfer *Lusitania* 1915 versenkt hat.

Lille Molle WINDMÜHLE

(Karte S. 44; www.natmus.dk; Christianshavns Voldgade 54; Erw./erm. 50 Kr/frei; ⌚Führungen Juni–Sept. Sa & So 13, 14 & 15 Uhr) Die Windmühle aus dem 17. Jh. ging in den 1970er Jahren an das Nationalmuseum und ist so erhalten, wie ihre letzten Besitzer sie verlassen haben – und die haben sie in einem sehr interessanten Zustand zurückgelassen. Wer zur rechten Zeit kommt, kann vor oder nach der Führung im dazugehörigen Café-Restaurant Bastionen & Løven (S. 71) hervorragend essen.

Christians Kirke KIRCHE

(Karte S. 48; Strandgade 1; Eintritt frei; ⌚Di–Fr 10–16 Uhr) Die Christians Kirke wurde 1759 nach einem Entwurf des Architekten Nicolai Eigtved fertig gestellt. Der ungewöhnliche theaterähnliche Rokokoinnenraum diente früher der deutschen Gemeinde Kopenhagen als Versammlungsraum.

VON NØRREPORT BIS NØRREBRO

Zwei der interessantesten Stadtteile Kopenhagens säumen die seichten Binnenseen der Stadt: Nørreport östlich und Nørrebro nordwestlich davon. Nørreports Hauptstraße ist die Nansengade, eine unauffällige Straße, in der sich stimmungsvolle Cafés, Bars und unabhängige Boutiquen tummeln. Auf der anderen Seite des Wassers befindet sich das lebhaftere Nørrebro mit dicht gedrängten, wild bemalten Wohnhäusern aus dem 19. Jh., multikulturellem Flair, wimmeligen Cafés, Bars und Clubs und individuellen Boutiquen. Lange waren Straßen wie Elmegade, Blågårdsgade, Ravnsborggade und Sankt Hans Torv in Sachen Coolness und Atmosphäre das Maß aller Dinge in Nørrebro, heute wird ihnen von der Jægersborggade der Rang abgelaufen.

Westlich vom eigentümlich-zauberhaften Friedhof Assistens Krikegård – der letzten Ruhestätte vieler bekannter Dänen, wie Hans Christian Andersen – verändert sich der einst berüchtigte Drogenumschlagsplatz rasant in einen der angesagten Plätze für feine Restaurantkultur und nette Cafés.

LP TIPP **Statens Museum for Kunst** KUNSTMUSEUM

(Staatliches Kunstmuseum ; Karte S. 44; www.smk.dk; Sølvgade 48-50; Eintritt frei; ⌚Mi 10–20, Di & Do–So bis 17 Uhr) Die dänische Nationalgalerie wurde 1824 gegründet, um die Kunstsammlung der königlichen Familie unterzubringen. Das ursprünglich im Christiansborg Slot eingerichtete Museum wurde 1896 an seinem heutigen Ort eröffnet. Dank eines riesigen, modernen und lichtdurchfluteten Anbaus in neuerer Zeit ist es das größte Kunstmuseum in Dänemark.

Seine Sammlung umfasst europäische Kunst aus sieben Jahrhunderten, von religiöser Kunst des Mittelalters bis hin zu abstrakten Werken moderner Kunst. Es besitzt eine sehenswerte Abteilung alter holländischer Meister, darunter Rubens und Frans Hals, ebenso wie zeitgenössische Gemälde von Matisse, Picasso und Munch. Außerdem gibt es eine riesige Sammlung von Zeichnungen, Stichen und Lithografien mehrerer prominenter Künstler wie Degas und Toulouse-Lautrec.

Wie nicht anders zu erwarten, gibt es auch eine ausgezeichnete Sammlung dänischer Kunstwerke, darunter Arbeiten von C. W. Eckersberg, Jens Juel, Christen Købke, P. S. Krøyer und Per Kirkeby. Mit speziellen Programmen wird das ganze Jahr hindurch dafür gesorgt, dass sich auch die Kinder nicht langweilen. Außerdem gibt es ein fabelhaftes, lichtes Café und überall guten Zugang für Rollstuhlfahrer.

Rosenborg Slot SCHLOSS

(Karte S. 48; www.dkks.dk; Øster Voldgade 4A; Erw./erm. 75 Kr/frei; ⌚Juni–Aug. 10–17 Uhr, Sept. & Okt. 11–16 Uhr, sonst kürzer) Östlich von Nørreport liegt das herrliche Rosenborg Slot aus dem frühen 17. Jh. mit seiner märchenhaften Kulisse aus Burggräben und Gärten. Es wurde zwischen 1606 und 1633 von König Christian IV. im niederländischen Renaissancestil erbaut und als Sommerresidenz genutzt. Ein Jahrhundert später errichtete König Frederik IV., dem Rosenborg zu eng wurde, einen größeren Palast nördlich der Stadt in Fredensborg. In den folgenden Jahren wurde

Rosenborg hauptsächlich für offizielle Amtshandlungen und zur Verwahrung der königlichen Erbstücke genutzt. In den 1830er Jahren entschied die Königsfamilie, das Schloss als Museum für Besucher zu öffnen, es aber weiterhin als Schatzkammer für königliche Insignien und Kronjuwelen zu nutzen. Und das ist noch heute so.

Die 24 Gemächer in den oberen Stockwerken zeigen Möbel und Porträts jedes Monarchen von Christian IV. bis Frederik VII. Im Untergeschoss findet sich die eindrucksvolle Sammlung der Kronjuwelen, darunter die reich verzierte Krone von Christian IV., das mit Juwelen besetzte Schwert von Christian III. und die Smaragde und Perlen von Königin Margrethe.

Kongens Have (Königliche Gärten; Karte S. 48), die weitläufigen Grünflächen hinter Rosenborg Slot, ist die älteste öffentliche Parkanlage der Stadt – mit akkurat geschnittenen Buchshecken, herrlichen Rosenbeeten und vielen schattigen Plätzchen. Sie sind ein sehr beliebtes Picknickgelände und an Sommernachmittagen Spielort eines kostenlosen Marionettentheaters.

GRATIS **Davids Samling** KUNSTMUSEUM

(Sammlung David; Karte S. 48; www.davidmus.dk; Kronprinsessegade 30-32; Eintritt frei; ⌚Di & Fr 13–17, Mi 10–21, Do 10–17, Sa & So 11–17 Uhr) Davids Samling, östlich von Kongens Have, ist eine herrliche Rarität. Das Museum beherbergt Skandinaviens größte Sammlung islamischer Kunst, darunter Schmuck, Keramik, Seide und kostbare Stücke wie ein 3000 Jahre alter Krug aus ägyptischem Bergkristall und ein 500 Jahre alter indischer Dolch, besetzt mit Rubinen. Alle diese Stücke befinden sich im 4. Stock und sind schon alleine einen Besuch wert. Der Weg dorthin lohnt sich auch, um die dänischen, englischen und französischen Möbel und Kunstobjekte aus dem 18. und 19. Jh. zu bewundern. Der ganze Reichtum wurde dem Museum von dem 1960 verstorbenen Rechtsanwalt Christian Ludvig David vermacht und wird von seiner Stiftung verwaltet. Das Museum befindet sich in seinem ehemaligen Wohnhaus, einer klassizistischen Villa von 1806.

GRATIS **Botanisk Have** PARK

(Botanischer Garten; Karte S. 48; www.botanik.snm.ku.dk; Gothersgade 128; Eintritt frei; ⌚Mai–Sept. 8.30–18 Uhr, Okt.–April Di–So bis 16 Uhr) Der 10 ha große Botanisk Have umfasst lauschige Laubenpfade, Terrassen, Steingärten und Teiche sowie das **Palmehus** (Palmenhaus; ⌚10–15 Uhr, Okt.–April Mo geschl.), ein riesi-

HINTERGRUND

TUE HESSELBERG FOGED, ARCHITEKT

Mein Lieblingsviertel...

... ist Islands Brygge. Das war früher ein Arbeiterviertel, mit Industrie am Hafen. Heute liegt hier das Freibad Copencabana. Im Sommer ist es gerammelt voll mit fast nackten Menschen, die ins Hafenwasser hopsen. Das Wasser ist sauber, man kann mitten in der Stadt schwimmen. Das hat Symbolcharakter und zeigt, was in Kopenhagen möglich ist – kostenlos und für jeden zugänglich. Nicht ist besser, als hier im Juli und August abzuhängen.

Ein perfekter Tag in Kopenhagen...

... würde in meinem Lieblingspark beginnen, in Kongens Have. An schönen Tagen sind da immer viele Leute. Gegenüber liegt die vom dänischen Filminstitut betriebene Cinematek, mein nächstes Ziel. Sie zeigen dort herausragende Klassiker und Art-House-Filme. Als Nächstes stünde etwas weiter draußen der Galeriekomplex Ny Carlsberg Vej 68 auf dem Programm. Hier stellt eine der besten Galerien Kopenhagens aus, die Galleri Nicolai Wallner.

Am besten in Kopenhagen...

... sind die Festivals, wie z. B. das CPH Distortion, das die Stadt in ein gigantisches Straßenfest verwandelt. Es wird jedes Jahr größer, und allein dafür lohnt eine Reise nach Kopenhagen. Die spontanen Partys sind das Beste – das mag ich besonders an der Stadt.

Aufgeschrieben von Cristian Bonetto

ges Gewächshaus mit Tropenpflanzen, das **Kakteenhaus** (Mi, Sa & So 13–14 Uhr), das **Orchideenhaus** (Mi, Sa & So 14–15 Uhr) und ein **Gewächshaus für bedrohte Pflanzen** (Mi, Sa & So 13–15 Uhr). Ein Eingang zum Botanischen Garten befindet sich an der Kreuzung Gothersgade und Øster Voldgade, der andere an der Øster Farimagsgade.

Der Park und Rosenborg Slot sind entweder mit der S-Bahn bzw. Metro zu erreichen, bis Haltestelle Nørreport und dann weiter zu Fuß oder mit einem der häufigen Busse.

Den Hirschsprungske Samling KUNSTMUSEUM
(Sammlung Hirschsprung; Karte S. 44; www.hirschsprung.dk; Stockholmsgade 20; Erw./erm. 50 Kr/frei, Mi frei; Mi–Mo 11–16 Uhr) Die Hirschsprungske Samling ist der dänischen Kunst des 19. und 20. Jhs. gewidmet und eine bezaubernde kleine Galerie voller wunderbarer Überraschungen für Kunstfreunde, die mit der klassischen Ära dänischer Ölmalerei aus dem frühen 19. Jh. nicht vertraut sind. Die ursprünglich private Sammlung des Tabakmagnaten Heinrich Hirschsprung umfasst Werke aus dem Goldenen Zeitalter von Malern wie Christen Købke und C. W. Eckersberg, eine beachtliche Auswahl der Skagen-Maler P. S. Krøyer und Anna und Michael Ancher sowie Arbeiten dänischer Symbolisten und der Maler von der Insel Fünen.

GRATIS **Assistens Kirkegård** FRIEDHOF
(Karte S. 44; www.assistens.dk; Kapelvej 4; Eintritt frei; April–Sept. 7–22 Uhr, Okt.–März bis 19 Uhr) Der ruhige Assistens Kirkegård im Herzen Nørrebros ist letzte Ruhestätte berühmter Bürger Dänemarks, darunter des Philosophen Søren Kierkegaard, des Physikers Niels Bohr, des Dichters Hans Christian Andersen und der Maler Jens Juel, Christen Købke und C. W. Eckersberg. Die wunderbare Atmosphäre des Friedhofs, der ebenso Park wie Garten ist, lädt förmlich zum Flanieren ein.

Der Haupteingang befindet sich am Kapelvej, wo eine Broschüre mit einem Verzeichnis berühmter Grabstätten erhältlich ist.

Zoologisk Museum MUSEUM
(Karte S. 42; www.zoologi.snm.ku.dk; Universitetsparken 15; Erw./erm. 75/40 Kr; Di–So 10–17 Uhr) Im Zoologisk Museum, 1 km nördlich vom Assistens Kirkegård, sind ausgestopfte Wildtiere von Hirschen Nordseelands bis zu grönländischen Eisbären, Dioramen, ein Walskelett und Insekten zu sehen sowie Aufnahmen von Tierstimmen zu hören. Anfahrt mit einem Bus der Linien 18, 42, 43, 184, 185 oder 150S.

Experimentarium WISSENSCHAFTSZENTRUM
(Karte S. 42; www.experimentarium.dk; Tuborg Havnevej 7, Hellerup; Erw./erm. 160/100 Kr; Mo & Mi–Fr 9.30–17, Di 9.30–21, Sa & So 11–17 Uhr) Die aufwändigen interaktiven Ausstellungen zu Technik und Natur im Experimentarium sind in einer ehemaligen Abfüllhalle der Tuborg-Brauerei in Hellerup, 7 km nördlich vom Stadtzentrum, aufgebaut. Die 300 Exponate bieten viel Spaß und Unterhaltung für Kinder: vom altbewährten Spiegelkabinett bis hin zu computergestützten Aktivitäten (z. B. Musik auf einer Himmel-und-Hölle-Spielfläche komponieren, mit einem fliegenden Teppich abheben oder ein Erdbeben der Stärke fünf auf der Richterskala erleben). Anfahrt mit der S-Bahn nach Hellerup.

VON VESTERBRO BIS FREDERIKSBERG

Zwei unterschiedlichere Nachbarn als das grüne Mittelklasse-Wohnviertel Frederiksberg und das graue, städtische Vesterbro kann man sich kaum vorstellen. In beiden Stadtteilen gibt es einiges zu sehen, außerdem Restaurants, Bars und Cafés, die auf jeder Besuchsliste stehen sollten.

Vesterbro beginnt westlich des Hauptbahnhofs mit der berüchtigten Istedgade. Am Bahnhofsende der Straße liegt das Rotlichtviertel der Stadt, wo sich Sexshops, Massagesalons, knapp bekleidete Prostituierte und billige Hotels drängeln. Seit die Polizei gegen offizielle Rauschgifttreffs vorgegangen ist, lungern die Junkies hier auf den Straßen herum, was natürlich kein gutes Licht auf eine Stadt wirft, der eigentlich ein sehr fortschrittliches Sozialsystem nachgesagt wird. Weiter westlich verwandelt sich die Istedgade in eine der interessantesten Straßen der Stadt, gesäumt von individuellen Boutiquen, arabischen Gemüseläden sowie Cafés und Bars. Hier treffen sich die kreativen Bewohner von Vesterbro.

Südlich der Istedgade liegt Kødbyen (wörtlich: Fleischstadt), das ehemalige „Schlachterviertel". Einst ein Industriestandort hat es sich in eines der Trendbezirke der Stadt verwandelt, mit einer sich ständig erweiternden Schar schicker Restaurants und Bars. Hier eröffnete auch die angesagteste Kunstgalerie der Stadt: V1.

Nördlich der Istedgade liegt die Vesterbrogade, eine populäre Einkaufsstraße mit Supermärkten und durchschnittlichen

Bekleidungsgeschäften. An der Kreuzung Vesterbrogade und Frederiksberg Allé geht es rechts in den stimmungsvollen Værndamsvej. Einheimische nennen die Gegend „Klein-Paris“. In der kleinen Straße brummt es vor Cafés, Weinbars, Restaurants und Modeboutiquen.

Weiter Richtung Westen beginnt Frederiksberg, wo zwei der beliebtesten Touristenziele der Stadt liegen: Der Zoo (S. 61) und das Besucherzentrum der Carlsberg-Brauerei (s. u.). Außerdem gibt es hier mit Ny Carlsberg Vej 68 (s. u.) einen interessanten Galeriekomplex für moderne Kunst und den romantischsten Park Kopenhagens, Frederiksberg Have, mit dem kulinarischen Highlight Mielcke & Hurtigkarl (S. 72).

ANDERE LÄNDER, ANDERE SITTEN

Wer unter Einheimischen nicht auffallen möchte, halte sich an folgenden 10-Punkte-Plan:

» Rauchen wie ein Schlot

» Männer: die Krawatte wegwerfen

» Frauen: den BH im Schrank lassen

» Alle: auf die Fahrräder

» Die obere Hälfte des Brötchens weglassen und zum Mittag Smørrebrød essen

» Warten bis die Ampel grün wird

» Über Schweden lästern

» Niemals Lachs auf Vollkornbrot

» Nicht am Lampenschirm sparen

» Nicht für den Bus anstellen

Ny Carlsberg Vej 68 — KUNSTGALERIEN

(Karte S. 42; www.nycarlsbergvej68.dk; Ny Carlsberg Vej 68; ⌚ Di–Fr 12–17, bei Ausstellungen bis 15 Uhr) Einst war dies eine Garage der Carlsberg-Brauerei, heute hat es sich in eine der hippsten Kunstlocations von Kopenhagen verwandelt, mit drei Galerien unter einem Dach. Angeführt werden die drei von der **Galleri Nicolai Wallner**, die zu den wichtigsten Akteuren der modernen dänischen Kunstszene gehören. Sie vertritt Künstler wie Jeppe Hein und das in Berlin ansässige skandinavische Duo Michael Elmgreen und Ingar Dragset. Gleich nebenan folgt die ebenso etablierte wie renommierte Galerie **Nils Stærk**. Bei **IMO** werden experimentelle Kunst mit anderen Kulturveranstaltungen verknüpft, z. B. Filmvorführungen und Performances. Die Busse 10 und 3A halten in der Nähe.

V1 Gallery — KUNSTGALERIE

(Karte S. 44; www.v1gallery.com; Flæsketorvet 69-71; ⌚Mi–Fr 12–18, Uhr bei Ausstellungen Sa bis 16) In Kødbyen (dem ehemaligen Schlachterviertel von Kopenhagen) hat die progressivste Kunstgalerie Kopenhagens V1 ihre Heimat gefunden. Gezeigt werden aktuelle Werke von Newcomern ebenso wie von etablierten Lokalhelden und ausländischen Künstlern. Einige der besten Namen der Graffiti- und Street-Art haben hier schon ausgestellt, vom Briten Banksy bis zu den US-Amerikanern Todd James und Lydia Fong (alias Barry McGee).

Carlsberg-Besucherzentrum — BRAUEREI

(Karte S. 42; www.visitcarlsberg.dk; Gamle Carlsberg Vej 11; Erw./erm. 40/25 Kr; ⌚Di–So 10–16 Uhr) Direkt neben der berühmten Brauerei bietet das Carlsberg-Besucherzentrum eine Ausstellung zur Geschichte des dänischen Biers seit 1370 v. Chr. (ja, die Moorleiche eines Mädchens mit einem Krug des gut abgelagerten Gebräus im Arm wurde per Radiocarbonmethode tatsächlich auf dieses Alter datiert). Es sind alte, kupferne Braukessel und gut ein Dutzend Jütland-Brauereipferde zu sehen. Dioramen illustrieren die Hintergründe des Brauprozesses. Der Besuch endet im hauseigenen Pub, das jedem Besucher zwei Gläser Freibier ausschenkt.

Københavns Museum — MUSEUM

(Stadtmuseum Kopenhagen; Karte S. 44; www.copenhagen.dk; Vesterbrogade 59; Erw./erm. 20 Kr/frei, Fr Eintritt frei; ⌚10–17 Uhr) Getreu seinem Namen zeigt Københavns Museum in Vesterbro Ausstellungen zur Geschichte und Entwicklung der Stadt Kopenhagen – hauptsächlich Bilder und Modelle. Ein kleiner Raum ist dem Philosophen Søren Kierkegaard gewidmet, der 1813 in Kopenhagen geboren wurde und hier auch starb. Außerdem gibt es wechselnde Ausstellungen zu verschiedenen Themen, wie über aktuelle archäologische Funde.

Imax Tycho Brahe Planetarium — PLANETARIUM

(Karte S. 44; www.tycho.dk; Gammel Kongevej 10; Erw./erm. 135/85 Kr; ⌚ Mo 11.30–20.30, Di–Fr 10.30–20.30, Sa & So 9.30–20.30 Uhr) Das Planetarium, 750 m nordwestlich des Hauptbahnhofs, besitzt eine Kuppelhalle, in der mit Hilfe modernster Technik über 7500 Sterne, Planeten und Galaxien projiziert und zu einer faszinierenden Show des Nachthimmels inszeniert werden. Auf der 1000 m² großen Leinwand werden außerdem Imax- und 3-D-Filme aller Art gezeigt.

Das Planetarium ist nach dem berühmten dänischen Astronomen Tycho Brahe (1546–1601, S. 95) benannt, der astronomische Präzisionsgeräte entwickelte. Sie ermöglichten exakte Beobachtungen von Planeten und Sternen und haben ihm und anderen Astronomen den Weg für weitere Entdeckungen geebnet.

Zoologisk Have ZOO

(Zoo; Karte S. 42; www.zoo.dk; Roskildevej 32, Frederiksberg; Erw./erm. 140/80 Kr; ⌚Anfang Juni & Ende Aug. 10–18 Uhr, Ende Juni–Anfang Aug. 10–21 Uhr, sonst kürzer) Der Zoologische Garten von Kopenhagen auf dem Frederiksberg beherbergt mehr als 2500 Tiere, darunter Löwen, Elefanten, Zebras, Flusspferde, Gorillas und Eisbären. Die Giraffen und Elefanten sind in hypermodernen Behausungen untergebracht, die der britische Architekt Sir Norman Foster gestiftet hat.

Aktivitäten

Da könnte Neid aufkommen. Trotz des hohen Tabak-, Alkohol- und Fettkonsums sind schlanke Menschen die Norm in den Straßen von Kopenhagen. Was ist das Geheimnis? Wahrscheinlich die nationale Leidenschaft für körperliche Aktivitäten. Am beliebtesten ist Fahrrad fahren, wodurch die Dänen Umweltbewusstsein mit einem anständigen Training verbinden. Außerdem gibt es mehrere schöne Schwimmmöglichkeiten – wo wieder nur frustrierend gute Figuren zu sehen sind.

Bootfahren

Wer die historischen Kanäle von Christianshavn erkunden möchte, kann sich bei **Christianshavns Bådudlejning og Café** (Karte S. 48; ☎32 96 53 53; Overgaden neden Vandet 29; Boote 100 Kr/Std.; ⌚Mai–Mitte Sept. 10 Uhr bis Sonnenuntergang) am Kanal bei Christianshavns Torv ein Ruderboot ausleihen. Ein nettes Extra ist das beliebte Ufer-Café auf dem Gelände.

Es werden auch Kanutouren durch Kopenhagen angeboten, s. S. 63.

Radfahren

In Kopenhagen ein Fahrrad zu mieten, gehört zu den leichtesten Übungen. Neben dem Mietentgeld muss man eine Kaution hinterlegen: meist 500 Kr für ein normales Rad, 1000 Kr für ein Mountainbike oder Tandem. Auch Führungen per Rad sind im Angebot, s. S. 62.

Københavns Cyklerbørs FAHRRÄDER

(Karte S. 44; ☎33 14 07 17; www.cykelboersen.dk; Gothersgade 157; Fahrradmiete pro Tag/Woche 75/285 Kr; ⌚Mo–Fr 9–17.30, Sa 10–13.30 Uhr) Nahe Botanisk Have (botanischer Garten) im nordwestlichen Stadtzentrum.

Østerport Cykler FAHRRÄDER

(Karte S. 44; ☎33 33 85 13; www.oesterport-cykler.dk; Oslo Plads 9; Fahrradmiete pro Tag/Woche 85/375 Kr; ⌚Mo–Fr 8–18, Sa 9–13 Uhr) An der S-Bahnstation Østerport, nahe Gleis 13.

Schwimmen

SCHWIMMBÄDER

Egal, ob man lieber in der Halle Bahnen zieht oder ins Hafenbecken springt – in Kopenhagen gibt's das Passende. Folgende Optionen liegen am zentralsten.

GRATIS **Copencabana** HAFENFREIBAD

(Karte S. 42; ⌚Juni–Aug. 11–19 Uhr) Das Hafenfreibad im Süden der Stadt mit Sprung-, Schwimm- und Kinderbecken ist bei Sonnenanbetern und Schwimmern gleichermaßen beliebt. Es befindet sich bei Havneholmen vor dem Kino des Fisketorvet-Einkaufszentrums.

DGI-byen ERLEBNISBAD

(Karte S. 44; www.dgibyen.dk; Tietgensgade 65; Erw. 42–60 Kr, erm. 26–40 Kr; ⌚Mo–Do 6.30–22, Fr 6.30–20, Sa 9–19, So 9–18 Uhr, letzter Einlass 1 Std. vor Schluss) Ein riesiges Badezentrum der Extraklasse, mit mehreren Becken, darunter ein großes elliptisches Becken mit 100-m-Bahnen, ein tiefes „Gebirgsbecken" mit Kletterwand, ein Warmwasser- und ein Kinderbecken. Wer Badesachen oder Handtücher vergessen hat, kann sie hier für je 25 Kr ausleihen (Ausweis als Pfand nötig). Außerdem gehört zur Anlage noch ein kleiner Fitnessraum.

GRATIS **Havnebadet Islands Brygge** FREIBAD

(Karte S. 44; Islands Brygge; ⌚Juni–Aug. Mo–Fr 7–19, Sa & So 11–19 Uhr) Die angesagteste Freibadanlage in Kopenhagen wurde von dem Architektenduo Plot entworfen und liegt mitten in einem der Hauptkanäle der Stadt (grüne Fahnen bedeuten gute Wasserqualität, also keine Sorge wegen etwaiger Verschmutzung). Wer keine Lust zum Schwimmen hat, kann das Leben und die Sonne auf den Liegewiesen und in den Cafés genießen,

Basketball und Beachvolleyball spielen oder Skateboardfahren.

STRÄNDE

Wen kaltes Wasser nicht abschreckt, dem bietet die Umgebung von Kopenhagen eine Menge Bademöglichkeiten. Das Wasser wird regelmäßig untersucht, und wenn es Abwässer oder größere Verschmutzungen enthält, werden die betroffenen Strände geschlossen und markiert.

Amager Strandpark STRAND
Eine künstliche Bucht südöstlich vom Stadtzentrum mit riesigem Sandstrand, Cafés und Bars, wo im Sommer fast ständig Partystimmung herrscht. Dank Spielplätzen und seichtem Wasser ist der Strand ideal für Kinder. Die nächste Metrostation ist Amager Strand.

Bellevue STRAND
(Karte S. 42) Ein ansprechender und beliebter Strand bei Klampenborg an der so genannten dänischen Riviera. Anfahrt mit der S-Bahnlinie C nach Klampenborg.

Charlottenlund STRAND
(Karte S. 42) Das ist ein gut erreichbarer Strand nördlich des Stadtzentrums von Kopenhagen; Anfahrt mit der S-Bahnlinie C nach Charlottenlund.

Geführte Touren

Bustouren

Copenhagen City Sightseeing BUSTOUREN
(www.citysightseeing.dk; Abfahrt Axeltorv neben der Touristeninformation; Tickets Erw./erm. ab 125/62,50 Kr; Mai–Mitte Dez. Abfahrt alle 30 Min.) Rote Doppeldeckerbusse, die man nach Belieben besteigen und wieder verlassen kann, bieten auch drei thematische Touren: Meerjungfrau, Carlsberg und Christiania. Mehrsprachige Bandansagen sorgen für die Hintergrundinfos. Ein zwei Tage gültiges „Freedom-Ticket" (Erw./3–11 J. 220/110 Kr) schließt auch die DFDS-Kanaltouren (S. 63) ein.

GROSSE ABENTEUER FÜR KINDER

- Tivoli (S. 43)
- DGI-byen (Erlebnisbad; S. 61)
- Nationalmuseet (S. 43)
- Kanalbootstour (s. rechts)
- Planetarium (S. 60)

Mehr zum Reisen mit Kindern s. S. 30.

Fuß- & Radtouren

Joggingtours JOGGINGTOUREN
(☎61 60 69 67; www.joggingtours.dk; 200 Kr pro Pers.) Studenten der Universität Kopenhagen bieten geführte Joggingtouren auf drei Routen an: Frederiksberg-, Nørrebro- und Königstour.

Copenhagen Walking Tours STADTSPAZIERGÄNGE
(☎40 81 12 17; www.copenhagen-walkingtours.dk) Organisiert verschiedene thematische Stadtrundgänge, die meist um die 100 Kr pro Person kosten.

History Tours STADTSPAZIERGÄNGE
(☎28 49 44 35; www.historytours.dk; Preise variieren) History Tours bietet vom Højbro Plads (nördlich der Christiansborg Slotskirke) aus Rundgänge mit geschichtlichem Schwerpunkt durch das Stadtzentrum an.

Bike Copenhagen With Mike RADTOUREN
(☎26 39 56 88; www.bikecopenhagenwithmike.dk) Wer nicht gern zu Fuß unterwegs ist, kann geführt von Bike Mike drei Stunden durch die Stadt radeln. Abfahrt vor dem Fahrradverleih Baisikeli (Turesensgade 10) westlich von Ørstedsparken (südwestlich vom Bahnhof Nørreport). Bei der Tour ist Fahrradmiete inklusive. Im Sommer werden auch thematische Touren angeboten, wie z. B. eine zur modernen Architektur Kopenhagens.

CPH:cool STADTSPAZIERGÄNGE
(☎29 80 10 40; www.cphcool.dk) Bietet sowohl Führungen zu den üblichen Touristenzielen als auch zu den angesagten Insiderplätzen an; außerdem thematische Führungen zu Gastronomie, Shoppen, Architektur und Design. Die Preise hängen von der Anzahl der Teilnehmer ab.

Kanaltouren

Ein Besuch in Kopenhagen *ohne* Bootstour durch die Kanäle ist beinahe undenkbar. Das Boot ist nicht nur eine herrliche Art, die Stadt kennen zu lernen, sondern es zeigt sie auch von einer Seite, die Landratten nicht zu Gesicht bekommen. Im Sommer bieten zwei Unternehmen geführte Kanaltouren: DFDS und Netto-Bådene. Allerdings sind die wenigsten Boote überdacht und setzen die Passagiere daher voll und ganz der Witterung aus (die in Kopenhagen selbst im Sommer recht rau sein kann). Beide Veranstalter bieten im Winter von Oktober bis März auch Touren in geschlossenen und beheizten Booten.

DFDS Canal Tours KANALTOUREN
(Karte S. 48; ☎32 96 30 00; www.canaltours.com; Erw./3–11 J./Familie 70/40/180 Kr; ⌚April–Okt. 10–17 Uhr alle 30 Min., sonst seltener) Anlegestellen in Nyhavn und Gammel Strand, von Mitte März bis Oktober auch am Marriot Hotel. Die Boote passieren die Kleine Meerjungfrau, das Opernhaus, Amalienborg und Slotsholmen. Das zwei Tage gültige „Freedom-Ticket" (Erw./3–11 J. 220/110 Kr) schließt auch Fahrten mit dem Copenhagen City Sightseeing Bus ein.

Netto-Bådene KANALTOUREN
(Karte S. 48; ☎32 54 41 02; www.havnerundfart.dk; Erw./erm. 40/15 Kr; ⌚2–5 Mal pro Std. Juli & Aug. 10–19 Uhr, Juni & Sept. –Mitte Okt. bis 17 Uhr) Netto-Bådene fahren auf den gleichen Strecken wie DFDS Canal Tours, sind aber etwas günstiger. Anlegestellen gibt es an Holmens Kirke und in Nyhavn. Zwischen Mitte Juli und August fahren die Boote auch an der Kleinen Meerjungfrau ab. Aktuelle Abfahrtszeiten stehen auf der Website.

Kanutouren

Kayak Republic KANUTOUREN
(Karte S. 44; ☎30 49 86 20; www.mykayak.dk; 325–495 Kr pro Pers.) Von Langebro aus werden zweistündige oder ganztätige Kanutouren durch die Kanäle der Stadt angeboten. Auch Vermietung von Kanus für Touren auf eigene Faust, Einzelkanu für 1/2/3 Std. 150/250/325 Kr.

Festivals & Events

Vinter Jazz Festival MUSIK
(www.jazz.dk/en/vinter-jazz) Bei dieser überschaubaren Version des sommerlichen Copenhagen Jazz Festival kann man den winterlichen Schwermut wegtanzen. Das Festival erstreckt sich meist über 17 Tage Ende Januar und im Februar, Konzerte finden an verschiedenen Orten in der Stadt statt.

CPH:PIX FILM
(www.cphpix.dk) 18 Tage im April flimmern in Kopenhagen Spielfilme über die Leinwände, über 160 Streifen aus Dänemark und anderen Teilen der Welt, begleitet von verschiedenen Veranstaltungen rund um den Film, darunter auch öffentliche Interviews mit Regisseuren und Schauspielern.

Geburtstag von Dronning Margrethe II GEBURTSTAG DER KÖNIGIN
Am 16. April grüßt die dänische Königin um 12 Uhr mittags vom Balkon des Amalienborg Schlosses ihr Volk, und Soldaten salutieren in vollständiger Gala-Uniform. Tausende kommen, um zurückzuwinken, und selbst die Stadtbusse tragen zu Ehren des Geburtstagskindes Flagge.

Copenhagen Carnival KULTUR
(www.copenhagencarnival.dk) Drei Tage zu Pfingsten bricht über Kopenhagen brasilianische Feierlust aus, mit bunten Festwagen, Musikern, Workshops und mit paillettentragenden und dem Hintern wackelnden Tänzer(innen).

Copenhagen Distortion MUSIK
(www.cphdistortion.dk) Fünf berauschende Tage Anfang Juni feiert das Copenhagen Distortion auf den Straßen und in den Clubs der Stadt, mit lärmenden Straßenpartys und berühmten DJs, die in Bars und Clubs überall in der Stadt auflegen.

Sankt Hans Aften (Johannisabend) KULTUR
Am Abend des 23. Juni geht es ab bei den Dänen. Zur längsten Nacht des Jahres werden in Parks, Gärten und, besonders beliebt, an den Stränden Lagerfeuer angefacht. Häufig wird auch eine Strohhexe auf einem „Scheiterhaufen" verbrannt; es wird gemeinsam gesungen und alle sind fröhlich.

Copenhagen Jazz Festival MUSIK
(www.jazz.dk) Das größte Kulturevent in Kopenhagen und das größte Jazzfestival in Nordeuropa Anfang Juli dauert zehn Tag. Das Programm bietet Jazz für jeden Geschmack und eine eindrucksvolle Liste von Künstlern aus Dänemark und der ganzen Welt. Weitere Infos s. S. 77.

Kulturhavn KULTUR
(www.kulturhavn.dk) An drei Tagen Anfang August belegt Kulturelles den Hafen und die Kanäle von Kopenhagen mit einem breitgefächerten Programm: Theater, Tanz, Musik, Sport und Umzüge am Strand von Islands Brygge sowie in Sydhavnen und Refshaleøen. Die meisten Veranstaltungen sind kostenlos.

Copenhagen Pride SCHWULE & LESBEN
(www.copenhagenpride.dk) Während des fünftägigen schwul-lesbischen Fests im August flattern überall in der Stadt Regenbogenflaggen. Rund um den Rådhuspladsen gibt es Livemusik und fröhlich feiernde Men-

schen sowie fabelhafte Clubpartys, Kulturveranstaltungen und eine buntvergnügte Pride-Parade am Samstagnachmittag.

Copenhagen Cooking ESSEN

(www.copenhagencooking.dk) Das größte gastronomische Festival in Nordeuropa tischt eine wirklich appetitliche Liste mit Veranstaltungen auf, die bei Kochvorführungen echter Meisterköche beginnt und über Testessen bis hin zu gastronomischen Führungen durch die Stadt reicht. Die Veranstaltungen finden in verschiedenen Lokalen und Restaurants überall in der Stadt statt, meist von Mitte August bis Anfang September.

Art Copenhagen KUNST

(www.artcopenhagen.dk) Bei dieser wichtigen Kunstmesse an drei Tagen im September präsentieren 80 Kunstgalerien aus ganz Nordeuropa zeitgenössische Künstler aus Dänemark, Schweden, Norwegen, Finnland, Island und den Färöer Inseln. Die Messe findet im Forum Copenhagen statt.

Copenhagen Design Week DESIGN

(www.copenhagendesignweek.dk) Alle zwei Jahre finden an sechs Tagen Ende August oder Anfang September Seminare, Vorführungen, Ausstellungen und Stadtführungen rund ums Thema Design statt. Außerdem bewerben sich 60 Designer mit ihrem Werken für den INDEX:Award (www.indexaward.dk), dem lukrativsten Designpreis der Welt. Die nächsten Designwochen finden 2013 und 2015 statt.

Kopenhagen Contemporary KUNST

(www.kopenhagencontemporary.com) Anfang September wird auf diesem viertägigen Festival die zeitgenössische Kunstszene Kopenhagens gefeiert, mit Werken einheimischer und internationaler Talente; Vernissagen, Performances, Gesprächsrunden und kostenlose Führungen.

Copenhagen Blues Festival MUSIK

(www.copenhagenbluesfestival.dk) Der wehmütige Sound des Blues regiert an fünf Tagen Ende September oder Anfang Oktober die Stadt. Dänische und internationale Musiker präsentieren sich dem geschätzten Publikum.

Kulturnatten (Kulturnacht) KULTUR

(www.kulturnatten.dk) Meist am zweiten Freitag im Oktober öffnen sich in den Abend- und Nachtstunden die Türen von Museen, Galerien, Theatern und Bibliotheken zu diesem stimmungsvollen Event. Zwischen 18 Uhr und Mitternacht können Inhaber des Kulturpas (Kulturpass, 90 Kr) an vielfältigen Sonderveranstaltungen teilnehmen, mit kostenlosem Transport. Infos zum Pass gibt es auf der Website.

CPH:DOX FILM

(www.cphdox.dk) CPH:DOX ist ein anerkanntes Dokumentarfilmfestival und das größte seiner Art in Skandinavien. Die Filme werden in verschiedenen Kinos überall in der Stadt gezeigt, elf Tage lang von Anfang bis Mitte November.

Tivoli WEIHNACHTEN

(www.tivoli.dk) Die Kopenhagener wissen, wie man die Weihnachtszeit stilvoll begeht, nämlich mit üppigen Dekorationen, Kirchenkonzerten und Weihnachtsmärkten. Auch der Tivoli beteiligt sich und öffnet von Mitte November bis Ende Dezember noch einmal die Tore. Es gibt einen großen Markt, Weihnachtskrippen, kostümierte Mitarbeiter und Theatervorführungen. Nur wenige Fahrgeschäfte sind in Betrieb, aber Glühwein und *æbleskiver* (kleine Apfelkrapfen) sind Entschädigung genug.

Schlafen

Kopenhagen war in den letzten Jahren von einem wahren Hotelboom gesegnet, vor allem im mittleren Preissegment. Aufmerksamkeit haben insbesondere die beiden neuen eleganten und designbewussten Budgetunterkünfte WakeUp Copenhagen und Generator Hostel erhalten. Damit ist das Übernachten in Kopenhagen kein hoffnungslos teures Abenteuer mehr, das es einmal war.

Die meisten anderen Budgetunterkünfte liegen westlich des Hauptbahnhofs, rund um die Vesterbrogade und die bunteren Abschnitte der Istedgade, nur die Neulinge WakeUp Copenhagen und Generator Hostel machen da eine Ausnahme. Man kennt das aus vielen größeren Städten der Welt: Der Bezirk, der gestern einfach nur heruntergekommen war, ist heute Trendsetter. So finden Besucher in Kødbyen die angesagtesten Restaurants und Bars von Kopenhagen.

Über die Stadt verteilt sich eine große Bandbreite von Unterkünften, vom grellen Hotel Fox mit künstlerisch gestalteten Zimmern über das schicke, schwimmende Hotel CPH Living bis zum Radisson Blu Royal Hotel im klassich dänischen Stil.

Die hier angegebenen Übernachtungspreise beinhalten Bearbeitungsgebühr und

Mehrwertsteuer. Es ist ratsam zu reservieren, da die bekannteren Mittelklassehotels schnell ausgebucht sind, besonders zur Kongresssaison (August bis Oktober), in der auch die Preise stark anziehen. Aber auch sonst schwanken die Preise sehr – je nach Jahreszeit oder Wochentag. Die meisten Hotels locken das ganze Jahr hindurch mit Rabatten. Die Hostels füllen sich im Sommer oft sehr früh am Tag. Also: rechtzeitig buchen. In Danhostels (www.danhostel.dk) gelten die angegebenen Preise nur für Inhaber eines JH-Ausweises.

Die Touristeninformation in Kopenhagen (S. 80) hilft bei der Buchung von Gästezimmern in Privatpensionen (350/500 Kr für EZ/DZ); bei Buchung über die Touristeninformation fällt eine Gebühr von 100 Kr an, Onlinebuchungen sind kostenlos. Die Touristeninfo vermittelt auch freie Hotelzimmer, meist zu ermäßigten Preisen: ab 100 Kr Nachlass in Budgetunterkünften und bis zu 50 % Rabatt in Spitzenklassehotels. Diese Ermäßigungen sind jedoch abhängig von Angebot und Nachfrage und zu den Hauptzeiten nicht unbedingt verfügbar.

UNTERKÜNFTE: PREISSPANNEN

Die Preise in diesem Kapitel beziehen sich auf Doppelzimmer mit Bad (oder Schlafsaalbetten in Hostels):

€ (Budget)	unter 600 Kr pro Nacht
€€ (Mittelklassehotels)	660 bis 1500 Kr
€€€ (Spitzenklassehotels)	über 1500 Kr

RÅDHUSPLADSEN, TIVOLI & UMGEBUNG

LP TIPP Hotel Nimb BOUTIQUEHOTEL **€€€**
(Karte S. 48; ☎88 70 00 00; www.nimb.dk; Bernstorffsgade 5; Zi. 2800–4900 Kr, Suite 6900–9000 Kr; @ WLAN) Direkt am Tivoli gelegen ist diese Boutique-Schönheit ein Liebling der internationalen Reisemagazine. Die 14 individuell gestalteten Zimmer und Suiten schaffen eine Fusion von klaren skandinavischen Linien, schöner Kunst und Antiquitäten, luxuriösen Stoffen und Hightech, wie Flachbildfernseher und Soundanlagen von Bang & Olufsen. Bis auf eines haben alle Zimmer auch einen Kamin und bieten einen Blick über den Tivoli. Schließlich sind da auch noch drei fabelhafte Restaurants und Cocktail Bars.

Hotel Fox DESIGNHOTEL **€€**
(Karte S. 48; ☎33 13 30 00; www.foxhotel.dk; Jarmers Plads 3; EZ 700–1495 Kr, DZ 850–2095 Kr; @ WLAN) Jedes Zimmer im Hotel Fox wurde von einem anderen Künstler/Designer ziemlich einfallsreich gestaltet und bereichert den Aufenthalt in der Stadt mit weit mehr als einem Hosenbügler und ein paar schönen Drucken an der Wand. Herausragende Zimmer sind Nr. 302 (marokkanisches Badehaus, wie Stanley Kubrick es eingerichtet hätte), Nr. 409 (Almhütte) und Nr. 510 (königlich).

Radisson Blu Royal Hotel HOTEL **€€€**
(Karte S. 44; ☎33 42 60 00; www.radissonblu.com; Hammerichsgade 1; DZ 1500–2300 Kr; P ❄ @ WLAN) Zentral gelegen und berühmt unter Design-Connaisseuren: Arne Jacobsen zeichnet für den Entwurf verantwortlich, und Zimmer 606 ist noch im Originalzustand – zum Preis von sauberen 5000 Kr pro Nacht. Der mehrstöckige Bau mit 260 Zimmern ist beliebt bei erfolgreichen Geschäftsreisenden und Prominenten, die in der Stadt zu Besuch sind. Der Service ist unvergleichlich, es gibt ein Fitnessstudio mit allem drum und dran und das hervorragende Alberto K Restaurant (S. 69) im obersten (20.) Stockwerk.

Hotel Twentyseven HOTEL **€€€**
(Karte S. 48; ☎70 27 56 27; www.hotel27.dk; Løngangstræde 27; EZ 820–2080 Kr, DZ 1020–2280 Kr; ❄ @ WLAN) Die Zimmer sind vielleicht etwas klein, aber das minimalistische Design und die schicken Möbel ergeben ein super cooles Hotel. Zu den Pluspunkten zählen Bio-Artikel in den Badezimmern aus schwarzem Schiefer, freundliche Mitarbeiter und ordentliche Cocktails in der beliebten Bar im Erdgeschoss (Gäste mit leichtem Schlaf sollten um ein Zimmer bitten, das weit weg liegt). Noch cooler (buchstäblich) ist die Absolut Ice Bar im Keller. Die Zimmer im 5. Stock haben Klimaanlage.

The Square HOTEL **€€**
(Karte S. 48; ☎33 38 12 00; www.thesquare.dk; Rådhuspladsen 14; EZ 1000–2200 Kr, DZ 1100–2600 Kr; ❄ @) Mit Jacobsen-Stühlen und rotem Leder aufgemotzt, präsentiert sich das exzellente 3-Sterne-Hotel mit Designertouch und einem Komfort, den es sonst nur in

teureren und förmlicheren Hotels gibt. Die Standardzimmer sind klein, aber gut ausgestattet, und einige bieten einen tollen Blick über den Rathausplatz. Außerdem sind alle Hauptsehenswürdigkeiten zu Fuß erreichbar.

First Hotel Kong Frederik HOTEL €€€
(Karte S. 48; ☎33 12 59 02; www.firsthotels.com; Vester Voldgade 25; EZ 895–2295 Kr, DZ 1095–2495 Kr; @📶) Frisch renoviert strahlt das schwarz-weiße Kong Frederik ein klassisch-vornehmes Flair aus – dunkles Holz, Antiquitäten und Bilder mit dänischen Königen und Jagdszenen. Die gut ausgestatteten Zimmer sind thematisch gestaltet: klassisch, romantisch und bibliophil (Letzteres mit silbriger „Bücherregal"-Fototapete). Die Mitarbeiter sind ausgesprochen freundlich, in der Hotelbibliothek steht eine Nespresso-Maschine.

Hotel Alexandra HOTEL €€
(Karte S. 48; ☎33 74 44 44; www.hotelalexandra.dk; HC Andersens Blvd 8; EZ/DZ ab 1445/1745 Kr; P@📶) Die Inneräume des modernisierten, schlichten Hotels werden mit Möbeln dänischer Designgrößen wie Arne Jacobsen, Ole Wanscher und Kaare Klint aufgewertet. Die Zimmer sind ohne Schnickschnack gemütlich, jedes hat moderne Kunst an den Wänden und Flachbild-TV. Die Mitarbeiter sind aufmerksam, und der Retrolook bietet eine angenehme Abwechslung vom üblichen nordisch-schicken Minimalismus.

Danhostel Copenhagen City HOSTEL €
(Karte S. 44; ☎33 11 85 85; www.danhostelcopenhagencity.dk; HC Andersens Blvd; B 135–185 Kr, EZ/DZ 520–720 Kr; @📶) Das freundliche, beliebte Hostel in einem Hochhaus – mit Panoramablick auf den Hafen und südlich des Tivoli – besitzt tolle Innenräume (Designbüro Gubi) und eine Café-Bar in der Lobby. Sowohl die Schlafsäle als auch die Einzelzimmer sind hell, freundlich und modern, jedes mit Bad. Vorab buchen.

Palace Hotel HOTEL €€€
(Karte S. 48; ☎33 14 40 50; www.scandichotels.com; Rådhuspladsen 57; EZ/DZ 2660/2860 Kr; ❄@📶) Das Palace Hotel liegt direkt am Rådhuspladsen in einem von Anton Rosen entworfenen Gebäude aus den 1920er Jahren und mit einem Turm, der ein Wahrzeichen der Stadt ist. Es schafft die Balance zwischen historischer Architektur und modernen Details. Die Räume und schicken Badezimmer sind elegant und minimalistisch, in kalt-nordischem Weiß, Pastell- und Grautönen.

Cab Inn BUDGETHOTEL €
(www.cabinn.dk; EZ/DZ ab 485/615 Kr; @📶) Funktional, gut geführt und günstig – die Cab-Inn-Kette betreibt vier Hotels in Kopenhagen. Dem Zentrum am nächsten liegt das **Cab Inn Copenhagen City** (Karte S. 44; ☎33 46 16 16; Mitchellsgade 14) südlich des Tivoli. Die Zimmer sind sehr komfortabel, wenn auch recht klein und unpersönlich. Alle haben Kabel-TV, Telefon, Gratis-Tee, eigenes Bad und kostenloses WLAN. Die Rezeption ist rund um die Uhr besetzt. **Cab Inn Scandinavia** (Karte S. 44; ☎35 36 11 11; Vodroffsvej 57, Frederiksberg) und **Cab Inn Copenhagen Express** (Karte S. 44; ☎33 21 04 00; Danasvej 32, Frederiksberg) liegen beide knapp 2 km westlich des Tivoli, das neuere **Cab Inn Metro** (☎32 46 57 00; Arne Jakobsens Allé 2) in der Nähe des Flughafens, nur wenige Schritte von der Metrostation Ørestad.

Hotel Ascot HOTEL €€€
(Karte S. 48; ☎33 12 60 00; www.ascothotel.dk; Studiestræde 61; EZ 1390–1490 Kr, DZ 1590–1690 Kr; @📶) Das freundliche Ascot liegt in einem ehemaligen Badehaus, das vor 100 Jahren vom selben Architekten (nämlich Martin Nyrop) entworfen wurde wie das Rathaus Kopenhagens. Die meisten der 190 Zimmer sind groß und klassisch im dänischen Stil eingerichtet, jedes mit großer Badewanne und einige mit Kochzeile. Gäste können den hoteleigenen Fitnessraum kostenlos nutzen; das Hotel ist nicht behindertengerecht.

STRØGET & LATINERKVARTER

Generator Hostel HOSTEL €
(Karte S. 48; ☎78 77 54 00; www.generatorhostels.com; Adelgade 5-7; B 209–312 Kr, EZ 744–790 Kr, DZ 798–845 Kr, 3BZ 768–900 Kr; @📶) Das peppige und designkundige Hostel am Rand des mittelalterlichen Kerns von Kopenhagen ist neu in der Kategorie „günstig und trotzdem schick". Überall stehen Designmöbel, die Gemeinschaftsbereiche sind elegant (mit Bar und Außenterrasse) und die Mitarbeiter jung und gut gelaunt. Die Zimmer sind zwar klein, aber hell. Einzelzimmer und Schlafsäle haben jeweils ein eigenes Bad.

First Hotel Sankt Petri HOTEL €€
(Karte S. 48; ☎33 45 91 00; www.hotelsktpetri.com; Krystalgade 22; Zi. 995–2895 Kr; ❄@📶) Ein buntes Meer aus Arne Jacobsens Ei-Sesseln

im luftigen Empfangsbereich deuten auf die Designaffinität des Sankt Petri hin. Die komfortablen Zimmer sind modern eingerichtet, mit Kunst und oft mit Ausblicken über die Dächer des Latinerkvater. Hotelgäste können im Fitnesscenter nebenan kostenlos trainieren oder an der Lobby-Bar einen Drink nehmen.

NYHAVN

71 Nyhavn Hotel HOTEL €€
(Karte S. 44; ☎33 43 62 00; www.71nyhavnhotel.dk; Nyhavn 71; EZ 1125–1750 Kr, DZ 1325–2050 Kr; @📶) Die stimmungsvolle Unterkunft ist in ein 200 Jahre altes Lagerhaus am Kanal eingezogen. Es verbindet die ursprüngliche Besonderheit des Gebäudes mit einer wunderbaren Aussicht auf den Hafen und den Nyhavn-Kanal. Die Zimmer mit Blick auf Nyhavn sind ziemlich klein; die Zimmer ohne Aussicht bieten dafür mehr Platz. Das Hotel ist besonders bei Geschäftsleuten beliebt, wodurch es an Wochenenden günstiger werden kann. Frühstück (optional) kostet 150 Kr.

Copenhagen Strand HOTEL €€
(Karte S. 48; ☎33 48 99 00; www.copenhagenstrand.dk; Havnegade 37; EZ/DZ ab 990/1285 Kr; @📶) Das ansprechende Strand-Hotel in einem Lagerhaus aus dem 19. Jh. ist dem Hafen von Kopenhagen zugewandt. Die 174 Zimmer bieten Kabel-TV, Minibar und Telefon. Die Standardzimmer sind klein, aber gemütlich, nur die Suiten bieten einen Blick auf den Hafen. Mit Business Centre und Lobby-Bar ist es eher für Geschäftsreisende interessant.

Front HOTEL €€
(Karte S. 44; ☎33 13 34 00; www.scandichotels.com; Sankt Annæ Plads 21; EZ 890–1890 Kr, DZ 1190–2190 Kr; ❄@📶) Praktisch am Ende von Nyhavn gelegen und mit Blick auf den Hafen bietet das Front eine leichte, helle Atmosphäre, die mit frechen Farben aufgepeppt wird. Die knalligen Teppiche in manchen Zimmern finden wir ziemlich mutig. Die Zimmer sehen vielleicht etwas abgenutzt aus, aber die sauberen Steinfußböden im Bad, die liebenswerten Mitarbeiter und der praktische Fitnessraum machen das wieder wett.

CHRISTIANSHAVN

LP TIPP **CPH Living** SCHWIMMENDES HOTEL €€
(Karte S. 44; ☎61 60 85 46; www.cphliving.com; Langebrogade 1C; Zi. ab 1000 Kr; 📶) Auf einem umgebauten Frachter hat das schwimmende Hotel 12 stilvolle Zimmer mit Blick auf den Hafen und die Stadt eingerichtet. Außerdem gibt es Flachbild-TV, moderne Badezimmer mit Regenwalddusche und ein gemeinschaftliches Sonnendeck für Ruhestunden. Das Frühstück ist einfach kontinental. Wegen der zentralen Lage sind das Stadtzentrum, Christianshavn und der Hafenstrand Islands Brygge leicht zu Fuß zu erreichen.

NØRREPORT

Hotel Kong Arthur HOTEL €€
(Karte S. 48; ☎33 11 12 12; www.kongarthur.dk; Nørre Søgade 11; EZ 895–1895 Kr, DZ 1095–2095 Kr; @📶) Die 107 Zimmer des Kong Arthur erstrecken sich über vier historische Gebäude und vereinen unauffällige Eleganz mit historischen Details (z. B. Ritterrüstungen). Die Zimmer erstrahlen in beruhigendem Weiß, mit Tupfen moderner Kunst sowie TV, Minibar, Hosenbügler und schicken Badezimmern. Einige Zimmer bieten einen Blick über den Peblinge Sø. Das Hotel hat einen stilvollen Innenhof und ein verglastes Atrium für das Frühstück bei schlechtem Wetter. Außerdem: Gratisnutzung von iPads.

Ibsens Hotel BOUTIQUEHOTEL €€
(Karte S. 48; ☎33 13 19 13; www.ibsenshotel.dk; Vendersgade 23; EZ 745–1745 Kr, DZ 945–1945 Kr; @📶) Das gerade sanierte Ibsens gehört zur Brøchner-Gruppe (wie Hotel Fox und Hotel Kong Arthur) und ist ein 3-Sterne-Haus mit der Exklusivität eines Boutiquehotels. Kreativität bestimmt hier den Ton, von den Stoffen und Kunstwerken bis zu den ledernen Schlüsselanhängern von Piet Breinholm (s. S. 79). Die Zimmer sind minimalistisch, aber vornehm, mit gedeckten Farben, Designarmaturen und herrlichen Betten. Der peppige, durchgestylte Frühstücksraum verwandelt sich im Lauf des Tages erst in ein Café und später in eine Bar.

VESTERBRO

LP TIPP **Hotel Guldsmeden** BOUTIQUEHOTEL €€
(www.hotelguldsmeden.dk) Zu den prachtvollen Guldsmeden-Hotels gehören das **Bertrams** (außerhalb der Karte S. 44; ☎33 25 04 05; Vesterbrogade 107; EZ 930–1595 Kr, DZ 1190–1995 Kr), das **Carlton** (Karte S. 44; ☎33 22 15 00; Vesterbrogade 66; EZ 695–895 Kr, DZ 845–1095 Kr) und das **Axel** (Karte S. 44; ☎33 31 32 66; Helgolandsgade 7-11; EZ 765–1250 Kr, DZ 895–1470 Kr) nahe der Istedgade. Das Axel verströmt die typische Atmosphäre der Guldsmeden-Hotels

mit unverputztem Stein, Holz, luxuriöser Bettwäsche, extravaganten Badewannen und Kolonialstil. All das hat diese Hotels zu gefragten Bleiben erfahrener und stilbewusster Traveller gemacht.

WakeUp Copenhagen BUDGETHOTEL €
(☎44 80 00 00; www.wakeupcopenhagen.com; Carsten Niebuhrs Gade 11; Zi 500–800 Kr; @📶) Stilbewusste Reisende mit knapperem Budget werden sich über diese günstige, schicke Alternative freuen. Ein paar Schritte von Tivoli und Hauptbahnhof entfernt, werden Gäste in einer eindrucksvollen Kombination aus Beton, Glas und Arne-Jacobsen-Stühlen empfangen. Die über 500 Zimmer sind kompakt, erfrischend und stilvoll, mit Flachbild-TV und spacigen Duschkapseln. Die günstigsten Preise gibt es bei Onlinebuchung.

Tiffany HOTEL €€
(Karte S. 44; ☎33 21 80 50; www.hoteltiffany.dk; Colbjørnsensgade 28; EZ 795–1695 Kr, DZ 895–1995 Kr; @📶) Das Tiffany, das sich selbst „Sweet Hotel" nennt, ist klein, liebenswürdig und voller Charakter. Alle 30 Zimmer bieten TV, Telefon, Hosenbügler, Bad und Kochnische mit Kühlschrank, Mikrowelle und Toaster. Die Angestellten sind nett und entgegenkommend. Das Haus liegt nur einen kurzen Fußweg vom Hauptbahnhof und von den hippen Cafés, Bars und Restaurants des Vesterbro–Viertels entfernt.

Savoy Hotel HOTEL €€
(Karte S. 44; ☎33 26 75 00; www.savoyhotel.dk; Vesterbrogade 34; EZ 695–1095 Kr, DZ 795–1475 Kr; @📶) Das hundert Jahre alte Hotel liegt im jungen Viertel Vesterbro und hat sich seinen altmodischen Charakter und die Jugendstilelemente bewahrt, obwohl die 66 Zimmer frisch renoviert wurden. Es liegt an einer verkehrsreichen Straße, doch alle Zimmer liegen zum ruhigen Innenhof; jedes hat Kabel-TV, Minibar und Kaffeemaschine. Das sympathische und tüchtige Personal gehört zum Besten in der Stadt.

GROSSRAUM KOPENHAGEN

Copenhagen Island HOTEL €€
(☎33 38 96 00; www.copenhagenisland.dk; Kalvebod Brygge; EZ/DZ 1090/1190 Kr; ❄@📶) Das elegante 325-Zimmer-Hotel steht auf einer Insel im neu erschlossenen Südhafen. Es ist nach dem Entwurf des Archtiekturbüros Utzon gebaut worden. Auch wenn einige Zimmer sehr eng sind, präsentieren sie sich erwartungsgemäß topdesignt, mit eleganten dänischen Möblen. Die Zimmer mit Hafenblick sind besonders attraktiv, ebenso wie das Fitnesszentrum und das Restaurant. Allerdings liegt der Komplex etwas weit vom Schuss.

Charlottenlund Fort CAMPINGPLATZ €
(☎39 62 36 88; www.campingcopenhagen.dk; Strandvejen 144B; Zelten pro Pers. 95 Kr; ⏲März–Ende Okt.) 8 km nördlich des Zentrums liegt ein freundlicher Campingplatz am Strand von Charlottenlund und auf dem baumbestandenen Gelände einer alten Festung mit Burggraben. Da der Platz knapp ist, empfiehlt es sich, zeitig zu reservieren. Es gibt einen Imbisskiosk, Duschen und eine Münzwaschmaschine; eine Bäckerei und ein Supermarkt liegen nur wenige hundert Meter außerhalb. Anfahrt mit den S-Bahnlinien A, B oder C bis Bahnhof Svanemøllen, umsteigen in Bus 14 (den Fahrer bitten, am Campingplatz zu halten).

Danhostel Copenhagen Bellahøj HOSTEL €
(☎38 28 97 15; www.copenhagenhostel.dk; Herbergvejen 8, Brønshøj; B/DZ/3BZ 145/430/515 Kr; ⏲1. Feb.–2. Jan.; P@📶) Das Hostel befindet sich in einem ruhigen Vorort, 4 km nordwestlich vom Zentrum. Für seine Größe (250 Betten) ist es sehr gemütlich. Zur Ausstattung gehören Waschmaschinen, Küche, Cafeteria, Fernsehzimmer und Tischtennisplatten. Anfahrt mit Bus 2A.

Danhostel Copenhagen Amager HOSTEL €
(☎32 52 29 08; www.copenhagenyouthhostel.dk; Vejlands Allé 200, Amager; B 145 Kr, EZ/DZ 460/490 Kr; P@) In einem abgeschiedenen Teil von Amager nahe der E20 und etwa 5 km südöstlich vom Zentrum entfernt liegt eine der größten Jugendherbergen Europas mit 528 Betten, verteilt auf mehrere Flachbauten mit Zwei- und Fünfbettzimmern, Waschmaschinen und Cafeteria. Die Räume sind behindertengerecht und mit der Metro bis Bella Center erreichbar.

Essen

Kopenhagen ist heute aus kulinarischer Sicht eine der begehrtesten Städte Europas. Hier findet man mehr Restaurants mit Michelinsternen als an jedem anderen Ort in Nordeuropa. Und wie wurde aus dem gastronomischen Nobody der aufstrebende kulinarische Trendsetter? Durch eine Reihe junger, kreativer Chefköche, wie René Redzepi (Noma) oder Rasmus Kofoed (Geranium), die ihre Leidenschaft für die rauen Produkte des Nordens – von frischem Fisch bis zu wilden Kräutern – mit saisonalen Zutaten schlicht kombinieren. Herausgekommen ist ein neuer Stil: Die Neue Nordische Küche – regional, leicht, verspielt und unverkennbar skandinavisch.

Bis vor Kurzem war die Neue Nordische Küche noch eine exklusive Angelegenheit für dicke Brieftaschen. Inzwischen haben aber auch lässigere und günstigere Restaurants im Bistrostil nachgezogen, z. B. Marv & Ben, Kødbyens Fiskebar und Relæ. Die letzten beiden wurden von ehemaligen Noma-Köchen gegründet, die herausragende Produkte und einheimische Kreativität einem größeren Publikum näher bringen wollten.

Aber nicht alles dreht sich um Sanddorn, *skyr* (isländische Dickmilch) und eingelegte Wachteleier. Traditionelle dänische Gerichte spielen noch immer eine große Rolle auf den Esstischen der Stadt. Und es gehört zu einem Besuch in Kopenhagen, auch die Klassiker zu probieren: *frikadeller* (Fleischbällchen), *sild* (eingelegter Hering) oder das typisch dänische Smørrebrød (z. B. bei den Institutionen Schønnemann oder Cap Horn). Heruntergespült wird das Ganze am besten mit einem kalten Bier aus einheimischer Produktion.

Der Blick auf den Stadtplan weist Vesterbro und Nørrebro als Viertel mit besonders vielen trendigen, neuen Bistros, brummenden Cafés und internationalen Spezialitäten aus; Nyhavn ist gut für Bier und Sandwich; Christianshavn bietet sich für ein nettes Mittagessen am Kanal abseits der Massen an.

Wer in Kopenhagen Essen geht, sollte ein paar Dinge beachten. Erstens: Einige der Top-Restaurants von Kopenhagen (z. B. Mielcke & Hurtigkarl) bieten mittags Sparmenüs an. Zweitens: Die Dänen sind absolut keine Südländer, d. h. nach 22 Uhr serviert kaum ein Restaurant noch warmes Essen.

Lokale, die tagsüber geöffnet haben, beginnen meist um 11 oder 12 Uhr und servieren bis etwa 15 Uhr Mittagessen. Sie öffnen dann wieder gegen 18 Uhr. Viele der besten Restaurants schließen im Juli und August für ein paar Wochen; frühzeitiges Reservieren ist notwendig.

RÅDHUSPLADSEN & TIVOLI

Im Tivoli versammeln sich knapp 30 Lokale: von einfachen Imbissbuden mit Hotdogs bis zu ganz hervorragenden Restaurants. Wer dort essen will, muss Eintritt in den Tivoli bezahlen; hat der Tivoli geschlossen, haben auch die Restaurants geschlossen.

Alberto K MODERN DÄNISCH €€€

(Karte S. 44; ☎33 42 61 61; www.alberto-k.dk; Hammerichsgade 1; 5-/7-Gänge 675/800 Kr; ⏱Mo–Sa abends) Der kulinarische Hochflieger Alberto K hat sich adäquat in der 20. Etage des Radission Blu Royal Hotel eingenistet. Einheimische Produkte, nordeuropäische Kreativität und italienische Einflüsse vereinen sich zu umwerfenden und erhabenen Geschmackserlebnissen. Besteck und Möbel von Arne Jacobsen ehren den gefeierten Designer des Hotels, die Weinkarte verzückt wählerische Weinliebhaber. Vorab reservieren.

Grøften DÄNISCH €€

(Karte S. 48; Smørrebrød 59–125 Kr, Hauptgerichte 135–310 Kr; ⏱mittags & abends) Wer sich im Tivoli vergnügt, findet im Grøften die passende Stärkung. Seit 1974 wird als Spezialität ein Smørrebrød mit kleinen Fjordkrabben, frischer Zitrone und Pfeffer angeboten. Es gibt auch deftige warme Hauptgerichte, vor allem mit Fleisch, und Fischspezialitäten.

Andersen Bakery Hotdog HOTDOGS €

(Karte S. 48; Bernstorffsgade 5; Luxus-Hotdog 50 Kr; ⏱11–18.30 Uhr) Bio-Wurst vom Schwein, Senf aus Bornholm und himmlische Pfifferlingssoße – das ist der Grand Danois von Andersen, der Rolls Royce unter den dänischen Hotdogs. Der Stand liegt direkt links neben dem Haupteingang zu Andersen Bakery. Genießer, die nicht im Gehen oder Stehen essen wollen, dürfen sich einen Stuhl der Bäckerei nehmen.

Wagamama ASIATISCH €€

(Karte S. 48; www.wagamama.dk; Tietgensgade 20; Hauptgerichte 95–135 Kr; ⏱12–22 Uhr) Auch wenn es eine britische Fastfoodketten ist, das trendige Wagamama ist eine Garantie für frische, leckere asiatische Suppen, Nudeln und Currygerichte (und das jeden Tag!). Zu Trinken gibt es frisch gepresste Obst- und Gemüsesäfte, auch Vegetarier werden nicht vergessen. Das Wagamama gehört zwar zum Tivoli-Gelände, aber es gibt auch einen anderen Eingang in der Tietgensgade.

STRØGET & LATINERKVARTER

Die Strøget und besonders die Straßen nördlich und südlich davon sind gut bestückt mit Restaurants und Cafés.

Von winzigen Kebabbuden bis hin zu traditionellen dänischen Restaurants, Cafés und trendigen Lokalen ist dort alles zu finden.

Marv & Ben MODERN DÄNISCH €€

(Karte S. 48; ☎33 91 01 91; www.marvogben.dk; Snaregade 4; 2-/3-Gänge Mittagsmenü 255/275 Kr, 3-/5-Gänge Abendmenü 315/375 Kr; ⊙Di–Sa mittags, Mo–Sa abends, Juli geschl.) Feinschmecker mit begrenztem Budget kommen in dem einfachen, eleganten Laden auf ihre Kosten. Hinter einer Glaswand zaubern die jungen Meisterköche aus regionalen Zutaten (z. B. vom elterlichen Bauernhof des Chefs in Nordseeland) Gerichte wie Tartar vom Kalb mit pochierten Eiern, Haselnüssen und Sellerie. Zwar spielt das Essen noch nicht in der gleichen Liga wie das Noma, aber die wunderbar präsentierten Gerichte mit klaren Aromen und überraschenden Kombinationen treffen meist ins Schwarze. Die Kellner sind sachkundig und aufmerksam, die Atmosphäre ist erfreulich entspannt. Vorab reservieren.

Schønnemann DÄNISCH €€

(Karte S. 48; www.restaurantschonnemann.dk; Hauser Plads 16; Smørrebrød 59–158 Kr; ⊙Mo–Sa mittags) Im Schønnemann schlagen sich die Einheimischen seit 1877 ihre Bäuche mit Smørrebrød und Schnaps voll. Ursprünglich war es vor allem bei Bauern beliebt, die ihre Ware in der Stadt verkauften, heute gehört zur Fangemeinde auch der Michelinbesternte Chefkoch des Noma (S. 71), René Redzepi. Das Schønnemann ist eine Kopenhagener Institution, also möglichst vorab reservieren.

Torvehallerne KPH MARKTHALLE €

(Karte S. 44; Israels Plads; ⊙Brot, Kuchen & Kaffee tgl. 7–21 Uhr, frische Produkte Di–Do 10–19, Fr 10–20, Sa 9–17, So 10–15 Uhr) Einen kurzen Fußweg Richtung Westen vom S-Bahnhof Nørreport liegt die brandneue Markthalle, der neue Anlaufpunkt für Feinschmecker. An den herrlichen Ständen breitet sich ein Fest für Augen und Gaumen aus – mit Früchten und Gemüsen der Saison, Fleisch, Fisch, Käse, mit dänischen und internationalen Spezialitäten. Probieren, einpacken und noch bei The Coffee Collective eine Tasse vom besten Kaffee der Stadt trinken.

Pastis FRANZÖSISCH €€

(Karte S. 48; Gothersgade 52; Hauptgerichte 185–245 Kr; ⊙Mo–Sa mittags & abends) Das peppige Bistro ist perfekt für eine Stärkung nach dem Einkaufsbummel oder eine Verabredung zum Abendessen. Die lippenstiftroten Bänke und weißen U-Bahnkacheln erinnern an Paris und New York. Gäste machen sich über den leichten *salade chévre chaud* (Salat mit gegrilltem Ziegenkäse, Walnüssen und Rosinen) her oder schwelgen in wärmenden Klassikern wie der Bouillabaisse (Fischeintopf).

42° Raw GESUNDES €€

(Karte S. 48; www.42raw.com; Pilestræde 32; Mahlzeiten 88–128 Kr; ⊙Mo–Fr 10–20, Sa bis 18, So 11–17 Uhr) In dem hippen Imbissladen stehen die Ampeln auf Gesund – zum Mitnehmen oder Vor-Ort-essen. Serviert werden Lasagne, Tapas, Pizza und tolle Salate (Tomate und Avocado mit Petersilie, Knoblauch, Chilli, rotem Quinoa und einem Dressing aus Fischöl und Essig). Auch die Getränke, Smoothies und frisch gepressten Säfte sind meisterhaft, z. B. der erfrischende Mix aus Spinat, Apfel und Basilikum.

La Glace KONDITOREI €

(Karte S. 48; www.laglace.com; Skoubogade 3; Gebäck ab 40 Kr; ⊙Mo–Do 8.30–17.30, Fr bis 18, Sa 9–17, Ende Sept.–Ostern auch So 10–18 Uhr) Dies ist *die* klassische Konditorei der Stadt, wo seit über hundert Jahren Tee und feine Kuchen serviert werden. Ein Muss für Naschkatzen.

ZWISCHEN NYHAVN & KLEINER MEERJUNGFRAU

Orangeriet DÄNISCH-FRANZÖSISCH €€

(Karte S. 48; ☎33 11 13 07; www.restaurantorangeriet.dk; Kronprinsessegade 13; Smørrebrød 70–75 Kr, 3-/5-Gänge Abendessen 345/465 Kr; ⊙tgl. mittags, Mo–Sa abends) Zauberhaft gelegen in einem ehemaligen Gewächshaus in Kongens Have hat das Orangeriet schnell die Leiter der kulinarischen Größen von Kopenhagen erklommen. Am Steuer steht der preisgekrönte Chefkoch Jasper Kure, dessen französisch-dänische Küche sich durch Einfachheit und hervorragende saisonale Produkte auszeichnet. Brilliante Gerichte sind u. a. in Salz gebackene Artischocken mit gelierter Pilzbouillon, eingelegte Pilze und gesalzene Zitronen. Sonntagmittag bleibt es einfach, mit Smørrebrød und Kuchen. Vorab reservieren.

Le Sommelier FRANZÖSISCH €€

(Karte S. 44; ☎33 11 45 15; www.lesommelier.dk; Bredgade 63; 3-Gänge-Menü 395 Kr; ⊙tgl. abends, Mitte Aug.–Juni auch Mo–Fr mittags) In der elegant-schlichten Atmosphäre mit weißen Leinentischdecken, Holzboden und alten französischen und italienischen Postern an der Wand kommt eine Fusion französischer Traditionen mit saisonalen Produkten Nordeuropas auf den Tisch. Die Gerichte sind lecker und unvergesslich, z. B. Hühnchen-Consommé mit Krebsfleisch-Ravioli, Pilzen und Ingwer. Auf der Weinkarte steht eine beeindruckende Auswahl französischer Tropfen; die Bedienung ist zurückhaltend und aufmerksam.

Cap Horn DÄNISCH €€

(Karte S. 48; www.caphorn.dk; Nyhavn 21; Hauptgerichte 189–199 Kr; ⏲mittags & abends) Das zu Recht beliebte Lokal am Kanal serviert dänische Küche aus überwiegend ökologisch angebauten Zutaten. Zu empfehlen ist ein Teller mit drei Smørrebrød, oder wenn es etwas herzhafter sein darf: gebratene Scholle mit sautierten Kapern, Tomaten und Spinat. Dazu gehört in jedem Fall Bier. Das Cap Horn ist bei Kreuzfahrtpassagieren beliebt und hat geöffnet, bis die Schar der Gäste abebbt (meist spät).

Wokshop Cantina ASIATISCH €€

(Karte S. 48; Ny Adelgade 6; Hauptgerichte 119–145 Kr; ⏲Mo–Fr mittags & abends, Sa abends) Der günstige, moderne Thailaden liegt in der Nähe von Kongens Nytorv hinter dem Hotel d'Angleterre.

CHRISTIANSHAVN

LP TIPP **Noma** MODERN DÄNISCH €€€

(Karte S. 44; ☎32 96 32 97; www.noma.dk; Strandgade 93; 7-Gänge-Menü 1095 Kr; ⏲Di–Sa mittags & abends) 2010 und 2011 stand das Restaurant ganz oben auf der S. Pellegrino-Liste der weltbesten Restaurants, es besitzt zwei Michelinsterne und ist weltweit inzwischen so etwas wie der Heilige Gral für Feinschmecker. An der Spitze steht der innovative Chefkoch René Redzepi (frühere Stationen waren El Bulli und The French Laundry). Er treibt die Neue Nordische Küche zu immer höheren Höhepunkten. „Noma" ist übrigens die Abkürzung für *nordisk mad*: Nordisches Essen. Für die Gerichte werden ausschließlich skandinavische Produkte wie Moschusochse, *skyr* sowie Fisch und Meeresfrüchte aus einheimischen Gewässern verwendet. Drei Monate im Voraus reservieren.

Bastionen & Løven DÄNISCH €€

(Karte S. 44; www.bastionen-loven.dk; Lille Molle, Christianshavns Voldgade 50; Mittagsgerichte 65–105 Kr, Abendgerichte 170–185 Kr; ⏲tgl. mittags, Mo–Sa abends) Auch wenn das elegante Interieur und der Bilderbuchgarten der alten Müllerhütte Bilder vom idyllischen Norden weckt, so steht der Hauptgrund für einen Besuch doch auf der Speisekarte. Die saisonalen Gerichte sind oft ungewöhnliche Kompositionen, z. B. Graupenrisotto mit Pilzen, weißem Bier, Speck und Wildschwein. Alles wirkt wie ein wunderbarer Geheimtipp, aber zum Brunch am Wochenende kann es voll werden, wenn die Stammgäste kommen.

Spiseloppen INTERNATIONAL €€

(☎32 57 95 58; Bådmandsstræde 43; Hauptgerichte 165–225 Kr; ⏲Di–So abends) Das Abendlokal in Christiania ist ein wenig anspruchsvoller als das Morgenstedet (s. u.). In einem oberen Stockwerk des ehemaligen Packhauses spiegelt die täglich wechselnde Karte nicht nur wider, was am Morgen auf dem Markt besonders frisch war, sondern auch die Nationalität des Kochs, der an diesem Tag Dienst hat. Mal dänisch, mal italienisch oder thailändisch – das Essen belebt und ist gesund. Ein Knüller, unbedingt vorab reservieren.

Lagkagehuset BÄCKEREI €

(Karte S. 44; www.lagkagehuset.dk; Torvegade 45; Sandwiches 55 Kr, Gebäck ab 14 Kr; ⏲6–19 Uhr) Die beliebte Bäckerei, die stets als die beste der Stadt ausgezeichnet wird, bietet exzellente Sandwiches sowie dänisches Gebäck und schweres Roggenbrot. Weitere Filialen gibt es in der Fußgängerzone Strøget (Frederiksberggade 21; 7.30–20 Uhr) und neben der Touristeninformation von Kopenhagen (S. 80; 7.30–18.30 Uhr; Juli & Aug. bis 20 Uhr).

Morgenstedet VEGETARISCH €

(Karte S. 44; Langgade Christiania; Suppe 45 Kr, Hauptgerichte 75 Kr; ⏲Di–So mittags & abends; 🖉) Das gemütliche, alternative Schlupfloch im Herzen der Kommune Christiania bietet nur zwei Tagesgerichte, eins davon ist immer eine Suppe. Die Gerichte sind 100 % vegetarisch, 100 % Bio und sehr preiswert.

Café Wilder INTERNATIONAL €€

(Karte S. 44; www.cafewilder.dk; Wildersgade 56; Mittagessen 89–129 Kr, Abendessen 129–185 Kr; ⏲mittags & abends; 📶) Das sympathische Eckcafé mit Bistro im Herzen von Christianshavn serviert einfache, leckere Mittagessen, wie in Sojasauße marinierten und gegrillten Thunfisch mit eingelegten Zwiebeln, gebackenen Tomaten, jungen Kartoffeln und Bohnen. Am Abend wird es etwas herzhafter, mit gebratener Scholle und Ofenkartoffel, Spitzkohl, Frühlingszwiebel, Zitrone, Dill und Buttersoße. Es ist eines der ältesten Cafés von Kopenhagen und sehr beliebt.

VON VESTERBRO BIS FREDERIKSBERG

LP TIPP Kødbyens Fiskebar FISCH & MEERESFRÜCHTE €€
(Karte S. 44; ☎32 15 56 56; www.fiskebaren.dk; Flæsketorvet 100, Vesterbro; Hauptgerichte 195–235 Kr; ⏲Di–Sa abends) Postindustrielle Kühle (Betonboden, geflieste Wände und ein 1000-Liter-Aquarium) trifft in diesem Michelin-gelisteten Laden auf Fisch der Extraklasse. In einer ehemaligen Fabrik im trendigen Kødbyen gibt es einfache und frische Gerichte der Saison, wie Miesmuscheln aus dem Limfjord mit in Cidre gedünsteten Äpfeln und Kräutern. Meist wird auch ein Fleisch- und ein vegetarisches Gericht angeboten, außerdem köstliche Desserts wie englische Lakritze mit Sanddorn und Eis aus weißer Schokolade.

Mielcke & Hurtigkarl MODERN DÄNISCH €€€
(außerhalb der Karte S. 44; ☎38 34 84 36; www.mielcke-hurtigkarl.dk; Frederiksberg Runddel 1, Frederiksberg; 4-Gänge Mittags-/Abendverkostungsmenü 425/850 Kr; ⏲April–Sept. Di–Sa mittags & abends, Okt. –März Do–Sa abends) Der kulinarische Charmeur ist perfekt, wenn man jemanden (oder auch nur den eigenen Gaumen) verführen möchte. Das Essen ist so traumhaft wie das ehemalige königliche Sommerhaus im Rauschen des Blätterwaldes. Das Mittagsmenü ist einfacher und günstiger als das abendliche Verkostungsmenü, das Chefkoch Jakob Mielcke aus einheimischen und internationalen Zutaten zaubert (etwa norwegischer Hummer mit salzigem Pflaumeneis).

Paté Paté INTERNATIONAL €€
(Karte S. 44; ☎39 69 55 57; www.patepate.dk; Slagterboderne 1; Hauptgerichte 145–195 Kr; ⏲mittags & abends) Noch ein Kødbyen-Highlight: Die Restaurant-Weinbar in einer ehemaligen Leberpastetenfabrik wird von dem Team betrieben, das auch hinter dem Bibendum (S. 74) steht. Europäische Klassiker werden mit modernen und saisonalen Zutaten verfeinert, wie Stubenküken mit Leber-Crostini, eingelegten Kirschen und Sommertrüffel. Es geht locker, herzlich und gesellig zu. Das Personal ist kundig, die Weinkarte gut bestückt, und in der Nähe liegt eine der angesagtesten Bars Kopenhagens: Mesteren & Lærlingen (S. 73).

Cofoco DÄNISCH-FRANZÖSISCH €€€
(☎33 13 60 60; Abel Cathrines Gade 7; 4-Gänge-Menü 275 Kr; ⏲Mo–Sa abends) Das Cofoco ist eines der vielen hochklassigen Restaurants mit festem Menü. Es bietet ein glamouröses Ambiente und ausgesuchte französisch-dänische Küche (Foie gras, Birne-Schwein-Terrine oder Entenkeule mit Topinambur und Pilzen). **Les Trois Cochons** (Karte S. 44; ☎33 31 70 55; Værndamsvej 10, Vesterbro; ⏲Mo–Sa mittags, tgl. abends) ist ein weiteres Restaurant des gleichen Teams – ebenso empfehlenswert.

Siciliansk Is EISCREME €
(Karte S. 44; Skydebanegade 3, Vesterbro; mittlerer Becher 30 Kr; ⏲Mai–Aug. 12–21 Uhr, April & Sept. 13–18 Uhr) Die Eismeister Michael und David haben ihrem Können auf Sizilien den letzten Schliff verpasst. Das Ergebnis ist das beste Eis in Kopenhagen (vielleicht sogar in ganz Dänemark). Weiche und saisonale Aromen wie *havtorn* (Sanddorn) oder *koldskål* (die gefrorene Variante des klassischen dänischen Buttermilch-und-Zitronen-Desserts) verwöhnen die Zunge. Und Mischungen wie *lakrids* (Lakritze) mit sizilianischer Mandarine brennen sich ins Gedächtnis ein.

Dyrehaven DÄNISCH €
(www.dyrehavenkbh.dk; Sønder Blvd 72, Vesterbro; Mittagessen 55–90 Kr, Abendessen 135–145 Kr; ⏲Mo–Mi 9–24, Do & Fr 9–2, Sa 10–2, So 10–24 Uhr) Einst eine staubige Arbeiterkneipe (die Kunststoffsitzecken und PVC-Böden sagen alles), heute das zweite Wohnzimmer der coolen, jungen Künstler von Vesterbro. Rein in die enge Jeans und dann nichts wie hin: günstige Getränke, einfaches leckeres Essen (Kartoffel-Ei-Brot mit selbstgemachter Mayo und gebratenen Zwiebeln) und nette Gesellschaft bis spät in die Nacht.

NØRREBRO & ØSTERBRO

Geranium MODERN DÄNISCH €€€
(☎69 96 00 20; www.geranium.dk; Per Henrik Lings Allé 4, Østerbro; Verkostungsmenüs 848–1048 Kr; ⏲Mi–Sa abends; ☑) Das Geranium macht dem Noma ernsthafte Konkurrenz: 2011 hat Rasmus Kofoed den Bocuse d'Or-Preis (die inoffizielle Olympiade der Köche) eingesackt und das Geranium gehörte zu den nominierten weltbesten Restaurants. Es liegt in der 8. Etage des Parken-Fußballstadions in Østerbro und bietet Gerichte, die auf raffinierte Weise französische Techniken mit dänischen Produkten kreativ kombinieren. Es gibt ein Verkostungsmenü für Vegetarier und erfrischende Saftmischungen für diejenigen, die auf den (fabelhaften) Wein wirklich verzichten wollen. Mindestens einen Monat vorher reservieren.

Relæ MODERN DÄNISCH €€
(☎36 96 66 09; www.restaurant-relae.dk, auf Dänisch; Jægersborggade 41, Nørrebro; 4-Gänge-Menü 345 Kr; ⊙Mi–Sa abends; ☑) Ein weiteres Lokal der Neuen Nordischen Küche ist diese schlichte Wirkungsstätte des ehemaligen Noma-Chefs Christian Puglisi. Zutaten der Saison sind der Ausgangspunkt für häufig unvergessliche (manchmal auch gescheiterte) Kreationen, wie Rollen aus Sellerie und Seetang oder Rogen des Seehasen mit Haselnussmilch. Die Weinkarte ist erwartungsgemäß gut ausgesucht, und für vegetarische Gourmets gibt es auch eine fleischlose Menüalternative.

LP TIPP **Fischer** ITALIENISCH €€
(www.hosfischer.dk, auf Dänisch; Victor Borges Plads 12, Østerbro; Hauptgerichte 175–185 Kr; ⊙Mo–Sa mittags & abends) Das freundliche Fischer ist in eine umgebaute Arbeiterbar gezogen und serviert italienisches Essen für die Seele, z. B. frisch hergestellte Linguini mit *aglio e olio* (Pasta mit Knoblauch, Olivenöl und Chili) oder zartes Schwein mit Kirschen und Selleriepürree. Dass dies alles unglaublich gut ist, überrascht nicht, denn Besitzer und Chefkoch David Fischer hat in Rom im La Pergola (drei Michelinsterne) gearbeitet. Zweifelsfrei eines der besten Lokale in Kopenhagen.

Spiseri ITALIENISCH €€
(Karte S. 44; ☎42 36 02 22; www.spiseri.dk; Griffenfeldsgade 28, Nørrebro; Hauptgerichte 110–140 Kr; ⊙Mi–Sa abends) Saisonale Produkte und einfache, ehrliche italienische Küche bestimmen die Menüliste auf der Kreidetafel des Spiseri. Das gesellige Lokal wird von vier jungen Frauen mit einer Leidenschaft für gutes und bezahlbares Essen betrieben. Gäste wählen zwischen jeweils zwei Vorspeisen, Hauptgerichten und Desserts, z. B. Gnocchi mit köstlichem Hasenragout, mit Liebe auf altem Geschirr angerichtet. Vorab reservieren oder lange Wartezeiten einkalkulieren.

Ausgehen

Kopenhagen ist reich gesegnet mit Ausgehmöglichkeiten. Es gibt verrauchte Bierkneipen ebenso wie luxuriöse Cocktailbars, manche mutieren im Lauf des Tages vom Café zum Restaurant und dann zur DJ-Bar. Zentren des Nachtlebens sind Kødbyen (Schlachterviertel), die Istedgade in Vesterbro, die Elmegade und Sankt Hans Torv in Nørrebro, die Nansensgade nahe Nørreport und die Straßen nördlich der Strøget, wie Pilestræde, sowie rund um Gråbrødretorv und die besonders schwulenfreundliche Studiestræde. An warmen Abenden ist auch Nyhavn stets eine beliebte Option – allerdings kann es gut sein, dass dort gerade eine Dixieland-Jazzband spielt ...

Ruby COCKTAILBAR
(Karte S. 48; www.rby.dk; Nybrogade 10; ⊙Mo–Sa 16–2, So 18–24 Uhr) Abgedrehte Cocktailmixer rühren praktisch perfekte Drinks zusammen, auch so etwas wie Prickly Thistle Martini, und die muntere Menge verteilt sich auf ein Labyrinth von gemütlich-dekadenten Räumen. Wer Herrenclub-Atmosphäre sucht, verzieht sich im Untergeschoss in eine Welt von Chesterfields, Ölgemälden und Holzvitrinen, gefüllt mit Schnapsflaschen.

The Coffee Collective CAFÉ
(www.thecoffeecollective.dk; Jægersborggade 10, Nørrebro; ⊙Mo–Fr 7–21, Sa–So 8–18 Uhr) In einer Stadt, die überall guten Kaffee bereit hält, trumpft diese Mikro-Rösterei nochmal mit wirklich gutem Stoff auf. Hier gibt es mächtige Tassen koffeinhaltiger Magie, denn die Barista kümmern sich leidenschaftlich um ihre Bohnen. Das Café liegt an der aufstrebenden Jægersborggade, an der südwestlichen Ecke des Assistens Kirkegård. In der Torvehallerne KPH (Karte S. 44; gleiche Öffnungszeiten) gibt es eine Filiale.

Mesteren & Lærlingen BAR
(Karte S. 44; Flæsketorvet 86, Vesterbro; ⊙Mi–Sa 8–15 Uhr) In einem ehemaligen Schlachthof im Viertel Vesterbro hat sich eine der aktuellsten und beliebtesten Ausgeh-Optionen Kopenhagens eingerichtet. Eine interessante Mischung aus gefliesten Wänden, Betonboden und wachsbeschichteten Tischen wird von einer Szene mit Baseballmützen und engen Jeans bevölkert, die sich Rum mit Ingwer (die Spezialität des Hauses) hinter die Binde gießen und von DJs mit Retro, Soul, Reggae und Country beschallt werden.

1105 COCKTAILBAR
(Karte S. 48; Kristen Bernikows Gade 4; ⊙Mi, Do & Sa 20–2, Fr 16–2 Uhr) Wer in dieser schummrigen Cocktail-Lounge der Extraklasse einen Sitzplatz haben möchte, muss vor 23 Uhr kommen. Hier herrscht der legendäre Barman Gromit Eduardsen. Er mixt die perfekten Cocktails, Klassiker ebenso wie solche mit dem gewissen Etwas. Die Wahl fällt schwer, aber der umwerfende Cocktail Nr. 4 (Tanqueray Gin, Kardamom, Pfeffer, Limette und Honig) ist ein guter Anfang. Whiskeykenner werden nicht enttäuscht.

Bibendum WEINBAR

(Karte S. 48; Nansensgade 45; ⌚Mo–Sa 16–24 Uhr) Die beste Weinbar Kopenhagens in einem gemütlich-rustikalen Keller an der trendigen Nansensgade bietet eine gut bestückte Liste mit über 30 offenen Weinen – darunter aus Australien, Neuseeland, Frankreich, Spanien und Italien. Die Atmosphäre ist intim und entspannt. Obwohl hier echte Weinkenner arbeiten, sind unter den Gästen zum Glück kaum Weinsnobs.

Malbeck WEINBAR

(Karte S. 44; Birkegade 2, Nørrebro; ⌚Mi & Do 16–24, Fr & Sa bis 1 Uhr) Riesige Lampen im Industriedesign, eingedeckte Tische und geselliges Brummen bestimmen die Atmosphäre in dem neuen Liebling von Nørrebro. Die gut ausgesuchte Weinkarte wird von französischen und argentinischen Tropfen dominiert, es gibt auch bezahlbare offene Weine. Als Grundlage isst man Tapas oder deftige französisch-spanische Küche. Man kann aber auch einfach nur abhängen und die modebewussten Kopenhagener auf der Elmegade bestaunen.

Union Bar COCKTAILBAR

(Karte S. 48; Store Strandstræde 19; ⌚Mi & Do 20–2, Fr & Sa 20–spät) Ganz im Stil der illegalen New Yorker Bars der Prohibitionszeit versteckt sich das Union hinter einer unauffälligen schwarzen Tür. Wer rein will, muss die Klingel bedienen, dann geht es ein paar Stufen hinunter in ein stilgerechtes, schummrig-dekadentes Ambiente mit hübschen Barmännern, eingeweihten Nachtschwärmern und sanften Tönen.

Halvandet STRANDBAR

(www.halvandet.dk; Refshalevej 325, Refshaleøen; ⌚Juni–Aug. 10–24 Uhr) Kopenhagen mit einem Hauch Ibiza erleben Gäste in dieser Bar-Lounge am Wasser. Auf der Liege faulenzen, Mojito schlürfen und zu schmeichelnder Loungemusik in der Sonne braten. Feste Nahrung gibt es in Form von Nachos, Grillfleisch, Fisch und Salaten – aber die meisten kommen her wegen der Atmosphäre. Das Halvandet liegt nördlich der Oper bei den alten Docks (Holmen).

Bankeråt BAR

(Karte S. 48; www.bankeraat.dk; Ahlefeldtsgade 27; ⌚Mo–Fr 9.30–24, Sa & So 10.30–24 Uhr) Die kultige Bar ist mit ausgestopften und originell kostümierten Tieren geschmückt, z. B. mit einem Schafsbock im Barockanzug. Dahinter steckt des Künstlers Filip Jensen. Ist das Kunst? Über einem oder mehr Bier lässt sich darüber leidenschaftlich diskutieren. Stoff liefern auch sicher die mit Pornos dekorierten Toiletten.

Estate Coffee CAFÉ

(Karte S. 44; www.estatecoffee.dk; Gammel Kongevej 1; ⌚Mo–Fr 7.30–21, Sa & So 10–21 Uhr) Kaffeesnobs, die sich gerade in der Nähe des Bahnhofs und der Touristeninformation aufhalten, holen sich ihre Koffeindosis in dieser herrlichen Mikro-Rösterei. Der Kaffee ist frisch und vielschichtig, dazu gibt es passend Pain au Chocolat. Teetrinker freuen sich über die riesige Auswahl loser Teesorten.

Fisken PUB

(Karte S. 48; Nyhavn 27; ⌚So–Do 8.30–2, Fr & Sa bis 3 Uhr) Die (fast) durchgängig geöffnete Kellerkneipe unter dem stimmungsvollen Restaurant Skipper Kroen hat alles, was eine waschechte Hafenatmosphäre ausmacht. Freitag- und Samstagnacht wippen Finger und Füße im Takt der Livemusik.

Laundromat Cafe CAFÉ

(Karte S. 44; Elmegade 15, Nørrebro; ⌚Mo–Fr 8–24, Sa & So 10–24 Uhr) Das ausgefallene Café war die Idee des Isländers Fridrik Weisshappel, der eine ehemalige Saftbar in ein Café mit Waschsalon umgestaltete (die Waschmaschinen sind gleich um die Ecke). Kombiniert mit 4000 gebrauchten Büchern, die er auch verkauft, und einem Stammpublikum aus der Kopenhagener Kreativszene wird daraus einer der ungewöhnlichsten und beliebtesten Treffs der Stadt.

Nimb Bar COCKTAILBAR

(Karte S. 48; www.tivoli.dk/nimb; Bernstorffsgade 5; ⌚Mo–Do 10–24, Fr & Sa bis 1, So 11–24 Uhr) Wer Kronleuchter, gediegene Atmosphäre und ein offenes Kaminfeuer zum gut gemixten Drink mag, sollte einen Abstecher in die Bar des super schicken Hotels Nimb einplanen. Gegründet wurde die Bar von dem legendären Barmann Angus Winchester; die Cocktails richten sich nach saisonalen Zutaten, sind klassisch gehalten und richtig gut.

Oscar Bar & Café SCHWULE & LESBEN

(Karte S. 48; www.oscarbarcafe.dk; Rådhuspladsen 77; ⌚So–Mi 12–24, Do–Sa 12–2 Uhr) Ein Eckcafé am Rådhuspladsen und besonders beliebt bei einheimischen und ausländischen Schwulen. Hier erfährt man schnell, was gerade in der Kopenhagener Szene los ist. An warmen Nächten zieht es die Gäste lachend und flirtend auf die Straße.

Jailhouse SCHWULE & LESBEN
(Karte S. 48; www.jailhousecph.dk; Studiestræde 12; ⌚Bar So–Do 15–2, Fr & Sa bis 5 Uhr) Beliebt, tolerant und vor allem von älteren Männern frequentiert verspricht diese Themenbar mit „Wärtern" in Uniform allerlei Sträfliches. Das geschmackvolle Restaurant liegt einen Stock höher (Di–Sa abends).

Sort Kaffe & Vinyl CAFÉ
(Karte S. 44; Syydebanegade 4, Vesterbro; ⌚Mo–Fr 8–21, Sa 9–21, So 9–19 Uhr) Das schmale Café-mit-Plattenladen ist das zweite Heim für Kaffeeliebhaber in Vesterbro. Neben samtigem Espresso gibt es z. B. auch Ausgaben der limitierten LP Blaxploitation. Die Stühle auf dem Bürgersteig sind besonders begehrt und perfekt, um die Passanten zu beobachten.

Never Mind SCHWULE & LESBEN
(Karte S. 48; www.nevermindbar.dk; Nørre Voldgade 2; ⌚10–18 Uhr) Winzig, verraucht und oft packend voll – Never Mind ist der perfekte Ort für nächtlichen Spaß, Popmusik und heiße Flirts.

☆ Unterhaltung

Der Boom, den Kopenhagen zurzeit erlebt, befeuert auch das Unterhaltungsangebot der Stadt. Die Musik- und Clubszenen sind ziemlich aktiv und decken eine Bandbreite von winzigen Jazz- und Bluesläden bis zu riesigen Rockarenen und alternativen experimentellen Clubs ab. Spannende neue Kulturorte, wie Operaen (Kopenhagener Opernhaus) und Skuespilhuset (Königlich Dänisches Theater), haben auch die gehobenere Kulturszene der Stadt mit neuen Impulsen versorgt. Und die vielen Kinos halten Cineasten unermüdlich auf Trapp, ganz egal ob Mainstream- oder Arthouse-Streifen.

Die Dänen sind Spätstarter beim Ausgehen (ganz im Gegensatz zum Essengehen, denn Restaurants schließen meist früh): Hier beginnt das Nachtleben nicht vor 23 oder 24 Uhr.

Tickets zu den meisten Veranstaltungen können über **BilletNet** (☎70 15 65 65; www.billetnet.dk) reserviert werden. Der Service wird über alle Postämter angeboten. Eine Alternative ist www.billetlugen.dk bzw. telefonisch unter ☎70 26 32 67.

Erfahren, wo was los ist: unter www.aok.dk (überwiegend Dänisch) und www.hellocopenhagen.dk.

HIER WIRD'S GEMÜTLICH

Die Dänen lieben alles, was *hygge* ist, also Gemütlichkeit im weitesten Sinne. Dazu gehören flackernde Kerzen ebenso wie Freundlichkeit. Wenn der Himmel düster und grau ist, gibt es hier besonders viel *hygge*:

» Bastionen & Løven (S. 71)
» Fischer (S. 73)
» Fisken (S. 74)
» Bankeråt (S. 74)
» La Glace (S. 70)

Clubs

Simons CLUB
(Karte S. 48; www.simonscopenhagen.dk; Store Strandstræde 14; ⌚Fr & Sa 11.30–17 Uhr) Der Kopenhagner In-Club entsprang dem Einfallsreichtum der Projektträger Simon Frank und Simon Lennert. In einer ehemaligen Kunstgalerie tragen Großes wie Kleines zum Ruhm des Ladens bei: Es legen nur DJ-Größen auf und hinter der Bar bedienen Zwerge. Ausgewählte elektronische Musik und eine strenge Auswahlpolitik an der Tür sind weitere Besonderheiten – um auf die Einlassliste zu kommen, muss man sich mit einer dänischen SIM-Karte online registrieren.

Rust CLUB
(Karte S. 44; www.rust.dk; Guldbergsgade 8; Eintritt 40–60 Kr; ⌚Mi–Sa 9–17 Uhr) Ein sehr gefragter und hipper Treff, der so ziemlich das größte und coolste Clubpublikum in ganz Kopenhagen anzieht. Der Komplex bietet mehrere Optionen, vom Club (Mindestalter 21 Jahre) über eine Konzertbühne bis zur Cocktail-Lounge, und Sounds von kantiger elektronischer Musik bis House und Hiphop. An den Wochenenden erhebliche Warteschlangen.

Culture Box CLUB
(Karte S. 44; www.culture-box.com; Kronprinsessegade 54; Eintritt 70 Kr; ⌚Fr & Sa 24–6 Uhr) Auf zwei Stockwerken präsentiert die Culture Box innovative Sounds aus Electro, Techno, House, Drum'n'Bass, Dubstep und Electronic Jazz. Für die üblichen kommerziellen Hits ist hier kein Platz. Einheimische Talente treten neben internationalen Gast-DJs auf, z. B. Billy Dalessandro aus Chicago. In der **Cocktail Box** (⌚Fr & Sa 20 Uhr–spät) ne-

benan kann man praktischerweise schon mal vorglühen.

Vega LIVEMUSIK, CLUB

(www.vega.dk; Enghavevej 40; ⌚wechselnd) Das Vega spielt eine wichtige Rolle in der Livemusik- und Clubszene von Kopenhagen; hier sind Größen aus Rock, Pop, Blues und Jazz zu Gast, auch Indie-, Hiphop- und Electro-Newcomer. Konzerte gibt's im Store Vega auf der großen Bühne, auf der kleineren Bühne (Lille Vega) oder in der **Ideal Bar** (⌚Mi 20–1, Do 21–2, Fr & Sa 22–5 Uhr) im Erdgeschoss.

Kinos

Premieren werden auf rund 20 Kinoleinwänden an der Vesterbrogade zwischen Rådhuspladsen und Hauptbahnhof gezeigt. Eintrittskarten kosten ab etwa 70 Kr für Nachmittagsvorstellungen unter der Woche bis zu 90 Kr für Abendvorstellungen am Wochenende. Wie überall in Dänemark werden die Filme meist im Original mit dänischen Untertiteln gezeigt.

Cinemateket FILMINSTITUT

(Karte S. 48; www.dfi.dk; Gothersgade 55; Eintritt 65 Kr; ⌚Do–Fr 10–22, Sa & So 12–22 Uhr) Das frisch renovierte Kino des Danske Filminstitut zeigt dänische und internationale Klassiker. Der schicke Komplex birgt auch einen gut ausgestatteten Shop und ein modernes Restaurant.

Grand Teatret KINO

(Karte S. 48; www.grandteatret.dk; Mikkel Bryggersgade 8; Eintritt 60–80 Kr; ⌚11.30–21.30 Uhr) Geschichtsträchtiges und mit Preisen ausgezeichnetes Kino nahe der Strøget mit meist experimentellen und einigen kommerziellen Filmen.

Tanz, Oper, Theater & Klassik

Tivoli Billetcenter (Karte S. 48; ☎33 15 10 12; www.tivoli.dk; Vesterbrogade 3; ⌚Mitte Juni–Mitte Aug. So–Do 10–24, Fr & Sa bis 0.30 Uhr, sonst kürzer) Am Haupteingang des Tivoli. Verkauft Karten für verschiedene Veranstaltungen – nicht nur im Tivoli. Es fungiert auch als Verkaufsstelle für BilletNet, das landesweit Tickets für Konzerte und Musikfestivals verkauft.

Operaen OPER

(Königliche Oper; Karte S. 44; ☎Kasse 33 69 69 69; www.kglteater.dk; Ekvipagemestervej 10; Tickets 95–895 Kr, Stehplätze 95 Kr, bis 25 J. & über 65 J. 50 % erm.; ⌚wechselnd) Das hochmoderne Opernhaus von Kopenhagen besitzt zwei Bühnen: die große Hauptbühne und die kleinere Takkeløftet. Das Repertoire umfasst die ganze Skala von klassischen bis zu zeitgenössischen Werken. Hier finden auch andersartige Aufführungen statt, z. B. ein Konzert von Elvis Costello oder Programmpunkte des Jazz Festivals (S. 77). Die Vorstellungen sind in der Regel früh ausverkauft, alle unverkauften Tickets werden eine Stunde vor der Vorstellung zum halben Preis am Schalter verkauft (zwei Stunden vorher, wenn die Vorstellung vor 19 Uhr beginnt oder am Sonntag ist). Tickets werden außerdem über die Website des Opernhauses verkauft. Viele Besucher kommen auch nur her, um im Panoramarestaurant Neue Nordische Küche zu kosten oder um eine Führung durch das Gebäude zu machen. Die Führungen (für Gruppen auch auf Englisch) müssen online oder telefonisch vorbestellt werden.

Dansescenen MODERNER TANZ

(☎Kasse 33 29 10 29; www.dansehallerne.dk; Pasteursvej 20, Vesterbro) In einem ausgedienten Mineralwasserwerk von Carlsberg hat sich der führende Veranstaltungsort für zeitgenössischen Tanz etabliert. Auf zwei Bühnen werden jedes Jahr 20 Choreografien aufgeführt, von dänischen Künstlern und internationalen Ensembles. Tickets können telefonisch an Wochentagen zwischen 14 und 16 Uhr bestellt werden oder online unter www.billetten.dk (auf Dänisch).

Skuespilhuset THEATER

(Königlich Dänisches Theater; Karte S. 44; ☎Kasse 33 69 69 69; www.kglteater.dk; Sankt Annæ Plads 36; Tickets 75–495 Kr, bis 25 J. & über 65 J. 50 % erm.; ⌚wechselnd) Das Theater ist Spielstätte des Königlich Dänischen Theaters und zeigt ein Weltklasse-Repertoire nationaler und internationaler Stücke. Die Produktionen reichen von Shakespeare bis zu Modernem. Die Vorführungen sind häufig lange im Voraus ausverkauft; unverkaufte Tickets werden zum halben Preis eine Stunde vor Beginn der Vorstellung am Schalter verkauft (zwei Stunden vorher, wenn die Vorstellung vor 19 Uhr beginnt oder am Sonntag stattfindet).

Tivoli Koncertsal KONZERTSAAL

(Konzertsaal; Karte S. 48; www.tivoli.dk; Tietgensgade 30) Im aufgemöbelten Konzertsaal des Tivoli hört man Symphonieorchester, Streichquartette und andere klassische Konzerte dänischer und internationaler Mu-

ALL THAT JAZZ

Das **Copenhagen Jazz Festival** (www.jazz.dk) ist das größte Ereignis im Veranstaltungskalender der Stadt. Am ersten Freitag im Juli beginnen die zehn Tage mit Musik, die die Füße zum Wippen und die Hüften zum Schwingen bringen. Das Festival zieht die dänische Hauptstadt in seinen Bann, wie nichts anderes. Nicht nur, dass auf den Straßen, an den Kanälen und in den verschiedensten Lokalen Livemusik gespielt wird, es liegt tatsächlich eine spürbare Begeisterung in der Luft.

Im Schnitt finden über 1000 verschiedene Konzerte statt, und jeder verfügbare Raum wird dafür genutzt: von Cafés und Straßenecken bis hin zum Opernhaus und zum Konzertsaal im Tivoli – eigentlich wird die ganze Stadt zu einer großen Bühne. In diesen Sommernächten ist die Partylaune im Zentrum wahrhaft ansteckend. Selbst wer sonst eine Aversion gegen schwarze Rollkragenpullover hat, wird von den tollen Künstlern, die jedes Jahr hier auftreten, begeistert sein. Und im Kongens Have gibt es spezielle Veranstaltungen für Kinder, damit auch die nächste Generation den Hang zum Sax and Bass weiterträgt.

Seit den 1920er Jahren, als der Montmartre Club zu den berühmtesten Jazzclubs in ganz Europa zählte, ist Kopenhagen die Jazzhauptstadt Skandinaviens. Nach langer Auszeit wurde er 2010 wieder eröffnet; heute befindet sich das Jazzhus Monmartre (s. u.) in guter Gesellschaft. Zusammen mit Top-Läden wie dem La Fontaine (s. u.), dem härtesten Jazzclub der Stadt, und dem großen und beliebten Copenhagen Jazz House (s. u.), wird die Jazztradition des Landes bewahrt. Dazu kommt, dass in der Stadt ungewöhnlich viele dänische und internationale Jazzmusiker wohnen.

Das erste Jazz Festival fand 1978 statt. Seit damals hat es sich zu einem der führenden Jazzevents in Europa gemausert. Über die Jahre haben hier Größen wie Dizzy Gillespie, Miles Davis, Sonny Rollins, Oscar Peterson, Ray Charles und Wynton Marsalis gespielt. Tony Bennett, Herbie Hancock und Keith Jarrett treten regelmäßig auf – ebenso die Dänen Cecilie Norby und David Sanborn.

Es herrscht eine ausgelassene und spontane Atmosphäre. Die meisten der Konzerte im Freien sind kostenlos, nur Veranstaltungen mit großen Künstlern und in den namhaften Hallen kosten Eintritt. Die Musik beim Copenhagen Jazz Festival ist genauso vielfältig wie die Schauplätze. Der traditionelle Sound reicht von altmodischem Dixieland Jazz und Soloimprovisationen à la Louis Armstrong bis Swingmusik aus den Zeiten von Duke Ellington und Benny Goodman – auch dänischer Free Jazz fehlt nicht. Zudem wird viel moderner Jazz geboten, wie ihn der legendäre Trompeter Miles Davis inspiriert hat, sowie allerlei zeitgenössische Hybrid-Sounds wie Free Jazz, Acid Jazz, Soul Jazz, Nu Jazz, Jazz Vocals und Rhythm & Blues. Das Programm wird gewöhnlich im Mai veröffentlicht.

Wer es nicht im Sommer zum großen Jazzfestival nach Kopenhagen schafft, kann vielleicht zu dem kleineren Festival im Winter kommen. Es heißt schlicht Vinter Jazz Festival und hat die gleiche Website wie das Festival im Juli. Im Winter geht's ein wenig ruhiger zu.

siker. Gelegentlich gibt es auch Zeitgenössisches, Musicals oder Kabarett. Tickets werden am Tivoli Billetcenter (S. 76) verkauft.

Livemusik

Copenhagen Jazz House JAZZ
(Karte S. 48; www.jazzhouse.dk; Niels Hemmingsensgade 10; ⌚So–Do 18–24, Fr & Sa bis 5 Uhr) Im führenden Jazzschuppen Kopenhagens treten einheimische und internationale Spitzenmusiker auf. Geboten wird die ganze Bandbreite von Bebop bis Fusion Jazz sowie eine große Tanzfläche, die sich nach Liveauftritten am Freitag und Samstag oft rasch füllt.

La Fontaine JAZZ
(Karte S. 48; www.lafontaine.dk; Kompagnistræde 11, Strædet; Eintritt variiert; ⌚19–5 Uhr, Livejazz Fr & Sa 22.30–2.30, So 21–1 Uhr) Gemütlich und intim. Der Jazzclub-Veteran von Kopenhagen ist groß im Entdecken neuer Talente, aber hier spielen auch bekannte Namen. Spät am Abend darf das Publikum auf die Bühne und singen.

Jazzhus Montmartre JAZZ
(Karte S. 48; www.jazzhusmontmartre.dk; Store Regnegade 19A; Eintritt variiert; ⌚Mi–Sa 17.30–23.30 Uhr) Die Wiedereröffnung des Jazzhus Montmartre 2010 leitete die Wiedergeburt

eines der großen Jazzschuppen Nordeuropas ein. „Zurück zu den Wurzeln" ist das Motto und das heißt: Jamsessions. Den Konzertabend kann man stilvoll mit einem Abendessen im hauseigenen Café-Restaurant einleiten. Konzerttermine stehen auf der Website.

Loppen MUSIK

(Karte S. 44; www.loppen.dk; Bådsmandsstræde 43; Eintritt frei–150 Kr; ⏲wechselnd) In das ehemalige Packhaus im freigeistigen Christiania kommen etablierte Künstler wie neue Talente. Gespielt wird alles von Rock und Funk bis Post-Punk und Jazz. Fast jede Nacht Livemusik.

Mojo BLUES

(Karte S. 48; www.mojo.dk; Løngangstræde 21; Eintritt frei–60 Kr; ⏲20–5 Uhr) Östlich des Tivoli ist das Mojo ein heißer Tipp für Blues-Fans, tägliche Liveauftritte und literweise Fassbier.

Shoppen

Die Fußgängerzone Strøget ist normalerweise die erste Anlaufstelle für eine Shoppingtour in Kopenhagen. Hier befinden sich alle Flagship-Stores großer dänischer Marken wie Georg Jensen und Royal Copenhagen Porcelain sowie Designläden wie Illums Bolighus.

Südlich und parallel zur Strøget verläuft eine weitere Fußgängerzone, Strædet (bestehend aus Kompagnistræde und Læderstræde), wo sich interessante Schmuck-, Mode-, Innendesign- und Antiquitätengeschäfte aneinander reihen. Nördlich der Strøget im labyrinthischen Straßengeflecht von Pisserenden (um Studiestræde, Larsbjørnstræde und Vestergade) liegen zahlreiche Shops für Streetstyle und CDs, und die guten Buchhandlungen und Modeboutiquen lohnen auch den Abstecher in das alte Universitätsviertel bzw. das so genannte Latinerkvarter (von der Vor Frue Kirke bis zur Købmagergade).

Echte Fashionvictims treibt es in das Gebiet, das von Strøget, Købmagergade, Kronprinsensgade und Gothersgade eingegrenzt wird, wo sich die hochklassigen nordischen Label, trendige Themenshops und szenigen Juweliere tummeln.

Nördlich von Nyhavn, entlang der exklusiven Bredgade und Store Kongensgade, tummeln sich Kunstgalerien und edle Antiquitätenläden, die klassische Sammlerstücke dänischen Möbeldesigns verkaufen.

Erschwinglichen Schnickschnack, gebrauchten Schmuck und kitschige Möbel gibt es zu Hauf in den Läden der Ravnsborggade in Nørrebro. Das künstlerische Nørrebro mit so ziemlich den hippsten Modeläden der Stadt zeigt sich am besten in der Elmegade. Westlich des Friedhofs Assistens Kirkegård liegt die Jægersborggade mit einer steigenden Zahl von unabhängigen Kunst- und Handwerksalteliers.

Weiter südlich haben sich im ebenso modischen Vesterbro zahlreiche unabhängige Modedesigner und lokale Geschäfte niedergelassen, vor allem in und um Istedgade und Værndamsvej.

Accessoires & Mode

Day Birger Mikkelsen MODE

(Karte S. 48; www.day.dk; Pilestræde 16; ⏲Mo–Do 10–18, Fr bis 19, Sa bis 16 Uhr) Dezente Eleganz mit einem flippigen Touch sind das Markenzeichen des dänischen Modeschwergewichts. Hier gibt es anspruchsvolle Mode für die Dame und den Herrn, aber auch Schmuck, Taschen und Wohnaccessoires. Designerin Malene Birger (sie gehört nicht mehr zur Day Group) hat ein eigenes Geschäft gleich um die Ecke (www.bymalenebirger.dk; Antonigade 10; gleiche Öffnungszeiten).

Rützou MODE

(Karte S. 48; www.rutzou.com; Store Regnegade 3; ⏲Mo–Do 11–17.30, Fr bis 18, Sa 10–16 Uhr) Die Designerin Susanne Rützou ist eine weitere Stütze der dänischen Modeszene und wird vor allem für ihre Damenkleider gerühmt. Ihren Stil kennzeichnet eine Portion Glamour, eine Portion Verrücktes und eine Portion Superfeminines. Heraus kommen dabei z. B. bedruckte Seidenblusen, gepunktete Jacken und kurze goldene Hosen.

Storm MODE, ACCESSOIRES

(Karte S. 48; www.stormfashion.dk; Store Regnegade 1; ⏲Mo–Do 11–17.30, Fr bis 19, Sa bis 17 Uhr) Storm gehört zu den coolsten Modeläden in Kopenhagen, in dem Trendsetter-Label für Frauen und Männer auf den Haken hängen, z. B. Billionaire Boys Club, Visvin und Anne Demeulemeeseter. Die Atmosphäre ist jugendlich; neben Mode gibt's noch Schuhe, Düfte, Kunst und schicke Bildbände, Modemagazine und Schmuck. Ein Muss für wohlhabende Trendsetter.

Wood Wood MODE, ACCESSOIRES

(Karte S. 48; www.woodwood.dk; Grønnegade 1; ⏲Mo–Do 10.30–18, Fr bis 19, Sa bis 16 Uhr) Wie Storm gehört auch Wood Wood zu den

Best-of-Läden der Modeszene. Im schönen Flagship-Store, der tatsächlich nach frisch gehacktem Holz *(wood)* riecht, präsentieren sich bekannte Modelabel, angeführt von den eigenen, hippen Kreationen, die bei Wood Wood aus besten Stoffen und mit Liebe zum Detail gefertigt werden. Außerdem gibt's solide Strickwaren des dänischen Klassikers Herning, bedruckte T-Shirts von Cool Cats und Düfte von Monocle und Dover Street Market.

Henrik Vibskov MODE, ACCESSOIRES
(Karte S. 48; www.henrikvibskov.com; Krystalgade 6; ⌚Mo–Do 11–18, Fr bis 19, Sa bis 17 Uhr) Henrik Vibskov ist nicht nur ein Schlagzeuger und produktiver Künstler, das dänische Enfant terrible treibt auch die Mode ins Extreme. Die frechen, hellen und einfallsreich geschnittenen Kleidungsstücke für progressive Jungs und Mädchen brechen mit den Konventionen; so wie auch andere Modelabel, etwa Comme de Garçon, Walter Van Beirendonck und Stine Goya aus Dänemark.

Piet Breinholm – The Last Bag LEDERWAREN
(Karte S. 44; www.pietbreinholm.dk; Nansensgade 48; ⌚Fr 11–19 Uhr, sonst nach Vereinbarung) Der ehemalige Musiker Piet Breinholm ist als Designer berühmt für seine klassischen Lederranzen – in klein und groß, von einfachem Schwarz bis knalligem Kanariengelb und in verschiedenen Stilen. Das hochwertige Leder kommt von einer ökologisch arbeitenden Gerberei in Brasilien.

Weitere Empfehlungen

Stilleben DESIGN
(Karte S. 48; www.stilleben.dk; Niels Hemmingsensgade 3; ⌚Mo–Fr 10–18, Sa bis 16 Uhr) Nachdem es an der Stræedet zu eng geworden war, ist Stilleben in größere Räume gezogen. Die Inhaberinnen Ditte und Jelena haben an der dänischen Designhochschule Keramik- und Glaskunst studiert. Im Geschäft verkaufen sie moderne und traumhaft schöne Keramiken, Glaserzeugnisse, Schmuck sowie Kleider von dänischen und internationalen Designer-Newcomern.

Hay DESIGN
(Karte S. 48; www.hay.dk; Østergade 61, Strøget; ⌚Mo–Fr 11–18, Sa bis 16 Uhr) Das herrliche Inneneinrichtungsgeschäft von Rolf Hay bietet ausgesuchte dänische Möbel und unwiderstehliche Designstücke wie Keramikbecher, witzige Stoffe, Kunstbücher und die knuddligen Frottierpuppen von Andreas Linzer. Es gibt noch eine Filiale in Pilestræde 29-31 (gleiche Öffnungszeiten).

Illum KAUFHAUS
(Karte S. 48; ☎33 14 40 02; www.illum.dk; Østergade 52; ⌚Mo–Do 10–19, Fr 10–20, Sa 9–17 Uhr) Die stilbewusste Kopenhagener Antwort auf Selfridges in London oder Bloomingdale's in New York ist eine gute Adresse, um die führenden dänischen und internationalen Modelabel unter einem Dach zu finden.

Magasin du Nord KAUFHAUS
(Karte S. 48; www.magasin.dk; Kongens Nytorv 13; ⌚Mo–Do 10–19, Fr bis 20, Sa bis 18 Uhr) Das größte und älteste Kaufhaus der Stadt umfasst einen kompletten Block an der Südwestseite des Kongens Nytorv und bietet alles von Bekleidung und Taschen bis zu Büchern und Lebensmitteln.

Illums Bolighus KAUFHAUS
(Karte S. 48; www.illumsbolighus.dk; Amagertorv 10; ⌚Mo–Fr 10–19, Sa bis 18, So 11–16 Uhr) In diesem mehrstöckigen Kaufhaus gibt es einfach alles von der Garderobe bis zum kompletten Wohnzimmer – von den besten dänischen und internationalen Designern: Mode, Schmuck, Tafelsilber, klassische dänische Möbel, Stoffe und Büroaccessoires.

Royal Copenhagen Porcelain PORZELLAN
(Karte S. 48; Amagertorv 6; ⌚Mo–Fr 10–19, Sa bis 17, So 12–17 Uhr) Dies ist der größte Verkaufsraum des traditionellen Porzellanherstellers, der die Welt mit seinen blauen Mustern eroberte. Das wunderschöne Geschirr, die Figuren und Vasen sind tolle Souvenirs.

Georg Jensen DESIGN
(Karte S. 48; www.georgjensen.com; Amagertorv 4; ⌚Mo–Do 10–18, Fr bis 19, Sa bis 17 Uhr) Das weltberühmte Tafelsilbergeschäft Georg Jensen liegt neben Illums Bolighus, das wiederum Nachbar der Kopenhagener Designikone Royal Copenhagen Porcelain ist. Wie praktisch.

Designer Zoo DESIGN
(www.dzoo.dk; Vesterbrogade 137, Vesterbro; ⌚Mo–Do 10–17.30, Fr bis 19, Sa bis 15 Uhr) Zum Abstecher nach Vesterbro gehört unbedingt ein Besuch bei diesem supercoolen Inneneinrichtungs- und Modegeschäft am weniger gefragten Ende der Vesterbrogade. Hier arbeiten Mode-, Schmuck- und Möbeldesigner Seite an Seite mit Keramikkünstlern und Glasbläsern. Die Stücke der limitierten Kollektionen werden gleich hier verkauft.

Nordisk Korthandel BÜCHER
(Karte S. 48; Studiestræde 26; ⌚ Mo–Fr 10–18, Sa 9.30–15 Uhr) Verkauft Reiseführer sowie eine große Auswahl an Rad- und Wanderkarten von Dänemark und anderen europäischen Ländern.

Praktische Informationen

Geld

Banken gibt es im Zentrum an jeder zweiten Ecke. Die meisten haben unter der Woche von 10 bis 16 Uhr geöffnet (Do bis 18 Uhr) und verfügen über Geldautomaten, die rund um die Uhr zugänglich sind.

Danske Bank (Ankunfts- & Transithallen des Flughafens von Kopenhagen; ⌚6–22 Uhr)

Forex Hauptbahnhof (Karte S. 48; ⌚8–21 Uhr); Gothersgade (Gothersgade 8; ⌚Mo–Fr 9–19, Sa bis 16 Uhr); Nørreport (Nørre Voldgade 90; ⌚Mo–Fr 9–19, Sa 10–16 Uhr)

Gepäckaufbewahrung

Hauptbahnhof (Karte S. 48; ⌚Mo–Sa 5.30–1, So 6–1 Uhr) Gepäckaufbewahrung (☎24 68 31 77; pro 24 Std. für max. 10 Tage: Gepäck 45–55 Kr/St., Kinderwagen, Fahrrad 55 Kr/St.); Schließfächer (pro 24 Std. für max. 72 Std.: klein/groß 40/50 Kr).

Flughafen Kopenhagen Gepäckaufbewahrung (☎32 31 23 60; pro Stück und Tag 50 Kr; ⌚5–22 Uhr); Schließfächer (klein/groß 30/60 Kr pro Tag) Im Parkhaus 4.

Infos im Internet

Vier Webseiten mit zumindest englischsprachigen Informationen:

www.aok.dk Ein Online-Führer durch Kopenhagen mit teilweise englischsprachigen Infos.

www.cphpost.dk Die Online-Ausgabe der *Copenhagen Post*, mit jeder Menge Nachrichten und Verzeichnissen.

www.kopenhagen.dk Top-Website zur Kopenhagener Kunstszene: Infos und Termine zu Ausstellungen, Nachrichten und Interviews.

www.visitcopenhagen.com Betrieben von Wonderful Copenhagen, der Touristeninformation der Stadt.

Internetzugang

Hovedbiblioteket (Karte S. 48; Krystalgade 15; ⌚Mo–Fr 10–19, Sa bis 14 Uhr) Die Computer der Zentralbibliothek können bis zu 20 Min. kostenlos genutzt werden.

Medizinische Versorgung

Krankenhäuser mit 24-Std.-Notdienst:

Amager Hospital (☎32 34 32 34; Italiensvej 1) Südöstlich des Stadtzentrums.

Bispebjerg Hospital (☎35 31 35 31; Bispebjerg Bakke 23) Nordwestlich des Stadtzentrums.

Frederiksberg Hospital (☎38 16 38 16; Nordre Fasanvej 57)

Die Kosten für private Arzt- oder Zahnarztbesuche variieren, ab 700 Kr sind üblich: ☎60 75 40 70.

Tandlægevagten (☎35 38 02 51; Oslo Plads 14) Zahnärztlicher Notdienst in der Nähe des Østerport-Bahnhofs.

Überall in der Stadt gibt es zahlreiche Apotheken, die an ihrem *apotek*-Schild zu erkennen sind.

Steno Apotek (Vesterbrogade 6; ⌚24 Std.) Gegenüber vom Hauptbahnhof.

Notfall

Unter ☎112 sind Polizei, Krankenwagen oder die Feuerwehr zu erreichen (kostenlos von jedem öffentlichen Telefon aus).

Politigården (Karte S. 44; ☎33 14 14 48; Polititorvet; ⌚24 Std.) Polizeizentrale; südlich des Tivoli.

Post

Post (Karte S. 48; Købmagergade 33; ⌚Mo–Fr 10–18, Sa bis 14 Uhr) Praktisch gelegen in der Nähe von Strøget und Latinerkvarter.

Post am Hauptbahnhof (Karte S. 48; ⌚Mo–Fr 8–21, Sa & So 10–16 Uhr)

Touristeninformation

Copenhagen Visitor Centre (Karte S. 48; ☎70 22 24 42; www.visitcopenhagen.dk; Vesterbrogade 4A; ⌚Mai & Juni Mo–Sa 9–18, So 10–16 Uhr, Juli & Aug. Mo–Sa 9–20, So 10–18 Uhr, Rest des Jahres Mo–Fr 9–16, Sa 9–14 Uhr) Ausgezeichnete Touristeninformation von Kopenhagen mit Café, Souvenirshop und mehrsprachigen Mitarbeitern. Die beste Informationsquelle der Stadt – kostenlose Karten, unzählige Prospekte und Führer zum Mitnehmen und gegen Gebühr auch Ticket- und Hotelreservierungen; verkauft auch die Copenhagen Card (S. 82).

An- & Weiterreise

Auto & Motorrad

Die wichtigsten Straßen nach Kopenhagen sind die E20 von Jütland und Fünen (und dann weiter Richtung Malmö in Schweden) und die E47 von Helsingør und Schweden. Auf der E47 von Norden kommend, gelangt man über die Ausfahrt Lyngbyvej (Straße 19) nach Süden ins Zentrum.

Bus

Eurolines (www.eurolines-travel.com; Reventlowsgade 8) Busverbindungen in mehrere europäische Städte. Der Fahrkartenschalter befindet sich hinter dem Hauptbahnhof. Die Fernbusse fahren gegenüber vom DGI-byen-Sportkomplex in der Ingerslevsgade (südwestlich des Hauptbahnhofs; S. 61) ab. Weitere Infos zu Busverbindungen s. S. 345.

Fähre

Von Kopenhagen gibt es regelmäßige Fährverbindungen von/nach Norwegen sowie eine Busverbindung (inkl. Fähre) nach Polen und eine Zugverbindung (inkl. Fähre) nach Deutschland.

DB (www.bahn.de) Direkte ICE-Verbindung von Kopenhagen nach Hamburg mehrfach am Tag, inkl. Fährverbindung Puttgarden–Rødby; Fahrdauer 4½ Std.

DFDS Seaways (www.dfdsseaways.com) Einmal tgl. nach/von Oslo von Søndre Frihavn, nördlich des Kastellet; Fahrdauer 16½ Std.

Polferries (www.polferries.pl) Bietet eine Busverbindung (inkl. Fähre) von/nach Polen. Mit Bus 866 über Ystad in Schweden (1¼ Std.), von dort mit der Fähre nach Świnoujście (Swinemünde) in Polen; Fahrdauer 9–11 Std.

Flugzeug

Der praktische Flughafen Kopenhagen-Kastrup ist die größte Drehscheibe Skandinaviens und wird von über 100 Städten in aller Welt angeflogen. Direktflüge verbinden Kopenhagen mit zahlreichen Orten in Europa, Asien und Nordamerika sowie mit einigen dänischen Städten.

Der Flughafen liegt in Kastrup, 9 km südöstlich des Kopenhagener Stadtzentrums. Hier gibt es Restaurants, Geschäfte und Infostellen.

Achtung: Dies ist ein „stiller" Flughafen, also ohne Durchsagen und Aufrufe zum Boarding. Es gibt aber im ganzen Terminal zahlreiche Bildschirme mit Fluginformationen.

Zug

Alle Fernzüge fahren vom Hauptbahnhof ab und kommen auch dort an. Die elegante, von Holzbalken getragene Bahnhofshalle aus dem 19. Jh. bietet zahlreiche Einrichtungen wie Wechselstube, Postamt, Schließfächer und Gepäckaufbewahrung sowie Lebensmittelläden und -imbisse. In den unterirdischen Toiletten gegenüber der Polizeidienststelle gibt es auch Duschen.

Unterwegs vor Ort

Auto & Motorrad

Außer morgens zur Rushhour, wenn alles in die Stadt drängt (und gegen 17 Uhr stadtauswärts), ist der Verkehr in Kopenhagen recht flüssig. Autofahren ist kein Problem, abgesehen von der Parkplatzsuche im Zentrum.

Das Zentrum lässt sich am besten zu Fuß oder mit öffentlichen Verkehrsmitteln erkunden. Für die Sehenswürdigkeiten in den Vororten ist ein Auto praktisch.

AUTOVERMIETUNG

Die folgenden Vermietungen haben Büros im internationalen Terminal des Flughafens und im Zentrum.

Avis (☎70 24 77 07; www.avis.com; Kampmannsgade 1)

Budget (☎33 55 05 00; www.budget.dk; Kampmannsgade 1)

Europcar (☎33 55 99 00; www.europcar.com; Gammel Kongevej 13)

Hertz (☎33 17 90 20; www.hertzdk.dk; Ved Vesterport 3)

PARKEN

» Zum Parken auf der Straße ist ein Parkschein aus einem *billetautomat* (Parkscheinautomat) erforderlich; Bezahlung ist auch mit Kreditkarte möglich. Der Schein wird hinter die Windschutzscheibe gelegt.

» Kopenhagen ist in Zonen unterteilt (rot, grün und blau). Mit 10 Kr/Std. ist das Parken in der blauen Zone am Rand des Zentrums am günstigsten. Näher zum Zentrum wird die Zone grün, fürs Parken müssen 17 Kr/Std. bezahlt werden. Die Parkplätze nahe den Einkaufszonen im Zentrum (rot) sind die teuersten (29 Kr/Std.). Die Beträge gelten für die Zeit zwischen 8 und 18 Uhr, zu anderen Zeiten ist es günstiger.

» Eine Alternative zur Straße bieten die Parkhäuser der größeren Kaufhäuser, des Radisson Blu Royal Hotels und an der Jerbanegade, östlich vom Axeltorv.

» *Parkering forbudt* bedeutet „Parken verboten" (meist verbunden mit einem runden Verkehrszeichen mit rotem Schrägbalken); zum Be- und Entladen darf für maximal 3 Minuten gehalten werden. Ein rundes Zeichen mit rotem „X" oder ein Schild *Stopforbud* bedeutet „Absolutes Halteverbot".

Fahrrad

Es ist gut möglich, dass Kopenhagen die fahrradfreundlichste Stadt der Welt ist. An fast allen Straßen gibt es Radwege und vor allem: Die meisten Autofahrer respektieren sie. Ein paar Regeln gilt es zu beachten:

» Fahrräder können in S-Bahnen mitgenommen werden; Einstieg in den Wagon durch die mittlere Tür; Stehplätze mit Fahrrad sind hinter der roten Linie innerhalb des ausgezeichneten Bereichs; immer beim Fahrrad bleiben. Mitnahme in der Metro ist auch möglich, nicht aber zwischen September und Mai von 7–9 Uhr und von 15.30–17.30 Uhr an Wochentagen. Ein Fahrradticket kostet 12 Kr.

» Nahezu ganz Kopenhagen kann mit dem Rad erkundet werden, außer reine Fußgängerzonen wie die Strøget. Sie darf bei Gammel Torv und Kongens Nytorv mit dem Rad überquert werden.

KOSTENLOSE CITY-BIKES

Kopenhagen gehörte zu den ersten Städten Europas, die Fahrräder zur Gratisnutzung bereitstellten – die berühmten **Bycykler** (City-Bikes; www.bycyklen.dk). Von Mitte April bis November stehen über 1000 Fahrräder zur Verfügung.

Sie haben keine Gangschaltung, sind sehr einfach ausgestattet und für lange Strecken ungeeignet. Doch das ist Teil des Konzepts: Sie sollen nur in der Innenstadt benutzt werden. Um Diebstähle und Wartungsarbeiten zu minimieren, haben sie ein unverwechselbares Design und stabile, speichenlose Räder mit pannensicheren Reifen. Sie stehen an 110 über die ganze Stadt verteilten Stationen zur Verfügung, u. a. an S-Bahnhaltestellen.

Eine 20-Kronen-Münze als Pfand klinkt das Rad aus, und es kann losgehen. Nach Gebrauch kann es an jeder beliebigen Station wieder eingeklinkt werden. Dann spuckt der Automat 20 Kronen aus.

» Biker müssen auf Busfahrgäste achten, die zwischen Haltestelle und Bürgersteig oft den Radweg überqueren, sowie auf Fußgänger (meist Touristen), die unabsichtlich auf den Radweg geraten.

» Fahrradkarten, darunter die Nordseeland-Karte *Nordsjælland kortbog* (129 Kr, mit Kopenhagen und Umgebung) im Maßstab 1:100 000, gibt der dänische Fahrradverband **Dansk Cyklist Forbund** (Karte S. 48; www.dcf.dk; Rømersgade 5-7, nahe Israel Plads) heraus. Infos zu Radvermietern s. S. 61.

Vom/Zum Flughafen

Metro Die **Metro** (www.m.dk) fährt rund um die Uhr alle vier bis 20 Minuten zwischen dem Ankunftsterminal des Flughafens (Station Lufthavnen) und dem westlichen Ende der Stadt. Sie hält nicht am Hauptbahnhof, ist aber günstig, um nach Christianshavn und Nyhavn zu kommen (nach Nyhavn bis Kongens Nytorv, Fahrzeit 14 Min., 36 Kr).

Taxi Mit dem Taxi dauert die Fahrt vom Flughafen ins Stadtzentrum etwa 20 Min., je nach Verkehrslage. Es kostet zwischen 200 Kr (tagsüber) oder 250 Kr (nachts und am Wochenende).

Züge (www.dsb.dk) S-Bahnen verbinden das Ankunftsterminal des Flughafens alle 20 Minuten mit dem Hauptbahnhof in Kopenhagen (København Hovedbanegården), Fahrdauer 12 Min. (36 Kr). Fahrzeiten stehen auf www.rejseplanen.dk.

Zu Fuß

Man kann es nicht oft genug sagen, dass sich Kopenhagen am besten zu Fuß erkunden lässt. Es ist die wohl fußgängerfreundlichste Hauptstadt Europas. Das Zentrum ist überwiegend autofrei, und nur wenige der Hauptsehenswürdigkeiten oder Einkaufsviertel liegen mehr als 20 Fußminuten davon entfernt.

Öffentliche Verkehrsmittel

Kopenhagen besitzt ein umfassendes Netz öffentlicher Verkehrsmittel, bestehend aus Metro (U-Bahn), Bahn und Bus.

Die fahrerlosen **Metros** (www.m.dk) verkehren im östlichen Teil des Zentrums und verbinden Nørreport mit Kongens Nytorv und Christianshavn – und fahren auch zum Flughafen.

Die **S-Bahn** (www.dsb.dk/s-tog) hat sieben Linien, die durch den Hauptbahnhof (København H) verlaufen.

Busse werden von **Movia** (www.moviatrafik.dk, auf Dänisch) betrieben. Die zentrale Haltestelle liegt am Rådhuspladsen (Karte S. 48) wenige Blocks nordöstlich des Hauptbahnhofs.

COPENHAGEN CARD

Die **Copenhagen Card** (www.cphcard.com; Erw./erm. 10–15 J. 24 Std. 249/135 Kr, 72 Std. 479/245 Kr) gibt es bei der Touristeninformation (S. 80) oder online. Sie bietet kostenlosen Eintritt zu rund 60 Museen und Sehenswürdigkeiten in der Stadt und Umgebung sowie kostenloses Fahren mit Bus, S-Bahn und Metro innerhalb der sieben Zonen.

BUSSE & BAHNEN

Das Bus- und Bahnnetz von Kopenhagen hat ein integriertes Ticketsystem mit sieben Zonen, wobei für Stadtbesucher in der Regel nur zwei relevant sind. Die Fahrt zwischen Stadtzentrum und Flughafen geht durch drei Zonen.

Das günstigste Ticket *(billet)* gilt für zwei Zonen, damit darf man uneingeschränkt eine Stunde fahren (Erw./erm. 12–15 J. 24/12 Kr). Kinder unter 12 Jahre fahren in Begleitung eines Erwachsenen kostenlos. Die 10er-Karten *(klippekort*, zwei Zonen Erw./erm. 12–15 J. 140/70 Kr) sind für Vielfahrer günstiger. Die Tickets müssen in den gelben Automaten beim Einstieg in den Bus oder bei S-Bahnen und Metros am Bahnsteig abgestempelt werden.

Für Abstecher zu Sehenswürdigkeiten außerhalb der Stadt, z. B. nach Helsingør, die Nordküste von Seeland oder nach Roskilde, lohnt sich ein 24-Std.-Ticket (alle Zonen Erw./erm. 12–15 J. 130/65 Kr) oder eine 7-Tage-FlexCard (alle Zonen 590 Kr).

Die Tickets gelten für Metro, Bus und S-tog (S-Bahn oder Nahverkehrszug), auch wenn sie je nach Ausgabestelle etwas verschieden aussehen. Am ersten Sonntag im Monat kostet die Fahrt mit der S-Bahn nichts.

Die von der Touristeninformation verteilten kostenlosen Stadtpläne zeigen alle Buslinien mit Nummern und sind für die Orientierung sehr hilfreich.

Online bietet die Seite www.rejseplanen.dk Infos zu allen Strecken und Fahrplänen.

Taxi

Taxis halten auf Zuwinken am Straßenrand; außerdem gibt es Taxistände an verschiedenen Stellen im Zentrum. Wenn das gelbe Taxisschild *(taxa)* leuchtet, ist das Fahrzeug frei. Die Grundgebühr beträgt 24 Kr; dazu kommt ein Kilometergeld: Mo–Fr 7–16 Uhr 13,30 Kr; Fr & Sa 23–7 Uhr 16,80 Kr; zu allen anderen Zeiten 14,20 Kr. Die meisten Taxis akzeptieren gängige Kreditkarten. Drei der größeren Unternehmen sind **Dan Taxi** (☎70 25 25 25), **Taxa** (☎35 35 35 35) und **Taxamotor** (☎38 10 10 10).

RUND UM KOPENHAGEN

Die meisten Sehenswürdigkeiten in der Umgebung sind schnell und bequem zu erreichen. Wer Wälder, Seen, Strände, historische Stätten oder herausragende Kunstmuseen sucht, wird in der folgenden Liste sicher das Richtige finden. Weiter entfernte Ziele für Tagesausflüge enthält das Kapitel Nordseeland (S. 86).

Wer gleich noch ein zweites Land abhaken will: Die drittgrößte Stadt Schwedens, Malmö, liegt nur 35 Minuten von Kopenhagen entfernt und ist mit dem Zug vom Hauptbahnhof aus über die Øresund-Brücke und den Tunnel zu erreichen.

Arken Museum für moderne Kunst

Fans der modernen Kunst sollten einen Ausflug zum **Arken** (www.arken.dk; Skovvej 100, Ishøj; Erw./erm. 85 Kr/frei; ⌚Di & Do–So 10–17, Mi bis 21 Uhr) einplanen. Die herrliche Sammlung mit Kunst der Nachkriegszeit zeigt u. a. einige Warhols, Arbeiten von Jeff Koons und Damien Hirst sowie Werke berühmter dänischer Künstler wie Per Kirkeby, Asger Jorn, Jesper Just und Olafur Eliasson. Auch für Kinder hat das Museum einiges zu bieten – z. B. einen tollen Sandstrand direkt vor der Tür.

Anfahrt aus Kopenhagen mit der S-Bahn in südwestliche Richtung bis zur Haltestelle Ishøj, dann weiter mit der Buslinie 128.

Charlottenlund

Charlottenlund ist ein wohlhabender Vorort an der Küste direkt hinter dem nördlichen Stadtrand von Kopenhagen. Trotz Citynähe hat es einen schönen **Sandstrand**. Zu den Sehenswürdigkeiten gehören ein interessantes Kunstmuseum und ein Aquarium.

Sehenswertes

Ordrupgaard KUNSTMUSEUM

(Karte S. 42; www.ordrupgaard.dk; Vilvordevej 110, Charlottenlund; Erw./erm. 85 Kr/frei; ⌚Di, Do & Fr 13–17, Mi 13–19, Sa & So 11–17 Uhr; Finn Juhls Hus Sa & So 11–17, Juli & Aug. auch Mo 15–17 Uhr) Das charmante, kleine Kunstmuseum Ordrupgaard wurde 2005 nach der Eröffnung von Zaha Hadids attraktivem Glas-und-Steinanbau weltbekannt. Das in einem schönen Herrenhaus aus dem frühen 20. Jh. untergebrachte Museum konnte aber auch schon davor eine bemerkenswerte Sammlung mit Werken des 19. und 20. Jhs. zeigen, mit Bildern von Gauguin (der viele Jahre in Kopenhagen gelebt hat), Renoir und Matisse sowie namhaften dänischen Künstlern dieser Zeit, wie J. T. Lundbye und Vilhelm Hammershøj. Zum Museum gehören außerdem das ehemalige Haus eines der bedeutendsten dänischen Designer des 20. Jhs., Finn Juhl, und ein hübsches Café. Anreise mit der S-Bahn nach Klampenborg und dann weiter mit Bus 388D.

Danmarks Akvarium AQUARIUM

(Karte S. 42; www.akvarium.dk; Kavalergården 1; Erw./erm. 100/55 Kr; ⌚Juli & Aug. 10–18 Uhr, Feb.–Mai, Sept. & Okt bis 17 Uhr, Nov.–Jan. bis 16 Uhr) Danmarks Akvarium befindet sich 500 m nördlich des Strandes auf der Landseite der Straße und ist für skandinavische Verhältnisse sehr groß. Wirklich schön präsentiert es sowohl Kaltwasser- als auch tropische Fische, farbenprächtige Korallen, Ammenhaie, Meeresschildkröten und Piranhas.

LOUISIANA: MEKKA DER MODERNEN KUNST

Das herausragende **Louisiana** (www.louisiana.dk; Gammel Strandvej 13, Humlebæk; Erw./bis 18 J. 95 Kr/frei; Di–Fr 11–22, Sa & So bis 18 Uhr;) gehört oben auf die Besuchsliste, auch wenn einen moderne Kunst nicht immer wahnsinnig begeistert. Die bemerkenswerten Werke der Moderne verteilen sich auf vier riesige Gebäudeflügel und einen Skulpturengarten, der sich zum Meer hin öffnet und einen weiten Blick über den Øresund nach Schweden hinüber gewährt.

Die ständige Sammlung des Museums besteht vor allem aus Gemälden und Grafiken aus der Zeit nach dem Zweiten Weltkrieg mit Werken von CoBrA-Künstlern und Vertretern des Konstruktivismus, Minimalismus, abstrakten Expressionismus, der Pop-Art und der Inszenierten Fotografie. Ausgestellte internationale Koryphäen sind z. B. Pablo Picasso, Francis Bacon und Alberto Giacometti, im hügeligen Gartengelände stehen monumentale Bronzeskulpturen von Henry Moore und Tierfiguren von Max Ernst. Zu den bekannten dänischen Künstlern gehören Asger Jorn, Car-Henning Pedersen, Robert Jacobsen und Richard Mortensen. Jedes Jahr finden außerdem sechs bis acht Sonderausstellungen statt, häufig mit einem filmischen und musikalischen Begleitprogramm.

Ein kompletter Flügel ist für Kinder eingerichtet, die sich hier, inspiriert von den Werken der Galerie, mit allen möglichen Materialien und Techniken (vom Buntstift bis zu interaktiven Computerprogrammen) kreativ austoben können. Das Café im Louisiana ist mit seiner großen, sonnigen Terrasse und dem herrlichen Blick auf das Meer ein toller Platz für einen wiederbelebenden Kaffee, und der Museumsshop verkauft auf zwei Ebenen Kunstbücher, Drucke und skandinavisches Design.

Das Louisiana liegt in der grünen Stadt **Humlebæk**, 30 km nördlich von Kopenhagen. Vom Bahnhof in Humlebæk sind es noch 1,5 km Fußweg zum Museum, immer den Schildern am Gammel Strandvej folgend. Züge fahren etwa alle 30 Minuten von Kopenhagen (108 Kr, 40 Min.) und Helsingør (36 Kr, 12 Min.). Bei einem Tagesausflug von Kopenhagen lohnt sich das 24-Std.-Ticket (130 Kr).

Anreise mit der S-Bahnlinie C nach Charlottenlund.

Klampenborg

Klampenborg, mit der S-Bahnlinie C nur 20 Minuten vom Hauptbahnhof entfernt, ist ein beliebtes Familienausflugsziel. Ein paar hundert Meter östlich des Bahnhofs breitet sich der Sandstrand **Bellevue** (S. 62) aus, der im Sommer immer sehr gut besucht ist.

Sehenswertes

GRATIS **Bakken** VERGNÜGUNGSPARK
(Karte S. 42; www.bakken.dk, auf Dänisch; Dyrehavevej 62; Eintritt frei; wechselnd, meist tgl. 14–22 oder 24 Uhr, Sept.–März geschl.) 800 m westlich des Bahnhofs liegt der mit 429 Jahren älteste Erlebnispark der Welt (eröffnet im 16. Jh.). Die proletarische Version des vornehmen Tivoli bietet den üblichen Rummel mit Autoscootern, Achterbahnen, Spielautomaten und Bierbuden. Die Armbänder für alle Fahrgeschäfte kosten 239 Kr (Mitte bis Ende August Mo–Fr 219 Kr). Aktuelle Öffnungszeiten stehen auf der Website.

Dyrehaven WANDERN, RADFAHREN
Bakken liegt am Südrand von Dyrehaven (offiziell Jægersborg Dyrehave), einem etwa 1000 ha großen Gebiet mit Buchenwäldern und Wiesen, durchzogen von einem verlockenden Wander- und Radwegenetz. Dyrehaven wurde 1669 als königliches Jagdgebiet eingerichtet und hat sich zum beliebten Picknickplatz der Hauptstädter entwickelt.

Im Park leben noch immer um die 2000 Hirsche – meist Damwild, aber auch Rothirsche und japanische Sika-Hirsche. Unter den Rothirschen gibt es seltene, weiße Exemplare; es sind Nachkommen von Tieren, die 1737 aus Deutschland importiert wurden, wo sie heute ausgestorben sind.

Lyngby

Hauptattraktion von Lyngby ist das **Frilandsmuseet** (Karte S. 42; www.natmus.dk; Kongevejen 100; Eintritt frei; Ende April–Ende Okt.

ABSTECHER

SØLLERØD KRO

Nicht alle Michelisterne gehen an Restaurants im Kopenhagener Zentrum. Einer ging in die unauffällige Vorstadt Holte, 19 km nördlich vom Stadtzentrum, an den **Søllerød Kro** (☎45 80 25 05; www.soelleroed-kro.dk; Søllerødvej 35, Holte; 3-/5-Gänge Mittagsmenü 495/650 Kr, 4-/6-Gänge Abendmenü 740/950 Kr; ⏲Mi–So mittags & abends), der in einem herrlichen, reetgedeckten Landgasthaus aus dem 17. Jh. seine Gäste verwöhnt. Die Kreationen der Küche sind außerordentlich und bereichern die französisch-dänische Küchentradition immer wieder mit neuen Gaumen-Höhepunkten. Zarter Hummer wird mit Pink Grapefruit und Rogen-Butter oder gebratene Foie gras mit Rote Beete und Holunderbeersaft kombiniert. Das Spiel von Aromen und Strukturen ist unglaublich, ebenso wie die passend ausgesuchten Weine zu jedem Gang.

Trotz des Ruhms, der Lobeshymnen und der klassisch, schicken Inneneinrichtung bleibt Søllerød Kro auf dem Boden, ignoriert Pomp und Dünkel und pflegt stattdessen eine ursprünglich Gastlichkeit. Unter den Verkostungsmenüs ist auch eins für Vegetarier. Ein Tisch muss mindestens eine Woche vorher reserviert werden.

Aus Kopenhagen nimmt man die S-Bahn (Linie E) Richtung Norden bis Holte. Von dort fährt Bus 105 bis kurz vor das Restaurant (dem Busfahrer sagen, wohin man möchte). Die Anfahrt dauert insgesamt 35 Minuten.

Di–So 10–17 Uhr), ein weitläufiges Freilichtmuseum mit alten Dorfhäusern, die von Standorten aus ganz Dänemark zusammengetragen wurden. Über 50 historische Gebäude vermitteln eine Vorstellung vom dänischen Landleben in den unterschiedlichen Regionen und sozialen Schichten.

Zum Frilandsmuseet führt ein markierter, 10-minütiger Fußweg vom Bahnhof von Sorgenfri. Vom Hauptbahnhof fahren S-Bahnen der Linie B in 25 Minuten dorthin. Die Busse der Linien 184 und 191 halten direkt am Eingang.

Seeland

Inhalt »

Øresund-Küste 87
Rungsted 87
Helsingør 90
Hillerød 96
Fredensborg 98
Hornbæk 100
Gilleleje 102
Tisvildeleje 103
Roskilde 105
Lejre 109
Køge 111
Vallø 115
Sorø 116
Trelleborg 119
Næstved & Umgebung 121
Vordingborg 125

Gut essen

» Dragsholm Slot (S. 110)
» Babette (S. 126)
» Hotel Kirstine (S. 124)
» Skipperhuset (S. 99)
» Rådmand Davids Hus (S. 95)

Schön übernachten

» Helenekilde Badehotel (S. 104)
» Gilleleje Badehotel (S. 103)
» Vallø Slotskro (S. 115)
» Dragsholm Slot (S. 110)
» Ewaldsgården Pension (S. 100)

Auf nach Seeland

Dänemarks größte Insel hat mehr zu bieten als nur das glanzvolle Kopenhagen. Nördlich der Stadt sind herrliche Strände, urige Fischerdörfer und großartige Schlösser wie Kronborg Slot in Helsingør oder das romantische Frederiksborg Slot in Hillerød zu entdecken.

Westlich von Kopenhagen liegt Roskilde mit einem Dom, der zum UNESCO-Weltkulturerbe gehört, dem größten Rockfestival von Skandinavien und einem ausgezeichneten Wikingerschiffsmuseum. Hier wie im nahe gelegenen Sagnlandet Lejre, einer archäologischen Experimentierstätte, wird Geschichte lebendig. Noch weiter im Westen steht die rund tausend Jahre alte Trelleborg.

Der Süden ist bekannt für das mittelalterliche Køge, das märchenhafte Vallø und den großartigen Freizeitpark von Næstved.

Fast die gesamte Gegend ist verkehrstechnisch gut erschlossen. Obendrein gewährt die Kopenhagen Card die kostenlose Nutzung der öffentlichen Verkehrsmittel plus Eintritt zu vielen Sehenswürdigkeiten.

Reisezeit

Die beste Reisezeit für Seeland ist Juni bis August. Dann ist es warm, das Land ist üppig-grün und die schöne Nordküste zeigt sich von ihrer besten Seite. Touristeninformationen und Sehenswürdigkeiten sind geöffnet und zu großen Events wie dem Roskilde Festival im Juli reisen Topstars an. Der Nachteil ist, dass man nicht der Einzige ist, den es nach Sonne, Meer und Kultur gelüstet. Die meisten Dänen machen im Juli Urlaub, sodass in den Badeorten Hochbetrieb herrscht und Unterkünfte rar sind – vorausbuchen!

Auch Mai und September sind geeignet, mit milden Temperaturen und weniger Urlaubern. Die meisten Ausflugsziele sind wie im Sommer geöffnet.

An- & Weiterreise

Die meisten Orte in Nordseeland sind von Kopenhagen aus in weniger als einer Stunde zu erreichen, mit dem Auto sogar schneller. Die Copenhagen Card (S. 82) gilt für viele Bus- und Bahnverbindungen der Region. Von Kopenhagen nach Norden gehen zahlreiche Züge. Für die Fahrt nach Helsingør ist es besser, ab Klampenborg (Endstation der S-Bahnlinie C) den Bus Nr. 388 zu nehmen, um einen schöneren Blick auf die Küste zu haben.

Vom Bahnhof Helsingør verkehren Züge der DSB und der Lokalbanen. Die Lokalbahnen ist ein Privatunternehmen im Großraum Kopenhagen.

Das Verkehrsnetz von Südseeland ist ebenfalls auf Kopenhagen ausgerichtet, und es gibt kaum einen Ort, der von der Hauptstadt aus nicht in einer Stunde zu erreichen ist. Ein eigenes Fahrzeug ist trotzdem angenehm, da die Orte weiter verstreut liegen als im Norden der Insel. Das Ländliche macht den Reiz der Region aus.

Wer mit dem Auto zwischen Køge und Korsør unterwegs ist, kann statt der Autobahn E20 die landschaftlich reizvolle Straße 150 wählen.

Unterwegs vor Ort

Ein Verbundsystem (24 Kr pro Zone) umfasst die Stadtbusse in Kopenhagen, die Züge der DSB und die S-Bahnen im Großraum Kopenhagen und in Nordseeland bis hinunter nach Køge sowie einige private Bahnlinien in der Region (im Umkreis von etwa 40 km um die Hauptstadt). Man kann mit einem Ticket zwischen den verschiedenen Bussen und Bahnen wechseln.

Je nachdem, wie viele Zonen man durchfahren möchte, lohnt sich der Kauf einer Tageskarte (alle Zonen Erw./Kind 12–15 J. 130/65 Kr) oder einer 7-Tage-FlexCard (alle Zonen 590 Kr).

Die meisten Städte an der Nordküste können nur durch Umsteigen in Hillerød oder Helsingør erreicht werden.

Die wichtigste Ost-West-Bahnverbindung zwischen Kopenhagen und Odense verläuft durch Zentralseeland und bedient Städte wie Sorø und Korsør. Die wichtigste Nord-Süd-Strecke führt von Kopenhagen über Køge und Vordingborg nach Nykøbing F auf Falster.

Viele Bahnstrecken in Südseeland werden privat betrieben. Nicht ans Bahnnetz angeschlossene Orte werden gewöhnlich von Bussen angesteuert. Umfassende Informationen zum öffentlichen Verkehrsnetz liefert die Website www.rejseplan.dk.

ØRESUND-KÜSTE

Der Øresund ist die Meerenge zwischen Dänemark und dem nahe gelegenen Schweden. Die Region wird wegen der schönen Strandhäuser oft Dänische Riviera genannt, doch das ist etwas übertrieben. Wer von goldenen Sandstränden träumt, sollte lieber an die Nordküste der Insel fahren. Die Hauptattraktionen an der Ostküste sind zwei hervorragende Museen und die Stadt Helsingør mit dem monumentalen Schloss Kronborg.

Rungsted

Für Fans der fantastischen, erotischen und ironischen Geschichten von Karen Blixen (1885–1962) wartet in der Küstenstadt Rungsted eine Überraschung: Rungstedlund, der Landsitz der Schriftstellerin, ist heute als Museum ihrem Leben und Werk gewidmet. Etwas weiter nördlich befindet sich das Louisiana Museum of Modern Art (S. 84).

Sehenswertes

Karen Blixen Museet MUSEUM

(www.karen-blixen.dk; Rungsted Strandvej 111; Erw./unter 14 J. 60 Kr/frei; ⌚Mai–Sept. Di–So 10–17 Uhr, Okt.–April Mi–Fr 13–16, Sa & So 11–16 Uhr) Karen Blixens einstiger Wohnsitz in Rungsted ist heute das Karen-Blixen-Museum. Verehrer ihrer Bücher werden erfreut sein, dass alles weitgehend unverändert geblieben ist. Zu sehen sind Fotos, Massai-Speere, Malereien, Schilde und andere Erinnerungsstücke aus ihrer Zeit in Afrika, wie z. B. das Grammophon, das Blixen von ihrem Liebhaber Denys Finch-Hatton geschenkt bekam. Auf dem Schreibtisch steht noch immer die alte Corona-Schreibmaschine, auf der sie ihre Romane getippt hat.

Ein Gebäudeflügel beherbergt eine Bibliothek mit ihren Werken, ein Café, eine Buchhandlung und eine audiovisuelle Ausstellung über ihr Leben.

In der bewaldeten Parkanlage, die auch ein Vogelschutzgebiet ist, befindet sich Blixens **Grab**, eine schlichte Steinplatte mit ihrem Namen.

Das Museum liegt gegenüber vom Yachthafen, 1,5 km vom Bahnhof entfernt. Der Weg führt auf dem Stationsvej nach Norden, bei der Ampel rechts auf den Rungstedvej und an der Kreuzung mit dem Rungsted Strandvej etwa 300 m nach Süden. Siehe auch Kasten S. 90.

An- & Weiterreise

Züge nach Rungsted verkehren alle 20 Minuten ab Kopenhagen (84 Kr, 30 Min.) und ab Helsingør (60 Kr, 25 Min.).

Highlights

1 Am weiten goldenen Strand von **Hornbæk** (S. 100) der Frage nachhängen: Dänemark oder Südfrankreich?

2 Hinter den Mauern von **Kronborg Slot** (S. 90), Schauplatz von Shakespeares *Hamlet*, herumspionieren

3 Die Schlössertour mit **Frederiksborg Slot** (S. 96), einem der schönsten historischen Bauwerke Dänemarks, fortsetzen.

4 In der Eisenzeitsiedlung in **Lejre** (S. 109) den Kindern eine Axt in die Hand drücken

5 Beim größten Rockfestival Nordeuropas in **Roskilde** (Kasten S. 107) mitrocken

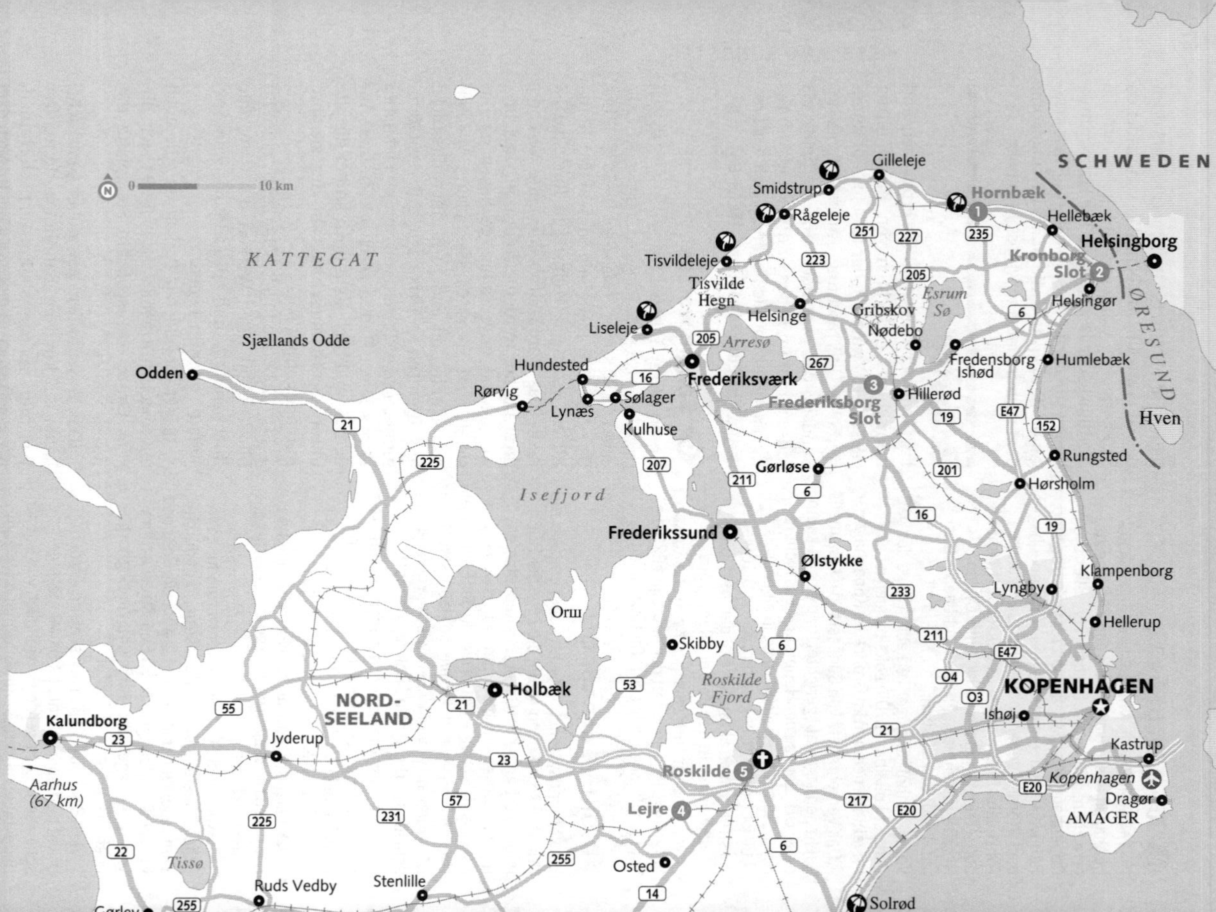

6 Im Freizeitpark BonBon-Land bei **Næstved** (S. 123) die Achterbahn „Wildschwein“ heruntersausen

7 Über den Rätseln brüten, die die geheimnisvollen Überreste der Wikingerburg **Trelleborg** (S. 120) bis heute aufgeben

8 Im Labyrinth der engen mittelalterlichen Straßen von **Køge** (S. 111) das älteste Haus von Dänemark entdecken

9 Ruhe finden in der märchenhaften Aura des Dörfchens **Vallø** (S. 115)

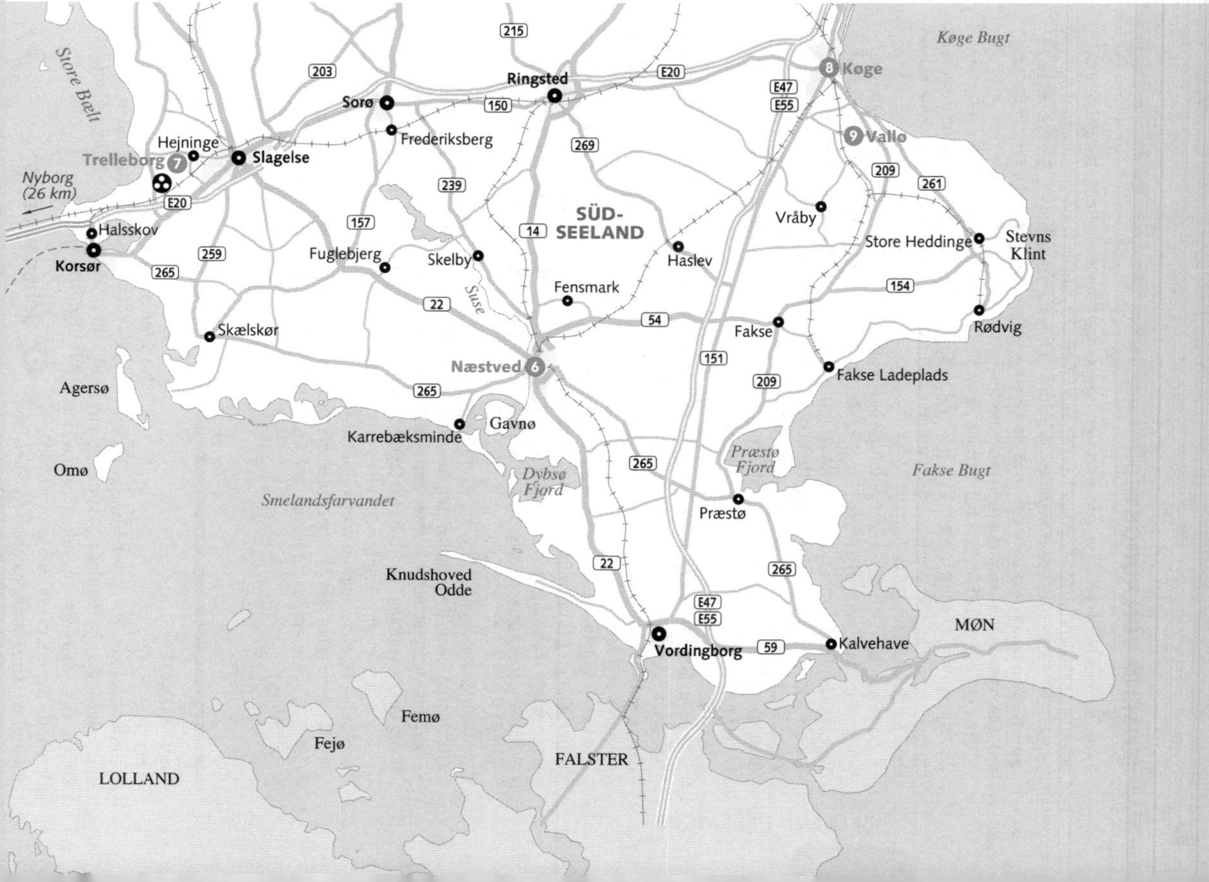

JENSEITS VON RUNGSTED

Karen Blixen (1885–1962) wurde als Karen Christenze Dinesen in Rungsted geboren, einem wohlhabenden Ort nördlich von Kopenhagen. Ihr ganzes Leben hindurch hat diese ungewöhnliche Frau eine exzentrische Aura um sich herum geschaffen. Sie hat verschiedene Namen ausprobiert, ihr Leben in eine Fiktion verwandelt und mit ihren „dekadenten" Büchern allerlei Kontroversen provoziert.

Um der Enge ihrer bürgerlichen Familie zu entfliehen, heiratete sie 1914 im Alter von 28 Jahren ihren zweiten Cousin, Baron Bror von Blixen-Finecke, nachdem eine Beziehung zu dessen Zwillingsbruder Hans gescheitert war. Es war eine Zweckehe. Sie wollte seinen Titel, er brauchte ihr Geld.

Das Paar zog nach Kenia und gründete eine Kaffeeplantage, die Karen verwaltete. In Afrika diagnostizierten die Ärzte eine Syphilis. Sie war überzeugt davon, dass ihr ständig fremdgehender Ehemann sie angesteckt hatte. Es kann aber auch sein, dass ihre Gesundheitsprobleme von einer Vergiftung durch Arsen herrührten, das sie einnahm, weil sie befürchtete, Syphilis zu haben. Die Diagnose war psychologisch ein verheerender Schlag, da ihr Vater nach einer Syphilisdiagose Selbstmord begangen hatte, als Karen zehn Jahre alt war. Sie kehrte für eine medizinische Behandlung nach Dänemark zurück und ging dann wieder nach Afrika, um sich 1925 von dem Baron scheiden zu lassen.

Danach lebte sie sechs Jahre mit der Liebe ihres Lebens, dem Engländer Denys Finch-Hatton, zusammen, bis dieser 1932 bei einem Flugzeugunglück ums Leben kam. In der oscargekrönten Verfilmung von *Out of Africa (Jenseits von Afrika)*, Blixens Autobiografie, spielen Meryl Streep und Robert Redford dieses Paar. Kurz danach verließ Blixen Afrika und kehrte auf ihren Familienbesitz in Rungsted zurück, wo sie zu schreiben begann. Es dauerte lange, bis ihr Werk in Dänemark Anerkennung fand. Zum Teil sicher deshalb, weil sie in einem altmodischen Stil schrieb, die Aristokratie verherrlichte und darauf bestand, als Baronesse angesprochen zu werden – während das Gros der Gesellschaft sich bemühte, Klassenunterschiede zu verwischen.

Nachdem Verlage in Dänemark und England ihr erstes Buch abgelehnt hatten, veröffentlichte sie es unter dem Pseudonym Isak Dinesen 1934 in New York. Erst als dieser Band mit Kurzgeschichten unter dem Titel *Seven Gothic Tales* in den USA großen Anklang fand, begannen dänische Verlage sich ernsthaft für sie zu interessieren.

Nach dem großen Erfolg von *Out of Africa* (1937) sowohl in dänischer als auch in englischer Sprache folgten weitere Bücher: *Winter's Tales* (1942), *The Angelic Avengers* (1944), *Last Tales* (1957), *Anecdotes of Destiny* (1958) und *Shadows on the Grass* (1960). Ein weiterer oscargekrönter Film, *Babette's Feast*, basiert auf einer ihrer Geschichten.

Helsingør

46 280 EW.

Hauptattraktion der geschäftigen Hafenstadt Helsingør ist Schloss Kronborg, ein Koloss, der über der engsten Passage des Øresund thront. Das Schloss wurde als Schauplatz von Shakespeares *Hamlet* berühmt, wenngleich der martialische Bau in krassem Gegensatz zu dem subtil-psychologischen Drama steht, das sich auf „Elsinore Castle" abspielt.

Helsingør hat mehrere Fußgängerzonen in historischen Straßen für einen netten Bummel zwischen Fachwerkhäusern, gotischen Kirchen, mittelalterlichen Klöstern, interessanten Geschäften und gemütlichen Cafés.

Zahlreiche Fähren verbinden die Stadt mit dem nicht weit entfernten Ufer des Nachbarlands und werden besonders fleißig von Schweden genutzt, die in Dänemark (für ihre Verhältnisse) billige alkoholische Getränke kaufen.

Sehenswertes

LP TIPP Kronborg Slot SCHLOSS

(www.ses.dk/en/SlotteOgHaver/Slotte/Kronborg; Kronborgvej; Königsgemächer, Kasematten & Kapelle, Seefahrtsmuseum & Telegrafenturm Erw./15–18 J./6–14 J. 95/70/25 Kr; Mai–Sept. 10.30–17 Uhr, April & Okt. Di–So 11–16 Uhr, sonst kürzer) Die monströse Festung gehört zum UNESCO-Weltkulturerbe und ist die Hauptattraktion der Stadt. Das Schloss wurde als

Schauplatz von *Hamlet* bekannt, doch seine tatsächliche Rolle als riesiges Zollhaus war weit weniger romantisch. Wer sich vorstellt, mitten auf dem Øresund die Kanonen von Kronborg auf sein Schiff gerichtet zu sehen, der wird verstehen, wie wirkungsvoll die Architektur für die Zolleintreibung war.

Der dänische König Erik VII. bewies ausgezeichneten Geschäftssinn, als er um 1420 an der engsten Stelle des Øresund die kleine Festung Krogen errichten ließ und von jedem Frachtschiff eine Rose Noble (englische Goldmünze) für die Passage kassierte. Dieser „Sundzoll" brachte reichlich Geld in die Kasse, so dass Frederik II. die Festung im Jahr 1585 zum Schloss Kronborg ausbauen konnte.

Nicht lange nach der Fertigstellung brannte das Schloss bis auf die Außenmauern nieder. König Christian IV., ein unermüdlicher Bauherr, ließ es im ursprünglichen Renaissancestil mit einigen barocken Ergänzungen wieder aufbauen, doch schon bald schlug das Schicksal erneut zu. Während der dänisch-schwedischen Kriege besetzten die Schweden das Schloss von 1658 bis 1660 und räumten alles ab, was nicht niet- und nagelfest war – auch den berühmten Brunnen.

Danach ließ Christian V. zwar die Befestigungen verstärken, doch das dänische Königshaus nutzte Kronborg fortan nicht mehr als Residenz. Von 1785 bis 1924 dienten die Anlagen als Kaserne, danach wurden sie zum Museum ausgebaut (und die schwedische Regierung war so anständig, einige der geplünderten Gegenstände zurückzugeben).

Für das Schloss selbst ist Eintritt zu bezahlen, doch der Zutritt zum imposanten Innenhof über mehrere Wassergräben, auf denen Schwäne ihre Bahn ziehen, ist kostenlos – ebenso wie ein Spaziergang rings um die Befestigungsanlagen (geöffnet täglich bis Sonnenuntergang) mit schönen Picknickplätzen.

Königsgemächer

Die Königsgemächer sind heute ziemlich leer. Im Schlafgemach des Königspaars zum Beispiel gibt es nur einen Marmorkamin, ein paar Möbel und einige allerdings prachtvolle Deckengemälde – gelegentliche Ausstellungen moderner Kunst machen das Ganze interessanter.

Am eindrucksvollsten ist der Rittersaal, der bei seiner Einweihung 1585 der längste in ganz Skandinavien war. Die Festessen umfassten 65 Gänge und jeder Gast bekam seinen eigenen Brechkübel. Sieben der ursprünglichen Tapisserien – ausgezeichnet erhalten und mit interessanten Erläuterungen beschildert – sind im angrenzenden Kleinen Saal zu sehen.

Kasematten & Kapelle

Unter einem überraschend großen Teil des Schlosses erstrecken sich niedrige und kalte Verliesräume, die auch als Vorratslager und Unterkunft für die Soldaten dienten. Eigentlich sind sie düster und gespenstisch genug, trotzdem lohnt es sich, vor dem Besuch etwas über das einstige Kasernenleben zu lesen, um eine lebendige Vorstellung zu bekommen. Drunten erwarten einen dann Fledermäuse und eine Statue des Wikingerhäuptlings **Holger Danske** (Holger der Däne), der der Sage zufolge in der Stunde der Not wiederkehren und Dänemark zur Seite stehen wird.

Die Kapelle mit ihrer Säulenhalle war der einzige Teil des Schlosses, der 1629 den Flammen entging. Sie gibt ein gutes Bild von der ursprünglichen Atmosphäre. Sehenswert sind der vergoldete Altar und die Fratzen an den Bänken.

Handels- og Søfartsmuseet

(Handels- und Seefahrtsmuseum; www.maritime-museum.dk) Das sehenswerte Handels- und Seefahrtsmuseum, das sich über ganze drei Seiten um den Hof herum erstreckt, dokumentiert die Geschichte der dänischen Seefahrt und der Kolonien in Übersee. Die Sammlung von Schiffsmodellen, Gemälden, nautischen Instrumenten und Seekarten führt den Besuchern die Bedeutung der Seefahrt für die dänische Kultur und Geschichte vor Augen. Außerdem besitzt es den ältesten Schiffszwieback der Welt, der aus dem Jahr 1852 stammt und eigentlich noch ganz essbar aussieht.

Im Mauerwerk der Räume 21 und 22 sind Überreste der ursprünglichen Festung Krogen zu sehen. Der schwankende **Telegrafenturm** ist über eine Wendeltreppe zu erklimmen und eröffnet eine großartige Aussicht, die den Eintritt lohnt.

Sankt Mariæ Kirke & Karmeliterklostret

KIRCHE, KLOSTER

(www.sctmariae.dk; Sankt Anna Gade 38; ⌚Di–So 10–15 Uhr) Die mittelalterliche Sankt Mariæ Kirke birgt sehenswerte Fresken aus dem 15. Jh. Neben den üblichen biblischen Szenen sind bizarre Gesichter zu sehen, aus deren Mündern Frösche, Füchse, Hammel und Bullen springen. Im Südschiff brechen

Helsingør

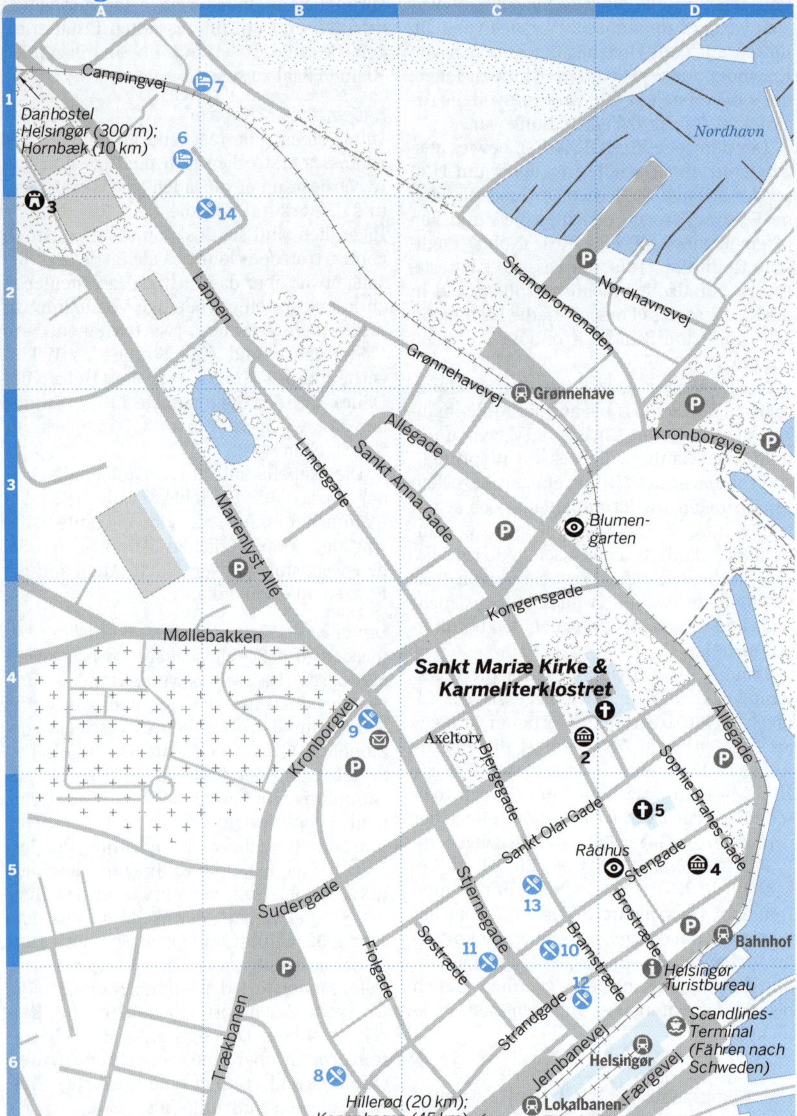

Pfeifer und Lautenspieler aus riesigen Blumen hervor.

Die Kirche besitzt eine prachtvolle Rokokoempore. Auf der Orgel aus dem 17. Jh. hat schon Dietrich Buxtehude (1637–1707) gespielt, ein Komponist der Barockzeit, der großen Einfluss auf Bach hatte. Häufige Orgelkonzerte sind eine Attraktion für Freunde dieser Musik.

Die Sankt Mariæ Kirke gehört zu einem der am besten erhaltenen mittelalterlichen Klöster Skandinaviens, dem **Karmeliter-**

Helsingør

Highlights

Kronborg Slot F3
Sankt Mariæ Kirke & Karmeliterklostret D4

Sehenswertes

1 Handels- og Søfartsmuseet F3
2 Helsingør Bymuseum C4
3 Marienlyst Slot A2
4 Museet Skibsklarerergaarden D5
5 Sankt Olai Domkirke D5

Schlafen

6 Helsingør Camping Grønnehave A1
7 Marienlyst Hotel & Casino B1

Essen

8 Café Vivaldi B6
9 Kvickly-Supermarkt B4
10 Madame Sprunck C5
11 Møllers Conditori C6
12 Rådmand Davids Hus C6
13 Slagter Baagø C5
14 Spar-Supermarkt B2

klostret (Karmeliterkloster; Führungen Mitte Juni–Mitte Sept. Fr & Sa 14 Uhr).

In dem friedvollen Bau aus roten Ziegeln und mit weißem Putz soll Dyveke (1490–1517), die Geliebte von Christian II., begraben sein.

Sankt Olai Domkirke DOM
(Sankt Anna Gade 12; Eintritt frei; Mai–Aug. 10–16 Uhr, Sept.–April 10–14 Uhr) Die von Linden umgebene Sankt Olai Domkirke ist ein reizvoller gotischer Backsteinbau von 1559. Zu den Besonderheiten zählen ein 12 m hohes in Weiß und Gold gefasstes Altarrelief, eine ominöse schwarze Steinplatte, auf der die Namen einiger Übeltäter eingraviert sind, und eine in einem Bogengang steckende englische Kanonenkugel, die auf dem Weg zur Schlacht von Kopenhagen (1801) abgefeuert wurde.

Helsingør Bymuseum MUSEUM
(Sankt Anna Gade 36; Erw./Kind 20 Kr/frei; Di–Fr & So 12–16, Sa 10–14 Uhr) Nördlich vom Dom ist das Stadtmuseum von Helsingør in einem Gebäude untergebracht, das die Mönche des benachbarten Klosters 1516 als Spital für Seeleute errichteten. Es zeigt ein kleinteiliges Modell der Stadt im 19. Jh., eine aufschlussreiche 15-minütige Aufzeichnung zu ihrer Geschichte (auch in deutscher Sprache) sowie ein Sammelsurium von Exponaten (Retorten, mittelalterliche Keramikfunde und 200 Puppen), die meist dänisch beschriftet sind.

Museet Skibsklarerergaarden MUSEUM
(Strandgade 91; Eintritt 30 Kr, nur mit dänischer Führung, jeweils zur vollen Stunde; Di–Fr 12–16,

SEIN ODER NICHT SEIN

Shakespeares *Hamlet* (1602) spielt im Kronborg Slot von Helsingør (Elsinore). Auch wenn er es in seinem Stück sehr anschaulich schildert, hat der Dichter doch nie dänischen Boden betreten. Möglicherweise entnahm er Einzelheiten über das imposante neue Schloss den Berichten einer Schauspieltruppe, die 1585 in Helsingør aufgetreten war, dem Jahr der Fertigstellung von Kronborg. Außerdem porträtierte Shakespeare in *Hamlet* zwei dänische Adelige der damaligen Zeit, Frederik Rosenkrantz und Knud Gyldenstierne (Guildenstern), die um 1590 am englischen Hof zu Gast waren.

Obwohl die weiteren Figuren aus einer Geschichte stammen, die schon damals 800 Jahre alt war, hielt sich beim Publikum die Überzeugung, dass das Stück auf einer tatsächlichen Begebenheit beruhe. Englische Händler, die nach Helsingør kamen, besuchten das Schloss aus Verehrung für Hamlet. Und da so viele Besucher wissen wollten, wo denn der unentschlossene Däne begraben liege, wurde schließlich auf dem Gelände von Marienlyst Slot „Hamlets Grab" angelegt.

Jeden August finden im Hof von Kronborg Aufführungen des *Hamlet* statt – von konservativen Inszenierungen der Royal Shakespeare Company bis zu Interpretationen im Stil der chinesischen Oper. Aktuelle Infos bietet die Website www.hamletscenen.dk.

Sa 10–14 Uhr, letzte Führung 1 Std. vor Schließung) Das ehemalige Haus eines Schiffsagenten ist angefüllt mit einem bunten Sammelsurium von Erinnerungen an die Seefahrt. Während der Agent die Ladung kontrollierte und im Büro die Papiere ausfüllte, konnten die Kapitäne ihre Vorräte ergänzen, etwas essen oder in der Dachkammer ein Nickerchen machen. Die 50-minütigen Führungen werden leider nur auf Dänisch angeboten, lohnend ist aber ein Besuch des nach Gewürzen duftenden Ladens aus dem 18. Jh. und eine Kostprobe des Bieres, das im winzigen Hinterhof gebraut wird.

Danmarks Tekniske Museum MUSEUM
(www.tekniskmuseum.dk; Fabriksvej 25; Erw./Kind 65 Kr/frei; ⌚Di–So 10–17 Uhr) Das Technikmuseum im Industriegebiet südwestlich des Zentrums zeigt Erfindungen aus dem ausgehenden 19. und frühen 20. Jh.: Grammofone, Radios, Motorfahrzeuge und Flugzeuge, darunter ein dänisches Modell von 1906, das als erstes in Europa geflogen sein soll (für elf Sekunden!). Das Museum liegt 15 Minuten außerhalb und ist mit der Buslinie 805 in Richtung Espergærde zu erreichen.

Marienlyst Slot HISTORISCHES GEBÄUDE
(Marienlyst Allé 32; Erw./Kind 30 Kr/frei; ⌚Di–So 12–16 Uhr) Etwa 1,5 km nordwestlich der Stadt steht Schloss Marienlyst, ein eleganter klassizistischer Landsitz von 1763 in einem gepflegten Garten mit Rhododendren. Es birgt eine kleine Sammlung von Tafelsilber und Gemälde aus dem 19. Jh. mit Ansichten von Helsingør und Hornbæk. Ein Bild im 2. Stock zeigt eine phantasievolle Verschmelzung von Venedig und Kopenhagen.

„Hamlets Grab" befindet sich im Park hinter dem Schloss. Es wurde zur Zeit der Romantik angelegt, in der Gärten durch solche Elemente eine melancholische Atmosphäre bekommen sollten – und als Touristenattraktion, weil vor allem englische Besucher immer wieder nach Hamlets letzter Ruhestätte fragten.

Zur Zeit der Recherche war Marienlyst Slot zwecks Restaurierung geschlossen.

Der Zug nach Hornbæk hält am Bahnhof Marienlyst, 100 m nördlich vom Schloss.

Hammermøllen HISTORISCHES GEBÄUDE
(www.hammermollen.dk, auf Dänisch; Bøssemagergade 21; Erw./Kind 10/5 Kr; ⌚Do & Fr 11–17, Sa & So 10–17 Uhr) Wer Zeit für einen Ausflug hat, sollte eine Radtour zur 5 km westlich in Hellebæk gelegenen Hammermøllen unternehmen. Christian IV. ließ die Schmiede mit Reetdach und Wasserrädern 1765 einrichten, um hier Kanonen für seine Schiffe gießen zu lassen. Später diente sie als Kupferschmiede und Tuchfabrik. Ein netter Platz, um bei Kaffee und Kuchen zu entspannen.

Schlafen

Marienlyst Hotel & Casino HOTEL €€
(☎49 21 40 00; www.marienlyst.dk; N Strandvej 2; EZ 950–1425 Kr, DZ 1150–1625 Kr; P@≋) Helsingørs 4-Sterne-Hotel liegt am Meer und ist praktisch ein Ferienzentrum mit zwei Restaurants, Bars, eigenem Casino und Pool. Die Zimmer sind geschmackvoll eingerichtet und die Bäder hell und schnörkellos.

Zimmer mit Meerblick kosten rund 175 Kr mehr.

Danhostel Helsingør HOSTEL €

(☎49 21 16 40; www.helsingorhostel.dk; Nordre Strandvej 24; B 195 Kr, Zi. ohne/mit Bad 350/475 Kr; P@) Das 180-Betten-Hostel in einem Herrenhaus 2 km nordwestlich der Stadt steht an einem kleinen Strand mit Blick auf Schweden. Die 08/15-Schlafsäle haben bis zu zehn Betten und sind in einem kleineren Anbau untergebracht. Zum Angebot zählen eine Selbstversorgerküche, ein kleiner Spielplatz und Tischtennisplatten im Freien. Anfahrt von Helsingør mit der Buslinie 842 (24 Kr).

Helsingør Camping Grønnehave CAMPINGPLATZ, HÜTTEN €

(☎49 28 49 50; www.helsingorcamping.dk; Strandalleen 2; Stellplatz p. P. 60 Kr; ganzjährig) Ein einfacher und hübscher 2-Sterne-Platz am Strand, 1,5 km nordwestlich vom Zentrum, mit Laden, Waschsalon und Fahrradvermietung (75 Kr pro Tag). Es können auch Hütten gemietet werden (5-/6-Pers.-Hütte 1300/1995 Kr pro Woche). Anfahrt mit der Buslinie 842.

Essen

Um den Hauptplatz Axeltorv liegen mehrere Restaurants und Biergärten. Für Kaffee und Kuchen ist die autofreie Stengade zu empfehlen.

LP TIPP **Rådmand Davids Hus** CAFÉ €

(Strandgade 70; Hauptgerichte 80 Kr; Mo–Fr 10–18, Sa bis 17 Uhr) Nicht nur wir sind begeistert von diesem beliebten Café in einem windschiefen Fachwerkhaus aus dem 17. Jh. In der gemütlichen Gaststube oder auf dem gepflasterten und begrünten Hof serviert das stets gut gelaunte Personal traditionelle dänische Kost (nichts für Vegetarier). Spezialität ist der „Shopping Lunch" (79 Kr), ein großer Teller mit Salat, Lachspastete, Lamm, Käse und hausgemachtem Roggenbrot.

Madame Sprunck INTERNATIONAL €€

(Stengade 48F; 2-Gänge-Mittag-/Abendessen 160/188 Kr; mittags & abends) Das Restaurant befindet sich in einem schönen alten Gebäude. Drinnen sitzen die Gäste bei Kerzenlicht und Holzdekor, draußen auf dem hübschen senfgelben Hof. Die Küche ist dänisch, französisch und mexikanisch beeinflusst und reicht von Hamburgern bis zu anspruchsvolleren Gerichten wie in Holunderblüten und Weißwein gedämpften Muscheln.

Café Vivaldi INTERNATIONAL €€

(Stengade 9; Sandwiches 89–99 Kr, Hauptgerichte abends 129–199 Kr; mittags & abends) Das Konzeptcafé im Bistrostil serviert in entspannter Atmosphäre schmackhafte Standardgerichte, von Nachos, Omeletts, Salaten und Quiches bis zu gehaltvolleren Abendmahlzeiten wie Steaks, Burritos und Nudelgerichten. Am Wochenende mit Livemusik.

DAS UNIVERSUM VON TYCHO BRAHE

Auf der Insel Hven, in der Meerenge zwischen Dänemark und Schweden, suchte der dänische Astronom Tycho Brahe im 16. Jh. Beweise dafür, dass Sonne und Mond um die Erde kreisen. Auch wenn er sich damit irrte – wie sein früherer Assistent Johannes Kepler bewies –, waren Brahes genaue Beobachtungen und Berechnungen dennoch von großem Wert, gerade für Kepler. Brahe baute sich seine eigenen Instrumente, mit denen er seiner Zeit Lichtjahre voraus war, und führte als Erster Messungen zu Planetenbewegungen durch.

Wenngleich sein Geist ganz auf die Sterne konzentriert war, hatte Brahe doch auch sehr weltliche Ambitionen. Ein Stück seiner Nase verlor er bei einem Duell – angeblich provoziert durch einen Konkurrenten, der behauptet hatte, der bessere Mathematiker zu sein. Für die lädierte Nase ließ Brahe eine Prothese aus Kupfer anfertigen.

Um ihn in Dänemark zu halten, schenkte König Frederik II. dem Astronomen die Insel Hven und finanzierte den Bau von Uraniborg, einem Observatorium, das zugleich auch Alchemistenlabor und Festung war. Nach einem Streit mit Frederiks Sohn Christian IV. schloss Brahe das Observatorium 1597 und verließ zwei Jahre später Dänemark für immer.

Seine neue Stellung als kaiserlicher Hofmathematiker konnte er leider nur kurz genießen – er starb 1601 in Prag. Es hieß, sein Tod sei dadurch hervorgerufen worden, dass er bei einem Hofbankett den Urin zu lange zurückgehalten habe. Neuere Untersuchungen lassen vermuten, dass er an einer Quecksilbervergiftung starb.

Møllers Conditori KONDITOREI €
(Stengade 39; Smørrebrød 55–65 Kr; ⌚11.30–17.30 Uhr) Die älteste Konditorei Dänemarks hat Plätze im Freien an der belebten Stengade. So können die Gäste Passanten beobachten, während sie köstliches Gebäck, frische Brötchen oder ein Smørrebrød (belegtes Butterbrot) verzehren.

Slagter Baagø DELI €
(Bjergegade 3; Smørrebrød 14–38 Kr; ⌚Di–Do 9–17.30, Fr bis 18, Sa bis 14 Uhr) Selbstversorger und Picknickfreunde haben hier die Qual der Wahl unter den stets frisch zubereiteter Speisen.

Beim Campingplatz gibt's einen Supermarkt der Kette **Spar** (Lappen; ⌚Mo–Do 7.30–18, Fr bis 19, Sa bis 14, So 8–12 Uhr) und westlich des Axeltorv einen **Kvickly** (Stjernegade 25; ⌚Mo–Fr 9–20, Sa 8–18 Uhr) mit Bäckerei.

Praktische Informationen

Bibliothek (Allégade 2; ⌚Mo–Fr 10–21, Sa bis 16 Uhr) Kostenloser Internetzugang.

Danske Bank (Stengade 55) Eine von vielen Banken mit Geldautomaten.

Helsingør Turistbureau (☎49 21 13 33; www.visitnordsjaelland.com; Havnepladsen 3; ⌚Ende Juni–Anfang Aug. Mo–Fr 10–17, Sa & So bis 14 Uhr, sonst kürzer)

Post (Stjernegade 25; ⌚Mo–Fr 10–17, Sa 10–12 Uhr) Im Gebäude des Kvickly-Supermarkts.

An- & Weiterreise

AUTO Helsingør liegt 64 km nördlich von Kopenhagen und 24 km nordöstlich von Hillerød. Kostenlose Parkplätze gibt es in der ganzen Stadt, u. a. nordöstlich der Touristeninformation, westlich des Kvickly-Supermarkts und vor Schloss Kronborg.

SCHIFF Informationen zu den Fährverbindungen nach Helsingborg in Schweden (pro Person/Auto mit bis zu 9 Insassen hin & zurück 54/690 Kr, 20 Min.) s. S. 341.

ZUG Der Bahnhof von Helsingør besteht aus zwei nebeneinander liegenden Gebäuden, dem DSB-Terminal für Fernzüge und dem kleineren Lokalbanen-Terminal der Privatbahn, die entlang der Nordküste verkehrt.

Züge nach Kopenhagen (108 Kr, 45 Min.) fahren vom frühen Morgen bis etwa Mitternacht etwa dreimal stündlich. Züge nach Hillerød (über Fredensborg, 72 Kr, 30 Min.) verkehren bis etwa Mitternacht mindestens stündlich.

Der Lokalbanen-Zug von Helsingør nach Gilleleje (72 Kr, 40 Min.) über Hornbæk (36 Kr, 25 Min.) fährt bis etwa Mitternacht ein- bis zweimal die Stunde.

ORTE IM BINNENLAND

Im Inneren von Seeland liegen Hillerød und Fredensborg, zwei kleine Städte, die um zwei eindrucksvolle, jedoch sehr unterschiedliche Königsresidenzen herum entstanden sind. Die prunkvollen Räume und stolzen Türme des Schlosses von Hillerød können Besucher das ganze Jahr hindurch besichtigen, während der bescheidenere Palast von Fredensborg seine Pforten nur im Juli öffnet. Seine herrlichen Gärten am See sind das ganze Jahr über geöffnet.

Hillerød

30 350 EW.

Hillerød, 30 km nördlich von Kopenhagen, ist ein schmuckes modernes Marktstädtchen und mit seinem prachtvollen Schloss ein Muss für Besucher. Hier zeigt sich, was für ein meisterlicher Bauherr Christian IV. war. Inmitten eines herrlichen Sees liegt auf mehreren Inseln Frederiksborg Slot, ein Traum aus Kupfertürmchen und Barockgärten und eine der schönsten Attraktionen der Region.

Hillerød ist zudem ein Verkehrsknotenpunkt von Nordseeland mit Bahnverbindungen zu den Stränden an der Nordküste. Der Bahnhof liegt rund 500 m außerhalb des Zentrums.

Sehenswertes

LP TIPP **Frederiksborg Slot** SCHLOSS
(www.frederiksborgmuseet.dk; Slotsgade 1; Erw./Stud./6–15 J./Fam. 60/50/15/120 Kr; ⌚April–Okt. 10–17 Uhr, Nov.–März 11–15 Uhr) Das beeindruckende Frederiksborg Slot im Stil der niederländischen Renaissance erhebt sich auf drei Inseln im Schlosssee (Slotsø). Geschichte, Schönheit und Macht sind in dem Bau vereinigt.

Der älteste Teil von Schloss Frederiksborg stammt aus der Zeit von Frederik II., nach dem es benannt ist. Sein Sohn Christian IV. wurde hier geboren. Auch er fühlte sich diesem Ort tief verbunden. Der größte Teil des heutigen Bauwerks entstand unter ihm. Beide Könige nutzten Frederiksborg als Residenz, doch nachdem Hillerød im 17. Jh. von Pest, Feuer und plündernden Schweden heimgesucht worden war, wurde der Regierungssitz im 18. Jh. ins ruhigere Fredensborg verlegt.

1859 wurde Schloss Frederiksborg durch einen Brand verwüstet, und da die königli-

ES SPUKT IM STAATE DÄNEMARK

Esrum Kloster (www.esrum.dk; Klostergade, Esrum; Erw./unter 16 J. 50 Kr/frei; ⏲April–Ende Okt. Di–So 10.30–16.30 Uhr, Mitte Okt.–April Do–So 11–16 Uhr), 15 km nördlich von Hillerød, ist der Schauplatz einer schaurigen Geistergeschichte über den teuflischen Bruder Rus, der dort im 16. Jh. als Koch diente. Es heißt, der niederträchtige Bursche habe seinen Mitbrüdern ziemlich unziemliche Speisen und Unmengen sündhaften Weins serviert, zwischendurch die Mägdelein in der Küche vernascht und spät nachts mit dem Satan geplaudert.

Als der Abt von diesen Übeltaten erfuhr, ließ er Bruder Rus zu Tode foltern – auf seinem eigenen Küchengrill, der heute im Kloster besichtigt werden kann. Ein Spritzer seines Blutes scheint allen Scheuermitteln zu widerstehen und um Mitternacht soll der verfluchte Mönch durch das Kloster geistern.

Der Bus 390R von Helsingør nach Helsinge fährt am Kloster vorbei.

che Familie nicht die Mittel für eine Renovierung hatte, gab sie es auf. Später wurde es auf Initiative des Carlsberg-Bierbarons J. C. Jacobsen als Nationalmuseum wieder aufgebaut und diesen Zweck erfüllt es bis heute.

Die Innenräume

Das riesige Schloss besitzt ein prachtvolles Interieur mit vergoldeten Decken, ganze Wandflächen bedeckenden Tapisserien und kunstvollen Gemälden. 70 Räume können besichtigt werden. Die **Slotskirken** (Schlosskirche) ist bezaubernd. Sie blieb von den Flammen verschont und zeigt noch die ursprüngliche Gestaltung, die Christian IV. in Auftrag gab: eine üppige Pracht von Goldverzierungen, rotbäckigen Engeln und Silberreliefs an Kanzel und Altar. Von 1671 bis 1840 wurden hier die dänischen Könige gekrönt - ein würdiger Rahmen für diesen Anlass. Jeden Donnerstag zwischen 13.30 und 14 Uhr spielt der Organist auf der kostbaren **Compenius-Orgel** (1610). Im Juli und August werden sonntags um 17 Uhr kostenlose Orgelkonzerte gegeben.

Ebenfalls gut erhalten ist der **Audienzsaal** mit optischen Täuschungen und einem selbstgefälligen Porträt des großnasigen Christian V. als römischem Kaiser. Höhepunkt ist eine Art Thronlift aus dem 17. Jh., der es dem König gestattete, würdevoll durch den Fußboden emporzuschweben!

Weitere Räume wurden im 19. Jh. im Originalzustand wiederhergestellt. Besonders eindrucksvoll gelungen ist das beim reich geschmückten **Riddersalen** (Rittersaal) mit Stuckfriesen von Hirschen, in die echte Geweihe eingesetzt wurden. Imposant ist auch die **Große Galerie**, ein riesiger Ballsaal mit einer Empore für die Spielleute, kostbaren Wandteppichen und leuchtenden Deckenmalereien.

Die Räume im 1. und 2. Stock beherbergen das **Nationalhistoriske Museum** mit einer chronologisch geordneten Galerie mit Gemälden von Königen, Nobilitäten und einstigen Berühmtheiten sowie einigen außergewöhnlichen Möbelstücken. Ein bisschen zu viel für einen Besuch. Besser ist es, sich eine Epoche herauszupicken.

Im 3. Stock befindet sich die **Moderne Samling** (Moderne Sammlung) mit Gemälden und Fotografien aus dem 20. Jh.

Slotshaven

Die Schlossgärten erstrecken sich nach Norden hin. Der symmetrische **Barockgarten** (⏲10 Uhr bis Sonnenuntergang) ist bereits von den Fenstern aus zu sehen. Die perfekt angelegten Terrassen und makellos geschnittenen Eiben- und Buchshecken sollten zeigen, dass selbst die Natur sich dem Willen des Königs beugen musste. Im romantischen Garten **Indelukket** ist von dieser Strenge nicht zu finden. Das 19. Jh. bevorzugte Anlagen im natürlichen Stil. Noch weiter nördlich liegt der Eichenwald von **Lille Dyrehave**. Er wurde angelegt, um Holz für den Schiffsbau zu gewinnen, nachdem die Engländer 1807 die dänische Flotte konfisziert hatten. Ein gemütlicher Spaziergang durch alle drei Areale nimmt gut eine Stunde in Anspruch.

Slotsø-Fährboot

Von Mitte Mai bis Mitte September macht das kleine **Fährboot Frederiksborg** (Erw./Kind 30/10 Kr) montags bis samstags zwischen 11 und 17 Uhr sowie sonntags zwischen 13 und 17 Uhr 30-minütige Rundfahrten auf dem Schlosssee. Es legt dabei dreimal an: am Rand des Torvet (Marktplatz), nahe des Schlosseingangs und beim Barockgarten.

Schlafen

Zimmer sind knapp in Hillerød und sogar außerhalb der Saison rasch ausgebucht – zeitig reservieren! Ein Verzeichnis der Unterkünfte bietet www.visitnordsjaelland.com.

Hillerød Camping CAMPINGPLATZ €
(☎48 26 48 54; www.hillerodcamping.dk; Blytækkervej 18; Stellplatz pro Erw. 82 Kr; ⏲Mitte April–Mitte Okt.) Dieser wunderschöne 2-Sterne-Platz liegt via Slangerupgade 20 Fußminuten südlich des Schlosses. Er ist liebevoll angelegt und bietet einen kostenlosen Fahrradverleih, viel Spielzeug, eine makellose Küche und einen gemütlichen Aufenthaltsraum mit Büchern und Zeitschriften.

Danhostel Hillerød HOSTEL €
(☎48 26 19 86; www.hillerodhostel.dk; Lejrskolevej 4; B/EZ/DZ 180/390/420 Kr; @📶) Die Lage 2,5 km östlich der Stadt am See ist nicht gerade zentral, aber die auf Jugendgruppen und Schulklassen ausgelegte Ausstattung des Hostels kann sich sehen lassen: Tischtennis, Air-Hockey, Badminton und Pétanque sowie ein Fahrradverleih (20/75 Kr pro Std./Tag) und ein Kanuverleih (150 Kr pro Tag). Die Buslinien 301, 302 und 305 verkehren zwischen einer Haltestelle nahe dem Hostel und der Stadt.

Hotel Hillerød HOTEL €€
(☎48 24 08 00; www.hotelhillerod.dk; Milnersvej 41; EZ 620–1135 Kr, DZ 800–1340 Kr; P@📶) Zu der etwas merkwürdigen Architektur des modernen Bungalowhotels gehört, dass sämtliche Bäder in eine Art überdachtes Atrium münden. Die Zimmer sind nett, aber absolut durchschnittlich im Ikea-Stil eingerichtet. 62 haben eine gehobene Ausstattung mit Flachbild-TV und einer praktischen kleinen Kochecke. Das Hotel liegt 2 km südlich des Schlosses und verleiht kostenlos Fahrräder.

Essen

Café Vivaldi INTERNATIONAL €€
(Torvet 11; Mittagessen 89–109 Kr, Hauptgerichte abends 149–199 Kr; ⏲mittags & abends) Das mitten auf dem abschüssigen Stadtplatz gelegene Café ist der Ort, um Leute zu beobachten. Es bietet eine gute Auswahl an kleineren Gerichten wie Nachos, Wraps und Salaten, aber auch größere Mahlzeiten, z. B. Steaks.

Ristorante La Perla ITALIENISCH €€
(www.laperla.dk; Torvet 1; 2/3 Gänge 169/189 Kr, Pizzen 89–98 Kr; ⏲mittags & abends) Der sizilianische Chefkoch bereitet sehr leckere (zumeist) echt italienische Gerichte zu. Das Restaurant ist eindeutig etwas Besseres als eine Pizzeria, trotzdem herrscht eine zwanglose Atmosphäre. Im Sommer mit Tischen auf dem gepflasterten Hof.

Thai 4 You THAI €
(www.thai4you.dk; Østergade 22; Hauptgerichte 55–80 Kr; ⏲mittags & abends) Das östlich des Torvet gelegene Thai-Restaurant mit authentischer Küche bietet eine lange Liste klassischer Gerichte, u. a. eine würzige *tom-yam*-Suppe. Dazu stehen mehrere Biersorten der örtlichen Mikrobrauerei Brøckshouse zur Auswahl.

Praktische Informationen

Hillerød Turistbureau (☎48 24 26 26; www.visitnordsjaelland.com; Frederiksværksgade 2A; ⏲Ende Juni–Anfang Aug. Mo–Fr 10–16.30, Sa bis 14 Uhr, Mai & Sept. Mo–Fr 10–16.30 Uhr) Nicht weit vom Schloss entfernt.

An- & Weiterreise

Zwischen Kopenhagen und Hillerød verkehren alle 10 Minuten S-Bahnen der Linie E (108 Kr, 40 Min.).

Von Hillerød fahren Züge in Richtung Osten nach Fredensborg (24 Kr, 10 Min.) und Helsingør (72 Kr, 30 Min.), Richtung Norden nach Gilleleje (60 Kr, 30 Min.) und Richtung Westen nach Tisvildeleje (60 Kr, 30 Min.); alle verkehren stündlich oder öfter.

Es fahren auch Busse zwischen Hillerød und Orten in Nordseeland, aber sie sind langsamer als die Bahn und nicht billiger.

Unterwegs vor Ort

Die Buslinien 301 und 302 fahren regelmäßig vom Bahnhof bis in die Nähe des Eingangs zum Schloss (24 Kr).

Fredensborg

8375 EW.

Das ruhige, kleine Fredensborg ist nicht viel mehr als die königliche Residenz und die herrlichen Schlossgärten am Esrum Sø, dem zweitgrößten See des Landes. Für die Öffentlichkeit ist das Schloss nur im Juli zugänglich, aber auch sonst lohnt sich ein Ausflug, um die idyllischen Grünanlagen zu genießen, zu baden, zu angeln oder Boot zu fahren.

Sehenswertes

Fredensborg Slot SCHLOSS
(www.ses.dk; Slotsgade 1; ⏲Juli, nur mit Führung) Die Sommerresidenz der königlichen Fami-

lie wurde 1720 von Frederik IV. erbaut. Der Name „Friedensschloss" erinnert an den Waffenstillstand, den Dänemark damals gerade mit seinen skandinavischen Nachbarn geschlossen hatte. Der Landhauscharakter verkörpert die friedvolle Stimmung der damaligen Zeit und steht in scharfem Kontrast zur Architektur der von Gräben umgebenen Vorgängerbauten Kronborg und Frederiksborg.

Der Hauptbau im italienischen Barockstil mit Marmorböden und einer großen Zentralkuppel wirkt nicht so imposant wie andere Herrschaftssitze in Dänemark, was zum Teil an seiner ausladenden Form liegt. Die Architektur ist durchaus ganz – naja hübsch. Was die Anlage eigentlich ausmacht, sind aber die Gärten: eine Mischung aus barocker Formstrenge und einem sinnlicheren, romantischen Ansatz.

Die Räume des Schlosses können nur im Juli besichtigt werden, wenn die Königsfamilie im Urlaub ist. Führungen (Erw./ Kind 50/20 Kr) beginnen täglich von 13 bis 16.30 Uhr alle 15 Minuten. Ist die königliche Familie anwesend, steht eine Wache aus strammen „kleinen Zinnsoldaten" mit weiß gestreiften Uniformen und Bärenfellmützen vor dem Schloss. Die **Wachablösung** findet täglich um 12 Uhr statt.

Der Palast ist etwa 1 km vom Bahnhof entfernt, der Weg ist ausgeschildert.

Fredensborg Slotshave GÄRTEN

Das Schloss umgeben riesige Parks und Gärten (einige davon mit beschränktem Zutritt). Der ganzjährig frei zugängliche **Schlosspark** ist ein 120 ha großes Waldgebiet, durchzogen von Reitwegen, die strahlenförmig vom Schloss ausgehen. Ein Spaziergang durch die kühlen Blättertunnel ist besonders im Sommer eine Wohltat. Sehenswert ist **Normandsdalen**, ein Amphitheater westlich vom Schloss mit 70 lebensgroßen Skulpturen von Volksgestalten aus Norwegen und von den Färöern. Der norwegische Briefträger Jørgen Christensen Garnaas hatte im 18. Jh. die Vorlagen für diese Fischer, Bauern, Diener und Soldaten aus Holz geschnitzt und an König Frederik V. geschickt. Der war so von ihnen angetan, dass er sie in Sandstein hauen ließ.

Ihre Privatgärten schirmt die königliche Familie sorgfältig gegen fremde Blicke ab – außer im Juli, dann sind auch die **Orangerie und der Kräutergarten** (Erw./ Kind 50/20 Kr, Kombiticket für Schloss & Orangerie 75/30 Kr) für die Öffentlichkeit zugänglich: zwischen 13 Uhr und 16.20 Uhr im Rahmen einer Führung.

Esrum Sø SEE, NATUR

Etwa 1 km westlich vom Schloss (über die Skipperallé zu erreichen) liegt der Esrum Sø. Er ist mit 17 km² der zweitgrößte See Dänemarks. Am Ufer entlang zieht sich ein Fußweg. Außerdem gibt es hier das Seerestaurant Skipperhuset (S. 99) sowie einen Kanu- und Kajakverleih. Im Sommer pendelt eine Fähre und bringt Ausflügler nach Gribskov, ein Waldgebiet mit Spazierwegen und Picknickplätzen am Westufer des Sees.

Schlafen

Die Touristeninformation vermittelt Privatzimmer – DZ kosten um die 600 Kr inklusive Frühstück plus 25 Kr Buchungsgebühr.

Danhostel Fredensborg HOSTEL €

(☎48 48 03 15; www.fredensborghostel.dk; Østrupvej 3; EZ 229–529 Kr, DZ 329–529 Kr; ⏲Jan.–Mitte Dez.; P 📶) Das Hostel befindet sich in erstklassiger Lage nur 300 m südlich von Schloss Fredensborg. Es hat keine Schlafsäle, die meisten der 88 Betten stehen in DZ (alle mit Waschbecken oder Bad). Das Hostel hat einen großen, abgeschiedenen Garten und serviert selbstgebackenes Brot.

Essen

Skipperhuset INTERNATIONAL €€

(www.skipperhuset.dk; Skipperallé 6; Hauptgerichte 88–168 Kr; ⏲Mai–Okt. 12–17 Uhr) Eine idyllischere Kulisse als dieses Restaurant am Esrum Sø ist für ein Essen im Freien kaum vorstellbar. Fisch wird hier sehr schmackhaft zubereitet und mit frischem Gemüse der Saison serviert. Meist gibt es auch ein vegetarisches Gericht wie Pfannkuchen mit Fetakäse und Spinat.

Ristorante Da Oscar ITALIENISCH €€

(www.daoscar.dk; Slotsgade 3A; Pizzen 65–98 Kr, Hauptgerichte 185–220 Kr; ⏲Di–So abends) Das schicke, aber entspannte Da Oscar mit begrüntem Außenbereich serviert gute italienische Küche. Neben Pizza und Pasta stehen interessante Gerichte wie Kalbfleisch an Gorgonzolasauce mit feinem Fenchelgeschmack oder gegrilltes Lammfleisch mit Thymian, Rosmarin, Salbei, Knoblauch und Balsamico-Essig auf dem Speisezettel. Für Vegetarier sieht's eher düster aus.

Café Under Kronen INTERNATIONAL €

(Jernbanegade 1; Sandwiches 49–57 Kr) Mit Sandwiches, Hamburgern, Kuchen und Eiscreme ist das Café in einem runden Glasbau direkt vor der Schlosspforte für einen Imbiss gut geeignet.

Praktische Informationen

Fredensborg Turistbureau (☎41 21 81 59; www.visitnordsjaelland.com; Dronning Ingrid Anlæg; ⏱April Mo–Fr 12–16 Uhr, Juni–Aug. tgl. 11–16.30 Uhr, Mai & Sept. So–Fr 12–16 Uhr) Saisonale Touristeninformation direkt beim Schloss.

An- & Weiterreise

Fredensborg liegt auf halber Strecke zwischen Hillerød (24 Kr, 10 Min.) und Helsingør (60 Kr, 20 Min.). Züge verkehren ab dem frühen Morgen etwa jede halbe Stunde.

NORDKÜSTE

Traumhafte weiße Sandstrände mit flachem Wasser und sanften Wellen säumen die nördliche Kattegat-Küste. Im Winter haben die verstreuten Städtchen und Dörfer nur wenige tausend Einwohner, doch im Sommer füllen sich die Ferienhäuser und Scharen von Badegästen sorgen für vergnügte Ferienstimmung.

Hornbæk

3500 EW.

Das von den Touristenbroschüren als „Dänemarks Saint-Tropez" angepriesene Hornbæk hat tatsächlich zwei Dinge mit dem Ferienort am Mittelmeer gemeinsam: Der riesige Strand (Blaue Flagge) aus weichem, weißem Sand kann sich mit jedem in Südfrankreich messen und der Ort zieht eine Menge jugendlicher Snobs an.

Dänische Künstler entdeckten im 19. Jh. den Reiz des damals kaum bekannten Fischerorts – und die ersten Feriengäste ließen nicht lange auf sich warten. Geografische Besonderheiten bescheren Hornbæk mehr Sonnenstunden als jedem anderen Ort des Landes.

Sehenswertes & Aktivitäten

Hornbæk Strand STRAND

Der traumhafte Blaue-Flagge-Strand von Hornbæk ist der schönste der Nordküste und die Hauptattraktion der Stadt. Der Sand ist schneeweiß, die Luft riecht nach Salz und wilden Rosen, es gibt endlos Platz und im Hochsommer sorgen Rettungsschwimmer für Sicherheit. Der Strand erstreckt sich zu beiden Seiten des Hafens, und obwohl er direkt an die Stadt angrenzt, zeigt er sich herrlich ursprünglich, da alle kommerziellen Einrichtungen hinter den Dünen liegen. Der Ostteil ist bei Wind- und Kitesurfern beliebt. Ausrüstung wird allerdings nicht vermietet.

Vom Bahnhof sind es zu Fuß etwa fünf Minuten – rund 200 m – auf dem Havnevej direkt nach Norden bis zum Hafen. Links hinter den Dünen beginnt gleich der Strand.

Hornbæk Plantage SPAZIERGANG

Lange Spaziergänge ermöglicht die Hornbæk Plantage, ein Wald, der sich von Hornbæk 3,5 km die Küste entlang zieht. Links und rechts der Straße 237 beginnen zahlreiche Wanderpfade. Einer startet am Lochersvej in Hornbæk und folgt dem Strand bis zum östlichen Ende des Waldgeländes. Am Nordre Strandvej (Straße 237) liegen mehrere Parkplätze, die sich als Ausgangspunkt eignen. Die Karte *Vandreture i Statsskovene, Hornbæk Plantage* verzeichnet alle Wege und ist kostenlos bei der Touristeninformation erhältlich.

Schlafen

Die Touristeninformation vermittelt private EZ/DZ ab 300/500 Kr.

LP TIPP **Ewaldsgården Pension** PENSION €€

(☎49 70 00 82; www.ewaldsgaarden.dk, auf Dänisch; Johannes Ewaldsvej 5; EZ/DZ/FZ mit Frühstück 550/850/1170 Kr; ⏱Mitte Juni–Mitte Aug.; P@) Diese Pension in einem Bauernhaus aus dem 17. Jh. ist eine wahre Freude – mit malerischem Garten und einer gemütlichen Kombination aus Antiquitäten und Landhausstil. Alle 12 Zimmer haben ein Waschbecken; Duschen und Toiletten sind auf dem Flur. Auch eine einfache Gästeküche steht zur Verfügung. Ewaldsgården liegt fünf Gehminuten südöstlich vom Bahnhof.

Hotel Villa Strand HOTEL €€

(☎49 70 00 88; www.villastrand.dk; Kystvej 12; EZ 630–890 Kr, DZ 895–1420 Kr; ⏱Juni–Aug.; P) Der Name passt, wäre das Hotel noch etwas näher am Meer gebaut, es würde nach Schweden treiben. Die Zimmer im Haupthaus sind groß, hell, größtenteils in Weiß gehalten und haben Holzdielen. Ein Anbau im Garten bietet etwas kleinere und billigere, aber dennoch geschmackvolle Zimmer (EZ/DZ 630/895 Kr). Alle Zimmer haben ein eigenes Bad. Zum Frühstück gibt's auch koschere Lebensmittel.

Hornbæk

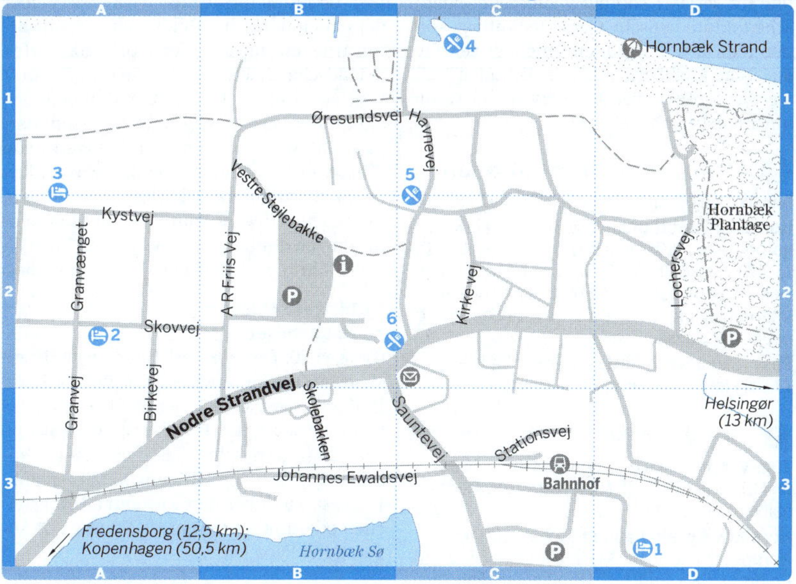

Hotel Hornbækhus HOTEL €€
(☎49 70 01 69; www.hornbaekhus.com; Skovvej 7; EZ/DZ mit Frühstück 1195/1395 Kr; P@) Im flottesten Hotel am Ort herrscht das Ambiente eines vornehmen Wohnsitzes. Es liegt an einer begrünten Straße voller Blumen und Vögel. Die Zimmer sind elegant und klassisch eingerichtet, einige haben einen Balkon. EZ/DZ ohne eigenes Bad kosten 725/825 Kr.

Hornbæk Camping DCU CAMPINGPLATZ, HÜTTEN €
(☎49 70 02 23; www.camping-hornbaek.dk, auf Dänisch; Planetvej 4; Stellplatz p. P. 72 Kr; ganzjährig) Dieser 3-Sterne-Platz liegt 1,5 km südöstlich vom Zentrum am Sauntevej und grenzt an die Hornbæk Plantage. Er ist gut ausgestattet mit modernen Waschräumen, Hütten zum Mieten, Spielplatz und Hüpfburg.

Essen

Hansens Café DÄNISCH €€
(Havnevej 19; Smørrebrød 76–85 Kr, Hauptgerichte abends 174–218 Kr; So mittags, Do–Di abends) Das Hansens befindet sich im ältesten Haus der Stadt, einem Fachwerkbau mit begrüntem Dach, unter dem angenehme Kneipenatmosphäre herrscht. Es bietet täglich wechselnde Gerichte und solide dänische

Hornbæk

Schlafen

1 Ewaldsgården Pension D3
2 Hotel Hornbækhus A2
3 Hotel Villa Strand A2

Essen

4 Fiskehuset Hornbæk C1
5 Hansens Café C2
6 Restaurant Oliva B2

Küche wie *fiskefrikadeller* (Fischfrikadellen) mit hausgemachter Remoulade.

Fiskehuset Hornbæk FISCH €
(Havnevej 32; Fish & Chips 50 Kr; Sommer 11–20 Uhr, sonst kürzer) Das Fiskehuset ist das bescheiden daherkommende Juwel am Hafen von Hornbæk. Hier kann man sich an der frischen Luft, mit Papierservietten gewappnet, an geräuchertem Kabeljaurogen, Räucherhering und -makrele, frischen Garnelen, *fiskefrikadeller,* Muschelsuppe und allen möglichen frischen Fischgerichten gütlich tun – alles unter 60 Kr!

Restaurant Oliva DÄNISCH, ITALIENISCH €€
(www.oliva.dk, auf Dänisch; Havnevej 1; Mittagessen 69–245 Kr, Hauptgerichte abends 225–245 Kr;

Di–So mittags & abends) Das gehobene Restaurant serviert sorgfältig zubereitete dänische und italienische Gerichte. Mittags können die Gäste im grünen Innenhof gegrillte Focaccia knabbern, abends kommen vollwertige Gerichte wie Jersey Steak oder Ente mit Rhabarber auf den Tisch.

Praktische Informationen

Danske Bank (Nordre Strandvej 350) Im Zentrum.

Hornbæk Turistbureau (49 70 47 47; www.hornbaek.dk; Vestre Stejlebakke 2A; Mo & Do 13–17, Di, Mi & Fr 10–15, Sa 10–14 Uhr) Befindet sich in der Bibliothek und bietet kostenlosen Internetzugang. Zu erreichen über den Fußweg neben der Danske Bank.

Post (Sauntevej 1; Mo–Fr 12–17, Sa 10–13 Uhr) Im Supermarkt Super Brugsen.

Anreise & Unterwegs vor Ort

Züge von und nach Helsingør (38 Kr, 25 Min.) und Gilleleje (38 Kr, 15 Min.) fahren etwa jede halbe Stunde.

Hornbæk Cykeludlejning (20 78 03 43; Nordre Strandvej 315D; Mo–Mi 9–12 & 15–16, Do bis 17, Sa & So 10–12 Uhr) Verleiht Fahrräder für 75 Kr pro Tag.

Gilleleje

6490 EW.

Gilleleje, die nördlichste Stadt von Seeland, ist seit dem 14. Jh. ein Fischerort. Im Zweiten Weltkrieg wurden von hier Tausende von Juden mit Fischerbooten nach Schweden geschleust. Heute hat der Ort nichts Aufregendes mehr. Zu seinen bescheidenen Reizen zählen mehrere Strände, eine morgendliche Fischauktion im Hafen, beliebte Fischrestaurants und ein Strandweg zu einem kleinen Denkmal für Kierkegaard. Zwischen Hornbæk und Gilleleje liegt das Tegners Museum mit Skulpturenpark, das einem der bekanntesten Bildhauer des Landes gewidmet ist.

Sehenswertes & Aktivitäten

Strände — STRAND

Der Ort hat mehrere Strände, die aber weder so lang noch so weiß sind wie die von Hornbæk oder Tisvildeleje. Der westlich gelegene Sand- und Steinstrand erfüllt die Blaue-Flagge-Kriterien und ist im Sommer bewacht.

Tegners Museum & Skulpturenpark — MUSEUM, PLASTIKEN

(www.rudolphtegner.dk; Museumsvej 19, Villingerød; Erw./unter 12 J. 50 Kr/frei; Juni–Aug. Di–So 9.30–17 Uhr, Mitte April–Mai & Sept.–Mitte Okt. Di–So 12–17 Uhr) Rudolph Tegner (1873–1950), einer der ersten dänischen Bildhauer, der mit Beton arbeitete, machte die ursprüngliche Heidelandschaft zwischen Gilleleje und Hornbæk zur Kulisse für seine monumentalen Skulpturen aus Gips, Ton, Bronze und Marmor. Das Museum zeigt über 250 Werke von ihm, dazu 14 monumentale Bronzeplastiken im Skulpturenpark. Gleichzeitig ist es ein Mausoleum: Tegner wurde in einer Kammer im Herzen des Bauwerks beigesetzt. Von Gilleleje fährt der Bus 362 am Museum vorbei.

Fyrhistorik Museum på Nakkehoved — MUSEUM

(Fyrvejen 20; Erw./Kind inkl. Eintritt zum Gilleleje Museum 60 Kr/frei; Mitte Juni–Mitte Sept. Di–So 11–16 Uhr, sonst kürzer) Der östliche Leuchtturm ist heute das Fyrhistorik Museum på Nakkehoved, das die Geschichte der dänischen Leuchttürme ab dem 16. Jh. erzählt. Er ist zu Fuß über den Küstenpfad zu erreichen oder mit dem Auto via Straße 237, Abzweigung Fyrvejen.

Gilleleje Museum — MUSEUM

(Vesterbrogade 56; Erw./unter 18 J. inkl. Eintritt zum Fyrhistorik Museum på Nakkehoved 35 Kr/frei; Juni–Aug. Mi–Mo 13–16 Uhr, Sept.–Mai Mi–Fr 13–16, Sa 10–14 Uhr) Das Museum im Westteil der Stadt informiert über ihre Geschichte vom Mittelalter bis zur Ankunft der ersten Badegäste und zeigt u. a. ein Fischerhaus aus dem 19. Jh.

Küstenwege — WANDERN

Es gibt zwei **Küstenpfade**. Der westliche beginnt in der Nähe der Kreuzung Nordre Strandvej und Vesterbrogade und führt 1,75 km zu einem **Gedenkstein** für den dänischen Philosophen Søren Kierkegaard, der die Küste mehrfach besucht hat.

Der östliche beginnt gleich an der Hovedgade und führt 2,5 km bis zu der Stelle, an der 1772 zwei Leuchttürme errichtet wurden, deren Leuchtfeuer mit Kohle betrieben wurden.

Havtur — BOOTSTOUREN, ANGELN

(28 95 39 58; www.havtur.dk, auf Dänisch & Deutsch) Das Angebot umfasst mehrere Bootstouren, darunter eine Fahrt zum Schloss Kronborg (hin & zurück 300 Kr), eine Sonnenuntergangstour (125 Kr) und vierstündige Angelexkursionen (250 Kr). Zeiten und Preise können direkt bei Havtur erfragt werden.

Schlafen

In Gilleleje gibt es weder Hostels noch einen Campingplatz, aber die Touristeninformation vermittelt Privatzimmer zu 450/800 Kr pro EZ/DZ plus 35 Kr Reservierungsgebühr.

Gilleleje Badehotel HOTEL €€
(48 30 13 47; www.gillelejebadehotel.dk; Hulsøvej 15; Zi. mit Frühstück 890–1390 Kr; P) In dem luxuriösen Strandhotel 1 km westlich der Stadt war Kirkegaard oft zu Gast. Die Atmosphäre ist so nostalgisch, dass wir fast Sepia-Tönung erwartet hätten – tatsächlich ist die Einrichtung cremefarben. Alle Zimmer sind hell und sonnig und die meisten haben einen Balkon mit Blick nach Schweden. Sauna und Hamam können kostenlos genutzt werden, für das Eintauchen ins Jacuzzi sind erstaunlicherweise 275 Kr fällig.

Essen

Adamsen's Fisk FISCH €
(Gilleleje Havn; Scholle & Chips 65 Kr; 11–21 Uhr, Sushibar 11–20 Uhr) Der beliebte Fischimbiss am Hafen offeriert Fisch und Meeresfrüchte mit Pommes frites und Salat. Fisch und Meeresfrüchte werden dick paniert – wer auf seine Linie achtet, nimmt vielleicht besser die Varianten vom Grill. Für Leute, die rohen Fisch bevorzugen, gibt's nebenan eine Sushibar (10 Stück 125 Kr).

Restaurant Brasseriet FISCH €€
(Nordre Havnevej 3; Smørrebrød 55–108 Kr, Hauptgerichte abends 158–268 Kr; mittags & abends) Mittags serviert das Hafenrestaurant belegte Brote mit Weißfisch, Hering, Scholle, Aal, Lachs, Garnelen und Fleischbällchen. Die Abendkarte umfasst vor allem Fischgerichte wie Pasta mit Meeresfrüchten oder sautierte Scholle, aber auch Fleischgerichte wie Entrecote. Vegetarier haben nicht viel Auswahl.

Gilleleje Havn FRANZÖSISCH-DÄNISCH €€
(Havnevej 14; Hauptgerichte mittags 88–168 Kr, Hauptgerichte abends 119–258 Kr; mittags & abends) Gilleleje Havn ist ein exzellentes, modernes Restaurant mit schönem Hafenblick, offener Küche und innovativen französisch-dänischen Fischgerichten plus ein oder zwei Steak- und Geflügelgerichte.

Rogeriet Bornholm RÄUCHEREI €
(Gilleleje Havn; Fisch 35 Kr; 9–16 Uhr) Diese einfache Räucherei nahe Adamsen's verkauft Räucherfisch zu günstigen Preisen.

Praktische Informationen

Touristeninformation (48 30 01 74; www.visitnordsjaelland.dk; Hovedgade 6F; Mitte Juni–Aug. Mo–Sa 10–18 Uhr, Sept.–Mitte Juni Mo–Fr 10–16 Uhr) Im Zentrum, 200 m östlich vom Bahnhof.

Anreise & Unterwegs vor Ort

Züge zwischen Hillerød und Gilleleje (60 Kr, 30 Min.) und zwischen Helsingør und Gilleleje (72 Kr, 45 Min.) verkehren unter der Woche etwa jede halbe Stunde, am Wochenende stündlich.

Tisvildeleje

Tisvildeleje besteht im Wesentlichen aus einem traumhaften Sandstrand mit einem kleinen Badeort dahinter. Gesäumt wird der Strand von Hügeln und Wäldern mit zahlreichen Spazierwegen. Der ideale Ort, um einige Tage zu entspannen, die Sonnen zu genießen, zu baden, durch die Wälder zu streifen und die Seele baumeln zu lassen.

Sehenswertes & Aktivitäten

Strände STRAND
Der 1 km lange Blaue-Flagge-Strand aus herrlich weißem Sand lockt die Gäste nach Tisvildeleje. Da er flach abfällt und im Hochsommer bewacht ist, kommen Familien mit Kindern besonders gern hierher. Am Parkplatz gibt es Umkleidekabinen, Toiletten und einen Eiskiosk. Weitere Strände liegen nur einen Fußweg von der Stadt entfernt.

Waldwege WANDERN
Vom Parkplatz geht man am Strand entlang oder auf einem Trampelpfad durch den Wald zum 3 km südlich gelegenen **Troldeskoven** (Hexenwald), dessen uralte Bäume der Wind bizarr geformt hat.

Landeinwärts liegt der **Tisvilde Hegn**, der sich über 8 km weit nach Südwesten erstreckt. Ein Großteil dieses zauberhaften Waldes mit ebenfalls vom permanenten Seewind verformten Bäumen und Heidehügeln wurde im 18. Jh. angepflanzt, um Wanderdünen zu stoppen, die das Umland unter sich zu begraben drohten. Durch den Tisvilde Hegn führen zahlreiche Wanderwege, darunter der zur **Asserbo Slotsruin**. Die von Gräben umgebenen Überreste eines Herrenhauses und Klosters aus dem 12. Jh. liegen am Südrand des Waldes. Kostenlose

Wanderkarten gibt die Touristeninformation aus.

Schlafen & Essen

LP TIPP **Helenekilde Badehotel** HOTEL €€€
(☎48 70 70 01; www.helenekilde.com; Strandvej 25; DZ landeinwärts 1295 Kr, DZ mit Seeblick 1595–2095 Kr; P 📶) Wie beim Tisvildeleje Strandhotel ist auch die Innenausstattung dieses reizenden Strandhotels das Werk des Designers und Balletttänzers Alexander Kolpin, dem beide Häuser zum Teil gehören. Die stilvollen und gemütlichen Gemeinschaftsbereiche sind mit schönen Möbeln und Kunst eingerichtet. Hier und da wurde ein alter Koffer zu einem Kaffeetischchen umfunktioniert. Die Zimmer sind schlicht, aber elegant; von 16 Zimmern hat man einen Blick aufs Meer. Mit einem traumhaften Meerblick wartet auch das auf lockere Art elegante **Restaurant** (Hauptgerichte 185–225 Kr; ⏲Mitte Juni–Mitte Aug. mittags & abends) des Hauses auf, das unverfälschte, rustikale dänische Kost serviert. Vom Bahnhof zum Hotel sind es fünf Gehminuten auf einem von Bäumen gesäumten Sträßchen; der Weg ist ausgeschildert.

Tisvildeleje Strandhotel HOTEL €€
(☎48 70 71 19; www.strand-hotel.dk; Hovedgaden 75; Zi. 850–1450 Kr; ⏲Ende Juni–Mitte Aug.; P 📶) Das einstige Partyhotel hat sich als noble Nächtigungsstätte neu erfunden: Schlichte Farbtöne, Kunstbücher und von der Zeit gezeichnete Antiquitäten verleihen dem Ganzen Landhausstimmung. In den Zimmern sorgen Kokosteppiche, wollene Bettdecken und moderne Bäder in Anthrazittönen für Behaglichkeit. Die drei Zimmer ohne eigenes Bad kosten jeweils 850 Kr. Das **Restaurant** (Tapas 125 Kr, Abendbuffet Erw./Kind 295/150 Kr; ⏲Ende Aug.–Mitte Aug. mittags & abends) des Hauses ist bekannt für sein abendliches Grillbuffet mit saftigem Fleisch, Dips, verschiedenen Salaten und frischem Obst. Das Hotel ist bequem zu Fuß zu erreichen.

Danhostel Tisvildeleje HOSTEL, CAMPINGPLATZ €
(☎48 70 98 50; www.helene.dk; Bygmarken 30; Stellplatz p. P. 50 Kr, B/EZ/DZ 150/470/490 Kr; ⏲ganzjährig; P @ 📶) Das moderne Hostel mit Campingplatz liegt 1 km östlich der Stadt. Die Gäste können die hervorragenden Einrichtungen der angrenzenden Sankt-Helene-Ferienanlage nutzen. Das 12 ha große Gelände mit Sportanlagen und Spielplätzen bietet Bauernhoftiere, Aktivitäten für Kinder und ein nettes Restaurant. Die Anlage ist behindertengerecht eingerichtet, und zum Sandstrand sind es nur wenige Schritte. Wer mit dem Zug anreist, steigt eine Station vor Tisvildeleje am Bahnhof Godhavns aus. Von dort ist es ein kurzer Spaziergang nach Norden bis zum Hostel.

Bed & Breakfast Hårlandsgård PENSION €
(☎48 70 83 96; www.haarlandsgaard.dk, auf Dänisch; Harlands Allé 12; EZ 400 Kr, DZ 490–600 Kr; P) Dieser Bauernhof aus dem 18. Jh., etwa 1 km außerhalb, nahe dem Bahnhof Godhavns, bietet einen sonnigen Garten und komfortable Zimmer sowie eine Kunstgalerie in den ehemaligen Stallungen. Frühstück kostet 60 Kr extra. Das Gebäude liegt rechter Hand in der ersten scharfen Kurve der Harlands Allé.

Tisvildeleje Cafeen INTERNATIONAL €€
(Hovedgaden 55; Hauptgerichte mittags 110–125 Kr, Hauptgerichte abends 165–225 Kr; ⏲Sommer tgl. mittags & abends, sonst nur Fr–So) Das beliebte Café mit Sommerterrasse bietet allerhand Gerichte von Smørrebrød, Hamburgern und Salaten bis zu Gazpacho und *moules marinières* (in Weißwein, Zwiebeln und Kräutern gekochte Miesmuscheln). Es ist ein Veranstaltungsort des jährlichen Tisvildeleje Folk Festivals, und im Sommer gibt's freitag- und samstagabends Livemusik und DJs.

In Tisvildeleje gibt es eine gute **Bäckerei** (Hovedgaden 60; ⏲7–18 Uhr) und ein Stück weiter die Straße entlang einen Lebensmittelladen. Im Zentrum und am Parkplatz am Strand bieten zwei Imbissstände Burger, Hotdogs, Pizza und Eis.

Praktische Informationen

Touristeninformation (☎48 70 71 06; www.visitnordsjaelland.dk; Banevej 8; ⏲Mitte Juni–Aug. Mo–Fr 12–17, Sa 10–15 Uhr) Saisonale Touristeninformation im Bahnhof Tisvildeleje.

Anreise & Unterwegs vor Ort

Die öffentliche Verkehrsverbindung zwischen den beiden Küstenorten Gilleleje und Tisvildeleje könnte besser sein. Von Gilleleje fährt der Bus 360R nach Helsinge, von da geht's mit dem Zug weiter nach Tisvildeleje (36 Kr, Mo–Sa 55 Min., So 80 Min.). Unter der Woche fährt er halbstündlich bis stündlich, am Wochenende stündlich. Zwischen Tisvildeleje und Hillerød (60 Kr, 30 Min.) verkehren halbstündlich bis stündlich Züge.

FJORD-STÄDTE

Der Roskilde-Fjord schneidet sich über 30 km tief ins Land. An seinem Ufer liegen einige Städte, von denen Roskilde die interessanteste ist: ein sehenswerter Touristenort mit einem prachtvollen, von der UNESCO als Welterbe ausgezeichneten Dom, spannenden Funden aus der Wikingerzeit und einem riesigen Rockfestival.

Roskilde

47 115 EW.

Im Juli strömen die Fans zum viertägigen Roskilde Festival in die Stadt, das mit dem von Glastonbury in England um den Titel des größten Rockfestivals in Europa konkurriert. Alle internationalen Größen sind hier schon aufgetreten, darunter Nirvana, Metallica und die Arctic Monkeys.

Wer kein Fan solcher Veranstaltungen ist, kann die armen Irren nur bedauern, die lauwarmes Bier trinken und vor den Toiletten Schlange stehen, und in Ruhe die Stadt genießen. Roskilde ist zu Recht berühmt für ein hervorragendes Wikingerschiffsmuseum und den atemberaubenden Dom, in dem die dänischen Könige beigesetzt wurden.

Die Stadt gelangte schon zur Wikingerzeit als Hauptstadt Dänemarks zu Ruhm und Ehren. Harald Blauzahn ließ hier 980 die erste christliche Kirche Seelands errichten. Der Holzbau wurde 1026 durch eine Steinkirche ersetzt – auf Geheiß einer Frau namens Estrid, deren Mann in der Stabkirche ermordet worden war, als es über eine Schachpartie zu hitzigen Konflikten kam. Die Fundamente liegen noch unter dem heutigen Dom.

Im Mittelalter war Roskilde eine blühende Handelsmetropole und Machtzentrum der katholischen Kirche Dänemarks – reich genug, um das größte Gotteshaus des Landes zu errichten. Als Anfang des 15. Jhs. die Hauptstadt nach Kopenhagen verlegt wurde, begann der Abstieg. Nach der Reformation schrumpfte die Einwohnerzahl drastisch.

Heute ist Roskilde ein beliebtes Ziel für Tagesausflüge vom 30 km entfernten Kopenhagen.

Sehenswertes

LP TIPP **Wikingerschiffsmuseum** MUSEUM

(www.vikingeskibsmuseet.dk; Vindeboder 12; Erw./unter 18 J. 100 Kr/frei; ⌚Ende Juni–Aug. 10–17 Uhr, sonst bis 16 Uhr) Wikingerfans werden von dem erstklassigen Wikingerschiffsmuseum begeistert sein, das fünf Wikingerschiffe zeigt, die auf dem Grund des Roskilde-Fjords gefunden wurden. Das Museum umfasst zwei Bereiche: die Schiffshalle, in der die Funde ausgestellt sind, und die Museumsinsel, wo Handwerker und Archäologen arbeiten und forschen. Kostenlose 45-minütige Führungen in englischer Sprache werden von Ende Juni bis Ende August täglich um 12 und 15 Uhr und von Mai bis Ende Juni an Wochenenden um 12 Uhr angeboten.

Schiffshalle

Mitte des 11. Jhs. befürchteten die Wikinger von Roskilde einen Angriff. Als Sperre versenkten sie an einer Engstelle im Fjord 20 km nördlich von Roskilde fünf klinkerbeplankte Schiffskörper (alle aus der Zeit zwischen 1030 und 1042), die sie mit Steinen beschwerten.

1962 errichteten Archäologen um diese Sperre herum einen Kofferdamm und pumpten das Meerwasser heraus. Vier Monate später konnten sie die Steine abtragen und die Schiffe heben, deren Holzrümpfe in tausend Stücke zerbrochen waren. In der eigens errichteten Schiffshalle wurden die Stücke auf einem Rahmenskelett wie ein Puzzle wieder zusammengesetzt. Heute verleihen die geisterhaften Schiffe, die wieder auf dem Wasser des Fjords zu schwimmen scheinen, der nüchternen Halle magischen Glanz.

Die Schiffe mit der Bezeichnung Skuldelev 1, 2, 3, 5 und 6 zeigen die ganze Schiffsbaukunst der Wikinger. Es handelt sich bei ihnen um ein hochseetüchtiges Handelsschiff, ein 30 m langes Kriegsschiff für Angriffe auf weitentfernte Ziele, ein Küstenfrachtschiff, ein 17 m langes Kriegsschiff, das vermutlich vor allem auf der Ostsee kreuzte, und ein Schiff für den Fischfang. Radiokarbondatierung und Dendrochronologie haben weitere Geheimnisse gelüftet, z. B. über den Wirkungskreis der Wikinger: Die Skuldelev 1 wurde in Norwegen gebaut, die Skuldelev 2 kam aus Dublin.

Faszinierende Ausstellungen über die Wikingerzeit liefern den historischen Kontext zu den Schiffen, und das Kino im Keller zeigt einen 14-minütigen Film (u. a. auf Deutsch) über die Ausgrabungen von 1962. Eine fesselnde Ausstellung und ein Film dokumentieren die spannende Fahrt der *Havhingsten fra Glendalough*, die 2007/08 von Roskilde

Roskilde

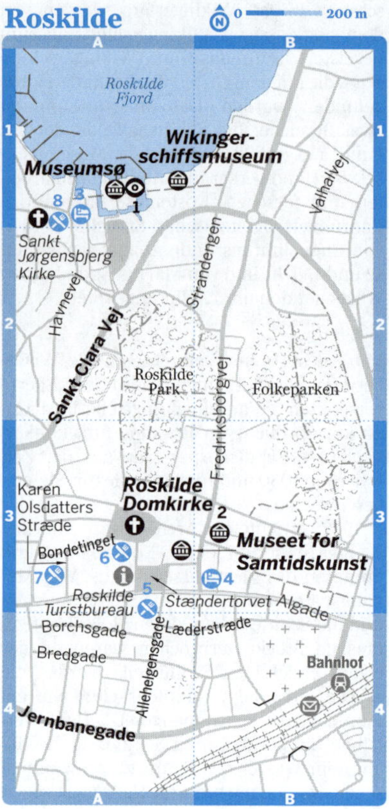

Roskilde

Highlights

- Museet for Samtidskunst A3
- Museumsø A1
- Roskilde Domkirke A3
- Schiffshalle A1

Sehenswertes

1 Bootsfahrten A1
2 Roskilde Museum B3

Schlafen

3 Danhostel Roskilde A1
4 Hotel Prindsen B3

Essen

5 Café Vivaldi A3
6 Raadhus-Kælderen A3
7 Restaurant Mumm A3
8 Store Børs A1

nach Dublin und zurück segelte. Das dem 60-Riemen-Kriegsschiff Skuldelev 2 nachempfundene Langschiff ist der größte Nachbau eines Wikingerschiffs, in dem das Holz von sage und schreibe 340 Bäumen steckt.

Museumsø

Auf der Museumsinsel neben der Schiffshalle haben Handwerker mit Techniken und Werkzeugen der damaligen Zeit die Wikingerschiffe nachgebaut. *Ottar, Havhingsten fra Glendalough, Roar Ege, Helge Ask* und *Kraka Fyr* (Rekonstruktionen der Skuldelev 1, 2, 3, 5 und 6) liegen im **Hafen** vertäut.

Im Sommer zeigen Schiffszimmerleute, Schmiede, Teerkocher, Weber, Seiler und Pfeilmacher ihre Kunst. Kinder können sich beteiligen, Münzen prägen oder ihre eigenen Schilde bemalen.

In einem **archäologischen Labor** (⏲10–17 Uhr) können Besucher zuschauen, wie Forscher des Nationalmuseums neue Ausgrabungen analysieren.

Bootsfahrten

Wer schon immer einmal ein Wikingerschiff besteigen wollte, um ein bisschen plündern zu gehen, der kann hier an einem Segeltörn teilnehmen. Die **Langschiffe der Wikinger** wurden durch Rudern angetrieben – in diesem Fall rudern die Museumsbesucher!

Von Ende Juni bis Mitte August gibt es täglich 50-minütige Fahrten (immer um 12 und 14 Uhr, meist auch um 11, 15 und 16 Uhr). Je nach Wetter finden auch von Mai bis Ende Juni und von Mitte August bis Ende September täglich Fahrten statt, allerdings seltener. Über die Zeiten kann man sich vorab unter ☎46 30 02 00 informieren. Das Ticket für die Fahrt (80 Kr) ist im Eintritt für das Museum nicht enthalten.

Roskilde Domkirke DOM

(www.roskildedomkirke.dk; Domkirkepladsen; Erw./10–18 J./unter 10 J. 60/20 Kr/frei; ⏲April–Sept. Mo–Sa 9–17, So 12.30–17 Uhr, sonst kürzer) Dänemarks schönste Kirche ist der Dom von Roskilde, der auf der Weltkulturerbeliste der UNESCO steht. Er geht zurück auf das 12. Jh., wurde aber seither so oft verändert, dass sich heute 800 Jahre dänische Architekturgeschichte darin widerspiegeln. Als Grablege ist er die letzte Ruhestätte von 38 dänischen Königen und Königinnen. Nicht weniger als elf sehenswerte Krypten und Kapellen wurden dazu dem Hauptschiff angegliedert. Zu unsere Favoriten gehört die **Kapelle Christians IV.** an der Nordseite des Doms. Der ozeangrüne Sarg, umgeben von

ROSKILDE ROCKT

Dänemarks Gegenstück zum Glastonbury Festival in England, das **Roskilde Festival** (www.roskilde-festival.dk), ist Nordeuropas größte Musikveranstaltung. Jedes Jahr am letzten Juniwochenende bringt das vier Tage dauernde Gelage mit Bands und Bier den Ort zum Rocken.

Seit 1971 treten dazu international bekannte Künstler verschiedener Musikrichtungen auf. Auf sieben Bühnen spielen über 170 Rock-, Metal-, Techno- und Weltmusik-Bands. 2011 waren die Arctic Monkeys, Iron Maiden, Kings of Leon, PJ Harvey, Portishead und The Strokes unter den Gästen. Noch Fragen? Die Veranstalter haben ein Gespür für Trends, sodass oft auch vielversprechende neue Bands zu sehen sind, die noch nicht im Rampenlicht stehen.

Die Musik steht natürlich im Mittelpunkt, aber es wird auch viel sonstige Unterhaltung geboten: von Filmvorführungen, einem Badesee und einem Skatepark über Yoga- und Tanz-Workshops bis zu Kunstveranstaltungen – und einem Nacktlauf! Viele Besucher schlagen ihre Zelte schon am Sonntag vor Festivalbeginn auf, um ordentlich vorzuglühen. Straßenstände bieten alles von Tattoos bis Fastfood, aber es lohnt sich, Proviant mitzubringen, denn die Preise sind hoch.

Tickets kosten um 1830 Kr und sind über die offizielle Website mit einem Link zu **Billetlugen** (www.billetlugen.dk) erhältlich. Wer ohne eigenes Zelt anreisen will, kann ein etwas teureres Ticket (ab 2390 Kr) erwerben, das ein bereits aufgestelltes Zelt einschließt. Vorsicht: Es ist zu einer schwachsinnigen Tradition geworden, dass Betrunkene am Ende des Festivals die Zelte anzünden.

Der Vorverkauf beginnt in der Regel Anfang Dezember, auf der Website sind jedoch schon Monate vorher verbilligte Frühbuchertickets erhältlich. Bis Juni sind die 75 000 Tickets ausverkauft – es lohnt sich also, früh zuzuschlagen.

einer Prozession von Engeln, ist für einen so verschwenderischen Monarchen wie ihn ungewöhnlich bescheiden. Die Ausschmückung der Kapelle – riesige, dramatisierende Gemälde mit Szenen aus seinem Leben, umrahmt von Trompe-l'œil-Malerei – stammt allerdings aus dem 19. Jh., da die ursprüngliche Grabstätte ein Jahr vor Christians Tod abbrannte. Aus seiner Zeit datiert nur das Tor der Kapelle, das so reich verziert ist, dass es dem Teufel selbst zugeschrieben wurde (tatsächlich schuf es Christians bevorzugter Kunstschmied Caspar Fincke).

Die **Dreikönigskapelle** birgt fantastische Fresken aus dem 15. Jh. (die größten in ganz Dänemark) sowie die Renaissancegräber von Christian III. und Frederik II., die am opulentesten von allen verziert sind. Sie gleichen antiken Tempeln, flankiert von Soldaten mit Hellebarden. Bemerkenswert ist die Königssäule, auf der die Körpergröße mehrerer Könige markiert ist: von Christian I. mit stolzen 210 cm bis zu Christian VII. mit 164 cm.

Die klassizistische **Kapelle Frederiks V.** steht für den Tod wie kein anderer Teil des Doms. Hier ruhen zwölf Mitglieder der Königsfamilie, alle in weißen Alabastergräbern und umgeben von Schädeln, Engeln und klagenden Frauen.

Im **Hauptschiff** befinden sich die Loge Christians IV. und eine kunstvolle Kanzel (1610), die der Kopenhagener Steinmetz Hans Brokman aus Marmor, Alabaster und Sandstein schuf. Der Mechanismus der wundervollen **Uhr** wurde im 18. Jh. von einem humorlosen Kleriker außer Betrieb gesetzt, der sich ärgerte, dass seine Schäfchen mehr auf die Uhr achteten als auf ihn. Doch spätere Kirchenherren haben nachgegeben: Jetzt erschlägt St. Georg wieder zu jeder vollen Stunde den Drachen, das arme Vieh stößt einen Mitleid erregenden Schrei aus und zwei theatralische Gestalten schlagen die Glocken.

Viel Beachtung finden auch der elegante Sarkophag von Margrethe I. und der goldglänzende Altaraufsatz im **Chor**. Uns haben die lebendigen Schnitzereien am Chorgestühl aus dem 15. Jh. mehr beeindruckt. Die Nordseite zeigt Szenen aus dem Neuen Testament, die südliche furchterregende Darstellungen aus dem Alten Testament: Josef, wie er in den Brunnen geworfen wird, Judith mit dem Haupt des Holofernes und Noahs Familie, die sich in die Arche zwängt.

Kostenlose Konzerte auf der Barockorgel aus dem 16. Jh. finden im Juni, Juli und

August gewöhnlich jeden Donnerstag um 20 Uhr statt. Samstags ist der Dom wegen Hochzeiten häufig geschlossen – besonders im Frühjahr.

Museet for Samtidskunst MUSEUM
(Museum für zeitgenössische Kunst; www.samtidskunst.dk; Stændertorvet 3D; Erw./Stud. & unter 18 J. 40 Kr/frei; ⏲Di–Fr 11–17, Sa & So 12–16 Uhr) Das überraschend avantgardistische Museum für zeitgenössische Kunst residiert im eleganten Roskilde-Palais, das im 18. Jh. für Christian VI. als Roskilder Residenz erbaut wurde. Die Ausstellungen widmen sich überwiegend neuen Kunstformen; oft sind verwirrende Klang-, Video- oder Performance-Installationen dänischer und ausländischer Künstler zu bestaunen.

Roskilde Museum MUSEUM
(www.roskildemuseum.dk; Sankt Olsgade 18; Erw./Kind 25 Kr/frei; ⏲11–16 Uhr) Das gut gestaltete Roskilde Museum dokumentiert die Geschichte der Stadt von der Steinzeit über Harald Blauzahn bis zur „Rockzeit" des Roskilde Festivals. Die Ausstellungen wurden von zwei dänischen Künstlern arrangiert, sodass zur Bildung noch ein ästhetischer Genuss kommt.

Aktivitäten

Himmel & Hav (☎30 95 10 00; www.himmelhav.dk, auf Dänisch; Baunehøjvej 7; ⏲ April–Sept. 10 Uhr bis Sonnenuntergang) Neben Roskilde Camping; verleiht Kajaks für 175/300 Kr pro 2 Std./Tag.

Schlafen

Roskilde hat für seine Größe wenige Unterkünfte, da wegen der Nähe zu Kopenhagen vor allem Tagesausflügler kommen. Die Touristeninformation vermittelt Unterkünfte in Privatpensionen zu 450 Kr für DZ plus 45 Kr Reservierungsgebühr.

Hotel Prindsen HOTEL €€
(☎46 30 91 00; www.prindsen.dk; Algade 13; EZ/DZ 1435/1535 Kr; P@WiFi) Das 1695 eröffnete Prindsen ist das älteste Hotel in Dänemark. Seine Gästeliste liest sich wie ein Who-is-who der dänischen Prominenz – von König Frederik VII. bis zu Hans Christian Andersen. Die klassisch eingerichteten Zimmer sind unterschiedlich groß, aber alle modern, komfortabel und inklusive Frühstück. Die Luxuszimmer sind mit versenkten Whirlpools ausgestattet. Obendrein gibt's noch ein Hotelrestaurant. Am Wochenende und an Feiertagen sinken die Preise (EZ/DZ 895/995 Kr).

Roskilde Camping CAMPINGPLATZ, HÜTTEN €
(☎46 75 79 96; www.roskildecamping.dk; Baunehøjvej 7, Veddelev; Stellplatz p. P. 80 Kr; ⏲April–Sept.) Ein familienfreundlicher und gut ausgestatteter 3-Sterne-Platz in schöner Lage am Ufer des Roskilde-Fjords, 4 km nördlich des Wikingerschiffsmuseums. Gleich davor erstreckt sich ein Blaue-Flagge-Sandstrand, nebenan vermietet Himmel & Hav Kajaks. Bus 603 fährt vom Zentrum in 20 Minuten (24 Kr) hierher.

Danhostel Roskilde HOSTEL €
(☎46 35 21 84; www.danhostel.dk/roskilde, auf Dänisch; Vindeboder 7; B 180–250 Kr, EZ 425–525 Kr, DZ 450–650 Kr; ⏲ganzjährig; P WiFi) Das moderne Hostel liegt direkt beim Wikingerschiffsmuseum. Jedes der 40 großen Zimmer bietet Dusche und Toilette. Das Personal ist freundlich, unsere Matratzen waren allerdings durchgelegen. WLAN kostet extra: 20 Kr/Std. oder 100 Kr für 24 Std.

Svogerslev Kro Hotel HOTEL €€
(☎46 38 30 05; www.svogerslevkro.dk; Svogerslev Hovedgade 45; EZ/DZ 725/950 Kr; P WiFi) Dieser Gasthof in einem romantischen roten Fachwerkhaus mit Reetdach liegt 4 km westlich der Stadt. Die einfach eingerichteten Zimmer sind gemütlich, auch wenn sie zuerst ein wenig schäbig wirken, und liegen zum Garten hin. Es gibt ein Restaurant mit französisch-dänischer Küche, das täglich mittags und abends geöffnet hat. Bus 602 von Roskilde fährt 20 Minuten (24 Kr) zum Hotel.

Essen

Restaurant Mumm DÄNISCH, INTERNATIONAL €€
(☎46 37 22 01; www.restaurantmumm.dk; Karen Olsdatters Stræde 9; 3/5/7 Gänge 435/535/635 Kr; ⏲Mo–Sa abends) Das Mumm ist eines der exklusiveren Restaurants der Stadt und verarbeitet dänische, französische und spanische Einflüsse zu einer kreativen Mixtur. Das Resultat sind tolle Schöpfungen wie gebratener Seewolf mit Kürbis und Lakritz oder feiner Käsekuchen aus blauem Maismehl mit Pflaumen. Reservieren!

Store Børs DÄNISCH, INTERNATIONAL €€
(☎46 32 50 45; www.store-bors.dk, auf Dänisch; Havnevej 43; Mittagessen 85–158 Kr, Hauptgerichte abends 218–278 Kr, 7-Gänge-Probiermenü 495 Kr; ⏲Di–Sa mittags & abends) In dem melonenfarbenen Häuschen am Hafen wird mit das beste Essen der Stadt serviert. Hier wird der

Fisch selbst geräuchert, die Kräuter kommen aus dem Garten des Restaurants, und aus allem zaubern die Köche abends tolle Leckereien wie gebratene Makrele mit geräucherten Kartoffeln, Estragonsahne und Sprossen. Mittags sind die Speisen einfacher, z. B. Herings- und Käseplatten, Carpaccio und Rindertartar.

Raadhus-Kælderen INTERNATIONAL €€
(www.raadhuskaelderen.dk; Stændertorvet; Smørrebrød 42–108 Kr, Hauptgerichte abends 168–328 Kr; ⌚Mo–Sa mittags & abends; 📶) Der stimmungsvolle Rathauskeller, um 1430 eröffnet, ist eine verlässliche Adresse. Auf der Mittagskarte stehen Heringsteller, Salate, Burger und Smørrebrød (z. B. mit Gorgonzola und rohem Eigelb). Abends kommen ambitioniertere Speisen auf den Tisch wie Tomatensuppe mit gebackenem französischem Ziegenkäse und Fleischgerichte vom Grill. Vegetarier kommen allerdings zu kurz.

Café Vivaldi INTERNATIONAL €€
(Stændertorvet; Salate 99 Kr, Hauptgerichte abends 149–199 Kr; ⌚mittags & abends) Das modern eingerichtete Pseudo-Bistro direkt am Hauptplatz mit Blick auf den Dom liegt ideal, um während des Essens Passanten zu beobachten. Auf der Karte stehen Suppen, belegte Brote, Wraps, Burger und Salate, dazu sättigendere Pasta und Fleischgerichte. Die Portionen sind großzügig. Auch sonntags geöffnet, wenn der Rest der Stadt zumeist die Schotten dicht macht.

Praktische Informationen

Bibliothek (www.roskildebib.dk; Dronning Margrethes Vej 14; ⌚ganzjährig Mo–Fr 10–19, Sa 10–14 Uhr, Mitte Sept.–Mitte April auch So 12–16 Uhr) Kostenloser Internetzugang.

Nordea (Algade 4) Eine von mehreren Banken im Zentrum.

Post (Jernbanegade 3; ⌚Mo–Fr 10–17.30, Sa 9–13 Uhr) Neben dem Bahnhof.

Roskilde Turistbureau (☎46 31 65 65; www.visitroskilde.com; Stændertorvet 1; ⌚Juli & Aug. Mo–Fr 10–17, Sa bis 14 Uhr, sonst kürzer) Die Touristeninformation bietet neben Infos auch einen Buchungsservice für Unterkünfte.

Anreise & Unterwegs vor Ort

AUTO Wer mit dem Auto von Kopenhagen kommt, nimmt die Straße 21 bis Roskilde und dann die Ausfahrt auf die Straße 156, die ins Zentrum führt. Einen großen Parkplatz gibt es beim Wikingerschiffsmuseum.

ZUG Zwischen Kopenhagen und Roskilde verkehren regelmäßig Züge (96 Kr, 25 Min.). Außerdem bestehen Bahnverbindungen nach Køge (48 Kr, 25 Min.) und Næstved (58 Kr, 42 Min.).

Lejre

Das Zentrum für experimentelle Archäologie bei Lejre (ein winziges Dorf 8 km südwestlich von Roskilde) ist einzigartig. Kombiniert mit einem Besuch des Ledreborg Slot bietet es sich für einen besonderen Tagesausflug an.

Sehenswertes

LP TIPP **Sagnlandet Lejre** URZEITLICHER ALLTAG
(www.sagnlandet.dk; Slangealleen 2; Erw./3–11 J. 125/85 Kr; ⌚Ende Juni–Mitte Aug. 10–17 Uhr, Mitte Aug.–Mitte Sept. Di–Fr 10–16, Sa & So 11–17 Uhr, sonst kürzer) Das Zentrum für experimentelle Archäologie „Sagenland" ist unbedingt sehenswert. Seine engagierten Mitarbeiter haben die Aufgabe, durch praktische Anwendung historischer Techniken Forschungstheorien zu überprüfen: Wie viele Personen waren erforderlich, um einen Dolmen zu bauen? Mit welchen Pflanzen konnte man Stoffe färben? Wie hinderte man die Ziegen daran, am Reetdach zu nagen?

Hinzukommt die wunderschöne Landschaft bei Lejre, mit Hügeln und kleinen Tümpeln. Ein 3 km langer Pfad durch das Gelände führt vorbei an einem Marktplatz der Wikingerzeit, an prähistorischen Grabhügeln, an einem Eisenzeitgehöft, durch Felder, auf denen historische Feldfrüchte angebaut werden, zu einem Opferteich und schließlich über klapprige Pfahlbrücken.

Kinder können im „Feuertal" experimentieren: im Einbaum paddeln, einen Feuerbohrer ausprobieren, backen oder mit primitiven Äxten Holz spalten (falls es die Eltern nicht zu sehr dabei graust). Grasende Auerochsen und suhlende Wildschweine hauchen der Szenerie Leben ein.

Der Eintritt ist nicht billig, aber wer Kinder hat und ein Picknick mitnimmt, wird sicher einen unvergesslichen Tag erleben.

Vom Bahnhof Lejre fährt Bus 233 hierher.

Ledreborg Slot SCHLOSS, GÄRTEN
(☎46 48 00 38; www.ledreborgslot.dk; Ledreborg Allé 2D; Eintritt Gärten 25 Kr, Schlossführung 2075 Kr, max. 20 Pers.; ⌚Gärten ganzjährig 11–16 Uhr, Schloss Mai–Sept. nur mit Führung) Das prachtvolle Herrenhaus Ledreborg Slot ist eines der schönsten Rokokoschlösser des

ABSTECHER

DRAGSHOLM SLOT

Wie wär's mit einer Nacht in einem Gourmetschloss? **Dragsholm Slot** (☎59 65 33 00; www.dragsholm-slot.dk; Dragsholm Allé, Hørve; EZ/DZ ab 1795/1995 Kr; P) liegt am Rand des Lammefjord, jener fruchtbaren Region, die auch als „Dänemarks Gemüsegarten" bekannt ist. In den Mauern des Schlosses befindet sich ein Hotspot der Neuen Nordischen Küche, die von Ex-Noma-Souschef Claus Henriksen geführte **Slotskøkkenet** (Schlossküche; 5/7 Gänge 650/800 Kr; ⏲Ende Juni–Ende Aug. Di–Sa abends, Juni Mi–Sa, im übrigen Jahr kürzer). „Regionalismus" lautet das Stichwort: Fast alle Zutaten kommen aus der Umgebung, von den in ganz Dänemark begehrten Lammefjord-Karotten bis zu den Kräutern aus dem Schlossgarten. Das Resultat erscheint täuschend einfach, mit Schöpfungen wie Salaten aus dem Küchengarten mit Austerncreme und dem Saft gerösteter Erbsen. Im Obergeschoss bietet das lockerere **Spisehuset** (Speisehaus, 2-/3-Gänge-Mittagessen 195/245 Kr, 3-Gänge-Abendessen 345 Kr) günstigere, abgespeckte Versionen nordischer Gerichte aus denselben erstklassigen Rohwaren wie Hering in Kräutermarinade oder über Heu geräucherten Lachs. Für die Slotskøkkenet ist reservieren Pflicht, für das Spisehuset empfehlenswert.

Vom Essen abgesehen, ist Dragsholm für 800 Jahre bewegte Geschichte bekannt, zu der gehört, dass hier der letzte katholische Bischof von Roskilde gefangen gesetzt und der Leichnam einer verführten Bediensteten in eine Nische eingemauert wurde – heute hinter einer Plexiglasscheibe zu sehen. Einige der Gästezimmer, die sich auf das Schloss und das benachbarte Pförtnerhäuschen verteilen, sind modern eingerichtet. Die meisten haben jedoch eindeutig herrschaftliches Ambiente, dafür sorgen Himmelbetten Fleur-de-lis-Tapeten und zum Teil auch Whirlpools. Dazu kommen Salons im spätromantischen Stil, Ballsäle und ein großer märchenhafter Garten – so fühlt man sich bald wie ein gut verpflegter Adliger. Auf der Website werden Pakete für Übernachtung plus Essen angeboten, häufig zu vergünstigten Preisen. Am besten fragt man nach einem Zimmer mit Blick auf die Felder oder den Garten.

Dragsholm Slot liegt 91 km westlich von Kopenhagen, zu erreichen über die Autobahn 21. Mit öffentlichen Verkehrsmitteln hierher zu kommen, ist schwierig.

Landes. Die vornehme Residenz wurde 1739 von Graf Johann Ludwig Holstein erbaut und eingerichtet, dessen Nachkommen noch heute hier wohnen. Die Innenräume sind weitgehend unverändert geblieben. Das Schloss ist bis unters Dach voll mit verschnörkelten Möbeln, vergoldeten Spiegeln, Kronleuchtern, Ölgemälden und Wandteppichen. Am eindrucksvollsten ist der Bankettsaal. Auch die Familienkapelle, die Küche und – das darf natürlich nicht fehlen – das Verlies sind zu besichtigen.

Ringsum erstreckt sich ein 80 ha großes Areal mit erst unlängst zu voller Pracht restaurierten Barockgärten. Im Wald gibt es einen **Dschungelpfad** mit Hängebrücken, Tauen, Leitern und anderen Gerätschaften, der für Kinder angelegt wurde, aber auch Erwachsenen Spaß macht.

ℹ An- & Weiterreise

Von Roskilde ist es nur eine kurze Bahnfahrt bis Lejre, wo die Buslinie 233 Anschluss sowohl zum Ledreborg Slot als auch zum Sagnlandet Lejre bietet (24 Kr).

Wer selbst fährt, nimmt von Roskilde den Ringstedvej (Straße 14), biegt rechts auf die Straße 156, dann gleich wieder links auf die Ledreborg Allé und folgt den Schildern zum 6 km entfernten Ledreborg. Eine lange, von alten Ulmen gesäumte Zufahrt führt direkt auf den Eingang zu. Das Sagnlandet Lejre liegt 2 km weiter westlich an derselben Straße.

SÜDSEELAND

Zwar liegen deutlich mehr Sehenswürdigkeiten in Nordseeland, doch auch der Süden der Insel hat etwas zu bieten. Die Trelleborg ist die am besten erhaltene Ringburg von ganz Dänemark, und das älteste Fachwerkhaus im Land steht in Køge. Weitere Attraktion sind das bezaubernde Dörfchen Vallø sowie der stille Fluss Susâ, ein Kajakparadies.

Køge

35 105 EW.

Mitten im Zentrum von Køge liegt der größte Stadtplatz Dänemarks. Er verleiht der Stadt eine offene, entspannte Atmosphäre. Hauptattraktion ist ein Bummel durch die engen Pflasterstraßen rundherum. Nirgendwo sonst in Dänemark sieht man so gut erhaltene Gebäude aus dem 17. und 18. Jh. Da die Gassen von vielen kleinen Geschäften und einladenden Restaurants gesäumt sind, wird es ein sehr langsamer Bummel werden.

Køge ist ein florierendes Handels- und Fischereizentrum. Nördlich und südlich der Stadt säumen schmale Strände die Bucht, allerdings stört die Industriekulisse des modernen Handelshafens den Blick.

1677 waren die Gewässer vor Køge Schauplatz einer entscheidenden Seeschlacht, die als Schlacht in der Køge-Bucht bekannt wurde. Sie machte den dänischen Admiral Niels Juel unsterblich, dem es gelang, die angreifende schwedische Marine vernichtend zu schlagen.

Sehenswertes

Køge Museum MUSEUM

(www.koegemuseum.dk, auf Dänisch; Nørregade 4; Erw./Kind 30 Kr/frei; ⌚Juni–Aug. Di–So 11–17 Uhr, Sept.–Mai Di–Fr & So 13–17, Sa 11–15 Uhr) Das Køge Museum ist in einem alten Kaufmannshaus untergebracht, einem herrlichen Fachwerkbau von 1619.

Neben den üblichen alten Möbeln, Dokumenten zur Ortsgeschichte und einer umfangreichen Textiliensammlung besitzt es zwei bedeutende Exponate: das Grab von **Strøby Egede** von 4000 v. Chr. mit acht Skeletten von Kindern und Erwachsenen. Es ist bislang das einzige Massengrab aus dieser Epoche, das in Europa gefunden wurde. Und den größten **Münzschatz** des Landes, einen Berg schimmernder Silberstücke aus dem 17. Jh., den zwei Elektriker im Hof in der Brogade 17 entdeckten. Es wird vermutet, dass die 32 kg schweren Münzen während der Kriege zwischen Dänemark und Schweden dort versteckt wurden.

Zur Zeit von Hans Christian Andersen hieß es, in die Fensterscheibe eines örtlichen Gasthauses seien die Worte „Gott, oh Gott in Kjøge“ eingeritzt. Da er die Inschrift nirgends finden konnte, brachte Andersen sie kurzerhand selbst an und notierte anschließend in seinem Tagebuch: „Ich hab's geschrieben und nun steht es klar zu lesen.“ Heute ist das Fensterglas im Museum ausgestellt.

KØS MUSEUM

(www.koes.dk; Nørregade 29; Erw./18–24 J./unter 18 J. inkl. Eintritt zum Køge Museum 50/20 Kr/frei; ⌚Di–So 10–17 Uhr) Køge Skitsesamling, das Museum für Kunst im öffentlichen Raum, ist ein außergewöhnliches Kunstmuseum, das nicht fertige Werke, sondern die zahlreichen Notizen, Skizzen, Modelle etc. auf dem Weg dorthin zeigt. Gerade für Besucher, die nicht selbst Künstler sind, ist es faszinierend, einmal diese kreativen Prozesse verfolgen zu können.

Sankt Nicolai Kirke KIRCHE

(Kirkestræde 31; Eintritt frei; ⌚Mo–Fr 10–16, So 12–16 Uhr) Die nach dem Schutzpatron der Seeleute benannte Sankt Nicolai Kirke steht zwei Straßen nördlich des Torvet (Marktplatz).

An der Ostseite des Turms, ganz oben, befindet sich ein Ziegelvorsprung, **Lygten** genannt. Dort brannte früher nachts eine Laterne, die einlaufenden Schiffen den Weg in den Hafen wies. Von diesem Kirchturm aus beobachtete Christian IV. seine Seeflotte, als sie die Stadt 1677 siegreich gegen die Schweden verteidigte.

Der **Turm** (Erw./Kind 10/5 Kr; ⌚Mo–Fr 12–16 Uhr) aus dem 14. Jh. ist der älteste Teil der Kirche und kann von Juli bis Anfang August bestiegen werden. Bemerkenswert im Inneren der Kirche sind der schmuckvolle Altar und die Kanzel aus dem 17. Jh. sowie eine mit Schnitzereien verzierte Empore, auf der die Adeligen von Køge sich über das gemeine Volk erhoben.

Strände & Hafen STRAND

Frühaufsteher können zusehen, wie die Fischer im Fischereihafen Heringe und Aale ausladen. Der Yachthafen liegt 2 km weiter nördlich. Es gibt auch zwei Strände, die sich nördlich und südlich vom Industriehafen erstrecken.

Bekannt ist die große Køge-Bucht, die aussieht, als habe jemand ein Stück aus Seeland herausgebissen, für die Strände von Solrød und Greve, 8 km bzw. 17 km nördlich von Køge. Sie sind ein beliebtes Erholungsgebiet für die Bewohner von Kopenhagen und von dort nur eine kurze S-Bahnfahrt entfernt.

Schlafen

Die Touristeninformation reserviert gegen eine Buchungsgebühr von 25 Kr Privatzimmer zu rund 500 Kr pro Doppelzimmer.

Vallø Stifts Camping CAMPINGPLATZ, HÜTTEN €
(☎56 65 28 51; www.valloecamping.dk; Strandvejen 102; Stellplatz pro Erw./Kind 72/40 Kr; ⊙April–Sept.; @📶) Der hübsche grüne Platz in einem Naturschutzgebiet gehört eigentlich zu Vallø, liegt aber nur 1 km vom Zentrum von Køge entfernt. Er eignet sich bestens für Familien, denn auf dem Platz gibt es Ziegen, Minigolf, Tischtennis, Pétanque und Spielplätze. Ein kinderfreundlicher Strand liegt gleich über die Straße. Es werden auch einfache Hütten für vier bis sechs Personen (325–565 Kr pro Nacht) vermietet, außerdem Decken, Kissen und Bettwäsche.

Centralhotellet HOTEL €€
(☎56 65 06 96; Vestergade 3; EZ/DZ ohne Bad 420/795 Kr, mit Bad 595/895 Kr; P@) Das passend zur Lage benannte Centralhotellet liegt neben der Touristeninformation. Die Betreiber Eva und Finn renovieren das Haus nach und nach. Es bietet ein Dutzend einfacher Zimmer teils über einer kleinen Bar, teils in einem separaten Flügel. Drei Doppelzimmer haben ein eigenes Bad. Es können Fahrräder gemietet werden (1/3 Tage 80/200 Kr).

Hotel Niels Juel HOTEL €€
(☎56 63 18 00; www.hotelnielsjuel.dk; Toldbodvej 20; EZ 775–1195 Kr, DZ 975–1395 Kr; P📶) Das sympathische Hotel mit Restaurant guckt ein paar Straßen südlich vom Bahnhof über den Hafen. Es hat 51 gut ausgestattete Zimmer in zwei Farbvarianten: Meerblau oder warme Erdtöne. Alle Zimmer sind nach Feng-Shui-Grundsätzen eingerichtet und verfügen über Telefon, Minibar und Satelliten-TV. WLAN kostet extra: 50 Kr für 24 Stunden.

Danhostel Køge HOSTEL €
(☎56 67 66 50; www.danhostel.dk/koege; Vamdrupvej 1; B 200 Kr, EZ & DZ 380–480 Kr; ⊙ganzjährig; P@) Das freundliche 116-Betten-Hostel liegt in einer ruhigen Gegend 2 km nordwestlich der Stadt. Die Zimmer sind klein, aber gemütlich und in allen steht ein Wecker. Die im oberen Stock haben auch Dachfenster mit schönem Ausblick; außerdem gibt es teurere Zimmer mit Bad. Zum Serviceangebot zählen ein Waschsalon, ein kleiner Spielplatz und ein Frühstücksbuffet (50 Kr). Anfahrt von Køge mit dem Bus 101A

DIE KÖNIGSKIRCHE VON RINGSTED

Ringsted ist eine überwiegend moderne Stadt mit einem geschäftigen Einkaufszentrum. Es gibt wenig, was Fremde interessieren könnte. Auf der Durchreise lohnt sich jedoch ein Stopp bei der eindrucksvollen **Sankt Bendts Kirke** (Sankt Bendtsgade 1; Eintritt frei; ⊙Mai–Mitte Sept. 10–17 Uhr, sonst 13–15 Uhr). Skandinaviens älteste Ziegelkirche wurde 1170 von Valdemar I. als Begräbniskirche für seinen Vater Knud Lavard erbaut. Er verfolgte damit das politische Ziel, die Macht seiner Familie mit der der katholischen Kirche zu verbinden.

Das interessanteste sind die **Fresken** aus dem 14. Jh. Eine Bildfolge schildert das Leben Eriks IV. (1216–50), der in seiner kurzen und turbulenten Regierungszeit sowohl gegen die eigene Familie wie auch gegen die Bauern zu kämpfen hatte, ehe er auf Befehl seines Bruders Abel ermordet wurde. Erik trug den Spitznamen „Pflugpfennig", nach einer von ihm erhobenen Steuer auf Pflüge, die niemand gern zahlte. Sein Leichnam wurde in die Kirche überführt. Die Fresken zeigen Königin Agnes auf dem Thron. Zu ihrer Linken erstechen die Mörder Erik mit einem Speer, auf der rechten Seite bergen Fischer seinen Leichnam aus dem Wasser.

150 Jahre lang diente die Kirche als **königliche Grablege**: Steinplatten im Fußboden des Hauptschiffs kennzeichnen die Gräber der frühen dänischen Könige. In einem wurde ein besonderer Fund gemacht. Königin Dagmar (1186–1213), die erste Gemahlin von Valdemar II., war eine von den Dänen hochverehrte böhmische Prinzessin. Als ihr Grab 1683 geöffnet wurde, kam ein kleines Goldkreuz mit filigranen Emailarbeiten zum Vorschein. Es ist heute als **Dagmar-Kreuz** bekannt und soll aus der Zeit um 1000 n. Chr. stammen. Eine Seite zeigt den Gekreuzigten, die andere zeigt Jesus Christus, die Jungfrau Maria, Johannes den Täufer, den Apostel Johannes und Basilius den Großen. Das Kreuz im byzantinischen Stil befindet sich heute im Nationalmuseum von Kopenhagen. In der Sankt Bendts Kirke ist eine Nachbildung zu sehen. Es ist Tradition, dass Bräute, die hier heiraten, eine Kopie des Dagmar-Kreuzes tragen.

Bei Trauungen bleibt die Kirche geschlossen, was besonders an Samstagen im April und Mai häufig der Fall ist.

Køge

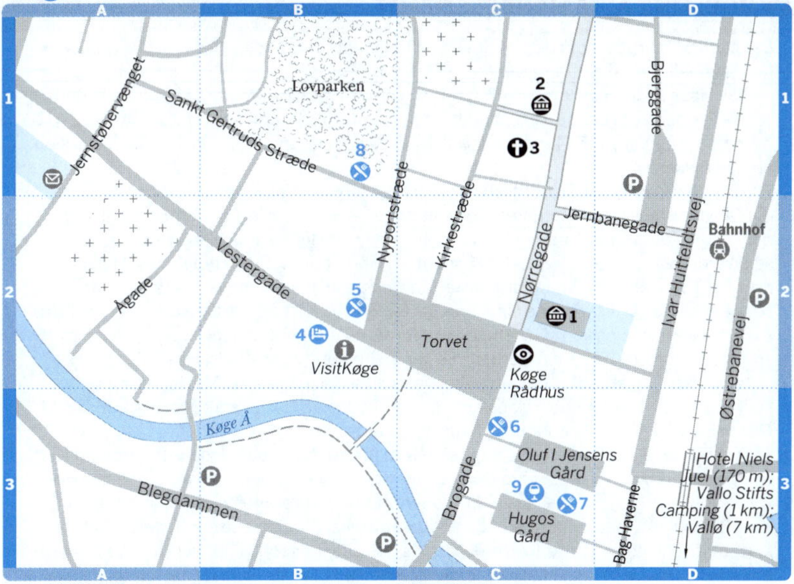

bis zur Haltestelle Norsvej; von dort ist die Herberge 850 m entfernt.

Essen

StigAnn INTERNATIONAL €€
(www.stigann.dk; Sankt Gertruds Stræd 2; Mittagessen 65–110 Kr, Hauptgerichte abends 195–255 Kr; ⌚Fr & Sa mittags, Mo–Sa abends) Sicher eines der besten Restaurants der Stadt, das mit raffinierten dänischen Gerichten mit internationalem Touch überzeugt, wie geräucherter Entenbrust und Salat mit eingelegten Cranberrys und Walnüssen oder Riesengarnelen mit Knoblauch-Papaya-Chutney. Die allermeisten Hauptgerichte sind fleischhaltig.

Kant INTERNATIONAL €€
(Brogade 7; Mittagessen 65–110 Kr, Hauptgerichte abends 185–218 Kr; ⌚tgl. mittags, Mo–Sa abends) Das Kant, das vor allem junges Publikum anzieht, bietet eine gelungene Mischung aus angesagtem Bistrostil und Café-Klassikern wie Salaten, Clubsandwiches und Nachos. Nachmittags kann man auf den lippenstiftroten Sofas gemütlich Kaffee und Kuchen genießen, abends aus einem kleinen, aber guten Angebot an frisch zubereiteten Gerichten wählen, z. B. gebratene Meeräsche mit sautiertem Spinat, Kartoffelpüree und einem Spritzer Zitrone. Am Wochenende wird ein Brunchbuffet (109 Kr) aufgebaut, im Sommer stehen auch draußen Tische.

Køge

Sehenswertes
1 Køge Museum C2
2 KØS C1
3 Sankt Nicolai Kirke C1

Schlafen
4 Centralhotellet B2

Essen
5 Café Vivaldi B2
6 Kant C3
7 Sandwich Cafeen C3
8 StigAnn B1

Ausgehen
9 Hugos Vinkjælder C3

Café Vivaldi INTERNATIONAL €€
(www.cafevivaldi.dk; Torvet 30; Mittagessen 89–109 Kr, Hauptgerichte abends 149–199 Kr; ⌚mittags & abends) Das Konzept-Café ist eine sichere Wahl für die üblichen Bistro-Gerichte wie Salate, belegte Brote, Burger und Burritos, es gibt aber auch größere Fleisch- und

KØGE: EINE ALTE HANDELSSTADT

Die alten Bürgerhäuser in den Straßen von Køge entführen Besucher in die Vergangenheit und beflügeln die Phantasie.

Das Haus in der **Vestergade 7**, westlich vom Torvet (Marktplatz), stammt aus dem 16. Jh. Bei der **Vestergade 16** handelt es sich um ein bemerkenswert gut erhaltenes Kaufmannshaus von 1644 mit kunstvollen Glaseinsätzen in den Türen und Schnitzereien an den Balken.

In der **Kirkestræde 3**, nördlich vom Torvet, steht ein Haus, das 1638 von Oluf Sandersen und seiner Frau Margareta Jørgensdatter erbaut wurde. Das Datum steht über der Tür. Aus dem 16. Jh. stammt das Fachwerkhaus in der **Kirkestræde 13**. Auffällig ist sein verdrehter Kaminaufsatz, der Passanten darauf aufmerksam machen sollte, dass dort ein Schmied seine Werkstatt hatte. Ein weiteres Fachwerkhaus aus dem 17. Jh. in der **Kirkestræde 10** dient heute als Kindergarten. In der **Kirkestræde 20** steht das älteste Fachwerkhaus von ganz Dänemark. Es wurde 1527 erbaut und misst nur 4 mal 5 m. Trotzdem lebte im 19. Jh. ein Gerber mit seiner Frau und zehn Kindern darin!

In der **Nørregade 31** steht ein hübsches, rotes Holzhaus von 1612. Richtung Süden säumen zwei weitere Häusern aus dem frühen 17. Jh. die Nørregade: **Nørregade 5** und **Nørregade 4**. In Nr. 4 befindet sich das Køge Museum.

Das Eckgebäude am Torvet 2 trägt eine **Marmortafel** mit der Inschrift *Kiøge Huskors* (Kiøge und Kjøge sind alte Schreibweisen für Køge). Sie erinnert an die Opfer einer Hexenverfolgung im 17. Jh., bei der 16 Personen lebendig verbrannt wurden, darunter auch zwei Bewohner eines Vorgängerbaus an dieser Stelle. Die Ostseite des Torvet prägt das klassizistische gelbe **Køge Rådhus**, das als das älteste noch genutzte Rathaus Dänemarks gilt. Das Gebäude an seiner Rückseite wurde 1600 als Gasthof für König Christian IV. errichtet, damit er auf dem Weg von Kopenhagen nach Nykøbing Slot zu seiner Mutter dort rasten konnte.

Im Haus **Brogade 1** an der Südostecke des Torvet befindet sich schon seit 1660 eine Apotheke. Weiter nach Süden folgt an der **Brogade 7** der Oluf I Jensens Gård, ein Hof mit typischen Kaufmannshäusern aus dem 19. Jh. Der Hugos Gård an der **Brogade 19** ist älter. Die Weinstube Hugos Vinkjælder (s. unten) residiert in einem mittelalterlichen Keller aus Ziegelsteinen, der auf die Zeit um 1300 zurück datiert werden kann.

Im angrenzenden Hof, **Brogade 17**, gruben Handwerker 1987 einen alten Schatz aus: eine Holzkiste mit über 2000 Silbermünzen aus dem 17. Jh. Er war der größte Münzschatz, der je in Dänemark gefunden wurde. Teile davon sind im Køge Museum ausgestellt. Engelsfiguren des berühmten Bildhauers Abel Schrøder aus dem 17. Jh. zieren das Gebäude in der **Brogade 23**, das um 1638 errichtet wurde. Kehrt man zurück zum Torvet, steht auf der anderen Straßenseite in der **Brogade 16** Køges längstes Fachwerkhaus. Der Bürgermeister ließ es 1636 für sich errichten.

Fischgerichte. Bestellt wird direkt am Tresen. Tische gibt's auch draußen auf dem Platz; am Wochenende sorgt Livemusik für muntere Kneipenatmosphäre.

Sandwich Cafeen SANDWICHES €
(Brogade 19; Sandwiches 28–52 Kr, Salate 32–44 Kr; ⌚Mo–Fr 10–18, Sa bis 15 Uhr) Das kleine Café am Hugos Gård hat die wohl billigsten Sandwiches der Stadt, dazu kommen Salate und Milchshakes – alles zum Mitnehmen, sollten die paar Tische, die draußen stehen, besetzt sein.

Mittwoch- und samstagvormittags findet auf dem Torvet ein Lebensmittel-, Käse- und Blumenmarkt statt.

Ausgehen

Hugos Vinkjælder WEINLOKAL
(Brogade 19; ⌚Mo–Do 13–23, Fr & Sa bis 2, So bis 18 Uhr) Hugos ist ein fantastisches Weinlokal in einem dämmerig-gemütlichen Kellergewölbe aus dem 14. Jh. Die Weinkarte ist nicht schlecht, obendrein gibt es eine Auswahl von fast 200 Bieren aus aller Welt! Unter den dänischen Marken findet sich auch die örtliche Brauerei Bryghuset Braunstein. Essen wird nicht serviert, die Gäste dürfen sich aber nebenan im Sandwich Cafeen etwas besorgen und es hier verspeisen. Im Sommer spielen samstagmittags Jazzbands auf dem Hof.

Praktische Informationen

Bibliothek (www.koegebib.dk; Kirkestræde 18; ⏲Mo–Fr 10–18, Sa bis 14 Uhr) Kostenloses Internet.

Nordea (Torvet 14) Bank mit Geldautomaten.

Post (Jernstøbervænget 2; ⏲Mo–Fr 10–17.30, Sa 10–13 Uhr)

VisitKøge (☎56 67 60 01; www.visitkoege.com; Vestergade 1; ⏲Mo–Fr 9–18, Sa 9–15 Uhr) Die Touristeninformation liegt direkt am großen Marktplatz.

An- & Weiterreise

AUTO Køge liegt 42 km südwestlich von Kopenhagen und 23 km südöstlich von Roskilde. Wer mit dem Auto reist, nimmt von Kopenhagen die E47/E55, von Roskilde die Straße 6 und dann die 151 nach Süden ins Zentrum von Køge.

SCHIFF **BornholmerFærgen** (☎70 23 15 15; www.bornholmerfaergen.dk) Bietet das ganze Jahr über täglich Fähren zwischen Køge und Rønne auf der Insel Bornholm. Von Køge legen die Fähren um 0.30 Uhr ab und kommen um 6 Uhr in Rønne an. Abfahrt von Rønne ist um 17 Uhr, Ankunft in Køge um 22.30 Uhr. Die einfache Überfahrt kostet pro Erw./Erw. mit Fahrrad/12–15 J. 266/284/133 Kr. Für ein Auto mit bis zu fünf Insassen kostet das Ticket 1532–1550 Kr.

ZUG Køge ist die südlichste Station des Kopenhagener S-Bahnnetzes (Linie E). Züge ab Kopenhagen (108 Kr, 40 Min.) fahren drei- bis sechsmal pro Stunde. Køge liegt an der Bahnlinie zwischen Roskilde (48 Kr, 25 Min.) und Næstved (58 Kr, 40 Min.), auf der jede halbe Stunde bis Stunde Züge verkehren.

Unterwegs vor Ort

Fahrräder vermietet das Centralhotellet (S. 112) für 80 Kr pro Tag plus 500 Kr Kaution.

Parkplätze gibt's am Torvet, doch die Parkdauer ist auf eine Stunde begrenzt. Kostenlose und weniger begrenzte Parkmöglichkeiten befinden sich am Bag Haverne (die Brogade runter und dann der Fændediget folgen) und nördlich des Hafens.

Vallø

Das kleine Vallø ist ein Postkartenidyll mit romantischen Gässchen, einem Dutzend senfgelber Häuser und dem Vallø Slot, einer Renaissanceburg mit Wassergraben. Es liegt 7 km südlich von Køge und eignet sich prima für einen netten kleinen Ausflug abseits der Touristenpfade.

Sehenswertes

Vallø Slot SCHLOSS, GÄRTEN

(www.valloe-stift.dk) Das aus roten Ziegeln erbaute Vallø Slot ist eine Burg wie aus dem Bilderbuch: gekrönt von spitzen Türmchen und umgeben von einem Wassergraben voller Seerosen und quakender Frösche. Doch genau wie eine Märchenburg ist auch Vallø Slot nicht für jedermann zugänglich. Möglich ist ein Spaziergang durch die herrlichen Wälder und **Gärten** (⏲8 Uhr bis Sonnenuntergang), die sich von der Burg bis an die Küste erstrecken.

Vallø Slot hat eine recht ungewöhnliche Geschichte. 1737 gründete Königin Sophie Magdalene, der die Ländereien gehörten, eine Stiftung und stellte die Burg als Residenz für „alte Jungfern hoher Geburt" zur Verfügung. Unverheiratete Töchter aus dem dänischen Adel ohne eigenes Schloss konnten auf Vallø wohnen und wurden durch die Stiftung und staatliche Sozialprogramme versorgt. Bis in die 1970er-Jahre wurden Bewohnerinnen aufgenommen. Heute lebt hier nur noch eine Hand voll (sehr) alter Adelsjungfern.

Obwohl große Teile 1893 nach einem Brand erneuert werden mussten, blieb der Charakter der Burg als Bauwerk aus dem 16. Jh. gewahrt.

Schlafen & Essen

LP TIPP **Vallø Slotskro** GASTHOF €€

(☎Restaurant 56 26 62 66, Gasthof 56 26 70 20; www.valloeslotskro.dk, auf Dänisch; Slotsgade 1; 3/4/5/6 Gänge 400/475/550/600 Kr; ⏲Restaurant Mi–Sa abends; P) In dem 200 Jahre alten Gasthof gleich vor dem Burgtor verbirgt sich ein elegantes Restaurant mit französisch-dänischer Gourmetküche, wie z. B. Wachteln mit Gänsestopfleber und Sommertrüffeln. Leider waren die sieben Doppelzimmer des Gasthofs bei unserem Besuch wegen Renovierung geschlossen. Die Website informiert über den Stand der Dinge. Ein kurzer Aufenthalt in Vallø garantiert stimmungsvolle Stunden.

An- & Weiterreise

Vom Bahnhof Vallø, zwei Stationen südlich von Køge, ist es bis zur Burg ein bequemer Spaziergang von 1,25 km entlang einer baumgesäumten Landstraße Richtung Osten.

Wer mit dem Auto unterwegs ist, nimmt südlich von Køge die Straße 209, biegt rechts auf den Billesborgvej und dann links (südlich) auf den Valløvej, der zur Slotsgade führt.

Es gibt auch einen ausgeschilderten Radweg von Køge bis zum Valløvej.

Sorø

7805 EW.

Sorø ist ein bildhübsches Städtchen mit vielen Fachwerkhäusern und umgeben von stillen Seen und Wäldern. Es verdankt seine Existenz der Sorø Akademi, einer Eliteschule für Söhne des Adels, die Christian IV. gründete. Sie ist bis heute eine angesehene Schule. Das Gelände und der Park am See stehen Besuchern offen und laden zu einem idyllischen Spaziergang ein.

Während Dänemarks „Goldenem Zeitalter", der Romantik (1800–50), wurde Sorø zum Treffpunkt prominenter Kulturschaffender wie Bertel Thorvaldsen, N. F. S. Grundtvig und Adam Oehlenschläger.

Sehenswertes & Aktivitäten

Schönste Straße des Orts ist die **Søgade**, gesäumt von windschiefen Fachwerkgebäuden und senfgelben Häusern mit roten Ziegeldächern. Die Straße erstreckt sich westlich des Hauptplatzes, des Torvet.

Sorø Kirke — KIRCHE

(Eintritt frei; Mo–Sa 10–16, So 12–16 Uhr) Dänemarks größte Klosterkirche und einer der ältesten Ziegelbauten des Landes ist die im 12. Jh. erbaute Sorø Kirke auf dem Akademiegelände. Der romanische Innenraum ist schlicht und wirkt sehr harmonisch. Für Licht und Farbe sorgen **mittelalterliche Fresken** mit blauen, roten, grünen, weißen und orangen Mustern, Schilden und Blättern. Alles überwölbt eine hohe gotische Decke aus dem 13. Jh.

Bischof Absalon, Mitglied der einflussreichen Hvide-Familie und ein bedeutender Staatsmann, gründete 1161 in Sorø ein Zisterzienserkloster. Auf dem Gelände ließ er die Kirche als Familienmausoleum errichten. Zu den hier beigesetzten Persönlichkeiten zählt auch der Bischof selbst. Er ruht an prominenter Stelle direkt hinter dem Hauptaltar. In einer Vitrine rechts vom Altar sind sein Bischofsstab aus Elfenbein, mehrere Gold- und Saphirringe sowie der Silberkelch zu sehen, die er als Grabbeigaben erhielt. Sie wurden seinem Grab im 19. Jh. entnommen.

In Absalons Gesellschaft ruhen die Könige Valdemar IV., Christopher II. und Oluf III. Auch Königin Margrethe I., Gründerin der Kalmarer Union, wurde hier beigesetzt. Sie wurde jedoch später in die Domkirche von Roskilde umgebettet. Am Ende des linken Seitenschiffs birgt ein Marmorsarkophag die Überreste von Ludvig Holberg, dem berühmten Dramatiker und Verfasser geistreicher Lyrik.

Zum prachtvollen Inventar zählt ein 6 m hohes Kruzifix aus dem 16. Jh., das der aus Odense stammende Bildhauer Claus Berg aus einem einzigen Holzblock schnitzte. Die prachtvoll verzierte Kanzel und der Altar stammen aus der Barockzeit. Die im 16. Jh. gebaute **Orgel** steht im Mittelpunkt des Sorø International Music Festival.

Sorø Akademi — HISTORISCHE GEBÄUDE, GÄRTEN

Nach der Reformation verfügte Frederik II., dass das Kloster von Sorø künftig als Schule dienen sollte. 1623 machte sein Nachfolger Christian IV. daraus die Ritterakademie, eine Eliteeinrichtung für Adelssöhne. Unterrichtet wurden sie u. a. in der Kunst der Jagd, in Benehmen und guten Sitten – eine maßgeschneiderte Erziehung für angehende Diplomaten.

Die heutigen Schüler stammen aus etwas weniger hohen Häusern, doch die Sorø Akademi ist nach wie vor eine exklusive Schule. Das weitläufige Gelände ist im Besitz einer Privatstiftung (obwohl die Schule staatlich finanziert wird) und steht Besuchern offen.

Der südliche Teil der Hauptstraße von Sorø, der Storgade, führt direkt zur Akademie. Sie passiert dabei die **Klosterporten**, ein mittelalterliches Tor, an dem die Mönche die Außenwelt hinter sich ließen.

Weitere mittelalterliche Klostergebäude wurden im 17. Jh. durch Renaissancebauten ersetzt. Darin lerne es sich besser, hieß es damals. Das **Ridehuset** westlich der Klosterporten ließ Christian IV. zur Unterbringung von Pferden und Hunden für die Jagd errichten. Das **Boldhuset** östlich der Klosterporten stammt ebenfalls aus der Regierungszeit Christians IV. und beherbergt heute die Bibliothek.

Eine **Statue** des großen dänischen Dramatikers Ludvig Holberg (1684–1754) steht im westlichen Teil der Gärten. Er rettete die Schule, als sie wegen finanzieller Probleme vor dem Aus stand. Malerische **Spazierwege** führen von der Statue Richtung Westen zum Sorø Sø.

Vestsjællands Kunstmuseum — KUNSTMUSEUM

(Kunstmuseum von Westseeland; www.vestkunst.dk, auf Dänisch; Storgade 9; Erw./Kind 50 Kr/frei;

Søro

⌚Di–So 11–17 Uhr) Nach einer umfassenden Renovierung verfügt das Vestsjællands Kunstmuseum über einen preisgekrönten Erweiterungsbau der Kopenhagener Architekten Lundgaard & Tranberg. Das Museum dokumentiert 300 Jahre dänischer Kunstgeschichte. Seine vielfältigen Sammlungen umfassen das ganze Spektrum von mittelalterlichen Schnitzereien bis zu wilden expressionistischen Werken. Über aktuelle Sonderausstellungen informiert die Website.

GRATIS **Sorø Museum** MUSEUM
(www.aabne-samlinger.dk/SVM/soroe; Storgade 17; ⌚Di–Do & So 13–16, Sa 11–14 Uhr) In einem reizvollen Fachwerkbau von 1625 befindet sich das Sorø Museum zur Regionalgeschichte. Es zeigt historisches Mobiliar von der Stube eines Kleinbauern bis zum noblen Wohnzimmer eines Aristokraten. Außerdem sind ein Kramladen von 1880 und persönliche Gegenstände des Dichters B. S. Ingemann zu sehen, der an der Sorø Akademi unterrichtete. Die Beschriftung ist fast ausschließlich auf Dänisch.

Søro

Sehenswertes
1 Boldhuset B3
2 Klosterporten B3
3 Ludvig-Holberg-Statue A4
4 Ridehuset B3
5 Sorø Kirke B3
6 Sorø Museum B2
7 Vestsjællands Kunstmuseum B2

Schlafen
8 Hotel Postgaarden B1

Essen
9 Ristorante Valencia B2
10 Super-Best-Supermarkt C2

REICHE WIKINGER

Dänemarks reichste Wikingerfundstätte ist der aus dem 6. Jh. stammende Herrenhof am Westufer des **Tissø**, eines Sees zwischen Slagelse und Kalundborg.

Das berühmteste Stück, das bislang dort gefunden wurde, ist ein Halsring aus massivem Gold, der 1,8 kg wiegt. Er ist im Nationalmuseet in Kopenhagen zu sehen. Eine Nachbildung zeigt das Kalundborg Museum. Seitdem 1995 mit planmäßigen Ausgrabungen begonnen wurde, sind über 10 000 Gegenstände entdeckt worden. Doch nicht nur die schiere Menge, sondern auch der hohe Wert der Funde hat beträchtliches Aufsehen erregt. Eine Fülle arabischer und nordischer Münzen, wunderschön gearbeitete Silberbroschen, Schmuckanhänger in Tiergestalten aus Bronze, eine goldene Türangel, ein Stimmwirbel für eine Harfe sowie kostbare Schwertgriffe und Steigbügel, alle aus der Zeit zwischen 500 und 1050 n. Chr., sind nur ein kleiner Teil der Schätze, die dort freigelegt wurden.

Der Komplex ist viermal so groß wie alle anderen bisher entdeckten Herrenhöfe der Wikingerzeit. Es wird daher vermutet, dass er als Landsitz, Jagdhaus, Festgebäude oder Kultzentrum (es wurden 20 Thorhämmer gefunden) des Königshauses diente – oder mehrere Zwecke zugleich erfüllte. Da keine Gräber gefunden wurden, nehmen die Archäologen an, dass die Anlage nicht ständig bewohnt war.

Einige Experten gehen davon aus, dass es sich um die Residenz der frühen Wikingerkönige handelt. Zahlreiche Stücke, die aus England, Irland, Deutschland und Norwegen stammen, weisen jedenfalls darauf hin, dass die Nutzer ihren Reichtum großteils militärischen Abenteuern und der Plünderei verdankten – und daher zur Elite der Wikingergesellschaft gehört haben müssen.

Mit öffentlichen Verkehrsmitteln hierher zu gelangen, ist schwierig.

☆ Festivals & Events

Das **Sorø Internationale Musikfestival** (www.soroemusik.dk, auf Dänisch) findet in der Sorø Kirke statt. Von Ende Juni bis Ende August werden zumeist mittwochabends klassische Konzerte veranstaltet. Eintrittskarten (75–130 Kr) gibt es im Vorverkauf bei der Touristeninformation sowie an der Abendkasse, die 75 Minuten vor Vorstellungsbeginn öffnet.

Schlafen

Sorø Camping CAMPINGPLATZ, HÜTTEN €
(☎57 83 02 02; www.soroecamping.dk; Udbyhøjvej 10; Stellplatz pro Erw./Kind 79/40 Kr; ⏲März–Okt.; P ᯤ) Der 3-Sterne-Platz liegt sehr schön am Ufer des Pedersborg Sø nordwestlich der Stadt, rund 150 m nördlich des Slagelsevej. Er bietet einen Laden, einen Waschsalon, zwei nagelneue Familienwaschräume und behindertengerechte Toiletten; für die Kleinen Ziegen, Kurse im Lutschermachen, eine Minigolfanlage und eine Hüpfburg. Die Besucher können auch Hütten für vier bis sechs Personen oder Ferienwohnungen (450–800 Kr pro Nacht) mieten. In die Stadt fahren Busse der Linien 806 und 807, aber auch ein schöner, 1 km langen Uferweg führt dorthin. Der Betreiber vermietet Fahrräder. WLAN vorhanden.

Hotel Postgaarden HOTEL €€
(☎57 83 22 22; www.hotelpostgaarden.dk, auf Dänisch; Storgade 25; EZ/DZ 750/925 Kr; P @ ᯤ) Der kürzlich renovierte Hotelgasthof mit 300-jähriger Geschichte ist eine gute Wahl, wenn man im Stadtzentrum wohnen möchten. Die 18 Zimmer sind nicht gerade hypermodern, aber ausgesprochen wohnlich. Einige liegen zur autofreien Hauptstraße hin, andere zum ruhigen Hof. Es gibt ein Restaurant, WLAN und einen Computer mit Internetanschluss in der Lobby.

Danhostel Sorø HOSTEL €
(☎57 84 92 00; www.kongskildefriluftsgaard.dk, auf Dänisch; Skælskørvej 34; Zi. 465 Kr; ⏲ganzjährig; P) Das Hostel liegt traumhaft in einer alten Wassermühle am See, mitten im Naturschutzgebiet Kongskilde Friluftsgård. Es ist 9 km südwestlich der Stadt via Straße 157 zu erreichen (Buslinie 615) und bei Wanderern und Radlern sehr beliebt. Direkt davor kreuzen sich die nationalen Radwege Nr. 6 und 7. Die Zimmer (mit Waschbecken) kosten den gleichen Preis, egal ob einer allein oder vier Personen darin übernachten. Sie sind sehr

einfach und düster – aber wer will bei so viel schöner Natur schon drinnen sitzen?

Essen

Støvlet-Katrines Hus FRANZÖSISCH-DÄNISCH €€€ (☎57 83 50 80; www.stovletkatrineshus.dk; Slagelsevej 63; 3/5 Gänge abends 355/475 Kr; ⌚tgl. mittags, Mo–Sa abends) Das pittoreske Häuschen am westlichen Stadtrand wurde ursprünglich als Wohnhaus für die Mätresse von Christian VII. gebaut. Heute befindet sich darin ein vornehmes Gourmetrestaurant, das hervorragende nordische Küche mit französischen Einflüssen serviert, z. B. gegrillten norwegischen Hummer mit Hagebuttenkompott, roten Johannisbeeren, Orangenschaum, Malz und Avocadocreme. Zu jedem Gang gibt es die passende Auswahl an Weinen. Vom Stadtzentrum geht man die Storgade Richtung Norden und biegt links in den Hauchsvej (der dann zum Kongebrovej wird) ab. Das Restaurant liegt am Ende der Straße an der Kreuzung mit dem Slagelsevej.

Ristorante Valencia ITALIENISCH €€ (www.valencia.dk, auf Dänisch; Storgade 6; Mittagessen 45–99 Kr, Hauptgerichte abends 120–255 Kr; ⌚mittags & abends) Das freundliche italienische Lokal mit schicker Inneneinrichtung in Crème und Holz und kühlenden Ventilatoren liegt direkt am Torvet. Es empfiehlt sich besonders fürs Mittagessen und bietet appetitlich angerichtetes Smørrebrød sowie ein oder zwei vegetarische Gerichte. Die Abendkarte listet eine abwechslungsreiche Auswahl italienischer, französischer und spanischer Fisch- und Fleischgerichte auf.

An der Storgade liegen mehrere preisgünstige Lokale sowie eine Bäckerei und ein Pizza-Imbiss. Selbstversorger finden alles, was sie brauchen, im **Supermarkt Super Best** (Storgade 28).

Praktische Informationen

Bibliothek (Storgade 7; ⌚Mo 14–19, Di, Do & Fr 10–18, Mi 10–19, Sa 10–13 Uhr) Kostenloser Internetzugang.

Nordea (Storgade 22) Eine von mehreren Banken in der Stadt.

Post (Rådhusvej 6; ⌚Mo–Fr 12–17, Sa 10–12 Uhr)

Sorø Turistkontor (☎57 82 10 12; www.soroe.dk/cms/site.aspx?p=1504, auf Dänisch; Storgade 15; ⌚Juni–Aug. Mo 13–17, Di–Fr 10–17, Sa 10–13 Uhr, sonst kürzer) Touristeninformation von Sorø.

An- & Weiterreise

AUTO Sorø liegt 15 km östlich von Slagelse und 16 km westlich von Ringsted, erreichbar via Straße 150 oder E20.

ZUG Der Bahnhof von Sorø ist in Frederiksberg, 3 km südlich vom Zentrum. Zwischen Bahnhof und Zentrum verkehren mindestens halbstündlich Busse der Linien 806 und 570. Über Sorø verläuft die Bahnstrecke zwischen Kopenhagen (89 Kr, 50 Min.) und Odense (164 Kr, 50 Min.), auf der halbstündlich bis stündlich Züge verkehren. Auf der Strecke liegen Slagelse (39 Kr, 10 Min.), Korsør (52 Kr, 20 Min.), Ringsted (39 Kr, 10 Min.) und Roskilde (49 Kr, 25 Min.).

Trelleborg

Trelleborg, die am besten erhaltene von vier Wikingerburgen in Dänemark, liegt 7 km westlich von Slagelse und 22 km westlich von Sorø. Slagelse ist leider etwas langweilig, zum Übernachten ist Sorø die bessere Wahl. Wer dennoch Slagelse vorzieht, kann sich zwecks Unterkunftssuche an das **Slagelse Turistbureau** (☎70 25 22 06; www.visitsydvestsjaelland.dk) wenden.

Sehenswertes

LP TIPP **Trelleborg** ARCHÄOLOGISCHE STÄTTE (www.vikingeborg.dk; Trelleborg Allé 4; Erw./unter 18 J. 60 Kr/frei; ⌚Juni–Aug. Di–So 10–17 Uhr, April, Mai, Sept. & Okt. Di–Sa 10–16 Uhr) Wer sich für Geschichte interessiert, wird von der Wikinger-Ringburg begeistert sein, denn sie zählt zu den bedeutendsten Stätten der Wikingerzeit. Alle anderen werden einfach den Spaziergang durch die Anlage genießen, die in ländlich-stiller Kulisse am Zusammenfluss zweier Bäche liegt.

Museum

Es lohnt sich, vor der Besichtigung der Festung selbst das kleine, aber sehr informative Museum zu besuchen, das erklärt, wie und wann die Festung erbaut, bewohnt und schließlich aufgegeben wurde.

Ausgestellt sind Waffen (Speerspitzen, Äxte, Pfeilspitzen und Schilde) sowie Alltagsgegenstände (Töpferwaren, Bronzeschmuck, Schlösser und Schlüssel, Kämme und Webstuhlgewichte). Auch zwei Skelette vom Burgfriedhof sind zu sehen.

Die Ringburg

Trelleborg wurde als Ringfestung nach einem genau berechneten Grundriss angelegt (Kasten S. 120) und beherbergte eine Garnison von etwa 500 Soldaten sowie Handwerker und einige Frauen und Kinder. Mächtige Erdwälle, 17 m dick und 6 m hoch, zogen sich schützend um die Anlage. Zwei Straßen teilten den Raum innerhalb der Wälle in Viertel. In jedem Viertel umgaben vier Langhäuser einen Innenhof. Die zwei nahen Wasserläufe garantierten Zugang zum Meer und ins Landesinnere.

Die gewaltigen Dimensionen und die strategische Lage von Trelleborg sowie die ähnlich angelegten Festungen von Fyrkat, Nonnebakken und Aggersborg lassen darauf schließen, dass die Bewohner im 10. Jh. zahlreich und sehr mächtig waren. Dendrochronologische Untersuchungen haben ergeben, dass die Bäume für die Palisaden zur Verstärkung der Erdwälle um 980, während der Regierungszeit von Harald Blauzahn, gefällt wurden. Eine Theorie ist, dass Harald die Festungen als Reaktion auf einen Aufstand seines Sohns Sven Gabelbart errichten ließ. Zahlreiche Hinweise in allen Teilen der Anlage lassen auf eine schwere Bedrohung schließen.

Die Festung war nur sehr kurze Zeit bewohnt und wurde 990 aufgegeben. Es gibt Anzeichen eines großen Brandes. Auf dem **Wikingerfriedhof** zwischen dem inneren und dem äußeren Ringwall befinden sich zwei Massengräber mit den Überresten von Männern im Alter zwischen 20 und 40 Jahren.

Auch 1000 Jahre nach seiner Errichtung ist der **Ringwall** noch perfekt erhalten. Die Holzkonstruktionen der Gebäude sind natürlich längst zerfallen. Doch Pfostenlöcher und Giebelenden wurden mit Beton ausgegossen, so dass die Grundrisse klar zu erkennen sind. Vom grasbedeckten Wall aus ist die Geometrie der Festung deutlich erkennbar. Grasende Schafe verbreiten eine ruhige, zeitlose Stimmung.

Rekonstruktionen

Mehrere Gebäude der Wikingerzeit wurden mit authentischen Materialien und Methoden rekonstruiert. Am beeindruckendsten ist der Nachbau des **Langhauses**, das 1941 im Stabbaustil errichtet wurde. Wer still auf einer der Schlafbänke entlang der Mauern sitzt und den Schwalben zusieht, die durch die Türöffnungen und den Schornstein flitzen, würde sich wohl nicht wundern, wenn plötzlich ein ehemaliger Festungsbewohner hereinträte.

Mittlerweile haben die Archäologen ihre Vorstellung von der Architektur eines Langhauses geändert. Heute sind sie überzeugt, dass es keine äußere Galerie gab und dass das Dach viel tiefer heruntergezogen war. Trotzdem hundert Punkte für die Bemühungen!

Eine Hand voll dicht gedrängter Nachbauten bilden **Trelletorp**, ein kleines Wikingerdorf. Kostümierte Darsteller gehen darin Tätigkeiten der damaligen Zeit nach: Sie schärfen Äxte, hacken Holz und backen Brot. Von Juni bis August werden auch Veranstaltungen für Kinder angeboten, z. B.

TRELLEBORG: DIE PRÄZISION DER WIKINGER

Die Wikinger werden in der allgemeinen Vorstellung nicht gerade für wissenschaftliche und technische Kompetenz geschätzt. Der mathematische Entwurf der militärischen Anlage von Trelleborg, bei dem der römische Fuß (29,33 cm) als Maßeinheit verwendet wurde, ist jedoch unverkennbar.

Der Komplex von Trelleborg besteht aus zwei Bereichen, die insgesamt etwa 7 ha umfassen. Den inneren Bereich umschließt ein ringförmiger Erdwall, der 6 m hoch und an seiner Basis 17 m dick ist. Er wird von vier Toren durchbrochen, die in die vier Himmelsrichtungen weisen. Der Raum innerhalb des Ringwalls wird durch zwei exakt von Ost nach West bzw. von Nord nach Süd verlaufende Straßen in symmetrische Viertel unterteilt. Auf jedem dieser Viertel standen zur Wikingerzeit vier elliptische Langhäuser, die einen Hof umgaben. Jedes der 16 Gebäude war genau 100 römische Fuß lang und umfasste eine zentrale Halle sowie zwei kleinere Räume.

Rings um den inneren Verteidigungswall zog sich ein 18 m breiter Graben, überspannt von zwei Brücken, die in den äußeren Bereich führten. Dort lagen ein Friedhof mit etwa 135 Gräbern sowie 15 Gebäude, die jeweils 90 römische Fuß lang und strahlenförmig angeordnet waren, so dass alle Giebel zum Zentrum der Anlage wiesen. Die Gebäude im äußeren Bereich hatten keine Feuerstellen und dienten daher vermutlich als Lagerhäuser.

Der äußere Bereich war durch einen zweiten Ringwall gesichert.

DER GROSSE BELT

Die 18 km lange **Storebælts-forbindelsen** (Verbindung über den Großen Belt; www.storebaelt.dk; einfache Maut Motorrad 115–220 Kr, kleines/mittelgroßes/großes Auto 115/220/335 Kr) ist der Traum aller Ingenieure. Sie besteht aus zwei Brücken, einer Insel und einem Tunnel für die Autobahn E20 zwischen Seeland und Fünen, der größten und der drittgrößten Insel des Landes – eine atemberaubende Konstruktion. Die Spitzen der beiden 254 m hohen Pylone der Ostbrücke zwischen Seeland und der Insel Sprogø sind die höchsten Punkte in ganz Dänemark. Die Westbrücke führt von Sprogø weiter nach Fünen. Beide Brücken bieten besonders abends und nachts einen faszinierenden Anblick, wenn sie in der Dunkelheit glitzern.

Drei Kilometer südlich liegt auf der seeländischen Seite der Ort **Korsør**, dank der Lage an der schmalsten Stelle zwischen Seeland und Fünen einst ein trubeliger Fährhafen. Durch die Eröffnung der Straßenverbindung über den Großen Belt änderte sich das, und der ehemalige Verkehrsknotenpunkt wurde ein Opfer des Fortschritts. Zwar ist die Stadt eigentlich nicht weiter sehenswert, sie beherbergt jedoch das **Korsør By og Overfartsmuseum** (Stadt- und Fährmuseum Korsør; www.byogoverfartsmuseet.dk, auf Dänisch; Søbatteriet 3; Erw./Kind 15/5 Kr; ⏲April–Mitte Dez. Di–So 11–16 Uhr). Das Museum ist den Fähren und Eisbrechern gewidmet, die in den vergangenen zwei Jahrhunderten über den Großen Belt kreuzten.

Korsørs neuer Bahnhof liegt 3 km nördlich der Stadt an der Storebælt-Verbindung, das heißt, an der Strecke zwischen Seeland und Fünen. Züge nach Kopenhagen (124 Kr, 1 Std.) und Odense (132 Kr, 30 Min.) verkehren etwa halbstündlich. Zwischen dem Bahnhof und dem Zentrum von Korsør pendeln die Nahverkehrsbusse 35 und 501 (26 Kr, 20 Min.).

Vorführungen im Bogenschießen und Töpferkurse.

An- & Weiterreise

AUTO Wer von Slagelse mit dem Auto kommt, folgt dem Strandvejen bis zu seinem Ende im Dorf Hejninge und dann noch 1 km den Schildern bis Trelleborg.

BUS & ZUG Sonntags bis freitags fährt die Buslinie 312 von Slagelse nach Trelleborg (26 Kr, 15 Min.). Es verkehren etwa sieben Busse pro Tag. Der erste fährt um 7 Uhr in Slagelse ab, der letzte, der noch während der Öffnungszeit des Museums ankommt, um 14.56 Uhr (Juni–August) bzw. 13.56 Uhr (April, Mai, September und Oktober). Zwischen Kopenhagen und Slagelse (109 Kr, 1 Std.) verkehren regelmäßig Züge.

TAXI Die Taxifahrt von Slagelse nach Trelleborg kostet unter der Woche etwa 190 Kr, am Wochenende ca. 220 Kr. Taxis können bestellt werden bei **Slagelse Taxa** (☎58 53 53 53).

Næstved & Umgebung

41 665 EW.

Für Autofahrer ist Næstved, die größte Stadt der Region, ein Schock. Auf den ersten Blick scheint der ganze Ort aus einem einzigen Chaos von Ringstraßen, Zubringern und Kreuzungen zu bestehen. Doch wer sein Fahrzeug abstellt und durch das autofreie Zentrum spaziert, entdeckt einen munteren und gemütlichen Stadtkern mit mittelalterlicher Bebauung und zwei gotischen Kirchen.

Næstved ist der ideale Ausgangspunkt für Ausflüge zu den größten Familienattraktionen des Landes, die alle nicht mehr als 10 km entfernt sind: der BonBon-Land Freizeitpark, die Holmegaard Glasværker und der Zoopark Næstved. Wer es ruhiger mag, kann die Seen und Wälder südlich und westlich der Stadt erkunden oder sich im Seebad Karrebæksminde entspannen.

Sehenswertes

NÆSTVED

Sankt Peders Kirke KIRCHE

(Sct Peders Kirkeplads; Eintritt frei; ⏲Mo–Fr 10–15 Uhr) Die große hochgotische Sankt Peders Kirke besitzt bemerkenswerte Fresken aus dem 14. Jh. Eines zeigt den machtbewussten König Valdemar IV. und seine Gemahlin Helvig vor Gott kniend. Die lateinische Inschrift links vom König besagt: „1375, am Tag vor St. Crispin, starb König Valdemar. Vergesst es nicht."

Sankt Mortens Kirke KIRCHE

(Kattebjerg 2; Eintritt frei; ⏲Di–Fr 9–13 & 14–17 Uhr) Die kleinere Sankt Mortens Kirke, gleichfalls ein Ziegelbau, hat verblüffende Ähnlichkeit mit der Sankt Peders Kirke und ist auch mit Fresken ausgeschmückt. Außerdem sind dort Werke einer berühmten Holzschnitzerfamilie zu sehen: ein Altar von Schrøder dem Älteren und der fantastisch gearbeitete, 6 m hohe Altar seines Sohns Abel, bedeckt von charakteristischen Fratzen und gebeugten, schnurrbärtigen Gestalten.

GRATIS **Næstved Museum** MUSEUM
(www.naestved-museum.dk; Sct Peders Kirkeplads; ⌚Di, Mi, Fr & Sa 10–14, Do bis 18, So 13–16 Uhr) Das Næstved Museum verteilt sich auf zwei Gebäude in verschiedenen Teilen der Stadt

Die Abteilung zur Ortsgeschichte befindet sich im **Helligåndshuset** (Heiliggeiststift; Ringstedgade 4) aus dem 14. Jh. Es ist das älteste Gebäude der Stadt und diente als Hospital, Waisenhaus und Altenheim. Gezeigt werden Funde aus der Wikingersiedlung bei Vester Egesborg (10 km südlich von Næstved) sowie sakrale Holzschnitzkunst aus dem 13. und 14. Jh. Ausstellungen über Landwirtschaft, Handel und das Leben der Kleinbauern, altes Spielzeug sowie eine Abteilung zur Militärgeschichte ergänzen das Bild. Die meisten Beschriftungen sind auf Dänisch, doch die zuvorkommenden Angestellten helfen gern weiter.

Die **Boderne** (Sct Peders Kirkeplads), ein restaurierter Komplex mittelalterlicher Wohngebäude, zeigt Keramik- und Glasarbeiten der großen Glaswerke der Umgebung: Kählers Keramiske Værksted und Holmegaard Glasværker.

Stadtbild HISTORISCHE GEBÄUDE, MONUMENTE
Das **Apostelhuset** (Riddergade 5) verdankt seinen Namen den 13 Holzpfeilern zwischen den Fenstern. Auf dem mittleren ist Christus zu sehen, er wird flankiert von je sechs Aposteln zur Linken und zur Rechten. Jeder hält sein Symbol oder ein Folterinstrument in Händen und steht auf dem Haupt eines schrecklichen Ungeheuers. Die Arbeit stammt aus der Zeit um 1510 und zählt zu den ältesten und besterhaltenen Fachwerkschnitzereien Dänemarks.

Das **Kompagnihuset** (Kompagnistræde), ein Fachwerkbau von 1493, ist das einzige noch erhaltene mittelalterliche Zunfthaus des Landes. Seinen Namen verdankt es einer späteren Nutzung: Christian IV. überließ es einer spanischen Handelsgesellschaft als Hauptquartier.

Ebenfalls aus dem Mittelalter stammt das alte Rathaus **Rådhuskirken**, ein Ziegel- und Fachwerkbau nordwestlich der Sankt Peders Kirke.

Wesentlich jüngeren Datums ist die kleinste **Reiterstatue** (Hjultorv) Dänemarks: Die winzige Bronzeskulptur, die den Stadt-

Næstved

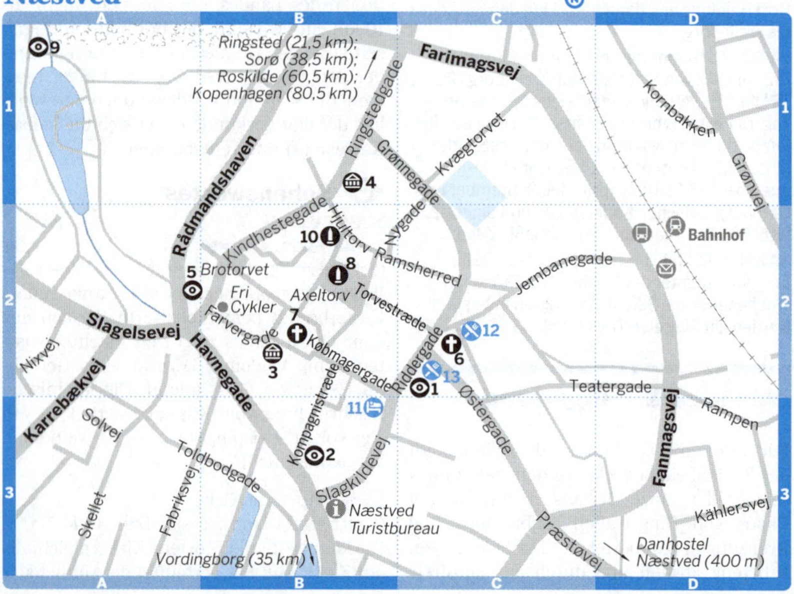

gründer Peder Bodilsen darstellt, ist nur 42 cm hoch und steht auf einem hohen Ziegelsockel. Auf dem angrenzenden Axeltorv steht eine etwas merkwürdige **Skulptur** des bekannten Künstlers Bjørn Nørgaard mit dem Namen *Hängende Titten und ihre Töchter aus Rønnebæksholm*. Laut Überlieferung war „Hängende Titten" eine legendäre Jägerin, die sich auf der Jagd ihre herabbaumelnden Brüste über die Schultern warf.

UMGEBUNG VON NÆSTVED

BonBon-Land
ERLEBNISPARK

(www.bonbonland.dk; Gartnervej 2, Holme Olstrup; Eintritt Haupt-/Nebensaison 219/199 Kr, Online-Tickets 175 Kr; Ende Juni–Anfang Aug. 10–19 Uhr, sonst kürzer, Ende Okt.–Mitte April geschl.) Eine der fünf größten Touristenattraktionen Dänemarks ist der Vergnügungspark BonBon-Land. Eine seiner Hauptattraktionen wiederum ist die irrsinnige Achterbahn mit dem Namen „Wildschwein". Auf der Fahrt stürzt man im senkrechten Fall in die Tiefe und dreht Loopings mit Geschwindigkeiten von über 70 km/h. Die übrigen 60 Angebote sind zahmer, Kinder werden begeistert sein.

BonBon-Land liegt 7 km östlich von Næstved. Autofahrer folgen der Straße Nr. 54 in Richtung Rønnede. Züge nach Holme Olstrup (32 Kr, 10 Min.) verkehren halbstündlich bis stündlich. Vom Bahnhof sind es noch 300 m bis zum Park.

Holmegaard Park
GLASHÜTTE

(www.holmegaardpark.dk, auf Dänisch; Glasværksvej 54; Erw./4–11 J./unter 4 J. 59/49 Kr/frei; Wissenschaftszentrum & Süßwarenladen/-atelier Do–So 10–16 Uhr, Geschäfte Mo–Fr 10–18, Sa & So bis 17 Uhr, Brauhaus-Restaurant So–Do 10–18, Fr & Sa bis 21 Uhr) Wer sich für Glaskunst interessiert, sollte die Holmegaard Glasværker nicht versäumen. Dänemarks großes Glaswerk ist ein „Besuchererlebnis" mit allerlei Attraktionen: Die Gäste können zusehen, wie Schokolade und Süßigkeiten hergestellt werden, Bier aus der werkseigenen Brauerei probieren, den Holmegaard Shop besuchen oder ihr Geschick im Glasblasen (149 Kr) versuchen. Und was könnte es Schöneres geben, als sein eigenes, etwas missratenes Meisterwerk mit nach Hause zu nehmen? Achtung: Das Glas braucht zwei Stunden um abzukühlen und die Glasbläserei schließt zwei Stunden früher als das Werk. Glaskünstler können sich daher nur morgens verwirklichen. Die ganze Anlage ist rollstuhlgerecht.

Holmegaard ist in Fensmark, 8 km nordöstlich von Næstved. Autofahrer folgen der Straße 54 aus der Stadt hinaus und dann den Schildern Richtung Rønnede/Fensmark. Die Zufahrt zum Glaswerk ist gut ausgeschildert. Die Buslinie 602 (32 Kr, 20 Min.) aus Næstved hält 350 m von den Holmegaard Glasværker entfernt.

Zoopark Sydsjælland
ZOO

(www.zoopark.dk, auf Dänisch; Ålestokvej 2; Erw./3–11 J. 95/55 Kr; Ende Juni–Anfang Aug. Mo, Mi, Fr & So 10–18, Do & Sa bis 20 Uhr, sonst kürzer, Mitte Okt.–Ostern geschl.) Der Streichelzoo kommt besonders bei Kindern bestens an. So niedlichen Kreaturen wie Alpakas, Rehen, Kängurus und Bisons dürfen die Besucher ganz nahe kommen. Die Wildkatzen, darunter weiße Tiger, müssen ohne Streicheleinheiten auskommen. Der Zoo liegt südwestlich von Næstved an der Straße nach Karrebæksminde.

Karrebæksminde
STADT

Karrebæksminde, 10 km südwestlich von Næstved, ist ein Badeort für erholungsbedürftige Städter. Es bietet so ziemlich alles vom Hafen über Hotels, Restaurants, Campingplätze und Supermärkte bis zur saisonalen Touristeninformation. Von Næstved erreichbar mit der Buslinie 603 (32 Kr, 20 Min.).

Aktivitäten

Suså Kanoudlejning
KANUFAHREN

(☎57 64 61 44; www.kanoudlejning.dk, auf Dänisch; Slusehuset, Næsbyholm Allé 6) Das ruhige Was-

Næstved

Sehenswertes

1 Apostelhuset C2
2 Kompagnihuset B3
3 Næstved Museum - Boderne B2
4 Næstved Museum - Helligåndshuset B1
5 Rådhuskirken A2
6 Sankt Mortens Kirke C2
7 Sankt Peders Kirke B2
8 Skulptur von Nørgaard B2
9 Suså Kanoudlejning A1
10 Kleine Reiterstatue B2

Schlafen

11 Hotel Kirstine B3

Essen

12 Café Oliver C2
13 Peperoncino Siciliano C2

ser des Flusses Suså eignet sich gut zum Kanufahren. Die Strömung ist so gering, dass flussaufwärts mehrtägige Touren durch die stille grüne Landschaft möglich sind. Suså Kanoudlejning ist ein Kanuvermieter in dem großen Park direkt nördlich des Zentrums. Von Juli bis Anfang August bietet er Kanus für 1/2/3 Tage zu 370/660/830 Kr (Mo–Do) bzw. 420/760/980 Kr (Fr–So) an. Den Rest des Jahres fragt man am besten telefonisch an. Die Boote sollten wenigstens einen Tag vorher reserviert werden. Sie können nicht mit Kreditkarte bezahlt werden.

In Skelby, auf halber Strecke zwischen Næstved und Sorø, können Paddler im Hostel Depotet (Details s. unten) unterkommen.

Schlafen & Essen

Die Touristeninformation gibt eine Broschüre mit Privatzimmern in Næstved und Umgebung heraus. EZ/DZ ab ca. 175/350 Kr.

Danhostel Næstved HOSTEL €
(55 72 20 91; www.danhostelnaestved.dk; Præstøvej 65; B 190–240 Kr, EZ/DZ mit Bad 495/ 545 Kr; Feb.–Nov.; P) Der roten Ziegelbau aus den 1970er-Jahren war einmal ein Nonnenkloster. Die Zimmer sind modern eingerichtet, meist mit Bad. Es gibt einen Waschsalon, einen kleinen Spielplatz, Freiluftschach und WLAN. Das Hostel liegt 1 km außerhalb des Zentrums: vom Bahnhof nach Süden und dann auf dem Præstøvej nach Osten.

Depotet HOSTEL €
(26 20 97 19; www.depotet-susaa.dk; Buen 18, Skelby; EZ/DZ 325/580 Kr; Mai–Mitte Sept.; P@) Das sympathische und gemütliche kleine Hostel auf halber Strecke zwischen Næstved und Sorø beherbergt hauptsächlich Paddler. Es verfügt über eine Anlegestelle, nette Zimmer, eine einladende Lounge, Waschmaschinen und eine Gästeküche.

Hotel Kirstine HOTEL €€
(55 77 47 00; www.hotelkirstine.dk; Købmagergade 20; EZ/DZ mit Frühstück 845/1025 Kr; P@) Das romantische kleine Hotel im Herzen von Næstved ist bezaubernd. Die gemütlichen verwinkelten Zimmer sind mit alten Möbeln, Kabel-TV und Minibar (mit kostenlosen Drinks) ausgestattet. Im unteren Stock gibt es hübsche Aufenthaltsräume. Das i-Tüpfelchen ist das **Restaurant** (mittags & abends) des Hotels in einem Wintergarten, das saisonal inspirierte Gerichte wie frisch gefangenen Glattbutt mit Äpfeln, Radieschen und Kerbel auf der Speisekarte hat. Nichtraucher sollten nach einem Nichtraucherzimmer fragen.

Café Oliver INTERNATIONAL €€
(Jernbanegade 2; Mittagessen 79–109 Kr, Hauptgerichte abends 179–199 Kr; mittags & abends) Einen cooleren Laden als das trendige Café Oliver gibt es in Næstved nicht. Blendend aussehende blonde Frauen und Männer mit Sonnenbrillen sitzen an den Tischen im Freien und genießen Kaffee, Wein, Sandwiches, Salate und Gemüselasagne. Die Abendkarte variiert je nach Saison, ein typisches Gericht ist Perlhuhnbrust an Gorgonzolasauce.

Peperoncino Siciliano ITALIENISCH €€
(Riddergade 1A; Hauptgerichte 129–230 Kr; abends) Alte Holzbalken und dunkles Ziegelmauerwerk verleihen dem Restaurant, das an einer der älteren Straßen von Næstved liegt, eine gemütliche Atmosphäre. Wie zu erwarten kommen hier italienische Spezialitäten auf den Tisch. Die Karte umfasst eine gute Auswahl an Fleischgerichten sowie eine noch größere Auswahl an Pasta, darunter auch einige vegetarische Gerichte.

Praktische Informationen

Danske Bank (Hjultorv 18) Eine von mehreren Banken im Zentrum.

Næstved Hovedbibliotek (Kvægtorvet 4–6; Mo–Do 10–19, Fr 10–17, Sa 10–14 Uhr) Zentralbibliothek, über dem Kvickly-Supermarkt, mit kostenlosem Internetzugang.

Næstved Turistbureau (55 72 11 22; www.visitnaestved.com; Det Gule Pakhus, Havnen 1; Mitte Juni–Mitte Aug. Mo–Fr 9–17, Sa bis 13 Uhr) Hilfsbereites Personal.

Post (Mo–Fr 10–17.30, Sa 10–13 Uhr) Beim Bahnhof.

Anreise & Unterwegs vor Ort

Bahnhof und Busbahnhof liegen am Farimagsvej, gegenüber der Kreuzung mit der Jernbanegade, direkt beieinander.

AUTO Das Straßennetz von Næstved (25 km südlich von Ringsted und 28 km nördlich von Vordingborg) ist für dänische Verhältnisse recht unübersichtlich. Hier vereinigen sich die Straßen 14, 22, 54 und 265 zu einem verwirrenden Geflecht. Deshalb ist es am besten, das Auto möglichst bald abzustellen. Der Parkplatz des Kvickly-Supermarkts liegt zentral.

FAHRRAD Fahrräder vermietet **Fri Cykler** (Brotorvet 3; Mo–Do 9–17.30, Fr bis 18, Sa bis 14 Uhr) pro Tag/Woche für 75/395 Kr plus 100 Kr Kaution.

ZUG Züge von Kopenhagen (100 Kr, 1 Std.) und Roskilde (58 Kr, 35–60 Min.) verkehren etwa halbstündlich. Außerdem gibt es regelmäßige Verbindungen nach Vordingborg (48 Kr, 20 Min.), Køge (58 Kr, 40 Min.) und Ringsted (40 Kr, 20 Min.).

Vordingborg

11 610 EW.

Auf dem Weg zu den Inseln im Süden lohnt sich ein kurzer Stopp in Vordingborg, um die einladende Fußgängerzone Algade entlangzubummeln und den mittelalterlichen Gänseturm zu hinaufzusteigen.

Auf der Halbinsel Knudshoved Odde, eine kurze Fahrstrecke südlich von Vordingborg, liegen mehrere Parkplätze mit Zugang zu Picknickwiesen und schmalen Steinstränden.

Vordingborgs großer Naturhafen, der strategisch günstig an einer Meerenge liegt, spielte in der frühen Geschichte des Landes eine bedeutende Rolle. Nicht nur König Valdemar I., der das Reich nach einer Zeit des Bürgerkriegs 1157 wieder einigte, auch einige seiner Nachfahren hielten sich hier auf.

Sehenswertes

Gåsetårnet HISTORISCHES GEBÄUDE, RUINE

(Gänseturm; Slotsruinen 1; Erw./unter 18 J. inkl. Sydsjællands Museum 45 Kr/frei, nur Turm 30 Kr/frei; Juni–Aug. 10–17 Uhr, Sept.–Mai Di–So 10–16 Uhr) Der im 14. Jh. erbaute Gåsetårnet war Teil einer großen königlichen Burg. Er ist der am besten erhaltene Turm aus dieser Zeit in ganz Skandinavien. Es heißt, Valdemar IV. habe 1365 zum Zeichen seiner Verachtung für die Hanse, mit der er auf Kriegsfuß stand und die er als „einen Haufen schnatternder Gänse" zu bezeichnen pflegte, eine goldene Gans auf seiner Spitze anbringen lassen – daher der Name. Die übrige Festung mit sieben weiteren Türmen wurde im Laufe der Jahrhunderte abgetragen, doch der 36 m hohe Gåsetårnet blieb verschont, da er der Schifffahrt als Orientierungszeichen diente. Die Mauern sind stellenweise 1 m dick und steigt man die Treppe mit 107 Stufen hinauf, wartet ein schöner Ausblick. Informationstafeln in dänischer und deutscher Sprache.

Auf dem Festungsgelände, das in einen Park umgewandelt wurde, sind **Fundamentreste** und ein kleiner **botanischer Garten** (Eintritt frei) zu finden.

Sydsjællands Museum MUSEUM

(Erw./unter 18 J. 30 Kr/frei; Juni–Aug. 10–17 Uhr, Sept.–Mai Di–So 10–16 Uhr) Ebenfalls auf dem Festungsgelände liegt das Sydsjællands Museum, ein Museum für die Regionalgeschichte Südseelands. Zur Zeit der Recherche stand das Museum kurz vor einer vorübergehenden Schließung, da ein neues Museumsgebäude errichtet werden sollte. Das Museum besitzt eine gute Sammlung steinzeitlicher Waffen sowie Knochen von Hirschen, Wildschweinen, Wölfen und Rehen, die mit Pfeil- und Speerspitzen aus Feuerstein und Knochen erlegt wurden. Weitere Abteilungen zeigen Exponate aus dem Mittelalter und der Renaissance.

Vor Frue Kirke KIRCHE

(Kirketorvet; Eintritt frei; Juni–Aug. Mo–Fr 10–15 Uhr) Westlich der Algade erhebt sich der Ziegelbau der Vor Frue Kirke (Liebfrauenkirche). Den ältesten Teil bildet das Kirchenschiff aus der Mitte des 15. Jhs. Sie ist mit erstklassigen Fresken ausgeschmückt und beherbergt einem barocken Altaraufsatz von Meister Abel Schrøder von 1642.

Aktivitäten

Knudshoved Odde WANDERN

Wer mit dem eigenen Fahrzeug unterwegs ist, kann auf der 18 km langen Halbinsel Knudshoved Odde westlich von Vordingborg in der als „Bronzezeitliche Landschaft" bekannten Region wandern. Dort weidet eine kleine Herde amerikanischer Bisons, die von der Familie Rosenfeldt, denen die Halbinsel gehört, angesiedelt wurde. Der Wanderweg beginnt an einem Parkplatz (15 Kr) etwa auf halber Länge der Halbinsel.

Schlafen

Einige Privatpensionen in der Gegend von Vordingborg bieten EZ/DZ für rund 200/400 Kr – die Touristeninformation sollte ein Verzeichnis haben.

Danhostel Vordingborg HOSTEL €

(55 36 08 00; www.danhostel.dk/vordingborg; Præstegårdsvej 18; B/EZ/DZ ohne Bad 150/250/400 Kr, EZ/DZ 350/500 Kr; ganzjährig; P @) Das Hostel mit 112 Betten liegt 2 km nördlich der Stadt in einer reizvoll ländlichen Gegend, umgeben von Spazierwegen und Seen. Die Zimmer sind ansprechend und zum Service gehören u. a. Waschmaschinen.

Ore Strand Camping CAMPINGPLATZ, HÜTTEN €

(55 77 88 22; www.orestrandcamping.dk; Orevej 145; Stellplatz pro Erw./Kind 70/35 Kr) Küche und Toiletten sind etwas düster und reno-

vierungsbedürftig, aber das Personal ist so nett und die Küstenlage so schön, dass wir den Campingplatz trotzdem empfehlen. Der Strand wurde mit der Blauen Flagge ausgezeichnet. Der Platz liegt 2 km südwestlich der Stadt und der Weg dorthin ist gut ausgeschildert.

Hotel Kong Valdemar HOTEL €€
(☎55 34 30 95; www.hotelkongvaldemar.dk; Algade 101; EZ/DZ mit Frühstück 675/875 Kr; P 📶) Das Hotel gegenüber dem Gåsetårnet, mitten im Zentrum, hat 60 schmucklose Zimmer mit Bad und TV. Das neue Management plant eine Renovierung.

Essen

Babette DÄNISCH, INTERNATIONAL €€
(☎55 34 30 30; www.babette.dk, auf Dänisch; Kildemarksvej 5; 3-/5-Gänge-Menü 495/595 Kr; ⏲Mi–Fr mittags & abends, Sa abends) Das 1 km nördlich des Zentrums gelegene Babette ist unbedingt einen Besuch wert. Das Lokal verbindet ein großartiges gastronomisches mit einem ästhetischen Erlebnis. Es wurde nach dem Film *Babettes Fest* benannt und ist bekannt für seine originelle, europäische Küche. Aus überwiegend regionalen Produkten der Saison werden teils ungewöhnliche Kombinationen kreiert. Wie wär's z. B. mit geschmortem Duroc-Schweinefleisch mit Obstsirup, Kreuzdorn und Möhren? Neben einer hervorragenden Küche bietet das Babette Panoramablicke über Land und Meer. Reservieren!

Cafe Oscar DÄNISCH, INTERNATIONAL €€
(www.babette.dk, auf Dänisch; Nordhavnsvej 8; Mahlzeiten 68–195 Kr; ⏲Mai Do–So, Juni–Aug. Di–So mittags & abends) Das saisonal geöffnete Oscar in einer alten Pökelhütte am Hafen hat sein Publikum schnell erobert. Es wird vom selben Team geführt wie das Babette – man ist also in kompetenten Händen – aber zu erschwinglicheren Preisen als dort. Das Angebot an einfachen, frischen Speisen ist klein aber fein. Mittags locken Salate, Sandwiches und ein Gourmetburger, abends eine Suppe, ein Nudelgericht sowie je ein Hauptgericht mit Fisch und Fleisch ... und, nicht zu vergessen, der überaus köstliche Burger. Für Vegetarier gibt's eine dänische Käseplatte mit Oliven und Brot.

Café Piaf INTERNATIONAL €
(Algade 85; Sandwiches 60–80 Kr, Tapas 95 Kr; ⏲Mo & Di 10.30–17.30, Mi–Fr bis 21, Sa bis 15 Uhr) Das Café mit Werken örtlicher Künstler an den Wänden ist zentral gelegen und eine gute Adresse für Salate, Burger, Nachos und herzhafte Steaks. Für 95 Kr gibt's einen guten Brunch, für den Zuckerstoß am Nachmittag hausgemachten Kuchen.

Praktische Informationen

Nordea (Algade 78) Eine von mehreren Banken in der Algade.

Post (Rådhustorvet) Im Gebäude des Kvickly-Supermarkts, von der Algade ab.

Vordingborg Turistkontor (☎55 34 11 11; www.visitvordingborg.dk; Slotsruinen 1) Im Sydsjællands Museum neben dem Gänseturm. Zur Zeit der Recherche sollte die Touristeninformation für die Zeit der Bauarbeiten am Museum vorübergehend umziehen.

An- & Weiterreise

Vordingborg liegt rund 28 km südlich von Næstved an der Straße 22. Nach Møn sind es 13 km via Straße 59.

Der Zug von Kopenhagen (124 Kr) nach Vordingborg fährt etwa 75 Minuten, der von Næstved (48 Kr) 20 Minuten. Wer nach Møn reisen will, muss in Vordingborg von der Bahn auf den Bus umsteigen (S. 129).

Møn, Falster & Lolland

Inhalt »

Møn ... 129
Stege ... 129
Ulvshale & Nyord ... 131
Keldby ... 133
Elmelunde ... 133
Møns Klint & Umgebung ... 134
Klintholm Havn ... 136
Westliches Møn ... 136
Falster ... 137
Nykøbing F ... 137
Marielyst ... 139
Lolland ... 141
Maribo ... 141
Rund um Lolland ... 143

Gut essen

- Gourmet Gaarden (S. 131)
- Lolles Gård (S. 132)
- David's (S. 131)
- Klintholm Røgeri (S. 136)
- Schous Kød (S. 140)

Schön übernachten

- Tohøjgaard Gæstgivern (S. 136)
- Bakkegaard Gæstgiveri (S. 135)
- Camping Møns Klint (S. 135)
- Liselund Ny Slot (S. 135)
- Hotel Nørrevang (S. 139)

Auf nach Møn, Falster & Lolland

Die „dänischen Südseeinseln" verkörpern die Idylle des ländlichen Skandinaviens, mit wogenden Weizenfeldern, Sandstränden und jungsteinzeitlichen Gräbern.

Die interessanteste der drei Inseln ist Møn. Sie besitzt die ideale Urlaubsgröße, ein künstlerisches Flair und eine dänische Rarität: Klippen! Vier Kirchen sind mit erstaunlichen mittelalterlichen Fresken geschmückt. Nicht zu vergessen die traumhaften Strände, verwunschenen Wälder und gemütlichen Pensionen, die zum perfekten Inselparadies beitragen.

Falster ist bekannt und beliebt für seine Strände, der im kurzen dänischen Sommer die Sonnenanbeter anlockt. Highlights in der endlosen Feld- und Waldlandschaft von Lolland, das weiter im Westen liegt, sind das zauberhafte Städtchen Maribo und Publikumsmagneten wie der Wasserpark Lalandia und der Knuthenborg Safaripark.

Alle drei Inseln sind über Brücken mit Südseeland verbunden.

Reisezeit

Die seltenen Orchideen von Møn blühen zwischen Mai und August. Die Jahreszeit ist generell gut, da viele Attraktionen und Restaurants außerhalb der Hochsaison schließen oder nur eingeschränkt geöffnet sind. Die berühmten Strände von Falster sind im Juli und August überfüllt; in diesen Monaten stehen faule Strandtage und ein fröhliches Nachtleben auf dem Urlaubsprogramm.

Ideal für alle Inseln ist der September. Das Wetter ist meist schön, und die Touristenzahlen nehmen ab, besonders in den familienorientierten Attraktionen von Lolland.

Highlights

1 Prähistorische Fossilien an den strahlend weißen Kalkfelsen **Møns Klint** (S. 134) finden

2 Ritter und Jungfrau sein im **Middelaldercentret** (S. 137) bei Nykøbing auf Falster

3 Prachtvolle mittelalterliche Fresken in der **Elmelunde Kirke** (S.133) und der **Fanefjord Kirke** (S. 136) auf Møn anschauen

4 Sonnenbaden, planschen und faulenzen am Sandstrand von **Marielyst** (S. 139), dem Hauptbadeort auf Falster

5 Auf dem herrlichen **Søndersø** (S. 141) im Postkartenidyll Maribo mit dem Boot fahren

6 Tiger, Zebras und Affen im **Knuthenborg Safaripark** (S. 143) besuchen

7 Mit den Kindern ins fröhliche Erlebnisbad **Lalandia** (S. 143) eintauchen

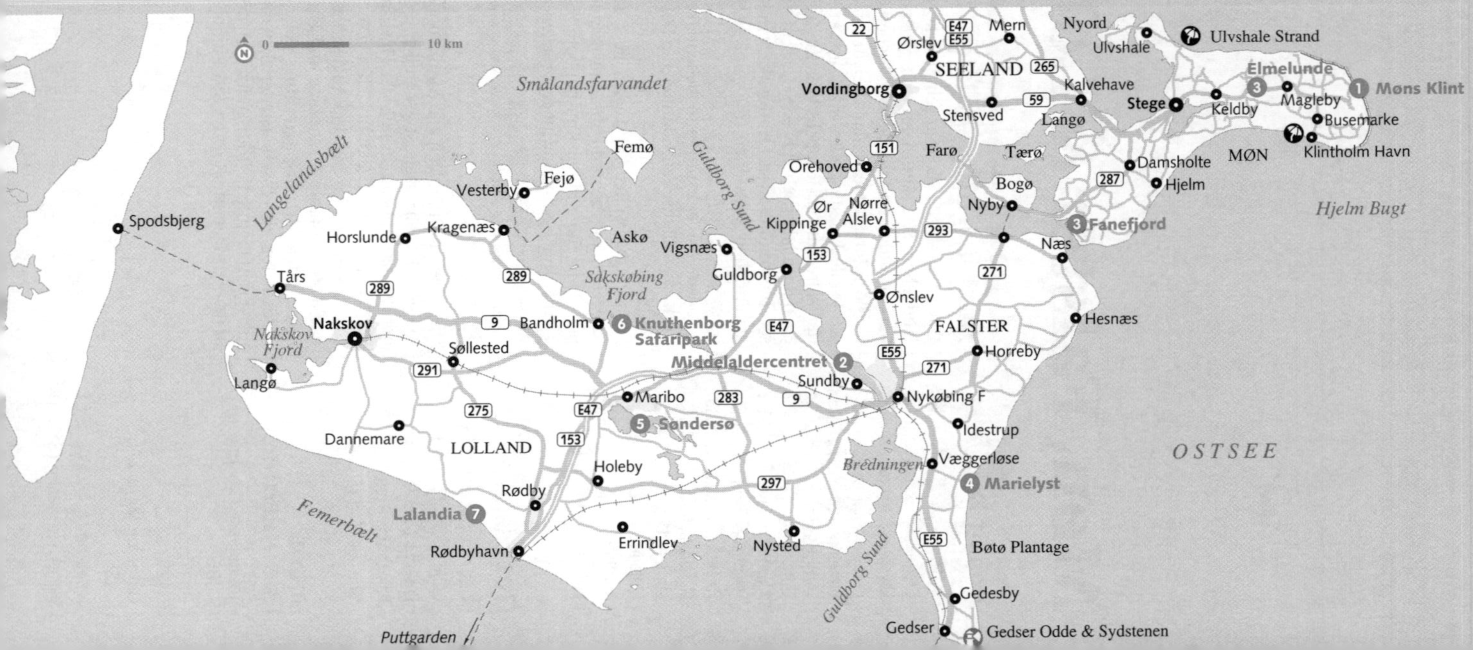

MØN

9900 EW.

Kaum einer, der sich nicht in Møn verliebt, die zauberhafteste der südlichen Inseln. Ihre größte Attraktion ist die spektakuläre weiße Steilküste, Møns Klint. Die Insel ist sanft, langgestreckt und von einem tiefgrünen Wald bewachsen. Das zauberhafte Flair hat viele Künstler auf die Insel gelockt.

Inspiration bieten darüber hinaus auch traumhafte, endlose Sandstrände mit kleinen verborgenen Buchten, jungsteinzeitliche Gräber und mittelalterliche Kirchen, die mit für Dänemark überraschend lebhaften Fresken bemalt sind.

Der schwere Lehmboden von Møn zieht auch Töpfer in die Gegend (auf *keramik*-Schilder an der Straße achten). Die Feldfrüchte und der frische Fisch haben kulinarische Glanzlichter auf der Insel hervorgebracht.

Also rauf aufs Fahrrad oder hinters Lenkrad (auf Møn gibt es keine Züge, und die Busanbindung ist dürftig) und los auf Entdeckungstour über eine Insel, die sicher bald zur Lieblingsecke Dänemarks werden wird.

An- & Weiterreise

Besucher nehmen den Zug nach Vordingborg in Südseeland und steigen dann in den Bus um. Die Züge von Kopenhagen nach Vordingborg (124 Kr, 1¼ Std.) fahren bis etwa Mitternacht mindestens jede Stunde.

Bus 660R (manchmal 664) von Vordingborg in Südseeland nach Stege (48 Kr, 45 Min.) auf Møn fährt nach Ankunft des Zugs etwa einmal pro Stunde los. Werktags zur Hauptverkehrszeit fährt er häufiger, am Wochenende seltener.

Bus 750 verkehrt nur werktags etwa siebenmal zwischen Stege und Nykøbing auf Falster (68 Kr, 55 Min.), nicht jedoch im Sommer.

Unterwegs vor Ort

Die Straße 287, die von Osten nach Westen quer über die Insel führt, ist die Hauptverkehrsstraße auf Møn. Viele hübsche Landstraßen zweigen von ihr ab – zum Teil geht es dann nur langsam voran.

BUS

In Stege fahren alle Møn-Busse ab. Der Fahrpreis richtet sich nach der Anzahl der Zonen und beträgt höchstens 32 Kr. Je nach Saison und Wochentag fahren mehr oder weniger Busse.

Am häufigsten verkehren die Busse der Linie 667 von Stege via Keldby, Elmelunde und Magleby nach Klintholm Havn (32 Kr, 45 Min.).

Nach Møns Klint muss man in Magleby aussteigen, von wo es noch 6 km zu Fuß Richtung Osten bis zu den Klippen sind (bequeme Schuhe anziehen). Der Bus 667 fährt werktags etwa stündlich, am Wochenende alle zwei Stunden.

FAHRRAD

Fahrräder werden in Stege von **Point S** (Storegade 91; pro Tag 65 Kr; ⌚Mo–Fr 7.30–17, Sa 9–12 Uhr) vermietet. Auch der Campingplatz in Ulvshale auf Møn verleiht Fahrräder. Karten für Radstrecken gibt es in der Touristeninformation.

TAXI

Taxiruf: **Møns Taxi** (☎55 81 54 58).

Stege

3825 EW.

Die Inselhauptstadt Stege ist das Tor nach Møn und der belebteste Ort der Insel. An der einzigen, schmalen Hauptstraße befindet sich die Touristeninformation, eine Handvoll netter Cafés, kleine Läden, ein Kino und (ganz wichtig) eine Mikrobrauerei. Die Insel ist so klein, dass Stege und seine Einkaufsmöglichkeiten von jedem Winkel schnell erreichbar ist.

Im Mittelalter gehörte Stege dank des lukrativen Heringfangs zu den reichsten Provinzstädten Dänemarks. Bis 1534 war der ganze Ort befestigt, dann rissen die Einwohner die Burgmauern nieder. Teile des Befestigungswalls sind noch zu erkennen, etwa nahe dem Campingplatz.

Sehenswertes & Aktivitäten

Zwischen Stege und Møns Klint sowie zwischen Stege und Bogø sind Radwege ausgeschildert. Die Touristeninformation in Stege verkauft die dänischsprachige Broschüre *Cykelture – Møn, Bogø & Nyord* (79 Kr) mit sieben Touren zu allen Sehenswürdigkeiten der Insel.

Stege Kirke KIRCHE

(Kirkepladsen 1; ⌚Di–So 9–17 Uhr) Die Kirche wurde im 13. Jh. von der mächtigen Hvide-Familie erbaut. Im Inneren schauen von Wänden und Decke affenartige Gesichter, die auf Ästen wachsen, ein Jäger, der undefinierbare Tiere jagt, und eine traurige Gestalt mit großen, roten Flecken (Masern?) auf den Betrachter herab – die rot-schwarzen Fresken aus dem 14. und 15. Jh. sind rührend naiv. Die Reliefs auf der prächtig verzierten Kanzel von 1630 zeigen biblische Szenen und groteske Fratzen – eine Mahnung an alle Sünder.

Empiregården MUSEUM

(Storegade 75; Erw./Kind inkl. Eintritt Museumsgården bei Keldby 45 Kr/frei; ⌚Di–So 10–16 Uhr) Der

Møn

Empiregården, ein alter Kaufmannshof, gehört zum Møn Museum und dokumentiert die regionale Kulturgeschichte von der Steinzeit bis zum Mittelalter. Zu sehen sind das Skelett Rasmus, Einrichtungsgegenstände aus dem 19. Jh., Spielzeug, Münzen, Keramik und ein Schaukasten, der zwei außergewöhnlichen Einwohnern gewidmet ist. Ein Drittel der Beschriftungen sind englisch.

Mølleporten HISTORISCHES GEBÄUDE
Von den drei mittelalterlichen Stadttoren in Stege steht heute nur noch die Mühlenpforte an der Storegade. Sie ist eines der besterhaltenen Stadttore des Landes.

Møn Bolcher BONBONFABRIK
(www.moenbolcher.dk; Kostervej 2; Eintritt frei; ⌚Mo–Fr 10–16, Sa bis 13 Uhr) Kinder (und Erwachsene) lieben die Bonbonfabrik Møn Bolcher – ein Paradies auf Erden. Besucher können zusehen, wie traditionelle Bonbons hergestellt werden.

Schlafen

Die Touristeninformation gibt eine Broschüre mit B&Bs der Insel heraus. Gäste dürfen das Telefon der Touristeninformation kostenlos benutzen, um eine Unterkunft zu kontaktieren, oder lassen gegen 25 Kr die Angestellten anrufen. Ein privates EZ/DZ kostet im Durchschnitt 300/400 Kr.

Motel Stege HOTEL €€
(☎55 81 35 35; www.motel-stege.dk; Provstestræde 4; EZ 500–650 Kr, DZ 575–750 Kr; P 📶) Das Haus gehört dem gleichen netten Paar, das auch die Pension Elmehøj (S. 133) betreibt, und ist die beste Wahl mitten in Stege. Alle Zimmer sind einfach, aber adrett. Die Zimmer im Hauptgebäude sind über eine Außentreppe zugänglich und bieten Platz für vier Personen, die Zimmer im Anbau haben eine Kochmöglichkeit. Alle Gäste dürfen die gemütliche Gemeinschaftsküche und den Speiseraum nutzen. Eine Waschmaschine, ein Trockner, Regenschirme und ein ab-

Møn

Sehenswertes

1	Vogelbeobachtungsturm	A1
2	Elmelunde Kirke	C2
3	Fanefjord Kirke	A4
4	GeoCenter Møns Klint	C3
5	Grønsalen	A4
6	Keldby Kirke	C2
7	Klekkende Høj	A3
8	Kong Asgers Høj	A3
9	Liselund	D2
10	Museumsgården	C3

Schlafen

11	Bakkegaard Gæstgiveri	D3
12	Camping Møns Klint	D2
13	Camping Vestmøn	A4
14	Danhostel Møns Klint	D2
15	Liselund Ny Slot	D2
	Nyord B&B	(s. 19)
16	Pension Elmehøj	C2
17	Tohøjgaard Gæstgivern	B3

Essen

18	Klintholm Røgeri	D3
19	Lolles Gård	A2
20	Møn Is	B3

schließbarer Fahrradschuppen sind weitere Annehmlichkeiten.

Essen

LP TIPP **Gourmet Gaarden** DÄNISCH €€
(☎55 81 42 67; Storegade 59; 2/3 Gänge 315/365 Kr; ⌚Di–Sa, abends, im Jan. nur Fr & Sa, Ende Dez.–Jan. & Feb.–Mitte März geschl.) Wer Essen mit saisonalen Zutaten aus lokalem Anbau schätzt, zubereitet von einem Koch, der aus einem der Spitzenrestaurants Kopenhagens stammt, sollte sich hier einen Tisch bestellen. Henrik Bajer und seine Frau Lina legen höchsten Wert auf dänische Erzeugnisse und Küche. Henriks einfache und dennoch raffinierte Gerichte lassen die Zutaten ganz für sich sprechen, wie langsam gegartes Kalbfleisch mit superfrischem Gemüse aus dem Lammefjord (Dänemarks Gemüsegarten). Platz sollte noch für die verspielten Desserts bleiben. Auf der Website sind Öffnungszeiten und kulinarische Events angekündigt.

David's INTERNATIONAL €€
(www.davids.nu; Storegade 11; Mittagsgerichte 76–140 Kr, 2/3 Gänge 250/295 Kr; ⌚Mo–Do 10–17, Fr & Sa 18–22 Uhr; 📶) In Davids Küche werden fabelhafte zeitgenössische Bistrogerichte zubereitet, z. B. die hochgelobte Vorspeisenplatte oder Räucherlachsröllchen und Äpfel mit Forellenmousse und grünem Salat. Die hausgebackenen Kuchen sind etwas für Schlemmer, Koffeinjunkies werden den Espresso schätzen. An sonnigen Tagen wird im Hof serviert.

Bryghuset Møn BRAUEREI €€
(www.bryghusetmoen.dk; Luffes Gård, Storegade 18; Mittagsgerichte 79–125 Kr, Abendgerichte 69–279 Kr; ⌚mittags & abends) Das Café im Hof von Luffes Gård serviert Hamburger, Omelettes, Blini und Sandwiches, abends Hauptgerichte, meist mit Fleisch. Der Renner ist das Bier aus Steges Mikrobrauerei, deren Kupferkessel jenseits des Hofs glänzen.

Es gibt eine gute Bäckerei, die **Guld Bageren** (Storegade 36; ⌚Mo–Fr 5–17, Sa 6–14, So 6–13 Uhr), und mehrere Supermärkte. Am zentralsten liegen **Netto** (Ved Stranden 32; ⌚Mo–Fr 9–20, Sa 8–18 Uhr) und **Kiwi Mini Pris** (Storegade 46; ⌚Mo–Fr 8–22, Sa & So bis 20 Uhr).

Praktische Informationen

Bibliothek (Møllebrøndstræde 12; ⌚Mo & Di 11–17, Mi 13–19, Do & Fr 11–17, Sa 10–14 Uhr) Kostenloser Internetzugang.

Møns Turistbureau (☎55 86 04 00; www.visitvordingborg.dk; Storegade 2; ⌚Mo–Fr 9.30–16, Sa 9–12 Uhr; @) Informationen über die Insel insgesamt. Internet 10 Kr/15 Minuten.

Nordea (Storegade 23; ⌚Mo–Mi & Fr 10–16, Do bis 17 Uhr) Eine von drei Banken in Stege mit Geldautomat.

Post (Støvvasen 3; ⌚Mo–Fr 11–17, Sa 10–12 Uhr) Im Supermarkt Super Brugsen.

Ulvshale & Nyord

Der beste Strand der Insel ist der unberührte, flach abfallende **Ulvshale Strand** auf der gleichnamigen Halbinsel 6 km nördlich von Stege. Der weiße Sand stammt von Møns Klint, wo das Meer in tausenden von Jahren Material abgewaschen und hierher geschwemmt hat. Der Strand ist besonders bei Windsurfern beliebt, wurde mit der Blauen Flagge ausgezeichnet (internationale Öko-Auszeichnung für nachhaltig genutzte Strände und gute Wasserqualität) und ist für Rollstuhlfahrer geeignet. Parallel zum Strand verläuft die „Hauptstraße" Ulvshalevej. Dahinter erstreckt sich einer der wenigen ursprünglichen Wälder, die Dänemark noch besitzt (Vorsicht, Schlangen!). Er reicht

Stege

Stege

Sehenswertes
1 Empiregården D1
2 Mølleporten D1
3 Møn Bolcher A3
4 Stege Kirke C2

Schlafen
5 Motel Stege B2

Essen
6 Bryghuset Møn C2
7 David's C2
8 Gourmet Gaarden C2
9 Guld Bageren C2
10 Kiwi Mini Pris C2
11 Netto C3

bis zum Ende der Halbinsel, wo eine schmale Brücke zur Insel Nyord führt.

Nyord ist erst seit 1968 mit Møn verbunden. Die einstige Isolation hat das Eiland vor der Erschließung verschont, so dass die einzige Ortschaft (ebenfalls Nyord genannt) bis heute ein zauberhaftes Dörfchen mit reetgedeckten Häusern aus dem 19. Jh. und idyllischen Gärten voller Rosen, Mohnblumen, Lupinen und Schwertlilien geblieben ist. Autos sind nicht erlaubt (außerhalb gibt es einen Parkplatz). Das lauteste Geräusch ist das Zwitschern der Schwalben. Ein Großteil der 5 km² großen Insel, vor allem der Osten, ist von Marschland und Salzwiesen bedeckt. Etwa 1 km westlich der Brücke steht ein **Vogelbeobachtungsturm** (Karte S. 130), der in dieser flachen Landschaft nicht zu übersehen ist. Zu den hiesigen Vogelarten gehören Fischadler, Turmfalken, Schneeammer, Kampfläufer, Säbelschnäbler, Schwäne, Uferschnepfen, Küstenseeschwalben, Brachvögel und verschiedene Entenarten.

Schlafen & Essen

Nyord B&B PENSION €

(Karte S. 130; ☎55 86 32 57; www.nyord-bb.dk; Aksvej 8, Nyord; Zi. 400–650 Kr; April–Okt.;) Wer Ruhe braucht, findet sie garantiert im Nyord B&B. Das Bauernhaus gehört dem leutseligen ehemaligen Seemann Niels Andreasen und seiner Familie und liegt lauschig in dem autofreien Dorf, gegenüber dem ebenso gemütlichen Restaurant Lolles Gård. Die acht weißen Zimmer sind einfach, sauber und komfortabel. Zwei haben ein eigenes Bad; es gibt kein TV. Frühstück kostet 75 Kr.

Lolles Gård DÄNISCH €€

(Karte S. 130; ☎55 81 86 81; www.lolles-gaard.dk; Hyldevej 1, Nyord; Mittagsgerichte 85–158 Kr,

Abendgerichte 125–179 Kr; ⌚Ostern–Mitte Okt. mittags & abends) Das urgemütliche Café in Nyord ist ein weiteres Muss für Feinschmecker. Besitzerin Anja Hansen präsentiert stolz erstklassige regionale Erzeugnisse, wie Meeresfrüchte, Rind, Wurst, Käse und Gemüse. Saisonale und naturbelassene Gerichte stehen auf der Karte, wie der berühmte gebratene Aal mit Kartoffeln und Petersiliensauce (285 Kr). Mittags gibt es leichtere Gerichte, z. B. Salate und hausgemachte Pasteten. Im September ist das Restaurant manchmal abends geschlossen, also vorher anrufen.

Keldby

Keldby, ca. 5 km östlich von Stege, ist vor allem für seine prächtigen Kirchenfresken bekannt. Außerdem gibt es ein kleines Bauernmuseum ein paar Kilometer südlich der Straße 287.

Sehenswertes

LP TIPP Keldby Kirke KIRCHE

(Karte S. 130; Straße 287; ⌚8–16.45 Uhr) Einige der prachtvollsten Fresken Dänemarks finden sich an den Wänden und der Decke dieser Backsteinkirche aus dem 13. Jh. Die ältesten von 1275 zieren die Chorwand. Etwa 100 Jahre jünger ist die beeindruckende Darstellung des Jüngsten Gerichts. Sie zeigt die Erlösten mit den Heiligen, während die Verdammten in eine Hölle mit Dämonen hinabsteigen. Dies ist auch ein Motiv des „Elmelunde-Meisters" (s. Kasten S. 134) aus dem 15. Jh., dessen abgeklärt dreinblickende Gestalten die Gewölbe zieren. Leider ist hier kein Platz, um all die wunderbaren Szenen zu beschreiben. Erwähnt werden sollen jedoch zwei typische Elmelunde-Darstellungen: Josef, der für das Jesuskind Grütze kocht, und ein Affe mit Spiegel als Mahnung an die Eitelkeit.

Museumsgården MUSEUM

(Karte S. 130; Skullebjergvej 15; Erw./bis 18 J. inkl. Eintritt Empiregården in Stege 45 Kr/frei; ⌚Mitte Mai–Mitte Sept. Di–So 10–16 Uhr) Das unscheinbare Museum befindet sich 3 km südlich von Keldby in einem für die Insel typischen Bauernhaus. Die schummrigen, modrig riechenden Räume sind mit Möbeln aus dem 19. Jh. eingerichtet. Im Innenhof laufen Hühner und Hasen frei herum. Im Garten ist Zelten gestattet (10 Kr).

Essen

Møn Is EISCREME €

(Karte S. 130; www.moen-is.dk, auf Dänisch; Hovgårdsvej 4, Stege; 2 Kugeln 25 Kr; ⌚Sommer tgl. 11–17 Uhr, sonst kürzer) Eiscremehersteller werben ja oft mit „frischen Zutaten", aber frischer als bei Møn Is geht's wirklich nicht: Hier schauen die Kühe, die die Milch für die kalten Köstlichkeiten liefern, beim Schlecken zu. Es gibt Sorbets aus saisonalen Früchten und sahnige Genüsse wie Crème caramel mit Makronen. Die Adresse des Bauernhofs bezieht sich zwar auf Stege, aber er liegt tatsächlich 8 km südöstlich des Orts (bzw. 2 km südöstlich von Keldbylille).

Elmelunde

Freskengeschmückte Kirchen gibt es viele in der Region. Nach der Kirche in diesem Dörfchen zwischen Stege und Møns Klint wurde der berühmte Freskenmaler benannt. Bus 667 hält direkt davor.

Elmelunde Kirke KIRCHE

(Karte S. 130; Kirkebakken 41; ⌚Mai–Sept. 8–17 Uhr, Okt.–April bis 16 Uhr) Die Kirche von Elmelunde von 1080 ist eine der ältesten Steinkirchen Dänemarks. Ihre Gewölbe hat der „Elmelunde-Meister" bemalt, dessen Freskenmotive von der Schöpfung bis zum Jüngsten Gericht reichen. Zu sehen sind eine riesige Schlange im Garten Eden mit einem menschlichen Kopf, Herodes' Krieger in mittelalterlichen Rüstungen, ein Teufel, der die Verdammten in den Höllenschlund führt, und mehrere Jagdszenen, die an die Vergänglichkeit des Lebens gemahnen. Jeden Sonntag findet ein Gottesdienst statt.

Schlafen & Essen

Pension Elmehøj PENSION €

(Karte S. 130; ☎55 81 35 35; www.elmehoj.dk; Kirkebakken 39, Stege; EZ/DZ 315/420 Kr; ⌚Jan.–März geschl.; P @ 📶) Die Pension neben der Elmelunde Kirke hat 24 pastellfarbene Zimmer, alle mit Gemeinschaftstoilette und -dusche. Die etwas anstaltsmäßige Einrichtung punktet mit der praktischen Gästeküche, dem Fernsehzimmer und den netten Gastgebern, die auch das Motel Stege betreiben (S. 130). Für mehr als eine Übernachtung in der Pension gibt es Ermäßigung, Kinder unter zwölf Jahre zahlen nur die Hälfte. Mit Rollstuhlzugang; Frühstück kostet 55 Kr extra.

DIE ELMELUNDE-FRESKEN

Viele der Kirchen auf Møn sind so reich mit Fresken verziert, dass sie mittelalterlichen Kunstgalerien gleichen. Sie sollten den leseunkundigen Bauern die Geschichten der Bibel nahebringen, und die klaren, einfachen Bilder sind bis heute tatsächlich für jeden leicht zu verstehen. Die Darstellungen reichen von den unschuldigen Freuden im Garten Eden bis zu grässlichen Dämonen und dem gähnenden Höllenschlund.

Wer mehrere Kirchen der Region besucht, wird irgendwann das Gefühl haben, alles schon einmal gesehen zu haben. Das liegt daran, dass die meisten Fresken aus dem 15. Jh. von ein und demselben Künstler stammen. Da seine Identität unklar ist, wird er nach der Kirche von Elmelunde einfach „Elmelundemesteren" (Elmelunde-Meister) genannt. Seine Figuren haben ruhige, emotionslose Gesichter. Die Farbpalette des Meisters ist von warmen Erdtönen geprägt: Rostrot, Senfgelb, Siena, Ziegelrot, Kastanienbraun und Blassblau.

Die Kirchenfresken von Møn, die mit Farbe auf frisch verputzte, noch feuchte Wände und Decken gemalt wurden, gehören zu den besterhaltenen in Dänemark. Ihr Überleben verdanken sie einem glücklichen Zufall. Evangelische Pfarrer hielten die Darstellungen für zu katholisch und ließen sie im 17. Jh. übertünchen. Ironischerweise hat gerade diese Maßnahme, kombiniert mit einer Schutzschicht aus Staub zwischen Fresko und Tünche, die mittelalterlichen Kunstwerke vor Beschädigung und Ausbleichen bewahrt. Erst im 20. Jh. wurde die Tünche entfernt, und die Gemälde wurden im Auftrag des dänischen Nationalmuseums restauriert

Møns Klint & Umgebung

Manchmal wundert es einen, dass die Insel unter dem schieren Gewicht der zahllosen Besucher von Møns Klint im Osten nicht kippt. In Dänemarks ansonsten so flacher Landschaft sind die eindrucksvollen Kreidefelsen, die steil aus dem jadegrünen Meer aufragen, wirklich ein Postkartenmotiv.

Der Besucherbereich Store Klint umfasst einen Parkplatz (25 Kr), ein neues Geocenter und ein nettes Café. Achtung: Der Parkschein ist nötig, um wieder rauszukommen.

Sehenswertes & Aktivitäten

Kreidefelsen SEHENSWÜRDIGKEIT

(Karte S. 130) Die 128 m hohen Kreidefelsen gehören zu den berühmtesten Sehenswürdigkeiten Dänemarks, auch wenn niemand so genau sagen kann, wie lange es sie noch geben wird. Nach dem niederschlagreichsten Winter seit Beginn der Wetteraufzeichnungen brachen 2007 zwei riesige Felsspitzen von den Klippen ab und rissen über eine halbe Million Tonne Kreide und Lehm mitsamt entwurzelten Buchen hinab ins Meer. Aus Furcht vor weiteren Abgängen wurden daraufhin erstmalig die Stufen zum Strand gesperrt.

Inzwischen ist der Zugang zu den meisten Stellen wieder möglich – auch bei **Store Klint**, wo eine beinahe senkrechte Holztreppe zum Strand hinabführt. Baden ist dort allerdings wegen starker Strömungen und Felsen nicht möglich.

Eigenartigerweise schimmern die Klippen aus der Nähe nicht einfach nur weiß, sondern die Farbskala reicht von Orange über Grau bis Violett. Außerdem sind sie von Schichten grau-schwarzer Feuersteine durchzogen. Und sie sind der landesweit einzige Brutort des Wanderfalken.

Am Fuß sind unzählige **Fossilien** aus der Kreidezeit zu entdecken. Innerhalb einer halben Stunde haben wir gut eine Handvoll 65 Mio. Jahre alter versteinerter Seelilien, Austern und Belemniten (ausgestorbene Kopffüßer) gefunden. Die Schätze können die Experten im Geocenter anschließend identifizieren.

Ein 1½-stündiger, etwas anstrengender Spaziergang folgt der Küste und führt dann im Bogen durch einen dichten Wald knorriger Buchen wieder empor. Wander- und Reitwege verlaufen nicht nur entlang der Küste, sondern auch durch den **Klinteskoven** (Klinte-Wald), der sich von den Klippen 3 km landeinwärts erstreckt.

LP TIPP **GeoCenter Møns Klint** MUSEUM

(Karte S. 130; www.moensklint.dk; Stengårdsvej 8; Erw./3–11 J. 115/70 Kr; ⏲Ende Juni–Ende Aug. 10–18 Uhr, April–Ende Juni & Ende Aug.–Okt. bis 17 Uhr;

) Das eindrucksvolle, hochmoderne GeoCenter Møns Klint am Store Klint vermittelt Geologie ungemein spannend. Phantasievoll arrangierte Ausstellungen erklären die Entstehung der Klippen (auf Dänisch, Deutsch und Englisch), es gibt eine übersichtlich gestaltete Fossiliensammlung und fremdartig aussehende Meereskreaturen aus der Kreidezeit. Kinder sind begeistert von dem interaktiven Naturkundezentrum. Überall laufen Experten herum, die Fragen beantworten. Im oberen Stock können Besucher im Café bei Kaffee, Kuchen oder belegten Broten über den Einfallsreichtum der Natur nachdenken. Der Zugang für Rollstühle ist exzellent.

Liselund LANDSCHAFTSGARTEN

(Karte S. 130) Den durch und durch romantischen Garten ließ der französische Adelige Antoine de la Calmette Ende des 18. Jhs. für seine Frau anlegen (der Name bedeutet „Lises Hain"). Pfade winden sich unter ausladenden Kastanien an Wasserfällen, Bächen und Weihern vorbei zu einem Aussichtspunkt auf den Meeresklippen. Die Bauwerke erinnern an exotische Orte: ein chinesischer Pavillon mit Glöckchen, griechische „Ruinen" und eine ägyptische Pyramide. Ein wahrer Traum, höchstens gelegentlich unterbrochen durch die heiseren Schreie der Pfauen.

Das reetgedeckte **Herrenhaus** (Reservierung 55 81 21 78; Führungen Di–So 10.30, 11, 13.30 & 14 Uhr) kann zwischen Mai und September im Rahmen einer geführten Tour besichtigt werden.

MØNS KLINT: FABELHAFTE FLORA

Im Klinteskoven, dem Wald hinter Møns Klint, blühen zahlreiche wilde Orchideen. Dank des kalkhaltigen Bodens gedeihen hier 18 verschiedene Arten, mehr als irgendwo sonst in Dänemark. Viele von ihnen sind selten, alle stehen sie unter Naturschutz. Besonders schön sind die Pyramiden-Hundswurz *(Anacamptis pyramidalis)* mit einer rosa Blütendolde sowie die Braunrote Ständelwurz *(Epipactis atrorubens)* mit ovalen Blättern, langem Stiel und vielen purpurroten Blüten. Die beste Zeit, um sie zu bewundern, ist von Mai bis August.

Auffällig sind außerdem die leuchtend grünen Blätter der Buchen an der Küste. Auch das hat mit der kalkhaltigen Erde zu tun. Sie hindert die Bäume an der Aufnahme von Eisen und Magnesium, die das Nachdunkeln der Blätter verursachen.

Schlafen & Essen

LP TIPP **Bakkegaard Gæstgiveri** PENSION €€

(Karte S. 130; 55 81 93 01; www.bakkegaarden64.dk; Busenevej 64, Busene; EZ 420–470 Kr, DZ 620–820 Kr; P) Künstler und Kunstbeflissene werden die Pension der Maler Vivi Schlechter und Uffe Hofmann Andersen lieben. Sie liegt nur ein paar Schritte vom Møns Klint in einer stillen Ecke mit Meerblick und hat zwölf Zimmer, die von 13 lokalen Künstlern gestaltet wurden. Die Unterkunft wird von einer kleinen Galerie ergänzt, es finden gelegentlich Malkurse statt. Das hauseigene Café serviert Gerichte, die meist aus biologischem und lokalem Anbau stammen.

Camping Møns Klint CAMPINGPLATZ €

(Karte S. 130; 55 81 20 25; www.campingmoensklint.dk; Klintevej 544; Platz pro Pers. 82 Kr; April–Okt.; @) Der riesige, familienfreundliche 3-Sterne-Platz liegt 3 km nordwestlich von Møns Klint. Dank seiner hügeligen und bewaldeten Anlage besitzt er trotzdem eine relativ intime Atmosphäre. Die Ausstattung ist gut: 25-Meter-Freibad, Gästeküche, Münzwaschmaschinen, Tennisplatz, Minigolf, Fahrrad- (100 Kr/Tag) und Bootsverleih (50 Kr/Std.), Internet und Laden. Im Hochsommer gibt es geführte Kajaktouren (350 Kr) und Naturworkshops in englischer, deutscher und dänischer Sprache.

Liselund Ny Slot HISTORISCHES HOTEL €€

(Karte S. 130; 55 81 20 81; www.liselundslot.dk; Langebjergvej 6; EZ/DZ mit Frühstück 800/1200 Kr; P) Sehr luxuriös sind die 17 Zimmer in dem Herrenhaus aus dem 19. Jh. mitten in Liselund. Verspielte Details sind die Wandbilder und die Benennung jedes Zimmers nach einem Märchen von Hans Christian Andersen. Draußen auf der Wiese gibt es ein gleichermaßen märchenhaftes Sommercafé.

Danhostel Møns Klint HOSTEL €

(Karte S. 130; 55 81 20 30; www.danhostel.dk/moen; Langebjergvej 1; B 165 Kr, Zi. ohne Bad 330 Kr; Mai–Aug.; P) Das Hostel mit vielen Schatten spendenden Bäumen und hoppelnden Hasen liegt lauschig am See 3 km nordwestlich von Møns Klint. Es gibt 29 Zimmer, gemütliche Sitzecken und jede Menge Kinderspielzeug. Von Stege mit dem Bus 667 zu erreichen.

Klintholm Havn

Das verschlafene Dorf erwacht erst im Sommer richtig zum Leben, wenn das große Ferienzentrum seine Pforten öffnet. Dann beleben deutsche Touristenyachten und Klintholmer Fischerboote die Szenerie. Scharen von Sonnenanbetern strömen zum langen **Sandstrand**. Der Ostabschnitt ist noch ziemlich ursprünglich, mit feinem, grauem Sand, kleinen Dünen und toller Brandung. Zum Schwimmen ist der Abschnitt westlich von Klintholm besser geeignet.

Eine originelle Art, die weißen Klippen zu bewundern, ist die zweistündige **Bootsfahrt** (☎21 40 41 81; www.sejlkutteren-discovery.dk, auf Dänisch & Deutsch; Erw./3–11 J. 150/80 Kr) ab Klintholm Havn (in der Hauptsaison um 10, 12, 14 oder 16 Uhr). Behindertengerecht.

Der **Supermarkt Spar** (Thyravej 6; ⏰7–18 Uhr) vermietet Räder für 70 Kr pro Tag.

Essen

Klintholm Røgeri RÄUCHEREI €€

(Karte S. 130; Margrethevej 14; Mittags-/Abendbüfett 98/148 Kr; ⏰Sommer mittags & abends; 📶) Die Räucherei an der Küstenstraße 250 m östlich des Fischereihafens verkauft Fisch am Stück. Er kann an Picknicktischen verspeist werden oder im Restaurant, wo auch ein köstliches Buffet mit gegrillten, geräucherten und marinierten Meeresfrüchten wartet.

Portofino ITALIENISCH €€

(Thyravej 4A; Pizza 64–95 Kr, Hauptgerichte 129–158 Kr; ⏰Mitte Juni–Aug. tgl. mittags & abends, Ostern–Mai & Sept.–Mitte Okt. Sa & So) Das schlichte Restaurant mag zwar nicht den authentischen Charme Italiens haben, aber serviert recht gute italienische Gerichte, wie Lasagne à la Mamma.

Westliches Møn

Auf den engen Landsträßchen der westlichen Inselhälfte gibt es mehr Fasane als Wanderer. Wer die wenigen historischen Sehenswürdigkeiten besuchen möchte, braucht ein eigenes Transportmittel, da Busse nur auf der Straße 287 verkehren.

Sehenswertes

LP TIPP **Fanefjord Kirke** KIRCHE

(Karte S. 130; Fanefjordvej; ⏰8–18 Uhr) Die Kirche aus dem 13. Jh. besitzt wunderbare, jüngst restaurierte Fresken. Das älteste Fresko stammt von 1350 und stellt den hl. Christophorus dar, der Christus über eine Furt trägt. Die meisten Gewölbe sind mit naiven Bildern, der „Armenbibel", des Elmelunde-Meisters bemalt (Kasten S. 134). Einzigartig sind z. B. Darstellungen von Judas, dem zwei Teufel die Seele entreißen, Maria am Jüngsten Tag, die die Waagschale zugunsten der Menschheit neigt, und ein hämischer Dämon mit knubbeligen Knien, der zwei Frauen beim Klatsch belauscht. Die Signatur des Meisters, die einem Strichmännchen mit Hasenohren gleicht, ist an der Altarseite einer Strebe im nordöstlichen Gewölbe zu sehen.

Ganggräber ARCHÄOLOGISCHE STÄTTE

(Karte S. 130) Auf Møn gibt es sage und schreibe 119 Megalithgräber aus der Zeit von 4000 bis 1800 v. Chr. Zwei der bekanntesten Ganggräber *(jættestuer)* sind Kong Asgers Høj und Klekkende Høj, 2 km außerhalb von Røddinge.

Kong Asgers Høj (Kong Asgersvej) liegt nordwestlich von Røddinge direkt an der Straße. Es ist das größte Ganggrab Dänemarks und hat eine Kammer, die 10 m lang und über 2 m breit ist. Wer es erkunden will, braucht eine Taschenlampe und muss auf seinen Kopf aufpassen.

Klekkende Høj, südöstlich von Røddinge, ist das einzige Doppelganggrab auf Møn. Zwei nebeneinander liegende Eingänge führen in eine 7 m lange Kammer. Das Grab liegt vom Parkplatz 400 m quer über einen Acker. Die Lage verleiht dem Besuch zusätzliche Dramatik: Aus dem kalten Grab heraus in ein wogendes Kornfeld und strahlenden Sonnenschein zu steigen, sorgt für unbeschreibliche Erleichterung.

Grønsalen ARCHÄOLOGISCHE STÄTTE

(Karte S. 130) Ein kurzer Weg von der Fanefjord Kirke (vor der Kirche links) führt zum Hügelgrab Grønsalen, einem der längsten Megalithgräber Dänemarks. Eine Besichtigung von innen ist nicht möglich, aber allein die Größe ist schon sehr beeindruckend. Es ist 102 m lang und von 145 riesigen, rosa glitzernden Felsblöcken umgeben.

Schlafen

LP TIPP **Tohøjgaard Gæstgivern** PENSION €€

(Karte S. 130; ☎55 81 60 67; www.tohoejgaard.com; Rytsebækvej 17, Hjelm; Zi. 588–770 Kr; ⏰Ostern–Mitte Sept.; P 📶) Reservierung ist ein Muss, um in der heiß begehrten Pension mit beschaulichem Meerblick zu nächtigen. Das Bauernhaus von 1875 ist von Feldern umgeben, in der Nähe befindet sich ein 4000 Jahre altes Hügelgrab. Die sechs individuell eingerichteten Zimmer bieten eine gemütliche Mischung aus Trödelkram, Büchern und kuscheligen Bademänteln. Eine nette Geste ist das Tablett mit Bioschokolädchen, Obst und Saft. Am Gemeinschaftstisch im umgebauten Melkstall serviert Gastgeberin Christine leckerstes skandinavisches Essen (zwei Gänge 210 Kr) aus lokalen Erzeugnissen und Kräutern und Gemüse direkt aus dem Garten. Das Schönste ist, dass auch Nichtgäste hier essen können (zwei Tage vorher reservieren). Auf der Website stehen Termine für „Gourmetwochenenden" in der Nachsaison. Die Pension liegt 9,5 km südwestlich von Stege. Von der Bushaltestelle sind es noch etwa 4 km zu Fuß.

Camping Vestmøn CAMPINGPLATZ €
(Karte S. 130; ☎55 81 75 95; www.camping-vestmoen.dk; Hårbøllevej 87, Askeby; Platz pro Pers. 80 Kr; ⏲Mai–Anfang Sept.) Der ruhige, gut geführte Campingplatz am Hårbølle Strand ist ideal für abendliche Strandspaziergänge. Der Platz vermietet Fahrräder (50 Kr pro Tag), mit denen sich der stille Zauber von Westmøn am besten entdecken lässt. Kreditkarten werden nicht akzeptiert.

Bogø

Auf der Insel Bogø westlich von Møn ist jeder nur auf der Durchreise. Eine Dammstraße verbindet die Insel mit Møn, die eindrucksvollen Farø-Brücken mit Seeland und Falster. Fahrräder sind auf den Brücken nicht erlaubt. Also bleibt nur die **Autofähre** (☎30 53 24 28; www.idas-venner.dk, auf Dänisch; einfach Erw./4-14 J. 25/15 Kr, Auto/Fahrrad 65/20 Kr; ⏲Mitte Mai–Anfang Sept.), die nur im Sommer zwischen dem Süden von Bogø und Stubbekøbing auf Falster verkehrt. Die Schiffe legen von Bogø stündlich zwischen 9.15 und 18.15 Uhr und von Stubbekøbing zwischen 9 und 18 Uhr ab.

FALSTER

43 400 EW.

Die Südostküste von Falster ist ein Sommertraum mit weißen Sandstränden, die deutsche und dänische Urlauber anziehen. Der Ferienort Marielyst ist mit seinem Aktivangebot besonders bei Familien beliebt. Ein weiterer Traum liegt nur eine kurze Autofahrt entfernt: das Middelaldercentret in Nykøbing. Dort können Kinder zusehen, wie gigantische Katapulte abgeschossen werden, sie dürfen Ritter beim Turnier anfeuern und die mittelalterliche Stadt erkunden.

Schön ist auch eine Auto- oder Radtour durch das bäuerliche Binnenland bis zur Südspitze der Insel. Der Sydstenen (Südstein), ein großer Felsbrocken, markiert den südlichsten Punkt Dänemarks.

An-& Weiterreise

Nykøbing F liegt 128 km südwestlich von Kopenhagen. Die Nord-Süd-Autobahn E55 verläuft direkt durch die Stadt; über die Straße 9 ist Falster via Frederik-IX.-Brücke mit Lolland verbunden.

Züge gehen ab Kopenhagen stündlich nach Nykøbing F (154 Kr, 2 Std.).

Busse fahren südlich des Bahnhofs ab. Die Linien 42, 43 und 741 verkehren häufig nach Marielyst (32 Kr, 25 Min.), vor allem an Wochentagen.

Informationen über die Fähren von Gedser (26 km südlich von Nykøbing F) nach Rostock siehe S. 341. Bus 740 fährt werktags rund 20-mal täglich, samstags 13-mal und sonntags 8-mal nach Gedser (32 Kr, 39 Min.).

Unterwegs vor Ort

Vom Bahnhof in Nykøbing F sind es 25 Minuten mit den Bussen 42, 43 oder 741 bis nach Marielyst (32 Kr). Die Busse verkehren besonders werktags häufig.

Die Touristeninformation in Marielyst verleiht Fahrräder für 60 Kr am Tag.

Nykøbing F

16 465 EW.

Nykøbing F ist die einzige große Stadt auf Falster und dehnt sich über die Frederik-IX.-Brücke hinweg bis auf die Insel Lolland aus. Hauptattraktion ist das Mittelalterzentrum jenseits der Brücke auf Lolland, wo Ritter & Co. die ganze Familie begeistern. Ansonsten ist Nykøbing F eine vorwiegend moderne Stadt und für Urlauber wenig interessant.

Das „F" steht übrigens für Falster; so kann die Stadt nicht mit den Nykøbings auf Seeland und Mors verwechselt werden.

Sehenswertes

Middelaldercentret THEMENPARK
(Mittelalterzentrum; www.middelaldercentret.dk; Ved Hamborgskoven 2, Sundby L; Erw./3–11 J./Fam. 100/50/280 Kr; ⏲Ende Juni–Mitte Aug. 10–17 Uhr, Mai–Ende Juni & Mitte Aug.–Sept. bis 16 Uhr, Mai & Sept.

Falster

Mo geschl.) Die nachgebaute Stadt aus dem frühen 15. Jh. ist die beliebteste Attraktion der Region und macht vor allem Kindern Spaß. Hier gibt es Kriegs- und Belagerungsmaschinen zu sehen (die um 12 Uhr abgefeuert werden), ein Kaufmannshaus mit Hafen und Booten, einen von Handwerksbetrieben umgebenen Marktplatz und einen Spielplatz mit mittelalterlichen Spielgeräten.

Kostümierte Angestellte weben Stoffe, schneiden Leder für Schuhe zu und schmieden Metall. Am spektakulärsten ist ein Besuch natürlich während der Ritterturniere (Ende Juni–Mitte Aug. tgl. 14 Uhr, restl. Jahr Di, Mi, Do, Sa & So um 13.30 Uhr).

Das Mittelalterzentrum liegt am Stadtrand von Nykøbing F auf der Lolland-Seite. Bus 702 fährt vom Bahnhof Nykøbing F etwa stündlich dorthin.

Museet Falsters Minder MUSEUM

(Langgade 2; Eintritt 30 Kr; ⌚Juni–Mitte Aug. Mo–Sa 10–16 Uhr, restl. Jahr Di–Sa 11–15 Uhr) Ein gut präsentiertes Heimatmuseum in einem der ältesten Gebäude der Stadt. Es zeigt Trachten, Spielzeug, ein rekonstruiertes Zimmer aus dem 19. Jh., Porzellan und Glas. Unten sind archäologische Funde ausgestellt, z. B. ein Wikingerhalsreifen und Armbänder. Die Beschriftungen sind meist auf Dänisch. Im alten **Wasserturm** (www.kunst-vandtaarnet.dk, auf Dänisch; Hollandsgård 20; Erw./7–14 J. 20/10 Kr; ⌚Mo–Sa 10–17 Uhr) eine Straße weiter wird zeitgenössische Kunst ausgestellt. Er bietet nicht nur vom Dach wunderbare Aussichten, sondern auch ein tolles Café (S. 139).

Guldborgsund Zoo ZOO

(www.guldborgsundzoo.dk; Østre Allé 97; Erw./3–11 J./Familie 70/35/150 Kr; ⌚Mai–Ende Okt. 9–17 Uhr, restl. Jahr 10–16 Uhr) Für Kinder ist der Zoo samt botanischem Garten nahe dem Hostel ganz nett. Über 80 Tierarten leben hier, wie Seidenaffen, Ziegen, Kängurus und Tiger. Hinzu kommen ein künstlicher Regenwald, schattige Gärten und über 8000 sommerliche Blumenarten.

Schlafen

Die Touristeninformation führt eine Liste der Privatunterkünfte; Preise ab 300 Kr pro Person plus 30 Kr Buchungsgebühr.

Falster City Camping CAMPINGPLATZ €

(☎54 85 45 45; www.fc-camp.dk, auf Dänisch; Østre Allé 112; Platz pro Pers. 75 Kr, kl./gr. Hütte 160/230 Kr; ⌚Ostern–Sept.; WLAN) Der sehr ländliche 2-Sterne-Campingplatz liegt an einer ruhigen Allee nahe dem Hostel und Nykøbings herrlichem Schwimmbad. Er vermietet auch kleine, rote Häuschen, hat einen Spielplatz mit Hüpfburg und kostenloses WLAN. Fahrräder werden für 50 Kr pro Tag vermietet.

Danhostel Nykøbing F HOSTEL €

(☎54 85 66 99; www.danhostel.dk/nykoebingfalster; Østre Allé 110; B 150 Kr, EZ 350–450 Kr, DZ 480–560 Kr; ⌚Mitte Jan–Mitte Dez.; P) Es gibt wahrscheinlich nicht viele Jugendherbergen, in denen die Gäste brüllende Tiger hören können. Das moderne Hostel mit 94 Betten befindet sich nahe dem Zoo, 1 km östlich des Zentrums. Ein großer Dachvorsprung lässt wenig Licht in die Zimmer, aber dafür haben alle ein Bad, und es gibt eine Waschmaschine und ein Fernsehzimmer. Bus 42 (16 Kr) fährt vom Bahnhof von Nykøbing F dorthin.

Hotel Falster HOTEL €€

(☎54 85 93 93; www.hotel-falster.dk; Skovalléen 2; EZ/DZ 745/940 Kr; P@) Ein Familienbetrieb mit 68 komfortablen, modernen Zimmern und freundlicher Leitung. Weniger schön ist die Lage an einer verkehrsreichen Straße. Das Hotelrestaurant serviert gute Speisen (Hauptgerichte 178–225 Kr), z. B. gebratenes Rebhuhn oder Rehkeule mit Preiselbeeren.

Essen

Café Vandtårnet CAFÉ €

(Hollandsgård 20; Focaccia oder Sandwich 40 Kr; Mo–Sa 10–17 Uhr) Möbel in kräftigen Farben, niedrige Tischlampen und zeitgenössische Kunst vermitteln einen Hauch Kopenhagen in dem coolen Café unten im alten Wasserturm. Hier gibt es den besten Kaffee der Stadt, neben köstlichen, frischen Focaccias, Muffins und Kuchen. Gäste zahlen nur die Hälfte für die Galerie und den Ausguck oben.

Czarens Hus INTERNATIONAL €€

(Langgade 2; Sandwiches 79–88 Kr, 2-/3-Gänge-Menü 275/325 Kr; Di–Sa mittags, Mi–Sa abends) Das holzgetäfelte Lokal ist vermutlich das exklusivste Restaurant von Nykøbing. Die antiken Möbel stammen noch aus seiner Zeit als Gästehaus vor 200 Jahren (als schon Zar Peter der Große dort übernachtet hat). Die Steaks sind besonders mächtig.

17 CAFÉ €

(Torvet; Sandwiches 45–48 Kr, Salate 35–38 Kr; Mo–Fr 11–17.30, Sa bis 14 Uhr) Das moderne Café unter einer eleganten, schwarzen Markise serviert frisches, unkompliziertes Essen wie Sandwiches und Bagels sowie Eis, Milchshakes und Smoothies.

Restaurant Italy ITALIENISCH €

(Langgade 23; Pizza 45–65 Kr; mittags & abends) Das italienische Durchschnittsrestaurant einen Block vom Torvet serviert große Pizzen und Pastagerichte.

Praktische Informationen

Der Torvet, der zentrale Platz, liegt zehn Minuten zu Fuß westlich des Bahnhofs. Die **Nykøbing F Turistinformation** (51 21 25 08; www.visitlolland-falster.com; Langgade 2; Mo–Do 10–17, Fr bis 18, Sa bis 14 Uhr) befindet sich im Museet Falsters Minder (S. 138). Kostenlosen Internetzugang gibt es in der **Bibliothek** (Rosenvænget 17; Mo–Do 10–19, Fr bis 17, Sa bis 14 Uhr), ein paar Minuten zu Fuß nordöstlich des Torvet.

Marielyst

780 EW.

Der herrliche Strand macht Marielyst zu einem der gefragtesten Ferienorte Dänemarks. Es gibt hier sage und schreibe 6000 Ferienhäuser – und ständig werden es mehr. Zum Glück verteilen sich die Massen am langen Strand, so dass jeder ein relativ ruhiges Fleckchen findet. Die praktischste Parkmöglichkeit liegt am Ende der Hauptstraße.

Im Ort selbst reihen sich am Weg zum Strand monoton Läden, Bars, Pizzerias und Eisbuden aneinander. In der Hauptsaison bieten sich verschiedenste Aktivitäten von Windsurfen bis Paintball an.

Aktivitäten

Marielyst wird verstärkt als Ziel für familienorientierten Aktivurlaub vermarktet. Umfassende Pauschalprogramme gibt es auf der Website www.marielyst-adventure.dk (auf Dänisch).

Aquasyd Dykker & Vandsportscenter TAUCHEN, KAJAK

(www.aquasyd.dk, auf Dänisch; Marielyst Strandvej 21; Mo, Di, Do & Fr 14–17.30, Sa 10–15 Uhr) Bietet für 375 bis 495 Kr (plus Ausrüstung) Tauchgänge zu versunkenen Steinzeitdörfern und Schiffswracks in der gesamten Region. Angeboten werden auch Wasserski, Ritt auf der Banane und Seekajakfahren.

Surfcenter Falster WIND- UND KITESURFEN

(23 60 30 26; www.surfcenterfalster.dk; Marielyst Strandpark 5) Das Surfcenter Falster in einem Laden namens Westwind neben dem Supermarkt Fakta (der wiederum neben der Touristeninformation liegt) verleiht Ausrüstung für Windsurfer und unterrichtet auch Anfänger im Wind- und Kitesurfen.

Superbowling BOWLING

(www.superbowling.dk; Marielyst Strandpark 1; pro Std. ab 140 Kr; Juli–Mitte Aug. So–Do 11–22, Fr & Sa bis 24 Uhr, sonst kürzer) Das Superbowling mit zehn Bahnen mögen vor allem Kinder. Es liegt etwa 700 m östlich des Zentrums von Marielyst nahe der Touristeninformation.

Schlafen

Die Touristeninformation bucht Ferienhäuser (mit zwei Schlafzimmern ab etwa 3500 Kr pro Woche).

Hotel Nørrevang HOTEL €€

(54 13 62 62; www.norrevang.dk; Marielyst Strandvej 32; EZ 870–945 Kr, DZ 1095–1195 Kr, Ferienhaus 1350 Kr, plus 400 Kr Endreinigung; P) Das exklusivste Hotel in Marielyst mit dem niedrigen Reetdach vermietet elegante, jüngst renovierte Zimmer. Die Standardzimmer haben Bad, Telefon, Satelliten-TV und kostenloses WLAN. Hinzu kommen 54 Häus-

Marielyst

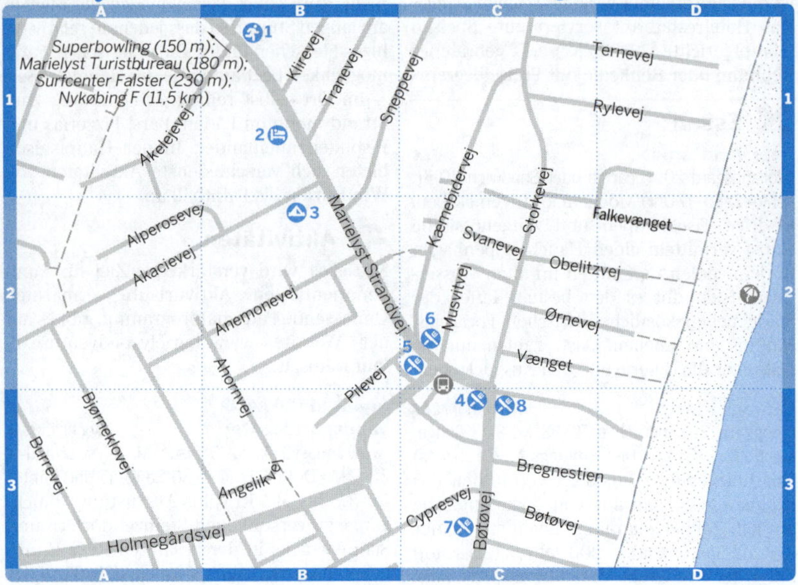

Marielyst

Aktivitäten, Kurse & Touren
1 Aquasyd Dykker & Vandsportscenter B1

Schlafen
2 Hotel Nørrevang B1
3 Marielyst Feriepark & Camping B2

Essen
4 Eis- und Würstchen-Stände C3
5 Larsen's Bageri C2
6 Larsen's Plads C2
7 Schous Kød C3
8 Tannhäuser C3

chen mit Küche und Platz für vier bis sechs Personen sowie ein Hallenbad mit Wasserrutsche und Wellnessbereich. Das Restaurant kann man vernachlässigen.

Marielyst Feriepark & Camping CAMPINGPLATZ €
(☎70 20 79 99; www.marielyst-feriepark.dk, auf Dänisch; Marielyst Strandvej 36; Platz pro Erw./Kind 65 Kr/frei; ⏲April–Sept.; @) Der zentrale Campingplatz liegt an der Hauptstraße. Die Stellplätze sind durch Hecken unterteilt, was sie allerdings auch etwas einengt.

Essen

Außerhalb der Hauptsaison haben die Lokale in Marielyst meist mittags und montags geschlossen. An der Ecke Bøtøvej/Marielyst Strandvej gibt es viele Eisdielen und Würstchenbuden.

Schous Kød INTERNATIONAL €€
(Bøtøvej 12; Hauptgerichte 169–275 Kr; ⏲mittags & abends) Schous Kød, ein kurzes Stück den Bøtøvej hinunter, bietet eine gute Alternative zum Junkfood. Es gehört zu einer Metzgerei mit Feinkostabteilung, was erklärt, warum hauptsächlich Fleischgerichte auf der Karte stehen, wie Bœuf Béarnaise. Das vegetarische Angebot ist zwar klein, aber ganz gut, z. B. Tomatentorte mit Mozzarella und gemischtem Salat. Am Wochenende gibt es ein leckeres, reichhaltiges Buffet (109 Kr.).

Larsen's Plads INTERNATIONAL €€
(Marielyst Strandvej 53; Pizza 52–85 Kr, Abendbuffet 159 Kr; ⏲mittags & abends) Im Angebot des eigenwilligen Restaurants sind deftige Rind-, Huhn- und Fischgerichte, mehrere vegetarische Speisen, ein üppiger Brunch (99 Kr) und Pizza zum Mitnehmen. Frisches Brot und Smørrebrød gibt es gegenüber in **Larsen's Bageri** (⏲6–17 Uhr; Smørrebrød 22–45 Kr).

Tannhäuser PIZZERIA €
(Ecke Bøtøvej & Marielyst Strandvej; Pizza 47–70 Kr; ⌚mittags & abends) Die Tische der günstigen Takeaway-Pizzeria sind stets von preisbewussten Familien belagert. Außer Pizza gibt es dort auch Döner und Burger.

Praktische Informationen

Marielyst Turistbureau (☎54 13 62 98; www.visitmarielyst.com; Marielyst Strandpark 3; ⌚Mo–Fr 9–16, Sa bis 17, So 10–14 Uhr; @) An der Bowlingbahn am Stadtrand. Internet 15 Kr pro halbe Stunde.

Nordea (Marielyst Strandvej 54) Geldautomat.

LOLLAND

65 765 EW.

Mehrere Familienattraktionen beleben das flache Ackerland von Lolland. Wer ein eigenes Fahrzeug hat, fährt zum Knuthenborg Safaripark, wo Affen und Tiger hausen, und zum Wasserpark Lalandia. Die bei weitem schönste Stadt Lollands ist Maribo, an einem vogelreichen See gelegen. In der Kleinstadtidylle lässt es sich gut ein paar Stunden entspannen.

Anreise & Unterwegs vor Ort

Die wichtigste Ost-West-Bahnlinie verläuft zwischen Nykøbing F und Nakskov (80 Kr, 45 Min.). Sie wird im Halbstundentakt befahren (an Wochenenden seltener). Eine zweite Bahnstrecke führt von Nykøbing F zur Fähre in Rødby (64 Kr, 22 Min.). Züge ab Rødbyhavn gehen mehrmals täglich – abgestimmt auf die Fähren von Puttgarden in Deutschland. Die meisten Züge fahren von Nykøbing F weiter nach Kopenhagen. Fährinfos siehe S. 341.

Die Autofähre von **LangelandsFærgen** (☎70 23 90 30; www.langelandsfaergen.dk) zwischen Tårs im äußersten Westen von Lolland und Spodsbjerg auf Langeland (Erw./Kind/Auto mit bis zu neun Passagieren 76/38/245 Kr) verkehrt einmal pro Stunde. Die Fahrzeit beträgt 45 Minuten. Aktuelle Abfahrtszeiten stehen auf der Website.

Von Rødbyhavn, einer kleinen Hafenstadt im Süden, gehen Fähren nach Puttgarden (Deutschland). Sie verbinden die Europastraße E47 zwischen Deutschland und Dänemark.

Maribo

5965 EW.

Maribo ist ganz sicher die netteste Stadt auf Lolland. Sie liegt malerisch am großen **Søndersø**. Hauptattraktionen sind die Domkirche, dichte Buchenwälder, Uferwege und einige kleine Museen. Der ideale Ort, um zu bummeln, zu relaxen und alles hinter sich zu lassen. Das viertägige **Maribo Jazz Festival** (www.maribojazz.dk) sorgt am dritten Juliwochenende für eine beschwingte Atmosphäre.

Sehenswertes & Aktivitäten

Maribo Domkirke KIRCHE
(⌚Mo 9–15, Di–Sa 8–20, So 8–16 Uhr) Die auffallende Domkirche von Maribo liegt direkt am See und hat einen ungewöhnlich breiten, weißen Innenraum. Der Effekt rührt daher, dass Haupt- und Seitenschiff gemeinsam von einem Dach überspannt werden.

Der Bau stammt aus dem 15. Jh. und gehörte früher zu einem größeren Klosterkomplex. Dem Kloster trat Gräfin Leonora Christine (Tochter Christians IV.) 1685 bei, nachdem sie aus ihrer 22-jährigen Gefangenschaft in der Burg von Kopenhagen entlassen worden war. Hier verbrachte sie den Rest ihres Lebens. In ihren bedeutsamen Gefängnistagebüchern schilderte sie ihre Leiden: Ratten und Flöhe in der Zelle, ein lüsterner Wärter und die rachüchtige Königin Sophia Amelia. Die Gruft von Leonora Christine befindet sich in der Domkirche und ist an einem schlicht beschrifteten Grabstein zu erkennen.

Frilandsmuseet Maribo FREILICHTMUSEUM
(www.museumlollandfalster.dk; Meinckesvej 5; Erw./unter 18 J. inkl. Eintritt zum Stiftsmuseum Maribo 60 Kr/frei; ⌚Mai–Sept. Di–So 10–16 Uhr) Ein Freilichtmuseum wie aus dem Bilderbuch! Hier stehen verschiedene Gebäude (Bauernhof, Feuerwache, Windmühle, Molkerei, Schulhaus, Schmiede usw.), die an anderen Orten Dänemarks abgebaut wurden. Im Freien werden historische Spiele angeboten. Das Museum liegt 1 km vom Torvet entfernt nahe dem Campingplatz.

Stiftsmuseum Maribo MUSEUM
(www.museumlollandfalster.dk; Banegårdspladsen 5; Erw./unter 18 J. inkl. Eintritt zum Frilandsmuseet Maribo 60 Kr/frei; ⌚Mi–Sa 12–16 Uhr) Das kleine Museum neben dem Bahnhof zeigt Pfeilspitzen aus der Steinzeit, Wikingerkämme, Glasperlenketten aus der Eisenzeit sowie Kleidung, Spielzeug und Möbel. Mehrere Räume dokumentieren das Leben polnischer Einwanderer, die im 18. Jh. auf den Rübenfeldern und in den Zuckerfabriken in der Region arbeiteten. Die meisten

Lolland

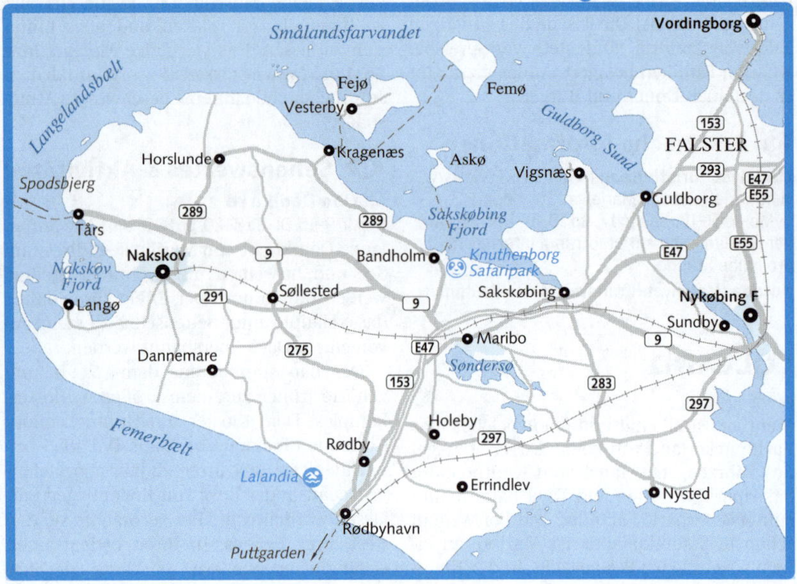

Informationen sind auf Dänisch und auf Deutsch.

Anemonen BOOTSFAHRT
(☎54 78 04 96; hin & zurück nach Borgø Erw./Kind 70/30 Kr) Das gute alte Schiff *Anemonen* kreuzt im Sommer auf dem von Binsen gesäumten, inselreichen See. Auf einigen Touren legt das Schiff in Borgø an. Dort verbirgt sich die Ruine einer Burg aus dem 11. Jh., die während der Bauernaufstände im Mittelalter zerstört wurde. Das Schiff fährt von Mitte Juni bis Mitte September mindestens einmal wöchentlich vor der Domkirche ab (bis zu fünfmal täglich von Anfang Juli bis Mitte August). Fahrpläne gibt es an Bord und bei der Touristeninformation.

Schlafen

Die gut organisierte Touristeninformation vermittelt private EZ/DZ zu 300/500 Kr plus 25 Kr Buchungsgebühr.

Maribo Sø Camping CAMPINGPLATZ, HÜTTEN €
(☎54 78 00 71; www.maribo-camping.dk; Bangshavevej 25; Platz pro Erw./Kind 76/40 Kr; ⏲April–Ende Okt.; 📶) Der 3-Sterne-Platz am Søndersø hat eine tolle Lage mit Blick auf die Domkirche am jenseitigen Ufer. Zur sehr guten Ausstattung zählen Laden, Küche, Waschmaschinen und Fernsehzimmer. Der Platz ist behindertengerecht und liegt 500 m südwestlich der Stadt.

Danhostel Maribo HOSTEL €
(☎54 78 33 14; www.maribo-vandrerhjem.dk; Søndre Blvd 82B; B 130 Kr, EZ/DZ 350/400 Kr; ⏲Feb.–Mitte Dez.; P) Das moderne Hostel mit 96 Betten liegt 2 km südöstlich vom Torvet nahe dem Søndersø. Es gibt einen Uferweg in die Stadt und Fahrradverleih (85 Kr pro Tag).

Ebsens Hotel HOTEL €€
(☎54 78 10 44; www.ebsens-hotel.dk; Vestergade 32; EZ/DZ mit Frühstück 595/795 Kr; P@📶) Die Zimmer sind klein und einfach, aber das freundliche Familienunternehmen punktet mit relativ günstigen Preisen, vor allem für die vier Zimmer ohne Bad. Für junge Familien sind die beiden Apartments mit Miniküche ideal. Rauchen wird hier zwar nicht gern gesehen, aber einige Gäste tun es trotzdem, weswegen die Räume etwas verraucht riechen könnten. Das Hotel hat auch ein Restaurant, das mittags und abends meist dänische Küche serviert.

Essen

Restaurant Svanen INTERNATIONAL €€
(Mittagessen 78–198 Kr, Abendessen 168–220 Kr; ⏲mittags & abends) Das beste Restaurant des

ABSTECHER

FUGLSANG KUNSTMUSEUM

Lollands Kulturlandschaft erhielt einen dringend benötigten Auftrieb, als das **Fuglsang Kunstmuseum** (www.fuglsangkunstmuseum.dk, auf Dänisch; Nystedvej 71; Erw./Kind 70 Kr/frei; ⌚Mai–Aug. tgl. 10–17 Uhr, sonst kürzer) eröffnete. Das weiße, abstrakte Gebäude, von den typischen grünen Feldern Lollands kontrastreich umrahmt, gilt als eines der umfassendsten Museen für regionale Kunst in Dänemark. Die ständige Sammlung besteht aus Gemälden, Zeichnungen und Skulpturen dänischer Künstler von 1780 bis heute. Besonders eindrucksvoll sind die Werke aus dem frühen 20. Jh., darunter Jais Nielsens futuristisches Gemälde *Afgang!* (1918). Das Museum zeigt auch jährlich mehrere Wechselausstellungen und hat ein Café und einen Museumsladen.

Das Fuglsang Kunstmuseum liegt 4,5 km südlich von Sakskøbing, das wiederum 9 km östlich von Maribo liegt.

Ortes im Hotel Maribo Søpark kommt natürlich mit weißen Tischdecken und Uferlage daher. Auf der einfachen Mittagskarte stehen Smørrebrød, Salat, Gourmethamburger, Omelette und Fisch. Das Abendessen ist etwas reichhaltiger, z. B. Pfeffersteaks oder in Weißwein gedünstete Muscheln mit Lauch, Knoblauch und Petersilie.

Panya Thai THAILÄNDISCH €€

(Vesterbrogade 55; Hauptgerichte 84–115 Kr; ⌚abends) In einem Ort mit vorwiegend langweiligen Restaurants sorgt das leckere thailändische Lokal garantiert für Abwechslung. Die Gerichte sind halbwegs authentisch, und es gibt eine ausreichende vegetarische Auswahl.

ℹ Praktische Informationen

In dem klassizistischen Rathaus aus dem 19. Jh. mitten auf dem Torvet befindet sich auch das **Maribo Turistbureau** (☎54 78 04 96; www.visitlolland-falster.com; Rådhuset, Torvet; ⌚Juni–Sept. Mo–Fr 9–17, Sa 9.30–13 Uhr, sonst kürzer), wo es Infos über ganz Lolland und die drei kleinen Inseln Askø, Fejø und Femø vor der Nordküste gibt. Busbahnhof und Bahnhof liegen nördlich des Torvet, etwa fünf Minuten zu Fuß über die Jernbanegade.

Rund um Lolland

KNUTHENBORG SAFARIPARK

Der **Knuthenborg Safaripark** (www.knuthenborg.dk; Knuthenborg Allé, Bandholm; Erw./3–11 J. 180/95 Kr; ⌚Anfang Juli–Anfang Aug. 10–18 Uhr, sonst kürzer), 7 km nördlich von Maribo über die Straße 289, ist der größte Safaripark Nordeuropas und eine der Topattraktionen Dänemarks. Zu den über 1200 wilden Tieren gehören frei umherstreifende Zebras, Antilopen, Giraffen, Nashörner, Kamele und andere exotische Tiere. Das Parkgelände war einst das größte private Anwesen des Landes. Hier befindet sich heute auch ein Arboretum, ein Vogelhaus, eine eingezäunte Tigerzone (in der die Raubtiere dann frei herumlaufen) und ein großer Abenteuerspielplatz.

Bestimmte Parkteile dürfen nur im geschlossenen Auto besucht werden, in anderen kann man aussteigen und die Tiere hautnah erleben.

LALANDIA

Da sich in dem **Vergnügungspark** (www.lalandia.dk; Erw./unter 12 J. 160/100 Kr; ⌚Wasserpark 13–19 Uhr) die größte Badelandschaft Dänemarks befindet, verkauft sich das Lalandia mit der Bezeichnung „Wasserpark" wirklich unter Wert. Es gibt hier nicht nur Hallen- und Freibäder, Wasserrutschen, Whirlpools und eine Wellenmaschine, sondern auch noch einen Strand mit Blauer Flagge, einen Golfsimulator, Bowlingbahnen, ein Fitnesszentrum, diverse Sportplätze, Restaurants, einen Supermarkt, den Indoorspielplatz Monky Tonky Land sowie Kindershows und -diskos. Die meisten Besucher buchen ein mindestens zweitägiges Pauschalprogramm (ab 2250 Kr in der Hauptsaison). Als „Bewohner" haben sie freien Zutritt zu Wasserpark und Indoorspielplatz und proftieren von längeren Öffnungszeiten. Lalandia liegt 5 km nordwestlich des Städtchens Rødbyhavn im Süden der Insel.

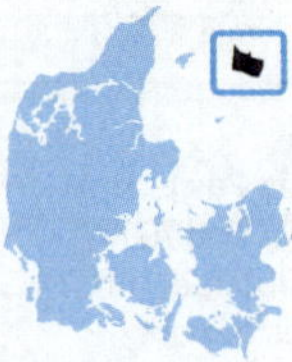

Bornholm

Inhalt »

Rønne 146
Åkirkeby 149
Zentrale Waldgebiete.... 150
Dueodde.......................150
Snogebæk.....................150
Nexø 151
Svaneke.........................152
Gudhjem & Melsted...... 154
Rund um Gudhjem & Melsted 157
Sandvig & Allinge.......... 158
Hammershus Slot......... 160
Hammeren.....................160
Christiansø 160

Gut essen

» Kadeau (S. 149)

» Lassens (S. 158)

» Nord Bornholms Røgeri (S. 159)

» Hallegård (S. 151)

» Jantzens Fristelser (S. 152)

Schön übernachten

» Stammershalle Badehotel (S. 158)

» Byskrivergaarden (S. 158)

» Jantzens Hotel (S. 156)

» Christiansø Gæstgiveriet (S. 161)

» Hotel Romantik (S. 159)

Auf nach Bornholm

Bornholm liegt weit draußen in der Ostsee, 200 km östlich von Kopenhagen, und ist die sonnigste Ecke Dänemarks. Aber es ist nicht nur das (relativ) schöne Wetter, dass so viele Urlauber anlockt. Mutter Natur war wohl besonders gut gelaunt, als sie die „Perle der Ostsee" schuf und ihr hinreißende Kreidefelsen, stille Wälder, schneeweiße Strände und ein reines, ätherisches Licht schenkte, das viele Maler einzufangen versucht haben.

Die Menschen fügten bezaubernde Details hinzu, wie eine mittelalterliche Burgruine, reetgedeckte Fischerdörfer, die *rundkirker* (Rundkirchen) und das moderne Kunstmuseum. Die Keramik- und Glaskünstler der Insel sind in ganz Dänemark bekannt, ebenso wie die traditionellen Räuchereien und hausgemachte Bornholmer Delikatessen. Kein Wunder, dass fast drei Viertel aller Besucher wiederkehren.

Neulinge müssen wissen: Viele Einrichtungen schließen von Oktober bis April (www.bornholm.info).

Reisezeit

Bornholm erwacht von Juni bis Mitte September zum Leben, wenn Ferienattraktionen, Touristeninformationen, Verkehrsmittel und Kulturveranstaltungen auf vollen Touren laufen. Lange Tage und warmes Wetter sind ideal zum Wandern, Radfahren und Baden an den herrlichen Stränden Bornholms. Für Gourmets findet im Juni Dänemarks berühmtester, eintägiger Kochwettbewerb statt, das Sol over Gudhjem.

Außerhalb der Sommermonate geht es geruhsamer zu. Viele Veranstalter, Restaurants und Unterkünfte schränken ihre Öffnungszeiten ein oder schließen ganz. Es versteht sich von selbst, dass im Sommer, besonders im Juli, Unterkünfte frühzeitig gebucht werden sollten.

An- & Weiterreise

Bornholm ist per Flugzeug, per Schiff oder von Schweden aus mit einer Kombination aus Schiff und Bus bzw. Zug zu erreichen.

FLUGZEUG

Cimber Sterling (www.cimber.com) fliegt mehrmals täglich zwischen Kopenhagen und Rønne. Bei frühzeitiger Buchung sind die Preise günstiger.

SCHIFF/FÄHRE

BornholmerFærgens (www.bornholmer faergen.dk) betreibt eine Nachtfähre von Køge, 39 km südlich von Kopenhagen, nach Bornholm. Die Fähre legt täglich um 0.30 Uhr ab und trifft um 6 Uhr ein. Die 266 Kr für eine einfache Fahrt für Erwachsene (Autos kosten 1532 bis 1550 Kr) sind eine gute Investition, da durch die Übernachtung auf der Fähre Zeit gespart wird (eine

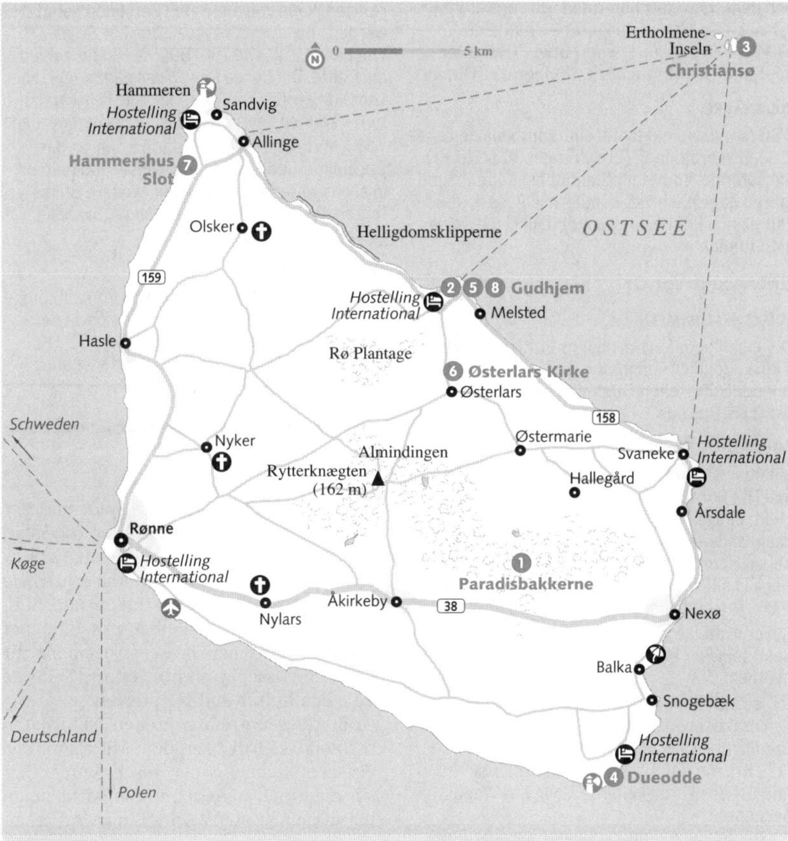

Highlights

1. Frei lebende Hirsche in den Märchenwäldern der **Paradisbakkerne** (S. 150) beobachten
2. Traditionell geräucherten Fisch in einer Bornholmer *røgeri*, Räucherei, z. B. in **Gudhjem** (S. 154), probieren
3. Ein Zeitreise zur entlegenen Inselburg **Christiansø** (S. 160) unternehmen
4. Am weiten Strand von **Dueodde** (S. 150) allerfeinsten Sand durch die Zehen rieseln lassen
5. In der vielen Glasbläsereien und Töpferwerkstätten wie dem bekannten Glasstudio **Baltic Sea Glass** (S. 154) ein Unikat erwerben
6. Von Gudhjem zur eindrucksvollen, weißen **Østerlars Kirke** (S. 157) radeln
7. Die Ruine von **Hammershus Slot** (S. 160) hoch oben auf der Klippe erklettern
8. Dem Wettkampf der Spitzenköche Dänemarks auf dem renommierten Gourmetfest **Sol over Gudhjem** (S. 156) beiwohnen

Koje kostet 259 Kr extra). Nachteil ist die Fahrt nach Køge, die mit dem Zug ab Kopenhagen etwa 30 Minuten dauert.

Informationen zu Fähren aus Deutschland, Schweden und Polen siehe S. 341.

BUS & FÄHRE

Die Busse von **Graahundbus** (www.graahundbus.dk, auf Dänisch) verkehren mehrmals täglich zwischen dem Hauptbahnhof Kopenhagen und dem schwedischen Ystad, wo der Katamaran nach Bornholm ablegt (Erw./Kind 260/130 Kr). Die Busfahrt dauert etwa 70 Minuten, der Katamaran braucht 1¼ Stunden nach Rønne.

ZUG & FÄHRE

DSB (www.dsb.dk) bietet eine kombinierte Zug- & Schiffsverbindung (Erw./Kinder 303/167 Kr) nach Rønne. Vom Hauptbahnhof in Kopenhagen fahren Züge nach Ystad, mit Anschluss an die Fähre nach Rønne. Insgesamt dauert die Reise 3½ Stunden.

Unterwegs vor Ort

VOM/ZUM FLUGHAFEN

Der Inselflughafen Bornholms Lufthavn liegt 5 km südöstlich von Rønne an der Straße nach Dueodde. Zwischen Flughafen und Rønne verkehrt die Buslinie 3.

FAHRRAD

Mit über 230 km Radwegen quer über die ganze Insel ist Bornholm auf Radfahrer bestens eingestellt. Einige Wege folgen ehemaligen Gleisstrecken, andere gehen durch Wälder oder verlaufen neben Hauptstraßen. Von Rønne führen Radwege in alle Richtungen: nach Allinge, Gudhjem, Nexø, Dueodde und in den Almindinger Wald.

Wer nicht die ganze Strecke strampeln will, kann sein Rad für 24 Kr Aufpreis im Bus mitnehmen.

Die Touristeninformation in Rønne verkauft den praktischen deutschsprachigen Führer *Bornholm – Fahrradführer zu Erlebnissen* (129 Kr), der auf 82 Seiten Routen skizziert und Sehenswürdigkeiten entlang des Weges beschreibt.

Fahradverleiher gibt es in den meisten größeren Orten. **Bornholms Cykeludlejning** (⌚Mo–Fr 9.30–17.30, Sa 9–12 & 14–17.30 Uhr) liegt besonders günstig, nämlich neben der Touristeninformation nahe dem Fährhafen in Rønne.

Der Verleih kostet zwischen 50 und 75 Kr pro Tag für Dreigangräder und 70 bis 90 Kr für Mountainbikes. Bei längerer Mietdauer wird es günstiger.

Biking Bornholm (www.biking.dk; Strandvejen 63, Allinge) bietet Fahrradtouren über die Insel an. Sie kosten 3445 Kr pro Person einschließlich Bus/Fähre, Fahrradverleih und Gepäcktransport.

BUS

Bornholms Amts Trafikselskab (BAT; www.bat.dk, auf Dänisch) ist die Busgesellschaft der Insel. Der Fahrpreise richtet sich nach der Anzahl der befahrenen Zonen, am teuersten sind Fahrkarten für alle fünf Zonen. Eine Fahrkarte kostet pro Zone 12 Kr und gilt für beliebige Fahrten in einer Zone von bis zu 30 Minuten. Für jede weitere Zone kommen 15 Minuten Gültigkeit hinzu. Die Mehrfahrtenkarte RaBATkort gilt für zehn Fahrten, kann von mehreren Personen genutzt werden und erspart etwa 20 *øre*. Ein Tages-/Wochenpass kostet 150/500 Kr. Kinder zahlen die Hälfte. Die Busse fahren das ganze Jahr, aber von Oktober bis April seltener. Alle Fahrkartentypen können beim Busfahrer erworben werden.

Von Mitte Mai bis Ende Oktober fahren die Buslinien 7 und 8 rund um die Insel und halten in allen größeren Ortschaften. Weitere Busse fahren direkt von Rønne nach Nexø, Svaneke, Gudhjem und Sandvig.

AUTO & MOTORRAD

Europcar (☎56 95 43 00; www.europcar.com; Nordre Kystvej 1, Rønne) befindet sich an der Tankstelle Q8 und vermietet Autos ab 500 Kr pro Tag und Motorroller. Im Flughafen gibt es eine Filiale.

Rønne

13 900 EW.

Rønne ist Bornholms größte Stadt und der wichtigste Anlaufhafen für Fähren von Ystad in Schweden und Køge in Dänemark. Das Städtchen hat einige kleine Museen sowie eine Altstadt mit Pflasterstraßen und hübschen, einstöckigen Wohnhäusern. Es eignet sich mehr für einen Zwischenstopp als für großes Sightseeing und bietet auch einiges in Sachen Kultur und Nachtleben.

Der rings um einen großen Naturhafen entstandene Ort ist seit dem Mittelalter das Wirtschaftszentrum der Insel. Seither hat sich die Stadt ausgedehnt. Sie wirkt heute eher wie ein großer Vorort. Einige gut erhaltene Viertel lohnen einen Rundgang, etwa die alten Wohngebiete westlich des Store Torv. Besonders schön sind die **Laksegade** und die **Storegade**.

Sehenswertes & Aktivitäten

Bornholms Museum MUSEUM
(www.bornholmsmuseum.dk; Sankt Mortensgade 29; Erw./Kind inkl. Eintritt zu Hjorths Fabrik & Erichsens Gaard 70 Kr/frei; ⌚Juli & Aug. 10–17 Uhr, sonst kürzer) Das Museum zeigt prähistorische Funde wie Waffen, Werkzeug und Schmuck. Es besitzt eine erstaunlich umfassende und

Rønne

abwechslungsreiche Sammlung zur Inselgeschichte, darunter interessante Gegenstände aus der Wikingerzeit. Die gute Meeresabteilung ist wie das Innere eines Schiffes gestaltet. Zu allerlei naturkundlichen Sammlungen kommen alte Spielsachen, römische Münzen, Keramik und Gemälde.

Hjorths Fabrik MUSEUM, KERAMIKATELIER
(www.bornholmsmuseum.dk/hjorths; Krystalgade 5; Erw./Kind inkl. Eintritt zu Bornholms Museum & Erichsens Gaard 70 Kr/frei; ⏲Museum Juli & Aug. tgl. 10–17 Uhr, sonst kürzer, Studio Mitte Mai–Ende Okt. Mo–Fr 10–16 Uhr) Teil des Keramikmuse-

Rønne

Sehenswertes

1 Bornholms Forsvarsmuseet B5
2 Bornholms Museum C2
3 Erichsens Gaard B1
4 Hjorths Fabrik B2
Zitadelle .... (s. 1)

Schlafen

5 Danhostel Rønne C5

Essen

6 Jensen's Bageri.................................. B2
7 Poul P.. B1

ums ist eine Werkstatt, und den meisterlichen Töpfern dabei zuzuschauen, wie sie aus Lehm wunderschöne Kunstobjekte modellieren, ist die eigentliche Sensation. Vorne im Laden, der keinen Eintritt kostet, werden hochwertige, zum Teil auch recht teure Objekte verkauft. Einige wurden von Mitgliedern der vierten Generation der Familie Hjorth gefertigt, der die Fabrik früher gehörte.

Bornholms Forsvarsmuseum MUSEUM
(Verteidigungsmuseum; www.bornholmsforsvarsmuseum.dk, auf Dänisch; Kastellet; Erw./Kind 40 Kr/frei; ⌚Mitte Mai–Sept. Di–Sa 10–16 Uhr) Das Forsvarsmuseum ist in einer Zitadelle aus dem 17. Jh. südlich der Stadt untergebracht. Es besitzt eine ansehnliche Sammlung von Waffen sowie Bomben und Uniformen, bietet aber nur knappe Auskünfte über den historischen Hintergrund. Kurze Infos in Englisch sind an der Kasse erhältlich. Besonders umfassend sind die Ausstellungen über die Besetzung der Insel durch die Nazis und die sowjetische Bombardierung von Rønne und Nexø Ende des Zweiten Weltkriegs.

LP TIPP **Nylars Kirke** KIRCHE
(Kirkevej 17; ⌚7–18 Uhr) Die hübsche Nylars Kirke wurde 1150 erbaut und ist die am besten erhaltene und am einfachsten zu erreichende Rundkirche in der Umgebung von Rønne. Die Mittelsäule zieren wunderbare Fresken aus dem 13. Jh. mit Szenen aus der Schöpfungsgeschichte, darunter die Vertreibung von Adam und Eva aus dem Paradies. Das Rundschiff umfasst drei Stockwerke, von denen das oberste im Mittelalter als Ausguck und zur Verteidigung diente.

Am Hauptportal innen stehen zwei der 40 Runensteine Bornholms (Gedenksteine mit Inschriften aus der Wikingerzeit).

Die Kirche steht 8 km von Rønne entfernt an der Straße nach Åkirkeby und ist mit der Buslinie 6 in 15 Minuten zu erreichen. Von der Haltestelle bei dem Geschäft Dagli Brugsen sind es via Kirkevej 350 m nach Norden. Auch der Radweg Rønne–Åkirkeby führt an der Kirche vorbei.

Erichsens Gaard MUSEUM, HISTORISCHES GEBÄUDE
(www.bornholmsmuseer.dk/erichs; Laksegade 7; Erw./Kind inkl. Bornholms Museum & Hjorths Fabrik 70 Kr/frei; ⌚Juli & Aug. 10–17 Uhr, sonst kürzer) Freunde des frühen 19. Jhs. können in den historisch möblierten Zimmern des Kaufmannshauses von 1806, das an einer entzückenden gepflasterten Straße liegt, bürgerliche Atmosphäre schnuppern.

Schlafen

Die Touristeninformation reserviert gebührenfrei Privatzimmer in Rønne (EZ/DZ 225/400 Kr).

Skovly Hotel B&B €€
(☎56 95 07 84; www.hotel-skovly.dk; Nyker Strandvej 40; EZ/DZ 555/850 Kr; ⌚Zi. März–Sept, Apt. Mai–Sept; P) Das bildschöne Landhaus-B&B liegt 5 km außerhalb der Stadt in einem Waldschutzgebiet dicht an einem herrlichen Strand. Alle Zimmer haben eine eigene Terrasse und einen eigenen Eingang. Die drei Apartments mit Küche (4500 bis 600 Kr pro Woche) sind ideal für Familien oder Gruppen, die sich selbst versorgen wollen.

Radisson Blu Fredensborg Hotel HOTEL €€
(☎56 90 44 44; www.bornholmhotels.dk; Strandvejen 116; EZ/DZ 1075/1225 Kr; P@) Das Fredensborg liegt am Südrand von Rønne auf einer hübschen Anhöhe mit Blick auf wellenumtoste Felsen. Die 72 komfortablen Zimmer, alle mit Meerblick, sind im klassisch skandinavischen Stil des 20. Jhs. eingerichtet (manche hätten allerdings eine Überholung nötig). Einige haben ziemlich kleine Badezimmer im 70er-Jahre-Stil, ein paar sind rollstuhlgerecht. Es gibt auch eine Sauna und einen Tennisplatz.

Galløkken Camping CAMPINGPLATZ, HÜTTEN €
(☎56 95 23 20; www.gallokken.dk; Strandvejen 4; Erw./Kind pro Tag 69/35 Kr; ⌚Mai–Aug.; P) Der gut ausgestattete, familienorientierte Campingplatz gut 1 km südlich der Stadt vermietet auch Holzhütten mit vier Betten (ab 550 Kr pro Tag) und verleiht Fahrräder (70 Kr pro Tag).

Danhostel Rønne HOSTEL €
(☎56 95 13 40; www.danhostel-roenne.dk; Arsenalvej 12; B/EZ/DZ 150/300/420 Kr; ⌚April–Mitte Okt.; P) Das gut geführte Hostel mit 140 Betten und gepflegtem Garten liegt abgeschieden nahe dem Campingplatz Galløkken. Die Schlafsäle sind klein und sauber, aber etwas unpersönlich.

Essen

Rønne hat eine leidliche Auswahl an Restaurants und Cafés und es gibt viele billige Fastfood-Lokale.

Poul P DÄNISCH €€
(www.restaurantpoulp.dk, auf Dänisch; Store Torvegade 29; Mittagessen 75–138 Kr, Abendessen 148–218 Kr; ⌚mittags & abends;) Das lässig-schicke Café-Restaurant ist eines der

besseren Lokale in Rønne. Es gehört dem Künstler Poul P, dessen verspielte, kindliche Figuren die weiß gestrichenen Holzwände schmücken. Mittags sind die Speisen einfach und frisch (Sandwich mit Räucherlachs und Salat) und lokal orientiert, wie bei der Tapasplatte mit Bornholmer Spezialitäten. Die Abendgerichte sind etwas aufwendiger, aber nicht immer überwältigend.

Jensen's Bageri BÄCKEREI €
(Snellemark 41; Minipizza 15 Kr, Gebäck 10 Kr; ⌚Mo–Fr 6.30–17.30, Sa bis 13 Uhr) Die kleine Bäckerei gegenüber der zentralen Bushaltestelle verkauft Minipizzas, Wurstbrötchen und Gebäck. Alles kann vor Ort gegessen oder mitgenommen werden.

Praktische Informationen

Bornholms Centralsygehus (☎56 95 11 65; Sygehusvej 9) Das Inselkrankenhaus liegt am Südrand der Stadt.

Nordeabank (Store Torv 18)

Post (Lille Torv 18; ⌚Mo–Fr 10–17, Sa 9.30–12 Uhr)

Bibliothek (Pingels Allé; ⌚Mo & Di 10–19, Mi–Fr bis 18, Sa bis 14 Uhr) Kostenloser Internetzugang.

Touristeninformation (Bornholms Velkomstcenter; ☎56 95 95 00; www.bornholm.info; Nordre Kystvej 3; ⌚Ende Juni–Anfang Aug. Mo–Fr 9–18, Sa 7.30–18, So 9–18 Uhr, sonst kürzer) Die große, freundliche Information ein paar Gehminuten vom Hafen hat massenhaft Infomaterial zu ganz Bornholm und Christiansø.

Åkirkeby

2100 EW.

Åkirkeby liegt im Binnenland und ist eine Mischung aus alten Fachwerkhäusern und neueren, eher langweiligen Wohnhäusern.

Die Touristeninformation, der Parkplatz und ein paar einfache Speiselokale befinden sich östlich der Kirche in der Jernbanegade. Marktplatz, Postamt und Bank liegen 150 m östlich der Touristeninformation.

Sehenswertes

NaturBornholm MUSEUM
(www.naturbornholm.dk; Grønningen 30; Erw./5–11 J./unter 5 J. 95/50 Kr/frei; ⌚April–Okt. 10–17 Uhr) Das interaktive Museum schildert spannend Geologie und Biologie der Insel seit Anbeginn der Zeiten. Es steckt voller interessanter Fakten, umgesetzt in bildhafte Darstellungen. Das Erlebniszentrum in einem Bau des bekannten Architekten Henning Larsen (der auch das Opernhaus und das Dansk Design Center in Kopenhagen entworfen hat) ist eine Hauptattraktion der Insel, besonders für Familien. Passenderweise steht es genau auf einer Bruchlinie zwischen dem Sandstein im Süden Bornholms und dem Gneiss und Granit im Norden.

Aa Kirke KIRCHE
(Nybyvej 2; ⌚Mo–Sa 10–16 Uhr) Seinen Namen verdankt Åkirkeby seiner bedeutendsten Sehenswürdigkeit, der **Aa Kirke**. Der romanische Steinbau aus dem 12. Jh. erhebt sich auf einer Anhöhe mit Blick über Äcker und Wiesen. Es ist die größte Kirche auf Bornholm, da die Inselbewohner sie wegen der Lage an einer Wegkreuzung leicht erreichen konnten. Zu ihren zahlreichen kunsthistorischen Schätzen zählt ein Taufbecken aus dem 13. Jh. mit biblischen Szenen und Runeninschrift. Altar und Kanzel stammen von etwa 1600. Einen tollen Panoramablick auf den Ort hat man von dem 22 m hohen Glockenturm aus. Kopf einziehen, die Decke im Treppenhaus ist sehr niedrig.

Vingården WEINGUT
(www.a7.dk, auf Dänisch; Søndre Landevej 63, Pedersker; ⌚Juni–Sept. 11–17 Uhr, Mai–Okt. So–Fr 11–17 Uhr) Doch ja, in Vingården auf Bornholm wird tatsächlich Wein gekeltert. Es ist, ehrlich gesagt, ein ziemlich gewöhnlicher Rotwein, für den Sammler aber trotzdem über 1000 Kr zahlen. Die Obstbrände sind viel besser. Vingården liegt 3 km südöstlich von Åkirkeby.

Essen

LP TIPP **Kadeau** MODERN DÄNISCH €€€
(☎56 97 82 50; www.kadeau.dk; Baunevej 18; Mittagessen 150–225 Kr, 3-/4-/5-/8-Gänge-Abendmenü 450/550/575/800 Kr; ⌚Ostern–Mitte Okt.) Das Kadeau hat sich zu einem der spannendsten und innovativsten Restaurants in Dänemark gemausert. Die Speisen basieren auf der kreativen Verarbeitung nordischer Produkte und selbstgesammelter Zutaten, wie Wildkräutern vom nahen Strand und Wald. Die Mittagsauswahl ist klein, aber genial, wie gesalzener und gebackener Kabeljau mit Räucherkäse und Römersalat mit Gurkenmalz und Kirschessig. Die Vollendung ist jedoch das Abendessen: Gerichte wie in Zucker gepökelte Jakobsmuscheln in Kamillenmilch mit eingelegtem Sellerie lassen einen schwach werden. Angesichts der Qualität des Essens, des Service und des Blicks auf die Ostsee ist das Kadeau gar nicht mal so teuer. Achtung: Die

Adresse lautet zwar Åkirkeby, das Restaurant liegt aber 8 km südöstlich des Orts direkt am Strand. Reservierung ist ein Muss.

Zentrale Waldgebiete

Ein Fünftel von Bornholm ist bewaldet, womit die Insel Dänemarks waldreichster Bezirk ist. Buchen, Tannen, Fichten, Hemlocktannen und Eichen überwiegen. Die drei größten Waldgebiete sind durch einen Radweg verbunden und jedes ist von Wanderwegen durchzogen (kostenlose Wanderkarten in den Touristeninformationen).

Almindingen, mit 2421 ha das größte Waldgebiet aus Bornholm, liegt in der Mitte der Insel, nördlich von Åkirkeby. Hier befindet sich der höchste Punkt der Insel, der 162 m hohe **Rytterknægten** mit dem Aussichtsturm Kongemindet.

In den **Paradisbakkerne** (Paradieshügeln), 2 km nordwestlich von Nexø, gibt es Rotwild und einen Wanderweg, der an einem riesigen, alten Grabstein vorbeiführt. 5 km südwestlich von Gudhjem liegt die **Rø Plantage** mit heidebewachsenen Hügeln und Wäldern.

Dueodde

Dueodde, der südlichste Punkt Bornholms, ist ein atemberaubender Strand, gesäumt von dunkelgrünen Kiefern und Sanddünen. Sein weicher Sand ist so feinkörnig, dass er früher für Sanduhren und als Streusand zum Tinte löschen verwendet wurde.

Eine richtige Ortschaft gibt es nicht. Der Bus hält einfach am Ende der Straße, wo ein Hotel, ein Restaurant und einige Imbissbuden stehen. Ein „schwimmender" Pontonpfad führt durch das Marschland bis zum Strand. Einzige Sehenswürdigkeit ist der **Leuchtturm** westlich der Dünen. Wer die 197 Stufen emporsteigt, kann einen Blick über endlose Sand- und Wasserflächen genießen.

Der **Strand** von Dueodde ist ideal für Kinder: Das Wasser ist meistens ruhig und so seicht, dass ein Erwachsener erst nach etwa 100 m schwimmen kann. Im Juli und August ist der Strandzugang oft ziemlich überfüllt, doch etwas weiter links oder rechts findet jeder ein ruhiges Plätzchen.

Schlafen

Dueodde Badehotel APARTMENTS €€
(☎56 95 85 66; www.dueodde-badehotel.dk; Sirenevej 2; DZ für 3 Nächte 2184–3744 Kr, Apt. für 3 Tage 1760–3735 Kr; P WLAN) Die schicken, modernen Apartments im Ikea-Stil, 150 m vom Strand, haben Terrassen oder Balkone mit Blick auf den hübschen Garten. Sie bieten Platz für zwei bis fünf Personen und sind daher besonders für Familien geeignet. In der Anlage gibt es auch Doppelzimmer, und solche mit Terrasse oder Balkon sind auch mit Sofa und Kochnische ausgestattet. Zur Anlage gehören eine Münzwäscherei, ein Tennisplatz und eine Sauna.

Dueodde Vandrerhjem & Camping Ground HOSTEL, CAMPINGPLATZ €
(☎20 14 68 49; info@dueodde.dk; Skrokkegårdsvejen 17; Hostel EZ/DZ 225/375 Kr, Camping pro Erw./Kind 67/37 Kr, Zelt 30–40 Kr; ⏲Mai–Okt; P Pool) Der moderne Platz am Strand liegt zehn Gehminuten östlich der Bushaltestelle. Mit dem Auto ist er über die Hauptstraße zu erreichen. Vermietet werden auch nette, mit Fichtenholz verkleidete Hütten/Apartments, die 3000 Kr pro Woche für zwei Personen kosten. Es gibt ein Hallenbad.

Essen

Am Ende der Straße gegenüber der Bushaltestelle stehen ein paar Buden, die Eis, Hotdogs und Snacks verkaufen.

Dueodde Diner & Steakhouse INTERNATIONAL €€
(Fyrvej 5; kleine Mahlzeiten 52–99 Kr, Hauptgerichte 99–179Kr) Ein kleines Stück Amerika wartet hier, samt Hamburger, Clubsandwiches, Nachos und Steak. Wie der Name schon sagt, gibt es hier hauptsächlich Fleisch.

Snogebæk

736 EW.

Snogebæk ist ein idyllisches Küstendorf mit einem hübschen, weiten Strand. Auf der Fahrt mit Auto oder Rad zwischen Nexø und Dueodde lohnt sich ein Abstecher. **Kjærstrup Chocolate By Hand** (www.kjaerstrup.dk, auf Dänisch; Hovedgade 9; ⏲10–17 Uhr) direkt im Ort macht mit himmlischen Schokokreationen Naschkatzen glücklich (und Zahnärzte reich). Probierenswert sind die göttlichen Trüffel und *flødebolle* (die dänische Version von Schokoküssen mit süßer Eiweißcreme und knackiger Schokoladenhülle).

Direkt am Wasser, am Südende des Havnevej, und die Hovedgade weiter hinunter sind ein paar Geschäfte, die Kleidung und qualitätsvolle, preiswerte mundgeblasene Glaswaren verkaufen. Auf der Hovedgade

ABSTECHER

HALLEGÅRD

Die Feinkostfleischerei Hallegård (☎56 47 02 47; www.hallegaard.dk, auf Dänisch; Aspevej 3, Østermarie; Tapasplatte 80 Kr; ⏲Juli tgl. 10–19 Uhr, Aug. Mo–Sa 11–17 Uhr, sonst Mo–Fr 11–17 Uhr) mag Touristen unspektakulär erscheinen, von den Dänen, die lokale Produkte schätzen, wird sie geliebt. Sogar Spitzenköche in Kopenhagen beziehen ihre Wurstwaren von dem idyllischen Bauernhof 8 km südwestlich von Svaneke. Geleitet wird der Betrieb von dem freundlichen Jørgen Toft Christensen, seiner Frau Lis Frederiksen und ihrer Familie. Sie haben sich mit ihren traditionellen und modernen Wurstkreationen einen ziemlich guten Ruf erworben. Ein Klassiker ist die Ritawurst aus Schwein, Rind, Kirschwein und getrockneten Zwiebeln. Jørgens Schwiegersohn Christian bezeichnet sie als Hallegårds „politische Wurst", denn sie ist nach der Frau eines ehemaligen Landwirtschaftsministers benannt. Von ihr stammt das Rezept und hin und wieder schaut sie zu einer „Qualitätskontrolle" vorbei.

Insgesamt produziert Hallegård um die 30 Wurstarten, von denen einige in traditionellen Ziegelöfen geräuchert werden. Der Räucherprozess für den kaltgeräuchterten Schinken, eine Art Bornholmer Prosciutto, dauert sechs Monate, wobei die Schinken in ehemaligen Bunkern aus dem Zweiten Weltkrieg in der Umgebung abgehangen werden.

Appetit bekommen? Das hauseigene Deli-Café serviert eine Wurstplatte nach Wahl. Mit einem Glas des recht guten Hausweins (40 Kr) kombiniert ist das ein typisch Bornholmer Imbiss.

Zu erreichen ist der Hof von Svaneke aus über die Korshøje nach Südwesten, dann an der T-Kreuzung rechts auf den Ibskervej, dann links auf den Lyrsbyvej (auf das Schild „Gårdbutik" achten) und schließlich wieder links in den Aspevej. Die Öffnungszeiten können sich in der Nachsaison ändern, also besser vorher anrufen.

ist auch eine gute **Räucherei** (Hovedgade 6; Büfett 108 Kr; ⏲12–20 Uhr), wo es außer Räucherfisch weitere Spezialitäten und kaltes Bier gibt. Rechts daneben ein weiteres Ziel für Genussmenschen: Das hausgemachte Bioeis von **Boisen Is** (www.boisen-is.dk, auf Dänisch; Hovedgade 4; 2 Kugeln 30 Kr; ⏲Juni–Aug. 11–19 Uhr) ist genauso gut wie sein Ruf.

Am Ende der Straße sind häufig Wanderenten und andere Wasservögel zu beobachten. Wer etwas mehr von der Gegend sehen will oder Kalorien verbrennen muss, kann dem Küstenpfad am Strand entlang Richtung Norden folgen.

Nexø

3760 EW.

Nexø (Neksø) ist der zweitgrößte Ort auf Bornholm und – wie Rønne – gleicht es seine spärlichen Reize mit viel Betriebsamkeit aus. Es besitzt einen großen, modernen Hafen, in dem Fischer ihren Fang anlanden. Ort und Hafen wurden nach den Bombenangriffen der Sowjets im Zweiten Weltkrieg neu aufgebaut. Auch wenn Nexø nicht an Touristenorte wie Gudhjem und Svaneke heranreicht, ist es doch ein paar pittoreske Ecken.

Sehenswertes & Aktivitäten

Nexø Museum MUSEUM
(Havnen 2; Erw./Kind inkl. Eintritt zum Haus von Martin Andersens Nexø 40/15 Kr; ⏲Ende Mai–Ende Okt. Mo–Fr 10–16 Uhr, Ende Juni–Ende Aug. auch Sa 10–14 Uhr) Das bescheidene, aber liebevoll eingerichtete Nexø Museum in einem schönen Sandsteingebäude von 1796 zeigt originelle Stücke zur Vergangenheit des Städtchens. Dazu gehören neben Aufnahmen aus der Zeit vor der Bombardierung im Zweiten Weltkrieg auch Soldatenhelme der Nazis und Russen. Vergleichbare Raritäten sind einige Kanonen, historische Toilettenartikel und ein 150 kg schwerer Taucheranzug aus Pionierszeiten.

Haus von Martin Andersen Nexø MUSEUM
(Ecke Andersen Nexøvej & Ferskeøstræde; Erw./Kind inkl. Eintritt ins Nexø Museum 40/15 Kr; ⏲Mo–Fr 10–16 Uhr, Juli & Aug. auch Sa 10–14 Uhr) In diesem Haus verbrachte der Autor des Romans *Pelle, der Eroberer* (Verfilmung 1988 mit dem Oskar ausgezeichnet) seine Kindheit. Es steht im Süden des Orts und zeigt Fotos sowie einige Briefe und andere Erinnerungsstücke.

Sommerfugle og Tropeland NATURRESERVAT
(Schmetterlinge & Tropenhaus; www.sommerfugleparken.dk; Gammel Rønnevej 14; Erw./Kind 75/65 Kr; ⏲Ende April–Ende Okt. 10–17 Uhr) Im Som-

merfugle og Tropeland am Rand von Nexø herrscht Dschungelklima, in dem sich über 1000 farbenfrohe Schmetterlinge tummeln.

Balka STRAND

Im Zentrum von Nexø wird die Küste zwar industriell genutzt, aber 2 km südlich liegt das beliebte Badegebiet Balka mit einem sanft gebogenen, weißen Sandstrand.

Schlafen

Da die Strände außerhalb des Ortes wesentlich schöner sind, übernachtet kaum jemand direkt in Nexø.

Hotel Balka Søbad HOTEL €€

(☎56 49 22 25; www.hotel-balkasoebad.dk; Vester Strandvej 25; Zi. 570–780 Kr; ⌚Ende April–Sept.; P@) Das Hotel mit 106 geräumigen Zimmern in diversen zweistöckigen Gebäuden besitzt einen eigenen Badestrand. Die Einrichtung erinnert ein wenig an die späten 70er Jahre, aber die Zimmer sind nett und sauber und mindestens mit zwei Einzelbetten, einem Sofabett, Balkon und Kochnische ausgestattet. Manche haben sogar ein zweites Schlafzimmer. Ein Tennisplatz, eine Bar und ein Restaurant gehören zum Hotel.

Hotel Balka Strand HOTEL €€

(☎56 49 49 49; www.hotelbalkastrand.dk; Boulevarden 9; EZ 750–850 Kr, DZ 950–1050 Kr, Apt. pro Woche 5950–7875 Kr; P) Das Hotel, nur 200 m vom Strand, vermietet Doppelzimmer und freundliche Apartments, alle modern eingerichtet. Zusätzliche Angebote sind Sauna, Pool, Bar und Restaurant.

Essen

Jantzens Fristelser DÄNISCH, INTERNATIONAL €€

(www.jantzensfristelser.dk; Havnen 4A; Mittagessen 85–125 Kr, 2-/3-Gänge-Abendmenü 335/380 Kr; ⌚Mo–Sa mittags & abends, Sept.–Mitte Dez. So & Mo geschl.) Die Portionen mögen manchmal etwas klein sein, aber Fans hochwertiger, saisonaler Speisen werden von dem Uferrestaurant auf keinen Fall enttäuscht sein. Die Mittagsgerichte sind einfach aber lecker, z. B. hausgeräucherter Lachs mit Salat oder gebratener Hering mit Cidre, Kräutern und Apfel. Am Abend gibt es eine kleine, elegante Auswahl anspruchsvollerer Gerichte je nach Saison, wie Perlhuhnbrust gefüllt mit Basilikum, getrockneten Tomaten und Kalbsspeck. Die Besitzer legen Wert auf lokale Bioprodukte; Vegetarier haben es hier jedoch nicht leicht.

Kvickly SUPERMARKT €

(Købmagergade 12; ⌚Mo–Fr 9–19, Sa 9–16, So 10–16 Uhr) Wer lieber am Strand picknickt, bekommt alles, was er braucht, in diesem Supermarkt mit Bäckerei und Feinkostabteilung bei der Bushaltestelle im Zentrum der Stadt.

Praktische Informationen

Banken gibt es am Torvet, dem Platz gleich südlich der Touristeninformation.

Nexø-Dueodde Turistbureau (☎56 49 70 79; www.bornholm.info; Sdr Hammer 2G; ⌚Mo–Fr 10–17 Uhr, Mai–Aug. auch Sa 9–14 Uhr) Das hilfsbereite Team im Tourismusbüro gegenüber der zentralen Bushaltestelle hat Infomaterial zu Nexø, Snogebæk, Svaneke und Dueodde.

Svaneke

1100 EW.

Svaneke ist ein schnuckeliges Hafenstädtchen mit roten Ziegeldächern und Häusern aus dem 19. Jh. Es ist weithin bekannt, da es seinen historischen Charakter bewahrt hat, und bei Skippern wie Landurlaubern gleichermaßen beliebt. Die hübsche Hafenfront säumen senfgelbe Fachwerkhäuser, in denen früher Kaufleute lebten, und die heute teilweise zu Hotels oder Restaurants umfunktioniert sind. In Svaneke befindet sich die bekannteste Räucherei der Insel sowie eine Brauerei, beide sehr empfehlenswert.

Sehenswertes & Aktivitäten

Glastorvet KUNSTHANDWERK

Wer sich für Kunsthandwerk interessiert, findet in der Stadt mehrere Töpfereien und Handarbeitsläden. **Glastorvet** im Zentrum hat eine Werkstatt, in der Besucher zuschauen können, wie aus orange glühender Glasschmelze kristallklare Kunstwerke entstehen.

Svaneke Kirke KIRCHE

Um die Svaneke Kirke, ein paar Gehminuten südlich des Stadtplatzes Svaneke Torv, stehen ein paar interessante historische Gebäude. Die Kirche besitzt einen Runenstein und stammt von 1350, wurde aber in den 1880er-Jahren stark umgebaut.

Windmühlen HISTORISCHE GEBÄUDE

In der östlichsten Stadt Dänemarks weht eigentlich immer Wind, sie hat daher einige Windmühlen. Im Nordwesten stehen eine alte **Bockwindmühle** (bei der sich das

Svaneke

ganze Mühlengebäude in Windrichtung dreht) und eine **Holländische Windmühle**. Daneben erhebt sich ein ungewöhnlicher dreiseitiger **Wasserturm** des Architekten Jørn Utzon, der durch den Bau des Opernhauses von Sydney berühmt wurde. Im Dorf **Årsdale**, an der Hauptstraße 3 km südlich von Svaneke, ist noch eine Windmühle in Betrieb und verkauft Mehl.

Svaneke

Highlights
Glastorvet C3

Sehenswertes
1 Holländische Windmühle A2
2 Bockwindmühle A1
3 Svaneke Kirke C3
4 Wasserturm A1

Schlafen
5 Hotel Siemsens Gaard C2

Essen
6 Bryghuset B2
7 Dagli Brugsen C2
Hotel Siemsens Gaard .... (s. 5)
8 Røgeriet i Svaneke C1
Svaneke Chokoladeri .... (s. 6)

Schlafen

Hotel Siemsens Gaard HOTEL €€
(☎56 49 61 49; www.siemsens.dk; Havnebryggen 9; EZ 760–910 Kr, DZ 1125–1450 Kr; ⏲Jan. & Feb. geschl.; P@) Die schlichten Zimmer des Hafenhotels sind ohne Schick aber komfortabel und mit Kühlschrank und Bad ausgestattet (einige Doppelzimmer haben sogar eine Kochnische). Schöner sind die Zimmer im alten Trakt, einem Fachwerkbau aus der Mitte des 17. Jhs. Der Service ist freundlich und die Gäste können Fahrräder für 70 Kr pro Tag mieten.

Hullehavn Camping CAMPINGPLATZ €
(☎56 49 63 63; www.hullehavn.dk, auf Dänisch; Sydskovvej 9; Camping pro Erw./Kind 72/36 Kr; ⏲Mitte April–Mitte Sept.; @) Von zwei Campingplätzen in Svaneke hat dieser 3-Sterne-Platz hat die schönere Lage und einen eigenen Sandstrand. Er liegt knapp 400 m südlich des Danhostel Svaneke.

Danhostel Svaneke HOSTEL €
(☎56 49 62 42; www.danhostel-svaneke.dk, auf Dänisch; Reberbanevej 9; Zi. 440–490Kr; ⏲April–Okt.; P) Ein einfaches, modernes Hostel mit Flachdach, 1 km südlich des Zentrums von Svaneke.

Essen & Ausgehen

Røgeriet i Svaneke RÄUCHEREI €€
(www.roegerietsvaneke.dk; Fiskergade 12; Verkauf an der Theke 30–90 Kr; Mitte–Ende Juli 9–20.30 Uhr, Anfang Juli bis 19.30 Uhr, Juni & Anfang Aug. bis 18.30 Uhr, sonst kürzer) Die lange Ladentheke bietet eine verlockende Auswahl an köstlichen Räucherwaren wie Forelle, Lachs, Hering sowie Garnelen, Fischfrikadellen, Smørrebrød und leckere *frikadeller* (dänische Fleischbällchen). Drinnen hat man einen Blick auf die schwarzen Türen der Räucheröfen, draußen im Hof auf alte Kanonen. Die Räucherei liegt nördlich des Zentrums am Ende der Fiskergade nahe dem Wasser.

Bryghuset KNEIPE €€
(www.bryghuset-svaneke.dk; Torv 5; Mittagessen 59–119 Kr, 2-/3-Gänge-Abendmenü 209/259 Kr, mittags & abends) Das Brauhaus ist landesweit für sein ausgezeichnetes Bier bekannt. Das Lokal ist eines der beliebtesten auf der Insel und serviert herzhafte Kneipenkost. Eine Bierprobe mit drei Sorten kostet 45 Kr.

Hotel Siemsens Gaard DÄNISCH €€
(www.siemsens.dk; Havnebryggen 9; Mittagessen 68–198 Kr, Abendessen 198–258 Kr) Die Terrasse am Hafen ist an sonnigen Tagen der ideale Platz für's Mittagessen. Die Küche verwendet hauptsächlich lokale Produkte und liefert leckere Gerichte, wie appetitlich angerichtetes Smørrebrød, geräucherten und marinierten Lachs sowie reichhaltigere Fisch- und Fleischgerichte.

Svaneke Chokoladeri SCHOKOLADE €
(Torv 5; 3 Schokotrüffel 30 Kr; 10–17 Uhr) Im Eingang zum Bryghuset hat einer der besten Schokoladenhersteller Bornholms seinen kleinen Laden. Die göttlichen Schokokreationen wie die schmackhafte weiße Schokolade, Kokos- und Limonentrüffel und die typisch Bornholmer *stout øl*-Trüffel mit Schwarzbier werden alle frisch im Haus hergestellt.

Nahe dem Torv befindet sich der Supermarkt **Dagli Brugsen** (Mo–Fr 8–19, Sa & So bis 15 Uhr).

Praktische Informationen

Nordeabank (Nansensgade 5)

Post (Nansensgade 11) Im Supermarkt Dagli Brugsen.

Svaneke Turistbureau (56 49 70 79; Peter F Heerings Gade 7; Juni–Aug. Mo–Fr 10–16 Uhr)

Gudhjem & Melsted

724 EW.

Gudhjem ist zweifellos der attraktivste Hafenort auf Bornholm. An der breiten Hauptstraße überragt eine gedrungene Windmühle die Fachwerkhäuser und die Gassen, die hinab zum hübschen Hafen führen. Der Ort ist ein guter Ausgangspunkt, um die Insel zu erkunden. Er bietet Rad- und Wanderwege, gute Busverbindungen, günstige Unterkünfte, eine Auswahl von Restaurants und Fähren nach Christiansø.

Außerdem eignet sich Gudhjem zum Bummeln und um die Atmosphäre des Hafens zu genießen. Der oskargekrönte Film *Pelle, der Eroberer* nach dem Roman des Bornholmer Schriftstellers Martin Andersen Nexø (s. S. 151) wurde hier gedreht.

Sehenswertes & Aktivitäten

Der Ort selbst hat zwar nur Felsküste, doch 1 km südöstlich, bei Melsted, liegt ein kleiner **Sandstrand**. Ein 4 km langer **Radweg** führt nach Süden zur **Østerlars Kirke** (S. 157), die mit ihren dicken Mauern und mächtigen Pfeilern die stattlichste Rundkirche auf der Insel ist.

LP TIPP **Oluf Høst Museum** KUNSTMUSEUM
(www.ohmus.dk; Løkkegade 35; Erw./Kind 75/35 Kr; April & Mai Di–So 11–17 Uhr, Juni–Sept. tgl. 11–17 Uhr) Das wunderbare Museum zeigt die Arbeitsräume und Gemälde von Oluf Høst (1884–1966), einem bekannten Bornholmer Künstler. Es befindet sich in dem Haus, in dem Oluf von 1929 bis zu seinem Tod lebte. Im wunderschönen Garten wartet eine kleine Hütte mit Papier, Farben und Stiften auf kreative Kinder.

Baltic Sea Glass GLASBLÄSEREI, GALERIE
(www.balticseaglass.com; Melstedvej 47; Fr–Mi 10–18, Do bis 19 Uhr) Überall auf der Insel gibt es kleine, selbstständige Keramik- und Glasateliers. Eines der besten ist Baltic Sea Glass wenige Kilometer südlich von Gudhjem: ein großes, modernes Atelier mit Verkaufsraum, in dem regelmäßig Wechselausstellungen und eine ständige Ausstellung mit Werken von Maibritt Jonsson und Pete Hunner gezeigt werden.

Gudhjem Glasrøgeri GLASBLÄSEREI
(Ejnar Mikkelsensvej 13A; Ostern–Okt.) In der Glasbläserei am Hafen können Besucher den Glasbläsern bei der Arbeit zusehen.

Gudhjem & Melsted

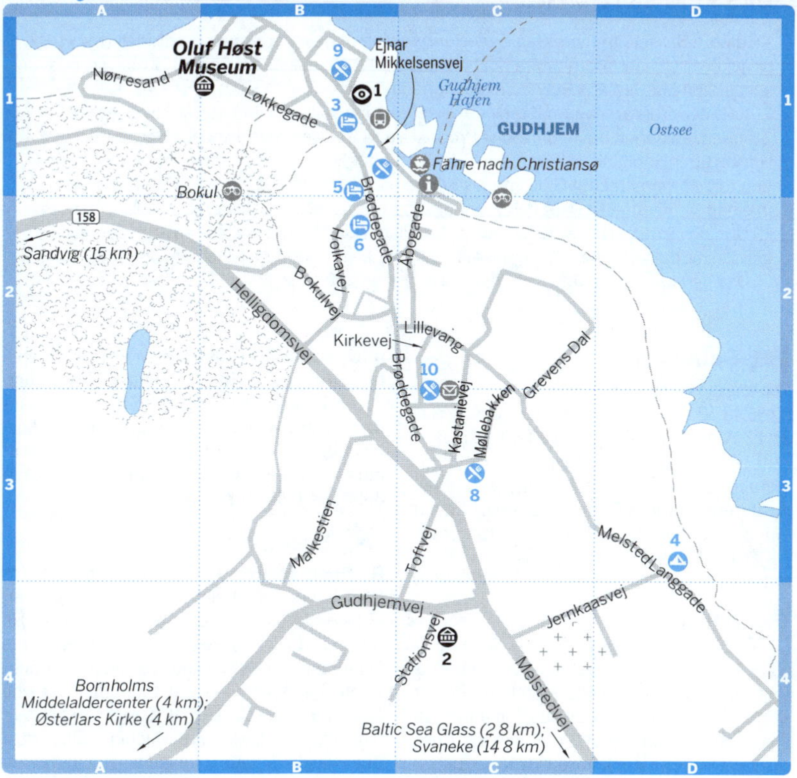

Gudhjem Museum MUSEUM
(www.bornholmsmuseer.dk/gudhjem auf Dänisch; Stationsvej 1; Erw./6–18 J./unter 6 J. 25/10 Kr/frei; ⏲Mitte Mai–Mitte Okt. Mo–Sa 10–17, So 14–17 Uhr) Das Gudhjem Museum in dem schönen alten Bahnhof im Südteil des Orts zeigt Heimatgeschichte, zeitgenössische Kunst und – unter freiem Himmel – Skulpturen.

Spaziergänge WANDERN
Ein kurzer Aufstieg von fünf Minuten auf den von Heidekraut bewachsenen **Bokul** eröffnet einen schönen Blick über die roten Ziegeldächer des Ortes und das Meer.

Einen schönen **Hafenblick** bietet die Erhebung am Südwestende des Hafens von Gudhjem. Der Pfad folgt der Küste weitere 1,5 km nach Südosten bis Melsted, wo es einen kleinen **Sandstrand** gibt. Es ist ein herrlicher Naturpfad mit Schwalben, Nachtigallen und Wildblumen.

Gudhjem & Melsted

Highlights
Oluf Høst Museum B1

Sehenswertes
1 Gudhjem Glasrøgeri B1
2 Gudhjem Museum C4

Schlafen
3 Danhostel Gudhjem B1
4 Gudhjem Camping D3
5 Jantzens Hotel B1
6 Therns Hotel B2

Essen
7 Café Klint B1
8 Gudhjem Mølle C3
9 Gudhjem Rogeri B1
Karamel Kompagniet ..... (s. 5)
10 Super Spar C3

DAS PERFEKTE MENÜ

An einem Samstagnachmittag Ende Juni wetteifern beim **Sol over Gudhjem** (www.sogk.dk auf Dänisch) vier prominente Köche Dänemarks um das beste Gericht, wobei sie ausschließlich Zutaten aus Bornholm verwenden dürfen.

Rahmenprogramm zum Kochwettbewerb ist ein kulinarischer Markt mit über 40 Ständen, an denen beste dänische Produkte und Spezialitäten verkauft werden, von Hering über Honig bis zu Käse. Auch die Besucher können an verschiedenen Wettbewerben teilnehmen und mit Glück neues Küchengerät, Kunst oder (noch besser) ein Essen in einem Spitzenrestaurant in Kopenhagen gewinnen. Der Kochwettbewerb beginnt um 12 Uhr, der Eintritt ist frei. Um einen guten Platz zu ergattern sollte man aber schon gegen 11 Uhr da sein. Schließlich will man die Wettkampfgerichte ja kosten, oder?

Das genaue Datum und weitere Details stehen auf der Website.

Schlafen

Jantzens Hotel HOTEL €€

(☎56 48 50 17; www.jantzenshotel.dk; Brøddegade 33; EZ 700–725 Kr, DZ 1000–1200 Kr) Das Jantzens ist ein wahrhaft zauberhaftes Hotel mit kleinen, aber urgemütlichen, stylisch eingerichteten Zimmern (einige mit Meerblick) in einem schönen alten Haus. Und: Ein besseres Frühstück bekommt man auf ganz Bornholm kaum.

Therns Hotel HOTEL €€

(☎56 48 50 99; Brøddegade 31; EZ 600–750 Kr, DZ 630–1400 Kr; ⌚April–Sept.; WLAN) Das preisgünstige und zentral gelegene Hotel (unter derselben Leitung wie das Hostel) bietet 30 ansprechende Zimmer mit TV, einige mit Kochnische. Das Frühstück kostet 70 Kr extra.

Danhostel Gudhjem HOSTEL €

(☎56 48 50 35; www.danhostel-gudhjem.dk; Løkkegade 7; B 200 Kr, EZ/DZ 350/450 Kr; ⌚ganzjährig; P WLAN) Das Hostel direkt am Hafen bietet helle, gemütliche 6-Bett-Zimmer. Die Rezeption befindet sich in einem kleinen Lebensmittelgeschäft in der Løkkegade, 75 m nordwestlich des Hostels. Es vermietet Mountainbikes für 90 Kr pro Tag.

Sannes Familiecamping CAMPINGPLATZ, HÜTTEN €

(☎56 48 52 11; www.familiecamping.dk; Melstedvej 39; Camping pro Erw. 55–90 Kr, Kind 30–60 Kr; ⌚April–Mitte Sept.; P) Der wunderbare 4-Sterne-Platz liegt direkt am Strand, hat aber auch eine Sauna mit Solarium für Schlechtwettertage und einen Fahrradverleih (pro Tag/Woche ab 65/250 Kr).

Gudhjem Camping CAMPINGPLATZ, HÜTTEN €

(☎56 48 50 71; www.slettenscamping.dk; Melsted Langgade 36A; Camping pro Erw./Kind 69/35 Kr; ⌚Anfang Mai–Mitte Sept.; P) Von allen Campingplätzen liegt dieser dem Ort am nächsten, zum Hafen sind es nur 15 Gehminuten. Die voll eingerichteten Zelte für vier Personen – samt Betten, Küche und Strom – kosten 2195 bis 3550 Kr pro Woche. Die ebenfalls voll ausgestatteten Wohnwagen kosten 3095 bis 4765 Kr pro Woche.

Essen

Gudhjem Mølle DÄNISCH, DELI €€

(Møllebakken 4C; kleine Mahlzeiten 65–179 Kr; ⌚Juni–Aug. tgl. 10–18 Uhr, April, Mai, Sept. & Okt. Do–So 11–17 Uhr) In der größten Windmühle Dänemarks, 1893 gebaut, befindet sich heute ein Feinkostladen mit Café, das typische Leckereien serviert, z. B. frisch zubereitete Sandwiches, Tapas und Kuchen. Alles wird überwiegend aus lokalen Erzeugnissen hergestellt, die hier auch verkauft werden. Zum Mitnehmen gibt es Bornholmer Käse, Wurst, Honig, Bier ...

Café Klint INTERNATIONAL €€

(Ejnar Mikkelsensvej 20; kleine Mahlzeiten 35–118 Kr, Abendessen 108–188 Kr; ⌚Ostern–Mitte Okt.) Bei einem Bier auf der Terrasse mit Hafenblick lässt es sich an sonnigen Tagen wunderbar entspannen. Zu essen gibt es leckere Salate, Sandwiches, Tapas und deftige Steaks. Von Mitte Juni bis Mitte August wird jeden Abend Livemusik geboten.

Gudhjem Rogeri RÄUCHEREI €€

(www.smokedfish.dk; Hafen Gudhjem; Büfett 108 Kr; ⌚11–20 Uhr) Eine hervorragende Räucherei, die Fisch und Salate serviert – ihre Spezialität ist *Sol over Gudhjem* (Sonne über Gudhjem; Räucherhering mit einem rohen Eigelb darüber). Tische stehen drinnen und draußen, wobei die im Obergeschoss nur über eine Strickleiter zu erreichen sind. Im Juli gibt es gelegentlich Folk-, Country- oder Rockkonzerte.

Karamel Kompagniet SÜSSWAREN €
(Holkavej 17; ⌚Juli 10–22 Uhr, Juni & Aug. bis 18 Uhr, sonst kürzer) Die kleine Süßwarenmanufaktur fertigt köstliches Karamell- und Schokoladenkonfekt. Besucher können dabei zusehen, wie diese Leckereien in glänzenden Kupfertöpfen angerührt werden.

Super Spar SUPERMARKT €
(Kirkevej; ⌚8–21 Uhr) Der Supermarkt liegt gleich hinter der Brøddegade.

Praktische Informationen

Im Hafen gibt es Toiletten und Duschen und gleich nordwestlich liegt ein Parkplatz.

Gudhjem Turistbureau (☎56 48 52 10; mail@ntbook.dk; Åbogade 7; ⌚Juli & Aug. 10–16 Uhr, Sept. & März–Juni Mo–Sa 13–16 Uhr) Befand sich zur Zeit der Recherche in der Bibliothek einen Block landeinwärts vom Hafen, soll aber 2012 in das neue Fährgebäude am Hafen umziehen.

Post (⌚Mo–Fr 10–16.30, Sa bis 12 Uhr) Im Super Spar-Lebensmittelmarkt.

Rund um Gudhjem & Melsted

Die Gegend um Gudhjem birgt mehrere kulturelle Sehenswürdigkeiten, wie das eindrucksvolle Kunstmuseum, die markanteste Rundkirche der Insel und ein faszinierendes Mittelalterdorf. Hier befindet sich auch eines der beiden Bornholmer Spitzenrestaurants der Neuen Nordischen Küche.

Sehenswertes

Østerlars Kirke KIRCHE
(Vietsvej 25; Erw./unter 10 J. 10 Kr/frei; ⌚Mo–Sa 9–17 Uhr) Die größte Rundkirche der Insel ist die **Østerlars Kirke** von 1150 (vielleicht sogar früher). Sie steht inmitten von Weizenfeldern und Fachwerkbauernhäusern. Wuchtig und dickwandig mit sieben schweren Stützpfeilern und einer Verteidigungsgalerie im oberen Stockwerk ist dieses merkwürdige Gebäude unverkennbar auch eine Festung. Es hatte ursprünglich ein Flachdach mit Backsteinbrüstung, das als Gefechtsplattform diente. Später wurde es durch das heutige konische Dach ersetzt, da es die Mauern zu sehr belastete.

Der Innenraum ist heute überwiegend weiß getüncht – bis auf einige mittelalterliche Fresken, die restauriert wurden. Am Eingang befindet sich ein Runenstein von 1070 und darüber eine Sonnenuhr.

Der 4 km lange Radweg zur Kirche führt weiter ins Landesinnere südlich von Gudhjem. Die Kirche ist auch mit den Buslinien 1 und 9 ab Gudhjem zu erreichen, von Rønne mit dem Bus 4.

Bornholms Kunstmuseum KUNSTMUSEUM
(www.bornholms-kunstmuseum.dk; Helligdommen; Erw./Kind 70 Kr/frei; ⌚Juni–Aug. 10–17 Uhr, April, Mai, Sept. & Okt. Mo geschl, sonst kürzer) Das 100 Jahre alte Kunstmuseum ist in einen eleganten Neubau in schönster Lage mit Blick auf Meer, Felder und (bei gutem Wetter) auf die Insel Christiansø untergebracht, der an das Louisiana erinnert (s. Kasten S. 84). Ausgestellt sind Werke von Künstlern der Bornholmer Schule wie Olaf Rude, Oluf Høst und Edvard Weie, die alle in der ersten Hälfte des 20. Jhs. malten, und anderer dänischer Künstler, unter denen Michael Anchers Ansichten von Bornholm herausragen. Im Haus befindet sich ein Café. Direkt vor dem Museum liegt eine Bushaltestelle

RUNDKIRCHEN

Was die weißen Windmühlen für Mykonos und die Steinstatuen für die Osterinsel sind, das sind die vier Rundkirchen aus dem 12. Jh. für Bornholm. Die *rundkirker* (Rundkirchen) sind die Wahrzeichen der Insel und jedem Dänen bestens bekannt. Sie stammen aus einer Zeit, als plündernde Wenden aus dem Osten Deutschlands die Küstengebiete im gesamten Ostseeraum verwüsteten. Typisch sind die 2 m dicken, weißen Mauern und das schwarze, konische Dach. Die Kirchen dienten nicht nur als Gotteshäuser, sondern auch als Zuflucht bei Angriffen. Das obere Stockwerk fungierte zugleich als Geschützgalerie. Außerdem wurden sie als Lagerräume genutzt, um Wertgegenstände und Handelswaren gegen Piraten zu schützen.

Jede der Kirchen steht etwa 2 km landeinwärts auf einer Anhöhe, um als Aussichtsposten mit Blick auf das Meer zu dienen. Mit ihrer strengen und wuchtigen Architektur erinnern die auffälligen und einzigartigen Bauten mehr an Festungen als an Gotteshäuser. In allen vier finden heute noch Gottesdienste statt. Die Rundkirchen stehen in Østerlars, Olsker, Nyker und Nylars.

(Bus 2 von Rønne, Bus 4 oder 8 von Gudhjem bzw. Sandvig).

Bornholms Middelaldercenter FREILICHTMUSEUM

(Bornholmer Mittelalterzentrum; www.bornholmsmiddelaldercenter.dk; Stangevej 1, Gudhjem; Erw./3–6 J./unter 3 J. 125 Kr/40 Kr/frei; ⌚Ende Juni–Mitte Aug. Mo–Sa 10–17 Uhr, Mai–Ende Juni & Mitte Aug.–Sept. Mo–Fr bis 16 Uhr) Auf dem 10,5 ha großen Areal stehen Nachbauten einer Festung und eines Dorfs aus dem Mittelalter. Hier können die Dänen einer ihrer Lieblingsbeschäftigungen nachgehen: Sich historisch kostümieren und mit Gummischwertern aufeinander eindreschen. Im Sommer hämmern sie auch in einer Schmiede, treiben Ackerbau, mahlen Weizen in einer Wassermühle und verrichten weitere häusliche Arbeiten vergangener Zeiten. Im Juli führen Falkner und Bogenschützen ihre Kunst vor und Kinder dürfen bei verschiedenen handwerklichen Tätigkeiten mitmachen. Von Mitte bis Ende Juli gibt es zudem einen wirklich stimmungsvollen Mittelaltermarkt.

Das Middelaldercenter liegt 500 m nördlich der Østerlars Kirke und ist von Gudhjem mit den Buslinien 1 und 9 zu erreichen.

Helligdomsklipperne LANDSCHAFT

Da Dänemark kaum nennenswerte Berge oder Erhebungen besitzt, werden die wenigen, die es gibt, fast wie Heiligtümer verehrt. So auch die Helligdomsklipperne (Heiligtumsklippen), mäßig hohe Granitklippen 5 km nördlich von Gudhjem und östlich der Küstenstraße. Dort sind mehrere **Naturpfade** angelegt und das **Kunstmuseum** liegt nahe bei.

Schlafen & Essen

LP TIPP **Stammershalle Badehotel** HOTEL €€

(☎56 48 42 10; www.stammershalle-badehotel.dk; Sdr Strandvej 128, Rø; EZ 750 Kr, DZ 800–1000 Kr; Ⓟ📶) Das imposante alte Kurhotel aus dem 19. Jh. ist wohl eine der charismatischsten Unterkünfte der Insel. Es liegt an einem felsigen Teil der Küste ein paar Kilometer nördlich von Gudhjem; das Gebäude ist eine bildschöne Mischung aus Fachwerk und vornehmer Seebäderarchitektur. Das Hotel führt eines der aufstrebenden Restaurants der Neuen Nordischen Küche, was bedeutet, dass (buchstäblich) ein paar Schritte von der eigenen Zimmertür entfernt Speisen serviert werden, die lange in Erinnerung bleiben. Ach ja, haben wir schon den traumhaften Blick übers Meer bis nach Christiansø erwähnt? Reservierung erforderlich.

LP TIPP **Lassens** MODERN DÄNISCH €€

(☎56 48 42 10; www.stammershalle-badehotel.dk/lassen's-restaurant; Sdr Strandvej 128, Rø; 3 Gänge 395 Kr; ⌚So mittags, Di–So abends, Anfang Nov.–Anfang Mai geschl.) Es gibt auf Bornholm zwei Restaurants, die Feinschmecker auf keinen Fall versäumen dürfen: das Kadeau (S. 149) und das neue Lassens im Stammershalle Badehotel. Im Lassens kocht der junge Daniel Kruse, Gewinner der renommierten Roussillon Dessert Trophy 2011 und Ex-Küchenchef von zwei michelinbesternten Spitzenrestaurants in Kopenhagen. Seine unverfälschten, delikaten Kompositionen wie geräucherte Jakobsmuscheln mit isländischem *skyr* (eine Art Quark), gedörrten Oliven, Trüffelmayonnaise, Petersiliensauce und Malzfritten sind einfach köstlich. Die Bedienung ist sachkundig und charmant, und der Anblick des Sonnenuntergangs über dem Meer so bezaubernd wie die Küchenkreationen. Reservierung erforderlich.

Sandvig & Allinge

1725 EW.

Sandvig ist ein stiller, kleiner Badeort mit alten Häuschen, Rosenhecken und gepflegten Blumengärten. Es gibt eine herrliche Sandbucht und viele reizvolle Wanderwege (S. 160).

Allinge, der größere und besser erschlossene Teil der Gemeinde Allinge-Sandvig, liegt 2 km südöstlich von Sandvig. Es ist nicht so idyllisch wie Sandvig, dafür aber ein Geschäftszentrum mit Banken und Lebensmittelläden. Hier befindet sich auch die regionale Touristeninformation.

Im kleinen Dörfchen **Olsker**, 7 km südöstlich von Sandvig, steht die kleinste der vier Rundkirchen Bornholms. Der Inselbus nach Rønne fährt daran vorbei und hält auf Wunsch.

Schlafen & Essen

Byskrivergaarden PENSION €€

(☎56 48 08 86; www.byskrivergaarden.dk; Løsebækgade 3, Allinge; EZ/DZ 675/910 Kr; ⌚Mai–Sept.; Ⓟ) Das bezaubernde Bauernhaus mit weißen Mauern und schwarzen Balken, direkt am Wasser, ist unser Favorit in Allinge. Die Zimmer sind schlicht und frisch eingerichtet. Am schönsten sind natürlich die

HINTERGRUND

DANIEL KRUSE – STERNEKOCH & GEBORENER BORNHOLMER

Meine liebste Ecke von Bornholm …

… ist die Nordküste. Sie ist mit Klippen, Stränden und Wäldern äußerst vielfältig. Ich bin stark visuell orientiert und meine Gerichte sind meist von Bildern inspiriert. Sobald ich Form und Gestalt im Kopf habe, finde ich die Zutaten, die nicht nur zu diesem Bild passen, sondern auch wunderbar zusammenwirken. Ich verwende viele Wildkräuter aus den Wäldern und von der Küste. Besonders gern mag ich *skovsyre* (Waldsauerklee). Er ist pikant, vielseitig und hat Pfiff.

Feinschmecker sollten auf Bornhom nicht versäumen …

… im Restaurant Kadeau mit Neuer Nordischer Küche zu essen oder in einer der berühmten *røgeri* (Räuchereien). Meine Lieblingsräucherei ist die Nord Bornholms Røgeri in Allinge. Die Betreiber legen größten Wert auf den Räucherprozess und die Qualität ist wunderbar. Dann sind da noch das Bier vom Bryghuset in Svaneke, einheimische Spezialitäten aus der Gudhjem Mølle und die fabelhaften Schinken und Würste von Hallegård, eine phantastische Metzgerei bei Østermarie. Nicht zu vergessen mein Restaurant, das Lassens.

Außerhalb Bornholms lohnt sich ein Essen …

… im Noma in Kopenhagen. Nicht nur das Essen ist perfekt, auch der Service ist es – zuvorkommend und aufgeschlossen. Ebenso gern besuche ich das Søllerød Kro am Nordrand von Kopenhagen. Dort bekommt man weniger Neue Nordische, sondern eher dänisch-französische Küche. Aber wie im Norma fühlt man sich gut aufgehoben und umsorgt, sobald man das Lokal betritt. Sie servieren ein gutes Mittagessen, aber erst am Abend entfaltet sich die ganze Kreativität der Küchenmannschaft.

Interview: Cristian Bonetto

auf der Meerseite. Es hat einen hübschen Garten und einen gemütlichen Frühstücksraum. In der Nähe gibt es Gezeitentümpel mit Seetang – wer mag, kann hinein hüpfen.

Hotel Romantik HOTEL, APARTMENTS €€
(☎20 23 15 24; www.hotelromantik.dk, auf Dänisch; Strandvejen 68, Sandvig; EZ/DZ ohne Meerblick 650/900 Kr, mit Meerblick 800/1100 Kr, Apt. 1400–1600 Kr; ⏲April–Okt.; P@) Das Romantik direkt an der Küste gehört zu den besseren Unterkünften in Sandvig. Es hat 17 einfache, hübsche Zimmer, einige mit Meerblick. Noch besser sind die 40 stylischen Apartments in sanften Naturtönen, mit Kunst an den Wänden und mit Veloursofas und modernen Kochnischen ausgestattet. Alle bieten einen tollen Meerblick, einige haben sogar einen Whirlpool. WLAN ist zwar vorhanden, aber in den Apartments schwankt der Empfang.

LP TIPP **Nord Bornholms Røgeri** RÄUCHEREI €€
(www.nbr.dk; Kæmpestranden 2, Allinge; Büfett 172 Kr; ⏲mittags & abends) Die besten Köche von Bornholm schwören auf diese Räucherei. Sie serviert nicht nur umwerfenden Räucherfisch, Salate und Suppen – ihre Lage am Wasser ist genau der richtige Platz, um Bornholmer Köstlichkeiten aus der Ostsee zu genießen.

Café Sommer CAFÉ €€
(Havnegade 19, Allinge; Mittagessen 85–150 Kr, Abendessen 165–175 Kr; ⏲mittags & abends) Das Café mit seiner gut besuchten Terrasse am Hafen serviert mittags Salate, Hamburger und Sandwiches sowie ein tolles Smørrebrød (drei für 120 Kr einschließlich gebratenem Salzhering mit Roter Beete, Zwiebeln und Senf). Abends gibt es warme Gerichte, hauptsächlich Fleisch, wie Lammkoteletts mit Bratkartoffeln und Kräuterbutter.

ℹ Praktische Informationen

Allinge ist das Geschäftszentrum der Umgebung. Es gibt dort Banken, Lebensmittelläden und die regionale Touristeninformation.

Allinge Turistinformation (☎56 48 64 48; www.allinge.dk; Kirkegade 4, Allinge; ⏲Juli Mo–Fr 9–16, Sa 11–15 Uhr, Aug. Mo–Fr 9.30–16, Sa 11–15 Uhr, Mai & Juni kürzer, im restl. Jahr geschl.) Regionale Touristeninformation.

ACHTUNG TROLL

Wer durch Bornholm reist, wird unweigerlich Bilder und kleine Statuen des Inselmaskottchens Krølle Bølle entdecken: ein verschlagen aussehender, gehörnter Troll. Er stammt aus den Geschichten, die der Eisenbahnangestellte Ludvig Mahler in den frühen 1940er-Jahren seinem Sohn erzählte und die dann ein Rønner Verlag veröffentlichte. Meist wird er mit einem bereits geräucherten Hering an der Angel dargestellt (eine beachtliche Leistung, selbst für einen Troll). Wie es heißt, lebt Krølle Bølle mit seinen Eltern Bobbasina und Bobbarækus unter dem Langebjerg, nahe dem Hammershus Slot, und erscheint Schlag Mitternacht nach dem dritten Eulenruf.

Hammershus Slot

Die eindrucksvollen Ruine von Hammershus Slot aus dem 13. Jh., in dramatischer Lage auf einer Klippe über dem Meer, ist die größte Anlage dieser Art in ganz Skandinavien. Die Burg wurde vermutlich um 1250 unter dem Erzbischof von Lund gebaut, um sein Bistum gegen die dänische Krone zu verteidigen, die gierig die Hände danach ausstreckte. In den folgenden Jahrhunderten wurde die Burg erweitert. Die oberen Stockwerke des rechteckigen Turms kamen Mitte des 16. Jhs. dazu.

Doch der damaligen Schiffsartillerie waren die Mauern nicht gewachsen und so fiel die Festung 1645 nach kurzem Beschuss vorübergehend an Schweden. Hammershus diente als Kaserne und Gefängnis. Leonora Christine, die Tochter Christians IV., war hier 1660/61 wegen Hochverrats inhaftiert.

1743 gab das dänische Militär Hammershus auf. Viele Mauersteine wurden zur Weiterverwendung als Baumaterial abgetragen. Glücklicherweise blieb noch so viel übrig, dass sich ein Rundgang durch die weitläufige Ruine lohnt. Sie ist immer offen und kostet keinen Eintritt.

ℹ An- & Weiterreise

Zwischen Sandvig und Hammershus Slot verkehrt jede Stunde ein Bus (Linie 2 oder 8). Schöner ist es jedoch, über die Hügel von Hammeren dorthin zu laufen (etwa eine Stunde). Der gut ausgetretene und beschilderte Pfad beginnt am Sandvig Familie Campingplatz.

Von Rønne fahren, ebenfalls etwa stündlich, die Buslinien 2 und 7 zum Hammershus Slot.

Hammeren

Auf Hammeren, der hammerförmigen Halbinsel aus Granitklippen an der Nordspitze von Bornholm, ziehen sich zahlreiche **Wanderwege** über Hänge voller lila Heidekraut. Einige führen landeinwärts, andere folgen der Küste – ein Paradies für Spaziergänger.

Zu den anspruchsvolleren Routen zählen die Wege zwischen Sandvig und Hammershus Slot. Der kürzeste Weg führt durch das Landesinnere von Hammeren. Er führt vorbei am **Hammer Sø**, Bornholms größtem See, und am **Opaløsen**, einem tiefen Teich in einem alten Steinbruch. Eine längere, meist windige Route folgt der felsigen Küste von Hammeren. Sie passiert einen **Leuchtturm** an Bornholms Nordspitze und führt dann entlang der Küste südwärts nach **Hammer Havn**.

Von Hammershus Slot ziehen sich südwärts Pfade durch die Heidelandschaft **Slotslyngen** und ostwärts durch Wälder zum **Granitbruch Moseløkken**. Moseløkken hat auch eines kleines **Museum** (www.bornholmsmuseer.dk/moseloekken, auf Dänisch; Moseløkkevej 4; Erw./Kind 50/40 Kr; ⌚April–Mitte Okt. Mo–Fr 9–16 Uhr), das Einblick in die traditionelle Steinbruchtechnik gibt.

Eine detaillierte Karte mit allen Wegen in der Region enthält die kostenlose Broschüre *Hammeren og Hammershus, Slotslyng*, herausgegeben von der Forstverwaltung, die in jeder Touristeninformation auf der Insel erhältlich ist.

Christiansø

100 EW.

Wer glaubt, Bornholm sei der entlegenste Winkel Dänemarks, der täuscht sich. Mit dem Schiff eine Stunde nordöstlich von Bornholm, weit draußen in der unbarmherzigen Ostsee, liegt das winzige Christiansø, eine stimmungsvolle Inselfestung aus dem 17. Jh. Mit schroffen, moosigen Felsen, historischen Steinbauten und einer zähen Einwohnerschaft erinnert die Szenerie an die nordatlantische Inselgruppe Färöer. Besucher fühlen sich in vergangene Zeiten zurückversetzt, insbesondere wenn sie in der bezaubernden Christiansø Gæstgiveriet übernachten und die Insel nach Abreise der Tagesausflügler erleben.

Christiansø war seit dem Mittelalter ein saisonal bewohnter Fischerort und fiel 1658 kurzzeitig an Schweden. Daraufhin ließ Christian V. es zu einer uneinnehmbaren Seefestung ausbauen. Bastionen und Kasernen wurden errichtet, eine Kirche, eine Schule und ein Gefängnis folgten.

Christiansø wurde zum Vorposten der dänischen Marine in der Ostsee. Es diente der Überwachung schwedischer Handelsrouten und in weniger friedlichen Zeiten als Angriffsbasis gegen Schweden. Um 1850 wurde der Vorposten nicht mehr benötigt und die Marine zog ab. Wer als Fischer bleiben wollte, konnte die alten Unterkünfte mietfrei nutzen. Die Nachkommen derer, die blieben, sowie einige später zugezogene Fischer und Künstler bilden heute Christiansøs etwa 100-köpfige Einwohnerschaft. Die ganze Insel ist ein unberührtes Schutzgebiet ohne Katzen, Hunde, Autos und moderne Gebäude - ein Paradies für zahlreiche Vogelarten, darunter Papageientaucher.

Wem in Christiansø „zu viel los" ist, der kann auf eine noch kleinere Insel flüchten, nämlich über eine Fußgängerbrücke nach **Frederiksø**.

Græsholm, die Insel nordwestlich von Christiansø, ist ein Vogelschutzgebiet und Brutplatz für Lummen, Tordalken und andere Seevögel. Die Einheimischen tun alles, um die einmalige Natur zu schützen.

Alle drei Inseln zusammen werden Ertholmene-Inseln genannt. Im Frühling bieten sie Nistplätze für bis zu 2000 Eiderenten. Besucher sollten darauf achten, sie nicht von ihren Nestern nahe den Küstenpfaden aufzuscheuchen, da Raubmöwen nur auf eine solche Gelegenheit lauern, um die unbewachten Eier zu stehlen. Naturschutzbestimmungen verbieten es, Pflanzen aus diesem einzigartigen Ökosystem mitzunehmen.

Sehenswertes & Aktivitäten

Christiansø und Frederiksø zusammen lassen sich auf einem gemütlichen Spaziergang von etwa einer Stunde gut erkunden, sind also ein geeignetes Ziel für einen entspannten Tagesausflug.

Türme

Wichtigste Sehenswürdigkeit sind die beiden runden Verteidigungstürme.

Lille Tårn BAUDENKMAL, MUSEUM

Der Lille Tårn (Kleiner Turm) auf Frederiksø stammt von 1685 und ist heute das **Heimatmuseum** (Erw./Kind 20/5 Kr; ⌚Ende Juni–Aug. Mo–Fr 11–16, Sa & So 11.30–16 Uhr, Mai–Ende Juni & Sept. Mo–Sa 11.30–16, So bis 14 Uhr). Im Erdgeschoss werden Fischereigerät, Werkzeug und Schmiedearbeiten gezeigt, im oberen Stock Kanonen, altes Mobiliar, Modelle und eine Ausstellung zur örtlichen Flora und Fauna.

Store Tårn BAUDENKMAL

(Großer Turm; Erw./Kind 20/5 Kr; ⌚Juni–Aug. 12–16 Uhr) Christiansøs **Store Tårn** von 1684 ist ein beeindruckendes Bauwerk mit einem Durchmesser von 25 m. Der 100 Jahre alte **Leuchtturm** (Eintritt 4 Kr) bietet einen grandiosen Rundblick über die Insel.

Wandern

Die meisten Besucher auf Christiansø laufen auf den mit Kanonen bestückten Verteidigungsmauern eimal um die Insel. Auf der Ostseite liegen Schären (Felsinseln) mit nistenden Seevögeln und eine stille **Badebucht**.

Schlafen & Essen

Christiansø Gæstgiveriet PENSION €€

(☎56 46 20 15; www.christiansoekro.dk, auf Dänisch; EZ/DZ 950/1050 Kr; ⌚Ende Dez.–Jan. geschl.; 📶) Das einzige Gasthaus der Insel wurde 1703 als Haus des Marinekommandanten gebaut. Es hat sechs einfache Gästezimmer und ein schlichtes Restaurant mit traditionell dänischer Küche. Die meisten Zimmer blicken auf den Hafen.

Christiansø Teltplads CAMPINGPLATZ €

(☎24 42 12 22; www.christiansoeteltplads.dk; Zeltplatz 75–100 Kr) Auf dem kleinen Feld auf der Nordseite von Christiansø werden im Sommer Zeltstellplätze vermietet. Das Angebot ist jedoch begrenzt und die Buchung daher schwierig. Ebenfalls vorhanden sind sehr einfache Hütten für vier Personen (150–400 Kr pro Nacht). Der Campingplatz hat eine kleine Gästeküche.

Neben dem Christiansø Gæstgiveriet gibt es einen kleinen Lebensmittelladen und einen Imbiss.

An- & Weiterreise

Christiansøfarten (☎56 48 51 76; www.bornholmexpress.dk; Erw./6–14 J. hin & zurück Juli–Anfang Aug. 220/110 Kr, restl. Jahr 200/100 Kr) betreibt ganzjährig die Passagierfähren zwischen Christiansø und Gudhjem sowie von Anfang Mai bis Mitte September ab Allinge.

Die Fähre legt täglich (im Winter nur werktags) um 10 Uhr in Gudhjem ab und fährt von Christiansø um 14 Uhr zurück. Von Mitte Juni bis Ende August fahren die Schiffe von Gudhjem auch montags bis freitags um 10.15 Uhr und täglich um 12.30 Uhr.

Von Allinge verkehrt die Fähre zwischen Anfang Mai und Mitte Juni sowie von Ende August bis Mitte September jeweils montags bis freitags um 12.30 Uhr. Zwischen Mitte Juni und Ende August legt die Fähre von Allinge auch täglich um 10.45 Uhr und dienstags bis donnerstags um 13 Uhr ab.

Hunde und andere Haustiere sind auf Christiansø nicht erlaubt.

Fünen

Inhalt »

Odense ... 165
Kerteminde ... 175
Ladbyskibet & Vikingemuseet Ladby ... 177
Egeskov Slot ... 177
Faaborg ... 179
Svendborg ... 182
Tåsinge ... 185
Langeland ... 187
Rudkøbing ... 187
Nordlangeland ... 189
Südlangeland ... 190
Ærø ... 191
Ærøskøbing ... 192
Marstal ... 194
Søby ... 195

Gut essen

- Simoncini (S. 172)
- Restaurant Rudolf Mathis (S. 176)
- Munkebo Kro (S. 177)
- Skovsgaard Café (S. 191)
- Restaurant Edith (S. 195)

Schön übernachten

- Pension Vestergade 44 (S. 193)
- Hotel Ærø (S. 183)
- Rødkærgard B&B (S. 177)
- First Hotel Grand (S. 169)

Auf nach Fünen

Auf Fünen (Fyn) ist all das zu finden, was Dänemark auszeichnet. Reetgedeckte Bauernhäuser, malerische Küstenorte und verträumt daliegende Schlösschen fügen sich nahtlos in einen Flickenteppich aus Feldern und Wäldern.

Das kulturelle und wirtschaftliche Zentrum der Insel ist Odense, die Geburtsstadt von Hans Christian Andersen. Hinweise auf den Schriftsteller sind in der Stadt nicht zu übersehen: Trollskulpturen lümmeln an den Straßenecken, Mobiles vom Hässlichen Entlein zieren die Schaufenster und selbst auf den Fußgängerampeln ist der berühmte Geschichtenerzähler präsent. Doch in Odense warten noch mehr Attraktionen für die ganze Familie, darunter alte Dampfmaschinen, ein toller Zoo, eindrucksvolle Kirchen, Kunst- und Freilichtmuseen.

Egeskov Slot, ein Renaissance-Juwel, ist eines von mehreren Schlössern in der Region. In Ladby liegt Dänemarks einziges Wikingerschiffsgrab.

Zu Fünen gehören rund 90 Inseln – ein Vergnügen für Insel-Hüpfer. Die schönste ist Ærø mit seinen alten Seefahrerstädtchen. Ungewöhnliches erwartet die Besucher auf Langeland, z. B. das Langelandsfort, eine Militäranlage aus der Zeit des Kalten Kriegs.

Reisezeit

Wie das restliche Dänemark erwacht auch Fünen erst im Sommer so richtig zum Leben. Von Mai bis Mitte August finden in Odense die meisten Festivals und Kulturevents statt. Ab Juli steuern Segler die südlichen Häfen von Fünen an und sorgen in den Hafenorten für ausgelassene Stimmung.

Freunde des guten Essens kommen das ganze Jahr über auf ihre Kosten, am spendabelsten zeigt sich Mutter Natur jedoch im Frühherbst. Dann ist die Ernte auf den Feldern und in den Wäldern am ergiebigsten.

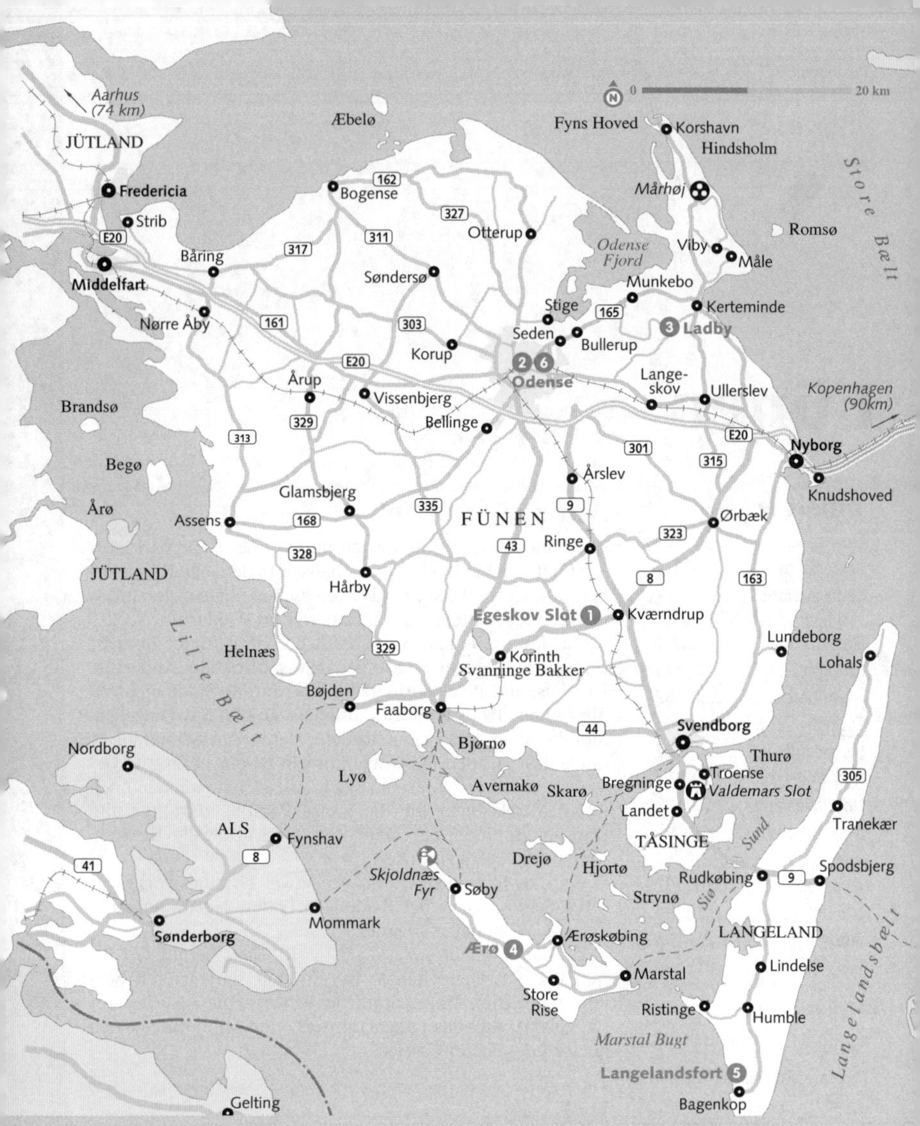

Highlights

1 Im traumhaften **Egeskov Slot** (S. 177) mit Burggrabenanlage, Gärten, Labyrinthen und Museen die Wirklichkeit vergessen

2 Im H. C. Andersens Hus (S. 165) und im Kinderkulturzentrum Fyrtøjet (S. 165) in **Odense** in die Märchenwelt von Hans Christian Andersen eintauchen

3 Im **Vikingemuseet Ladby** (S. 177) Dänemarks einziges Wikingerschiffsgrab, die letzte Ruhestätte eines Häuptlings aus dem 10. Jh., besuchen

4 Die idyllische Insel **Ærø** (S. 191) erkunden, indem man die hübschen Landstraßen entlangradelt

5 In den Bunkern und Kriegsschiffen im **Langelandsfort** (S. 190) erahnen, wie heiß der Kalte Krieg war

6 An **Odenses** (S. 173) munterem Nachtleben teilnehmen

ODENSE

166 300 EW.

Die 1000 Jahre alte, kleine und entspannte Hauptstadt Fünens ist das perfekte Pflaster für Fußgänger und Radfahrer. Odense rühmt sich damit, der Geburtsort von Hans Christian Andersen zu sein – auch wenn der die Stadt nach einer Kindheit in Armut nicht schnell genug Richtung Kopenhagen verlassen konnte.

Märchenfreunde werden von den vielen Andersen-Attraktionen begeistert sein. Neben Museen und Skulpturen seiner berühmtesten Märchengestalten stößt man im Stadtbild immer wieder auf Überraschungen, z. B. Parkbänke mit Monsterfüßen. Davon abgesehen gibt es in Odense zahlreiche Museen auch zu anderen Themen, einen großen Dom, in dem die Gebeine eines Heiligen gehütet werden, eine blühende Cafékultur und Mitte August ein farbenfrohes Blumenfest. Vor allem dank der vielen Studenten existiert eine muntere Kneipen- und Clubszene.

Die Ursprünge der Stadt liegen in der Wikingerzeit. Ihr Name bedeutet wörtlich übersetzt „Odins Heiligtum". Odin, der Gott des Krieges, der Dichtung und der Weisheit, war der mächtigste Gott der Wikinger. Bereits Mitte des 18. Jhs. war Odense, damals noch ohne Hafen, Dänemarks größte Provinzstadt. 1800 wurde es dann durch einen Kanal mit dem Meer verbunden und florierte bald als ein Zentrum der Textilindustrie. Heute ist Odense der Verkehrsknotenpunkt der Region.

Sehenswertes & Aktivitäten

H.C. Andersens Hus MUSEUM

(www.museum.odense.dk; Bangs Boder 29; Erw./unter 18 J. 60 Kr/frei; Ende Juni–Ende Aug. tgl. 10–17 Uhr, sonst kürzer) Das H.C. Andersens Hus liegt in einer der engen Gassen im alten Armenviertel, der sogenannten „Bettelstadt". Zu sehen sind Andersens recht karges Geburtshaus und, in einem neueren Anbau, viele Exponate zu seinem außergewöhnlichen Leben und seiner Zeit.

Neben gutem audiovisuellem Material präsentiert das Museum eine Nachbildung von Andersens Arbeitszimmer in Kopenhagen, einige Tuschezeichnungen und Papierschnitte sowie eine umfangreiche Sammlung seiner Bücher, die in mehr als 170 Sprachen übersetzt wurden – von Aserbaidschanisch bis Zulu.

Fyrtøjet MUSEUM

(www.fyrtoejet.com; Hans Jensens Stræde 21; Eintritt 85 Kr; Juli–Mitte Aug. 10–16 Uhr, Mitte Aug.–Mitte Dez. & Feb.–Juni Di–Sa 11–15 Uhr) In der Nähe des Andersen-Museums liegt das bezaubernde Fyrtøjet – Et Kulturhus For Børn (Zündholzschachtel – Kulturzentrum für Kinder), das Kindern mit Geschichten und Musik (auf Englisch und Dänisch; Juni bis August) die Welt von Hans Christian Andersen nahe bringt. Sie können sich als Märchenfiguren verkleiden, sich schminken lassen, die Märchen nachspielen oder in Bildern darstellen. Alle Materialien sind im Eintrittspreis enthalten.

Odense Zoo ZOO

(www.odensezoo.dk; Sønder Blvd 306; Erw./3–11 J. 160/85 Kr; Juli–Mitte Aug. 10–19 Uhr, sonst kürzer) Der schönste Zoo von Dänemark liegt 2 km südlich vom Stadtzentrum zu beiden Seiten des Flusses. Das neueste Highlight ist Kiwara, ein großes Freigehege zur afrikanischen Savanne. Hier können Besucher Giraffen füttern oder den Ausblick von der Aussichtsplattform des hervorragenden Besucherzentrums genießen. Auch die anderen Tiere, darunter Tiger, Löwen, Zebras, Schimpansen und afrikanische Vögel, leben in attraktiven und großzügigen Gehegen. Der Zoo unterstützt Artenschutz- und Aufklärungsprogramme. Das Ozeanarium zeigt Pinguine und Seekühe; Letztere sind eine weitere Attraktion des Zoos. Für die Kleinen gibt es einen Streichelzoo mit Eseln, eine Spielplatz und viele Spiele rund um die Tierwelt.

Einlass ist bis eine Stunde vor Schließung. Zeitweise ist der Zoo donnerstags, freitags und samstags auch länger geöffnet – Infos auf der Internetseite.

Der Zoo liegt auf der Strecke der Buslinien 11, 12, 31, 52, 81, 82 und S3 (17 Kr, 10 Min.). Während der Hauptsaison legen auch die Boote von Odense Åfart dort an. Vom Park Munke Mose führt ein 2 km langer, auch mit dem Rad befahrbarer, Waldweg am Fluss entlang zum Zoo.

H.C. Andersens Barndomshjem MUSEUM

(Munkemøllestræde 3; Erw./unter 18 J. 25 Kr/frei; Mitte Juni–Mitte Aug. 10–16 Uhr, sonst kürzer) Das „H.C. Andersens Kindheitshaus" im Stadtzentrum zeigt den Raum, in dem Andersen aufwuchs, und weitere Ausstellungsstücke zu seiner Kinderzeit.

Brandts Klædefabrik KULTURZENTRUM

(www.brandts.dk; Kombiticket Erw./unter 18 J. 80 Kr/frei; Fr–Mi 10–17, Do 12–21 Uhr) Die ehe-

Odense

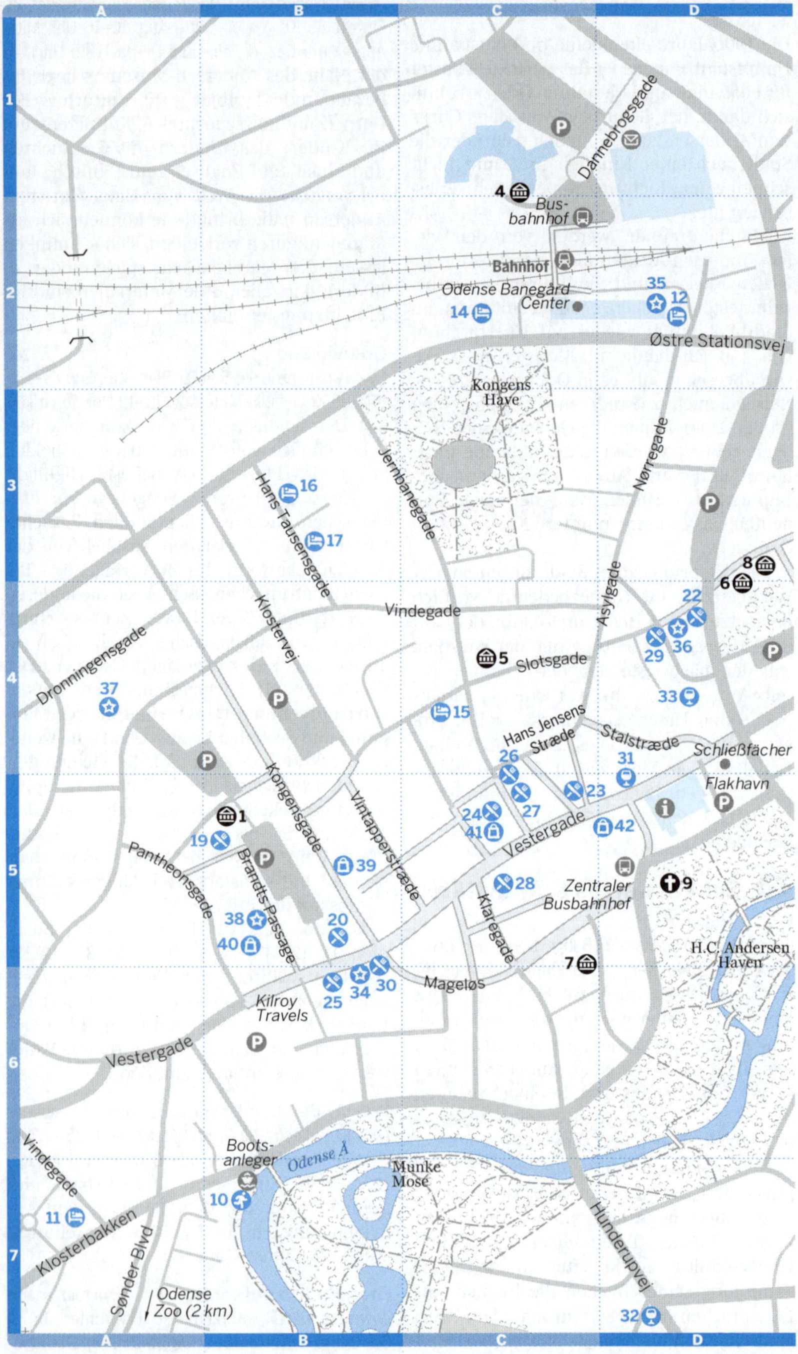
A
B
C
D
1
2
3
4
5
6
7
Dannebrogsgade
4
Busbahnhof
Bahnhof
Odense Banegård Center
35
12
14
Østre Stationsvej
Kongens Have
Jernbanegade
Nørregade
Hans Tausensgade
16
17
Klostervej
Vindegade
Asylgade
8
6
22
29
36
5
Slotsgade
Dronningensgade
37
15
33
Hans Jensens Stræde
Stalstræde
Schließfächer
26
31
Flakhavn
27
23
Kongensgade
Vintapperstræde
1
24
41
42
Vestergade
19
Pantheonsgade
Brandts Passage
39
28
Zentraler Busbahnhof
9
Klaregade
38
20
40
H.C. Andersen Haven
7
25
34
30
Mageløs
Kilroy Travels
Vestergade
Bootsanleger
Odense Å
Munke Mose
Vindegade
10
11
Klosterbakken
Sønder Blvd
Hunderupvej
Odense Zoo (2 km)
32

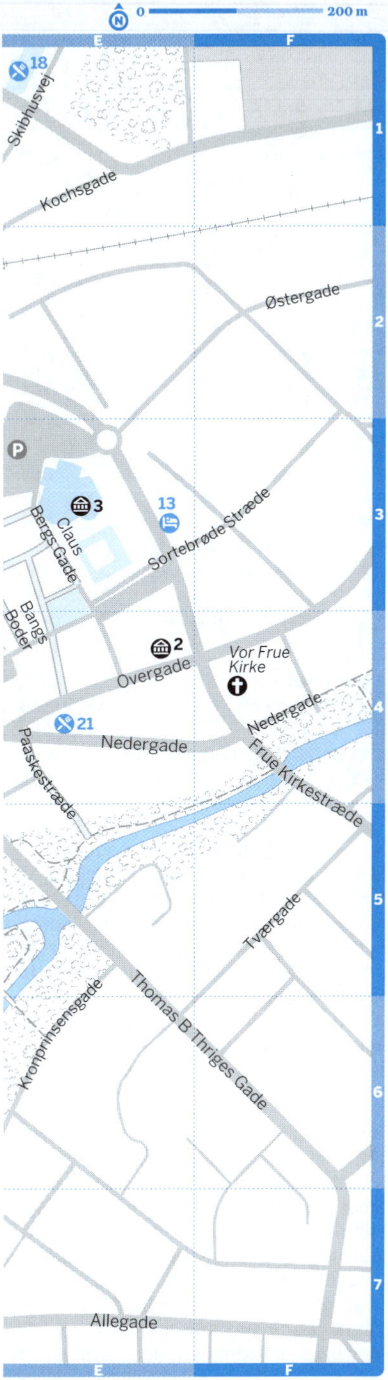

malige Tuchfabrik wurde zu einem Kulturzentrum u. a. mit drei Museen umgebaut. In dem großen und hellen Bau werden jedes Jahr etwa 25 Ausstellungen von Künstlern aus aller Welt präsentiert.

Das **Museet for Fotokunst** (Erw. 30 Kr) zeigt Dauer- sowie wechselnde Ausstellungen zur zeitgenössischen dänischen und internationalen Fotografie.

Die **Kunsthallen Brandts** (Erw. 40 Kr) sind vier großen Hallen mit Wechselausstellungen zu neuen Tendenzen in der bildenden Kunst. Die immer anregenden Schauen umfassen Gemälde, Skulpturen, Installationen und skandinavisches Design.

Danmarks Mediemuseum (Erw. 30 Kr) erzählt die Geschichte der gedruckten Medien in Dänemark in den letzten drei Jahrhunderten. Behandelt werden u. a. grafische Techniken wie Lithografie und Kupferstich, Buchbinderei, Papier- und Zeitungsherstellung. Die Erläuterungen sind großteils auf Dänisch.

Fyns Kunstmuseum KUNSTMUSEUM

(www.museum.odense.dk; Jernbanegade 13; Erw./unter 18 J. 40 Kr/frei; ⌚Di–So 10–16 Uhr) Das Fyns Kunstmuseum befindet sich in einem klassizistischen Gebäude mit heller Atmosphäre. Es besitzt eine hervorragende chronologisch geordnete Sammlung dänischer Kunstwerke vom 18. Jh. bis zur Gegenwart. Zu den Highlights gehören Gustava Emilie Grüners heitere *Portraegruppe Familien Leunbach* und H. A. Brendekildes erschütterndes Gemälde *Udslidt* („Verbraucht"), das einen toten Landarbeiter und seine verzweifelte Frau auf einem weiten Feld zeigt. Daneben zeigt es auch Wechselausstellungen.

Sankt Knuds Kirke DOM

(www.odense-domkirke.dk; Klosterbakken 2; ⌚April–Okt. 10–17 Uhr, sonst kürzer) Der imposante gotische Dom aus dem 14. Jh. spiegelt den damaligen Wohlstand der Stadt wider. Sein größter Schatz liegt in der Krypta, in die eine unscheinbare Treppe rechts vom Altar hinunterführt. Dort birgt eine Glasvitrine die 900 Jahre alten Gebeine von Dänemarks Nationalheiligem, König Knud II., sowie die seines jüngeren Bruders Benedikt. Beide wurden von jütländischen Bauern erschlagen, die gegen die Steuern aufbegehrten. Knud, so heißt es, traf sein Schicksal, während er auf Knien zu Gott betete. Obwohl er nicht wie ein Heiliger gelebt hatte, sprach ihn der Papst 1101 heilig, um dadurch die katholische Kirche in Dänemark zu festigen.

Odense

Sehenswertes

1 Brandts Klædefabrik ... B5
2 Bymuseet Møntergården ... E4
3 Carl Nielsen Museet ... E3
4 Danmarks Jernbanemuseum ... C1
Danmarks Mediemuseum ... (s. 1)
5 Fyns Kunstmuseum ... C4
6 Fyrtøjet ... D4
7 H.C. Andersens Barndomshjem ... C5
8 H.C. Andersens Hus ... D3
Kunsthallen Brandts ... (s. 1)
Museet for Fotokunst ... (s. 1)
9 Sankt Knuds Kirke ... D5

Aktivitäten, Kurse & Touren

10 Odense Åfart Bootstouren ... B7

Schlafen

11 Ansgarhus Motel ... A7
12 Cab Inn ... D2
13 City Hotel ... E3
14 Danhostel Odense City ... C2
15 First Hotel Grand ... C4
16 Hotel Domir ... B3
17 Ydes Hotel ... B3

Essen

18 Bazar Fyn ... E1
19 Café Biografen ... B5
20 Café Cuckoo's Nest ... B5
21 Den Gamle Kro ... E4
22 Den Grimme Ælling ... D4
23 El Torito ... C5
24 Franck A ... C5
25 Froggy's Café ... B6
26 Goma ... C5
Joe & the Juice ... (s. 42)
27 Kræz Night & Day ... C5
28 Mamma's Deli ... C5
29 Odense Chokoloadehus ... D4
30 Simoncini ... B5

Ausgehen

31 Bryggeriet Flakhaven ... D5
32 Carlsens Kvarter ... D7
33 Ryan's ... D4

Unterhaltung

34 Arkaden ... B6
35 BioCity ... D2
36 Boogies ... D4
Brandts Klædefabrik ... (s. 1)
Café Biografen ... (s. 19)
37 Dexter ... A4
Odense Koncerthus ... (s. 3)
38 Room ... B5

Shoppen

39 Antikvariatet ... B5
40 Brandts Indoor ... B5
41 GAD Buchhandlung ... C5
42 Magasin ... D5

Zwei sehenswerte Gegenstände im ansonsten kargen Innenraum sind die schöne Rokokokanzel und ein goldverzierter Flügelaltar von 1521. Letzterer ist das krönende Meisterstück des in Lübeck geborenen Bildschnitzers Claus Berg, der seine Werkstatt in Odense hatte. Der Altar ist 5 m hoch und mit nahezu 300 vergoldeten, rotbäckigen Figuren verziert.

GRATIS **Carl Nielsen Museet** MUSEUM
(www.museum.odense.dk; Claus Bergs Gade 11; ⌚Mi–So 11–15 Uhr) Das Museum in der Konzerthalle dokumentiert die Karriere des bekannten dänischen Komponisten Carl Nielsen (1865–1931), der in Odense geboren wurde. Er entfloh der Armut seiner Kindheit, indem er mit 14 Jahren als Trompeter in die Militärkapelle von Odense eintrat. Später studierte er am Konservatorium von Kopenhagen. 1888 wurde im Tivoli unter großem Beifall sein erstes Orchesterwerk, *Suite für Streicher,* aufgeführt. Er komponierte sechs Sinfonien, mehrere Opern, Kirchenlieder und volkstümliche Musik.

Das Museum informiert auch über das Leben der Bildhauerin Anne Marie Brodersen, mit der Nielsen eine stürmische Ehe führte. Ausgestellt sind u. a. Brodersens Arbeiten und ihr Atelier sowie Nielsens Arbeitszimmer und sein Klavier. Über Kopfhörer können die Besucher Nielsens Musik hören.

Bymuseet Møntergården MUSEUM
(www.museum.odense.dk; Overgade 48–50; Erw./unter 18 J. 40 Kr/frei; ⌚Di–So 10–16 Uhr) Das Stadtmuseum von Odense liegt an einem Hof mit schönen Fachwerkhäusern aus der Zeit der Renaissance. Im Erdgeschoss sind Zeugnisse frühester Kulturgeschichte in Fünen ausgestellt, während im Obergeschoss Funde aus Stein-, Bronze-, Eisen- und Wikingerzeit zu bewundern sind, darunter eine

Lure, ein bronzezeitliches Blasinstrument, das wie eine Posaune klingt.

Danmarks Jernbanemuseum MUSEUM
(www.jernbanemuseum.dk; Dannebrogsgade 24; Erw./5–13 J. 80/40 Kr; ⏲10–16 Uhr) Das „Eisenbahnmuseum" liegt direkt hinter dem Bahnhof. Es zeigt rund zwei Dutzend Lokomotiven und Waggons aus dem 19. Jh. Highlights sind zweistöckige Wagen und der Königliche Salonwagen von Christian IX., der mit allem eingerichtet ist, was ein König so braucht, einschließlich Schreibtisch. Hinzukommen zahlreiche Märklin-Modellzüge sowie eine Extra-Ausstellung zu Dänemarks Fähren. Die audiovisuellen Erläuterungen stehen auch auf Deutsch zur Verfügung.

Den Fynske Landsby MUSEUM
(www.museum.odense.dk; Sejerskovvej 20; Erw./unter 18 J. 60 Kr/frei; ⏲Juli–Mitte Aug. tgl. 10–18 Uhr, sonst kürzer) Im Freilichtmuseum Den Fynske Landsby wurde aus historischen Gebäuden aus verschiedenen Regionen Fünens ein Bauerndorf mit Tieren, Ententeich, Apfelbäumen und Blumengärten. Kostümierte „Bauern" hüten die Gänse, während Kinder in Kniebundhosen mit Stöcken und Reifen spielen.

Das Museum liegt 4 km südlich vom Stadtzentrum im Grünen. Die Buslinie 42 (19 Kr, 25 Min.) hält in der Nähe. Ausgefallener ist die Anreise per Boot, möglich allerdings nur von Mai bis Mitte September (siehe oben).

Jernalderlandsbyen MUSEUM
(www.jernalderlandsbyen.dk; Store Klaus 40, Næsby; Erw./6–14 J. 30/10 Kr; ⏲Juli–Mitte Aug. So–Fr 10–16 Uhr, sonst kürzer) Eine Zeitreise bedeutet der Besuch des Jernalderlandsbyen. Das Dorf der Eisenzeit wurde ausschließlich mit Werkzeug und Material errichtet, wie es den Menschen damals zur Verfügung gestanden haben dürfte. Es ist kleiner als Den Fynske Landsby und liegt 5 km nordwestlich der Stadt. Anfahrt mit Bussen der Linien 91 und 191 (30 Kr, 10 Min.).

Ausflugsfahrten mit Odense Åfart BOOTSTOUREN
(www.aafart.dk; Erw./unter 12 J. hin & zurück 75/55 Kr) Der am Fluss gelegene **Park Munke Mose** ist ideal für ein Picknick, einen ausgedehnten Spaziergang oder eine Bootsfahrt. Von Mai bis Mitte September bietet Odense Åfart 35-minütige Flussfahrten in das Waldgebiet Fruens Bøge. Auf dem Naturspielplatz dort stehen riesige Holzpilze und Tausendfüßler; er ist nur 15 Gehminuten von Den Fynske Landsby entfernt. Unterwegs hält das Boot am Odense Zoo.

Im Hochsommer spielt auf den Schiffen samstags eine Jazzband (Reservierung empfohlen). Abfahrt von Munke Mose ist stündlich von 10 bis 17 Uhr. Leichtere Rollstühle können auf den Schiffen mitgenommen werden.

Besucher, die auf eigene Faust die Gewässer des Park Munke Mose erkunden möchten, können dazu zwischen Mai und Mitte September von 10 bis 17 Uhr Ruderboote und Tretboote in Schwanengestalt (85 Kr pro Std.) mieten.

Festivals & Events

Carl Nielsen Internationaler Musikwettbewerb & Festival MUSIK
(http://odensesymfoni.dk) Das Festival für klassische Musik findet von Ende Mai bis Anfang Juni im Konzerthaus statt. Es steht in Verbindung mit einem Wettbewerb für junge professionelle Musiker, bei dem jedes Jahr ein anderes Instrument – Flöte, Klarinette, Geige oder Orgel – im Mittelpunkt steht.

Blumenfestival BLUMEN
(www.blomsterfestival.dk) Mitte August verwandelt sich Odense für fünf Tage in ein Meer aus Farben und Düften. Kurz nach dem Fest beginnt das **Odense International Film Festival** für Kurzfilme.

Kulturnacht LANGE NACHT
(www.city-odense.dk) Anfang September bleiben zur Kulturnacht die Museen, Kultureinrichtungen und viele Geschäfte bis spät abends oder sogar die ganze Nacht hindurch geöffnet.

Schlafen

Odense bietet preisgünstige Budget- und Mittelklasse-Unterkünfte in guter Lage. Im gehobenen Segment gibt es wenig. Die Hotels der großen Ketten sind in der Regel eher wenig anheimelnd und in vielen Fällen auch nicht gerade zentral gelegen.

Die Touristeninformation reserviert Privatzimmer für um die 370/500 Kr pro EZ/DZ.

ZENTRUM VON ODENSE

LP TIPP **First Hotel Grand** HOTEL €€€
(☎66 11 71 71; www.firsthotels.dk; Jernbanegade 18; EZ/DZ ab 1200/1400 Kr; P@🛜) Die Grande Dame unter den Hotels von Odense wurde einer dringend benötigten, sorgfältigen Ver-

START RÅDHUS
ZIEL RÅDHUS
LÄNGE 1,4 KM
DAUER 4 STUNDEN

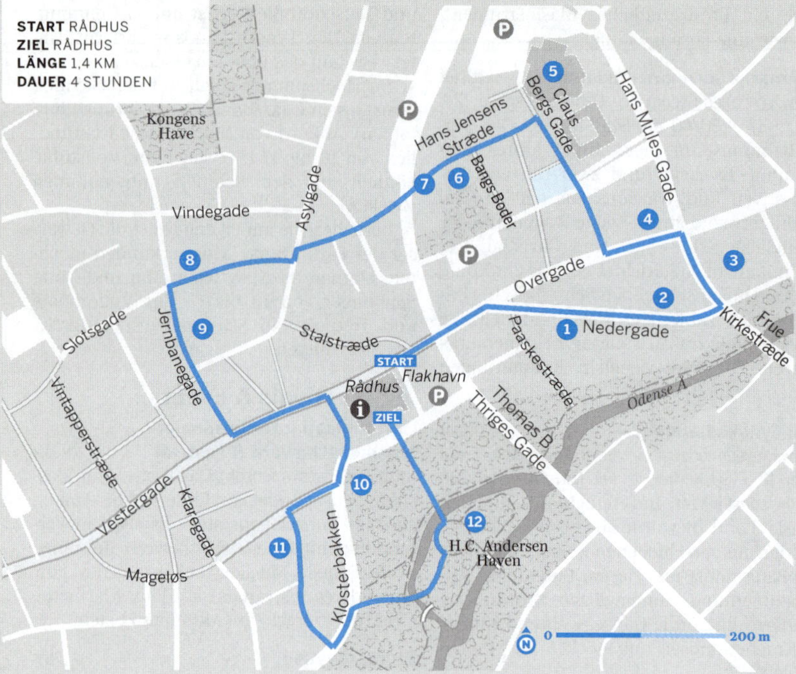

Stadtspaziergang

Alt-Odensee

Vom Rådhus (Rathaus) geht es ostwärts die Vestergade hinunter, die in die Overgade übergeht. Dann biegt man rechts in die 1 **Nedergade**, eine Pflasterstraße mit schiefen Fachwerkhäusern wie dem 2 **Kramboden** (Mo–Fr 10–17.30, Sa 9–13 Uhr). Der alte Kaufmannshof verkauft heute genauso wie damals, im 16. Jh., Alltagsgegenstände.

Am Ende der Nedergade biegt man links in die Frue Kirkestræde und kommt zur 3 **Vor Frue Kirke** (Mo–Fr 10–14 Uhr). Sie gilt als älteste Kirche von Odense. Der Innenraum stammt überwiegend aus dem 13. Jh.

Nach links geht es zurück auf die Overgade und weiter zum Stadtmuseum 4 **Bymuseet Møntergården**. Nach rechts führt die Claus Bergs Gade zum Spielcasino der Stadt. Unmittelbar nördlich liegt das 5 **Odense Koncerthus** mit dem Carl-Nielsen-Museum.

Kurz hinter dem Casino führt die Route nach links, über Ramsherred und Hans Jensens Stræde zum 6 **H.C. Andersens Hus**, dem Geburtshaus von Hans Christian Andersen, sowie zum Kinderkulturzentrum 7 **Fyrtøjet**. Beide liegen in einem Viertel mit engen Gassen und Ziegelhäusern.

Die Hans Jensens Stræde hinab, über die Thomas B. Thriges Gade geht es via Gravene weiter zur Slotsgade. An der Kreuzung mit der Jernbanegade liegt das 8 **Fyns Kunstmuseum**. Nach links die Jernbanegade hinab, führt der Weg wieder zur Vestergade. Unterwegs passiert man das 9 **Gråbrødre Kloster**, ein mittelalterliches Franziskanerstift, heute Seniorenheim.

Auf der Vestergade geht's in Richtung Osten zurück zum Rathaus und dann nach Süden zur 10 **Sankt Knuds Kirke**. Gegenüber vom Dom führt die Route die Sankt Knuds Kirkestræde hinab und in südlicher Richtung via Munkemøllestræde zum 11 **H.C. Andersens Barndomshjem**, in dem der Schriftsteller seine Kindheit verbrachte.

Via Klosterbakken erreicht man den 12 **H.C. Andersen Haven**. Durch den Uferpark mit Andersen-Statue geht es schließlich nordwärts zurück zum Rathaus.

jüngungskur unterzogen. Das Haus verfügt jetzt über dezent-stilvolle, moderne Zimmer mit Schreibtischen, WLAN und bequemen Betten. Das Frühstück mit jeder Menge saisonaler und gesunder Zutaten ist hervorragend, die Lage unschlagbar. Außerdem Sauna, Solarium sowie Parkplatz (50 Kr für 24 Std.).

Danhostel Odense City HOSTEL €
(☎63 11 04 25; www.cityhostel.dk; Østre Stationsvej 31; B/EZ/DZ 235/435/570 Kr; ⏲Feb.–Mitte Dez.; @) Dieses zentral gelegene und moderne Hostel hat 140 Betten in (extrem kleinen) Vier- und Sechsbettzimmern, alle mit eigenem Bad. Es gibt eine Gästeküche, Waschmaschinen und ein Fernsehzimmer mit Internetzugang (10 Kr pro 15 Min.). Das Hostel liegt direkt bei Busbahnhof und Bahnhof – perfekt für alle, die früh morgens weiterreisen wollen, aber nachts recht laut.

Cab Inn HOTEL €€
(☎63 14 57 00; www.cabinn.com; Ostre Stationsvej 7–9; EZ/DZ/3BZ/4BZ ab 485/615/805/935 Kr; P@) Das direkt am Bahnhof gelegene Cab Inn gehört zu einer Kette moderner, makelloser, vielleicht ein wenig unpersönlich wirkender Hotels. Es hat alles, was man von einem Mittelklassehotel erwarten kann. Die Betten sind schmal und den Zimmern fehlt der Charme, mit kostenlosem WLAN und gratis Parken ist das Ganze jedoch ausgesprochen preisgünstig.

Hotel Domir HOTEL €€
(☎66 12 14 27; www.domir.dk; Hans Tausensgade 19; EZ/2BZ/DZ/3BZ mit Frühstück 575/650/700/800 Kr; P@) Das Domir ist eine bessere Mittelklasseunterkunft in Bahnhofsnähe. Die preiswerten und ansprechenden Zimmer sind schlicht eingerichtet und weiß gestrichen. Sie bieten Telefon, Schreibtisch, TV und Bad. Einige Einzelzimmer sind etwas eng. Kostenlose WLAN-Nutzung und ein Computer in der Lobby. Der Parkplatz fasst nur sechs Fahrzeuge.

Ydes Hotel HOTEL €€
(☎66 12 11 31; www.ydes.dk; Hans Tausensgade 11; EZ/2BZ/DZ/3BZ 475/610/795/920 Kr; P@) Das Ydes hat die gleichen Besitzer wie das Domir nebenan. Die 26 kleinen, pieksauberen Zimmer sind ähnlich wie im Domir, ebenso Internet- und Parkplatzangebot.

Ansgarhus Motel MOTEL €€
(☎66 12 88 00; www.ansgarhus.dk; Kirkegårds Allé; EZ/DZ 445/575 Kr, ohne Bad 450/550 Kr; P@) Ein kleines Familienunternehmen im Grünen am Fluss mit sauberen, einladenden Zimmern. Die meisten haben ein eigenes Bad (außer vier Einzelzimmern). Kostenloses WLAN.

City Hotel HOTEL €€
(☎66 12 12 58; www.city-hotel-odense.dk; Hans Mules Gade 5; EZ/DZ mit Frühstück 725/1025 Kr; P@) Ein komfortables, modernes Hotel nahe dem H.C. Andersens Hus. Die schönen Zimmer mit Sofa sind gut ausgestattet (Satelliten-TV, Wecker, Föhn usw.). Weitere Vorzüge: WLAN, Dachterrasse, gutes Frühstück, freundliches Personal und ein eigener Parkplatz. Ein Restaurant gibt es nicht, aber Ermäßigungen für das Gasthaus Den Gamle Kro (S. 172). Ideal für Familien sind die fünf gemütlichen voll ausgestatteten Wohnungen, die das Hotel anbietet.

AUSSERHALB DES ZENTRUMS

LP TIPP **Billesgade B&B** B&B €€
(☎66 13 00 74; www.billesgade.dk; Billesgade 9; EZ/DZ mit Frühstück ab 375/440 Kr; P@) Sehr freundliche Gastgeber, gepflegte, wenn auch schlicht eingerichtete Zimmer und eine ruhige Lage sind Grund genug, um diese Unterkunft fünf Gehminuten vom Zentrum zu empfehlen.

Danhostel Odense Kragsbjerggaard HOSTEL €
(☎66 13 04 25; Kragsbjergvej 121; B/EZ/DZ 245/435/570 Kr; ⏲März–Nov.; P@) Das attraktive Hostel liegt in einem exklusiven Vorort 2 km südöstlich des Zentrums. Es befindet sich in einem historischen Herrenhaus mit gepflastertem Hof und Garten. Die renovierten, modernen Zimmer haben meist vier Betten und alle ein Waschbecken. Waschmaschine und Küche stehen zur Verfügung. In der Hauptsaison gibt es auch Schlafsaalbetten. Die Buslinien 61, 62, 63 und 64 halten hier.

DCU Camping Odense CAMPINGPLATZ €
(☎66 11 47 02; www.camping-odense.dk; Odensevej 102; Erw./Kind/Zelt 72/36/20 Kr; @) Ein schöner 3-Sterne-Platz in einem Waldgebiet, ausgestattet mit Fernsehraum, Freibad, WLAN, Einkaufsmöglichkeit und Unterhaltungsangeboten für Kinder. Auch ein paar einfache Hütten (450 Kr pro Nacht) mit Kochgelegenheit, aber ohne eigenes Bad sind vorhanden. Der Platz liegt 3,5 km südlich vom Stadtzentrum und ist mit der Buslinie 22 zu erreichen.

Essen

An der Fußgängerzone Vestergade liegen günstige Restaurants und Cafés. Kongensgade und Brandts Passage bieten belebte Bars und Bistros. Viele haben mindestens bis Mitternacht geöffnet (am Wochenende oft bis 2 oder 3 Uhr), wobei die Küche gewöhnlich ab 21 oder 22 Uhr keine Bestellungen mehr annimmt.

Fastfood-Lokale gibt es in der ganzen Stadt, vor allem entlang der Kongensgade. Mittwoch- und samstagmorgens findet in der autofreien Claus Bergs Gade südlich des Odense Koncerthus ein Lebensmittelmarkt statt. Im Bahnhof gibt es ein kleines Lebensmittelgeschäft, das bis 24 Uhr geöffnet hat, sowie eine ganz ordentliche Bäckerei mit Sitzgelegenheiten.

LP TIPP Simoncini ITALIENISCH €€€
(☎66 17 92 95; www.simoncini.dk; Vestergade 70; Hauptgerichte 195 Kr, 3 Gänge ohne/mit Wein 375/700 Kr; ⌚Mo–Sa abends) In dem gemütlichen Restaurant in einem alten Gebäude kommt traditionelle, authentisch-italienische Küche auf den Tisch, die mit viel Flair und Liebe für Aromen zubereitet wird. Zu dem erstklassigen hausgemachten Brot, der fantastischen Pasta und den leckeren *secondi* (Hauptgerichte) werden stets gut auf die Gerichte abgestimmte Weine kredenzt.

Goma JAPANISCH €€
(☎66 14 45 00; www.goma.nu; Jernbanegade 3; Hauptgerichte ca. 180 Kr, 6 Stück Sushi 159 Kr; ⌚Di–Sa 17.30 Uhr bis spät) Das beliebte Lokal direkt in der Stadtmitte bietet verwestlichte Varianten, aber trotzdem sehr gutes Sushi. Zu Recht ein populärer Treffpunkt, daher am Wochenende reservieren!

Den Gamle Kro DÄNISCH €€€
(www.den-gamle-kro.dk; Overgade 23; 2-Gänge-Menüs 250 Kr, Hauptgerichte 200–350 Kr; ⌚mittags & abends) Das stimmungsvolle Gasthaus erstreckt sich über mehrere Gebäude aus dem 17. Jh., einen Hof mit Glasdach und einen mittelalterlichen Keller. Die Küche ist traditionell dänisch (z. B. Seezungenfilet mit Lachs und Spinat) und französisch (z. B. Chateaubriand oder Schweinefleisch mit Kartoffeln). In der Regel gibt es auch ein vegetarisches Hauptgericht. Die Weinkarte ist bemerkenswert umfangreich.

Franck A FRANZÖSISCH €€
(Jernbanegade 4; Mittagessen 85 Kr, Hauptgerichte abends 140–220 Kr; ⌚Mo–Mi 10–24, Do–Sa 10 Uhr bis spät, So 9–14 Uhr) Franck A versorgt seine Gäste vom Brunch übers Mittagessen bis zum Abendessen, ist gleichzeitig auch ein wenig Weinbar und verströmt am Wochenende sogar Clubstimmung. Sehr beliebt wegen der Sommerterrasse und der schicken Atmosphäre drinnen. Ein munteres Lokal, das mehr zu bieten hat als die klassischen Bistrogerichte.

Café Biografen EUROPÄISCH €€
(Brandts Passage 43; Brunch 99 Kr, kleine Hauptgerichte 80–120 Kr; ⌚11–24 Uhr) Auf der Terrasse dieses netten Cafés bei Brandts Klædefabrik watscheln Enten zwischen den Tischen umher. Auf der Karte stehen Baguettes, Salate, Quiches, Burger, Tapas und *tostadas* sowie Kaffee, Kuchen und Bier. Dank der bunt gemischten Gästeschar – von netten alten Damen bis zu mürrisch dreinblickenden Künstlern – ist Leutebeobachten hier das reinste Vergnügen. Bestellungen werden an der Bar angenommen.

Den Grimme Ælling BUFFETS €€
(www.grimme-aelling.dk; Hans Jensens Stræde 1; Mittagsbuffet 89 Kr, Abendbuffet mit Wein 265 Kr; ⌚mittags & abends) Das charmante Restaurant „Hässliches Entlein", das in einer gepflasterten Gasse liegt, hat sich auf hervorragende Buffets spezialisiert. Das kalte Buffet ist eine bunte Zusammenstellung mit neuen Kartoffeln, Hering, Oliven, Tomaten, Gurken, Zuckermais, eingelegtem Rotkohl und ähnlichen Zutaten. Das warme Buffet umfasst gebratene Scholle, saftiges Rindfleisch und unzählige Soßen.

Kræz Night & Day INTERNATIONAL €€
(Gråbrødre Plads 6; Hauptgerichte 99–198 Kr; ⌚10 Uhr bis spät) Einerseits ein Nachtlokal mit Livemusik, Comedy, Karaoke und kleinen Veranstaltungen, andererseits ein Tipp für Sommertage. Die Tische im Freien bilden dann zusammen mit denen diverser anderer Restaurants eine gesellige Runde um den Gråbrødre Plads. Die Bistroküche serviert Suppen, griechischen Salat, Burger, mexikanische Spezialitäten, gebackenen Lachs usw. – alles in großen Portionen und mit Pfiff. Zum Wochenendbrunch gibt's Schokoladenkuchen. Wenn der Laden voll ist, ist die Bedienung etwas langsam.

Froggy's Café INTERNATIONAL €€
(Vestergade 68; kleine Hauptgerichte 80–110 Kr; ⌚11 Uhr bis spät) Das Café mit Blick auf die Fußgängerzone lädt zum Leutebeobachten ein. Es serviert günstige Burger, Nudelgerich-

te, Omeletts und Salate. Freitags und samstags mutiert es zum Nachtlokal und schließt erst um 5 Uhr morgens. Sonntags gibt es einen großen Brunch (110 Kr).

Café Cuckoo's Nest EUROPÄISCH €€
(Vestergade 73; kleine Mittagsgerichte 70–95 Kr, Hauptgerichte abends 130–190 Kr; ⌚9 Uhr bis spät) Das „Kuckucksnest" hat vom Frühstück bis spät in die Nacht geöffnet und serviert alles vom Rührei bis zum Cocktail. Es gibt Tische auf dem Hof, Backgammon und gelegentlich Blues- und Jazzmusik. Vegetarier müssen auf der Hut sein: Fisch geht beim Service schon mal als Gemüse durch.

Odense Chokoladehus DELI €
(Nørregade 32; ⌚Di–Fr 10–17, Sa bis 13.30 Uhr) Mehr als die Croissants mit Schokoladen- oder Pralinefüllung, die es hier – neben anderen grandiosen Schokoladenschweinereien – zum Mitnehmen gibt, braucht man nicht zum Glücklichsein.

Joe & the Juice CAFÉ €
(Vestergade 20; ⌚Mo–Sa 10–17 Uhr; 📶) Frisch gepresste Säfte, guter Kaffee und dazu leichte, gesunde Sandwiches und kostenloses WLAN sind Grund genug für einen Besuch des Cafés im Magasin.

El Torito MEXIKANISCH €
(Vestergade 21; Snacks 45–95 Kr; ⌚Mo–Sa 11–21, So 12–21 Uhr) Das mexikanische Restaurant hat hinten eine kleine Theke, an der Wraps, Nachos und Burritos zum Mitnehmen verkauft werden.

Selbstversorger

Mamma's Deli DELI €
(Klaregade 12; ⌚Mo–Do 10–17.30, Fr bis 19, Sa bis 15 Uhr) Gehört zu einer Pizzeria und hat ein großes Sortiment exklusiver Leckereien für ein Picknick: Trockenfleisch, Käse, eingelegtes Gemüse, starken Kaffee und frisch gebackene Panini.

Bazar Fyn ORIENTALISCH €
(Thriges Plads 3–7; ⌚Di–So 10–18 Uhr) Auf Odenses Basar, fünf Gehminuten vom Bahnhof entfernt, wird mit arabischem Kuchen, türkischem Brot, frischen Feigen, Kokosnüssen und Couscous gehandelt.

Ausgehen

Für einen Drink empfehlen sich die Cafés an Brandts Passage, Vintapperstræde und Jernbanegade, von denen viele freitags und samstags bis 3 Uhr geöffnet haben.

Carlsens Kvarter PUB
(Hunderupvej 19; ⌚Mo–Sa 11–1, So 13–19 Uhr; 📶) Freunde des Real Ale und guter Whiskys sind im fünf Gehminuten vom Zentrum entfernten Carlsens richtig. Der Wirt kennt sich bestens aus und die Auswahl ist umfassend. Eine entspannte und freundliche Nachbarschaftskneipe mit kostenlosem WLAN – das Richtige für alle, die es nicht in die vollen Musikkneipen zieht.

Bryggeriet Flakhaven BRAUEREI
(Flakhaven; ⌚Mo–Sa 11.30–22, So bis 15 Uhr) Die Kleinbrauerei ist an das Restaurant A Hereford Beefstouw angeschlossen.

Ryan's PUB
(Fisketorvet 12) In diesem freundlichen irischen Pub nahe der Touristeninformation gibt es abends häufig irische Livemusik und natürlich Guinness und Kilkenny vom Fass. Es ist bei Studenten und Fußballfans beliebt, die sich hier für Fußballübertragungen vor großen Bildschirmen versammeln.

☆ Unterhaltung

Odense ist eine Universitätsstadt, daher geht das Unterhaltungsangebot abgesehen vom Odense Koncerthus vorwiegend in Richtung Popmusik im weitesten Sinn. Dazu bietet die Stadt eine muntere Club- und Kneipenszene.

Clubs

Wie auch andernorts in Dänemark verwandeln sich viele Cafés am Wochenende nach Küchenschluss in Clubs. Dazu kommt ein gutes Angebot an reinen Clubs. Die größeren Läden nehmen freitags und samstags manchmal Eintritt (etwa 75 Kr). Die Livemusik-Cafés verlangen in der Regel keinen, es sei denn, es ist ein bekannter DJ oder eine bekannte Band zu Gast.

Boogies CLUB
(Nørregade 21; ⌚Do–Sa 23–5 Uhr) Zentraler und beliebter Tanztreff mit großem Studentenanteil.

Room CLUB
(Brandts Passage 8; ⌚Fr & Sa bis 3 Uhr) Das Bistro mit freundlichem Personal und moderner Ausstattung wird am Wochenende zum Treffpunkt für Fans von Party und House.

Arkaden CLUB
(Vestergade 68; ⌚Do–Sa 20–5 Uhr) In dem großen Ausgehzentrum gruppieren sich um einen Innenhof herum sieben Bars mit Karaoke, Livemusik und großen Tanzflächen.

Kinos

BioCity KINO
(Odense Banegård Center; Erw./unter 11 J. 80/60 Kr) Eine Besonderheit des Multiplexkinos im 2. Stock des Bahnhofsgebäudes ist die größte Filmleinwand Dänemarks. Das Programm findet sich unter www.biobooking.dk.

Café Biografen KINO
(www.cafebio.dk; Brandts Passage 43; Eintritt 70 Kr) Das Kino in Brandts Klædefabrik zeigt aktuelle und anspruchsvolle Filme.

Livemusik

Dexter JAZZ
(www.dexter.dk; Vindegade 65; Eintritt gewöhnlich 60 Kr; ⌚Do–Sa ab 20 Uhr) Der einzige reine Jazzclub außerhalb von Kopenhagen.

Odense Koncerthus KLASSIK
(www.odensesymfoni.dk; Claus Bergs Gade 9) Hier ist das Odense Symfoniorkester zuhause. Auf dem Programm mit klassischer Musik stehen häufig Werke des in der Stadt geborenen Carl Nielsen. Die Eintrittspreise variieren je nach Konzert – ab 80 Kr aufwärts. Von Mitte Juni bis Mitte August ist das Konzerthaus geschlossen.

Brandts Klædefabrik FREILICHTKONZERTE
(Brandts Passage) Auf der Freilichtbühne gegenüber dem Kulturzentrum finden im Sommer – meist samstags – kostenlose Rock-, Jazz- und Blueskonzerte statt.

Shoppen

Magasin KAUFHAUS
(Vestergade 20; ⌚Mo–Do 10–18, Fr bis 20, Sa bis 17 Uhr) Das größte und schickste Kaufhaus der Stadt bietet nahezu alles – von Feinkost über Kosmetik bis zu Bekleidung.

Brandts Indoor DESIGN
(Brandts Passage 27; ⌚Mo–Fr 11–17.30, Sa bis 14 Uhr) Brandts Indoor führt coole dänische Einrichtungsklassiker. Auch für Souvenirs, z. B. Mobiles mit Wikingerschiffen oder Hans Christian Andersens Scherenschnitte, eine gute Adresse.

Antikvariatet BÜCHER
(Kongensgade 13; ⌚Mo–Fr 10–17.30, Sa bis 14 Uhr) Antiquarische Taschenbücher zu sehr vernünftigen Preisen.

GAD Buchhandlung BÜCHER
(Vestergade 37; ⌚Mo–Do 9.30–17.30, Fr bis 19, Sa bis 15 Uhr) Gute Auswahl an fremdsprachigen Büchern.

Praktische Informationen

Der Bahnhof befindet sich im großen, modernen Odense Banegård Center zusammen mit Restaurants, Geschäften, speziellen Einrichtungen für Reisende und der städtischen Bibliothek. Die Touristeninformation liegt etwas südlich davon. Die meisten Sehenswürdigkeiten sind vom Zentrum aus zu Fuß zu erreichen.

Geld

Zahlreiche Banken an der Haupteinkaufsstraße Vestergade sind mit Geldautomaten ausgestattet.

Nordea (Vestergade 64)

Gepäckaufbewahrung

Am Bahnhof gibt es Schließfächer; kleine Fächer kosten 30 Kr, große 40 Kr für 24 Stunden.

Internetzugang

Galaxy Net Café (Odense Banegård Center; 12/17 Kr für 30 Min./1 Std.; ⌚9–1 Uhr) Günstige Lage im 2. Stock des Bahnhofsgebäudes.

Hauptbibliothek Odense (Odense Banegård Center; ⌚ganzjährig Mo–Do 10–19, Fr bis 16, Sa bis 14 Uhr, Okt.–März außerdem So 10–14 Uhr) Kostenloser Internetzugang und fremdsprachige Zeitungen.

Post

Hauptpost (Dannebrogsgade 2; ⌚Mo–Fr 9–18, Sa bis 13 Uhr) Nördlich des Bahnhofs.

Reisebüros

Kilroy Travels (☎70 15 40 15; Vestergade 100; ⌚Mo–Fr 10–17.30 Uhr) Spezialisiert auf Reisen für Jugendliche und Billigreisen.

Touristeninformation

VisitOdense (☎66 12 75 20; www.visitodense.com; ⌚Juli & Aug. Mo–Fr 9.30–18, Sa & So 11–14 Uhr, Sept.–Juni Mo–Fr 9.30–16.30, Sa 10–13 Uhr) Im Rathausgebäude, etwa 650 m vom Bahnhof entfernt.

An- & Weiterreise

Odense liegt 44 km nordwestlich von Svendborg und 50 km östlich von der Brücke nach Jütland.

Auto & Motorrad

Odense ist via Straße 160 und E20 mit Nyborg verbunden, via Straße 165 mit Kerteminde, via E20 mit Jütland, via Straße 43 mit Faaborg und via Straße 9 mit Svendborg.

Autovermietungen in der Stadt:

Avis (☎70 24 77 87; Rugaardsvej 3) Südöstlich vom Stadtzentrum.

PS Biludlejning (☎66 14 00 00; Rugaardsvej 42) Eine günstige Alternative (ab 425 Kr pro Tag), falls man das Auto auch in Odense wieder abgibt.

Bus

Regionalbusse fahren hinter dem Bahnhof an der Dannebrogsgade 6 ab. **Fynbus** (www.fynbus.dk) verkehrt zwischen Odense und allen größeren Städten auf Fünen. Fahrpläne und Übersichtskarten auf der Website.

Zug

Es gibt einen **Fahrkartenschalter** (⌚Mo–Fr 6.30–20.15, Sa 8–16.30, So 9–20.15 Uhr) im 2. Stock des Bahnhofsgebäudes und zahlreiche Automaten.

Odense liegt an der Hauptlinie von Kopenhagen (250 Kr, 1½ Std.) nach Aarhus (217 Kr, 1¾ Std.), Aalborg (335 Kr, 3 Std.) und Esbjerg (197 Kr, 2 Std.). Züge zwischen Odense und Kopenhagen halten in Nyborg (49 Kr, 20 Min.).

Die einzige weitere Bahnstrecke auf Fünen ist die Linie Odense–Svendborg mit stündlichen Verbindungen (71 Kr, 1 Std.).

Unterwegs vor Ort

Auto & Motorrad

Von den Hauptverkehrszeiten abgesehen, ist Autofahren in Odense kein Problem. Da jedoch viele Sehenswürdigkeiten in Fußgängerzonen liegen, ist es besser, das Auto zu parken und zu Fuß zu gehen.

An den Straßen im Zentrum stehen überall Parkuhren (viel Kleingeld mitbringen). Die Parkmöglichkeiten an den Straßen sind schnell erschöpft, aber bei Brandts Klædefabrik, am Carl-Nielsen-Museum und am Bahnhof gibt es große Parkplätze. Die Parkgebühren liegen bei etwa 13 Kr pro Stunde.

Bus

In Odense steigen die Fahrgäste grundsätzlich vorn ein und bezahlen beim Fahrer (19 Kr), wenn sie aussteigen – passendes Kleingeld bereithalten. Die zentrale Haltestelle der Stadtbusse befindet sich vor der Sankt Knuds Kirke. Außer der Linie 71 halten alle auch an der Bushaltestelle hinter dem Odense Banegård Center.

Fahrrad

In Odense lässt sich wunderbar Radfahren, besonders am Fluss entlang. Die Touristeninformation gibt eine kostenlose Broschüre mit Karte aus: *Going by Bike in Odense*. Es existiert ein großes öffentliches Fahrradlverleihsystem; die Nutzung kommt allerdings wohl nur dann infrage, wenn man ein Guthaben bei einem dänischen Mobilfunkanbieter hat, über die der Zahlungsverkehr abgewickelt wird. Einfacher ist es, für 60 Kr pro Tag ein Rad bei **CSV Cykeludlejning** (☎63 75 39 64; Nedergade 36) zu mieten.

Wer nicht selbst strampeln will: **Fahrradtaxitouren** (☎28 12 75 13; www.pers-cykeltaxa.dk; ⌚Mai–Okt.) durchs Zentrum kosten zusätzlich zur Grundgebühr von 40 Kr pro Minute 4 Kr.

INSELWANDERN

Der neueste Weitwanderweg Dänemarks windet sich über eine Länge von 200 km von Westen nach Osten an Fünens Südküste entlang und dann bis hinüber nach Langeland. Der letzte Abschnitt verläuft auf der Insel Ærø.

Die für Wanderer und Radfahrer geöffnete Route führt durch einige der schönsten Landstriche in dieser Gegend. Wer nicht den gesamten Weg in Angriff nehmen möchte, kann selbstverständlich auch nur einzelne Etappen absolvieren.

Die Reihe aus sieben Einzelheftchen mit Karten ist kostenlos in den Touristeninformationen der Region oder in Form von pdf-Dateien auf www.detsydfynskeoehav.dk erhältlich.

Schiff

Infos zu Bootsfahrten vom Park Munke Mose zum Zoo oder zum Den Fynske Landsby siehe S. 169.

Taxi

Am Bahnhof stehen immer Taxis bereit; bei **Odense Taxa** (☎66 15 44 15) können sie telefonisch angefordert werden.

UNTERWEGS AUF FÜNEN

Ein Großteil der Insel ist von Wald und Weizenfeldern bedeckt. Dazwischen verbergen sich Überraschungen: ein Wikingerschiffsgrab unter einem einsamen Hügel, das Märchenschloss Egeskov und ein rätselhaftes, 2000 Jahre altes Hünengrab.

Fünens verschlafene Städtchen sind um befestigte Herrensitze und mittelalterliche Stadtkerne herum entstanden. Auch auf einigen Inselchen vor der Küste haben sich kleine Gemeinden angesiedelt – auf anderen leben nur Vögel, Kaninchen und Rehe. Zweitgrößte Stadt ist Svendborg, dessen Bars und Cafés bei Seglern beliebt sind.

Kerteminde

5700 EW.

Das Küstenstädtchen Kerteminde hat über Fachwerkhäuschen, Kirchen und Museen hinaus ein eindrucksvolles Aquarium, schöne Sandstrände und einen Bootshafen mit Werften und Schiffsausrüstern zu bieten.

Ganz in der Nähe befindet sich eine sehenswerte Sammlung von Werken des „bäuerlichen Malers" Johannes Larsen.

Kerteminde ist auch der geeignete Ausgangspunkt für eine Besichtigung des Wikingerschiffsgrabs in Ladby (S. 177) oder einen Schiffsausflug auf die unbewohnte Insel Romsø.

Sehenswertes & Aktivitäten

Johannes Larsen Museet KUNSTMUSEUM
(www.johanneslarsenmuseet.dk; Møllebakken 14; Erw./unter 18 J. 70 Kr/frei; ⌚Juni–Aug. 10–17 Uhr, sonst kürzer) Nördlich der Stadt sind im ehemaligen Wohnhaus von Johannes Larsen (1867–1961) dessen naturalistische Gemälde von Tieren und vom dänischen Provinzalltag zu sehen. Wie besessen arbeitete der Maler in seinem Atelier, während nebenan seine Frau Alhed – ebenfalls Malerin – die üppigen Blüten in ihrem Gewächshaus auf Leinwand bannte. Ein zusätzliches Ausstellungsgebäude zeigt weitere Arbeiten des Ehepaares sowie Bilder von über 50 anderen der sogenannten Fünen-Maler. Ein kleines Café am Ende des Gartens serviert gute Imbissgerichte.

Vor dem Haupteingang steht die **Svanemøllen** (1853), eine Windmühle, die Larsen zusammen mit dem Haus erwarb und deren hölzerne Zahnräder noch heute funktionieren.

Parkmöglichkeiten gibt es beim Museum nur für Behinderte. Alle anderen müssen auf dem Parkplatz an der Ecke Hindsholmvej und Marinavejen parken.

Fjord & Bælt AQUARIUM
(www.fjord-baelt.dk; Margrethes Plads 1; Erw./3–11 J. 105/55 Kr; ⌚Feb.–Ende Nov. 10–17 Uhr) Das Meereszentrum mit Aquarien, einem 50 m langen Unterwassertunnel, Seehunden und Schweinswalen liegt am Hafen. Besonderes Spektakel sind die Fütterungen: wochentags meistens gegen 11 und 14 Uhr, am Wochenende zusätzlich um 12.30 Uhr. Im Sommer finden Boots- und Schnorcheltouren sowie Krebsfangwettbewerbe statt. Näheres auf der Website.

Romsø INSEL
Die bewaldete Insel Romsø, auf der nur Rehe, Kaninchen und Vögel leben, liegt per Boot 30 Minuten von Kerteminde entfernt. Ein 3 km langer Küstenpfad zieht sich rings um die 109 ha große Insel. Viele Besucher genießen einfach die Einsamkeit. Es gibt keinerlei Gastronomie.

Passagierschiffe von **Romsø-Båden** (☎23 43 63 04; www.romso.dk, auf Dänisch; Erw./unter 12 J. hin & zurück 230/115 Kr) fahren zwischen April und August mittwochs und samstags zur Insel. Abfahrt von Kerteminde ist um 9 Uhr, von Romsø um 14 Uhr. Reservierung erforderlich.

Schlafen

LP TIPP **Rødkærgard B&B** B&B €€
(☎65 32 11 23; www.roedkaergaard.dk; Lille Vibyvej 49, Lille Viby; EZ/DZ/FeWo mit Frühstück 300/440/675 Kr) Wer ein eigenes Fahrzeug hat, ist mit diesem Bauernhof im Dörfchen Lille Viby sehr gut beraten. Er liegt 3 km westlich von Kerteminde an der Straße 165. Die Zimmer mit TV und Etagenbad sind gemütlich eingerichtet, in den Ferienwohnungen sind Kochgelegenheit, Waschmaschine und Wäschetrockner vorhanden.

Tornøes Hotel HOTEL €€
(☎65 32 16 05; www.tornoeshotel.dk; Strandgade 2; EZ/DZ 725/925 Kr; P@ᯤ) Das Tornøes ist ein helles, freundliches Hotel in schöner Lage am Hafen im Zentrum. Die Zimmer sind standardisiert-einfallslos eingerichtet, haben aber alle ein eigenes Bad und TV. Vom Hotelrestaurant aus hat man einen wunderbaren Blick auf den Fjord. Wer ein Kurzurlaubspaket bucht oder außerhalb der Saison kommt, zahlt erheblich weniger. WLAN vorhanden.

Danhostel Kerteminde HOSTEL €
(☎65 32 39 29; www.dkhostel.dk; Skovvej 46; B/Zi. 175/520 Kr; ⌚Jan.–Mitte Dez.; P) Die Herberge liegt in einem herrlichen Waldstück fünf Gehminuten vom Sandstrand und 15 Minuten südlich der Stadt. Die 30 Zimmer haben max. vier Betten, Dusche und Toilette. In der Hauptsaison gibt es auch Schlafsaalbetten. Rollstuhlgerecht.

Kerteminde Camping CAMPINGPLATZ €
(☎65 32 19 71; www.kertemindecamping.dk; Hindsholmvej 80; Stellplätze p. P. 78 Kr; ⌚April–Sept.; @) Der 3-Sterne-Platz liegt 1,5 km nördlich der Stadt in Strandnähe. Die Stellplätze sind durch Hecken in lange Zelt- und Wohnwagenreihen unterteilt.

Essen

LP TIPP **Restaurant Rudolf Mathis** FISCH €€
(☎65 32 32 33; Dosseringen 13; Menüs mittags/abends ab 395/550 Kr; ⌚März–Dez. Di–So mittags & abends) Das Restaurant ist eines der besten

Fischrestaurants auf Fünen. Es liegt südlich des Hafens direkt am Wasser und serviert in schickem Ambiente klassische Fisch- und Meeresfrüchtegerichte wie über dem offenen Holzfeuer gegrillten fangfrischen Fisch des Tages, handgesammelte Jakobsmuscheln und gratinierten Hummer.

LP TIPP **Munkebo Kro** MODERN DÄNISCH €€€
(☎65 97 40 30; www.thomaspasfall.dk; Fjordvej 56, Munkebo; Hauptgerichte mittags 98 Kr, Hauptgerichte abends ab 250 Kr; ⌚mittags & abends) Dieser Gasthof zehn Autominuten von der Stadt entfernt in Munkebo ist eines der besten klassischen Restaurants auf der Insel. Zu den exquisit zubereiteten Speisen aus besten regionalen Zutaten werden hervorragende Weine gereicht. Wunderbarer Ort für ein romantisches Essen zu zweit.

Restaurant Sejlklub EUROPÄISCH €€
(Marinavejen 2; Hauptgerichte mittags 80–100 Kr, Hauptgerichte abends 149–199 Kr; ⌚mittags & abends) Das Restaurant Sejlklub am Yachthafen nördlich der Stadt bietet erschwingliche Gerichte, darunter dänisches Rindfleisch und Meeresfrüchte. Die Veranda ist ein nettes Plätzchen für ein kaltes Bier an einem sonnigen Nachmittag.

Praktische Informationen

Kerteminde Turistbureau (☎65 32 11 21; www.visitkerteminde.dk; Hans Schacksvej 5; ⌚Mitte Juni–Aug. Mo–Fr 9–17, Sa bis 16 Uhr, Sept.–Mitte Juni Mo–Fr 9–16, Sa 9.30–12.30 Uhr)

Post (Hans Schacksvej 5) Im selben Gebäude wie die Touristeninformation.

An- & Weiterreise

Kerteminde liegt an der Straße 165, 19 km nordwestlich von Nyborg und 21 km nordöstlich von Odense.

Zwischen Kerteminde und Odense verkehren regelmäßig die Buslinien 150 und 885 (45 Kr, 30 Min.) und es gibt eine stündliche Verbindung nach Nyborg (920; 45 Kr, 35 Min.).

Ladbyskibet & Vikingemuseet Ladby

Dänemarks einziges Wikingerschiffsgrab, bekannt als Ladbyskibet (Ladbyschiff), ist wirklich fesselnd. Vermutlich wurde in dem 21,5 m langen Kriegsschiff um 925 ein Wikingerhäuptling zur letzten Ruhe gebettet – mit Grabbeigaben wie Waffen, Schmuck, Kleidung, Reitgeschirr, Töpfen, Pfannen, Münzen und einem Spielbrett. Erhalten sind der Abdruck des Schiffsrumpfs in der Erde, rund 2000 Nieten, der Anker, Eisenornamente, die wahrscheinlich von einem geschnitzten Drachenkopf am Vordersteven stammen, sowie Skelette geopferter Hunde und Pferde.

Die Fundstelle unter einem grasbewachsenen Grabhügel ist ein unheimlicher Ort. Wenn sich die Automatiktüren öffnen, verschlägt es vielen Besuchern den Atem. Das neue **Vikingemuseet Ladby** (www.ostfynsmuseer.dk; Vikingevej 123; Erw./unter 18 J. 50 Kr/frei; ⌚Juni–Aug. 10–17 Uhr, sonst kürzer) zeigt Fundstücke aus dem Grab sowie einen Nachbau des Schiffs, so, wie es für die Bestattung hergerichtet wurde, samt dem geschlachteten Vieh. Die Besucher bekommen einen lebendigen Eindruck davon, wie aufwändig die Beisetzung des Häuptlings gewesen sein muss.

An- & Weiterreise

Die Straße 315 führt von Kerteminde nach Ullerslev. Vom Dorf Ladby, 4 km südwestlich von Kerteminde, führt der einspurige Vikingevej 1,2 km nordwärts zum Museumsparkplatz. Von dort geht es zu Fuß über einen kurzen Feldweg zum Schiffsgrab.

Regionalbusse der Linie 582 (24 Kr, Mo–Fr fünfmal tgl.) fahren in sechs Minuten von Kerteminde nach Ladby. Letzte Rückfahrt ist meist um 16 Uhr; aktuelle Infos beim Fahrer. Den Vikingevej hinunter muss man allerdings zu Fuß gehen.

Egeskov Slot

Das sehenswerte Egeskov Slot ist als Ferienattraktion für Familien konzipiert, ist aber auch für Leute, die ohne Kinder unterwegs sind, ein Erlebnis. Im Juli und Anfang August ist das Schloss mittwochs bis 23 Uhr geöffnet und es stehen Abendkonzerte, Falknervorführungen, Geisterjagden und Feuerwerk auf dem Programm.

Sehenswertes

Egeskov Slot SCHLOSS
(www.egeskov.dk; Egeskovgade 18, Kværndrup; Erw./4–12 J. Schloss & Außenanlagen 195/105 Kr, nur Außenanlagen 150/75 Kr; ⌚Juli–Mitte Aug. 10–19 Uhr, Mai, Juni & Mitte Aug.–Sept. bis 17 Uhr) Egeskov Slot mit Burggraben und Zugbrücke ist ein erstklassiges Beispiel für den opulenten Stil, in dem während des „Goldenen

HINDSHOLM ERKUNDEN

Wer wahrhaft ländliche Ruhe sucht, findet auf der abgelegenen Halbinsel Hindsholm nördlich von Kerteminde einsame Straßen und verschlafene Dörfer. Besonders reizvoll ist **Viby** im Süden der Halbinsel mit einer Windmühle und einer freskengeschmückten frühgotischen Kirche.

Weiter nördlich in **Mårhøj** ist Fünens größtes Hünengrab zu sehen. Es besteht aus einer einzigen Kammer und stammt aus dem Jahr 200 v. Chr. Die 10 m lange Grabkammer muss mit Taschenlampe und teils auf allen Vieren erkundet werden. Der Hügel liegt auf einem Acker, zu Fuß nur fünf Minuten von der Straße entfernt, und ist nicht schwer zu finden.

An der Nordspitze von Hindsholm liegt **Fyns Hoved**, ein Fortsatz der Halbinsel und mit ihr durch einen Damm verbunden. Ein Fußweg führt bis an den Rand der 25 m hohen Klippen mit weitem Ausblick auf die Küste von Nordfünen und an klaren Tagen bis nach Jütland und Seeland.

Am besten ist Hindsholm mit dem Auto oder mit dem Fahrrad zu erkunden. Die Straße 315 zieht sich von Süden nach Norden über die ganze Halbinsel. Die Rundstrecke von Kerteminde nach Fyns Hoved und zurück eignet sich für eine lockere Tagestour mit dem Rad.

Mit öffentlichen Verkehrsmitteln von Kerteminde nach Hindsholm zu gelangen ist zwar möglich, aber zeitraubend. Wochentags fährt Bus Nr. 481 bis Dalby und von dort Nr. 483 weiter bis 1 km vor Fyns Hoved (31 Kr). Fahrpläne hat die Touristeninformation von Kerteminde.

Zeitalters" in Dänemark gebaut wurde. Es wurde 1554 auf einem Fundament aus Tausenden von aufrecht stehenden Eichenstämmen errichtet.

13 Zimmer und das Dachgeschoss sind für Besucher zugänglich. Neben alten Möbeln, historischen Gemälden, unzähligen Jagdtrophäen (der ehemalige Besitzer, Graf Gregers Ahlefeldt-Laurvig-Bille, war ein bekannter Großwildjäger) und einem Spielzeugmuseum bietet das Schloss zwei Besonderheiten.

In der Rigborgstube im 1. Stock des Egeskov Slot ist **Titanias Palast** ausgestellt. Der englische Maler und Offizier Sir Nevile Wilkinson baute 15 Jahre an dem sagenhaften Puppenhaus und richtete es mit Miniaturkunstwerken ein. Man kann Stunden damit zubringen, die zahllosen Details zu entdecken, z. B. eine spielbare (!) Orgel in der Kapelle, winzige Glaskaraffen mit abnehmbarem Verschluss und eine illuminierte Bibel, die nicht größer als ein Daumennagel ist.

Eine weitere Kuriosität ist der **Holzmann** auf dem Dachboden des Hauptturms. Der Legende nach wird Egeskov im Burggraben versinken, sollte er je entfernt werden. Also servieren ihm die Schlossherren zu Weihnachten stets eine Schale Reispudding, um ihn bei Laune zu halten.

Die Außenanlagen

Der 15 ha große Park aus dem 18. Jh. umfasst jahrhundertealte Ligusterhecken, freilaufende Pfauen, ein Hirschrudel, moderne Skulpturen und gepflegte Gartenanlagen im Englischen Stil. Sechs Museen präsentieren alte Autos, Motorräder, Rettungswagen, Feuerwehrfahrzeuge, landwirtschaftliche Geräte, Pferdefuhrwerke und einen alten Krämerladen. Außerdem gibt es auf dem Gelände einen fantasievollen Kinderspielplatz, eine ziemlich kitschige Dracula-Krypta, einen Baumwipfelweg in luftiger Höhe, mit wackeligen Brücken und Vogelstimmen auf Knopfdruck, eine Puppenstuben-Ausstellung und vier Irrgärten, von denen drei öffentlich zugänglich sind. Die Parkanlagen sind meist eine Stunde länger geöffnet als das Schloss.

Egeskov am Abend

Im Sommer hat das Schloss seine Pforten an einigen Mittwochabenden bis in die Nacht geöffnet. Es werden spezielle Abendveranstaltungen wie Brotbacken über dem offenen Feuer oder Pferdekutschfahrten über das Anwesen angeboten. Viele Besucher klemmen sich einen gut gefüllten Picknickkorb unter den Arm und genießen den Abend im Park unter freiem Himmel bis ein Kanonenschuss den Beginn des abschließenden Feuerwerks ankündigt.

Näheres auf der Website des Schlosses.

Schlafen & Essen

Gleich vor dem Schloss liegt ein kostenloser **Campingplatz** für Zelte. Der Toilettenschlüssel ist gegen 20 Kr Pfand im Gartencenter erhältlich.

Ein paar **Kioske** verkaufen Hotdogs und Eis. Beim **Café Jomfru Rigborg** stehen Buffetspeisen, Sandwiches, Fleischbällchen und Nudelgerichte auf der Karte.

An- & Weiterreise

Egeskov Slot liegt 2 km westlich von Kværndrup an der Straße 8 und ist gut ausgeschildert.

Von Nyborg und Faaborg aus fährt die Buslinie 920 (45 Kr, etwa stündlich). Die Busse halten 500 m vom Schloss entfernt (der Fahrer sagt einem, wo man aussteigen muss).

Zwischen Ende Juni und Mitte August hält die Buslinie 810 von Odense und Svendborg direkt am Haupttor (Mitte August bis September nur am Wochenende). Ansonsten fahren Züge nach Kværndrup, von wo aus es mit oben genanntem Bus 920 oder dem Taxi weitergeht.

Faaborg

7200 EW.

Das malerische Städtchen Faaborg besitzt eine Reihe bildschöner Häuser aus seiner Blütezeit im 17. Jh., als der Ort eine der größten Fischereiflotten Dänemarks besaß. Besonders schön sind die Straßen Holkegade, Adelgade und Tårngade. Der Ort lohnt einen Zwischenstopp zum Bummeln oder Mittagessen und hat einige kleine Museen.

Sehenswertes

Faaborg Museum for Fynsk Malerkunst KUNSTMUSEUM

(www.faaborgmuseum.dk; Grønnegade 75; Erw./unter 18 J. 60 Kr/frei; ⏲April–Okt. 10–16 Uhr, sonst kürzer) Das in einem hübschen stattlichen Gebäude residierende Museum zeigt eine beachtliche Sammlung von Werken fünischer Künstler, darunter Johannes Larsen, Peter Hansen, Jens Birkholm und Anna Syberg. Außerdem hat es einen Blumengarten und ein Café. Hier steht auch das Original von Kai Nielsens Granitskulptur *Ymerbrønd*.

Faaborg Arrest MUSEUM

(Torvet; Erw./unter 18 J. 40 Kr/frei; ⏲Mitte Mai–Mitte Sept. 10–16 Uhr, sonst kürzer) Das skurrile kleine Museum befindet sich in den ehemaligen Gefängniszellen des Rathauses. Es präsentiert unter anderem eine Verbrechergalerie aus dem 19. Jh. mit Landstreichern, Falschspielern und Deserteuren, improvisierte Tätowiermaschinen und interessante Auszüge aus Interviews mit ehemaligen Wachen und Häftlingen.

Den Gamle Gaard MUSEUM

(Holkegade 1; Erw./unter 18 J. 50 Kr/frei; ⏲Mitte Mai–Mitte Sept. tgl. 10–16 Uhr, Mitte Sept.–Mitte Okt. & April–Mitte Mai So 11–15 Uhr) Das gut eingerichtete Museum in einem Fachwerkhaus von 1725 zeigt in 22 Räumen, wie ein wohlhabender Kaufmann Anfang des 19. Jhs. lebte. Die Zimmer sind voll mit antiken Möbeln, Porzellan, Spielzeug und Gegenständen aus der Seefahrt. Selbst ein Leichenwagen ist zu sehen. Einer der Räume zeigt persönliche Gegenstände der Kaufmannstochter Riborg Voigt, in die Hans Christian Andersen Zeit seines Lebens verliebt war. Auch eine Visitenkarte von Andersen mit einer aufgenähten Haarlocke ist zu sehen.

Torvet PLATZ

Am **Torvet** (Hauptplatz) steht die ausgefallene Bronzeskulptur **Ymerbrønd** des Bildhauers Kai Nielsen, die bei der Aufstellung für viel Wirbel sorgte. Dargestellt ist ein norwegischer Schöpfungsmythos: der nackte Frostriese Ymir (aus dessen Körper Himmel und Erde erschaffen wurden), der er am Euter einer Kuh saugt.

Der kürzlich renovierte **Klokketårnet** (Glockenturm; Tårnstræde; Erw./unter 18 J. 12 Kr/frei; ⏲Mitte Juni–Aug. Mo–Fr 11–16.15, Sa & So 10–13 Uhr) ganz in der Nähe war einst Teil einer mittelalterlichen Kirche. Im Sommer ist er für Besucher geöffnet.

Das Stadttor **Vesterport** (Westtor) aus dem 15. Jh. ist eines von nur zwei Toren dieser Art in Dänemark.

Lyø, Avernakø & Bjørnø INSELN

Die drei Inselchen vor der Küste von Faaborg sind herrliche Ziele für Tagesausflüge. Vogelfreunde werden von der Artenvielfalt begeistert sein. Einfache Campingplätze sind vorhanden; die Touristeninformation von Faaborg vermittelt auch Privatzimmer.

Lyø ist die „am dichtesten bevölkerte" der drei Inseln und bietet die meisten Ziele: ein altes Dorf mit dem einzigen Rundfriedhof in Dänemark, Klokkesten (ein 1000 Jahre alter Dolmen, der wie eine Glocke klingt, wenn er angeschlagen wird) und mehrere Badestrände. Der Lebensmittelladen verleiht auch Fahrräder.

Informationen zur Anreise zu den Inseln siehe S. 181.

Aktivitäten

Im Juli und August dreht ein kostümierter **Nachtwächter** seine Runden und singt witzige Nachtwächterlieder auf Dänisch. Falls sich ihm jemand anschließen möchte: Er bricht um 21 Uhr am Klokketårnet auf.

Svanninge Bakker, nördlich von Faaborg, ist eine Hügellandschaft – im Volksmund die „Alpen von Fünen" genannt – mit Wäldern und vielen **Rad- und Wanderwegen**.

Syd Fyenske Veteranjernbane ZUGFAHRT
(www.sfvj.dk; Erw./4–12 J. 60/30 Kr) Die historische Eisenbahn fährt im Sommer vom alten Bahnhof von Faaborg nordostwärts nach Korinth. Abfahrt ist von Ende Juni bis August sonntags um 13 und 15.30 Uhr und von Anfang Juli bis Anfang August zusätzlich donnerstags um 16 und 19 Uhr. Die Fahrt dauert hin und zurück 80 Minuten. Einer der Wagen hat einen Rollstuhllift.

Schlafen

Die Touristeninformation vermittelt Privatzimmer zu 375/500 Kr pro EZ/DZ plus 30 Kr Buchungsgebühr.

Hotel Faaborg HOTEL €€
(62 61 02 45; www.hotelfaaborg.dk; Torvet; EZ/DZ mit Frühstück 750/950 Kr; P @) Das kleine Hotel in einem alten Backsteinbau mit hübschem Hof hat zehn DZ mit Badewanne und TV. Im Erdgeschoss gibt es eine Bar und ein Restaurant.

Hotel Faaborg Fjord FERIENANLAGE €€
(62 61 10 10; www.hotelfaaborgfjord.dk, auf Dänisch; Svendborgvej 175; EZ/DZ mit Frühstück 1295/1495 Kr; P @) Das große Konferenzhotel in der östlichen Vorstadt bietet ruhige Zimmer, die alle einen Balkon oder eine Terrasse haben. Zur guten Ausstattung gehören Restaurant, Schwimmbad, Sauna, Bouleplatz, Volleyballfeld und WLAN. Das Meer liegt gleich gegenüber. Im Sommer sinken die Preise.

Danhostel Faaborg HOSTEL €
(62 61 12 03; www.danhostel.dk/faaborg; Grønnegade 71–73; B/DZ 175/375 Kr; April–Okt.) Das einfache, romantische Hostel hat 69 Betten. Es erstreckt sich über zwei historische Gebäude, ein altes Kino und ein ehemaliges Armenhaus in Fachwerkbauweise. In der Hauptsaison gibt es auch Schlafsaalbetten.

Faaborg Camping CAMPINGPLATZ €
(62 61 77 94; www.faaborgcamping.dk; Odensevej 140; Stellplätze pro Erw./Kind 72/41 Kr; @) Der Platz liegt 2 km nördlich der Stadt und damit näher als alle übrigen. Er bietet Sanitäranlagen mit solarbeheiztem Wasser, ein Geschäft, eine Minigolfanlage, ein Fernsehzimmer, WLAN und eine Fahrradvermietung (60 Kr pro Tag).

Essen

Hæstrups Café CAFÉ €
(Torvet 2; kleine Mittagsgerichte 50–90 Kr; Juni–Aug. 10–2 Uhr, sonst kürzer) Das Hæstrups mitten im Trubel auf dem Torvet ist das beliebteste Imbisslokal am Ort. Auf der Karte stehen dänische Standards wie Brunchspeisen, Omeletts, Salate, Sandwiches, Burger sowie ein paar mexikanische Gerichte und Steaks.

Det Hvide Pakhus INTERNATIONAL €€
(www.dethvidepakhus.dk; Christian IX Vej 2; Hauptgerichte mittags 70–120 Kr, 1-/2-/3-/4-/5-Gänge-Abendmenüs 225/285/325/375/425 Kr; Juni–Sept. mittags & abends) Die beste Wahl in puncto Lage, Qualität und Preis-Leistungs-Verhältnis ist das „Weiße Lagerhaus" am Hafen. Das gehobene Restaurant bietet mittags kleine Fischgerichte wie Hering mit Zwiebeln, gebratene Scholle und gebratenes Rinderhack auf Toast mit Kapern, Roter Bete, Zwiebeln und Eigelb. Abends gibt es z. B. Rinderfilet in Rotweinsauce mit Selleriepüree.

Faaborg Røgeri FISCH €
(Vestkaj; Fischgerichte 25–70 Kr; Mitte Juni–Aug. 10–21 Uhr, sonst kürzer) Was wäre ein Dänemarkurlaub ohne einen Imbiss mit Fischklößchen und Remoulade vom Pappteller in der salzigen Hafenluft.

Praktische Informationen

Jyske Bank (Østergade 36) Eine von mehreren Banken mit Geldautomaten.

Post (Banegårdspladsen 4; Mo–Fr 10–17, Sa bis 12 Uhr)

Touristeninformation (62 61 07 07; www.visitfaaborg.dk; Banegårdspladsen 2a; Juni–Aug. Mo–Sa 9–17 Uhr, Sept.–Mai Mo–Fr 9–16, Sa 10–13 Uhr) Fahrradvermietung, Radkarten, Angelscheine und Telefonkarten.

An- & Weiterreise

Faaborg liegt 27 km westlich von Svendborg und 37 km südlich von Odense.

Auto & Motorrad

Von Norden her führt die Straße 43 nach Faaborg, von Svendborg die Straße 44 in Richtung Westen.

Faaborg

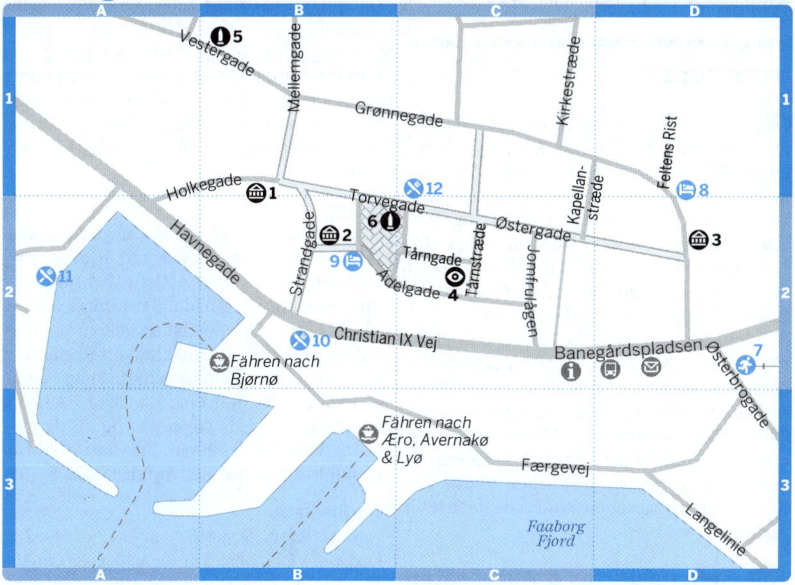

Bus

Der Busbahnhof von Faaborg liegt am Banegårdspladsen beim stillgelegten Bahnhof im Süden der Stadt.

Von Odense verkehren die Buslinien 110, 141 und 885 (68 Kr, 1¼ Std.) bis 23 Uhr mindestens einmal pro Stunde. Von Svendborg fahren die Busse der Linie 930 (50 Kr, 40 Min.) den ganzen Tag über ebenfalls mindestens stündlich.

Schiff

Aerøfærgerne A/S (☎62 52 40 00; www.aeroe-ferry.dk) bietet täglich Fähren von Faaborg nach Søby an der Nordwestspitze der Insel Ærø (Erw./4–11 J./Auto/Fahrrad hin & zurück 184/103/406/39 Kr, 1 Std.). Wochentags gehen fünf Schiffe, am Wochenende drei oder vier. Autoreisende sollten vorab reservieren.

Auch zu den nahen Inseln Bjørnø, Lyø und Avernakø gehen Fähren. Nach Avernakø und Lyø pendelt die kleine Autofähre M/F *Faaborg II* des Unternehmens **Ø-Færgen** (☎62 61 23 07; www.oefaergen.dk, auf Dänisch; Erw./4–15 J. hin & zurück 115/80 Kr, Fahrrad/Motorrad 30/120 Kr). Sie verkehrt täglich etwa fünfmal ab Faaborg und braucht 30 bis 70 Minuten. Von einem Besuch der Inseln mit dem Auto wird abgeraten. Nach Bjørnø fährt das Passagierschiff **M/S Lillebjørn** (☎20 29 80 50; www.bjoernoe-faergen.dk; Erw./4–16 J. hin & zurück 56/28 Kr, Fahrrad 17 Kr). Montags bis freitags

Faaborg

Sehenswertes

1 Den Gamle Gaard ... B1
2 Faaborg Arrest ... B2
3 Faaborg Museum for Fynsk Malerkunst ... D2
4 Klokketårnet ... C2
5 Vesterport ... B1
6 Ymerbrønd ... B2

Aktivitäten, Kurse & Touren

7 Syd Fyenske Veteranjernbane ... D2

Schlafen

8 Danhostel Faaborg ... D1
9 Hotel Faaborg ... B2

Essen

10 Det Hvide Pakhus ... B2
11 Faaborg Røgeri ... A2
12 Hæstrups Café ... C1

gehen sieben, samstags vier und sonntags drei Schiffe. Die Fahrt dauert 20 Minuten.

Unterwegs vor Ort

Fahrräder vermietet die Touristeninformation für 60 Kr pro Tag. Am Hafen sind zeitweise auch

Boote für 850 Kr pro Tag plus Treibstoff erhältlich. Infos hält die Touristeninformation bereit.

Svendborg

27 110 EW.

Das hügelige Svendborg ist die größte Stadt im Süden der Insel und im Sommer ein belebter Ort mit Cafés und Bars voller Yachturlauber. Es ist zwar vor allem eine moderne Industriestadt, besitzt aber auch alte Bausubstanz, ein großartiges naturhistorisches Museum und ein erstklassiges Hostel. Zudem ist die Stadt Ausgangspunkt für Ausflüge auf die Inseln Tåsinge, Langeland und Ærø.

Im 19. Jh. war Svendborg eine betriebsame Hafenstadt und ein Zentrum des Schiffsbaus. Fast die Hälfte aller Holzschiffe Dänemarks wurde hier gebaut. Außerdem gab es Gießereien, Gerbereien, Tabakverarbeitung und Mühlen. Mehrere Werften florieren bis heute und in keiner dänischen Stadt, von Kopenhagen abgesehen, sind so viele Schiffe registriert wie hier.

Sehenswertes & Aktivitäten

Naturama — MUSEUM

(www.naturama.dk; Dronningemaen 30; Erw./unter 18 J. 100 Kr/frei; Mitte Jan.–Ende Nov. Di–So 10–16 Uhr, in den Schulferien bis 17 Uhr) Das naturhistorische Museum zeigt in einem eindrucksvollen spiralförmigen Bau auf drei Etagen ausgestopfte Tiere und Knochen. Walskelette dominieren das Erdgeschoss, skandinavische Säugetiere nehmen das mittlere Stockwerk ein und Vögel vom winzigen Goldhähnchenlaubsänger bis zum Steinadler schweben über allem auf einer Galerie. Die Ton- und Lichtanlagen sind topmodern und es werden regelmäßig Filme gezeigt. Im interaktiven Bereich können die Besucher Maulwürfe streicheln, Wölfe zeichnen oder sich in Felle kleiden.

GRATIS Anne Hvides Gård — MUSEUM

(Fruestræde 3; Mitte Juni–Mitte Aug. Di–So 11–15 Uhr) Ältestes Gebäude der Stadt ist das windschiefe Anne Hvides Gård von 1560. Die Sammlung lokaler archäologischer Funde ist kein Knüller und nur auf Dänisch beschriftet. Doch die aus dem 14. Jh. stammende Holzfigur des Gottes Svantevit mit vier Gesichtern lohnt einen kurzen Abstecher.

Forsorgsmuseet Viebæltegård — MUSEUM

(www.svendborgmuseum.dk, auf Dänisch; Grubbemøllevej 13; Erw./unter 18 J. 40 Kr/frei; Mai–Sept. Di–So 10–16 Uhr, Okt.–April Di–So 13–16 Uhr) Dänemarks einziges Museum zum Thema Armenhäuser und Besserungsanstalten ist in jeder Hinsicht ungewöhnlich – von der Entlausungseinrichtung bis zu Kostproben der Armenküche, die im Hochsommer mittwochs ausgegeben werden. Etwa ein Drittel der Informationen sind ins Englische übersetzt.

Inseln — NATUR

Südwestlich von Svendborg liegen die kleinen Inseln **Drejø**, **Skarø** und **Hjortø**. Ihre einsame Lage zieht vor allem Yachturlauber und Vogelkundler an, da hier zahlreiche Seevögel brüten. Campen ist an gekennzeichneten Stellen erlaubt. Drejø hat ein Restaurant und ein Lebensmittelgeschäft, Skarø einen kleinen Laden und eine Snackbar. Auf der autofreien Insel Hjortø gibt es nichts dergleichen. Besucher müssen Proviant mitbringen. Informationen zur Anreise siehe S. 185.

Gorilla Park — ABENTEUERSPORT

(www.gorillapark.dk, auf Dänisch; Erw./Kind 8–12 J./Kind 4–7 J. 245/195/75 Kr; April–Ende Okt. 10–18 Uhr) In dem Hochseilgarten-Abenteuerpark können Besucher den Affen rauslassen. Bei Tarzan-Schaukeln, Seilrutschen, Hochseilklettereien, Basejumping und BMX-Brücken steigt der Adrenalinspiegel garantiert. Klettererfahrung ist nicht nötig, Schwindelfreiheit jedoch hilfreich. Der Gorilla Park liegt 5 km nördlich von Svendborg. Anfahrt aus der Stadt über die Straße 44 und dann nach rechts auf den Stagerupvej.

Maritimt Center Danmark — SEGELN

(www.maritimt-center.dk; Havnepladsen 2; Rundfahrten Erw./Kind ab 270/170 Kr; Juli & Aug. Do & Fr) Im Hochsommer veranstaltet das Maritimt Center Danmark **Fahrten** auf dem historischen Segelschiff *Meta*. Beim Kinderprogramm, das häufig angeboten wird, dreht sich alles um Piraten. Weitere Infos direkt beim Center. Ein anderes historisches Schiff, das auf dem Svendborg-Sund kreuzt, ist die M/S *Helge* (S. 186). Gegenüber der Anlegestelle der Ærø-Fähre erstreckt sich der Sejlskibsbroen-Pier mit wunderschönen alten Segelschiffen.

Schlafen

In und um Svendborg gibt es einige gute B&Bs, von denen die meisten in einer Broschüre (in Touristeninformationen auf Fünen und in Südjütland erhältlich) aufgeführt sind. Gegen 30 Kr Gebühr reserviert

Svendborg

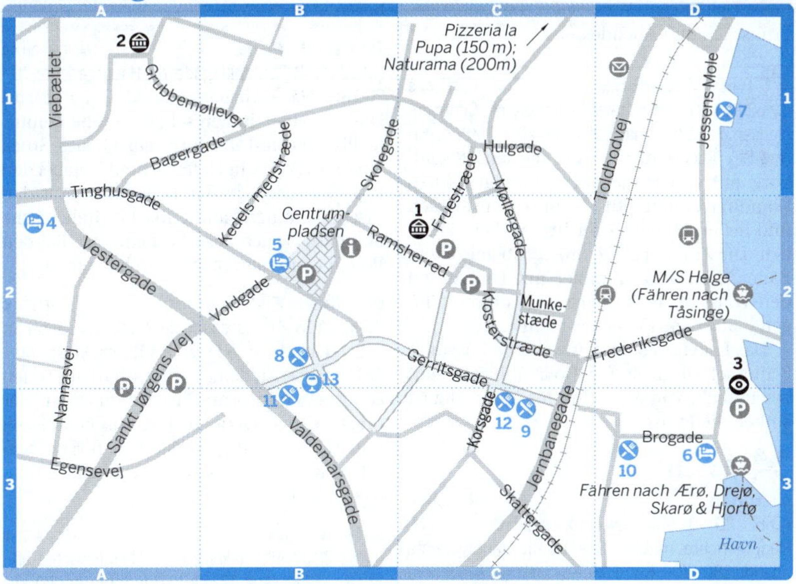

die Touristeninformation Zimmer. Der nächste Campingplatz liegt auf Tåsinge, südlich des Svendborg-Sunds, siehe S. 186.

LP TIPP **Hotel Ærø** HOTEL €€

(☎62 21 07 60; www.hotel-aeroe.dk, auf Dänisch; Brogade 1; EZ/DZ mit Frühstück 850/1025 Kr; P) Das hübsche, senfgelb-weiß gestrichene Hotel Ærø liegt in unschlagbarer Lage am Hafen und hat viel Atmosphäre. Die großzügigen, modernen Aufenthaltsbereiche im Anbau sind hell und luftig und im Chalet-Stil eingerichtet. In den Zimmern herrscht ein unaufdringlicher und gemütlicher englischer Kolonialstil mit großen, bequemen Holzbetten, Schreibtischen aus Mahagoni-Imitat, Lampen im Asiastil und Holzböden. Wenn in Bar und Restaurant (S. 184), die sich im Stockwerk unter den Zimmern befinden, viel Betrieb ist, kann die Geräuschkulisse unangenehm werden.

Danhostel Svendborg HOSTEL €€

(☎62 21 66 99; www.danhostel-svendborg.dk; Vestergade 45; EZ/DZ/3BZ/4BZ 490/520/540/560 Kr; P@) Das hervorragende behindertengerechte Hostel ist schon fast ein Hotel – allerdings auch nicht billig. Es liegt im Zentrum in einer ehemaligen Eisengießerei aus dem 19. Jh. Die einfachen, aber tadellosen 2-, 3- und 4-Bett-Zimmer verfügen über Dusche, Satelliten-TV und WLAN. Außerdem gibt es Waschmaschinen, eine große Küche, mehrere Loungebereiche, Automaten, ein Trampolin und einen münzbetriebenen Computer. Die Rezeption ist mindestens von

Svendborg

Sehenswertes
1 Anne Hvides Gård ... C2
2 Forsorgsmuseet Viebæltegård ... A1
3 Maritimt Center Danmark ... D2

Schlafen
4 Danhostel Svendborg ... A2
5 Hotel Svendborg ... B2
6 Hotel Ærø ... D3

Essen
7 Bendixens Fiskehandel ... D1
8 Café Under Uret ... B2
9 Citronen ... C3
Hotel Ærø ... (s. 6)
10 Jette's Diner ... D3
11 Kvickly ... B3
12 Vintapperiet I Salig Simons Gård ... C3

Ausgehen
13 Børsen ... B2
Hotel Ærø ... (s. 6)

8 bis 18 Uhr besetzt (außer sonntagnachmittags). Das Restaurant serviert preisgünstiges Frühstück und Abendessen.

Hotel Svendborg HOTEL €€€
(☎62 21 17 00; www.hotel-svendborg.dk; Centrumpladsen 1; EZ/DZ mit Frühstück ab 995/1225 Kr; P@) Das zentrumsnah gelegene Svendborg präsentiert sich im minimalistischen skandinavischen Stil – mit Holzfußböden und hellen Möbeln – nüchtern, aber behaglich. Die Zimmer im 2. Stock haben größere Bäder, die „Scala"-Zimmer mit Pop Art an den Wänden, Teekochern und internetfähigen Flatscreen-TVs etwas mehr Luxus.

Das Hotel trägt das Umweltsiegel „Grüner Schlüssel" und ist für Rollstuhlfahrer gut zugänglich. Von Mitte Juli bis Mitte August sinken die Preise.

Essen

Citronen DÄNISCH €€
(☎62 20 21 95; www.citronen.dk; Brogade 33; Hauptgerichte mittags 86–118 Kr, Hauptgerichte abends 180–200 Kr; ⌚Mo–Sa mittags & abends) Im Citronen wird jede Mahlzeit frisch zubereitet. Typische Speisen sind leichte Mittagsgerichte mit Meeresfrüchten, z. B. Riesengarnelen in Knoblauch und Kräutern mit hausgemachtem Brot und Butter, und herzhafte Hauptgerichte am Abend wie Steak in Pfeffersauce mit Kartoffelpastete. Ein guter Rat: Platz lassen für den köstlichen Nachtisch!

Hotel Ærø DÄNISCH €€
(☎62 21 07 60; Brogade 1; Hauptgerichte mittags 50–115 Kr; ⌚11–21.30 Uhr) Das Ærø gegenüber vom Fährhafen hat einen maritim dekorierten Speisesaal mit hoher Decke. Auf der Karte stehen veritable dänische Klassiker: Rinderhackbraten auf Roggentoast, Aal mit Petersiliensauce, Kartoffeln und Mixed Pickles oder geschmorte Scholle, gefüllt mit Garnelen, Spargel und Pilzen, in Hummersoße. Die Qualität ist ausgezeichnet, es werden frische Zutaten verwendet.

Vintapperiet I Salig Simons Gård WEINBAR €€
(☎62 22 34 48; www.vintapperierne.dk; Brogade 37; Käse-/Wurstteller ab 90 Kr; ⌚Mo–Sa 11–17.30 Uhr) Das Lokal zeichnet sich durch ein gutes Angebot an Wein und Bier aus, beides auch zum Mitnehmen für ein Picknick. Aber es lohnt sich durchaus, die flüssigen Köstlichkeiten vor Ort zu probieren und dazu von einem Käse- oder Wurstteller zu schnabulieren.

Pizzeria la Pupa ITALIENISCH €€
(☎62 20 21 70; Møllergade 78; Hauptgerichte 70–200 Kr; ⌚Mo–Sa mittags & abends, So nur abends) Die von einer italienischen Familie geführte Pizzeria und Trattoria ein kleines Stück landeinwärts vom Hafen erfreut sich bei den Einheimischen großer Beliebtheit. Auf den Tisch kommen authentische italienische Standards (auch zum Mitnehmen). Bei den Pizzen kann man nichts falsch machen.

Bendixens Fiskehandel FISCH €
(☎62 21 18 75; Jessens Mole 2; Snacks 55–65 Kr; ⌚Geschäft Mo–Fr 7–18, Sa bis 13 Uhr, Imbiss Mo–Sa 11–20 Uhr) Zu dem Fischgeschäft am Hafen gehört ein Imbiss mit Tischen im Freien, der preisgünstige Gerichte mit frischem Fisch und Meeresfrüchten verkauft, z. B. Krabbensalat, Räucherlachs, Garnelen und Fischfrikadellen.

Jette's Diner GASTSTÄTTE €
(☎62 22 17 48; Kullinggade 1; Hauptgerichte 58–128 Kr; ⌚Mai–Aug. 12–21.30 Uhr, Sept.–April Di–So 12–21.30 Uhr) Das beliebte und recht preisgünstige Lokal im Diner-Stil bietet eine große Auswahl. Neben Salaten und Sandwiches gibt es mexikanische Gerichte sowie ein Tagesgericht mit Fleisch und eins für Vegetarier. Hier sitzen Arbeiter und Segelurlauber Seite an Seite.

Café Under Uret EUROPÄISCH €€
(☎62 21 83 08; www.under-uret.com, auf Dänisch; Gerritsgade 50; Hauptgerichte mittags 65–85 Kr, Hauptgerichte abends 150–170 Kr; ⌚Mo–Sa 9.30–22 Uhr) Das stimmungsvolle Bistro ist mit Getreidegarben dekoriert; Kerzenlicht, bequeme Lederbänken und softe Popmusik schaffen Atmosphäre. An den Tischen im Freien können die Gäste die Abendsonne genießen. Mittags gibt es leckeren Brunch, Sandwiches und Burger und abends Gerichte wie Hühnerbrust, Rindfleisch und Pasta.

Kvickly SUPERMARKT €
(Gerritsgade 33; ⌚Mo–Fr 9–20, Sa 8–17 Uhr) Selbstversorger können sich in dem zentral gelegenen Supermarkt mit guter Bäckerei verpflegen.

Ausgehen & Unterhaltung

Hotel Ærø BAR €€
(Brogade 1; ⌚bis 23 Uhr) Die gemütliche Hotelbar bietet im Winter ein prasselndes Ka-

minfeuer und das ganze Jahr über eine gute Auswahl dänischer Biere.

Børsen BAR €€

(Gerritsgade 31) Die bei der Jugend sehr beliebte Bar, in der am Wochenende ein DJ auflegt, hat freitags und samstags lange geöffnet.

Praktische Informationen

Nordeabank (Centrumpladsen 8) Eine von vielen Banken mit Geldautomaten.

Post (Toldbodvej 13a)

Sydfyns Turistbureau (www.visitsydfyn.dk; Centrumpladsen 4; ⌚Juli & Aug. Mo–Fr 9.30–18, Sa bis 15 Uhr, Sept.–Juni Mo–Fr 9.30–17, Sa bis 12.30 Uhr) Zuständig für ganz Südfünen. Kostenloser Internetzugang.

An- & Weiterreise

Svendborg ist der Verkehrsknoten zwischen Odense und den Inseln südlich von Fünen. Es liegt 44 km südöstlich von Odense via Straße 9 und 33 km südwestlich von Nyborg via Straße 163.

Bus & Zug

Busbahnhof und Bahnhof liegen ein paar Straßen nördlich des Fährhafens.

Busse verkehren zwischen Svendborg und Faaborg (Linien 930 und 932, 50 Kr, 40 Min.), Rudkøbing (Linien 911, 912 und 913, 44 Kr, 25 Min.) und anderen Städten auf Fünen.

Züge von Odense nach Svendborg fahren etwa stündlich (70 Kr, 1 Std.).

Schiff

Nach Ærøskøbing fahren täglich fünf Fähren, im Sommer die letzte um 22.30 Uhr. Weitere Infos auf S. 191.

Nähere Informationen zur M/S *Helge*, die zwischen Svendborg und Tåsinge verkehrt, siehe S. 187.

Kleine Passagierfähren ab Svendborg bieten die Möglichkeit, innerhalb eines Tagesausflugs die Inseln Drejø, Skarø und Hjortø zu besuchen. Fahrpläne gibt es bei der Touristeninformation in Svendborg oder unter www.visitsvendborg.dk. Die **Hjortø-Fähre** (☎40 97 95 18, 62 54 15 18; Erw./2–14 J. 75/50 Kr, Fahrrad 30 Kr) fährt gewöhnlich zweimal täglich, die **Fähre nach Drejø & Skarø** (☎62 21 02 62; Erw./4–12 J. hin & zurück 90/55 Kr, Fahrrad 30 Kr) drei- bis fünfmal (Fahrzeit je nach Route 30 bis 75 Min.).

Unterwegs vor Ort

Fahrräder (Erw. 90 Kr pro Tag) vermietet **Svendborg Cykeludlejning** (☎62 20 77 41; www.svendborgcykeludlejning.dk; Jessens Mole 9B; ⌚Juni–Mitte Aug. 9–13 Uhr). Die interessantesten Routen beschreibt eine Broschüre der Touristeninformation Svendborg über zwölf Fahrradtouren in Südfünen und auf Tåsinge und Thurø (15 Kr).

Parken im Zentrum erfordert fast überall eine Parkscheibe (erhältlich in der Touristeninformation).

Tåsinge

6100 EW.

Tåsinge ist Fünens viertgrößte Insel und mit Svendborg und Langeland durch Straßenbrücken verbunden. Die beiden wichtigsten Sehenswürdigkeiten liegen im Nordosten: das idyllische Kapitänsdorf Troense und Valdemars Slot aus dem 17. Jh. Die übrige Insel ist von Wäldern, Hecken und Feldern bedeckt, zwischen denen sich die Straße 9 hindurchzieht.

Sehenswertes

Troense DORF

Troense ist ein wohlhabender Küstenort mit einem kleinen Yachthafen und malerischen, reetgedeckten Häusern. Besonders schöne Straßen sind Grønnegade und Badstuen. Die alte Dorfschule birgt das nette Seefahrtsmuseum **Søfartssamlingerne i Troense** (Strandgade 1; Erw./unter 18 J. 30 Kr/frei; ⌚Mai–Sept. Di–So 10–17 Uhr). Es beherbergt ein Sammelsurium von Gemälden, Fotos, Modellen, Galionsfiguren und Gegenständen aus der ganzen Welt, die Seeleute und Händler von ihren Fahrten mitgebracht haben.

Valdemars Slot SCHLOSS

(www.valdemarsslot.dk; Slotsalléen 100; Schloss & Jagdmuseum Erw./4–12 J. 85/40 Kr, Schloss & alle Museen 100/50 Kr; ⌚Mitte April–Ende Okt. 10–17 Uhr) Valdemars Slot ist einer von vielen Wohnsitzen, die im Namen von Christian IV. gebaut wurden. Der König ließ es 1644 für seinen Sohn Valdemar Christian errichten, der aber nie hier lebte, weil er mit 34 Jahren in Polen fiel. Während der dänisch-schwedischen Kriege wurde das Schloss schwer beschädigt. Schließlich erwarb es der Admiral und Kriegsheld Niels Juel und ließ es zum barocken Herrenhaus umgestalten. Park und Sandstrand direkt vor dem Südtor können kostenlos besucht werden.

Das Schloss ist voller alter Möbel und Kuriositäten – kostbares venezianisches Glas, chinesische Lampen, Wandteppiche aus dem 17. Jh., eine in die Fensterbrüstung eingelassene, versteckte Toilette, ein geheimes Munitionslager, Niels Juels reich gravierte Seekiste und signierte Fotos berühmter Besucher. In den Dachetagen zeigt das schauerliche Jægt & Trofæmuseum völkerkundliche Exponate und ausgestopfte Tiere, die Großwildjäger Boerge Hinsch und Konsorten erbeutet haben.

Um den großen Hof mit Weihern liegen zwei weitere Museen. Das **Danmarks Legetøjsmuseum** (Dänisches Spielzeugmuseum; Erw./4–12 J. 40/20 Kr; ⌚Juli 10–18 Uhr, Mai, Juni, Aug. & Sept. bis 17 Uhr), eine beeindruckende Privatsammlung alter Spielsachen, und **Danmarks Museum for Lystsejlads** (Dänisches Segelmuseum; Erw./4–12 J. 40/20 Kr; ⌚Juli 10–18 Uhr, Juni & Aug. bis 17 Uhr) mit 30 schnittigen Segelschiffen.

Etwa 1 km südwestlich vom Schloss steht auf der nördlichen Straßenseite die 400 Jahre alte Eiche **Ambrosius Egen**. Sie ist nach dem dänischen Dichter Ambrosius Stub benannt, der um 1700 im Schloss arbeitete und in ihrem Schatten zahlreiche Verse schrieb.

Es fahren Busse zum Valdemars Slot, aber attraktiver ist die Anreise mit der M/S *Helge*, einer alten Fähre, die zwischen Svendborg und dem Schloss verkehrt, siehe S. 187.

Bregninge DORF

In dem Dörfchen Bregninge, an der Straße 9, steht Dänemarks meistbesuchte Kirche, die mittelalterliche **Bregninge Kirke**. Was die Besucher anzieht, ist die grandiose Aussicht vom **Turm** (Kirkebakken 2A; Erw./Kind 5/2 Kr; ⌚8–21 Uhr). Mit 72 m ist er der höchste Punkt der Insel.

Tåsinge Skipperhjem og Folkemindesamling (Kirkebakken 1; Erw./unter 15 J. 40 Kr/frei; ⌚Juni–Aug. Di–So 10–16 Uhr), gegenüber der Kirche, ist ein Heimatmuseum, das die Geschichte von Leutnant Sixten Sparre und der Artistin Elvira Madigan erzählt. Skandinaviens tragischstes Liebespaar nahm sich 1889 auf Tåsinge das Leben. Bis heute ist es Brauch, dass frisch Vermählte an dem Doppelgrab auf dem Friedhof von Landet, 3 km südlich von Bregninge, ihren Brautstrauß niederlegen.

Schlafen & Essen

B&B-Unterkünfte sind in der Broschüre *Fünen und Südjütland B&B* aufgelistet und können über die Touristeninformation Svendborg (S. 185) gebucht werden. Troense hat eine Bäckerei und einen Minimarkt. Urlauber mit eigenem Fahrzeug können auch im Supermarkt Dagli'Brugsen in Vindeby (von Svendborg gleich jenseits der Brücke) einkaufen.

Hotel Troense HOTEL €€

(☎62 22 54 12; www.hoteltroense.dk; Strandgade 5; EZ/DZ mit Frühstück 795/1095 Kr; P) Das Hotel Troense oberhalb des Hafens hat 30 Zimmer. Sie verteilen sich auf das Haupthaus (acht Zimmer mit Meerblick) und mehrere moderne Gebäude dahinter (alles Zweibettzimmer mit möblierter Terrasse). Das Restaurant serviert mittags klassisch-dänisches Smørrebrød (60–180 Kr) und abends traditionelle französische und dänische Gerichte (2-/3-Gänge-Menüs 279/335 Kr) wie Tournedos vom Hirsch mit einem Kompott aus roten Zwiebeln. Auch gute vegetarische Gerichte stehen auf der Karte. In der Hauptsaison ist das Restaurant von 12 bis 21 Uhr geöffnet, sonst nur abends.

Vindebyøre Camping CAMPINGPLATZ €

(☎62 22 54 25; www.vindebyoere.dk; Vindebyørevej 52; Stellplätze pro Erw./Kind 75/45 Kr; ⌚April–Sept.; @) Der sehr gepflegte 3-Sterne-Platz direkt am Strand befindet sich an der Nordspitze von Tåsinge, ca. 2 km nordöstlich der Svendborg-Brücke. Es ist der am nächsten bei Svendborg gelegene Campingplatz. Mit zwei Spielplätzen und einem für Kinder geeigneten Strand ist er ideal für Familien. Außerdem gibt es einen Waschsalon, ein Fernsehzimmer, eine Gästeküche und ein Internetcafé. Auch Fahrräder (75 Kr pro Tag) und Boote (600 Kr pro Tag) werden vermietet. Die Fähre M/S *Helge* legt direkt vor dem Platz an.

Valdemars Slot Café & Restaurant DÄNISCH €€€

(☎62 22 59 00; Slotsalléen 100; kleine Hauptgerichte mittags 65–99 Kr, Hauptgerichte abends 155–245 Kr; ⌚Restaurant Mai–Sept. Di–So 11.30–17 Uhr, Juni–Aug. Do–Sa auch 18–22 Uhr) Das Café des Valdemars Slot serviert nur kleine Speisen wie Hotdogs, Eis und Kuchen. Das romantische Kellerrestaurant hingegen ist genau das Richtige für ein großes Essen in schöner Umgebung. Mittags gibt es dänische Spezialitäten wie Smørrebrød, abends französische Küche (Hummercremesuppe, Foie-gras-Terrine, Rindfleisch und Wild) plus eine exzellente Weinkarte.

An- & Weiterreise

Die Straße 9 verbindet Tåsinge mit Svendborg auf Fünen und Rudkøbing auf Langeland. Entlang der gesamten Strecke gibt es auch Radwege.

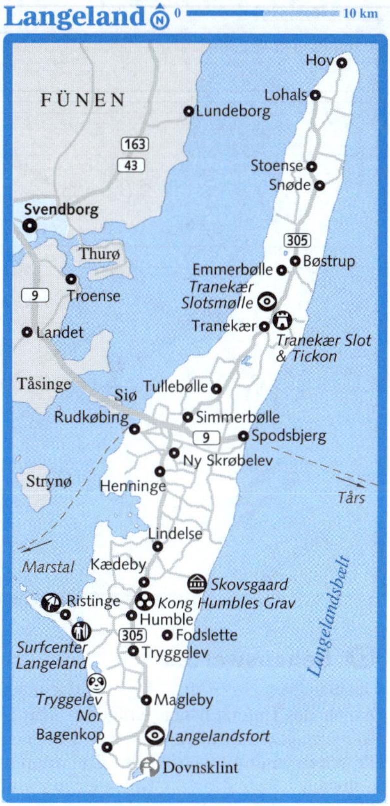

Von Svendborg nach Tåsinge fahren Busse, weit reizvoller ist jedoch die Anreise mit dem historischen Fährschiff **M/S Helge** (☎62 23 30 85; www.mshelge.dk; ⌚Mitte Mai–Mitte Sept.). Es legt von Juni bis Mitte August um 11, 13.30, 15.30 und 17.30 Uhr in Svendborg ab. Anlaufstellen sind der Campingplatz Vindebyøre an der Nordspitze von Tåsinge, Christiansminde (ein Strand östlich von Svendborg) sowie Troense und Valdemars Slot. Abfahrt bei Valdemars Slot ist um 11.55, 14.25, 16.25 und 18.25 Uhr. Im Mai und im Spätsommer entfallen jeweils die erste und die letzte Fahrt. Das einfache Ticket kostet je nach Entfernung 30 bis 60 Kr (Kinder zwischen 4 und 11 Jahren zahlen die Hälfte). Fahrräder (30 Kr) können mitgenommen werden, wenn Platz ist.

LANGELAND

Die lange und schmale Insel Langeland ist durch eine Brücke mit Tåsinge verbunden. Auf dem Eiland mit Bauerndörfchen und Windmühlen geht das Leben einen gemächlichen Gang.

Der einzige größere Ort der Insel, Rudkøbing, ist wenig reizvoll. Die eigentlichen Sehenswürdigkeiten liegen weiter nördlich und südlich: der faszinierende Skulpturenpark Tickon und die ehemalige Militärfestung Langelandsfort. Die Insel eignet sich bestens für Streifzüge, Vogelbeobachtung oder eine Runde durch die vielen, verstreut liegenden Künstlerateliers. An den insgesamt 28 kleinen Stränden auf der Insel lädt glasklares Wasser zum Baden ein.

An- & Weiterreise

Die Straße 9 führt von Langeland über die Langeland-Brücke nach Tåsinge.

Fähren verkehren von Rudkøbing nach Marstal auf Ærø (S. 191) und von Spodsbjerg nach Tårs auf Lolland (S. 141).

Zwischen Svendborg und Rudkøbing (20 km, 45 Kr, 25 Min.) fahren mindestens stündlich die Busse der Linien 911, 912 und 913.

Unterwegs vor Ort

Die Straße 305 verläuft von Lohals nach Bagenkop über die gesamte Insel.

BUS

Busse nach Lohals im Norden (50 Kr, 35 Min.) und Bagenkop (50 Kr, 30 Min.) im Süden fahren während der Woche mindestens stündlich, am Wochenende etwa alle zwei Stunden. Alle größeren Orte liegen an dieser Strecke.

Wochentags fahren in Rudkøbing kostenlose grüne Busse etwa zwölfmal täglich die 50-minütige Runde durch die Vororte und bis zum Hafen von Spodsbjerg. Alle Busse fahren von der Haltestelle am Ringvejen ab.

Eintagestickets für alle Busse auf Langeland und Ærø kosten 170/85 Kr für Erwachsene/Kinder. Sie sind an jeder Busstation und in den Büros der Fährhäfen erhältlich.

FAHRRAD

Von Rudkøbing führen asphaltierte Radwege bis Lohals im Norden, Spodsbjerg im Osten und Bagenkop im Süden. Eine Radkarte von Langeland (30 Kr) verkauft die Touristeninformation in Rudkøbing. **Lapletten** (☎62 51 10 98; www.lapletten.dk; Engdraget 1) in Rudkøbing und die Campingplätze der Insel vermieten Fahrräder.

Rudkøbing

4700 EW.

Die holperigen Straßen von Rudkøbing sind einen kurzen Aufenthalt wert. Die Fähren nach Ærø legen hier ab.

Rudkøbing

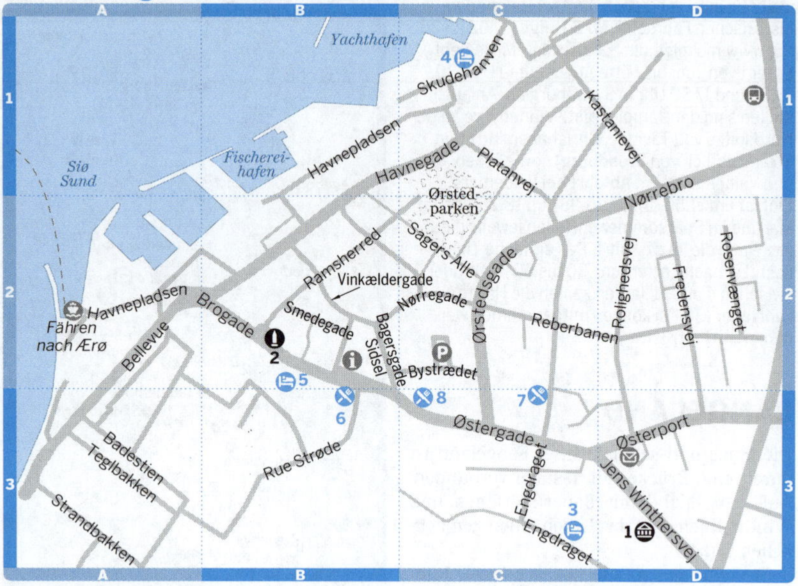

Sehenswertes

Alte Straßen STADTVIERTEL

Östlich des Hafens liegen einige im Mittelalter angelegte Straßen, die von winzigen Häuschen gesäumt werden. Die drei interessantesten – **Ramsherred**, **Smedegade** und **Vinkældergade** – lassen sich auf einem Spaziergang von 15 Minuten erlaufen.

Statue von H. C. Ørsted MONUMENT

Nahe dem Ende der Ramsherred steht eine Statue des Physikers **H. C. Ørsted**. Er wies nach, dass elektrischer Strom ein Magnetfeld erzeugt, und erfand damit den Elektromagneten. Die Apotheke gegenüber ist Ørsteds Geburtshaus.

Øhavsmuseet Langeland MUSEUM

(☎63 51 10 10; Jens Winthersvej 12; Erw./unter 18 J. 30 Kr/frei; ⌚Mo–Do 10–16, Fr bis 13 Uhr) Das kleine, aber interessante Museum für Archäologie war zur Zeit der Recherche wegen Renovierung geschlossen, sollte aber inzwischen wieder geöffnet haben. Zu den ausgestellten Fundstücken gehört das Skelett eines Wikingerhäuptlings, der zusammen mit seinem enthaupteten Sklaven bestattet wurde. Außerdem sind Funde aus Troldebjerg, Skandinaviens einziger Steinzeitsiedlung, zu sehen, darunter ein Axtaltar, ein aufgebohrter Schädel und ein Zahn, auf dem Spuren einer zahnärztlichen Behandlung mit dem Feuersteinbohrer zu erkennen sind.

Schlafen

Rudkøbing hat keine große Auswahl an Unterkünften. Die bessere Wahl sind Privatzimmer (400–600 Kr für ein DZ); die Touristeninformation führt eine Liste.

Hotel Skandinavien HOTEL €

(☎62 51 14 95; www.skanhotel.dk; Brogade 13; EZ/DZ 500/650 Kr; P@WLAN) Das kürzlich renovierte Hotel Skandinavien mitten im Zentrum, gegenüber der Kirche, hat einfache, nette Zimmer mit TV. Es bietet eher Hostel- als Hotelstandard. WLAN vorhanden.

Danhostel Rudkøbing & Camping CAMPINGPLATZ €

(☎62 51 18 30; www.rudkobing-camping.dk; Engdraget 11; Stellplätze p. P. 65 Kr, Zi. 350 Kr; ⌚Mai–Sept.) Das einzige Hostel auf Langeland liegt zehn Gehminuten vom Torvet entfernt, ist aber eine ziemlich triste Unterkunft mit sehr einfachen Hütten. Die angrenzende Wiese dient als Zeltplatz.

Danland Feriecenter & Hotel Rudkøbing FERIENWOHNUNGEN €€€

(☎62 51 46 00; www.danland.dk; Havnegade 21; 4-Pers.-Wohnung 1772 Kr; P) Die Urlaubsanlage am modernen Yachthafen ist Teil des

Rudkøbing

Sehenswertes
1 Øhavsmuseet Langeland D3
2 Statue of H.C. Ørsted B2

Schlafen
3 Danhostel Rudkøbing & Camping C3
4 Danland Feriecenter & Hotel Rudkøbing C1
5 Hotel Skandinavien B2

Essen
6 Slagterpigerne B3
7 Super Brugsen C3
8 Thummelumsen C3

Danland-Imperiums. Viele der Ferienwohnungen (alle mit Bad, Küche, TV und Balkon oder Terrasse) haben Meerblick. Es gibt ein Restaurant, eine Bar und einen Spielplatz. In der Nebensaison sind die Preise erheblich gesenkt.

Essen

Thummelumsen INTERNATIONAL €€
(www.thummelumsen.dk; Østergade 15; Hauptgerichte mittags 60–110 Kr, Hauptgerichte abends 135–199 Kr) Unter den Cafés und Restaurants an der Hauptstraße des Ortes ist dieses das schönste. Es bietet hausgemachte kleine Mittagsgerichte wie üppig belegte Burger, Chili con carne, Tortillas und Fleischbällchen mit Roggenbrot. Abends werden frische aromatische Speisen wie Carpaccio und Gazpacho serviert.

Slagterpigerne DELI €
(Torvet 6; Sandwiches 30 Kr; Mo–Sa 9–17, So bis 13 Uhr) Die Metzgerei verkauft Smørrebrød zum Mitnehmen.

Super Brugsen SUPERMARKT €
(Ahlefeldtsgade 5; Mo–Fr 9–18, Sa 8–14 Uhr) Der zentral gelegene Supermarkt hat eine gute Bäckerei und ein Schnellcafé, das auch Fleischbällchen, Brathähnchen und getoastete Sandwiches verkauft. Da es vor den anderen Läden der Stadt öffnet, stehen die Leute hier morgens Schlange.

Praktische Informationen

Nordeabank (Østergade 39) Eine von drei Banken mit Geldautomat.
Post (Østerport 2A; Mo–Fr 11–17 Uhr)
Touristeninformation (www.langeland.dk; Torvet 5; Mitte Juni–Aug. Mo–Fr 9–17, Sa bis 15 Uhr, Sept.–Mitte Juni Mo–Fr 9.30–16.30, Sa bis 12.30 Uhr) Informationen über die ganze Insel.

Nordlangeland

Hauptsehenswürdigkeit von Nordlangeland ist Tranekær, ein ruhiges Städtchen mit einem alten Schloss und einem interessanten Kunstprojekt im umliegenden Park. Lohals, an der Nordspitze der Insel, bietet Campingplätze, Hotels und Strände. Es ist jedoch nicht so hübsch wie Tranekær und die Strände sind auch weniger reizvoll als die im Süden.

TRANEKÆR

Das Städtchen Tranekær erstreckt sich zwischen der Kirche und dem lachsfarbenen Tranekær Slot aus dem 12. Jh. Das Schloss wird bis heute bewohnt und kann nicht besichtigt werden, aber in dem umliegenden Waldpark ist das faszinierende Kunstprojekt **Tickon** (Tranekær Internationale Center for Kunst og Natur; Eintritt 25 Kr, die man in ein Kästchen wirft) zu erleben. In dem Park mit See, in dem auch ein scheues Hirschrudel lebt, wartet an jeder Ecke eine neue Überraschung: auf einer Lichtung sprießt das Horn eines Einhorns aus dem Boden, ein blaugrauer Teich geht in einen grasbewachsenen Granitblock über und ein Fluss aus Baumstämmen „strömt" einen Hang hinunter. Insgesamt sind auf dem rund 81 ha großen Gelände 18 Skulpturen zu bewundern – und wollen erst einmal entdeckt werden!

1 km weiter nördlich liegt die mit Holzschindeln verkleidete **Tranekær Slotsmølle** (Lejbøllevej 3; Erw./unter 12 J. 30 Kr/frei; Juni–Mitte Sept. Mo–Fr 10–17, So 13–17 Uhr), eine Windmühle aus dem 19. Jh. Die hölzerne Mechanik funktioniert noch und in der Mühle ist eine Ausstellung zum Müllerhandwerk zu sehen (Beschriftungen auf Dänisch und auf Deutsch).

Schlafen & Essen

Tranekær Gæstgivergaard B&B €€
(62 59 12 04; www.tranekaerkro.dk; Slotsgade 74; EZ/DZ mit Frühstück 750/950 Kr; P) Dieser Landgasthof von 1802 liegt 200 m südlich des Schlosses und erstrahlt in historischen Glanz. Die meisten Zimmer haben einen Blick auf den ruhigen Garten. Vermietet wird auch eine sehr schöne und helle Familienwohnung. Das renommierte Restaurant (Hauptgerichte 230–290 Kr) serviert vor allem regionale Fisch- und Wildgerichte sowie

immer mindestens ein vegetarisches Gericht. Ein gutes Preis-Leistungs-Verhältnis bieten die Übernachtungspakete mit Halbpension.

Südlangeland

Die idyllische Landschaft von Südlangeland hält viel Abwechslung bereit. Der beliebteste Blaue-Flagge-Strand der Insel liegt bei Ristinge, einem kleinen Badeort mit reetgedeckten Häusern. Zu den Sehenswürdigkeiten zählen mehrere Hünengräber, ein Herrenhausmuseum und das außergewöhnliche Langelandsfort.

An der Südspitze von Langeland grasen zwei frei laufende Herden von Exmoorponies, die hier angesiedelt wurden, um die Küstenwiesen kurz zu halten. Bei Bagenkop gibt es drei exzellente Vogelbeobachtungsposten, die durch einen Fußweg verbunden sind. Auf halbem Weg zwischen Bagenkop und Ristinge liegt das Küstenschutzgebiet Tryggelev Nor.

Humble ist der größte Ort in der Gegend. Hier gibt es eine Bank und eine Tankstelle.

Sehenswertes & Aktivitäten

Skovsgaard MUSEUM

(Kågårdsvej 12; Erw./unter 18 J. 45 Kr/frei; Mitte Mai–Sept. Mo–Fr 10–17, So 11–17 Uhr) Nach dem Besuch so vieler herrschaftlicher Anwesen ist Skovsgaard eine interessante Abwechslung: In dem alten Herrenhaus sind Küchenkeller, Pumpenhaus, der Speisesaal der Angestellten und der Hauswirtschaftsraum mit Requisiten und Figuren ausgestattet, sodass sie einen lebendigen Einblick in die Bedingungen vermitteln, unter denen das Dienstpersonal in diesen Häusern lebte und arbeitete. In den Stallungen sind 25 Pferdekutschen ausgestellt. Außerdem gibt es ein Bio-Café (S. 191).

Das Skovsgaard-Anwesen liegt an der Straße 305, rund 3 km südöstlich von Lindelse.

Kong Humbles Grav MONUMENT

Langeland ist reich an vorgeschichtlichen Zeugnissen. Das größte ist das Kong Humbles Grav wenige Kilometer außerhalb von Skovsgaard. Der Grabhügel aus der Zeit um 3000 v. Chr. ist mit 77 Steinen eingefasst, 55 m lang und birgt eine einzelne Grabkammer. Der Legende nach soll hier ein König begraben sein, doch Historiker bezweifeln das.

Der Dolmen liegt auf einem Privatgrundstück. Er ist über einen etwa 1,5 km langen Weg erreichbar, der an der weiß gekalkten Kirche von Humble beginnt. Vom Parkplatz der Kirche geht es nach Nordosten und an der ersten Kreuzung links ab an den Bauernhäusern vorbei.

Langelandsfort HISTORISCHE STÄTTE

(www.ohavsmuseet.dk; Vognsbjergvej 4B; Erw./unter 18 J. 70 Kr/frei; Mitte Mai–Sept. Mo–Fr 10–17, Sa & So 11–17 Uhr, sonst kürzer) Das Langelandsfort ist ein ausgezeichnetes Beispiele für die Paranoia, die während des Kalten Krieges in Europa herrschte. Es wurde 1953 zur Überwachung der westlichen Ostsee erbaut. Besucher können Bunker, Kommandozentralen und das enge Innere eines U-Boots besichtigen, ein Minensuchboot erkunden und einen Blick in zwei Kampfflugzeuge (eine russische MiG-23 und eine F-35 Draken) werfen. Dicke Betonmauern, rostiger Stacheldraht, tarnfarbene Geschützstellungen und Flugabwehrkanonen stehen in krassem Gegensatz zur malerischen Umgebung.

Das Gelände ist riesig. Wer alles sehen will, muss einen Fußmarsch von 2 km und zwei oder drei Stunden Zeit einplanen. Einlass ist bis eine Stunde vor Torschluss. Das Fort liegt nördlich von Bagenkop.

Surfcenter Langeland WINDSURFEN

(62 57 20 40; kontakt@sc-langeland.dk; Østersøvej 6, Hesselbjerg) Anfänger im Windsurfen sind im Surfcenter Langeland an der richtigen Adresse. Die Surfschule liegt in Hesselbjerg, nahe Ristinge, und bietet vierstündige Kurse für 650 Kr pro Person (ab vier Personen). Sie veranstaltet auch Kitesurfkurse und vermietet Seekajaks (450 Kr pro Tag).

Schlafen & Essen

Lindelse Kro B&B €€

(62 57 24 03; www.lindelsekro.dk, auf Dänisch; Langegade 21, Lindelse; EZ/DZ mit Frühstück 595/795 Kr) Der Gasthof hat zehn Zimmer mit Bad (die meisten liegen zum Garten hin) und einen eigenen Parkplatz. Die Zimmer sind hell und freundlich, wenn auch etwas altmodisch eingerichtet. Das Restaurant zählt zu den besten in Langeland (12–21 Uhr) und verarbeitet frische Zutaten der Saison. Mittags gibt es einfache Gerichte (80–120 Kr) wie Smørrebrød, Omeletts und Räucherlachs, abends wird ein echtes Feinschmeckermenü aufgetischt (2/3 Gänge 319/369 Kr; Hauptgerichte 180–290 Kr).

Sowohl Zimmer als auch Restaurant sind beliebt, also reservieren!

Humble Kro & Hotel HOTEL €€

(☎62 57 11 34; www.humblekro.dk, auf Dänisch; Ristingevej 2, Humble; EZ/DZ mit Frühstück 595/860 Kr; P) Das Hotel in Humble liegt dem Strand von Ristinge näher als jedes andere. Die einfachen Zimmer haben alle ein eigenes Bad; besonders schön sind die im neuen Flügel. Das Restaurant serviert mittags (Hauptgerichte 40–80 Kr) *æggekage* (Omeletts), Smørrebrød und hausgemachte Burger. Abends gibt es herzhafte dänische Küche wie frischen Fisch, Schweinefleisch in Petersiliensauce, Schnitzel oder Steaks mit Spiegelei, Kartoffeln und Roter Bete (108–175 Kr).

Ristinge Camping & Feriecenter CAMPINGPLATZ €

(☎62 57 13 29; www.ristinge.dk; Ristingevej 104, Ristinge; Stellplätze p. P. 88 Kr; ⏲April–Aug.; @≋) Dieser hervorragende 3-Sterne-Campingplatz liegt nur einen Spaziergang vom Strand von Ristinge entfernt. Er hat ein Lebensmittelgeschäft, ein Internetcafé, einen großen Swimmingpool mit Wasserrutsche, Ziegen, einen Tennisplatz, einen schönen Spielplatz und eine Snackbar.

LP TIPP **Skovsgaard Café** CAFÉ €

(☎62 57 24 60; Kågårdsvej 12; kleine Mittagsgerichte 60–99 Kr; ⏲Mitte Mai–Sept. Mo–Fr 10–17, So 11–17 Uhr) Das helle, blitzsaubere und empfehlenswerte Bio-Café wird von den Inhabern des Lindelse Kro geführt. Es liegt am Eingang zum Skovsgaard-Anwesen und ist vielleicht das beste Café mit Mittagstisch auf der ganzen Insel. Hier gibt's frisch zubereiteten Kaffee, hausgemachtes Brot und Gebäck, Salate, Burger und Sandwiches. Im kleinen Garten sind ein paar Tische aufgestellt.

ÆRØ

Unter den vielen Inseln um Fünen ist Ærø etwas Besonderes. Mit ihren stillen Landstraßen, Weizenfeldern, reetgedeckten Häusern, alten Hünengräbern und Windmühlen bewirkt sie ein tiefes Gefühl von friedvoller Abgeschiedenheit.

Die Insel ist durch die Seefahrt geprägt und mit windschiefen alten Häuschen bebaut. Die Freundlichkeit der Bewohner ist bekannt. Was der Insel vielleicht noch fehlt – zumindest bis jetzt –, sind Gourmetadressen, wie sie in anderen dänischen Ruhe-Oasen wie etwa Bornholm vorhanden sind.

Die Entfernungen zwischen den drei wichtigsten Orten – Ærøskøbing, Marstal und Søby – kann man bequem mit dem Fahrrad zurücklegen. Camper, die einmal wirklich einsam nächtigen möchten, können dies auf mehreren primitiven – und kostenlosen – Plätzen tun (Näheres zu den Plätzen in der Broschüre *Ærø*, die in Touristeninformationen erhältlich ist).

Im Sommer wird es auf der Insel recht voll. Besonders zum munteren **Jazzfestival** (www.jazzisland.dk, auf Dänisch) Ende Juli/Anfang August ist sehr viel los. Mit insgesamt 800 Liegeplätzen – viermal mehr als Hotelzimmer – in modernen Häfen ist die Insel besonders bei Seglern beliebt. Fähren legen in allen drei Orten an.

An- & Weiterreise

Ærøfærgerne A/S (☎62 52 40 00; www.aeroeferry.dk) betreibt ganzjährig Autofähren von Faaborg nach Søby, von Svendborg nach Ærøskøbing und von Rudkøbing nach Marstal. Alle verkehren etwa fünfmal täglich und sind ca. eine Stunde unterwegs. Die einfache Fahrt kostet 118/72 Kr für Erwachsene/Kinder (4–11 J.), 26 Kr für Räder und 255 Kr für Autos. Autoreisende sollten vorher reservieren, besonders an Wochenenden und im Sommer. Außerdem verkehrt dreimal täglich eine Fähre zwischen Søby und Fynshav (auf Als); die Überfahrt dauert 70 Minuten.

Unterwegs vor Ort

BUS

Fyns Amt (☎63 53 10 10) betreibt die Buslinien 90, 91 und 92 von Marstal über Store Rise und Ærøskøbing nach Søby. Die Busse verkehren wochentags zwischen 5.27 Uhr und 20.29 Uhr einmal pro Stunde, am Wochenende etwa halb so oft (erste Abfahrt in Marstal um 8.24 Uhr). Für die Fahrt über die ganze Insel brauchen sie etwa 50 Minuten. Je nach Strecke kostet das Ticket zwischen 30 und 50 Kr. Tageskarten für alle Busse auf Ærø und Langeland kosten 170/85 Kr für Erwachsene/Kinder. Sie sind an jeder Busstation und in den Fährbüros erhältlich.

FAHRRAD

Ein Fahrrad ist das ideale Gefährt, um Ærø zu erkunden. Die Insel bietet drei ausgeschilderte Radstrecken:

Route 91 führt von Marstal nach Søby, Route 90 entlang der nördlichen Küste von Søby nach Ærøskøbing und Route 92 von Ærøskøbing zu-

Ærø

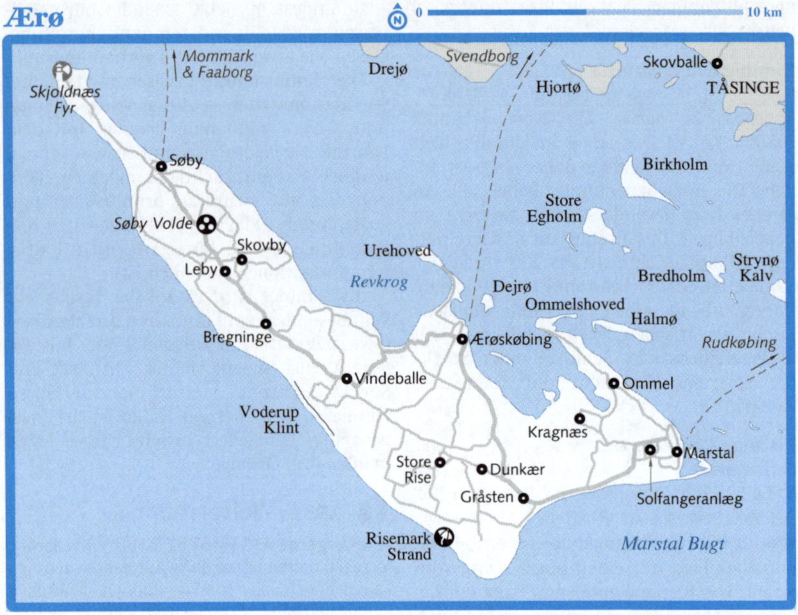

rück nach Marstal. Die komplette Runde ist etwa 60 km lang. Die Touristeninformation verkauft eine günstige Fahrradkarte, in der auch die Sehenswürdigkeiten unterwegs erklärt sind.

Für 60 bis 70 Kr pro Tag können Besucher überall auf Ærø Fahrräder mieten: in Ærøskøbing beim Hostel, beim Campingplatz, beim Hotel Ærøhus und bei **Pilebækkens Cykelservice** (☎62 52 11 10; Pilebækken 11; ⌚Mo–Fr 9–17, Sa bis 13 Uhr, Juli außerdem So 10–13 Uhr), in Marstal bei **Nørremarks Cykelforretning** (☎62 53 14 77; Møllevejen 77; ⌚Juli & Aug. 10–11 Uhr) am Hafenparkplatz und in Søby bei **Søby Cykelforretning** (☎62 58 18 42; Langebro 4A; ⌚Mo–Fr 9.30–16.30 Uhr, außerdem Anfang Juni–Aug. Sa 10–12.30 Uhr & Juli So 10–12.30 Uhr).

Ærøskøbing

980 EW.

Ærøskøbing war im 17. Jh. eine reiche Kaufmannsstadt und hat es vermocht, die Stimmung dieser Zeit lebendig zu halten. Die Pflastergassen sind gesäumt von bunten Fachwerkhäusern mit Fenstern aus mundgeblasenem Glas, von Stockrosen umrankten Eingängen und verborgenen liegenden Höfen, die gelegentlich einen Blick in den Privatbereich der Bewohner gestatten.

Ærøskøbing bietet gute Unterkünfte und eignet sich als Basis für Sommerferien auf der Insel.

Sehenswertes & Aktivitäten

Hammerichs Hus — MUSEUM

(www.arremus.dk; Gyden 22; Erw./unter 18 J. 30 Kr/frei; ⌚Juni–Mitte Sept. 12–16 Uhr) Unser Favorit unter Ærøskøbings Museen ist das Hammerichs Hus, ein knorriger, alter Fachwerkbau, der wie eine Hobbithöhle wirkt. Er ist randvoll mit Antiquitäten, die der Bildhauer Gunnar Hammerich gesammelt hat. Besonders beeindruckend sind die Wände des Hauses, die mit rund 3000 wunderschön bemalten holländischen Kacheln aus dem 17. und 18. Jh bedeckt sind.

Flaske Peters Samling — MUSEUM

(www.arremus.dk; Smedegade 22; Erw./unter 18 J. 40 Kr/frei; ⌚Mitte Juni–Juli 10–17 Uhr, Aug.–Mitte Okt. & April–Mitte Juni bis 16 Uhr, sonst kürzer) Im ehemaligen Armenhaus ist das Lebenswerk des Schiffskochs Peter Jacobsen, genannt „Flaschen-Peter“, zu bewundern: 1700 von ihm angefertigte Buddelschiffe. Das Spaßige an der Sache ist weniger die schlichte Volkskunst als vielmehr die Vorstellung, die man vom Leben des immer zu Scherzen aufgelegten Peter und seiner leidgeprüften Ehefrau bekommt!

Alte Straßen — RUNDGANG

Ein Bummel durch die Straßen des Orts ist wie eine Reise in die Zeit vor ein oder zwei

Jahrhunderten. Das älteste Gebäude steht an der Søndergade 36 und wurde 1645 erbaut. Auch Vestergade und Smedegade sind zauberhaft. Eine buchstäblich kleine Attraktion ist das Dukkehuset (Puppenhaus) in der Smedegade 37.

Schlafen

Die Touristeninformation führt ein Verzeichnis der Privatunterkünfte auf der Insel; EZ/DZ kosten ca. 400/550 Kr. Auch Ferienhäuser können reserviert werden.

LP TIPP Pension Vestergade 44 B&B €€

(☎62 52 22 98; www.vestergade44.com; Østermarksvej 20; DZ mit Frühstück 790 Kr; @) Das reizende Fachwerkhaus wurde im 18. Jh. von einem Kapitän für seine Tochter erbaut und befand sich einmal im Besitz des Bildhauers Gunnar Hammerich. Es ist auf wunderbar charmante Weise mit alten Möbeln eingerichtet. Der Garten ist eine wahre Freude, die Betreiberin sehr freundlich und das Frühstück mit frischen Eiern und hausgemachter Marmelade ein perfekter Start in den Tag. Unbedingt reservieren, denn das Haus ist sehr beliebt und es gibt nur sechs Zimmer.

Tolbudhus B&B €€

(☎62 52 18 11; www.toldbodhus.com; Brogade 8; EZ/DZ ab 990/1250 Kr, ohne Bad 750/890 Kr; P@) Hinsichtlich Flair und Gemütlichkeit wird das Tolbudhus von der Pension Vestergade 44 nur knapp auf den zweiten Platz verwiesen. Die Pension mit vier nostalgisch eingerichteten Zimmern hat etwas von einer Puppenstube. Gutes Frühstück.

Ærøskøbing Camping CAMPINGPLATZ €

(☎62 52 18 54; www.aeroecamp.dk; Sygehusvej 40B; Stellplätze p. P. 72 Kr, Hütten ab 125 Kr; ⊙Mai–Sept.) Der 3-Sterne-Campingplatz liegt an einem flachen Strand 1 km außerhalb der Stadt an der Straße nach Marstal. Zur Ausstattung gehören ein Spielplatz, ein Fernsehzimmer mit Holzofen, Waschmaschinen, ein Geschäft und ein Fahrradverleih. Nett, wenn auch ohne jeden Zierrat sind die kleinen Hütten. Der Campingplatz trägt das Ökosiegel „Grüner Schlüssel".

Harmoni Guesthouse B&B €€

(☎62 52 1993; www.harmoni-aeroe.dk; Vejsnæs 2; EZ/DZ mit Frühstück 445/645 Kr; @) Buddhas und fernöstliche Konzepte tragen zur leicht hippiemäßigen Atmosphäre in diesem lockeren, einladenden B&B bei. Die Gäste können einfach auf dem großen Grundstück am Meer entspannen oder sich eine Massage bzw. alternative Behandlungen gönnen. Die Zimmer haben keine eigenen Bäder.

Hotel Ærøhus HOTEL €€€

(☎62 52 10 03; www.aeroehus.dk; Vestergade 38; EZ/DZ ab 990/1250 Kr, ohne Bad 600/800 Kr; P@) Das Hotel Ærøhus mit angeschlossenem Restaurant steht in Hafennähe. Hinter dem Hauptgebäude mit komfortabel modernisierten Doppelzimmern liegt ein moderner Anbau mit Garten. Zwei Tennisplätze sind nur fünf Gehminuten entfernt. Fahrräder gibt's für 100 Kr pro Tag.

Essen

Ærøskøbing Røgeri FISCH €

(Havnen 15; kleine Hauptgerichte 35–70 Kr; ⊙Juli & Aug. 10–20 Uhr, Juni 11–19 Uhr, April, Mai & Sept. 11–17 Uhr) Die Räucherei am Hafen von Ærøskøbing serviert Räucherfisch und Shrimps zu günstigen Preisen– auch zum Mitnehmen. Dazu passt bestens ein köstliches Ale der ansässigen Kleinbrauerei Rise Bryggeri.

Café Aroma CAFÉ €€

(www.cafe-aroma.dk; Havnepladsen; kleine Hauptgerichte 40–99 Kr, Hauptgerichte abends 140–198 Kr; ⊙Mitte Mai–Sept. 11–20 Uhr) Zum Inventar des hübschen Cafés gegenüber der Touristeninformation gehören Filmplakate, ein abgewetztes Sofa, ein Frisierstuhl und alte Kinosessel. Auf der Karte stehen günstige Sandwiches, Salate und Burger (auch für Vegetarier) sowie überaus köstliche Eiscreme aus eigener Herstellung. Lohnenswert ist auch ein Blick aufs Tagesangebot. Zusätzliche Plätze bietet die Terrasse.

Hotel Ærøhus EUROPÄISCH €€

(☎62 52 10 03; Vestergade 38; Hauptgerichte mittags 100–130 Kr, 3-Gänge-Abendmenüs 415 Kr) In der „Brasserie" kommen Pizzen, Hamburger und Steaks in großen Portionen auf den Tisch. Im altmodischen Speisesaal geht es etwas gehobener zu: Hier stehen dänische Fisch- und Fleischgerichte zur Wahl. Besonders zu empfehlen sind die geräucherte Rehkeule, das Steak mit leicht angebratenen Zwiebeln und der Gemüsekuchen. Auch die Weinkarte kann sich sehen lassen.

Ærøskøbing Bageri BÄCKEREI €

(Vestergade 62; Sandwiches 30 Kr) Selbstversorgern bietet die Ærøskøbing Bageri erstklassiges Brot, Sandwiches, Flaschenbier aus dem Ort und sensationell gutes Gebäck

INSELBEWOHNER MIT ENERGIE

„Umweltverträglichkeit" ist auf Ærø mehr als nur ein Schlagwort. Mit einem hohen Anteil an erneuerbarer Energie konkurrierte Ærø schon in den 1990er-Jahren um den Titel „grünste Insel Dänemarks". Zum Sieg reichte es damals zwar nicht, aber das hat die erfinderischen Inselbewohner nur angespornt. Inzwischen träumen sie davon, den Strombedarf aller 7000 Einwohner selbst zu decken. Zur wirklich grünen Insel ist es jedoch ein langer Weg.

Viel ist bereits geleistet worden. In den Sommermonaten schafft es die Insel schon, ohne die Verbrennung von fossilen Brennstoffen auszukommen. Drei gewaltige, 100 m hohe Windkraftanlagen produzieren gut die Hälfte der auf der Insel benötigten Energie. Sie gehören einem Verbund von 500 Inselbewohnern. Die riesigen Windflügel drehen sich über dem Strand von Risemark an der Südspitze von Ærø. Viele Häuser werden durch experimentelle Biokraftanlagen und Sonnenenergie aus einer Anlage bei Marstal versorgt. Kleinere Solarparks stehen in Ærøskøbing und Store Rise.

mit originellen Namen wie „Napoleons Hut" oder „Garbo".

Netto SUPERMARKT €
(Vestre Allé 4; ⏲Mo–Fr 9–19, Sa 8–17 Uhr) Am Hafen.

Praktische Informationen

Danske Bank (Vestergade 56)
Post (Statene 8; ⏲Mo–Fr 12–16.30 Uhr)
Touristeninformation Ærøskøbing (☎62 52 13 00; www.visitaeroe.dk; Havnen 4; ⏲Juni–Aug. Mo–Fr 9–16 Uhr) Beim Fährhafen.

Marstal

2340 EW.

Marstal am östlichen Ende der Insel hat eine großer Vergangenheit als Seefahrerhafen ist und neben Ærøskøbing der Besuchermagnet der Insel. Zur Blütezeit im 19. Jh. legten hier jährlich über 300 Handelsschiffe an. Und auch heute noch ist Marstal ein Seehafen mit betriebsamer Werft, Marina und einem exzellenten Nautikmuseum. 800 m südlich der Stadt liegt ein passabler Sand- und Felsstrand.

Das Leben am und mit dem Meer hat die Menschen hier so stark geprägt, dass selbst die Grabsteine der Seemannskirche an der Kirkestræde entsprechende Inschriften tragen. Häufig liest man Sätze wie: „Hier liegen Christen Hansen und seine Frau vor Anker, den sie erst lichten werden, wenn Gott sie ruft."

Passenderweise ließ der Schriftsteller Carsten Jensen sein Meeresepos *Wir Ertrunkenen* in Marstal spielen. Der Roman ist im Museum und in den Touristeninformationen erhältlich und eine wunderbare Möglichkeit, in die Welt der Seebären auf der Insel einzutauchen.

Sehenswertes & Aktivitäten

Marstal Søfartsmuseum MUSEUM
(www.marmus.dk, auf Dänisch; Prinsensgade 1; Erw./unter 18 J. 50 Kr/frei; ⏲Juli & Aug. 9–18 Uhr, Juni bis 17 Uhr, sonst kürzer) Wer eine Barke nicht von einer Brigg unterscheiden kann, lernt das im faszinierenden Marstal Søfartsmuseum. Es ist voller Schiffsmodelle, Seemannskisten und Souvenirs, die Matrosen aus Häfen der ganzen Welt mitgebracht haben. „An Bord" eines Schiffs in Originalgröße vor beweglichem Hintergrund wird so mancher tatsächlich seekrank. Seetaugliche Besucher können im Hof in die Takelage klettern.

Havkayak KAJAKFAHREN
(☎50 21 94 60; www.havkajakcenter-marstal.dk, auf Dänisch; Marstal Marina; ⏲April–Aug.) Eine tolle Art, die gewöhnlich ruhigen Gewässer um die Insel herum zu erkunden: Die Kajakschule bietet Unterricht, geführte Touren und für erfahrene Paddler Leihkajaks.

Schlafen

Danhostel Marstal HOSTEL €
(☎62 53 39 50; www.marstalvandrerhjem.dk; Færgestræde 29; B 150 Kr, EZ/DZ 500/550 Kr, ohne Bad 325/375 Kr; ⏲Mitte April–Mitte Sept.) Gutes, zentral gelegenes Hostel mit 82 Betten, nur 500 m südlich des Fährhafens. Zu diversen Restaurants und zum Strand ist es nur ein Spaziergang. Einige Zimmer haben Meerblick. In der Hauptsaison gibt es auch Schlafsaalbetten.

Hotel Marstal HOTEL €€
(☎62 53 13 52; www.hotelmarstal.dk, auf Dänisch; Dronningestræde 1A; EZ/DZ mit Frühstück ab 895/995 Kr, ohne Bad 495/625 Kr) Dieses Familienunternehmen in Hafennähe bietet im Altbau ziemlich einfache, günstige Zimmer. Im Anbau liegen zwölf helle, moderne Zimmer mit Miniküche und Bad. Ein Zimmer mit Meerblick kostet Aufpreis.

Marstal Camping CAMPINGPLATZ €
(☎63 52 63 69; www.marstalcamping.dk; Egehovedvej 1; Stellplätze p. P. 69 Kr; April–Ende Okt.) Der Strandcampingplatz hinter der Marina, 1 km südlich des Hafens, trägt das Ökosiegel „Grüner Schlüssel". Zum Angebot gehören ein Geschäft, ein Fernsehzimmer und Waschmaschinen.

Essen

Am Fährhafen gibt es einen kleinen Laden und ein Grillrestaurant, das Burger, Pizza und andere Kleinigkeiten serviert.

LP TIPP **Restaurant Edith** MODERN €€
(☎62 25 25 69; Kirkestræde 8; 3/4/6 Gänge 375/445/599 Kr; 18–23 Uhr) Mittlerweile verfügt Marstal über ein schickes gehobenes Restaurant. Die minimalistische Einrichtung prägen klare Linien und der Kontrast von dunklen Holzböden und gestärkten weißen Tischtüchern. Die kleine Karte weist insgesamt nur sechs Gerichte auf. Das Essen ist modern, kreativ und verspielt, wie etwa Kalbsrisotto mit Perlgraupen, Früchtekuchen mit kandiertem Obst und saurer Sahne oder hervorragender Käse aus der Region. Auch die Weinkarte ist gut.

Kongensgade 34 CAFÉ €€
(☎62 53 37 34; Kongensgade 34; Hauptgerichte mittags 40–120 Kr, Hauptgerichte abends 70–130 Kr; Juni–Sept. 10–23 Uhr, Okt.–Dez. & Feb.–Mai Di–So bis 18 Uhr) Mit lustigen Tischdecken, gestreiften Holzstühlen und lindgrünen Kerzen kommt das Café mit angeschlossenem Feinkostgeschäft, das in der Nähe der Kirche liegt, sehr modern daher. Mittags können die Gäste zwischen Burger, Nachos und Wurstteller wählen, abends aus einer kleinen Auswahl an traditionell dänischen Gerichten aus heimischen Zutaten. Im Café steht ein Tischfußballspiel.

Smageriet DELI €
(Kirkestræde 6; Mo–Sa) Hier gibt's gutes italienisches Eis, belegte Brote und andere Köstlichkeiten für ein Picknick.

GuldBageren BÄCKEREI €
(Prinsensgade 11; Mo–Sa 6.15–17.30 Uhr) Große Bäckerei beim Museum.

Super Brugsen SUPERMARKT €
(Ecke Kirkestræde & Skovgyden; Mo–Do 9–18, Fr bis 19, Sa bis 16 Uhr) Etwa 300 m westlich vom Fährhafen.

Praktische Informationen

Danske Bank (Prinsensgade 8) Eine Ecke landeinwärts von der Touristeninformation.

Post (Kongensgade 31A; Mo–Fr 12.30–16.30, Sa 10–12 Uhr)

Touristeninformation Marstal (☎62 52 13 00; www.visitaeroe.dk; Havnegade 5; Juni–Aug. Mo–Fr 9–16 Uhr) Wenige Gehminuten südlich vom Hafen.

Søby

598 EW.

Die Werft, eine Fischereiflotte und der Yachthafen prägen Søby. Auch hier stehen reetgedeckte Häuser, der Ort hat aber nicht den Charme von Ærøskøbing.

Sehenswertes & Aktivitäten

Skjoldnæs Fyr LEUCHTTURM
(Erw./4–12 J. 5/2,50 Kr; Mo–Fr 10–16 Uhr) Der im 19. Jh. aus Granitblöcken erbaute Leuchtturm Skjoldnæs Fyr erhebt sich 5 km von Søby nahe dem Golfplatz. Bei rauem Wetter wirkt er besonders eindrucksvoll. Wer die engen Stufen erklimmt, genießt einen fantastischen Blick auf sturmgebeutelte Schwalben und die raue See. Wenige Schritte weiter liegen ein Kiesstrand und ein Brutgebiet der Seevögel.

Søbygård SCHLOSS
(Søbygaardsvej; Erw./Kind 25/5 Kr; Juni–Aug. 10–17 Uhr, April & Mai 10.30–16 Uhr, Sept.–Mitte Okt. 11.30–16 Uhr) Die Erdwälle von Søby Volde – einst Teil einer Festung aus dem 12. Jh. – säumen 3 km südlich von Søby eine Seite der Inselstraße. Auf der anderen Seite liegt Søbygård, ein kleines Herrenhaus aus dem 16. Jh. mit einem Graben, in dem eine Weiße Frau umgehen soll. Im August werden dort Kunstausstellungen gezeigt und klassische Konzerte veranstaltet.

Schlafen & Essen

Skinner's B&B B&B €€
(☎63 52 70 11; Godthåb 13, Leby; www.skinnersbb.dk; EZ/DZ 300/500 Kr) Skinner's B&B ist der Inbegriff dänischer Gemütlichkeit. Die vier

Zimmer – Charming Chicks, Ramblin' Roses, Coffee & Cream und Sea & Sand – haben die Besitzer liebevoll eingerichtet. Das Frühstück mit hausgemachter Marmelade und frischen Eiern wird im alten Stall serviert.

Søby Camping CAMPINGPLATZ €
(☎62 58 14 70; www.soeby-camping.dk; Vitsø 10; Stellplätze p. P. 65 Kr) Der freundliche Strandplatz mit zwei Sternen liegt 1 km westlich des Ortes. Die Stellplätze sind durch Hecken unterteilt, es gibt einen Kiosk mit Minimalangebot und einen Spielplatz mit Hüpfburg. Der Campingplatz ist ganzjährig geöffnet; von Oktober bis Mai empfiehlt es sich, sein Kommen ein paar Tage vorher telefonisch anzukündigen.

Finn's Bageri BÄCKEREI €
(Nørrebro 2; Pizzen 50–60 Kr; ⌚Juli & Aug. 6.30–18 Uhr, Sept.–Juni Di–So bis 18 Uhr) Søbys betriebsame Bäckerei 200 m südlich vom Hafen ist ein beliebter Treffpunkt. Tische stehen drinnen und im Freien, aber man erhält die Sandwiches und 20 verschiedene Pizzen auch zu Mitnehmen.

In der Nähe des Hafens gibt es Stände mit Fastfood und beim *kro* (Gasthaus) einen Supermarkt **Dagli'Brugsen** (Langebro 13; ⌚8–18 Uhr).

ℹ Praktische Informationen

Touristeninformation (☎62 52 13 00; www.visitaeroe.dk; ⌚Juni–Aug. Mo–Do 8–16, Fr bis 13 Uhr) Am Hafen.

Südjütland

Inhalt »

Kolding ... 198
Esbjerg ... 202
Fanø ... 205
Ribe ... 207
Nationalpark Vadehavet ... 214
Rømø ... 214
Tønder ... 217
Møgeltønder ... 219
Sønderborg ... 220
Frøslevlejren ... 221
Schloss Gråsten ... 222
Als ... 223

Gut essen

» Mormors Lille Café (S. 220)

» Sønderho Kro (S. 206)

» Otto & Ani's Fisk (S. 216)

» Sælhunden (S. 212)

» Café Ib Rehne Cairo (S. 222)

Schön übernachten

» Hotel Koldingfjord (S.199)

» Sønderho Kro (S. 206)

» Schackenborg Slotskro (S. 220)

» Weis Stue (S. 211)

» Danhostel Ribe (S. 211)

Auf nach Südjütland

Seine Faszination gewinnt Südjütland durch die Nordsee, aber auch durch die besondere Lage: Nur hier ist Dänemark über eine 68 km lange Grenze mit dem europäischen Festland verbunden. Die historische Verbindung mit Deutschland ist mancherorts deutlich spürbar.

Die Region ist geprägt von küstennahen Inseln mit salzhaltiger Luft, dezenten Schlössern und historischen Städten voller Charakter, gebrochen durch unerwartet moderne Züge in Form von innovativer Kunst und Architektur und ausgefallenen Designmuseen. Das Kronjuwel ist Ribe, die älteste Stadt des Landes und ein einziges Postkartenmotiv.

Die Inseln Als, Fanø und Rømø locken vor allem Strandurlauber an, sind aber auch bei Vogelfreunden bekannt, denn der Gezeitenwechsel macht das Wattenmeer an der Westküste zum Paradies für zahlreiche Vogelarten.

Reisezeit

Wer Sonne und Strände sucht, begibt sich am besten zusammen mit vielen anderen zwischen Juni und August auf die Inseln Rømø, Fanø und Als. Im August wird der Sommer mit einem großen Paukenschlag verabschiedet: beim Tønder Festival, dem größten Fest in der Region.

Eine Stadt wie Ribe ist zu jeder Jahreszeit sehenswert. Im Dezember hat sie jedoch einen ganz eigenen Zauber, denn da wird es durch Weihnachtsmärkte und Adventsstimmung besonders *hyggelig* (gemütlich). Auch alle größeren Städte (Kolding, Esbjerg, Sønderborg, Tønder) sind das ganze Jahr über attraktiv. Im Frühjahr (März bis April) und Herbst (September bis Oktober), wenn die Vögel ziehen, hat das Wattenmeer faszinierende Naturspektakel zu bieten.

Kolding

57 200 EW.

Kolding ist eine malerische und attraktive Stadt mittlerer Größe – eine überzeugende Mischung aus alter und moderner Architektur. In ihrem Zentrum steht das auf einem Hügel errichtete Schloss Koldinghus. Nach einem Bummel durch die Altstadt lohnt sich ein Besuch des Museums Trapholt, um dort modernes Möbeldesign zu bewundern, für das Dänemark so berühmt ist.

Sehenswertes

Koldinghus SCHLOSS, MUSEUM

(www.koldinghus.dk; Markdanersgade 1; Erw./Kind 70 Kr/frei; ⏲10–17 Uhr) Schloss Koldinghus ist das glanzvolle Aushängeschild der Stadt. Es blickt auf eine turbulente Geschichte zurück. Bereits 1268 stand hier eine Burg; die

Highlights

1 Mit dem Nachtwächter einen Abendspaziergang durch das historische **Ribe** machen (S. 207)

2 Zuckerbäcker-Idylle im märchenhaften **Møgeltønder** (S. 219)

3 In nur zwölf Minuten von der Industriestadt Esbjerg in die Wildnis von **Fanø** (S. 205)

4 In **Kolding** das Zusammenspiel von Alt und Neu erleben (S. 198)

5 Am Sønderstrand auf **Rømø** windbetriebene Blokarts und Kitebuggys testen (S. 214)

6 Staunen, Experimentieren und Kopfnüsse knacken im **Danfoss Universe** (S. 223)

7 Im neuen **Nationalpark Vadehavet** die Vögel am Himmel tanzen sehen (S. 214)

heutige Anlage geht auf die Mitte des 15. Jhs. zurück. Ihre letzte große Katastrophe erlebte sie 1808, als während der Napoleonischen Kriege spanische Soldaten darin kaserniert waren. Weil sie die südliche Sonne vermissten, machten die Soldaten Feuer. Doch leider verwandelte sich das wärmende Feuerchen rasch in ein flammendes Inferno. Auch der Turm fing Feuer und stürzte als riesige Fackel durch den Hauptsaal auf die Schlosskapelle. Der dänische Staat lag im Krieg und war bankrott. Es schien daher sicher, dass die Ruine nicht wieder aufgebaut werden würde.

Und heute: Welch ein Kontrast! Das Schloss erstrahlt glanzvoller denn je und wird dabei durch eine ganz moderne Konstruktion aus Holz und Stahl getragen. Gerade dieses Zusammenspiel von alter und neuer Bausubstanz macht das Besondere aus. Daneben gibt es einige gute **Ausstellungen** zu besuchen, u. a. mit historischen Gemälden und altem Tafelsilber sowie Wechselausstellungen zur Kunst der Gegenwart. Der an der Kasse erhältliche Grundriss ist für die Orientierung sehr hilfreich. Vom **Turm** bietet sich ein wunderbarer Panoramablick über die Stadt. Der lange Aufstieg lohnt sich also.

LP TIPP **Trapholt** KUNSTMUSEUM

(www.trapholt.dk; Æblehaven 23; Erw./Kind 70 Kr/frei; ⌚Di–So 10–17, Mi 10–20 Uhr) Das Museum Trapholt für moderne bildende und angewandte Kunst und Möbeldesign liegt in einem Wohngebiet am nordöstlichen Stadtrand und ist selbst ein (architektonisches) Kunstwerk. Zu sehen sind Gemälde der Skagener Maler, kraftvolle moderne Kunst und ein Skulpturengarten. Die Möbelsammlung im unteren Stock zeigt begehrenswerte dänische Sitzmöbel von Designern wie Hans Wegner, Arne Jacobsen und Verner Panton – darunter Jacobsens wundervolle Stuhlmodelle The Ant (Ameise) und The Egg (Ei).

Besonders faszinierend ist Jacobsens Sommerhausprototyp **Kubeflex**, den er zwischen 1969 und 1970 entwarf. Das Einzelstück besteht aus würfelförmigen Modulen, die nach dem Fertighausprinzip je nach Bedarf kombiniert werden können. Es steht im Garten und kann täglich um 13 und 15 Uhr (am Wochenende auch um 11 Uhr) besichtigt werden. Das Museum gehört zu den besten Museen in Jütland; auch das Café samt wunderschöner Aussicht und der Museumsshop sind spitze. Anfahrt mit Buslinie 4.

Stadtbild HISTORISCHE GEBÄUDE

Die Touristeninformation liegt genau im Zentrum, von wo gewundene Straßen in die Außenbezirke führen. Das rot-grüne Fachwerkhaus am Akseltorv nahe der Touristeninformation ist **Borchs Gård**, ein schmucker Renaissancebau von 1595. Eine Runde lohnt auch die Einkaufsstraße **Helligkorsgade** gleich südlich des Akseltorv. Hier steht mit der **Nummer 18** das älteste Haus der Stadt: ein orange gestrichener Fachwerkbau von 1589, windschief und mit viel Charme. Auch die Gruppe von Häusern und Gärten dahinter könnte so in jedem Märchenbuch auftauchen.

Schlafen

LP TIPP **Hotel Koldingfjord** HOTEL €€€

(☎75 51 00 00; www.koldingfjord.dk; Fjordvej 154; EZ/DZ wochentags 1345/1645 Kr, Sommer & Wochenende 995/995 Kr; @☎) In diesem schlossähnlichen, ehemaligen Sanatorium in den Wäldern am Kolding-Fjord lebt sich's wahrhaft königlich (7 km östlich der Stadt und 2 km hinter dem Museum Trapholt; Anfahrt mit Buslinie 4). Die gesamte Anlage atmet Ruhe und Erholung und die Zimmer sind eine Ode an den skandinavischen Minimalismus: Stühle scheinbar direkt vom Trapholt und TV-Geräte von Bang & Olufsen. Zur Hotelausstattung gehören ein Hallenbad, ein kostenloser Fahrradverleih, ein Café, eine Terrasse und ein Restaurant. Die Preise bei Onlinebuchung beginnen teilweise schon bei 825 Kr pro Zimmer.

Danhostel Kolding HOTEL €

(☎75 50 91 40; www.danhostelkolding.dk; Ørnsborgvej 10; B 180 Kr, EZ/DZ ohne Bad 350/400 Kr, mit Bad 500/500 Kr; ⌚Feb.–Nov.; @) Die Topunterkunft liegt oberhalb eines Parks etwa 1,5 km nördlich vom Zentrum (zu Fuß 10 Min.). Im älteren Hauptbau liegen gemütliche, einfache Zimmer. Ein neuerer Anbau bietet Zimmer mit eigenem Bad und kleiner Wohnküche. Kein Wunder, dass das Hostel bei Backpackern und Familien beliebt ist. Buslinie 3 hält in der Nähe.

Kolding Byferie APARTMENTS €€

(☎75 54 18 00; www.kolding-byferie.dk; Kedelsmedgangen 2; DZ/Familien-Apt. 950/1395 Kr;) Der Komplex in zentraler Lage am See wurde Anfang der 1990er Jahre errichtet, wirkt aber noch wie neu. Er ist perfekt für einen komfortablen Familienurlaub. Die stilvoll möblierten Apartments unterschiedlicher

Kolding

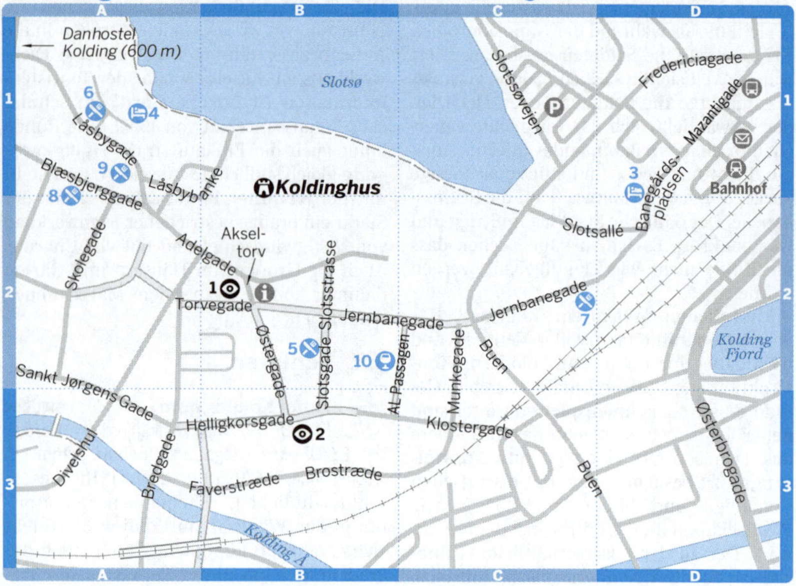

Größe (bis zu 6 Pers.) liegen in vielfältig geformten Gebäuden – dreieckig, rund, achteckig und sternförmig (besonders hübsch vom Schlossturm aus anzusehen). Bettwäsche und Frühstück kosten extra, Hotelgäste haben freien Eintritt im örtlichen Schwimmbad.

First Hotel Kolding HOTEL €€
(76 34 54 00; www.firsthotels.com; Banegårdspladsen 7; DZ ab 875 Kr;) Das helle, moderne Hotel gegenüber dem Bahnhof gibt sich stilbewusst, von den rosaroten Sofas in der Lobby bis zu den monochrom eingerichteten Zimmern und dem eleganten Café im Erdgeschoss. Bei Onlinebuchung fallen die Preise teilweise bis auf 550 Kr.

Essen & Ausgehen

Den Blå Café INTERNATIONAL €€
(Slotsgade 4; Mittagessen 68–118 Kr, Abendessen 98–198 Kr; Brunch, mittags & abends) Ein entspanntes, den ganzen Tag geöffnetes Restaurant mit vielen Plätzen im Freien. Auf der Karte stehen beliebte Klassiker wie Burger, Pasta, Salate und Nachos. Für den Fall, dass das Wetter zum Draußensitzen ungeeignet ist, gibt's einen gemütlichen Speiseraum im Bistrostil, der sich auch für einen Drink am Abend eignet.

Nicolai Biograf & Café ITALIENISCH €€
(Skolegade 2, Eingang an der Blæsbjerggade; Hauptgerichte 70–125 Kr; mittags & abends) In einer pfiffig renovierten alten Schule machen ein Autorenkino und ein Café zusammen eine echt coole Location. Der Brunch am Wochenende (148 Kr; ab 10 Uhr) gilt als Insidertipp.

Restaurant Le ASIATISCH €€
(Låsbygade 11; Abendbuffet 135–155 Kr, Hauptgerichte 68–148 Kr; mittags & abends) Ein günstiger, gut besuchter Laden mit einer Speisekarte voller japanischer, thailändischer, vietnamesischer und chinesischer Gerichte. Bei den Gästen nicht weniger beliebt ist das Buffet mit asiatischen und dänischen Spezialitäten (klingt nach einer seltsamen Kombination, aber wen kümmert's, wenn der Preis stimmt) und Salatbar.

Kolding Smørrebrød SMØRREBRØD €
(Låsbygade 16; Sandwiches ab 28 Kr; Mo–Sa ab 10 Uhr) Boxenstopp für Picknickzutaten und kunstvoll garniertes Smørrebrød.

You'll Never Walk Alone Pub PUB
(AL Passagen 2; So–Do ab 14, Fr ab 12, Sa ab 11 Uhr) Die Kneipe an einer Passage zwischen Jernbanegade und Klostergade wird von allen nur „das englische Pub" genannt und

Kolding

Highlights
Koldinghus B1

Sehenswertes
1 Borchs Gård B2
2 Helligkorsgade 18 .... B3

Schlafen
3 First Hotel Kolding D1
4 Kolding Byferie A1

Essen
5 Den Blå Café B2
6 Kolding Smørrebrød A1
7 Netto-Supermarkt C2
8 Nicolai Biograf & Café A1
9 Restaurant Le A1

Ausgehen
10 You'll Never Walk Alone B2

ist englischer als jedes englische Pub. Tische im Freien, gutes Essen, Livemusik und Fußballübertragungen auf dem Großbildschirm verleihen dem Laden eine Atmosphäre, die weit über die gut 300 Biersorten (darunter viele dänische Hausbrauereien) hinausreicht.

SELBSTVERSORGER

Netto SUPERMARKT €
(Jernbanegade 48; Mo–Fr 9–9, Sa 8–19 Uhr) Zentraler Supermarkt in Bahnhofsnähe.

Markt LEBENSMITTEL €
(Di & Fr morgens) Bietet vor dem Rathaus an der Akseltorv Obst, Gemüse und Käse an.

Shoppen

Kolding Storcenter EINKAUFSZENTRUM
(Skovvangen 42; Mo–Sa) Das größte Einkaufszentrum in Jütland und eines der größten in ganz Dänemark ist in Kolding eine richtige Attraktion. Das Shoppingparadies mit 120 Geschäften (alle führenden Ketten des Landes), Restaurants und einem Kino liegt ein paar Kilometer nördlich der Stadt (der Beschilderung nach Vejle folgen).

Praktische Informationen

Danske Bank (Jernbanegade 3)

Bibliothek (Slotssøvejen 4) Tolle moderne Bibliothek mit kostenlosem Internetzugang.

Postamt (Banegårdspladsen 8A) Neben dem Bahnhof.

Surfers Paradise (2. OG, Jernbanegade 11; pro Std. 26 Kr; Mo–Sa 8–20 Uhr) Internetcafé.

Touristeninformation (76 33 21 00; www.visitkolding.dk; Akseltorv 8; Mo–Fr 9–17.30, Sa 9–14 Uhr) Gut informierte Mitarbeiter; gute Infos über Aktivitäten in der Nähe.

An- & Weiterreise

Kolding liegt 72 km östlich von Esbjerg und 82 km nördlich der deutschen Grenze. E20 (die weiter in Richtung Osten bis nach Fünen verläuft) und E45 verbinden Kolding mit anderen größeren Orten in Jütland. Wer mit dem Auto in Nordsüdrichtung unterwegs ist, kann als reizvolle Alternative zur E45 die Straße 170 wählen.

Regelmäßige Züge gehen von Kolding in Richtung Süden nach Padborg an der deutschen Grenze (109 Kr, 1 Std.) und in Richtung Norden via Aarhus (154 Kr, 1½ Std.) bis nach Frederikshavn (319 Kr, 4½ Std.). Bei beiden Zielen muss teilweise in Fredericia umgestiegen werden. Eine zweite Bahnlinie führt westwärts nach Esbjerg (89 Kr, 50 Min.) und ostwärts nach Odense (109 Kr, 40 Min.) auf Fünen.

Unterwegs vor Ort

AUTO Um die Innenstadt verläuft eine Ringstraße; Ndr Ringvej und Slotssøvejen bilden die nördliche und nordöstliche Begrenzung. Parkplätze gibt's am Slotssøvejen gegenüber der Bibliothek.

BUS Abfahrt neben dem Bahnhof.

FAHRRÄDER Leihräder gibt's bei **Kolding Cykelcenter** (Haderslevvej 7–9; pro Tag/Woche 100/300 Kr) südlich des Zentrums.

MUSEEN FÜR MODERNE KUNST

Wer moderne Kunst mag und sie bevorzugt in einer Kulisse avantgardistischer Architektur genießt, kommt in Jütland auf seine Kosten. Neben dem herausragenden Museum Trapholt (S. 199) in Kolding ist noch einiges mehr geboten: das ARoS Aarhus Kunstmuseum (S. 225), das Kunsten in Aalborg (S. 273), das Museum Jorn in Silkeborg (S. 247), das HEART und Umgebung in Herning (Kasten S. 253) und das Esbjerg Kunstmuseum (S. 202). Geht es vor allem um die Großmeister des dänischen Stuhldesigns, gehören Trapholt und der Wasserturm des Tønder Museums (S. 217) ganz oben auf die Liste.

Esbjerg

71 600 EW.

Boomtown Esbjerg, eine für dänische Verhältnisse junge Stadt, ist durch Fischfang, Handel und Öl groß und reich geworden. Die Ölfelder in der Nordsee fest im Blick, ist sie ganz nach Westen ausgerichtet.

Der erste Eindruck zählt. Und da der erste Eindruck, den man von Esbjerg bekommt, meist die zahlreichen Industrieanlagen sind, darf man es niemandem übel nehmen, wenn er die Stadt rasch wieder verlässt und vermeintlich interessanteren Zielen Jütlands zustrebt. Auch können weder das rechtwinklige Straßennetz noch Esbjergs Aura der Modernität mit dem Charme eines historisch gewachsenen Stadtbilds konkurrieren. Aber der erste Eindruck kann auch täuschen. Esbjerg birgt durchaus Perlen: gute Bars, gute Kunst und die reizvolle Insel Fanø. Letztere ist mit der Fähre bequem in zwölf Minuten zu erreichen und die reinste Idylle.

Geschichte

Esbjerg ist die jüngste Stadt und der größte Hafen des Landes und zugleich das Versorgungszentrum für die Ölbohrinseln in der Nordsee. Historisch gesehen verdankt Esbjerg seine Existenz der preußisch-österreichischen Invasion 1864. Sie zwang die Dänen, einen neuen Hafen für den Export nach Großbritannien zu finden. In einem damals entlegenen und kaum besiedelten Winkel des Landes wurde deshalb 1868 die Stadt Esbjerg gegründet. Rasch entwickelte sie sich zu einem wichtigen Zentrum der Industrie und zur fünftgrößten Stadt des Landes.

Sehenswertes & Aktivitäten

Musikhuset Esbjerg ARCHITEKTUR

(www.mhe.dk, auf Dänisch; Havnegade 18) Das 1997 eröffnete „Musikhaus" ist ein Entwurf des berühmten dänischen Architekten Jørn Utzon – bei dem jeder sofort an die Oper von Sydney denkt – und seines Sohnes Jan. Es ist der wichtigste Konzertsaal der Stadt.

Esbjerg Kunstmuseum MUSEUM

(www.eskum.dk; Havnegade 20; Erw./Kind 60 Kr/frei; ⌚10–16 Uhr) Im Musikhuset Esbjerg untergebracht ist außerdem die kleine, aber exquisite Sammlung des Esbjerg Kunstmuseums. Zu sehen sind moderne Kunst von Richard Mortensen, Robert Jacobsen und Per Kirkeby sowie Werke von Svend Wiig Hansen, dem Schöpfer des Mennesket ved Havet. Das Åbne Magasiner (Offenes Magazin) im Untergeschoss gestattet einen Blick auf nicht ausgestellte Werke im Besitz des Museums. Außerdem sind vom Museumsteil aus Architekturdetails wie Winkelstellungen und pilzförmige Stützen besonders gut zu erkennen.

Esbjerg Vandtårn TURM

(Havnegade 22; Erw./Kind 15 Kr/frei; ⌚Juni–Mitte Sept. tgl. 10–16, April–Mai & Mitte Sept.–Okt. Sa & So 10–16, Nov.–März geschl.) 1897 unternahm das selbstbewusste Esbjerg den Versuch, sich ein wenig mittelalterliche Atmosphäre zu verleihen. Stadtarchitekt C. H. Clausen entwarf den Esbjerg Vandtårn, den Wasserturm, der (für Besucher ganz praktisch) gleich neben dem Musikhuset Esbjerg steht. Der imposante Turm bietet einen Blick über den weitläufigen Hafen und die ganze Umgebung.

Fiskeri- og Søfartsmuseet AQUARIUM

(www.fimus.dk; Tarphagevej 2; Erw. 90–115 Kr, Kind frei; ⌚Juli–Aug. 10–18, Sept.–Juni 10–17 Uhr) 4 km nordwestlich vom Zentrum bietet das Meeresaquarium des „Fischerei- und Seefahrtsmuseums" einen guten Einblick in Flora und Fauna der Nordsee. Neben zahlreichen heimischen Fischarten leben hier auch lustige Seehunde (Fütterung tgl. um 11 und 14.30 Uhr). Anfahrt mit den Buslinien 6 und 10; die Linien 1, 3 und 8 halten in der Nähe.

Mennesket ved Havet WAHRZEICHEN

(Hjertingvej) Am Hafen, gegenüber dem Fiskeri- og Søfartsmuseet, erhebt sich Esbjergs eindrucksvolles Wahrzeichen, der *Mennesket ved Havet* (Mensch am Meer). Die vier 9 m hohen, strahlend weißen, stilisierten Menschenfiguren, die am Ufer sitzen und auf das Meer hinaus blicken, wurden von dem dänischen Bildhauer Svend Wiig Hansen geschaffen – und sind mal ein etwas anderer Hintergrund für Urlaubsfotos.

Robbensafari BOOTSFAHRTEN

(Erw./Kind/Familie 120/60/280 Kr; ⌚Abfahrt von Esbjerg Juli–Aug. Mo–Do 11.20 & 14.20, Fr 11.20 Uhr) Im Juli und August gibt's eine 2½-stündige Tour durch den Hafen und in die Ho-Bucht, wo mit etwas Glück Robben zu sehen sind. Los geht's montags bis freitags ein- bis zweimal am Tag vom Fähranleger der Fanø-Fähre in Esbjerg. Wer möchte, kann schon auf Fanø zusteigen; Abfahrt in Nordby ist je-

Esbjerg

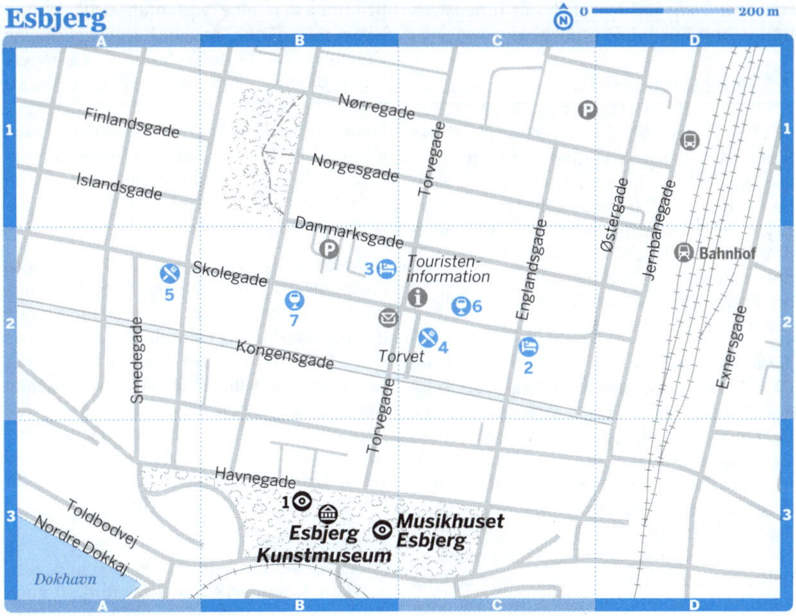

weils 40 Minuten vor der ausgeschriebenen Abfahrtszeit in Esbjerg. Aktuelle Abfahrtszeiten kennt die Touristeninformation.

Schlafen

Die Touristeninformation reserviert in Esbjerg und Umgebung private Zimmer und Apartments (ab 250 Kr pro Person und Nacht) sowie Ferienhäuser. Details auf der Website www.visitesbjerg.dk.

Cab Inn Esbjerg HOTEL €€
(☎75 18 16 00; www.cabinn.com; Skolegade 14; EZ/DZ/3BZ ab 545/675/835 Kr; @📶) Die preisgünstigsten Betten der Stadt stehen in einem 100 Jahre alten Gebäude in bester Zentrumslage, das erst kürzlich renoviert wurde. Es ist bei Dänen und internationalen Gästen gleichermaßen beliebt. Die hellen Zimmer haben etwas mehr Charakter als die im Cab Inn Aarhus. Alle sind mit Bad, Wasserkocher, Telefon und TV ausgestattet. Zudem gibt's kostenlose Parkplätze, ein gutes Frühstücksbuffet (60 Kr) und kostenlosen WLAN-Anschluss.

Danhostel Esbjerg HOSTEL €
(☎75 12 42 58; www.esbjerg-danhostel.dk; Gammel Vardevej 80; B 180 Kr, EZ/DZ ohne Bad 350/400 Kr, mit Bad 500/600 Kr; @📶) Eine hervorragende Wahl für alle, die nicht unbedingt im Zentrum wohnen müssen. Die Lage hat viel zu bieten: In der Nähe sind ein Sportstadion, ein Schwimmbad, ein Park und ein Kino. Das alte Gebäude selbst ist wunderschön und die Gemeinschaftsanlagen sind typisch dänisch: erstklassig. Die Zimmer im neuen Flügel haben alle ein eigenes Bad. Das Ho-

Esbjerg

Highlights
Esbjerg Kunstmuseum B3
Musikhuset Esbjerg B3

Sehenswertes
1 Esbjerg Vandtårn B3

Schlafen
2 Cab Inn Esbjerg C2
3 Hotel Britannia B2

Essen
Brasserie B .... (s. 3)
4 Dronning Louise C2
5 Sand's A2

Ausgehen
6 Industrien C2
7 Paddy Go Easy B2

stel liegt 3 km nordwestlich der Innenstadt und ist mit Buslinie 4 erreichbar.

Hotel Britannia HOTEL €€€
(☎75 13 01 11; www.britannia.dk; Torvet 24; EZ/DZ 1399/1599 Kr; @📶) Das größte Hotel der Stadt ist business-orientiert. Es bietet professionellen Service, frisch renovierte Zimmer und gute Hotelrestaurants in zentraler Lage; die Standardpreise richten sich allerdings eindeutig an Geschäftsreisende mit Spesenkonto. Im Sommer (Juni–Aug.) sind die Preise mit 600/800 Kr pro EZ/DZ deutlich günstiger.

Ådalens Camping CAMPINGPLATZ, HÜTTEN €
(☎75 15 88 22; www.adal.dk; Gudenåvej 20; Erw./Kind/Stellplatz 65/37/50 Kr; @📶) Der große, kinderfreundliche und gut ausgestattete Campingplatz hat Kaninchen und Schafe, eine Voliere mit Wellensittichen, einen Spielplatz, einen Pool und eine Minigolfanlage. Hütten gibt es ab 499/850 Kr (Neben-/Hochsaison). Der Platz liegt 7 km nordwestlich des Zentrums – die Abzweigung folgt 3 km hinter *Mennesket ved Havet*. Die Buslinien 1 und 7 halten 400 m von der Rezeption entfernt.

Essen & Ausgehen

Dronning Louise INTERNATIONAL €€
(Torvet 19; Mittagessen 60–100 Kr, Abendessen 100–225 Kr; ⌚Brunch, mittags & abends) Die „Königin Louise" thront in erstklassiger Lage am Torvet und bietet jedem ihrer treuen Untertanen etwas, denn sie ist Café, Restaurant, Pub und sogar Nachtclub (Fr & Sa ab Mitternacht) in einem. Donnerstags spielt Livemusik. Tische stehen auf dem Platz, im Saal oder hinten auf dem Hof. Die Speisekarte mit herrlich großer Auswahl gilt den ganzen Tag. Preisgünstig ist der Brunchteller für 80 Kr. Das Pub bietet eine gute Auswahl heimischer Biersorten.

Sand's TRADITIONELL DÄNISCH €€
(Skolegade 60; Mittagessen 45–169 Kr, Abendessen 139–229 Kr; ⌚Mo–Sa mittags & abends) Die Speisekarte in diesem stilvollen 100 Jahre alten Restaurant ist ein Loblied auf die guten, alten dänischen Klassiker: mittags Platten mit Smørrebrød und Hering, abends Fisch (z. B. *bakskuld*, ein heimischer, flunderartiger Fisch) und ganz viel *bøf* (Rindfleisch).

Brasserie B INTERNATIONAL €€
(Torvet 24; Hauptgerichte 138–225 Kr; ⌚Brunch, mittags & abends) Das Restaurant des Hotels Britannia hat eine variantenreiche Speisekarte mit dänischen und internationalen Gerichten. Am besten schmeckt's im Freien, unter Bäumen, mit Blick auf den Marktplatz. Alle Gerichte mit Fisch von der Westküste sind eine gute Wahl. Nach dem Essen lohnt es sich, die Treppe zum **Underground** (⌚Di–Sa ab 16 Uhr) hinunterzusteigen, einem Pub nach englischem Strickmuster mit regelmäßiger Livemusik.

Industrien CAFÉ €€
(Skolegade 27; Burger 109–159 Kr; ⌚Mo–Sa mittags, Mo–So abends) Das Ziel für Durstige ist die Skolegade, wo es viele Bars gibt. Das coole Industrien ist bei den Einheimischen besonders beliebt. Hier sind wechselnde Kunstausstellungen, Livemusik bis in die Puppen (Do–Sa bis 6 Uhr) und riesige Burger der Hit. Letztere sind in den Varianten Rind, Lamm, Huhn oder Gemüse zu haben (die Küche schließt um 21 Uhr).

Paddy Go Easy PUB
(Skolegade 42) Im Paddy Go Easy geht es hinter dem Tresen echt irisch zu (und oft auch davor!); es gibt Kilkenny und Guinness vom Fass und im ganzen Laden herrscht typisch irische Geselligkeit.

Praktische Informationen

Der Hauptplatz (Torvet) liegt am Schnittpunkt von Skolegade und Torvegade. Bahnhof und Busbahnhof befinden sich 300 m östlich davon, der Fährterminal liegt 1 km südwestlich.

Bibliothek (Nørregade 19) Internetzugang.

Danske Bank (Torvet 18)

Krone Apoteket (Kongensgade 36; ⌚24 Std.) Apotheke mit 24-Stunden-Dienst.

Nordea (Kongensgade 48) Bank und Geldautomat.

Postamt (Torvet 20)

Touristeninformation (☎75 12 55 99; www.visitesbjerg.dk; Skolegade 33; ⌚Mo–Fr 10–17, Sa 10–13 Uhr) Liegt an der Ecke des Torvet und bietet Infos, Karten und Internetzugang.

An- & Weiterreise

Auto

Esbjerg liegt 77 km nördlich von Tønder, 31 km nordwestlich von Ribe, 59 km südwestlich von Billund und 92 km westlich der Fünen-Jütland-Brücke.

Wer mit dem Auto kommt, gelangt via E20 (Hauptzufahrt von Osten) direkt ins Zentrum und zum Fährhafen. Die von Süden kommende Straße 24 mündet am Stadtrand in die E20. Von

Norden führt die Straße 12 direkt ins Zentrum und zum Hafen.

Alle größeren Autovermieter haben eine Niederlassung in Bahnhofsnähe, außerdem auch einen Schalter am Flughafen. Reservierung ist erforderlich.

Bus

Der Busbahnhof (Kurz- und Langstrecke) ist an der Jernbanegade ganz in der Nähe vom Bahnhof.

Thinggaard Express (www.expressbus.dk, auf Dänisch) betreibt die Buslinie 980, die über Viborg und Aalborg nach Frederikshavn fährt (1–2-mal tgl., 340 Kr, 5 Std).

Die nützliche Buslinie 915X verbindet Esbjerg über Ribe mit Sønderborg in Südostjütland (3-mal tgl., 177 Kr, 2½ Std.).

Fähre

Informationen zu Fähren nach Fanø auf S. 207.

Flugzeug

Der **Flughafen Esbjerg** (EBJ; www.esbjerg-lufthavn.dk) liegt 10 km östlich des Zentrums. Von dort gehen täglich Flüge zu zwei anderen Versorgungstandorten für Nordseebohrinseln: Stavanger (Norwegen) und Aberdeen (Schottland).

Zug

Zweimal pro Stunde fährt ein Zug zwischen Esbjerg und Kopenhagen (347 Kr, 3 Std.), eventuell mit Umsteigen in Fredericia. Darüber hinaus gibt es regelmäßige Verbindungen Richtung Süden nach Ribe (60 Kr, 35 Min.) und Tønder (100 Kr, 1½ Std.) sowie Richtung Osten nach Kolding (89 Kr, 45 Min.) und Aarhus (240 Kr, 2 Std.).

Unterwegs vor Ort

Die Stadtbusse der Linie 8 verkehren etwa stündlich zwischen dem Flughafen und dem Busbahnhof (26 Kr), ebenso die Fernbusse der Linien 44 und 48. Die Buslinie 5 fährt alle 20 Minuten zum Hafen (19 Kr).

Fahrräder vermietet das Büro von **PJ Feriehusudlejning** (Hjertingvej 21; 50 Kr pro Tag), 2 km außerhalb des Zentrums in Richtung *Mennesket ved Havet*. Bei der Touristeninformation ist eine Broschüre mit Radtouren vorrätig.

Die meisten Stadtbusse halten am Bahnhof. Die einfache Fahrt kostet 18 Kr, eine Zehnerkarte *(klippekort)* 100 Kr.

Parken ist in Esbjerg kostenlos, jedoch teilweise zeitlich beschränkt. Auch der günstig gelegene Parkplatz an der Danmarksgade hat eine Beschränkung (2 Std.). Ohne Zeitlimit geht's nur auf dem Parkplatz an der Nørregade östlich der Bibliothek.

Taxis stehen am Bahnhof oder können telefonisch bestellt werden unter ☎75 14 45 00.

Fanø

3200 EW.

Uns scheint das gemütliche Inselchen Fanø reizvoller als die größere und bekanntere Insel Rømø im Süden. Das mag schon mit der Anreise zu tun haben. Eine Fähre ist doch einfach romantischer als ein 10 km langer Straßendamm. Zudem bezaubert Fanø mit zwei traditionellen Hafenorten, reetgedeckten Häusern, blühenden Gärten und gepflasterten Gassen mit Boutiquen, Cafés und Galerien.

Badegäste finden an der Westküste breite Sandstrände und in der Sommersaison eine lebhafte Atmosphäre. Und all das liegt nur zwölf Minuten von der Stadt Esbjerg entfernt.

Sehenswertes

DÖRFER

Die Fähren aus Esbjerg legen in **Nordby** an. Nordby und Sønderho, die beiden größten Orte, liegen an entgegengesetzten Enden der 16 km langen Insel. **Sønderho** ist eines der hübschesten Dörfer von ganz Dänemark. Die niedrigen, durcheinandergewürfelten Fachwerkhäuser mit Reetdach stammen aus dem 16. Jh. und sehen schon sehr nach Mittelerde aus.

Die Touristeninformation hat Broschüren und Karten für Rundgänge durch die beiden Hauptorte mit Hinweisen auf besondere Häuser.

MUSEEN & GALERIEN

In Nordby und Sønderho informieren bescheidene Museen über die wechselvolle Geschichte der Insel, die eng mit der Seefahrt verknüpft ist. Fanøs goldenes Zeitalter erreichte seinen Höhepunkt im späten 19. Jh. Damals konnte sich die Insel rühmen, nach Kopenhagen die zweitgrößte Flotte des Landes zu besitzen. Über einen Zeitraum von 150 Jahren wurden hier über 1000 Schiffe gebaut.

Nordby hat ein **Seefahrt- und Trachtenmuseum** sowie ein **historisches Museum**, Sønderho ein **Kunstmuseum** und ein **Kapitänshaus** aus dem 17. Jh. Sie sind alle ganz interessant, allerdings nur für Besucher mit sehr viel Zeit.

Strände & Naturschutzgebiet

Strände STRÄNDE

Die Westküste ist auf Familienurlauber eingerichtet und bietet die meisten Campingplätze der Insel. Die besten Strände liegen rund um **Rindby Strand** und **Fanø Bad**; ein Regionalbus fährt am Strand entlang und hält auf Wunsch. An der nördlichen Spitze liegt die riesige Sandbank Søren Jessens Sand.

Fanø Klitplantage NATURSCHUTZGEBIET
Für Naturfreunde und Wildbeobachter ist das 1162 ha große Naturschutzgebiet Fanø Klitplantage im Inselinneren interessant. Wer den ausgeschilderten Wegen folgt, wird mit ziemlicher Sicherheit zahlreiche Vogelarten, Kaninchen und sogar Hirsche sehen. Eine beliebte Picknickstelle mit Waldspielplatz liegt in der Nähe von Pælebjerg.

Aktivitäten

Die Fahrt nach Fanø lohnt sich durchaus auch für einen Tagesausflug. Nach einem Bummel durch das charmante Nordby kann man mit dem Bus nach Sønderho fahren, ein Fahrrad mieten, an den Strand gehen, eine Bootsfahrt machen (s. S. 207) oder mal schauen, was der Tag so bringt. Wer mag, kann den ältesten **Golfplatz** (www.fanoe-golf-links.dk) von Dänemark inspizieren.

Schlafen

Fanø hat insgesamt sieben Campingplätze, die fast alle nur einen Spaziergang von der Küste entfernt sind. Alle sind familienfreundlich und die meisten vermieten auch Hütten. Infos gibt's unter www.visitfanoe.dk.

Die Touristeninformation versorgt Gäste mit Infos über Ferienwohnungen und -häuser (meist für 4–6 Pers.), die wochenweise vermietet werden, und im Übrigen auch direkt über Onlineportale (www.fanohus.dk, www.fanoespecialisten.dk) gebucht werden können.

LP TIPP **Sønderho Kro** GASTHAUS €€€
(☎75 16 40 09; www.sonderhokro.dk; Kropladsen 11, Sønderho; EZ 1100–1200 Kr, DZ 1300–1800 Kr) Das *hyggelig*-himmlische Reetdachhäuschen ist weit über Fanø hinaus bekannt als allerschönste Unterkunft der ganzen Insel. Es wurde 1722 erbaut und hat 14 individuell mit Antiquitäten aus der Gegend ausgestattete Zimmer. Doch das Gasthaus hat noch mehr zu bieten, nämlich ein namhaftes Gourmetrestaurant (Mittagessen 118–178 Kr, 3-/6-Gang-Abendmenü 460/700 Kr) mit Fokus auf regionale Saisonküche. Tische stehen sowohl drinnen als auch draußen im großen Garten.

LP TIPP **Møllesti B&B** PENSION €
(☎75 16 29 49; www.mollesti.dk; Møllesti 3, Nordby; EZ 300 Kr, DZ 450–500 Kr; ⌚Juni–Aug. und nach Vereinbarung) Das B&B liegt verborgen in einer der hübschen Gassen von Nordby. Das malerische Kapitänshaus von 1892 bietet vier einfache, aber stilvoll eingerichtete Schlafzimmer. Je zwei davon teilen sich ein Bad und eine Essküche. Die Preise sind verblüffend günstig. An Wochenenden nimmt es auch außerhalb der Saison Gäste auf – aber nur nach Voranmeldung. Das Frühstück kostet 50 Kr extra, Zimmer können nur mit einem Mindestaufenthalt von zwei Nächten gebucht werden.

Fanø Krogaard GASTHAUS €€
(☎76 66 01 66; www.fanoekrogaard.dk, auf Dänisch; Langelinie 11, Nordby; DZ ab 895 Kr) Der zauberhafte alte Gasthof am Hafen von Nordby ist schon seit anno 895 in Betrieb. Er bietet behagliche Zimmer mit Antiquitäten (und modernere in einem neueren Anbau), eine gemütliche Atmosphäre, eine große, phantastische Terrasse und eine tolle Auswahl örtlicher Spezialitäten – überwiegend Fisch (Mittagessen 1664–74 Kr; Abendessen 119–159 Kr).

Feldberg Strand Camping CAMPINGPLATZ, HÜTTEN €
(☎75 16 24 90; www.feldbergcamping.dk; Kirkevejen 39, Rindby Strand; pro Erw./Kind 76/35 Kr; 📶) Der günstig gelegene Platz, nur einen Steinwurf vom Strand entfernt und direkt bei einem Supermarkt und einer Pizzeria, ist im Sommer sehr voll.

Essen & Ausgehen

Von den Gasthöfen mit Restaurant (s. Schlafen) abgesehen, kann man am Hovedgaden von Nordby oder am Sønderland in Sønderho kaum einen Spaziergang machen, ohne auf Schritt und Tritt über einladende kleine Lokale und sonnige Biergärten in Innenhöfen zu stolpern.

Alle größeren Dörfer der Insel haben Supermärkte und Bäckereien. Die Metzgerei in Nordby, **Slagter Christiansen** (Hovedgaden 17), ist in ganz Dänemark für ihren *Fanø skinke* (Fanøer Schinken) bekannt, der dem Parmaschinken recht ähnlich ist. Eine andere regionale Spezialität ist der Heidehonig. Die Biere der Brauerei **Fanø Bryghus** (www.fanoebryghus.dk, auf Dänisch; Strandvejen 5, Nordby) genießen einen ausgezeichneten Ruf. In der hauseigenen Bar kann man sie gleich probieren.

Praktische Informationen

Die **Touristeninformation** (☎70 26 42 00; www.visitfanoe.dk; Færgevej 1; ⌚Juli–Aug. Mo–Fr 9–17, Sa & So 10–16, Sept.–Juni Mo–Fr 10–16 Uhr) ist in der Nähe des Fährablegers in Nordby. Gleich dahinter beginnt die Hauptstraße Hovedgaden. Hier gibt's Banken, Geschäfte und Restaurants.

Anreise & unterwegs vor Ort

Ein Auto mit nach Fanø zu nehmen, ist teuer. Für ein- bis zweitägige Ausflüge ab Esbjerg ist es besser, sein Fahrzeug auf dem Festland zu lassen und auf der Insel ein Fahrrad zu mieten oder mit dem Bus zu fahren.

FanøFærgen (www.fanoefaergen.dk; Erw./Kind hin & zurück 35/20 Kr) betreibt eine Autofähre zwischen Esbjerg und Nordby im Norden von Fanø. Sie verkehrt zwischen 5 und 24 Uhr ein- bis dreimal pro Stunde und braucht zwölf Minuten für die Überfahrt. Der Preis für ein Fahrzeug (inkl. Passagiere) in der Haupt-/Nebensaison beträgt 280/390 Kr, für ein Fahrrad nur 35 Kr.

Die Buslinie 431 verbindet den Fähranleger von Nordby im Sommer etwa stündlich mit Fanø Bad (19 Kr), Rindby Strand (19 Kr) und Sønderho (26 Kr).

Im Sommer öffnen zahlreiche Fahrradvermieter die Tore, z. B. **Fanø Cykler** (www.fanoecykler.dk; 50 Kr pro Tag) an der Hovedgaden 96 in Nordby und an der Kirkevejen 67 in Rindby. Die Taxizentrale ist unter ☎75 16 62 00 zu erreichen.

Ribe

8200 EW.

Die krummen Pflastersträßchen von Ribe sind zurückdatierbar auf die Zeit um 869. Der Ort selbst ist die älteste Stadt in ganz Dänemark. Er zählt fraglos zu den schönsten Reisezielen im Land und ist ideal, um eine Pause einzulegen und den Atem der Geschichte zu spüren. Ribe ist ein kleines Städtchen mit schiefen Fachwerkhäusern aus dem 16. Jh., einem malerisch mäandernden kleine Fluss und üppigen Auen, überwacht von der ältesten Kirche des Landes. Der Ort ist so reich an historischer Substanz, dass die gesamte Altstadt mit über 100 Gebäuden unter Denkmalschutz gestellt wurde. Hier muss man einfach einmal gewesen sein.

Geschichte

Das um 700 n. Chr. gegründete Ribe erblühte in der Wikingerzeit zu einem bedeutsamen Ort. Um 860 erhielt Erzbischof Ansgar, der Apostel des Nordens, vom dänischen König ein Stück Land und das Recht, eine Kirche zu bauen. Wann tatsächlich mit dem Bau begonnen wurde, ist nicht bekannt, doch 948 wurde Ribe erstmals als Bischofssitz erwähnt, da dürfte sie also gestanden haben. Durch den Fluss mit dem Meer verbunden, florierte Ribe in der Wikingerzeit als ein Zentrum des Handels zwischen dem Fränkischen Reich und Skandinavien.

Im 12. Jh. ließ die Valdemar-Dynastie den Ort befestigen, eine Burg errichten und sie zu einer Königsresidenz ausbauen.

Gegen Ende des Mittelalters erlebte die Stadt finstere Zeiten. Zwei Ereignisse stießen sie in einen 250 Jahre anhaltenden Niedergang: der verheerende Brand von 1580 und die Verlegung der Königsresidenz nach Kopenhagen, mit der auch das Geld die Stadt verließ. Die Einwohnerzahl sank und der einst blühende Handelshafen verfiel zu einem unbedeutenden Provinzstädtchen.

Im Nachhinein hat sich dieser wirtschaftliche Niedergang als Segen erwiesen: Da kein Geld vorhanden war, um größere und bessere Häuser zu errichten, blieben die alten nahezu unberührt. 1899 entstand eine Organisation, die sich um die Denkmalpflege und die Förderung des Fremdenverkehrs kümmerte (was von beachtlichem Weitblick zeugt), und 1963 ließ der Stadtrat den ganzen Ortskern unter Denkmalschutz stellen. Diese kluge Entscheidung hat sich gelohnt: Inzwischen strömen Scharen von Touristen nach Ribe, um seinen historischen Charme zu erleben.

Sehenswertes

Ribe Domkirke DOM

(Torvet; Eintritt frei; ⌚Mai–Sept. 10–17, April & Okt. 11–16, Nov.–März 11–15, ganzjährig So ab 12) Hoch über das Städtchen erhebt sich ein eindrucksvoller Kirchenbau. Die ersten Quellen, die von einem Bischof in Ribe berichten, stammen aus dem Jahr 948. Deshalb gilt der Dom zu Ribe als älteste Kirche in Dänemark. Als die Geldquellen kräftig sprudelten, entstand ab 1150 der erste Steinbau. Als Baumaterial wurde vor allem Tuffstein verwendet, ein poröser Stein, der in der Nähe von Köln gebrochen und über den Rhein nach Norden transportiert wurde. Der Neubau nahm rund ein Jahrhundert in Anspruch. Später wurden einige gotische Elemente hinzugefügt, doch im Kern ist die Kirche erkennbar romanisch – und ein Beispiel für den starken Einfluss, den die rhei-

Ribe

nische Romanik bis nach Skandinavien ausübte. Bemerkenswert ist die originelle „Katzenkopftür" am Südportal des nördlichen Querschiffs mit ihren reichen Reliefdarstellungen. In einem Giebeldreieck sind König Valdemar II. und Königin Dagmar zu Füßen von Jesus und Maria dargestellt. Um 12 und um 15 Uhr stimmen die Kirchenglocken die Melodie eines Volkslieds über Dagmars Tod im Kindbett an.

Den Innenraum prägt ein buntes Stilgemisch späterer Einflüsse. Der Orgelprospekt ist ein Werk des berühmten Bildhauers Jens Olufsen aus dem 17. Jh. Das Taufbecken stammt von 1375 und die prachtvolle Kanzel schuf 1597 der aus Odense stammende Künstler Jens Asmussen. Eine Markierung an der Säule hinter der Kanzel zeigt, wie hoch das Wasser während der Flut von 1634 stieg. Reste alter Malereien aus dem 16. Jh. zeigen die beiden letzten Säulen an der Nordseite der Kathedrale. Die Apsis hingegen ist mit modernen Fresken, Buntglasfenstern und sieben Mosaiken gestaltet, die der Künstler Carl-Henning Pedersen in den 1980er Jahren schuf. Die unkonventionellen Werke beleben die Kirche und stehen in einem faszinierenden Kontrast zu den sonst eher düsteren Elementen.

Einen herrlichen Ausblick bietet der 52 m hohe **Turm** (Erw./Kind 10/5 Kr) aus dem Jahr 1333. Ganze 248 Stufen sind dafür zu erklimmen. Oben angekommen, begreift man sofort, warum früher Sturmflutwarnungen von hier ergingen.

Im Juli und August werden interessante Führungen durch die Kirche angeboten (30 Kr) sowie klassische Konzerte veranstaltet.

Stadtbild ALTSTADT

Ribe ist übersät mit schönen Fachwerkhäusern und durchzogen von idyllischen Kopfsteinpflastergassen. Alle Straßen, die vom

Ribe

Highlights
Museet Ribes Vikinger D3
Ribe Domkirke A3
Ribe Kuntsmuseum C2
Sankt Catharinæ Kirke B3

Sehenswertes
1 Archäologische Ausgrabungen A3
2 Den Gamle Rådhus A3
3 Jacob-A.-Riis-Haus A3
4 Johanne Dan A2
5 Stormflodssøjlen A2
6 Taarnborg A4

Schlafen
7 Danhostel Ribe B1
8 Den Gamle Arrest A3
9 Hotel Dagmar B3
10 Weis Stue A3

Essen
11 Isvafeln B2
12 Kolvig B2
13 Kvickly-Supermarkt D1
14 Postgaarden C2
15 Sælhunden A2
Vægterkælderen .... (s. 9)
Weis Stue .... (s. 10)

Ausgehen
16 Café Valdemar C2
17 Ribe Bryghus A3
18 Strygejernet B3

Torvet wegführen, eignen sich für einen Spaziergang, den man übrigens auch im Rahmen der Nachtwächterrunde (s. S. 210) machen kann.

An der Puggårdsgade steht die charmant windschiefe **Taarnborg**, ein Landsitz aus dem 16. Jh., der sich heute in Privatbesitz befindet. Nebenan, mit der Hausnummer 5, steht ein Fachwerkhaus aus dem Jahr 1550. Von der Grønnegade gehen schmale Gässchen bergab, über die hübsche Fiskergade zum Skibbroen und dem malerischen alten Hafen führen. Die Gegend lässt sich am besten mithilfe der Broschüre *Historischer Stadtrundgang – Ribe auf eigene Faust* erkunden, die für 5 Kr bei der Touristeninformation erhältlich ist.

Spannend sind die **archäologischen Ausgrabungen** am Dom: 2011 wurde dort ein Runenstein entdeckt, von dem man annimmt, dass er aus der Zeit um 1000 n. Chr. stammt; er ist im Museet Ribes Vikinger ausgestellt. In der Nähe der Ausgrabungsstätte informieren Infotafeln über den Fortgang der Arbeiten.

Flussufer ALTSTADT
Am Flussufer steht der **Stormflodssøjlen** (Skibbroen), ein Pfosten, an dem der jeweilige Höchststand der vielen Sturmfluten markiert ist, die Ribe überschwemmt haben. Der oberste Ring zeigt den Wasserstand der Rekordflut von 1634 (6 m über normal!), die Hunderte von Menschenleben forderte. Obwohl Ribe heute durch ein System von Deichen geschützt ist, kommt es noch immer vor, dass die Bewohner wegen drohender Flut evakuiert werden müssen.

Nicht weit entfernt liegt die *Johanne Dan,* ein altes, flachrümpfiges Segelschiff, das auf dem seichten Fluss Ribe Å navigieren konnte. Besichtigungen nur im Rahmen einer Führung (Infos bei der Touristeninformation).

Sankt Catharinæ Kirke KIRCHE
(Sankt Catharinæ Plads; ⌚10–12 & 14–16 oder 17 Uhr) Die Kirche samt einem Kloster wurde 1228 von spanischen Dominikanern gegründet. Der Vorgängerbau der heutigen Kirche, die aus dem 15. Jh. stammt, stand jedoch auf dem trockengelegten Marschland nicht solide genug und stürzte schließlich ein.

1536 waren die Dominikaner durch die Reformation gezwungen, Sankt Catharinæ aufzugeben. Von den 13 Kirchen und Klöstern, die vor der Reformation in Ribe gebaut wurde, sind heute nur noch die Sankt Catharinæ Kirke und die Ribe Domkirke erhalten.

Das Kloster diente danach als Hospital und Kriegslazarett. Heute ist es ein Stift für alleinstehende ältere Menschen. Die Kirche musste den 1920er Jahren (wieder wegen Problemen mit den Fundamenten) kostspielig restauriert werden. 1934 wurde sie neu geweiht, doch 2007 musste sie ein weiteres Mal für umfassende Arbeiten ihre Pforten schließen. Zur Ausstattung zählen eine prachtvolle Kanzel von 1591 und ein reich verzierter Altaraufsatz von 1650.

Der stille **Klostergarten** (5 Kr) ist, wie die gesamte Anlage, bestens erhalten und lädt zu einer beschaulichen Rast ein.

Den Gamle Rådhus HISTORISCHES GEBÄUDE
(Von Støckens Plads; Erw./Kind 15 Kr/frei; ⌚Mai & Sept. Mo–Fr 13–15, Juni–Aug. tgl. 13–15 Uhr) Im ältesten Rathaus Dänemarks (1496) war bis 2006 das Gericht untergebracht. Heute

NICHT VERSÄUMEN

NACHTWÄCHTERRUNDE

Ein sehr unterhaltsames und dazu kostenloses Vergnügen ist die 45-minütige **Nachtwächterrunde** (⏲Mai–Mitte Sept. 22, Juni–Aug. auch 20 Uhr) in Ribe, die vor dem Hotelrestaurant Weis Stue am Torvet beginnt. Heute ist der Rundgang durch die historischen Straßen eine Touristenattraktion, früher hatte der Nachtwächter jedoch eine verantwortungsvolle und notwendige Aufgabe.

Bereits im 14. Jh. gab es Nachtwächter in Ribe, die dafür sorgten, dass die Straßen auch im Dunkeln sicher waren. Außerdem hatten sie die Aufgabe, die Bewohner der Stadt rechtzeitig zu warnen, wenn irgendwo ein Feuer ausgebrochen war. Der letzte Nachtwächter von Ribe ging 1902 in den Ruhestand. 1935 wurde ein neuer „Nachtwächter" eingestellt: Mit Anekdoten und Informationen, Liedern und Geschichten über einige schillernde Persönlichkeiten der Stadt vermittelt er (in mehreren Sprachen) viel Lokalkolorit. Im Zusammenspiel mit den engen Gassen, dem Anblick der alten Häuser und einem späten Sonnenuntergang sind die Rundgänge eine herrliche Möglichkeit, einen langen Tag voller Geschichte ausklingen zu lassen.

ist es ein beliebtes Standesamt, in dem u. a. mittelalterliche Waffen und ein Henkersbeil ausgestellt sind.

Ribe Kunstmuseum KUNSTMUSEUM
(www.ribekunstmuseum.dk; Sankt Nicolaj Gade 10; Erw./Kind 70 Kr/frei; ⏲Juli–Aug. tgl. 10–17, Sept.–Juni Do–So 11–16 Uhr) Die älteste Stadt des Landes besitzt eine beachtliche Kunstsammlung. Das frische renovierte Kunstmuseum zeigt meisterhafte Werke einheimischer Maler vor allem aus der ersten Hälfte des 19. Jhs., die in der dänischen Malerei als Goldenes Zeitalter gilt. Unter ihnen Jens Juel, Nicolaj Abildgaard, Christoffer Wilhelm Eckersberg, Christen Købke und Michael Ancher. Der Garten des Museums, von dem Vogelgezwitscher hereindringt, ist frei zugänglich und unbedingt sehenswert.

Sehr reizvoll ist auch ein Spaziergang durch das Viertel hinter dem Kunstmuseum, in dem schmale Brücken den Fluss überqueren und Uferwege zum Nederdammen führen.

Museet Ribes Vikinger MUSEUM
(www.ribesvikinger.dk; Odins Plads 1; Erw./Kind 60 Kr/frei; ⏲Juli–Aug. 10–18, Sept.–Juni 10–16, Nov.–März Mo geschl.) Das Ribe der Wikingerzeit und des Mittelalters erhellen die informativen Ausstellungen in Ribes Wikingermuseum. In der Erlebnishalle steht man mitten in zwei Szenenbildern, die die Stadt einmal um 800 und einmal um 1500 zeigen. Sie werden ergänzt durch seltene archäologische Stücke und gute Erklärungen, die beide Epochen anschaulich erläutern.

Ribe Vikinge-Center FREILUFTMUSEUM FÜR WIKINGER
(www.ribevikingecenter.dk; Lustrupvej 4; Erw./Kind 90/45 Kr; ⏲Juli–Aug. tgl., Mai–Juni & Sept.–Okt Mo–Fr 10–15.30 Uhr) Im Ribe VikingeCenter kann jeder nach Lust und Laune „den Wikinger rauslassen" (bis auf das Plündern und Vergewaltigen natürlich). Es vermittelt Geschichte noch ein ganzes Stück lebendiger als das Museum. Verschiedene Rekonstruktionen (darunter ein 34 m langes Fyrkat-Langhaus) zeigen einen Querschnitt des Wikingerlebens in Ribe. Kostümierte Mitarbeiter backen Brot am offenen Feuer, zeigen, wie mit dem Bogen geschossen wird, und demonstrieren Handwerke wie Töpfern, Weben und Schmieden. Außerdem gibt es Vorführungen von Falknern und ein „Kriegertraining" für die Kids (Kämpfen mit Schwert und Schild). Auch vieles andere können die Besucher selbst ausprobieren – und das ist natürlich weit lehrreicher als jedes Buch zum Thema. Das Zentrum liegt 3 km südlich der Stadt und wird von der Buslinie 417 angefahren.

Geführte Rundgänge

Stadtspaziergang RUNDGANG
(Erw./Kind 60 Kr/frei; ⏲Juli–Aug. Mo–Fr 11.30 Uhr) Neben der beliebten Nachtwächterrunde (Kasten S. 210) organisiert die Touristeninformation in der Hauptsaison auch 90-minütige Stadtführungen in dänischer und deutscher Sprache.

Geistertouren RUNDGANG
(Erw./Kind 50 Kr/frei; ⌚Juli–Aug. Mi 21 Uhr) Die Geistertouren werden vom Museet Ribes Vikinger organisiert und dort beginnen sie auch. Sie zeigen die Stadt in einem völlig anderen Licht. Besonders spannend ist die Geschichte um Maren Spliid, die 1641 als letztes Opfer der Hexenverfolgungen in Dänemark verbrannt wurde. Die Führung findet einmal wöchentlich in dänischer, deutscher und englischer Sprache statt. Tickets gibt's im Museum.

Schlafen

Eine von der Touristeninformation herausgegeben Liste, die jährlich aktualisiert wird, enthält rund 30 Privatunterkünfte in und um Ribe, die supergünstige Zimmer und Wohnungen anbieten (EZ/DZ um 300/400 Kr, Apartment 450 Kr). Das Frühstück kostet pro Person 50–75 Kr extra. Bilder von den Zimmern sind online unter www.visitribe.dk zu sehen. Die Touristeninformation übernimmt die Buchung gegen eine Gebühr von 30 Kr.

Sehr hübsche Zimmer werden auch über dem Sælhunden (S. 212) und dem Postgaarden (S. 213) vermietet.

Weis Stue PENSION €
(☎75 42 07 00; www.weisstue.dk; Torvet 2; EZ/DZ mit Gemeinschaftsbad 395/495 Kr) Die Pension ist die schlichtere, schrägere, aber nicht weniger charmante Tochter des vornehmen Hotels Dagmar. In dem alten Holzbalkenhaus von 1600 liegen über dem Restaurant acht kleine und krumme Gästezimmer. Knarrende Dielen, schräge Wände und freigelegte Balken an niedrigen Decken sorgen für Flair. Das Frühstück wird im Hotel Dagmar serviert.

Danhostel Ribe HOSTEL €
(☎75 42 06 20; www.danhostel-ribe.dk; Sankt Pedersgade 16; B 170 Kr, EZ/DZ ab 340/380 Kr; ⌚Rezeption 8–12 & 16–8, im Sommer bis 20 Uhr; @📶) Ideale Lage, clevere Mitarbeiter, blitzsaubere Zimmer (alle mit Bad) und eine beeindruckende Ausstattung. Das Hostel eignet sich hervorragend für Backpacker und Familien. Es liegt nur einen Steinwurf von Ribes Altstadt entfernt und vermietet auch Fahrräder. Anerkennung verdient das Unternehmen für sein Engagement für die Umwelt, vom Fairtrade-Kaffee in den Kaffeeautomaten bis zur Förderung des nachhaltigen Tourismus' in der Wattenmeerregion.

Ribe Byferie APARTMENTS €€
(☎79 88 79 88; www.ribe-byferie.dk; Damvej 34; Apt. für bis zu 4 Pers. 945–1995 Kr; @📶) Das gut geführte, moderne Apartmentdorf liegt in einem ruhigen Stadtviertel südwestlich des Torvet und nur einen kleinen Fußmarsch von diesem entfernt. Die großzügigen Selbstversorger-Unterkünfte bieten Platz für bis zu sieben Personen. Ein Wellnesscenter, ein Spielezimmer, ein Fahrrad- und Kanuverleih, ein Kinderclub, ein Spielplatz und Grillplätze stehen zur Verfügung. Die Preise variieren je nach Saison; Bettwäsche und Frühstück kosten extra.

Ådalens Camping CAMPINGPLATZ, HÜTTEN €
(☎75 41 07 77; www.ribecamping.dk; Farupvej 2; Erw./Kind/Stellplatz 75/45/60 Kr; @📶🏊) Nur 1,5 km nördlich vom Zentrum liegt der bestens ausgestattete Platz mit guter Stimmung, beheiztem Pool, Fahrradvermietung und Spielplatz. Die noblen Häuschen (mit Whirlpool!) sind ab 550 Kr zu haben.

Den Gamle Arrest PENSION €€
(☎75 42 37 00; www.dengamlearrest.dk; Torvet 11; DZ ohne Bad 690–740 Kr, mit Bad 890–1090 Kr) Alle Achtung, was hier geleistet wurde! Es erfordert schon etwas Phantasie, Gefängniszellen in gute Hotelzimmer zu verwandeln.

STÖRCHE BEOBACHTEN

In Dänemark ist Ribe als *Storkebyen* (Storchendorf) bekannt, denn früher pflegte Meister Adebar auf den Dächern der Stadt zu nisten; besonders gern auf dem des Gamle Rådhus, wo noch immer ein Nest zu sehen ist. Ende März/Anfang April kam gewöhnlich das erste Storchenpaar hier an (zuerst das Männchen und wenig später das Weibchen) – für die Bewohner von Ribe das ersehnte Zeichen des nahenden Frühlings. Die Vögel nisteten und zogen den Sommer über ihre Brut auf, ehe sie Ende August wieder in ihre afrikanischen Winterquartiere aufbrachen. Doch eines Tages blieben sie aus. Liegt es am Klimawandel? An lokalen Wetterschwankungen? An der veränderten landwirtschaftlichen Nutzung des Umlands (weniger Nahrung)? Seit rund einem Jahrzehnt haben jedenfalls keine Störche mehr in Ribe genistet, wenn sich auch hin und wieder einer auf der Durchreise zeigt.

DER AMERIKANISCHE TRAUM

Der in Ribe geborene Jacob A. Riis (1849–1914) verliebte sich mit 21 Jahren in das schönste Mädchen der Stadt. Leider erhörte sie ihn nicht. Also packte der junge Jacob 1870 seine Koffer und reiste gen Westen in die Stadt seiner Träume: nach New York. Mit gebrochenem Herzen lebte er dort sieben Jahre lang auf der Straße. Dabei lernte er die menschenunwürdigen Slums kennen, die damals das Zuhause so vieler waren. Seine Leidenschaft galt dem Journalismus und der Fotografie. Mit einer Serie plakativer und ergreifender Fotos zeichnete er ein Bild der Armut, das damals die ganze Nation aufrüttelte. Den größten Erfolg feierte er mit seinem ersten Buch, das 1890 unter dem Titel *How the Other Half Lives* (Wie die andere Hälfte lebt) erschien. Mit eindringlichen Aufnahmen und tiefgründigen Texten dokumentiert es die hoffnungslose Lage vieler Einwanderer im New York des späten 19. Jhs. Durch dieses Buch und gemeinsam mit Theodore Roosevelt (damals Polizeipräsident von New York, später 26. Präsident der USA) trug er dazu bei, dass die Slums gesäubert wurden. Roosevelt sagte einmal über Riis: „Ich würde ihn fast als den besten Amerikaner bezeichnen, den ich je kannte".

Riis wurde das Amt des Bürgermeisters von New York angeboten, aber er lehnte ab, um eine ganz persönliche Herzensangelegenheit zu verfolgen: Nachdem er gut eine Million Menschen von der Straße geholt hatte, kehrte Riis zurück nach Ribe, warb erneut um die Liebe seines Lebens und heiratete sie schließlich. In Ribe kann man sein **ehemaliges Wohnhaus** (Ecke Skolegade & Grydergade) von außen betrachten und am Fluss an der Badstuegade eine Statue von ihm bewundern. Einige seiner Fotografien – auch nach über 120 Jahren erschütternd – sind in der kostenlosen ständigen Ausstellung im Empfangsgebäude der **Ribe Byferie** (Damvej 34; ⌚tgl.) zu sehen, das vom Torvet aus nach einem kurzen Spaziergang Richtung Südwesten erreicht ist.

Das Gebäude in erstklassiger Lage diente bis 1989 als Haftanstalt. Jetzt können sich die Gäste in den hellen, einfachen Zimmern richtig wohlfühlen. Zur optimalen Raumnutzung wurde eine Zwischenetage für einen Tisch und Stühle eingezogen, darunter befindet sich das Zusatzbett. Die meisten Zimmer haben ein Waschbecken, aber kein eigenes Bad.

Hotel Dagmar HOTEL **€€**
(☎75 42 00 33; www.hoteldagmar.dk; Torvet 1; EZ/DZ ab 1045/1245 Kr; @📶) Das vornehme und zentral gelegene Hotel Dagmar ist Dänemarks ältestes Hotel (1581 eröffnet) und hat jede Menge nostalgischen Charme. Altes Dekor, Fliesenarbeiten, Kunstwerke, Antiquitäten und Goldtöne prägen Gänge und Zimmer. Es ist nicht ganz billig, aber die Extraportion Geschichte und das ausgezeichnete Frühstück garantieren ein stimmungsvolles Urlaubserlebnis. Auf Website werden interessante Pauschalarrangements angeboten.

Essen

Sælhunden TRADITIONELL DÄNISCH **€€**
(Skibbroen 13; Mittagessen 75–135 Kr, Abendessen 120–235 Kr; ⌚mittags & abends) Das hübsche in Schwarz-Weiß gehaltene Restaurant am Flussufer, mit Tischen im Freien gleich bei dem Segler *Johanne Dan* ist allererste Wahl. Wer weiß, dass *Sælhund* auf Dänisch „Seehund" heißt, wird nicht überrascht sein, dass es hier die besten Meeresfrüchte der Stadt gibt. Besonders lecker ist die Spezialität des Hauses, *stjerneskud:* je ein gegrilltes und ein gedünstetes Fischfilet auf Brot mit Krabben, Kaviar und Dressing.

Weis Stue TRADITIONELL DÄNISCH **€€**
(Torvet 2; Mittagessen 79–189 Kr, Abendessen 145–245 Kr; ⌚mittags & abends) Wer moderne Standardküche sucht, ist hier absolut verkehrt. Passend zum Ambiente (in einer der ältesten Gaststätten des Landes) ist auch die Karte ein Traum für Traditionalisten. Serviert werden große Portionen, deftige Fleisch- und Kartoffelgerichte und Klassiker wie Schweinemedaillons, Wiener Schnitzel und Kalbsleber. Dazu passt natürlich ein einheimisches Bier. Atmosphäre gibt es reichlich, an Kindergerichte ist auch gedacht – nur Vegetarier haben wenig zu lachen.

Vægterkælderen DÄNISCH **€€**
(Torvet 1; Mittagessen 70–175 Kr, Abendessen 75–210 Kr; ⌚mittags & abends) Im Sommer ist der „Nachtwächterkeller" des Hotel Dagmar wie leergefegt, denn die Gäste sitzen dann

lieber draußen auf dem Platz. Die massiven Balken, weichen Lederbänke und etwas verstaubten, aber sehr gemütlichen Nischen sind mehr etwas für kalte Tage. Die Speisekarte deckt von Miesmuscheln bis zum guten Steak alles ab; besonders günstig ist das 3-Gänge-Menü für 248 Kr.

Postgaarden CAFÉ €
(Nederdammen 36; Gerichte 59–119 Kr; ⏲Mo–Sa 10–20, So 10–17 Uhr) Der Feinkostbereich des Postgaarden führt eine breite Palette dänischer und internationaler Hausbrauereibiere, und im malerischen Innenhof wird zu den Leckereien auf der Café-Karte eine wechselnde Auswahl (manchmal ziemlich obskurer) Bierspezialitäten vom Fass ausgeschenkt. Im Angebot sind, vom Bier abgesehen, diverse picknickwürdige Produkte und fertige Picknickkörbe.

Kolvig MODERN DÄNISCH €€€
(Mellemdammen 13; Mittagessen 68–145 Kr, Abendessen 195–235 Kr; ⏲Mo–Sa mittags & abends) Das Kolvig liegt traumhaft am Wasser, hat (sehr beliebte) Plätze im Freien und einen erstklassigen Blick auf Ribe. Die Karte bietet eine gute Mischung aus dänischer und moderner Küche. Am interessantesten ist die Tapasplatte mit Wattenmeerspezialitäten wie Krabben, Lachs und Salzwiesenlamm.

Isvafeln EIS €
(Overdammen 11; 2/3 Kugeln 20/25 Kr) An Pizzalokalen und Eisverkäufern ist entlang der Touristenpfade wahrlich kein Mangel. Trotzdem ist das Isvafeln an warmen Tagen rammelvoll, denn das Eis hier ist einfach köstlich.

Kvickly SUPERMARKT €
(Seminarievej; ⏲Mo–Fr 9–20, Sa 9–18 Uhr) Günstig gelegen für Selbstversorger, die im Hostel übernachten.

Ausgehen

Ribe Bryghus BRAUEREI
(Skolegade 4B; ⏲Sa 10–13 Uhr) Das im Ort gebraute Bier wird in allen Restaurants und Bars der Stadt ausgeschenkt, vor allem aber in der Brauerei selbst. Leider nur einmal die Woche!

Café Valdemar PUB
(Sankt Nicolaj Gade 6B; ⏲ Di–Sa ab 15 Uhr) Ribe goes Badestrand! In den Sommermonaten garantiert das Café Entspannung auf tropischen Gartenmöbeln und mit einem „Sandstrand“ am Flussufer. Perfekt für einen gemütlichen Drink. Eine Grünfläche und eine Spielecke für Kinder sind auch da. Oft wird Livemusik geboten.

Strygejernet PUB
(Dagmarsgade 1; ⏲ Di–Sa ab 15 Uhr) Ein kleines, gemütliches Pub über zwei Etagen in einem Häuschen in der Form eines Bügeleisens (daher der Name). Das ist ein bisschen New York in Ribe. Der obere Stock bietet gerade einmal eine Hand voll Tische und Blick aufs Rathaus (manchmal mit Storch drauf!). Die Einheimischen drängen sich unten in der Bar.

Praktische Informationen

Bibliothek (Giørtz Plads) In der Nähe des Kunstmuseums, mit kostenlosem Internetzugang.

Danske Bank (Sanitarievej)

Postamt (Sankt Nicolaj Gade 12) Neben dem Kunstmuseum.

Touristeninformation (☎75 42 15 00; www.visitribe.dk; Torvet 3; ⏲Juli–Aug. Mo–Fr 9–18, Sa 10–17, So 10–14, sonst kürzer) Hat eine Fülle von Infos über die Stadt und Umgebung sowie Internetanschluss und verkauft den RibePas (Erw./Kind 20/10 Kr) , der bis zu 20 % Ermäßigung für viele Museen und Vergünstigungen in einigen Restaurants der Stadt gewährt.

An- & Weiterreise

Ribe liegt 31 km südlich von Esbjerg via Straße 24 und 47 km nördlich von Tønder via Straße 11.

Von Ribe fahren wochentags stündlich (sonst seltener) Züge in Richtung Norden nach Esbjerg (60 Kr, 35 Min.) und südwärts nach Skærbæk. Mit Letzteren sind Ausflüge nach Rømø (28 Kr, 20 Min.) und Tønder (71 Kr, 50 Min.) möglich.

Unterwegs vor Ort

Die Häuser von Ribe drängen sich dicht aneinander und das Städtchen ist bequem zu erlaufen. Alle interessanten Orte, einschließlich Hostel und Bahnhof, liegen zu Fuß nicht mehr als zehn Minuten vom Torvet entfernt, an dem sich der mächtige Dom erhebt.

Auf den Parkplätzen am Torvet ist die Parkdauer tagsüber auf zwei Stunden begrenzt, beim Museet Ribes Vikinger auf drei Stunden. Beim Hostel am Ende der Sankt Pedersgade sowie nördlich des Bahnhofs gibt es keine Parkzeitbegrenzung.

Fahrräder vermietet das **Danhostel Ribe** (Sankt Pedersgade 16) zu 65/110 Kr für einen/zwei Tage.

Nationalpark Vadehavet

Der **Nationalpark Vadehavet** (Wattenmeer-Nationalpark; www.nationalparkvadehavet.dk) ist einer von fünf neuen dänischen Nationalparks. Er verläuft entlang der Westküste Jütlands von der Ho-Bucht (westlich von Esbjerg) bis zur deutschen Grenze und schließt die beliebten Ferieninseln Rømø und Fanø ein. Seine Salzwiesen sind Futter- und Rastplatz für Millionen von Zugvögeln.

Das Wattenmeer dehnt sich auf einer Länge von 450 km von Westjütland nach Süden und Westen aus, bis zur niederländischen Insel Texel. Große Teile des niederländischen und deutschen Wattenmeers haben schon seit Jahren Nationalparkstatus. Seitdem der dänische Abschnitt nun auch unter Naturschutz steht, ist dies einer der größten Nationalparks in ganz Europa. Zehn bis zwölf Millionen Wasservögel machen hier auf dem Weg zu oder von ihren Brutgebieten in Nordskandinavien, Sibirien oder Grönland Station. Dabei suchen sie Nahrung im Watt, das alle 24 Stunden zweimal freiliegt. Auch Fische und Seehunde kann man hier in ihrer natürlichen Umgebung erleben.

Aktivitäten

VadehavsCentret BESUCHERZENTRUM, GEFÜHRTE TOUREN

(☎75 44 41 61; www.vadehavscentret.dk; Okholmvej 5, Vester Vedsted; Erw./Kind 65/30 Kr; ⏲Mitte Feb.–Okt. 10–16 oder 17 Uhr) Das Informations- und Aktivitätszentrum VadehavsCentret liegt etwa 10 km südwestlich von Ribe und ist mit Buslinie 412 erreichbar. Hier gibt es Ausstellungen zu den Gezeiten, Flora und Fauna des Nationalparks sowie eine regelmäßige Traktorbusfahrt, die bei Ebbe über das Watt 6 km zu Insel **Mandø** hinausfährt. Wer will, kann das Inselchen mit dem Leihrad erkunden oder sich auf dem Campingplatz, in einem Apartment oder einem *kro* (Gasthaus; s. www.mandoetourist.dk) einquartieren.

Das VadehavsCentret organisiert auch geführte **Touren**, die sich verschiedenen Facetten des Parks widmen, z. B. Austern sammeln (im Winter), Seehundbänke oder Vogelbeobachtung. Besonders beliebt sind die Touren während der Zeit der *Sort Sol* (Schwarzen Sonne), im Frühjahr zwischen 20. März und 25. April und im Herbst zwischen 15. September und 20. Oktober. Mittelpunkt dieser Führungen ist das Phänomen der riesigen Starschwärme (bis zu einer Million Vögel), die sich in den Salzwiesen außerhalb von Ribe und Tønder sammeln. Die „Sort Sol" ereignet sich gegen Abend: Die Vögel erheben sich und fliegen in faszinierenden Formationen umher, bis sie einen Schlafplatz für die Nacht gefunden haben. Die Schwarmbewegungen werden gern mit einem Tanz verglichen und die Schwärme sind so groß, dass sie die untergehende Sonne verdunkeln (daher der Name).

Die Touristeninformationen an der Westküste haben Infos über das Aktivitätsangebot im Park.

Naturcenter Tønnisgaard GEFÜHRTE TOUREN

(☎74 75 52 57; www.tonnisgaard.dk) Auf Rømø.

Sort Safari GEFÜHRTE TOUREN

(☎73 72 64 00; www.sortsafari.dk) Organisiert Touren in der Umgebung von Tønder.

Rømø

700 EW.

Im Sommer füllt sich die große Insel mit hauptsächlich deutschen Urlaubern. Erstaunlich ist das nicht, denn die gesamte Westküste ist ein einziger, langer Sandstrand – ein Paradies für Sonnenanbeter und Aktivurlauber. Ein 10 km langer Straßendamm (mit Radweg) verbindet die Insel mit dem Festland. In der kalten Jahreszeit ist sie ein windgepeitschter, verschlafener Ort mit dem Reiz weltferner Abgeschiedenheit – das krasse Gegenteil zum sommerlichen Gewimmel.

Sehenswertes

GRATIS **Kommandørgården** HISTORISCHES GEBÄUDE

(Juvrevej 60, Toftum; ⏲Mai–Sept. Di–So 10–17, Okt. 10–15 Uhr) Auch wenn es so scheinen mag: Rømø besteht nicht *nur* aus Strandleben. Das Inselinnere zieren reetgedeckte Häuschen in Wäldern von Krüppelkiefern, hügelige Wiesen und hie und da ein historisches Gebäude. Das hübsche, mit Reet gedeckte Kommandørgården, 1,5 km nördlich des Damms, ist das gut erhaltene Wohnhaus des Kapitäns eines Walfangschiffs im 18. Jh. Es prunkt mit bemalten Holzarbeiten im Rokokostil und holländischen Fliesen (sehr spärlich auf Englisch beschriftet) und ist ein Beleg dafür, welchen Reichtum der Walfang Rømø damals bescherte. In der Scheune hängt das Skelett eines 1996 auf Rømø gestrandeten Pottwals.

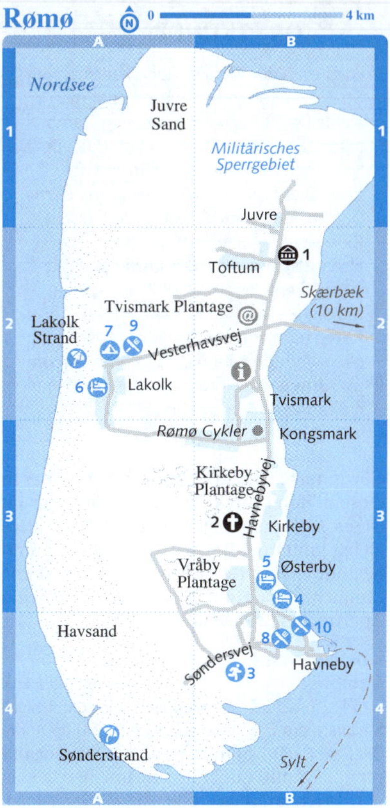

Rømø

Sehenswertes

- **1** Kommandørgården B2
- **2** Rømø Kirke B3

Aktivitäten, Kurse & Touren

- 3 Dayz Rømø Golf & Wellness B4
- Islændercenter im Kommandørgården .... (s. 5)

Schlafen

- 4 Danhostel Rømø B3
- 5 Hotel Kommandørgården B3
- 6 Hotel Lakolk Rømø A2
- 7 Lakolk Strand Camping A2

Essen

- 8 Brugsen-Supermarkt B4
- Dayz Rømø Golf & Wellness .... (s. 3)
- Holms Røgeri & Restaurant .... (s. 10)
- 9 Einkaufszentrum Lakolk A2
- 10 Otto & Ani's Fisk B4
- Ø .... (s. 3)

Rømø Kirke KIRCHE

(Havnebyvej, Kirkeby) Die Rømø Kirke aus dem 18. Jh. steht an der Hauptstraße von Kirkeby. Sie ist bekannt für die einzigartigen grönländischen Grabsteine an der Nordmauer des Friedhofs, die Seekapitäne errichten und mit Bildern von ihren Schiffen und Familien schmücken ließen.

Aktivitäten

Reiten

An den Stränden lässt sich endlos in den Sonnenuntergang reiten.

Islændercenter im Kommandørgården REITEN

(☎74 75 51 22; http://islander.kommandoergaarden.dk, auf Dänisch; Havnebyvej 201, Østerby) Das Islændercenter beim Hotel Kommandørgården hat einen Stall voller Islandponies. Ausritte für Kinder, Anfänger und erfahrene Reiter führen durch die Wälder und am Strand entlang. Ein 3½-stündiger Ausritt bei Sonnenuntergang kostet 345/310 Kr für Anfänger/Fortgeschrittene, eine ganztägige Exkursion in den Norden von Rømø 850 Kr.

Aktivitäten am Strand

Der lange Strand an der Westküste ist in Zonen für verschiedene Aktivitäten unterteilt. **Windsurfer** treffen sich vor allem südlich von Lakolk. Die meisten kommen mit eigener Ausrüstung. Eine Vermietung gab es zur Zeit unserer Recherche nicht. Sollte eine eröffnen, so weiß es die Touristeninformation.

An der Südwestspitze liegt der **Sønderstrand**. Die vielen Autos und ein buntes Treiben weisen den Weg zu diversen Strandaktivitäten, bei denen sich die Besucher den kräftigen Nordseewind zunutze machen. Ein kleiner Parkplatz befindet sich am Ende der Teerstraße. Viele fahren aber auch einfach am Strand entlang weiter. In Richtung Norden ist das bis Lakolk möglich.

Am Ende der Teerstraße beginnt links das Gebiet der Strandsegler *(strandsejlads)* oder Blokarts (dreirädrige Flitzer mit einem Segel). Rechts sind die Kitebuggys *(kitebuggykørsel)* unterwegs, die sich von einer Art Fallschirm ziehen lassen. Sie werden enorm schnell und schon das Zuschauen ist ein Vergnügen. Wer es selbst ausprobieren möchte, wendet sich an **Windriders** (☎22 85 50 15; www.windriders.dk, auf Dänisch). Der einstündige Einführungskurs kostet ab 250 Kr.

Wandern

Im Landesinneren von Rømø verlaufen stille **Fußwege** durch Heidemoore und Wälder. In drei Waldgebieten sind je ein paar Kilometer Wege angelegt: **Tvismark Plantage**, am Vesterhavsvej, der größten Ostweststraße; **Kirkeby Plantage**, westlich der gleichnamigen Ortschaft, und **Vråby Plantage**, ein etwas monotonerer Kiefernwald, etwa 1 km weiter südlich.

Sonstige Aktivitäten

Dayz Rømø Golf & Wellness WELLNESS, SPORT
(☎74 75 56 55; www.dayz.dk; Vestergade 31, Havneby) Zur der modernen Ferienanlage, die auf dem Weg nach Sønderstrand liegt, gehören ein Wellnesscenter (31 Kr für alle, die keine Hotelgäste sind; keine Kinder unter 16), ein Indoor-Swimmingpool, ein Fitnesscenter (Erw./Kind 100/50 Kr), eine Bowlingbahn (1 Std. 150 Kr) sowie ein anspruchsvoller Golfplatz (18 Löcher 300 Kr). Schläger und Buggy können ausgeliehen werden.

Schlafen

Das Gros der Unterkünfte bilden rund 1600 Ferienhäuser und -wohnungen, die in der Hochsaison gewöhnlich wochenweise vermietet werden (außerhalb dieser Zeit ist eine dreitägige Mindestaufenthaltsdauer die Regel). Die Preise variieren nach Saison und Komfort. Die Touristeninformation hat einen Katalog und erledigt Reservierungen.

Danhostel Rømø HOSTEL €
(☎74 75 51 88; www.danhostel.dk/romo; Lyngvejen 7, Østerby; B 195 Kr, DZ mit/ohne Bad 450/350 Kr; ⏲Mitte März–Okt.) Der malerische Komplex mit Reetdächern liegt versteckt zwischen Kiefern abseits der Hauptstraße. Supermarkt und Bäckerei sind zu Fuß erreichbar. Die Zimmer (einige mit Bad) sind einfach, aber blitzsauber. Die Freianlagen machen Lust, den ganzen Urlaub dort auszuspannen.

Dayz Rømø Golf & Wellness FERIENANLAGE €€€
(☎74 75 56 55; www.dayz.dk; Vestergade 31, Havneby; Häuser 1830–2960 Kr;) Ein luxuriöser „Spielplatz" für die ganze Familie mit Golfplatz, Wellnesscenter, dem Restaurant Gourmet und einem riesigen Komplex neuer Zweibettzimmer und komplett ausgestatteter Ferienhäuser (für bis zu acht Personen). Wochenpauschalen und verschiedene Golf-/Wellness-Arrangements sind möglich.

Hotel Lakolk Rømø HOTEL €€
(☎74 75 51 45; www.hotel-lakolk.dk; Lakolk 150; EZ/DZ/FZ ab 595/795/1195 Kr) Verglichen mit dem Gewimmel auf dem Campingplatz geht es in diesem Hotel direkt ruhig zu. Und günstig ist es auch, angesichts der Tatsache, dass gleich hinter den Dünen der endlose Strand beginnt. Es bietet relativ kleine, moderne Zimmer (einige mit Kochgelegenheit) und Apartments (3 Tage ab 1695 Kr).

Lakolk Strand Camping CAMPINGPLATZ, HÜTTEN €
(☎74 75 52 28; www.lakolkcamping.dk; Lakolk; Stellplatz pro Erw./Kind 83/50 Kr; ⏲Mitte April–Okt.; @) Im Sommer ist der Strandcampingplatz mit Einkaufszentrum bei Lakolk ein Ferienparadies – oder die Hölle, je nach Standpunkt. Er quillt über von Familien, die auf gutes Wetter hoffen. Direkt neben dem riesigen Zeltgelände gibt es Plätze für Wohnmobile. Auch Wohnwagen und Hütten werden vermietet.

Hotel Kommandørgården HOTEL, CAMPINGPLATZ €€
(☎74 75 51 22; www.kommandoergaarden.dk; Havnebyvej, Østerby; Camping pro Erw./Kind/Stellplatz 80/45/45 Kr, Hotel EZ/DZ ab 695/795 Kr, Apt. ab 895 Kr; @) Die große Anlage hat einfach alles, vom Campingplatz und Ferienhäuschen über Hotelzimmer und Apartments bis zum Restaurant und einer Bar. Dazu jede Menge Aktivitätsangebote, ein Wellnesscenter, Fahrradvermietung, Kajak, Reiten und sowohl einen Indoor-Swimmingpool als auch ein Freibad.

Essen

Havneby ist das kulinarische Zentrum der Insel mit einem großen Brugsen-Supermarkt einer guten Auswahl von Lokalen, die

ORTSKUNDE

Folgt man der vom Festland kommenden Straße weiter geradeaus, gelangt man ins kleine Dorf **Lakolk** mit riesigem Campingplatz an der mittleren Westküste. Dort liegt auch der beliebteste Strand der Insel. Biegt man unmittelbar hinter dem Damm nach links ab (Richtung Süden), führt der Weg nach **Kongsmark** und **Havneby** und zum **Sønderstrand** mit vielfältigen Wasser- und Strandsportmöglichkeiten. Wer bei Ankunft auf Rømø rechts abbiegt (Richtung Norden), gelangt zu den alten Ortschaften **Toftum** und **Juvre**. Die Nordspitze der Insel ist militärisches Sperrgebiet.

überwiegend auf Familien ausgerichtet sind. Im Einkaufszentrum Lakolk gibt es einen kleinen Supermarkt und einige zwanglose Lokale wie Bistro, Nachtclub (nur im Sommer), Pizzeria, Eisdiele und Cafés.

Otto & Ani's Fisk MEERESFRÜCHTE €

(Havnespladsen, Havneby; Snacks & Gerichte 35–195 Kr; ⌚11–20 Uhr) Das unkomplizierte Schnellrestaurant liegt direkt am Hafen von Havneby, sodass der Fisch gar nicht frischer sein könnte. Davor stehen Bänke, auf denen sich die Gäste mit Fish & Chips (65 Kr) oder Garnelenbrötchen (50 Kr) stärken. Es werden hier auch roher Fisch, Meeresfrüchte und Räucherfisch verkauft.

Holms Røgeri & Restaurant RÄUCHEREI €€

(Nordre Havnevej 1, Havneby; Mittagessen 52–128 Kr, Abendessen 79–198 Kr; ⌚mittags & abends) Die wunderbare Räucherei bietet mittags eine *fiskeplatte* mit Hering, Shrimps sowie geräuchertem Lachs, Makrele und Heilbutt an, zu der man fast nicht „nein" sagen kann. Abends stehen auch deftige Steakgerichte auf der Speisekarte.

Ø DÄNISCH €€

(Vestergade 31, Havneby; Mittagessen 59–105 Kr, Abendessen 149–189 Kr; ⌚mittags & abends) Testen Sie ihr Dänisch – und ihre Aussprache. Der Name des Restaurants im Dayz Rømø bedeutet „Insel". Hätten Sie es gewusst? Als Belohnung winkt eine der schönsten Terrassen auf ganz Rømø. Auf der Mittagskarte stehen dänische und internationale Klassiker von Caesar's Salad bis Heringsplatte. Abends zeigt die Küche mit *marsklam* (Salzwiesenlamm), frischem Fisch und Shrimps, was sie draufhat.

Praktische Informationen

Statoil (Juvrevej 3; 30/60 Min. 25/45 Kr; ⌚8–17 Uhr) Überraschenderweise bietet die Tankstelle gleich rechts hinter dem Damm Internetanschluss!

Touristeninformation (☎74 75 51 30; www.romo.dk; Havnebyvej 30, Tvismark; ⌚Mo–Sa 9–17, So 9–15 Uhr) 1 km südlich des Damms; vermittelt auch Ferienhäuser.

An- & Weiterreise

Rømø liegt an der Straße 175 etwa 14 km westlich von Skærbæk. Zwischen Skærbæk und Havneby fährt an Wochentagen stündlich, sonst seltener, die Buslinie 785 (34 Kr, 45 Min.). Von Skærbæk gehen stündlich Züge nach Ribe (28 Kr, 20 Min.), Tønder (48 Kr, 30 Min.) und Esbjerg (58 Kr, 55 Min.).

Die Fähre **SyltExpress** (www.syltfaehre.de) pendelt mehrmals täglich zwischen Havneby und der nahen Insel Sylt. Die Überfahrt dauert 45 Minuten.

DER WALFANG

Zwischen 1650 und 1850 arbeiteten viele Männer von Rømø als Walfänger vor der Küste Grönlands. Diese Epoche gilt bis heute als das Goldene Zeitalter der Insel. Die erfahrenen, unerschütterlichen und furchtlosen Fischer von Rømø fuhren als Kapitäne auf niederländischen und deutschen Schiffen nach Norden. Vom gefährlichen Walfang kehrten einige reich zurück, andere sah man nie wieder. Bei einem Ausflug zur Rømø Kirke und zum Kapitänshaus Kommandørgården erfährt man mehr über Glanz und Elend der Walfänger.

Unterwegs vor Ort

Die Strände in Lakolk und der Sønderstrand sind über Straßen mit dem Auto erreichbar; an der Westküste kann man auch direkt am Strand entlang fahren.

An Wochentagen etwa zehnmal (sonst deutlich seltener) fährt die Buslinie 29 von Havneby die Ostküste hinauf und aufs Festland nach Skærbæk (und umgekehrt), zum Teil auch über Lakolk.

Wer kein eigenes Fahrzeug hat, mietet am besten ein Fahrrad, z. B. bei **Rømø Cykler** (www.romocykler.dk; Havnebyvej 74, Kongsmark; pro Tag/Woche 60/360 Kr). Rømø ist flach wie eine Flunder, das ist Radfahren das reinste Vergnügen.

Tønder

7700 EW.

Das Stadtrecht erhielt das einladende Städtchen Tønder 1243. Die Einwohner behaupten jedoch, es sei viel älter, und beanspruchen sogar den Titel als älteste Stadt Dänemarks für sich. Wie auch immer, Tønder hat eine wechselvolle Geschichte von verheerenden Sturmfluten bis zur deutschen Annektion. Die Verbindungen zu Deutschland, das nur 4 km weiter südlich beginnt, sind heute noch ausgeprägt.

Im 16. Jh. wurde eine Reihe von Deichen errichtet. Doch durch die schnitt sich die

Stadt von ihrem Seehafen ab und musste neue Einnahmequellen erschließen. Die Klöppelei war ein sensationell erfolgreiches Start-up. Während ihrer Blütezeit im 18. Jh. arbeiteten bis zu 12 000 Frauen in der Spitzenherstellung. Heute sichert vor allem der Tourismus das Einkommen der Bürger. Tønder hat für seine Größe Beachtliches zu bieten.

Sehenswertes

Tønder Museum MUSEUM

(Kongevej 51; Erw./Kind 50 Kr/frei; ⌚Juli–Aug. 10–17, Sept.–Mai Do–So 10–17 Uhr) Das Tønder Museum umfasst drei Bereiche: Das **Kulturhistorie Tønder** zeigt eine Sammlung zartester Spitzen und kunstvoll bemalter Möbel. Das **Kunstmuseet i Tønder** im angrenzenden Gebäudeflügel präsentiert dänische Surrealisten und moderne Kunst. Uns hat jedoch der 1902 erbaute **Vandtårnet** (Wasserturm) am besten gefallen, der einen herrlichen Blick über die Stadt und die umliegende Natur eröffnet. Keine Sorge, es gibt einen Aufzug. Vor allem aber: Auf jeder der sieben Etagen des Turms sind unglaublich gute Sitzmöbel des hier geborenen Hans Wegner zu sehen, einem der innovativsten und produktivsten Designer des Landes. Jeder, der durch Dänemark reist, ist seinen Designs schon begegnet. Hingucker sind der Ox Chair im 5. Stock, der kuriose Valet Chair im 4. Stock sowie der Peacock und der Wishbone Chair im 2. Stock.

Stadtbild HISTORISCHE GEBÄUDE

Bei einem Spaziergang südlich vom Torvet, die Søndergade entlang und dann rechts in die **Uldgade**, erhascht man einen Blick in die Vergangenheit der Stadt. Die gepflasterte Straße wird von Tønders schönsten Giebelhäusern gesäumt. An der verkehrsberuhigten Hauptstraße steht das 1672 errichtete **Drøhses Hus** (Storegade 14; Erw./Kind 30 Kr/frei; ⌚April–Dez.), das liebevoll restauriert wurde und für die Öffentlichkeit zugänglich ist.

Kristkirken KIRCHE

(Torvet; ⌚Mo–Sa 10–16 Uhr) Die prächtige alte Kristkirken an der Nordostseite des Torvet wurde 1592 erbaut. Die üppige Innenraumgestaltung war ein Geschenk der reichen Vieh- und Spitzenhändler, die in Tønder zwischen dem späten 17. und 18. Jh. gutes Geld verdienten. Dazu gehören beeindruckende Schnitzereien, Steinmetzarbeiten und Gemälde. Glanzstücke sind ein Taufbecken von 1350, eine reich verzierte Kanzel von 1586 und eine Reihe von Gedenktafeln aus der Zeit um 1600. Der noch von einem Vorgängerbau stammende 47,50 m hohe Kirchturm diente Schiffern als Orientierungshilfe, als der Ort noch Hafenstadt war.

Det Gamle Apotek HISTORISCHES GEBÄUDE

(Die alte Apotheke, Østergade 1; ⌚tgl.) Die ehemalige Apotheke am Torvet betritt die Kundschaft durch ein kunstvoll gearbeitetes Barockportal von 1671, das von zwei Löwen flankiert wird. Sie bewachen das historische Interieur und – heute – ein schier unübersehbares Angebot von Mitbringseln und „schönen Dingen".

Festivals

Tønder Festival MUSIK

(www.tf.dk) Das jedes Jahr größer und berühmter werdende Tønder Festival lockt in der letzten Augustwoche um die 20 000 Besucher aus allen Winkeln des Landes her. Es gilt als eines der besten Folkfestivals in Europa und bietet viel irische Musik sowie eine phantastische Stimmung.

Schlafen

Die Touristeninformation hilft bei der Buchung von Privatunterkünften in Tønder und Umgebung. Die Preise liegen bei etwa 300 Kr für ein Doppelzimmer. Ein besonderes Erlebnis ist ein Aufenthalt im alten *kro* (Gasthof) in Møgeltønder (S. 220).

Danhostel Tønder HOSTEL €

(☎74 72 35 00; www.danhostel.dk/tonder; Sønderport 4; B 160 Kr, EZ & DZ mit Bad 385 Kr; ⌚Feb.–Mitte Dez.; @📶) Das Danhostel Tønder liegt wenige Gehminuten südöstlich des Zentrums und gleicht den anderen Danhostels in Südjütland. In einem schlichten, flachen Ziegelbau bietet es viele Zimmer (alle mit Bad), freundliches Personal, ansprechende Gemeinschaftsräume und saubere Sanitäranlagen. Gleich nebenan ist der Campingplatz.

Hostrups Hotel HOTEL €

(☎74 72 21 29; www.hostrupshotel.dk; Søndergade 30; EZ/DZ ab 380/490 Kr; 📶) Zuerst die niedrigen Preise, dann die abgetretenen Teppiche in der Eingangshalle: Das macht skeptisch. Doch nur die Ruhe, die Zimmer sind sauber und hell. Das hübsche Hotel liegt an einem See und hat auch Zimmer mit Seeblick.

Motel Apartments HOTEL €

(☎74 72 37 60; www.motel-apartments.dk; Vestergade 87; EZ/DZ/Apt. 475/560/1000 Kr; 📶)

Das Motel ist gut und günstig, auch wenn die Fassade wirklich kein Aushängeschild ist. Im Angebot sind bequeme Zimmer mit Kochzeile und teilweise mit Gartenterrasse. Wer mehr Platz braucht, kann ein Apartment nehmen. Das Frühstück kostet 60 Kr extra.

Essen & Ausgehen

Am Torvet sind mehrere Lokale, unter ihnen das **Kloster Caféen** (Torvet 11) im ältesten Haus von Tønder mit besonders schönen alten Kacheln. Auf dem Platz findet dienstag- und freitagvormittags ein pittoresker Obst-, Gemüse- und Käsemarkt statt.

Victoria INTERNATIONAL **€€**
(Storgade 9; Hauptgerichte 65–199 Kr; ⌚mittags & abends) Ende des 19. Jhs. besaß Tønder eine rekordverdächtige Konzentration von Bars: eine pro 49 Einwohner! Nur das Victoria – heute eine Kombi aus Pub, Café und Restaurant – ist noch davon übrig geblieben. Es ist ein Renner mit einer Klientel aus allen Altersklassen, nostalgischem Holzdekor und einer guten Auswahl an heimischen und internationalen Biersorten. Die Speisekarte ist lang, abwechslungsreich (Burger, Burritos, Pasta, Sandwiches) und günstig – außer den Steaks. Ein ordentliches Hauptgericht gibt es schon für unter 110 Kr.

Café Engel CAFÉ **€**
(Gråbrødre Torv; Sandwiches 39–119 Kr; ⌚ Di–Fr 10–17, Sa 11–16 Uhr) Das Lokal am Ende der Uldgade ist wunderbar schlicht eingerichtet, hat schöne Plätze draußen auf dem Platz und bietet auf einer entzückenden, handgeschriebenen Speisekarte eine kleine, leckere Auswahl von Sandwiches (besonders gut sind die mit Lachs und selbstgemachtem Zaziki).

Praktische Informationen

In der Nähe des Hauptplatzes (Torvet) sind ein paar Banken.

Touristeninformation (☎74 72 12 20; www.visittonder.dk; Torvet 1; ⌚Mo–Fr 9–17, Sa 10–14 Uhr) Die hilfreiche Touristeninformation bietet Infos zur Stadt und zu Møgeltønder.

Anreise & unterwegs vor Ort

AUTO Tønder liegt an der Straße 11, nur 4 km nördlich der deutschen Grenze und 77 km südlich von Esbjerg.

BUS Buslinie 266 fährt regelmäßig nach Møgeltønder (19 Kr, 15 Min.).

FAHRRAD **Top Cykler** (Nørremarksvej 31) vermietet Fahrräder für 70 Kr pro Tag.

ZUG Der Bahnhof befindet sich im Westen der Stadt, 1 km vom Torvet via Vestergade. Züge verkehren wochentags stündlich (am Wochenende etwas seltener) von/nach Ribe (71 Kr, 65 Min.) und Esbjerg (100 Kr, 1½ Std.).

Møgeltønder

Dieses Dörfchen so süß, dass man es am liebsten als Souvenir einpacken möchte. Ein Königsschloss, eine der schönsten Straßen von ganz Jütland und eine freskengeschmückte Kirche zählen zu seinen Sehenswürdigkeiten.

Sehenswertes

Schackenborg SCHLOSS
(Schackenborgvej) Am östlichen Ortsrand steht Schackenborg, ein kleines Schloss, das die Krone 1661 dem Feldmarschall Hans Schack vermachte, nachdem der in der Schlacht von Nyborg die Schweden besiegt hatte. Elf Generationen von Schacks haben darin gelebt. 1978 gaben sie es der Königsfamilie zurück.

Als Prinz Joachim, der jüngste Sohn von Königin Margrethe, 1995 die in Hongkong geborene Alexandra Manley heiratete, wählte das Paar Schackenborg zu seinen Wohnsitz. Joachim, diplomierter Agrarwirt, bewirtschaftet das Hofgut. Prinzessin Alexandra gebar zwei Söhne: die Prinzen Nikolai und Felix. Nach der Trennung im Jahr 2005 heiratete Joachim 2008 die gebürtige Pariserin Marie. 2008 bekam auch sie einen Sohn – den Prinzen Henrik. Die Familie lebt weiterhin auf Schackenborg.

Besucher können das Schloss daher nur von der Straße aus bewundern und durch den gegenüberliegenden öffentlichen Park spazieren. Von Mitte Mai bis August werden an einem oder zwei Nachmittagen pro Woche (meist dienstags und donnerstags) sehr gefragte Führungen durch den **Schlossgarten** (Erw./Kind 30/20 Kr) angeboten. Für nähere Infos und Reservierungen ist die Touristeninformation Tønder zuständig.

Slotsgade STRASSENZUG
Auf der Slotsgade mit ihren makellosen, dicht gedrängten Häusern könnte man sich in einem alten Marktstädtchen wähnen. Ein Blick hinter die Häuser offenbart jedoch, dass direkt im Anschluss bereits die grünen Felder beginnen. Die herausgeputzte Zeile

ist bewusst so angelegt, dass sie diese Illusion weckt.

Møgeltønder Kirke KIRCHE
(Slotsgade 1; ⌚Mai–Sept. 8–16, Okt.–April 9–16 Uhr) Am Westende der Slotsgade steht die Møgeltønder Kirke, die mit ihrer üppigen Ausstattung ein Fest für die Sinne ist. Das romanische Schiff stammt von 1180 und das Taufbecken von 1200. Viele Elemente wurden später hinzugefügt. Das gotische Chorgewölbe etwa wurde im 13. Jh. errichtet, der Turm um 1500 und die Kapelle an der Nordseite 1763. Den Innenraum zieren prachtvolle Fresken, Galeriebilder und Deckengemälde. Hier steht auch die älteste, noch spielbare Kirchenorgel Dänemarks (1679). Der reich verzierte und vergoldete Altar stammt aus dem 16. Jh. Ein besonderes Plätzchen ist die „Gräfinnenlaube", die Loge der Familie Schack, der die Kirche von 1661 bis 1970 gehörte.

Schlafen & Essen

Schackenborg Slotskro HOTEL, TRADITIONELL DÄNISCH €€
(☎74 73 83 83; www.slotskro.dk; Slotsgade 42; EZ/DZ 1095/1345 Kr) Mit Prinz Joachim als Nachbar und Mitbesitzer hat der noble, alte Gasthof beste Beziehungen. Im Hauptbau und in drei umliegenden Häusern bietet er 25 Zimmer, die nicht gerade billig, aber erstklassig und komfortabel ausgestattet sind. Auch für seine traditionelle dänische Küche genießt der Slotskro einen guten Ruf. Er serviert Mittagessen (86 bis 158 Kr) mit Lachs und Hering und abends ein umfangreiches Diner (Abendessen 198–268 Kr, 4-/6-gängiges Verkostungsmenü 478/638 Kr).

Mormors Lille Café CAFÉ €
(Slotsgade 9; Kuchen 25–41 Kr, Gerichte 98–141 Kr; ⌚Sommer 11–18 Uhr) „Großmutters kleines Café" passt perfekt zur Atmosphäre des ganzen Dorfes: ein Postkartenhäuschen mit Reetdach, Blumenbeeten und Gartenwirtschaft. Serviert werden kleine Imbissgerichte wie Quiche, Sandwiches und Hering. Besonders begeistert waren wir von dem hausgemachten Kuchen (der *lagkage*, ein Torte mit mehreren Schichten und eine dänische Spezialität, ist ein Gedicht) und den zierlichen Porzellankannen für Tee und Kaffee.

An- & Weiterreise

Møgeltønder liegt 5 km westlich von Tønder an der Straße 419. Buslinie 266 verbindet das Dorf wochentags etwa stündlich (sonst seltener) mit Tønder (19 Kr, 15 Min.).

BEI KÖNIGS ZU HAUSE

Wer sich für die Residenzen der königlichen Familie interessiert, der findet in Jütland ein ergiebiges Terrain. Neben Schackenborg in Møgeltønder wären da noch Gråsten (s. Kasten, S. 222) und die Marselisborg in Aarhus (S. 234). Falls das nicht in die Reisepläne passt, bietet Legoland (S. 256) sämtliche Schlösser in Miniatur.

Sønderborg

27 200 EW.

Sønderborg erstreckt sich zu beiden Seiten der Meerenge Als Sund (Alsensund). Trotz mittelalterlicher Anfänge hat die Stadt eine moderne Atmosphäre. 1169 ließ Valdemar I. hier eine Küstenfestung errichten. Später wurde daraus eine Stadt, die hauptsächlich von der Fischerei lebte.

Als Schlachtfeld in zwei Kriegen gegen Deutschland hat Sønderborg die dänische Geschichte mitgeprägt. 1864 konzentrierten sich hier die dänischen Kräfte für die Schlacht von Dybbøl (Düppeler Schanzen). Doch mit 80 000 Granaten bahnten sich die Preußen den Weg und besetzten Jütland. Erst 60 Jahre später, nach dem Ersten Weltkrieg, fiel das Gebiet wieder an Dänemark. Im Zuge der Aufbauarbeiten nach dem verheerenden Krieg bekam die Stadt ihr modernes Gesicht. Heute erlebt sie regelmäßig eine Invasion anderer Art, wenn im Sommer Scharen deutscher und dänischer Urlauber einfallen. Viele der Einwohner sprechen deutsch.

Sehenswertes & Aktivitäten

Sønderborg Slot SCHLOSS
(Sønderbro 1) Das Schloss von Sønderborg wurde 1170 als Festung erbaut. Später kamen weitere Bollwerke hinzu. Von 1532 bis 1549 wurde darin der abgesetzte König Christian II. festgehalten. Anstatt im Verlies zu schmachten, konnte er hier die königlichen Gemächer bewohnen und sich frei bewegen. Ende des 16. Jhs. wurde die Burg zur Königsresidenz ausgebaut. Sein barockes Erscheinungsbild erhielt das Schloss bei der Restaurierung 1718. Während der deutschen Besatzung diente es als Kaserne.

Königin Dorothea, die Witwe von König Christian III., ließ hier 1568 die erste lutherische **Kapelle** in Dänemark bauen. Sie steht heute noch und gilt als eine der ältesten königlichen Kapellen Europas.

Das Schloss beherbergt ein **Museum für Regionalgeschichte** (Erw./Kind 60 Kr/frei; ⏲April–Okt. tgl., Nov.–März Di–So). Es zeigt Ausstellungen zu den Kriegen von 1848 und 1864 und Dokumente zur politischen Geschichte der Region sowie Gemälde aus dem Goldenen Zeitalter.

In den vergangenen Jahren fanden im Schloss im Sommer **Geistertouren** statt. Zum Zeitpunkt der Recherche wurden sie nicht mehr veranstaltet; nähere Infos hat die Touristeninformation.

Südlich des Schlosses erstreckt sich unmittelbar vor der Stadt ein kleiner **Sandstrand**.

Historiecenter Dybbøl Banke MUSEUM
(www.museum-sonderjylland.dk; Dybbøl Banke 16; Erw. 60–90 Kr, Kind 30–45 Kr; ⏲April–Okt. 10–17 Uhr) Am 18. April 1864 überrollten preußische Truppen die Dänen und Südjütland blieb bis nach dem Ersten Weltkrieg unter deutscher Kontrolle. Dänische Soldaten wurden gezwungen, an beiden Fronten für Deutschland zu kämpfen. Am Westrand der Stadt liegt das Geschichtszentrum Dybbøl Banke, das mit einer Ausstellung, originalgetreuen Nachbildungen und Rollenspielen einen Eindruck von der blutigen Schlacht an den Düppeler Schanzen vermittelt. Buslinie 1 fährt von der Stadt dorthin.

Dybbøl Mølle WAHRZEICHEN
(Dybbøl Banke 7; Erw. 25–45 Kr, Kind 12–30 Kr; ⏲Mitte April–Okt. tgl.) Die Dybbøl Mølle oder Düppeler Windmühle wurde zweimal bis auf die Grundmauern zerstört und als nationales Symbol wieder aufgebaut. Die Exponate dokumentieren ihre Geschichte und erläutern ihre Bedeutung für das dänische Volk.

Stadterkundung RUNDGÄNGE
Für Stadtrundgänge auf eigene Faust bietet die Touristeninformation Hochglanzbroschüren in mehreren Sprachen und zu einzelnen geschichtlichen Epochen– vom Mittelalter über die Renaissance und den Jugendstil bis zur Moderne.

Schlafen

Danhostel Sønderborg City HOSTEL €
(☎74 42 31 12; www.sonderborgdanhostel.dk; Kærvej 70; B 175 Kr, EZ/DZ mit Bad 435/580 Kr; @📶) Nur 15 Minuten nördlich des Zentrums steht das moderne Hostel mit schönen Außenanlagen, Gartenmöbeln und Grillstellen. Alle Zimmer haben ein Bad. Für eine Billigunterkunft recht nobel. Schlafsaalbetten gibt es nur von Juni bis August. Die Stadtbusse der Linie 6 halten nahebei.

Hotel Sønderborg Garni HOTEL €€
(☎74 42 34 33; www.hotelsoenderborg.dk; Kongevej 96; EZ/DZ ab 650/850 Kr; 📶) Der nette Service

ABSTECHER

FRØSLEVLEJREN

Padborg (4500 Ew.) liegt direkt an der Grenze zu Deutschland. Gegen Ende des Zweiten Weltkriegs wurde nahe der Stadt das Frøslevlejren (Frøslevlager) eingerichtet. Die Deutschen hatten zugesagt, dänische Kriegsgefangene dort zu internieren und nicht außer Landes zu bringen. Trotzdem wurden 1600 Dänen in deutsche Konzentrationslager deportiert. In den neun Monaten seines Bestehens waren in Frøslev 12 000 Gefangene inhaftiert.

Das **Frøslevlejrens Museum** (www.froeslevlejrensmuseum.dk, auf Dänisch; Lejrvej 83; Eintritt frei; ⏲ Feb.–Nov. Di–Fr 9–16, Sa & So 10–17 Uhr) schildert die Geschichte des dänischen Widerstands und den Gefängnisalltag in Frøslev. Wer schon andere deutsche Kriegsgefangenenlager besucht hat, wird überrascht sein. Frøslev ist die leuchtende Ausnahme: Hier gab es genug zu essen, keine Folter und keine Hinrichtungen. Den Gefangenen war es sogar gestattet, einmal im Monat Besuch zu empfangen. Fürchten mussten sie nur die Deportation nach Deutschland. Nach Kriegsende und Befreiung der Gefangenen wurde der Name des Lagers in Faarhuslejren geändert und es wurden dort mutmaßliche Nazi-Kollaborateure inhaftiert.

Frøslevlejren liegt am nordwestlichen Stadtrand von Padborg, 1 km westlich der E45 (Ausfahrt 76). Es gibt keine Busverbindung dorthin. Wer nicht zu Fuß gehen will, kann vom Bahnhof Padborg ein Taxi nehmen (ca. 4 km).

und die erstklassige Lage in einem noblen Wohnviertel lassen den spukigen Eindruck, den die kleine Villa mit Turm von außen macht, bald verblassen. Das 1904 errichtete Haus bietet 18 Zimmer, die alle unterschiedlich eingerichtet sind. Die kleinsten EZ sind wirklich winzig, aber gemütlich. Es herrscht einer lockere Stimmung.

Sønderborg Camping CAMPINGPLATZ €
(☎74 42 41 89; www.sonderborgcamping.dk, auf Dänisch; Ringgade 7; Erw./Kind/Stellplatz 75/30/25 Kr; ⌚April–Sept.) Die Lage neben dem Yachthafen ist absolut idyllisch, die Stadt nach einem schönen zehnminütigen Spaziergang am Wasser schnell erreicht. Der Campingplatz ist familienfreundlich und gut ausgestattet. Kein Wunder, dass die Stellplätze im Sommer heiß begehrt sind; es empfiehlt sich, im Voraus zu buchen. Auch Hütten und Wohnwägen werden vermietet.

Essen & Ausgehen

Eine gute Auswahl von Speiselokalen wartet am Hafen (an der Havnegade) und am Rådhustorvet.

Café Ib Rehne Cairo INTERNATIONAL €€
(Rådhustorvet 4; Gerichte 67–165 Kr; ⌚Brunch, mittags & abends) Die Geschichte hinter dem Namen ist wahrscheinlich interessanter als die Speisekarte: Ib Rehne war dänischer Korrespondent in Kairo. Seine Abmoderation „Ib Rehne, Kairo" hat sich in der Heimat so eingeprägt, dass sie der ganztags geöffneten Cafébar den Namen gab, auch wenn Ib ansonsten weder mit dem frischen Einrichtungsstil noch mit den klassischen Gerichten, die hier auf den Tisch kommen, etwas zu tun hat.

Zur Brunchzeit sind die Tische im Freien stark belagert, aber drinnen sitzt man auch gut. Idealer Ort für ein Cocktail am Abend.

Brøggeriet INTERNATIONAL, BRAUEREI €€
(Rådhustorvet 6; Gerichte 65–145 Kr; ⌚Brunch, mittags & abends) Das Brøggeriet und das Ib Rehne Cairo daneben sind fast wie eineiige Zwillinge: die gleichen Tische draußen, das gleiche ganztägige Speisenangebot etc. Hier kommt allerdings das hochwertige Bier aus der Hausbrauerei dazu. Besonders gut sind das Pils „1864" und das Dunkelbier, das nach

ABSTECHER

SCHLOSS GRÅSTEN

Jeden Sommer erwacht das verschlafene Gråsten (4200 Ew.) drei Wochen lang zu emsiger Betriebsamkeit. Dann nämlich, wenn Königin Margrethe und Prinz Henrik (meist auch weitere Familienangehörige) sich zum Entspannen hierher, in ihre Sommerresidenz, zurückziehen.

Schloss Gråsten (www.ses.dk; Slotsgade) steht am Ufer des Slotssø. Mitte des 16. Jhs. errichtet, brannte es 1603 nieder. Es wurde wieder aufgebaut, fiel aber 1757 erneut den Flammen zum Opfer. Das heutige Schloss wurde 1842 fertiggestellt – und 1935 königliche Residenz.

Solange keine Hoheiten hier weilen, stet der **Schlossgarten** (⌚ab 7.30 ganzjährig) mit seiner reichen Flora Besuchern offen. Er ist das Werk von Königin Ingrid, die sich dabei von englischen Gärten inspirieren ließ. Geschlossen wird der Garten je nach Jahreszeit zwischen 16.30 Uhr im Winter und 20 Uhr im Sommer – vom 15 km entfernten Sønderborg aus ein lohnender Halbtagesausflug.

Der einzige Teil des Schlosses, der Besuchern zugänglich ist, ist die reich geschmückte **Kapelle** (⌚April–Okt. Mi 11–14, Sa 10–14, So 14–16 Uhr). Sie wurde zwischen 1699 und 1702 erbaut und ist auch der einzige Teil des alten Schlosses, der den Brand von 1757 überlebt hat.

Ein paar Schritte vom Schloss entfernt bekommen hungrige Urlauber im 1747 eröffneten **Den Gamle Kro** (Slotsgade 6; Mittagessen 72–135 Kr, Abendessen 98–145 Kr; ⌚Mo–Sa mittags & abends) zu Mittag Smørrebrød (belegte Brote), Hering und leckeren Kuchen.

Die hilfsbereite **Touristeninformation** (Kongevej 71) von Gråsten befindet sich in Bahnhofsnähe, 1 km südlich vom Schloss. Züge fahren von Kolding nach Gråsten (124 Kr, 1¼ Std.) und weiter bis Sønderborg (48 Kr, 15 Min.). Zwischen Gråsten und Sønderborg verkehren außerdem die Buslinien 10 und 915X (48 Kr).

Sønderborgs größter Berühmtheit, dem abgesetzten König Christian II., benannt ist.

OX-EN Steakhouse STEAKHOUSE €€€
(Brogade 2; Hauptgerichte 138–239 Kr; ⌚Mo–Sa abends) Nach einer Reise um die halbe Welt landen in diesem schicken, gut besuchten Hafenrestaurant erstklassige australische Steaks auf dem Teller und werden perfekt durch Weine aus der neuen Welt ergänzt. Wer nicht so auf Fleisch vom Lavasteingrill steht, findet auch ein paar steaklose Alternativen auf der Karte.

Praktische Informationen

Sønderborg liegt auf beiden Seiten des Als Sunds, den zwei Brücken überspannen. Das Zentrum und Sønderborg Slot liegen im Ostteil, auf der Insel Als. Dybbøl und der Bahnhof befinden sich auf der Westseite, auf dem jütländischen Festland.

Banken, Apotheken und andere Dienstleister liegen an der Fußgängerzone Perlegade, gleich nördlich des Rådhustorvet.

Postamt (Rådhustorvet 1)

Touristeninformation (☎74 42 35 55; www.visitsonderborg.com; Rådhustorvet 7; ⌚Mo–Fr 10–17, Sa 10–13 Uhr) am Hauptplatz.

Anreise & unterwegs vor Ort

Sønderborg liegt via Straße 8 rund 30 km nordöstlich von Kruså, dem Grenzübergang nach Deutschland. Es bestehen Bahnverbindungen nach Kolding (125 Kr, 1½ Std.) und zu anderen Orten in Jütland und in Norddeutschland (oft mit Umsteigen in Tinglev). Der Bahnhof liegt im Westen der Stadt im modernen Alsion-Komplex. Stadtbus 1 verbindet den Bahnhof mit dem Busbahnhof im Osten (an der Jernbanegade, einen Block östlich der Perlegade).

Derzeit befindet sich der nächste Fahrradverleih in Vollerup, 5 km außerhalb. Aktuelle Infos bei der Touristeninformation erfragen.

Als

Die Insel Als, durch den schmalen Als Sund von Jütland getrennt, ist vom Massentourismus relativ unberührt geblieben. Hier kommen Besuchern noch Postkartenmotive vom gemütlichen dänischen Landleben vor die Linse. Die Insel ist ideal für Ausflüge mit dem Auto oder dem Fahrrad. Auf die Busfahrpläne ist mitunter kein Verlass. Die besten Strände liegen an der Südküste (schön geschützt – Einheimische empfehlen Kegnæs). Die Ostküste bietet charmante, kleine Dörfer. Campingplätze gibt es auf der ganzen Insel – und im Sommer wimmeln sie von dänischen und deutschen Urlaubern.

Praktische Informationen und Karten hält die Touristeninformation Sønderborg bereit. Allen, die von Insel zu Insel hüpfen wollen, stehen Fährverbindungen zwischen Fynshav an der Ostküste von Als und Søby auf Ærø (www.aeroe-ferry.com) oder Bøjden auf Fünen (www.faergen.dk) zur Verfügung.

Sehenswertes

Augustenborg Slot SCHLOSS
(Slotsallé) Augustenborg liegt via Straße 8 rund 10 km nordöstlich von Sønderborg. Der bequem zu erreichende Ort gehört zu den interessantesten auf der Insel. Die üppigen Gärten und der Skulpturenpark des wirklich großartigen gelb-weißen Augustenborg Slot laden zu einem idyllischen Nachmittagsspaziergang ein. In ihnen hat schon Hans Christian Andersen Ruhe und Entspannung gesucht.

In den Gebäuden befindet sich heute eine psychiatrische Klinik. Im Torhaus ist eine kleine Ausstellung zu sehen und im Sommer steht auch die reich ausgeschmückte Schlosskapelle für Besucher offen (den Schildern zur *Slotskirken* folgen). Buslinie 13 verkehrt regelmäßig zwischen Sønderborg und Augustenborg.

LP TIPP **Danfoss Universe** WISSENSCHAFTSPARK
(www.danfossuniverse.com; Mads Patent Vej 1, Nordborg; Erw./Kind 175/150 Kr; ⌚Mitte April–Okt. tgl.) Hauptattraktion der Insel ist das Danfoss Universe. Es liegt an der Straße 405 nordwärts in Richtung Nordborg. Dannfoss ist ein dänischer Global Player, der Kühlschränke, Klima- und Heizungsanlagen herstellt. Der „Entdeckungspark für Neugierige" ist vor allem bei Familien und Schulklassen sehr beliebt.

Er umfasst 200 Stationen und Experimente, die zum besseren Verständnis von Natur und Technologie beitragen wollen. In den Ferien noch lernen, wird mancher zweifelnd fragen. Ja, unbedingt. Der Park ist absolut durchdacht, in hohem Maße interaktiv und die Kids finden hier Antworten auf viele Fragen, die Mama und Papa nur bruchstückhaft beantworten können. Wie funktioniert ein Kühlschrank? Woher kommt der Wind? Hier kann wirklich jeder noch etwas dazulernen.

Der Wissenschaftspark liegt 30 km nördlich von Sønderborg und ist mit Buslinie 13 zu erreichen.

Mitteljütland

Inhalt »

Aarhus 225
Ebeltoft 243
Grenaa 245
Silkeborg 247
Ry 251
Himmelbjerget 253
Jelling 254
Billund & Legoland 256
Randers 259
Hobro 262
Rebild Bakker & Rold Skov 263
Viborg 264
Hvide Sande 266
Ringkøbing 267

Gut essen

» Kähler Spisesalon (S. 237)

» Nordiske Spisehus (S. 237)

» Klassisk 65 Bistro & Vinbar (S. 237)

» Molskroen (S. 244)

» Hotel Julsø (S. 253)

Schön übernachten

» Niels Bugges Hotel (S. 265)

» Hotel Guldsmeden (S. 235)

» Hotel Legoland (S. 257)

» Danhostel Silkeborg (S. 250)

» Hotel Randers (S. 261)

Auf nach Mitteljütland

Mitteljütland ist die größte und abwechslungsreichste Region Dänemarks. Zwischen den stillen Stränden der geschützten Ostküste und der rauen, von den Nordseewinden gepeitschten Westküste erstreckt sich weites Flachland, wohltuend unterbrochen von einzelnen Hügeln und den Buchenwäldern rund um das Seenhochland.

Die vielfältigsten Attraktionen sorgen dafür, dass für jeden Geschmack etwas dabei ist. Weltklassekunst gefällig? Oder tolle Restaurants? Aarhus, die bedeutendste Stand Jütlands (und zweitgrößte Dänemarks) hat von allem etwas. Wer sich für die Wikinger interessiert, steuert Hobro an. Wer eher eine Neigung für Religionsgeschichte hegt, fährt nach Jelling. Outdoorfreunde entscheiden sich für den Rold Skov oder Silkeborg, Paddler für Hvide Sande. Und wer nochmal Kind sein möchte oder mit der Familie unterwegs ist, nimmt Kurs auf Legoland.

Reisezeit

Gutes Wetter ist fast überall in der Region eine wichtige Voraussetzung, um die Strände, Themenparks, Musikfestivals und all die anderen Aktivitäten so richtig genießen zu können. Aarhus allerdings ist das ganze Jahr über attraktiv. Denn hier haben Museen, Cafés und Läden bei jedem Wetter etwas zu bieten; die Kneipen der Stadt sind im Sommer sogar viel ruhiger, denn dann sind Semesterferien und die meisten Studenten heimgefahren.

Legoland, Hauptanziehungspunkt der Region, hat von Mai bis August täglich und im April, September und Oktober an den meisten Tagen geöffnet. Von November bis März ist der Park geschlossen.

AARHUS

250 000 EW.

Aarhus ist zwar die zweitgrößte Stadt Dänemarks, doch sie verströmt die sympathisch ruhige Atmosphäre einer mittleren Kleinstadt. Noch immer segelt die Stadt im Windschatten der glamourösen Schwester Kopenhagen.

Besucher, die die Stadt kennen, werden allerdings feststellen, dass Aarhus allmählich an Selbstbewusstsein gewinnt. Ein hervorragendes Beispiel dafür ist das sensationelle Kunstmuseum ARoS, mit dem Aarhus seinen Rang als Kunststadt behauptet. Doch auch die Renaturierung des Flusses Aarhus Å, der lange durch ein Betonrohr geleitet wurde und nun wieder seinen ursprünglichen Lauf durch die Stadt nimmt, zählt dazu – genau wie die Promenade Åboulevarden mit schicken Restaurants am Flussufer. Die neuesten Bauprojekte konzentrieren sich auf den Hafen. Hier entsteht gerade Nordhavnen, ein neuer Stadtteil mit architektonisch beeindruckenden Büro- und Wohnhäusern. Parks und Kopfsteinpflastergassen sind hingegen nach wie vor das Terrain der zahlreichen Studenten – ebenso wie die genauso zahlreich vorhandenen Kneipen. Insider unter den Dänemark-Reisenden handeln die Stadt bereits als Geheimtipp.

Der Bahnhof (Aarhus Hovedbanegård) markiert die Südseite der Stadtmitte. Zwischen Bahnhof und Aarhus Domkirke verläuft eine 850 m lange Fußgängerzone durch das Zentrum der Altstadt.

Geschichte

Dank der zentralen Küstenlage war Aarhus schon immer eine blühende Handelsstadt. Der Name kommt von „Aros", was „Ort an der Flussmündung" bedeutet. Ausgrabungen seit Mitte der 1960er-Jahre lassen vermuten, dass die Stadt um 900 gegründet worden ist.

Das Mittelalter war für Aarhus die turbulenteste Zeit. Damals lag es mitten zwischen zwei verfeindeten Staaten. Hier haben sich König Sweyn II. von Dänemark und König Magnus von Norwegen 1043 in der Schlacht von Aarhus bekriegt. Nur sieben Jahre später verwüstete der norwegische Kriegerkönig Harald III. die Stadt. Auch in den folgenden Jahrhunderten verhinderten Überfälle rivalisierender Wikingerstämme und wendischer Piraten die Entstehung wirtschaftlicher und kultureller Prosperität.

Schließlich stabilisierte sich die Lage. Bis ins 16. Jh. florierte die Stadt als Zentrum des Handels, der Kunst und der Religion. Ihr großer Naturhafen machte sie zu einem der bedeutendsten Transport- und Handelsknotenpunkte Jütlands.

Die Universität von Aarhus hat ihre eigene Geschichte. Sie wurde 1928 gegen den Wunsch der dänischen Regierung gegründet. Als sie 1933 fertiggestellt war, vollzog der Staat eine Kehrtwende und unterstützte sie uneingeschränkt. Heute ist sie ein Eckpfeiler des pulsierenden Lebens. Die 40 000 Studenten der Universität und anderer Hochschulen machen rund 14 % der Einwohner aus.

Sehenswertes

LP TIPP ARoS Aarhus Kunstmuseum KUNSTMUSEUM

(www.aros.dk; Aros Allé 2; Erw./Kind 100 Kr/frei; Di–So 10–17, Mi 10–22 Uhr) Das Kunstmuseum ist zwar das Aushängeschild der Stadt, doch der hoch aufragende, kubistische Ziegelbau wirkt erstmal eher fade. Im Inneren erwarten den Besucher jedoch neun Etagen mit geschwungenen Mauern, weiten Räumen und weißen Wänden. Das faszinierende Museum orientiert sich am Thema von Dantes *Göttlicher Komödie*. Der Eingang liegt auf Höhe des 4. Stocks. Von dort geht es entweder hinunter in die Hölle oder hinauf in den Himmel. Die Hölle liegt in **De 9 Rum** (Die 9 Räume) im Untergeschoss, die

AARHUS ODER ÅRHUS?

Am 1. Januar 2011 kehrte die Stadt Århus zur ursprünglichen Schreibweise „Aarhus" zurück. Der Buchstabe „å" wurde 1948 offiziell ins dänische Alphabet eingeführt. Er repräsentiert den Laut „aa", im Deutschen in etwa ausgesprochen wie das „o" in „Wort". Es ist jedoch nach wie vor ungewöhnlich, das „å" in Personen- oder Ortsnamen zu verwenden. Die Argumente für die (alte) neue Schreibweise sind vielfältig: verbessertes internationales Profil, Erleichterung für Kleinunternehmer und leichtere Auffindbarkeit im Internet. Dieser Führer hält sich an die neue Schreibweise, Reisende sollten aber wissen, dass die alte noch auf vielen Schildern, Karten usw. vorkommen kann.

Highlights

1 Von der Dachterrasse des **ARoS Aarhus Kunstmuseums** (S. 225) die Dächer der Stadt durch buntes Glas betrachten

2 Die Sehenswürdigkeiten von **Aarhus** (S. 225) abklappern, dann abends hervorragend essen und das vielfältige Nachtleben genießen

3 Auf einer gemütlichen Kanutour die großartige Landschaft des **Seenhochlands** entdecken (S. 247)

4 Die Welt im Miniaturformat in **Legoland** (S. 258) bestaunen und sich auf den Fahrbetrieben vergnügen

5 Einen Windsurfkurs an der wilden **Westküste** (S. 266) Jütlands buchen

6 In **Jelling** (S. 254), der legendären Geburtsstätte des dänischen Königshauses, in die Geschichte eintauchen

7 Strände, Themen- und Tierparks satt in **Djursland** (S. 243), der besten Region für Familienurlaub

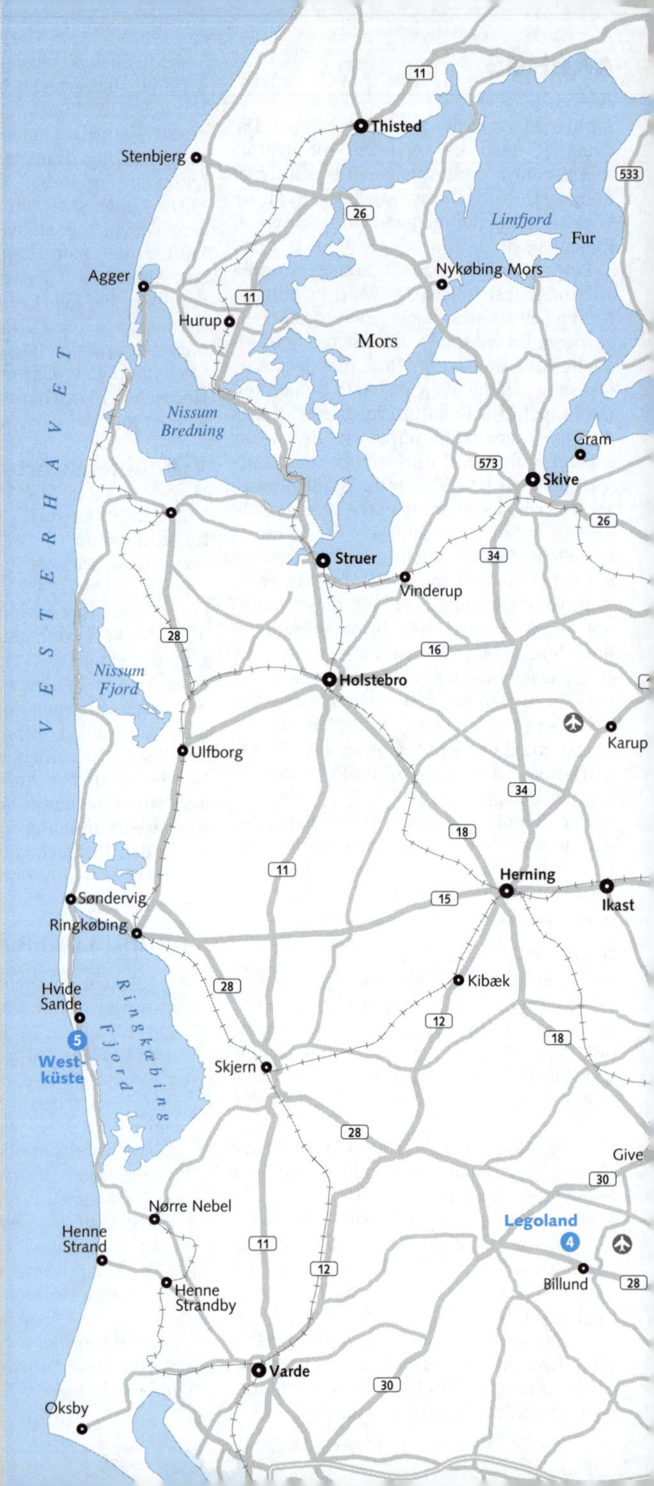

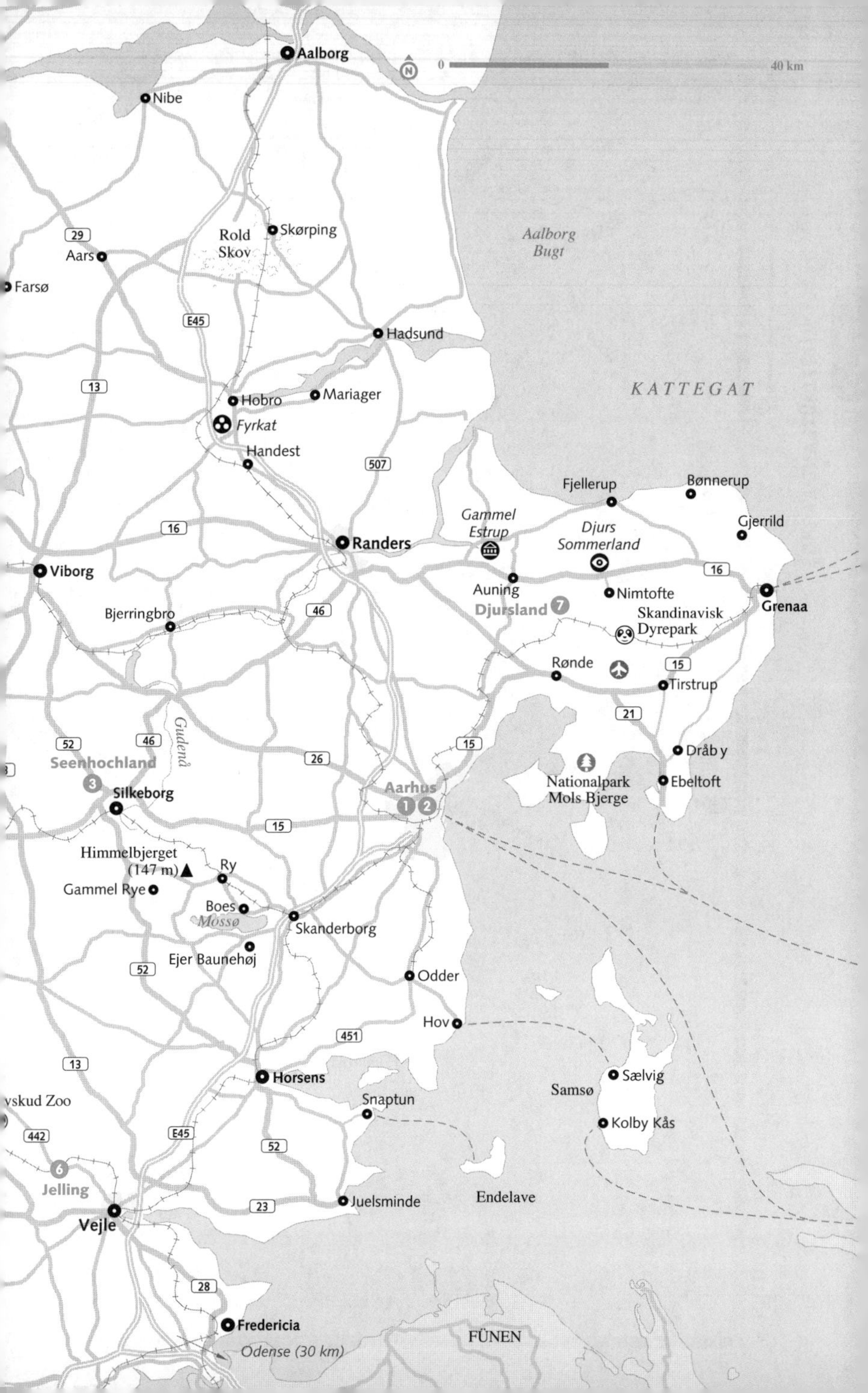

Aalborg
0
40 km
Nibe
29
Aars
Farsø
Rold Skov
Skørping
Aalborg Bugt
E45
Hadsund
KATTEGAT
13
Hobro
Mariager
Fyrkat
Handest
507
Fjellerup
Bønnerup
Gammel Estrup
Djurs Sommerland
Gjerrild
16
Randers
Viborg
Auning
16
Grenaa
Nimtofte
Djursland 7
Skandinavisk Dyrepark
Bjerringbro
46
Rønde
15
Tirstrup
21
Gudenå
52
46
15
Dråby
Seenhochland 3
26
Nationalpark Mols Bjerge
Ebeltoft
Silkeborg
Aarhus 1 2
15
Himmelbjerget (147 m)
Ry
Gammel Rye
Boes
Mossø
Skanderborg
Ejer Baunehøj
52
Odder
Hov
451
13
Horsens
Sælvig
Samsø
Snaptun
Kolby Kås
E45
442
52
6 Jelling
Juelsminde
Endelave
23
Vejle
28
Fredericia
FÜNEN
Odense (30 km)

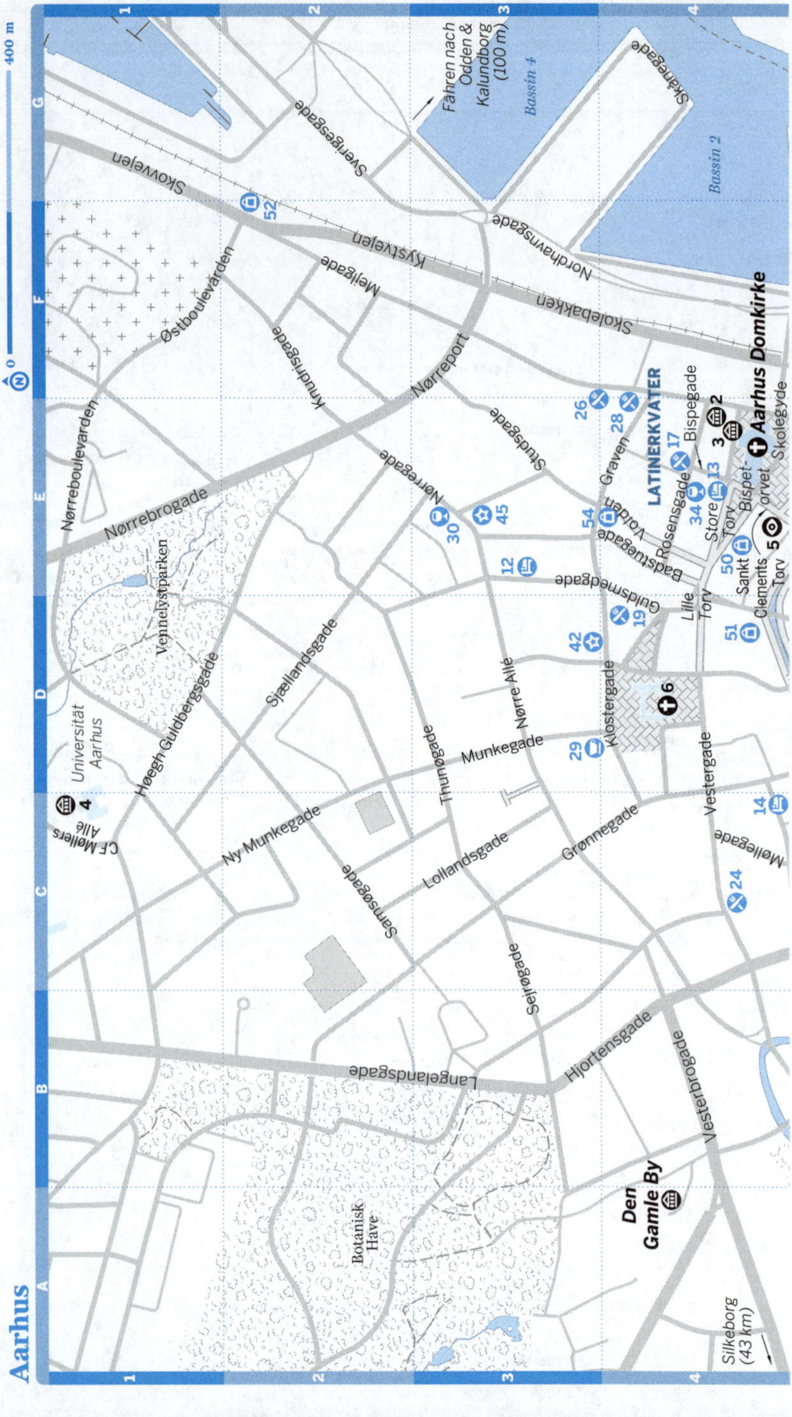
Aarhus
400 m
Fähren nach Odden & Kalundborg (100 m)
Bassin 4
Bassin 2
Skanegade
Sverigesgade
Skovvejen
Kystvejen
Nordhavnsgade
Skolebakken
Mejlgade
Østboulevarden
Nørreport
Knudrisgade
Nørreboulevarden
Nørrebrogade
Nørregade
Studsgade
Vennelystparken
Universität Aarhus
CF Møllers Allé
Høegh Guldbergsgade
Sjællandsgade
Nørre Allé
Thunøgade
Munkegade
Ny Munkegade
Klostergade
Graven
Volden
Badstuegade
Guldsmedgade
Rosensgade
Bispegade
LATINERKVATER
Aarhus Domkirke
Skolegyde
Store Torv
Bispetorvet
Sankt Clements Torv
Lille Torv
Vestergade
Møllegade
Grønnegade
Lollandsgade
Sansøgade
Sejrøgade
Langelandsgade
Hjortensgade
Vesterbrogade
Den Gamle By
Botanisk Have
Silkeborg (43 km)
A
B
C
D
E
F
G
1
2
3
4
2
3
4
5
6
12
13
14
17
19
24
26
28
29
30
34
42
45
50
51
52
54

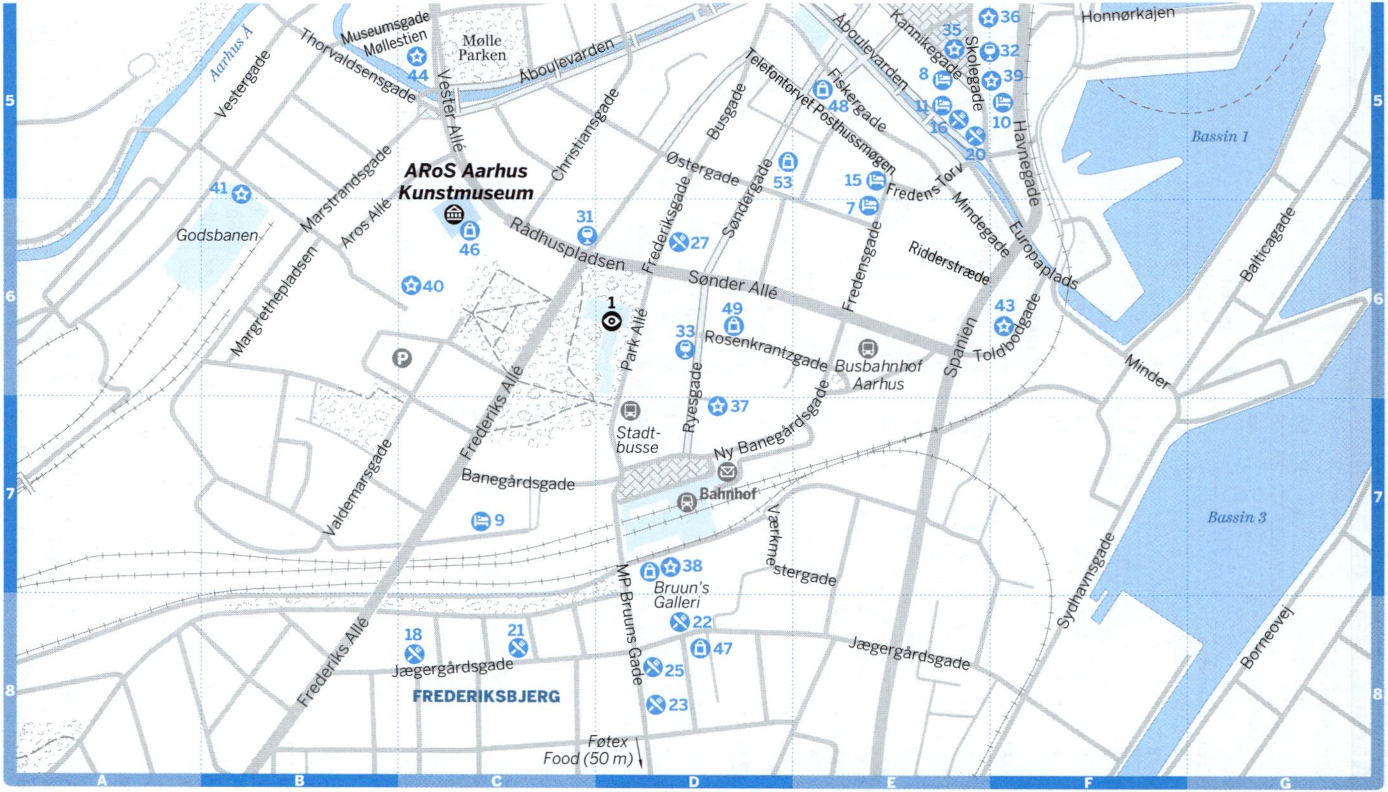
Honnørkajen
Bassin 1
Bassin 3
Balticagade
Bornevej
Sydhavnsgade
Minder
Havnegade
Europaplads
Mindegade
Skolegade
Kannikegade
Åboulevarden
Fiskergade
Telefontorvet
Posthussmøgen
Fredens Torv
Ridderstræde
Toldbodgade
Spanien
Fredensgade
Busbahnhof Aarhus
Rosenkrantzgade
Ny Banegårdsgade
Bahnhof
Værkmestergade
Jægergårdsgade
Søndergade
Sønder Allé
Ryesgade
Busgade
Østergade
Frederiksgade
Park Allé
Stadt-busse
Bruun's Galleri
MP Bruuns Gade
Føtex Food (50 m)
Christiansgade
Rådhuspladsen
Banegårdsgade
Frederiks Allé
FREDERIKSBJERG
Åboulevarden
Mølle Parken
Vester Allé
ARoS Aarhus Kunstmuseum
Museumsgade
Møllestien
Thorvaldsensgade
Aros Allé
Marstrandsgade
Valdemarsgade
Margrethepladsen
Godsbanen
Vestergade
Aarhus Å

Aarhus

Highlights

	Aarhus Domkirke	E4
	ARoS Aarhus Kunstmuseum	C6
	Den Gamle By	A4

Sehenswertes

1	Aarhus Rådhus	D6
2	Besættelsesmuseet	E4
3	Kvindemuseet	E4
4	Steno Museet	C1
5	Vikingemuseum	E4
6	Vor Frue Kirke	D4

Schlafen

7	Aarhus City Apartments	E6
8	Cab Inn Aarhus	E5
9	City Hotel Oasia	C7
10	City Sleep-In	F5
11	Hotel Ferdinand	E5
12	Hotel Guldsmeden	E3
13	Hotel Royal	E4
14	Møllestien Cottages	C4
15	Villa Provence	E5

Essen

	Brasserie Ferdinand	(s. 11)
16	Café Svej	E5
17	Casablanca	E4
18	Forlæns & Baglæns	C8
19	Føtex Food	D4
20	Globen Flakket	E5
21	Klassisk 65 Bistro & Vinbar	C8
22	Kvickly-Supermarkt	D8
23	Kähler Spisesalon	D8
24	LYNfabrikken	C4
25	Nordisk Spisehus	D8
26	Oli Nico	E3
27	Raadhuus Kafeen	D6
28	Sct Oluf	E4

Ausgehen

29	Café Gemmestedet	D3
30	Løve's Bog & Vincafé	E3
31	Sherlock Holmes Pub	C6
32	Sidebar	E5
33	Sigfred's Kaffebar	D6
34	Under Masken	E4

Unterhaltung

35	Aarhus Teater	E5
36	Aarhus Teater - Kasse	E5
	Atlas	(s. 44)
37	BioCity Aarhus	D7
38	Cinemaxx	D7
39	Fatter Eskil	F5
40	Musikhuset Aarhus	C6
41	Radar	B5
42	Social Club	D3
43	Train	F6
44	VoxHall	C5
45	Øst for Paradis	E3

Shoppen

46	ARoS Aarhus Kunstmuseum	C6
47	Decorate Shop	D8
48	Georg Jensen	E5
49	HAY	D6
50	Kristian F Møller	E4
51	Magasin du Nord	D4
52	Paustian	F2
53	Salling	D5
54	Summerbird Chocolaterie	E4

schwarz gestrichen sind und einige ziemlich schaurige Werke zeigen. Der Himmel hingegen ist das spektakuläre **Your Rainbow Panorama**: ein 360-Grad-Rundweg, der in allen Farben des Regenbogens einen Blick auf die Dächer der Stadt bietet. Der Rundweg wurde im Mai 2011 eröffnet und ist das Werk des dänisch-isländischen Künstlers Olafur Eliasson, der sich bereits mit großen Konzeptkunstwerken wie *The Weather Project* (2003) im Londoner Tate Modern und den *New York City Waterfalls* (2008) einen Namen gemacht hat.

Das 2004 eröffnete ARoS besitzt hervorragende Werke des Goldenen Zeitalters sowie moderne dänische Kunst von 1900 bis 1960. Die wohl eindrucksvollste Arbeit ist Ron Muecks **Boy** im 1. Stock: die erstaunlich lebensechte, übergroße (5 m hohe) Skulptur eines kauernden Jungen.

Außerdem zeigt das Museum abwechslungsreiche Sonderausstellungen – von alten Rennwagen bis zu den architektonischen Visionen von Frank Gehry. Und es beherbergt einen exzellenten Souvenirladen, ein großes, helles Café im 4. Stock (freier Zutritt) sowie ein Restaurant im 8. Stock.

Den Gamle By FREILICHTMUSEUM

(Die alte Stadt; www.dengamleby.dk; Viborgvej 2; Erw. 50–125 Kr, Kind frei; ⌚tgl.) Die Dänen haben ganz offensichtlich eine Schwäche dafür, sich in historische Kostüme zu werfen, um ihre Geschichte lebendig werden zu lassen. Ihren Höhepunkt erreicht diese Passion in Den Gamle By. Dieses ebenso faszinierende wie malerische Freilichtmuseum besteht aus 75 Fachwerkhäusern, die aus allen Teilen des Landes zusammengetragen und hier zu einer Provinzstadt aufgebaut wurden. Sogar eine funktionierende Bäckerei und verschiedene Handwerksbetriebe sind dabei.

Die neusten Bereiche in diesem Ensemble repräsentieren die Jahre 1927 und 1974; der Radio- und Fernsehladen mit historischen Geräten aus den 1970er-Jahren ist schon eine Sünde wert – die Preise sind allerdings auch leider echt. Ebenfalls in diesem neuen Areal befindet sich das **Danish Poster Museum** mit einigen phantastischen Retro-Plakaten sowie die **Gallery of Decorative Arts**, die auf Silberarbeiten, Porzellan und Uhren spezialisiert ist.

Die **Rundfahrt mit einer Pferdekutsche** (Erw./Kind 40/30 Kr) vermittelt einen Überblick, bevor man die einzelnen Gebäude und Werkstätten dann zu Fuß erkundet. Das ganze Jahr über werden verschiedenste Aktivitäten organisiert – besonders im Sommer und während der Vorweihnachtszeit. Aktuelle Infos liefert die Website. Auch für Kinder wird hier viel geboten (der absolute Hit ist das **Spielzeugmuseum**). Auf dem Gelände findet man Picknickplätze und eine lebhafte Cafeteria.

Den Gamle By liegt 1,5 km westlich des Zentrums (zu Fuß 20 Min. vom Bahnhof) und wird von den Buslinien 3a, 4a, 11, 15 und 19 angefahren. Auf der Website findet man eine detaillierte Tabelle mit Öffnungszeiten und Eintrittspreisen (je nach den aktuellen Aktivitäten im Museum unterschiedlich). Außerhalb der Öffnungszeiten können Besucher kostenlos durch die Pflasterstraßen bummeln.

Botanisk Have — BOTANISCHER GARTEN

Der Botanische Garten liegt oberhalb von Den Gamle By und ist auch von dort aus direkt erreichbar – oder über die Vesterbrogade. Im Garten sind momentan Umbauarbeiten im Gange: Ende 2012 soll dort ein architektonisch sehr interessantes Gewächshaus eröffnet werden.

Moesgård — MUSEUM, OUTDOOR

Moesgård, 10 km südlich des Zentrums, bietet herrliche Buchenwälder und Pfade zu Sandstränden. Mit sehr guten historischen Ausstellungen von der Steinzeit bis zur Epoche der Wikinger lockt das **Moesgård Museum** (www.moesmus.dk; Moesgård Allé 20; Erw./Kind 60 Kr/frei; ⏲April–Sept. 10–17 Uhr, Okt.–März Di–So 10–16 Uhr). Hauptattraktion ist der 2000 Jahre alte **Grauballe-Mann**, dessen gut erhaltener Körper 1952 bei dem Dorf Grauballe, 35 km westlich von Aarhus, gefunden wurde.

AARHUS IN ...

... zwei Tagen

Als Einstieg empfiehlt sich in der Altstadt der Besuch zweier Museen, die das alte und neue Dänemark repräsentieren: Das **ARoS** mit avantgardistischer Kunst und Kultur sowie das städtische Freilichtmuseum **Den Gamle By** zählen zu den Hauptattraktionen von Aarhus. Beim Abendessen oder einem Drink in einem der Straßenlokale am Åboulevarden kann man die vorbeiflanierenden Passanten beobachten. Hier tobt auch das Nachtleben der Stadt. Am nächsten Tag sollte das **Moesgård Museum** mit dem einzigartigen Grauballe-Mann auf dem Programm stehen. Anschließend seien ein Besuch der **Kathedrale** und ein Bummel durch das Univiertel empfohlen. Es dürfte kein Problem sein, ein passendes Restaurant oder Musiklokal zu finden.

... vier Tagen

Nach den zwei oben beschriebenen Tagen ist es gut, dem Beispiel der Einheimischen zu folgen und mit einem **kostenlosen Citybike** die Außenbezirke zu erkunden: **Marselisborg** im Süden oder **Risskov** im Norden. Bei warmem Wetter Badesachen nicht vergessen! Anschließend im neuen und angesagten Viertel **Frederiksbjerg** durch die Boutiquen bummeln und ein nettes Restaurant zum Abendessen wählen. Für den vierten Tag empfiehlt es sich, per Bahn oder Bus die Stadt zu verlassen und ein bisschen aktiv zu werden: So kann man die Wasserwege von **Silkeborg** erkunden oder die Strände und Freizeitparks von **Djursland**.

Die ausgezeichnete Ausstellung über den Grauballe-Mann kombiniert Geschichtsunterricht mit kriminologischer Analyse. Ist der Mann den Fruchtbarkeitsgöttern der Eisenzeit geopfert worden? Wurde er als Gefangener hingerichtet oder war er einfach ein Mordopfer? Wie auch immer, das gebrochene Bein und die klaffende Wunde im Nacken weisen darauf hin, dass der Grauballe-Mann um 290 v. Chr. (+/- 50 Jahre) eines gewaltsamen Todes gestorben ist. Die besonderen biochemischen Eigenschaften des Torfmoors haben seine Haut gegerbt und seinen Körper erstaunlich gut konserviert – bis hin zu den Haaren, Fingernägeln und den Resten seiner letzten Mahlzeit im Magen (Haferbrei mit Kräutern).

Ein reizvoller Pfad, der „Weg der Vorzeit" (*Oldtidsstien*), führt hinter dem Museum durch Felder mit Wildblumen, über Schafweiden und durch Buchenwälder bis zum **Moesgård Strand**, einem der besten Sandstrände von Aarhus. Der mit weißen Steinen markierte Weg passiert rekonstruierte Sehenswürdigkeiten wie Grabstätten und ein Haus aus der Eisenzeit. Das Museum hat eine Broschüre mit entsprechenden Erklärungen darüber. Hin und zurück sind es 4 km. Es gibt auch einen Bus, der vom Strand zurück in die Stadt fährt.

Die Endstation der Buslinie 18 (die tagsüber alle 30 Min. und sonntags stündl. fährt) befindet sich direkt am Museum. Der 31er-Bus fährt hingegen nur im Sommer und endet am Moesgård Strand. Mit dem eigenen Fahrzeug ist es eine schöne Fahrt durch die Wälder zum Museum; via Strandvejen nach Süden und dann den Schildern folgen.

In Moesgård wird zurzeit an einem spannenden neuen Ausstellungsbau gearbeitet. Die Eröffnung ist Mitte 2014 geplant.

Aarhus Domkirke — DOMKIRCHE

(www.aarhus-domkirke.dk; Bispetorv; Eintritt frei; ⌚Mai–Sept. Mo–Sa 9.30–16 Uhr, Okt.–April Mo–Sa 10–15 Uhr) Die Aarhus Domkirke ist dank eines luftigen Kirchenschiffs von fast 100 m Länge die längste Kirche Dänemarks. Die ursprüngliche romanische Kapelle am östlichen Ende stammt aus dem 12. Jh., der Rest der Kirche ist hingegen gotisch und wurde im 15. Jh. erbaut.

Wie auch andere dänische Kirchen, war die Kathedrale einst üppig mit **Fresken** verziert, die ungebildeten Bauern die biblischen Parabeln näherbringen sollten. Nach der Reformation im Jahr 1536 befanden die Kirchenoberhäupter, dass die Fresken zu römisch-katholisch aussähen und ließen sie weiß übertünchen. Inzwischen wurden viele jedoch wieder freigelegt und restauriert. Die Motive sind vielfältig und zeigen alles: vom märchenhaften hl. Georg beim Drachentöten bis hin zu Szenen aus dem Fegefeuer.

Ein Highlight ist der prachtvolle, fünfteilige **Flügelaltar**, den der berühmte Lübecker Holzschnitzer Bernt Notke im 15. Jh. geschaffen hat. Auf dem Hauptfeld ist links neben der Madonna mit dem Kind ein hagerer hl. Clemens zu sehen, der Patron der Kirche.

Weitere Sehenswürdigkeiten sind das **Taufbecken** aus Bronze von 1481, die reich verzierte **Renaissancekanzel** von 1588, die **prachtvolle Barockorgel** von 1730, die große Votivkapelle aus dem 18. Jh. und das **barocke Grabmal** in der Kapelle der Familie Marselis.

Vor Frue Kirke — KIRCHE

(Frue Kirkeplads; Eintritt frei; ⌚Sept.–April Mo–Fr 10–14, Sa 10–12 Uhr, Mai–Aug. Mo–Fr 10–14, Sa 10–14 Uhr) An der Vestergade erhebt sich die Vor Frue Kirke (Liebfrauenkirche). Mit ihrem mehrschichtigen Aufbau ähnelt sie einer russischen Matroschkapuppe. Hier ist kurz nach 1060 die erste Kathedrale von Aarhus errichtet worden. Damals hatte König Sweyn II. Dänemark in acht Diözesen unterteilt, um die Macht des Erzbischofs zu brechen, dem bis dahin die gesamte dänische Kirche unterstanden hatte. Eine dieser Diözesen war Aarhus.
Die Kathedrale aus rohen Steinblöcken und Travertin stand bis etwa 1240. Danach wurde sie durch die heutige Vor Frue Kirke ersetzt.

Der rote Ziegelbau ist im Inneren überwiegend weiß gekalkt. Nur an der Kanzel sind einige **Fresken** mit Wappen reicher Familien aus dem 14. Jh. zu sehen. Ein Meisterwerk ist die dreiteilige Altartafel von 1520 aus der Werkstatt von Claus Berg. Eine der größten Kostbarkeiten liegt jedoch unter der Kirche: die **Gewölbekrypta** der ursprünglichen Kathedrale. Sie ist die älteste erhaltene Kirche des Landes und wurde 1955 während einer Restaurierung entdeckt. Eine Treppe unterhalb der Kanzel führt in die düsteren und geheimnisvollen Gewölbe hinab.

Eine weitere Kapelle der Vor Frue Kirke weist Fresken aus dem frühen 16. Jh. auf. Sie ist über den Innenhof zu erreichen: nach Betreten der Hauptkirche die erste Tür links.

Einmal in diesem Viertel unterwegs, sollte man sich auf keinen Fall die nahe gelegene **Møllestien** entgehen lassen, die mit ihrem Kopfsteinpflaster, bunten Häuschen, Rosenranken und blühenden Malven konkurrenzlos die schönste Straße in Aarhus ist.

Kvindemuseet MUSEUM
(Frauenmuseum; www.kvindemuseet.dk; Domkirkeplads 5; Erw./Kind 45 Kr/frei; ⌚Di–So 10–16, Mi 10–20 Uhr, Juli/Aug. auch Mo) Dänemark gilt heute als Musterland der Gleichberechtigung, doch das ist nicht immer so gewesen. Die lebendige und ansprechende Ausstellung im alten Rathaus dokumentiert das Leben der Frauen in Dänemark und ihre hart errungenen Rechte. Ein wirklich erhellendes Museum – nicht nur für Frauen. Die interaktiven Ausstellungen in der Abteilung „Geschichte der Kindheit" werden auch Kinder begeistern. Ein hübsches Café gibt's hier auch.

Besættelsesmuseet MUSEUM
(www.besaettelsesmuseet.dk; Mathilde Fibigers Have 2; Erw./Kind 30 Kr/frei; ⌚Juni–Aug. Di–So 11–16 Uhr, Sept.–Mai Di, Sa & So 11–16 Uhr) Das kleine Museum, das sich der deutschen Besetzung Dänemarks im Zweiten Weltkrieg widmet, befindet sich in einem Gebäude, das die Deutschen damals als Gefängnis und für Verhöre nutzten. Der Eingang ist gleich hinter dem Kvindemuseet. Es zeigt Militärausrüstung sowie Propagandamaterial der Nazis und Dänen und bietet Einblick in den Kriegsalltag. Die Erklärungen sind zwar auf Dänisch, aber am Eingang erhält man einen englischsprachigen Führer.

GRATIS **Vikingemuseum** MUSEUM
(Sankt Clements Torv 6; ⌚Mo–Fr 10–16, Do 10–17.30 Uhr) Der Keller der Nordea Bank, nur einen Steinwurf von der Kathedrale entfernt, birgt mehr als die üblichen Tresorräume. Bei Grabungsarbeiten Mitte der 1960er-Jahre wurden hier faszinierende Stücke aus der Wikingerzeit gefunden. Zu sehen sind ein Skelett, ein rekonstruiertes Haus, 1000 Jahre alte Zimmermannswerkzeuge und Töpfereien sowie Fotos von den Ausgrabungen. Es ist nur während der Öffnungszeiten der Bank zugänglich. Zutritt durch den Eingang zur Bank, dann links die Treppe hinunter.

Aarhus Rådhus ARCHITEKTUR
(Rådhuspladsen) Das umstrittene Rathaus von Aarhus stammt vom Reißbrett des Architekten Arne Jacobsen, Pionier des dänischen Modernismus. Der 1942 fertiggestellte Bau ist mit norwegischem Marmor verkleidet und sieht vor allem grau aus. Viele der Innenräume wurden (gemeinsam mit Verner Panton) ebenfalls von Jacobsen entworfen und sind schon einen Blick wert.

Im Juli und August hat **VisitAarhus** (www.visitaarhus.com) für 50 Kr eine wöchentliche Tour des Rathauses im Angebot (auf Dänisch und Englisch). Zweimal die Woche kann man auch auf den Turm steigen (40 Kr). Die Zeiten hierfür variieren; Details stehen auf der Website.

Universitätscampus UNIVERSITÄT, MUSEEN
Die typischen gelben Klinkerbauten der Universität Aarhus stehen in und um den Universitetsparken (Universitätspark) nördlich der Innenstadt. Im Juli und August gibt's einmal pro Woche bei **VisitAarhus** (www.visitaarhus.com) eine zweistündige Führung (75 Kr) über den Campus in englischer Sprache.

Im Universitetsparken befinden sich zwei Museen, die für die Öffentlichkeit zugänglich sind. Die Universität wird u. a. von den folgenden Buslinien angefahren: 1a, 12, 13, 14 und 18 (an der Nørrebrogade aussteigen).

Das **Naturhistorisk Museum** (www.naturhistoriskmuseum.dk, auf Dänisch; Wilhelm Meyers Allé 210; Erw./Kind 50 Kr/frei; ⌚Sa–Do 10–16, Fr 10–14 Uhr) befasst sich mit der Entwicklung der Geografie Dänemarks seit der letzten Eiszeit und besitzt eine umfangreiche Sammlung von ausgestopften Tieren aus aller Welt.

Das **Steno Museet** (www.stenomuseet.dk; CF Møllers Allé 1100; Erw./Kind 30 Kr/frei; ⌚Di–Fr 9–16, Sa & So 11–16 Uhr) informiert über die Geschichte der Wissenschaft und Medizin (das

MEHR ERLEBEN – WENIGER BEZAHLEN

Für alle, die an den städtischen Attraktionen interessiert sind, ist die **AarhusCard** eine lohnende Investition. Sie ist am Busbahnhof und in den meisten Unterkünften erhältlich (Erw./Kind 24 Std. 119/59 Kr, 48 Std. 149/69 Kr) und erlaubt unbegrenzte Nutzung der Stadtbusse sowie kostenlosen oder ermäßigten Eintritt zu den meisten Sehenswürdigkeiten von Aarhus.

In der Universitätsstadt kann auch ein internationaler oder nationaler Studentenausweis sehr hilfreich sein. Pubs, Restaurants, Museen etc. bieten oft Ermäßigungen für Studenten.

AARHUS FÜR KINDER

Aarhus, wie überhaupt ganz Jütland, ist ein ausgesprochen familienfreundliches Reiseziel (nähere Infos zu Reisen mit Kindern in Dänemark siehe S. 30). Der Eintritt in die meisten Museen ist für Kinder kostenlos. Damit Eltern nicht unter Zeitdruck stehen, weil ihre Kids anfangen sich zu langweilen, bieten fast alle Museen spezielle Abteilungen und Aktivitäten für die Kleinen an. Außerdem gibt es Attraktionen (z. T. in der nahen Umgebung), die ganz auf Familien zugeschnitten sind: z. B. Tivoli Friheden in Aarhus (s. rechts), die Parks von Djursland (S. 245), Randers (S. 259) und natürlich Legoland (S. 256). Letzteres ist 100 km von Aarhus entfernt und daher manchen vielleicht zu weit für einen Tagesausflug.

Weitere Pluspunkte für stressfreies Reisen: Viele Hotels bieten Familienzimmer (gut sind vor allem Danhostel Aarhus, Cab Inn und Aarhus City Apartments), fast alle Restaurants haben ein *børnemenu* (Kindermenü), Natur und Strände sind sanft und kinderfreundlich und Bikes 4 Rent (S. 243) vermietet auch Kinderräder und -fahrradsitze. Also nichts wie her mit dem Nachwuchs!

ist interessanter, als es klingt) und umfasst einen Kräutergarten und ein kleines Planetarium.

Marselisborg OUTDOOR, SCHLOSS

Etwa 2 km südlich der Stadt beginnt ein Grüngürtel, der sich fast 10 km Richtung Süden erstreckt und auch an der Küste entlangführt – ideal für Spaziergänge und Radtouren. Er umfasst drei Bereiche: Marselisborg im Norden, Moesgård in der Mitte und Fløjstrup im Süden, benannt nach den Landgütern, zu denen sie einst gehörten.

Im nördlichen Waldgebiet liegen der Vergnügungspark Tivoli Friheden, die Jysk Væddeløbsbane (Trabrennbahn) und der Sportkomplex Atletion mit mehreren Stadien.

Schloss & Park Marselisborg (Kongevejen 100) ist eine Sommerresidenz der Königsfamilie. Solange das Schloss nicht bewohnt ist, sind die Außenanlagen im englischen Stil und der Rosengarten für Besucher geöffnet (Eintritt frei). Ist ein Angehöriger des Königshauses anwesend, können Besucher um 12 Uhr von einem Aussichtspunkt an der Straße die Wachablösung beobachten. Zum Schloss fahren Busse der Linien 1, 18 und 19.

1,5 km südöstlich des Schlosses liegt der **Dyrehaven** (Hirschpark). Wie sein Name vermuten lässt, beherbergt er zahlreiche Hirsche (aber auch Wildschweine). Bei sonnigem Wetter ist der bewaldete Park ideal für einen Spaziergang.

Tivoli Friheden THEMENPARK

(www.friheden.dk; Skovbrynet; Erw./Kind 75/55 Kr; ⏲Mitte April–Sept.) Der Tivoli von Aarhus ist längst nicht so groß und phantastisch wie der von Kopenhagen, aber trotzdem ein beliebtes Familienziel und eine schöne Abwechslung nach den kulturlastigen Museen. Er bietet traditionelle Attraktionen wie Autoscooter und Riesenrad, aber auch schnellere, moderne Anlagen. Neben Einzelfahrscheinen gibt es Kombitickets für mehrere Betriebe (Erw./Kind 205/185 Kr inkl. Eintritt).

Der Park liegt am Nordrand des Waldes von Marselisborg und ist mit der Buslinie 16 zu erreichen. Die Öffnungszeiten sind sehr unterschiedlich (im Hochsommer täglich bis 23 Uhr, sonst zeitweise nur an Wochenenden bis 19 Uhr); aktuelle Infos auf der Website.

Aktivitäten

Am besten lassen sich die herrlichen Landschaften um Aarhus zu Fuß oder per Fahrrad erkunden. Rad- und Wanderwege durchziehen den Grüngürtel südlich der Stadt.

Schlittschuhlaufen

Wer in der kalten Jahreszeit hier ist, kann schon mal die Kufen schleifen: Von Dezember bis März wird der Bispetorvet (der Platz neben der Kathedrale) in eine kostenlose **Eislaufbahn** verwandelt (Schlittschuhverleih 40 Kr).

Strände

Familienfreundliche Strände mit sauberem und ruhigem (aber oft kaltem) Wasser liegen am Rand der Stadt. Zu den beliebtesten im Norden gehören die traditionellen Seebäder **Den Permanente** in Risskov, nahe dem Hostel. Noch etwas weiter nördlich liegt das ebenfalls beliebte **Bellevue** (4 km nördlich der Stadt; Anfahrt mit Buslinien 17 und 20).

Im Süden dehnt sich der **Moesgård Strand** (7 km vom Zentrum, Buslinie 31) aus. Den Permanente zieht in erster Linie die Jugend an, während Familien eher zum Moesgård gehen.

Geführte Touren

Außerhalb der sommerlichen Hochsaison muss sich jeder selbst durch die Stadt führen.

Geführte Stadtrundgänge RUNDGÄNGE
(☎87 31 50 10; www.visitaarhus.com; 1-/2-std. Führung 50/75 Kr) Im Juli und August bietet VisitAarhus in begrenztem Umfang geführte Touren zu verschiedenen Sehenswürdigkeiten und mit einem bestimmten Thema (z. B. Stadtgeschichte oder Architektur). Da die Anfangszeiten und Treffpunkte variieren, ist es sinnvoll, sich vor der Anreise oder nach der Ankunft genauer zu informieren.

Aarhus City Sightseeing BUSRUNDFAHRT
(☎52 14 66 05; www.citysightseeing.dk; 1-/2-Tageskarte Erw. 125/150 Kr, Kind 65/75 Kr) Von Ende Juni bis Anfang/Mitte August befährt dieser Doppeldeckerbus mit freiem Zustieg zwei Strecken mit zwölf Haltestellen in der ganzen Stadt. Abfahrt ist an der Park Allé vor dem Rathaus.

Festivals & Events

Spot Festival MUSIK
(www.spotfestival.dk) Das jährliche Event (Mai/Anfang Juni) bringt junge dänische und nordische Talente auf die Bühne. Fast alle Spielarten der Popmusik sind in und um das Musikhuset (S. 240) zu hören.

Sculpture by the Sea KULTUR
(www.sculpturebythesea.dk) Das Festival findet an ungeraden Jahren im Juni statt. Es dauert den ganzen Monat und verwandelt die südliche Strandpromenade in eine Freiluftgalerie: am (und im) Wasser werden etwa 65 Skulpturen dänischer und ausländischer Künstler ausgestellt.

NorthSide Festival MUSIK
(www.northside.dk) Das neue Musikfestival findet Mitte Juni im Stadtzentrum statt und macht allmählich ziemlich von sich reden: 2011 fanden viele das Programm sogar besser als das des Roskilde Festivals.

Aarhus Jazz Festival MUSIK
(www.jazzfest.dk) Das Jazz Festival findet Mitte Juli statt und dauert eine Woche. In verschiedenen Theatern und Cafés sowie auf öffentlichen Plätzen treten namhafte dänische und internationale Künstler auf.

Wikinger Moot KULTUR
(www.moesmus.dk) Der Wikingermarkt wird Ende Juli in Moesgård abgehalten und bietet Kunsthandwerk, Essen und Reitveranstaltungen. Außerdem kämpfen Wikinger aller Nationalitäten gegeneinander.

Aarhus Festival KULTUR
(www.aarhusfestival.com) Ende August putzt sich die Stadt extraschick heraus, wenn das Aarhus Festival zehn Tage lang mit Musik, Essen, Kurzfilmen, Theater, bildenden Künsten und Events im Freien (viele davon kostenlos) alle Altersgruppen zur Party ruft. Die Veranstaltungen sind über das gesamte Stadtgebiet verteilt.

Schlafen

Dänemarks zweitgrößte Stadt bietet überraschend wenig Unterkünfte. Wer etwas Besonderes sucht, sollte die Hotels der großen Ketten meiden und versuchen, zeitig ein günstiges Zimmer in einem der Boutiquehotels zu ergattern.

In der Rubrik „Unterkünfte" der Website **VisitAarhus** (www.visitaarhus.com) sind Privatzimmer und private Apartments aufgelistet. Viele sind zentral gelegen und günstig.

Achtung: Falls in den nachfolgenden Beschreibungen die Rede von Parkplätzen ist, sind sie selten kostenlos.

LP TIPP **Hotel Guldsmeden** BOUTIQUEHOTEL €€
(☎86 13 45 50; www.hotelguldsmeden.dk; Guldsmedgade 40; EZ/DZ ohne Bad 775–975 Kr, mit Bad 1195–1325 Kr; @ 📶) Ein hervorragender Tipp: sympathisches Personal, Zimmer im französischen Kolonialstil mit Perserteppichen und Hartholzparkett, Himmelbetten mit weicher, schneeweißer Bettwäsche, eine Oase von einem Garten und ein zwangloses und doch elegantes Ambiente. Auffällig ist die Liebe zum Detail, z. B. besteht das Frühstück überwiegend aus biologischen Zutaten und das Hotel bietet seinen Gästen eine eigene Auswahl biologischer Toilettenartikel. Guldsmed kann übrigens auf Dänisch sowohl „Goldschmied" als auch „Libelle" bedeuten – was das wiederkehrende Libellenmotiv im Dekor erklärt.

Villa Provence BOUTIQUEHOTEL €€
(☎86 18 24 00; www.villaprovence.dk; Fredens Torv 12; EZ/DZ/Suite ab 1095/1295/2200 Kr; P 📶) Bietet elegante Zimmer, individuell im provenzalischen Stil ausgestattet, für reifere, wohlhabende Gäste. Die Suiten sind groß und wirklich schön. Normale Zimmer sind

kleiner, aber mit der gleichen Liebe zum Detail ausgestattet. Alle bieten Flachbild-TV, französische Bettwäsche und echte französische Filmplakate. Neben dem Gourmetfrühstück hat uns vor allem der Hof mit blühenden Topfpflanzen und märchenhaft beleuchteten Linden beeindruckt.

Hotel Ferdinand BOUTIQUEHOTEL €€
(☎87 32 14 44; www.hotelferdinand.dk, auf Dänisch; Åboulevarden 28; DZ Studio/Suite ab 1150/1300 Kr; WLAN) Das Ferdinand steht mitten im Geschehen und hat im Erdgeschoss zudem eine tolle französische Brasserie. Darüber sind acht Suiten (alle groß und luxuriös), im Haus nebenan noch fünf schicke Studioapartments mit voll ausgestatteter Küche, Waschmaschine und Balkon mit Blick auf die Åboulevarden.

Møllestien Cottages FERIENHÄUSER €€
(☎86 13 06 32; www.house-in-aarhus.com; Møllestien 49 & 51; DZ 800–900 Kr) Møllestien ist fraglos die schönste Straße von Aarhus: vollständig gepflastert und gesäumt von malerischen Häuschen und blühenden Gärten voller Stockrosen. Ein Töpfer vermietet hier zwei nebeneinanderliegende, romantische Ferienhäuser für einen zauberhaften Aufenthalt. Die kleinen, gemütlichen Häuschen sind voll ausgestattet und bieten einen Hof, eine Küche, ein Wohnzimmer und ein Bad (das billigere ist etwas rustikaler); Vorsicht: steile Treppe in den oberen Stock! Zeitig buchen. Bei einmaliger Übernachtung gibt's einen Aufpreis von 300 Kr.

Havnehotellet HOTEL €
(www.havnehotellet.dk; Marselisborg Havnevej 20; Zi. inkl. Frühstück 550 Kr; P WLAN) Ikea lässt grüßen – die preiswerten Zimmer des Hafen-Hotels sind zweckmäßig und angenehm zugleich eingerichtet. Der Haken an der Sache? Nun, ein Hotel ohne Empfangspersonal hat schon etwas Unpersönliches. Alle Buchungen laufen über das Internet (daher gibt's keine Telefonnummer) und auch der Check-in ist voll computerisiert. Das Hotel liegt 1,5 km südlich des Zentrums (nahe dem Strandvejen; Buslinie 5A oder 19) und nur einen Spaziergang von Marselisborg entfernt. Gleich vor der Haustür locken ein paar Restaurants, außerdem gibt es einen kostenlosen Parkplatz. Tipp: Die Zimmer im 1. Stock *(1. sal)* sind besser, weil etwas privater, als die im Erdgeschoss. Ab der zweiten Übernachtung wird der Preis günstiger.

Danhostel Aarhus HOSTEL €
(☎86 21 21 20; www.aarhus-danhostel.dk; Marienlundsvej 10, Risskov; B 200 Kr, Zi. mit/ohne Bad ab 570/456 Kr; ⌚Rezeption 8–12 & 8–20 Uhr; P @ WLAN) Das Hauptgebäude dieses Hostels ist bildschön: Es umfasst einen großen, achteckigen Raum, der früher als Tanzsaal genutzt wurde und heute als Frühstücksraum dient. Die Unterkünfte sind einfach, aber hell und der Zimmerpreis bleibt fast das ganze Jahr über gleich, egal ob eine oder vier Personen darin schlafen. Das Hostel liegt 3 km nördlich des Zentrums in einem herrlichen Wald nahe dem Strand von Den Permanente. Wer mit eigenem Fahrzeug anreist, folgt Havnegade und Kystvejen nach Norden. Wer den Bus nimmt (Linie 5A, 7 oder 20), muss anschließend auf dem Marienlundsvej noch 300 m nach Osten gehen. Das Frühstück kostet 59 Kr, Parken gar nichts.

Cab Inn Aarhus HOTEL €€
(☎86 75 70 00; www.cabinn.com; Kannikegade 14; EZ/DZ/3BZ/FZ ab 485/615/805/935 Kr; P @ WLAN) „Billig und luxuriös" lautet das Motto dieser Kette. Nun ja – es ist eben alles relativ. Billig? Für die Verhältnisse einer großen, skandinavischen Stadt wohl schon. Und luxuriös? Das scheint etwas übertrieben. Aber die kleinen, zweckmäßigen Zimmer sind hell und gemessen am Preis durchaus gut ausgestattet (alle mit WLAN, Bad, Wasserkocher, Telefon und TV). Sie ähneln Schiffskabinen; daher der Name. Die Lage ist super: Åboulevarden und Kathedrale liegen praktisch vor der Haustür. Das Frühstück kostet 50 Kr.

City Hotel Oasia HOTEL €€
(☎86 13 45 87; www.hoteloasia.dk; Kriegersvej 27; DZ wochentags/Wochenende 1195/975 Kr; P @ WLAN) Das Oasia setzt eindeutig auf minimalistischen Stil. Daran lassen die hellen, modernen Zimmer, klaren Linien und erstklassige skandinavische Ausstattung (Betten von Hästens, TV von Bang & Olufsen, Designerstühle) kaum einen Zweifel. Günstig in Bahnhofsnähe gelegen.

Hotel Royal HOTEL €€€
(☎86 12 00 11; www.hotelroyal.dk; Store Torv 4; EZ/DZ 1495/1850 Kr; P WLAN) Wer glaubt, dass alle dänischen Spitzenhotels in dezent skandinavischem Stil ausgestattet sind, wird hier eine ziemliche Überraschung erleben. Vom Säulenportal über die Empfangshalle mit Kronleuchtern bis zu den üppigen Wandmalereien wirkt alles eher etwas protzig. Aber auch irgendwie schön. Uns haben besonders die Rezeption mit integriertem Aqua-

rium und die Farbgestaltung beeindruckt. Die Zimmerausstattung ist passenderweise ebenfalls verschwenderisch (mit Bädern in Weiß und Gold).

City Sleep-In HOSTEL €
(☎86 19 20 55; www.citysleep-in.dk; Havnegade 20; B 170 Kr, DZ mit/ohne Bad 500/440 Kr; ⏱Rezeption 8–11 & 16–21 Uhr; @ 📶) Die zentralste Budgetunterkunft hat kleine, schlichte Zimmer. Schöner sind die Gemeinschaftsbereiche, z. B. der hübsche Innenhof oder das TV-Zimmer im 1. Stock. Das Personal ist hilfsbereit, das Feeling weltoffen und die Ausstattung gut (kostenloses WLAN, Schließfächer, Küche, Billardtisch, Waschsalon). Die Doppelzimmer sind allerdings ganz schön teuer; wer auch noch Bettzeug (50 Kr) und Handtuch (20 Kr) braucht, kann sich eigentlich auch gleich nach den billigeren Mittelklassehotels umsehen. Das Frühstück kostet 65 Kr.

Blommehaven Camping CAMPINGPLATZ, HÜTTEN €
(☎86 27 02 07; www.blommehaven.dk; Ørneredevej 35, Højbjerg; Erw./Kind/Stellplatz 75/46/45 Kr; ⏱Ende März–Ende Okt.; P @) Der große Campingplatz am Strand liegt 6 km südlich des Stadtzentrums im schönen Marselisborger Wald auf dem Weg nach Moesgård. Er ist sehr familienfreundlich ausgestattet und hat auch einfache Hütten (625 Kr) im Programm. Mit dem Auto erreicht man den Campingplatz auf dem Strandvejen Richtung Süden. Ansonsten fährt auch die Buslinie 18 (im Sommer auch die 31) hin.

Aarhus City Apartments APARTMENTS €€
(☎86 27 51 30; www.hotelaca.dk; Fredensgade 18; DZ/Studio/Apt. ab 799/969/1169 Kr; P 📶) Dieser dreistöckige, dunkelgraue Wohnblock, der moderne Zimmer, Studios und Apartments bietet, ist perfekt für Familien und alle, die einen längeren Aufenthalt planen. Alle Unterkünfte haben eine Küche (die Studios eine Kochnische), Kabel-TV und WLAN. Eine Rezeption gibt es nicht; Gäste müssen vorher reservieren und werden zum vereinbarten Zeitpunkt empfangen. Kurzaufenthalte sind teuer. Die oben genannten günstigen Preise gelten ab einem Aufenthalt von drei Nächten.

Essen

Am Åboulevarden findet man die typischen Restaurants und Cafés. Interessanter wird's dagegen im Studentenviertel (wo es sehr gute Bistros gibt), an der Skolegade bzw. deren Verlängerung, der Mejlgade (Letztere hat ein paar tolle Budgetoptionen) und rund um MP Bruuns Gade und Jægergårdsgade im coolen Frederiksbjerg (südlich des Bahnhofs).

Bei den Restaurants mit Telefonnummer ist Reservierung angeraten.

LP TIPP **Klassisk 65 Bistro & Vinbar** FRANZÖSISCH-DÄNISCH €€
(☎86 13 12 21; Jægergårdsgade 65; Hauptgerichte 135–205 Kr, So Brunchbuffet 185 Kr; ⏱tgl. abends, So Brunch) Dieser liebevoll-trashige Laden besitzt viel rustikalen Charme und ist immer voll besetzt. Die Einrichtung besteht aus einem ausgesuchten Sammelsurium von Möbeln und Geschirr sowie Regalen voller Wein. Die Einheimischen schätzen die *hyggelige* (gemütliche), großzügige Atmosphäre und die günstigen Preise. Die Karte bietet französische Landküche mit dänischen Einflüssen; sehr zu empfehlen ist das dreigängige Tagesmenü für 280 Kr.

LP TIPP **Nordisk Spisehus** MODERN DÄNISCH €€€
(☎86 17 70 99; www.nordiskspisehus.dk; MP Bruuns Gade 31; Hauptgerichte 220 Kr, Wochenende Brunchbuffet 149 Kr; ⏱Mo–Fr mittags, tgl. abends, Sa & So Brunch) Die Betreiber des hochgelobten Malling & Schmidt haben nun auch dieses erschwinglichere Lokal in der Stadt eröffnet, das ein günstiges Drei-Gänge-Menü für 300 Kr anbietet. Das schlichte, elegante Restaurant serviert regionale Leckerbissen wie Kalb aus Weidehaltung, nordischen Käse und Miesmuscheln aus dem Fjord. Besonders zu empfehlen ist der hausgeräucherte Lachs, der direkt am Tisch durch einen letzten Hauch Heurauch unter einer gläsernen Glocke noch das letzte i-Tüpfelchen erhält.

LP TIPP **Kähler Spisesalon** MODERN DÄNISCH €€
(MP Bruuns Gade 33; Brunchbuffet am Wochenende 130 Kr, 3-Gänge-Abendmenü 275 Kr; ⏱Frühstück, mittags & abends) Dieses neue Restaurant besitzt eine wunderschöne Innenausstattung aus Pflanzen, Lampen, Spiegeln und Keramik, die man selbst gern hätte (von Kähler, einer 170 Jahre alten Traditionstöpferei, die praktischerweise gleich an der Hausnummer 41 einen Laden hat). Ganz gleich zu welcher Tageszeit – hier ist es immer klasse. Unter der Woche gibt's ein günstiges Frühstücksbuffet (55 Kr), der Kaffee ist hervorragend und die kunstvolle Neuerfindu

des klassischen Smørrebrød (belegtes Brot) himmlisch.

Malling & Schmidt MODERN DÄNISCH €€€
(☎86 17 70 88; www.mallingschmidt.dk; Grenåvej 127; 3/5/8 Gänge 350/695/995 Kr; ⌚Di–Sa abends) Das Lokal des angesehenen Starkochs Thorsten Schmidt gehört zu den Top-Adressen in Aarhus. An dieser neuen Adresse, 4 km vom Stadtzentrum entfernt, zaubert Schmidt mit seinem Team kulinarische Kunstwerke, wobei die nordische Küche raffinierte Neuinterpretationen erfährt und saisonale Zutaten aus der Region Priorität haben. So besteht das sommerliche Drei-Gänge-Menü mit dem schönen Namen „Taste of the North" beispielsweise aus einer Hummervorspeise, einem Hauptgang aus Waldochsenfleisch und einem Nachtisch aus Sommerbeeren. Reservierung erforderlich.

Oli Nico INTERNATIONAL €
(Mejlgade 35; Klassische Gerichte 50–105 Kr, 2-/3-Gänge-Menü 85/115 Kr; ⌚mittags & abends) Wer einen der heiß begehrten Tische im kleinen Delikatessenlokal Oli Nico will, braucht Kampfgeist. Die klassische Speisekarte ist erstaunlich günstig (z. B. *moules-frites* 60 Kr oder Ribeye-Steak 105 Kr, beides mit handgeschnittenen Pommes!) und das täglich wechselnde Drei-Gänge-Menü ist möglicherweise das bestgehütete Geheimnis von Aarhus.

Globen Flakket INTERNATIONAL €€
(Åboulevarden 18; Hauptgerichte abends 116–195 Kr; ⌚Frühstück, mittags & abends) Das lebhafte Lokal am Fluss zieht ein gemischtes Publikum an und ist zu jeder Tageszeit eine gute Wahl. Neben der hitverdächtigen Speisekarte mit Burger, Pasta und Co. haben auch die günstigen Buffets magnetische Wirkung (wochentags Frühstück/Mittag 30/92 Kr, Wochenende Brunch 102 Kr, nachmittags Kuchen 28 Kr, Fr & Sa Abend 148 Kr).

LYNfabrikken CAFÉ €
(www.lynfabrikken.dk; Vestergade 49B; Gerichte 27–98 Kr; ⌚Mo–Sa 9–18 Uhr; WLAN) Hier hängen nicht nur die kreativen Typen mit ihren iBooks ab. Im 3. Stock dieses Designstudios befindet sich auch ein lebhaftes Café, bestens geeignet für einen Brunch. Serviert werden auch Tapasteller (nach dem Motto: von allem etwas) oder Kaffee zum kostenlosen WLAN. An schönen Tagen kann man auch unten im Innenhof sitzen.

Sct Oluf FRANZÖSISCH €
(Mejlgade 33; mittags 45 Kr, abends 2-/3-Gänge-Menü 135/145 Kr; ⌚mittags & abends) In dieser rustikalen Brasserie sind die Preise gut und die Portionen großzügig. Eine Speisekarte gibt es nicht, nur das einfache Konzept des kleinen Franzosen: Vorspeise, Hauptgericht (meist mit Auswahl zwischen Fleisch oder Fisch) und Nachtisch oder Käse, alles mit Betonung auf frische Saisonzutaten.

Brasserie Ferdinand FRANZÖSISCH €€
(☎87 32 14 44; www.hotelferdinand.dk; Åboulevarden 28; mittags 95–235 Kr, abends 135–235 Kr; ⌚Mo–Sa mittags & abends) In dieser schicken französisch-dänischen Brasserie am Kanal werden nur regionale, saisonale Biozutaten verarbeitet. Auf der Speisekarte steht ein günstiges Vier-Gänge-Menü (375 Kr); gute Standards sind auch die in der Pfanne gebratene Gänseleber und das klassische Tatar.

Raadhuus Kafeen TRADITIONELL DÄNISCH €€
(Sønder Allé 3; smørrebrød 69–105 Kr, Hauptgerichte abends 115–195 Kr; ⌚mittags & abends) Die trendigen Uferlokale sind ja gut und schön, aber typisch dänisch ist die Küche dort nicht gerade. Wer das sucht, der ist in diesem klassischen, mit Holz ausgekleideten Restaurant richtig. Es bietet traditionell dänische Küche vom Heringsteller bis zum *pariserbøf* (gekochtes Tatar) – und mittags 101 Smørrebrød-Varianten.

Forlæns & Baglæns TAPAS €€
(Jægergårdsgade 23; Tapas 94–135 Kr; ⌚Di–Sa mittags & abends) Es ist nicht ganz einfach, in diesem beliebten, kleinen Lokal einen Tisch zu bekommen, in dem Tapas und Cocktails serviert werden.
Abends werden unter bunten Lichtinstallationen, die von der Decke hängen, Leckerbissen wie spanische Fleischklößchen und gegrillte Riesengarnelen serviert.

Casablanca CAFÉ €€
(Rosensgade 12; Gerichte 90–155 Kr; ⌚Mo–Sa Frühstück, mittags & abends) Dieses versteckte Kleinod im Studentenviertel hat Charme ohne Ende.

Café Svej DÄNISCH €€
(Åboulevarden 22; Hauptgerichte abends 158–195 Kr; ⌚Frühstück, mittags & abends) Unter den Lokalen am Åboulevarden, die sich irgendwie alle ähnlich sind, sticht das Svej durch seine traditionell dänischen Spezialitäten hervor.

Selbstversorger

Supermärkte haben i. d. R. Montag bis Freitag von 9 bis 20 oder 21 und am Samstag von 8 bis 18 oder 19 Uhr geöffnet. Die hauseigenen Bäckereien beginnen um 7 Uhr mit dem Verkauf. Die Öffnungszeiten an Sonntagen sind etwas verwirrend; manche Supermärkte haben entweder am ersten oder am letzten Sonntag im Monat geöffnet (oder beides).

An der MP Bruuns Gade 55 und an der Guldsmedsgade 3 ist jeweils eine Filiale von Føtex Food ansässig. Das Einkaufszentrum **Kvickly** (MP Bruuns Gade) in der Bruun's Galleri hat einen Zugang vom Bahnhof aus.

Bauernmarkt BAUERNMARKT €

(Ingerslev Blvd; ⌚Mi & Sa 8–14 Uhr) Dieser farbenfrohe Bauernmarkt in unserem Lieblingsstadtviertel Frederiksbjerg verkauft Obst, Gemüse, Blumen, Fisch, Käse usw.

Ausgehen

Die zahlreichen Studenten der Stadt sorgen dafür, dass ab Donnerstag alle Bars voll sind. Einige Straßen sind fast durchgehend gesäumt von Bars und Kneipen. Am Åboulevarden liegen vor allem die schicken Restaurant-Bars, in denen modebewusste Gäste ein- und ausgehen. Einige davon findet man auch an der nahen Skolegade, an der sonst mehr die gemütlichen Kneipen und Kellerbars liegen. An der Frederiksgade drängen sich zahllose englische und irische Pubs, die mit billigem Bier (½ l Carlsberg für 25 Kr), Livemusik und Jamsessions, TV-Sportübertragungen, Quizwettbewerben (meist auf Englisch) und Karaoke werben.
Auch einige der im Abschnitt „Essen" empfohlenen Lokale eignen sich zum Ausgehen.

Strandbaren BAR

(www.strandbaren2011.dk, auf Dänisch; Dagmar Petersens Gade 101; ⌚ Mai–Sept. Do–So ab 11 Uhr) Man nehme: Frachtcontainer, einen Haufen Sand und ein schönes Fleckchen am Hafen – fertig ist die Strandbar. Diese chillige Bar in Nordhavnen (nordöstlich der Kathedrale, jenseits des Fährhafens) hat Essen, Drinks, Flirts und diverse wetterabhängige Events zu bieten: Beachvolleyball, Zumba-, Yoga- und Tangostunden, Konzerte usw. Zeit und Ort stehen auf der Website und können sich aufgrund der Bauarbeiten am Hafen und der schicken, neuen Wohnblocks, die hier entstehen, von Jahr zu Jahr ändern. Wer her will, braucht allerdings ein Auto oder Fahrrad.

Løve's Bog- & Vincafé CAFÉ-BAR

(Nørregade 32; ⌚Mo–Mi 9–18, Do/Fr 9–24, Sa 10–24, So 10–17 Uhr) Dieses kuschelige „Buch- und Weincafé" ist voller Bücherregale, alter Möbel und einer Klientel, die nicht ohne Lesestoff oder Laptop auftaucht. Dichterlesungen und Jazzbands stehen auf dem Programm und die Gerichte der kurzen, einfachen Speisekarte geben Kraft fürs Weiterbüffeln.

Sigfred's Kaffebar KAFFEEBAR

(Ryesgade 28; ⌚Mo–Sa) Sigfred's hat möglicherweise den allerbesten Kaffee in ganz Jütland – gebraut von erstklassigen *baristas* und getrunken von treuen Stammgästen. Dazu gibt's z. B. Blätterteigteilchen oder italienische *panini*.

Under Masken BAR

(Bispegade 3; ⌚12–14 Uhr) Die exotischen Masken an Wänden und Decke mögen finster und furchterregend blicken, doch die „Eingeborenen" in diesem sympathischen Kellerpub sind freundlich. Selbst aus den Aquarien glotzen hier Skulpturen. Die Atmosphäre ist zwanglos und unprätentiös. Essen gibt's keins.

Sidebar BAR

(Skolegade 21; ⌚Mo–Sa ab 16 Uhr) Diese Bar lohnt sich wegen der riesigen Cocktailkarte, dem smoothen Lounge-Ambiente mit DJs und der bis Mitternacht geöffneten Küche.

Café Gemmestedet CAFÉ-BAR

(Gammel Munkegade 1; ⌚10 Uhr–open end) Diese unkonventionelle Café-Bar ist ein gemütliches Durcheinander aus Kronleuchtern, Kerzen, Brettspielen und Klavier und bekannt für die verrückten Cocktailnamen (wie wär's z. B. mit „Als Kathrin schon groß war und sich immer noch ein Pony wünschte"?). Außerdem gibt's leckeres türkisch angehauchtes Essen und hin und wieder Jazz.

Sherlock Holmes Pub PUB

(www.sherlock-holmes.dk; Frederiksgade 76D; ⌚ab 12 oder 13 Uhr) Ein typisch englisches Pub für Regentage (also ideal für dänisches Wetter): dämmerig und gemütlich, mit Livemusik, Karaoke, Fußballübertragungen und Jamsessions am Donnerstagabend. Das **Golden Lion** nebenan serviert gutes englisches Pub-Essen. Etwas weiter die Straße entlang sind die beliebten Irish Pubs **Tir na Nog** (Hausnummer 40) und **Waxies** (Hausnummer 16).

✩ Unterhaltung

Clubs

Train LIVEMUSIK, CLUB

(www.train.dk; Toldbodgade 6; ⌚Club Fr & Sa ab ca. 23.30 Uhr) Die Nummer eins der Clubs in Aarhus ist in erster Linie ein Konzertveranstalter mit Auftritten an zwei Abenden pro Woche. Über die Jahre haben hier namhafte internationale Künstler gespielt. Freitags und samstags ist das Train ein Club mit bekannten DJs und Platz für bis zu 1600 Gäste. Freitags liegt das Mindestalter für den Club bei 21, samstags bei 23 Jahren; der Eintrittspreis variiert. Teil des Komplexes sind außerdem das Restaurant **Perron** (Bahnsteig) und der peppige Loungeclub **Kupé** (Abteil).

Social Club CLUB

(www.socialclub.dk; Klostergade 34; Eintritt 20–40 Kr, mit Studentenkarte vor 2 Uhr frei; ⌚Do 23, Fr & Sa ab 24 Uhr) Der stets gut gefüllte, schweißtreibende Tanzclub ist ganz auf Studenten ausgerichtet – und zieht diese auch in Scharen an. Billige Shots, Zwei-für-eins-Angebote und diverse Alkoholika halten den Laden in Schwung.

Kino

Kinokarten kosten zwischen 65 und 80 Kr; tagsüber ist es billiger. Zeiten stehen auf der Website www.kino.dk (auf Dänisch).

BioCity Aarhus KINO

(Sankt Knuds Torv 15) Zeigt in einer Seitenstraße der Ryesgade Hollywoodstreifen und dänische Produktionen.

Cinemaxx KINO

(MP Bruuns Gade 25) Im Einkaufszentrum Bruun's Galleri (Eingang auch durch den Bahnhof). Gezeigt werden kommerzielle Filme und kleinere, regionale Produktionen.

Øst for Paradis KINO

(www.paradisbio.dk, auf Dänisch; Paradisgade 7–9) Programmkino im nördlichen Univiertel. Zeigt Filme im Original mit dänischen Untertiteln.

Livemusik

Aarhus gilt als Musikhauptstadt Dänemarks. Neben dem vielfältigen Programm des Musikhuset Aarhus und von Clubs wie dem Train gibt es eine Fülle kleinerer Treffs, wo gute Musik gespielt wird. Im Sommer finden außerdem an Orten wie dem Themenpark Tivoli Friheden (S. 234) Open-Air-Konzerte statt. Wer Livemusik liebt, darf sich die Festivalsaison keineswegs entgehen lassen!

Die Websites sind auf Dänisch, aber der Veranstaltungskalender ist trotzdem verständlich.

Musikhuset Aarhus LIVEMUSIK

(www.musikhusetaarhus.dk; Thomas Jensens Allé) Das große Musikhaus mit Glasfront bietet garantiert etwas für jeden Geschmack: von Autorenfilmen bis zu Klavierkonzerten und Jazz (oft kostenlos) im großen, hellen Foyer. Die offiziellen Veranstaltungen in den verschiedenen Konzertsälen decken ein sehr breites Spektrum ab von Damien Rice über die Oper *Rigoletto* und das Kongelige Ballet (Königlich Dänisches Ballett) bis zu der Percussiontruppe Stomp und Flamenco-Abenden.

Radar LIVEMUSIK

(www.musikcafeen.dk, auf Dänisch; Godsbanen, Skovgaardsgade 3–5; ⌚Mi–Sa Livemusik) Raider heißt jetzt Twix. Und Musikcaféen heißt Radar, seitdem es 2012 nach 33 Jahren an der Mejlgade in den Frachthof Godsbanen gezogen ist, wo neuerdings das kulturelle Herz der Stadt schlägt (s. Website: www.godsbanen.dk). Das Musikcaféen war wie ein Fenster in die alternative Szene von Aarhus, mit großem Musikangebot (Rock, Techno, Jazz und Weltmusik). Allem Anschein nach steht Radar in der gleichen Tradition.

VoxHall & Atlas LIVEMUSIK

(www.voxhall.dk, www.atlasaarhus.dk, auf Dänisch; Vester Allé 15) Die VoxHall ist eine weitere etablierte Livemusikbühne (Kapazität: 700 Personen) für eine bunte Mischung an Musikrichtungen. Gleich daneben befindet sich das neuere (und intimere) Atlas mit einer Kapazität von 300 Plätzen, das Folk, Jazz und Weltmusik auf die Bühne bringt.

Fatter Eskil LIVEMUSIK

(www.fattereskil.dk, auf Dänisch; Skolegade 25; ⌚Di–Sa) Hat jeden Abend Livemusik (oft Coverbands) mit einer Mischung aus Pop, Rock, Soul, Blues und Jazz.

Theater

Aarhus Teater THEATER

(www.aarhusteater.dk, auf Dänisch; Bispetorv) Das Theater befindet sich in einem gebührend theatralischen Gebäude von 1900 mit Wasserspeiern und anderem extravaganten Dekor. Meist werden Aufführungen in dänischer Sprache geboten, gelegentlich aber auch Musicals und Tanzinszenierungen. Die Kasse liegt gegenüber an der Skolegade 9.

Shoppen

Shoppen kann man hier ganz hervorragend; überraschend sind allenfalls die begrenzten Öffnungszeiten in Dänemarks zweitgrößter Stadt. Samstags schließen viele Läden schon am Nachmittag. Am ersten Sonntag im Monat ist der Verkauf gestattet, aber nicht alle Läden sind auch tatsächlich geöffnet.

Shoppingmeilen

Die 850 m lange Fußgängerzone beginnt gegenüber dem Bahnhof und heißt dort Ryesgade. Es sind alle dänischen und internationalen Mainstreamketten vertreten.

Das Studentenviertel ist kopfsteingepflastert, größtenteils verkehrsberuhigt und hat originellere Mode- und Designboutiquen zu bieten. Badstuegade und Volden sowie das westliche Ende der Vestergade sind ebenfalls einen Blick wert.

Frederiksbjerg hat eine buntere Mischung an Klamotten- und Designläden, darunter auch Retro- und Kunsthandwerksläden. Bruuns Gade, Sankt Pauls Kirkeplads und Jægergårdsgade sind hier der heiße Tipp.

Kaufhäuser

Die Warenhäuser im Zentrum haben alles von Kosmetik über Mode bis zu Haushaltswaren, einschließlich der bekannteren dänischen Marken wie Lego (Spielwaren), Royal Copenhagen (Porzellan) oder Holmegaard (Glas). Zu den Kaufhäusern gehören **Magasin du Nord** (Immervad 2) und **Salling** (Søndergade 27).

Boutiquen

ARoS Aarhus Kunstmuseum BÜCHER, GESCHENKE
(Aros Allé 2) Der Geschenkeladen im Kunstmuseum hat eine große Auswahl an Kunstbüchern, Haushaltswaren, Accessoires und coolem Schnickschnack.

Decorate Shop HAUSHALTSWAREN
(Jægergårdsgade 100) „Decorate" heißt ja bekanntlich „dekorieren". Nomen est omen. Der Laden hat lauter witzige, farbenfrohe Haushaltswaren (darunter Keramik, Bettwäsche und Spielzeug) von etablierten wie brandheißen Designern und lädt geradezu zum Umdekorieren ein.

Georg Jensen DESIGN
(www.georgjensen.com; Søndergade 1) Hat exquisites Tafelsilber und Schmuck vom dänischen Meister. Gleich nebenan ist Georg Jensen Damask, mit klassischen Leinenwaren für Küche, Ess- und Schlafzimmer.

HAY DESIGN
(www.hay.dk; Rosenkrantzgade 24) Verkauft eine Auswahl neuer dänischer Möbel sowie phantastische Designerhaushaltswaren, Heimtextilien und Teppichvorleger.

Kristian F Møller BÜCHER
(Store Torv 5) Bietet günstige englischsprachige Bücher sowie verschiedene Reiseführer.

Paustian DESIGN
(www.paustian.dk, auf Dänisch; Skovvejen 2) Ein wahrhafter Schrein des besten dänischen (und internationalen) Designs. Am liebsten möchte man gleich alles kaufen ... blöd nur, dass nichts davon in den Koffer passt.

Summerbird Chocolaterie ESSEN
(Volden 31) Göttliches Schokoladenangebot im Studentenviertel. Dank hübscher Verpackung eignen sich die Pralinen bestens als Mitbringsel.

Praktische Informationen

Die AarhusCard (S. 233) bietet ermäßigten Eintritt für Sehenswürdigkeiten und Veranstaltungen sowie kostenlosen Transport.

Bibliothek

Hovedbiblioteket (www.aakb.dk; Møllegade 1; ⏲Mo–Sa) Hat internationale Zeitungen und kostenlosen Internetzugang.

Geld

Banken und Geldautomaten gibt es in der ganzen Stadt, besonders viele in den autofreien Einkaufsstraßen Ryesgade/Søndergade sowie bei der Kathedrale.

Forex (Ryesgade 28) Geldwechsel in Bahnhofsnähe.

Nordea (Sankt Clements Torv 6) Nahe der Aarhus Domkirke.

Sydbank (Banegårdspladsen 1) Vor dem Bahnhof.

Gepäckaufbewahrung

Schließfächer gibt es am Bahnhof und Busbahnhof; ein kleines/großes Schließfach kostet 20/40 Kr für 24 Std.

Internetzugang

Gate 58 (Vestergade 58B, 1. OG; pro Std. 18–28 Kr; ⏲Mo–Fr 10–24, Sa & So 12–24 Uhr)

Hovedbiblioteket (www.aakb.dk; Møllegade 1; ⏲Mo–Sa) Die Stadtbibliothek abseits der Vester Allé hat kostenloses Internet.

Medizinische Versorgung

Aarhus Universitetshospital (☎87 31 50 50; www.aarhussygehus.dk; Nørrebrogade 44) Krankenhaus mit 24-Stunden-Notaufnahme. Vor der Einlieferung anrufen.

Ärztenotdienst außerhalb der normalen Geschäftszeiten (☎70 11 31 31; ⏲Mo–Fr 16–20 Uhr, Sa & So ganztägig)

Løve Apotek (Store Torv 5; ⏲24 Std.) Günstig gelegene Apotheke.

Notfälle

Polizei/Krankenwagen (☎112)

Polizei (☎87 31 14 48; Ridderstræde 1; ⏲24 Std.)

Post

Postamt (Banegårdspladsen 1A; ⏲Mo–Fr 10–18, Sa 10–13 Uhr) Neben dem Bahnhof.

Touristeninformation

2011 ergriff VisitAarhus die ungewöhnliche Maßnahme, seine zentrale Touristeninformation zu schließen. Aufgrund des Wandels in den Reisetrends bemüht sich VisitAarhus nun um herkömmliche wie modernere Methoden, um Reisende zu erreichen: Website (www.visitaarhus.com), Telefon (☎87 31 50 10), mobile Infostände in der Hauptsaison und Touchscreen-Stationen bei vielen Attraktionen, Drehscheiben der öffentlichen Verkehrsmittel und Unterkunftsanbietern.

Geplant sind auch Smartphone-Apps und Social-Media-Seiten mit den neuesten Infos (z. B. „Warum ich Aarhus liebe" auf Facebook oder „Visit Aarhus" auf Twitter). Es ist ein interessantes Experiment – auch wenn sich noch zeigen muss, ob das tatsächlich den Bedürfnisse aller Besucher entgegenkommt.

ℹ An- & Weiterreise

Auto & Motorrad

Die wichtigsten Straßen nach Aarhus sind die E45 von Norden und Süden sowie die Straße 15 von Westen her. Die E45 führt nicht in die Stadt hinein (Ausfahrten 46 bis 50).

Bus

Alle Langstreckenbusse halten in Aarhus am Busbahnhof *(rutebilstation)* an der Fredensgade (300 m nordöstlich des Bahnhofs). Von Aarhus aus sind die meisten wichtigen Städte in Jütland mit den Bussen von **X-bus** (www.xbus.dk, auf Dänisch) zu erreichen.

Abildskou (☎70 21 08 88; www.abildskou.dk) Die Expressbuslinie 888 fährt bis zu neunmal täglich zwischen Aarhus und dem Bahnhof Valby in Kopenhagen (290 Kr, 3 Std.), mit Verbindungen zum Flughafen Kopenhagen. Montags bis donnerstags fahren Studenten und Senioren für 149 Kr.

Fähre

Kattegatruten (☎38 11 12 22; www.kattegatruten.dk) Betreibt eine Fährverbindung zwischen Aarhus und Kalundborg auf Seeland (Erw./Kind/Auto einfach 180/90/375 Kr, 2¾ Std., bis zu 3-mal tgl.). Im Autopreis sind die Passagiere enthalten.

Mols-Linien (☎70 10 14 18; www.mols-linien.dk) Betreibt Expressfähren zwischen Aarhus und Odden in Nordseeland (Erw./Kind/Auto einfach 349/174/775 Kr, 70 Min., mind. 5-mal tgl.). Im Autopreis sind die Passagiere enthalten.

Flugzeug

Der **Aarhus Flughafen** (AAR; www.aar.dk), auch Flughafen Tirstrup genannt, liegt 45 km nordöstlich der Stadt.

Scandinavian Airlines (SAS) und Cimber Sterling bieten zahlreiche tägliche Flüge von/nach Kopenhagen. Daneben gibt's auch regelmäßige Direktflüge nach Stockholm, Helsinki und Oslo. Ryanair fliegt täglich nach/von London (Stansted) und seltener nach Oslo und Malaga.

Zug

Im Hauptbahnhof *(hovedbanegård)* befindet sich der **Fahrkartenschalter** (⏲Mo–Do 6.10–18.30, Fr 6.10–19, Sa 8–17, So 10–19 Uhr) mit zwei Warteschlangen: rot für Inlandstickets, grün für internationale Fahrscheine. Wer im Inland fährt, kann sich das Schlangestehen sparen, indem er sein Ticket am Automaten kauft (englischsprachige Anweisungen vorhanden; Zahlung auch per Kreditkarte). Freitags sind die Züge meist sehr voll und für längere Strecken sind Platzreservierungen (30 Kr) unbedingt ratsam.

Etwa alle 30 Minuten fahren Züge nach Kopenhagen (einfach 347 Kr, 3–3½ Std.) über Odense (217 Kr, 1¾ Std.).

Häufige Verbindungen gibt's auch nach Aalborg (175 Kr, 1½ Std.), Frederikshavn (228 Kr, 2¾ Std., evtl. mit Umsteigen in Aalborg), Grenaa (78 Kr, 1¼ Std.) und Silkeborg (66 Kr, 50 Min.).

ℹ Unterwegs vor Ort

Auto & Motorrad

Das Zentrum lässt sich am besten zu Fuß erkunden, doch für Sehenswürdigkeiten außerhalb ist ein Fahrzeug vorteilhaft.

AUTOVERMIETUNG Alle großen Autovermietungen (Europcar, Budget, Hertz, Sixt und Avis) haben einen Schalter am Flughafen von Aarhus. In der Stadt hat **Europcar** (☎89 33 11 11; Sønder Allé 35) eine zentrale Filiale gegenüber dem Busbahnhof.

PARKEN Gebührenpflichtige, überdachte Parkplätze gibt es u. a. beim Musikhuset Aarhus und beim Einkaufszentrum Bruun's Galleri. Bezahlt wird in der Regel pro Stunde. An den Straßen stehen meist Parkuhren *(billetautomat)*. Kostenpflichtig ist das Parken montags bis freitags von 9 bis 19 Uhr und samstags von 9 bis 16 Uhr. Die Gebühren liegen bei 12/15 Kr für die erste/zweite Stunde und 20 Kr für jede weitere Stunde. Auf Knopfdruck liefert der Billetautomat auch Anweisungen in englischer Sprache.

Bus

Aarhus hat ein gutes Stadtbussystem. Die meisten Stadtbusse halten in Bahnhofsnähe in der Park Allé. Passagiere steigen an den hinteren oder mittleren Türen ein, lösen ihr Ticket am Automaten (20 Kr für bis zu 2 Std.) und steigen dann vorn wieder aus. Ein *klippekort*-Ticket für zehn Fahrten kostet 120 Kr. Informationen über Tickets, Routen und Fahrpläne gibt's am Busbahnhof an der Fredensgade, online unter www.midttraffik.dk (größtenteils Dänisch) und unter der Telefonnummer ☎86 12 86 22.

Fahrrad

Die kostenlosen Citybikes von **Aarhusbycykel** (www.aarhus bycykel.dk) stehen von April bis Oktober an verschiedenen Stellen in der Stadt zur Verfügung (sie sind allerdings oft nicht einfach zu finden). Infos und einen Plan gibt es auf der Website oder in der Unterkunft. Ein paar Räder stehen immer gegenüber dem Bahnhof am Sandwichladen Subway und vor dem Rathaus. Wer eines braucht, wirft eine 20-Kronen-Münze ein, die bei der Rückgabe des Fahrrads erstattet wird.

Wer zwischen November und März hier ist oder ein besseres Rad für eine längere Zeitspanne braucht, geht am besten zu **Bikes 4 Rent** (☎20 26 10 20; www.bikes4rent.dk; Skanderborgvej 107; 1 Tag/2 Tage/1 Woche 75/140/245 Kr), wo es eine gute Auswahl an Fahrrädern und Zubehör gibt. Der Laden befindet sich 2,5 km südwestlich des Bahnhofs.

AUF'S RAD GESCHWUNGEN!

Wer bereits ein *bycykel* ergattert hat, kann losdüsen. Zwei gute und nicht zu anstrengende Routen eignen sich für Radtouren in der Umgebung von Århus:

» In Richtung Süden nach **Marselisborg**, um Schloss und Park zu besichtigen. Im Yachthafen einen Zwischenstopp für einen Imbiss einlegen.

» Nach Norden zu den Museen auf dem Unigelände oder weiter bis nach **Risskov**, wo es herrliche Wälder und Strände gibt.

Vom/Zum Flughafen

AARHUS Zwischen dem Flughafen Tirstrup und Aarhus fahren Busse der Linie 925X (95 Kr, 50 Min.). Sie starten vor dem Bahnhof (nahe dem Postamt). Der Fahrplan wechselt und ist auf die Flüge abgestimmt. Aktuelle Infos unter ☎86 12 86 22. Ein Taxi zwischen City und Flughafen kostet satte 650 Kr.

BILLUND Busse verbinden Aarhus auch mit dem großen Flughafen von Billund, 80 km südwestlich (180 Kr, 1½ Std.).

Taxi

Taxis warten am Bahnhof und an einem Stand bei der Kathedrale. Man kann sie auch an der Straße anhalten oder telefonisch bestellen (☎89 48 48 48). Alle Taxis sind mit Taxameter ausgestattet. Fahrten in der Innenstadt kosten um 100 Kr.

DJURSLAND

Djursland, die große Halbinsel nordöstlich von Aarhus (Jütlands „Nase"), ist ein beliebtes Ferienziel für Badegäste aus Dänemark, Schweden und Deutschland. Die wichtigsten Städte sind Ebeltoft und Grenaa. Das weitläufige Grenaa (mit Fährverbindungen nach Varberg in Schweden) ist die größere der beiden Städte und besitzt bessere Strände. Ebeltoft bietet dagegen mehr Atmosphäre. Rings um die Halbinsel liegen erstklassige Strände (besonders im Norden bei Fjellerup, Bønnerup und Gjerrild sowie unmittelbar südlich von Grenaa). Doch auch wer nicht baden gehen möchte, findet zahlreiche, vor allem für Familien geeignete Attraktionen: von historischen Herrenhäusern über Tierparks und Haifischbecken bis hin zu einem beliebten Freizeitpark.

Djursland profitiert von hervorragenden Verkehrsverbindungen mit Aarhus. Wer mit dem eigenen Fahrzeug reist, verlässt Aarhus auf der Straße 15 in Richtung Ebeltoft (via Straße 21) und kann dann weiter nach Grenaa fahren – schöner sind jedoch die kleinen Nebenstraßen.

Ebeltoft

7600 EW.

Ebeltoft hat alles, was einen perfekten Badeort ausmacht. Pflasterstraßen, gesäumt von malerischen Fachwerkhäusern, weiße Sandstrände und ein klassisches Schlachtschiff locken Scharen von Feriengästen an.

Die Touristeninformation, die *Fregatten Jylland* und der Hafen liegen am Strandvejen. Vom Hafen einen Block östlich via Jernbanegade befindet sich die Haupteinkaufsstraße Adelgade. Das südliche Ende stößt auf den Stadtplatz (Torvet).

Sehenswertes & Aktivitäten

Fregatten Jylland ALTES KRIEGSSCHIFF
(www.fregatten-jylland.dk; SA Jensens Vej 4; Erw./Kind 110/80 Kr; Mitte Feb.–Nov. tgl.) Die *Fregatten Jylland* ist mit einer Länge von 71 m das längste Holzschiff der Welt. Im 19. Jh. spielte sie für die dänische Marine eine wichtige Rolle; danach wurde sie für Touristen restauriert. Ihr Inneres vermittelt Einblicke in den Alltag der Besatzung.

Glasmuseet Ebeltoft MUSEUM
(www.glasmuseet.dk; Strandvejen 8; Erw./Kind 85 Kr/frei; April–Okt. tgl., Nov.–März Di–So) Herrliche zeitgenössische Glaskunst bietet das Glasmuseet Ebeltoft. Wer es sich zutraut, die Stücke heil nach Hause zu bringen, wird von der Glasboutique begeistert sein. Die Vasen, Schalen und Kerzenhalter wurden zum großen Teil von Glasbläsern direkt vor Ort gefertigt.

GRATIS **Museum Østjylland – Ebeltoft** MUSEUM
(Torvet; Mai–Sept. tgl., Okt.–März Sa & So) Das winzige, alte Rathaus von 1789 ist ein Fachwerkhaus wie aus dem Bilderbuch und heute Ausstellungsraum für Heimatkundeexponate. Auch für Hochzeiten ist es sehr beliebt.

Von hier aus führt ein schöner Spaziergang an der Adelgade mit ihren pastellfarbenen Cafés, Läden und hübschen Innenhöfen entlang. Ohne Zweifel eine der schönsten Hauptstraßen in Jütland.

Strände STRÄNDE
Ebeltoft liegt an einer ruhigen, geschützten Bucht mit weißen Sandstränden. Ein schöner Strand dehnt sich gleich am Ndr Strandvej, der Küstenstraße, vom Zentrum nach Norden aus.

Ree Park – Ebeltoft Safari SAFARIPARK
(www.reepark.dk; Stubbe Søvej 15; Erw./Kind 140/80 Kr; Mitte April–Ende Okt. tgl. ab 10 Uhr) Der jüngste von Djurslands ohnehin schon zahlreichen familienfreundlichen Parks beherbergt eine beeindruckende Auswahl an Tieren aus aller Welt. Den *Löwen*anteil (haha) nehmen allerdings die afrikanischen Tiere ein. Für 30 Kr können Besucher auf einem Kamel reiten, für 40 Kr mit dem Landrover durch die „afrikanische Savanne" fahren. Im Laufe des Tages kann man zudem jeder Menge Fütterungen beiwohnen. Der Park liegt etwa 8 km nördlich von Ebeltoft, zu erreichen über die Straße 2; Busse fahren keine hier heraus.

Schlafen & Essen

Danhostel Ebeltoft HOSTEL €
(86 34 20 53; www.ebeltoft-danhostel.dk; Egedalsvej 5; EZ/DZ/3BZ/4BZ 400/450/495/550 Kr; @) Wer in diesem Hostel über der Stadt nächtigen will, braucht erst mal eine Landkarte und ein eigenes Auto, sonst hat er kaum Chancen, herzufinden (3 km Straße; zu Fuß etwa 25 Min.). Aber die Mühe lohnt sich: Alle Zimmer haben Hotelstandard (Bad und TV) und coole Designdetails. Das Frühstück kostet 60 Kr.

Feldberg Strand Camping CAMPINGPLATZ, HÜTTEN €
(86 34 12 14; www.ebeltoftstrandcamping.dk; Ndr Strandvej 23; Erw./Kind/Stellplatz 90/50/50 Kr; @) Der erste Campingplatz rechts im Ort. Er hat zahlreiche gute Stellplätze am Strand. Die familienfreundliche Ausstattung umfasst Spielplätze und eine Minigolfanlage.

Hotel Ebeltoft Strand HOTEL €€
(86 34 33 00; www.ebeltoftstrand.dk; Ndr Strandvej 3; normales EZ/DZ 925/1125 Kr;) Dieses große Hotel besitzt eine optimale Lage am Strand in der Nähe der Touristeninformation. Die Ausstattung ist gut (Restaurant, beheiztes Schwimmbad), das Preisangebot ebenfalls – vom Sparpaket ohne Schnickschnack (DZ 800 Kr) bis zum Luxuszimmer (DZ 1275 Kr).

Molskroen FRANZÖSISCH-DÄNISCH €€€
(86 36 22 00; www.molskroen.dk, auf Dänisch; Hovedgaden 16, Femmøller Strand; Mittagsgerichte 125–150 Kr, 3-/4-Gänge-Abendmenü 465/560 Kr; mittags & abends) Wer etwas Besonderes sucht und nicht aufs Geld schauen muss, sollte diesen hochgelobten *kro* (Gasthof) 6 km nordwestlich des Ortes ausprobieren. Für 725 Kr gibt es dort ein achtgängiges Menü mit Kostproben der prämierten, französisch inspirierten Kreationen des Starkochs. Ein fünfgängiges Mittagessen kostet 395 Kr. Gäste, die nach der üppigen Mahlzeit nicht mehr fahren wollen, können in entsprechend exquisiten Zimmern übernachten (wunderschönes DZ mit Designausstattung ab 1480 Kr).

NATIONALPARK MOLS BJERGE

In den letzten Jahren wurden in Dänemark fünf neue Nationalparks eröffnet. Mols Bjerge (www.nationalparkmolsbjerge.dk) in Djursland ist einer davon. Er umfasst 180 km² Wald, Moor und offene Wiesenlandschaften sowie Seen, Küstengebiete und Meer. In seinem Einzugsgebiet liegen auch Ebeltoft und die umliegenden Dörfer. Benannt ist er nach dem bekanntesten natürlichen Wahrzeichen der Region: den Mols-Bergen, die eine Höhe von sage und schreibe 137 m erreichen.

Für Interessierte hält die Touristeninformation in Ebeltoft die entsprechenden Unterlagen zum Park bereit. Ein eigenes Infocenter soll in nicht allzu ferner Zukunft in der Nähe von Kalø (südlich von Rønde) entstehen, wo einige Highlights (Wald, ein Herrenhaus aus dem 18. Jh. und die Ruine einer Burg aus dem 14. Jh.) direkt vor der Tür liegen.

Glascaféen CAFÉ €
(Strandvejen 8; Hauptgerichte 59–109 Kr; mittags) Um in dieses kleine, schicke Café mit Blick aufs Wasser zu gelangen, muss man nicht den Eintrittspreis für das Glasmuseet Ebeltoft zahlen. Die kurze, schlichte Speisekarte umfasst Sandwiches, Salate und *fiskefrikadeller* (Fischfrikadellen). Und den hausgemachten *lagkage* (Schichtkuchen) kann man nur als Kunstwerk bezeichnen.

Praktische Informationen

Touristeninformation (86 34 14 00; www.visitdjursland.com; SA Jensens Vej; Mitte Juni–Mitte Aug. Mo–Fr 9–17, Sa & So 10–16 Uhr, Mitte Aug.–Mitte Juni Mo–Fr 9–16.30, Sa 10–13 Uhr) Abseits des Strandvejen, neben der *Fregatten Jylland*.

Anreise & Unterwegs vor Ort

Ebeltoft liegt an der Straße 21, 54 km östlich von Aarhus und 35 km südwestlich von Grenaa.

BUS Buslinie 123 verkehrt zwischen Aarhus und Ebeltoft, 1¼ Std.). Die Buslinie 351 fährt regelmäßig zwischen Ebeltoft und Grenaa (48 Kr, 1 Std.).

FÄHRE Mols-Linien (70 10 14 18; www.mols-linien.dk) betreibt eine Expressautofähre zwischen Ebeltoft und Odden in Nordseeland (mind. 4-mal tgl., einfach Erw./Kind/Auto 349/174/775 Kr, 45 Min.) Der Autopreis schließt bis zu neun Passagiere mit ein.

FAHRRAD Leihräder gibt's bei **Bikefever** (Havnevej 10a) oder im Danhostel.

Grenaa

14 300 EW.

Hauptattraktionen dieser Hafenstadt sind die historische Altstadt, die Haifischbecken und die 7 km langen herrlichen Sandstrände. Die Altstadt rings um den Torvet ist das Wirtschafts- und Einkaufszentrum der Region. Sie liegt etwa 3 km westlich des Hafens, von wo die Fähren nach Schweden ablegen.

Sehenswertes & Aktivitäten

Strände STRAND
Grenaas 7 km langer, mit der Blauen Flagge ausgezeichneter Strand liegt südlich der Stadt. Dieser Bereich ist bekannt für kinderfreundliches, seichtes Wasser (einfach vom Hafen der Küste nach Süden folgen). Im Nordteil herrscht viel Gedränge, während es nach Süden hin ruhiger wird.

Kattegatcentret OZEANARIUM
(www.kattegatcentret.dk; Færgevej 4; Erw./Kind 155/85 Kr; 10–16 oder 17 Uhr) Wer Haie aus nächster Nähe sehen will, ohne etwas zu riskieren, der wird vom Glastunnel des Kattegatcentret begeistert sein. Hier wird die heimische Meeresfauna präsentiert. Um die Haifischfütterung nicht zu verpassen, empfiehlt es sich, vorher telefonisch die Uhrzeit zu erfragen oder auf der Website nachzusehen. Das Schauspiel zeigt glasklar, warum die Haie an der Spitze der Nahrungskette stehen. Außerdem gibt es ein Seehundbecken (mit eigenen Fütterungszeiten) und ein für Kinder besonders faszinierendes Streichelbecken. Im Winter gelten andere Öffnungszeiten; Genaueres auf der Website.

GRATIS **Museum Østjylland – Grenaa** MUSEUM
(Søndergade 1; Juni–Aug. Mo–Fr 11–16, Sa & So 12–15 Uhr, Sept.–Mai Di–Fr 13–16, So 12–15 Uhr) Das auffallende grün-goldene Kaufmannshaus südlich des Torvet zeigt Funde aus der Region sowie zahlreiche Schiffsmodelle.

Grenaa Kirke KIRCHE
(Torvet; Mo–Fr) Die gotischen Teile der Kirche gehören zum gleichen Stadtviertel wie das Museum und stammen aus dem 14. Jh.

Schlafen & Essen

Die Touristeninformation hat eine Liste von Privatunterkünften zu Preisen ab 300 Kr pro Person und Infos über Ferienhäuser am Strand, die gewöhnlich wochenweise vermietet werden.

Grenaa Strand Camping CAMPINGPLATZ, HÜTTEN €
(☎86 32 17 18; www.grenaastrandcamping.dk; Fuglsangvej 58; Erw./Kind/Stellplatz 82/60/100 Kr; ⏲April–Mitte Sept.;) Dieser Campingplatz ist ideal für einen Badeurlaub. Er befindet sich in bester Strandlage wenige Kilometer südlich der Stadt. Zu den Angeboten zählen ein Schwimmbad mit Wasserrutschbahn, ein Minimarkt und ein Sommercafé. In der Saison gibt's außerdem jede Menge Aktivitäten für Kinder. Recht günstig sind die Hütten und Mietwohnwagen.

Danhostel Grenaa HOSTEL €
(☎86 32 66 22; www.danhostelgrenaa.dk; Ydesvej 4; B/EZ/DZ 300/400/500 Kr;) Liegt etwas abseits auf halbem Weg zwischen Zentrum und Hafen, bietet aber sehr gute und moderne Zimmer (alle mit Bad) in einem grünen Viertel beim Stadion.

Hotel Grenaa Havlund HOTEL €€
(☎86 32 26 77; www.hotelgrenaahavlund.dk; Kystvej 1; EZ/DZ ab 695/895 Kr;) Dieses sonnige, kleine Hotel am Strand hat schlichte, gemütliche Zimmer.

Restaurant Skakkes Holm MEERESFRÜCHTE €€
(Lystbådehavnen; Abendbuffet inkl. Getränke Erw./Kind 229/68 Kr; ⏲abends) Jenseits einer Fußgängerbrücke beim Kattegatcentret liegt der reizvolle Yachthafen mit ein paar Speiselokalen. Alles, was Hunger hat, liebt das Abendbuffet des Restaurant Skakkes Holm. Der Lage entsprechend stehen viele Fischgerichte auf der Speisekarte.

Praktische Informationen

Touristeninformation (☎87 58 12 00; www.visitdjursland.com; Torvet 1; ⏲Mitte Juni–Mitte Aug. Mo–Fr 9–17, Sa 9.30–14 Uhr, Mitte Aug.–Mitte Juni Mo–Fr 9–16.30, Sa 10–14 Uhr) Gegenüber der Kathedrale am Hauptplatz.

Anreise & Unterwegs vor Ort

AUTO Grenaa liegt 63 km nordöstlich von Aarhus an der Straße 15 und 57 km östlich von Randers an der Straße 16.

BUS Buslinie 122 und regelmäßige Züge verbinden tagsüber Aarhus mit Grenaa (78 Kr, 1¼–1½ Std.). Der Preis ist in beiden Fällen gleich, der Zug jedoch etwas schneller. In Grenaa fahren Busse und Züge vom Bahnhof am Stationsplads ab, der vom Torvet aus in ein paar Minuten zu Fuß erreichbar ist.

Die Buslinie 351 verkehrt regelmäßig zwischen Ebeltoft und Grenaa (48 Kr, 1 Std.).

FÄHRE Die **Stena Line** (www.stenaline.com) verbindet Grenaa mit Varberg in Schweden; s. S. 342).

FAHRRAD Eine Fahrradvermietung hat **Viggo Jensen** (Strandgade 14) in der Nähe des Hafens.

Durch Djursland

Gammel Estrup HERRENHAUS, MUSEUM
(www.gammelestrup.dk; Randersvej 2, Auning; Herrenhaus & Museen Erw./Kind 85 Kr/frei; ⏲April–Okt. tgl. 10–17 Uhr, Nov.–März Di–So 10–15 Uhr, Jan. geschl.) Am Ortsrand von Auning, 33 km westlich von Grenaa, steht das prachtvolle Herrenhaus Gammel Estrup mit zwei Museen, herrlichen Gärten und der Aura des dänischen Adels.

Das von einem Graben umgebene Herrenhaus wurde weitgehend so bewahrt, wie es im 17. Jh. ausgesehen hat – mit großen Räumen, antiken Möbeln, kostbaren Gobelins, historischen Porträts, phantastischer Aussicht und knarrenden Dielenböden. Heute ist es Sitz des **Herregårdsmuseet** (Herrenhausmuseum). Das **Dansk Landbrugsmuseum** (Dänisches Landwirtschaftsmuseum) ist wahrscheinlich nur für Landwirte so richtig spannend, aber die Exponate haben den gleichen hohen Qualitätsanspruch und erzählen die Geschichte der Bauern in Dänemark. Es besitzt außerdem eine riesige Sammlung alter Landwirtschaftsgeräte und Gärten voller Obstbäume und Gemüse. Verbindungen nach Gammel Estrup bieten Busse der Linien 212 und 214 ab Randers. Wer selbst fährt, nimmt die Straße 16 zwischen Grenaa und Randers.

Djurs Sommerland THEMENPARK
(www.djurssommerland.dk; Randersvej 17, Nimtofte; Eintritt 199–225 Kr; ⏲Mitte Juni–Mitte Aug. tgl. ab 10 Uhr, Mai, Sept. & Okt. an bestimmten Tagen geöffnet) Wenn die Kinder sich mal wieder richtig austoben wollen, ist Djurs Sommerland der ideale Ort dafür. Der von den Medien hochgejubelte Freizeitpark bietet die besten Outdoor-Attraktionen Jütlands (mehr als 60) sowie einen Wasserpark mit Schwimmbad und Wasserrutschen für alle Altersstufen. Billig ist das Vergnügen allerdings nicht – und Kinder über drei Jahre zahlen den gleichen Preis

wie Erwachsene. Dafür gilt der Eintritt dann aber auch für alle Attraktionen. Das Ende der Öffnungszeit variiert (zwischen 17 und 21 Uhr); nähere Infos zu Tagen und genauen Uhrzeiten auf der Website.

Der Park bei Nimtofte, 20 km westlich von Grenaa, ist mit zahlreichen Bussen zu erreichen – von Aarhus mit den Linien 121, 122 oder 123, von Randers oder Grenaa mit der Linie 214.

Skandinavisk Dyrepark SAFARIPARK
(www.skandinaviskdyrepark.dk; Nødagervej 67B, Nødagervej; Erw./Kind 155/85 Kr; ⏲Mai–Okt. 10–17 oder 18 Uhr) Tiere in Gefangenschaft haben immer etwas Trauriges. Aber in keinem anderen Zoo können Bären (und andere nordische Tierarten) es schöner haben als hier. Hauptattraktion ist die beeindruckende Anlage der Eisbären. Weitere Stars sind die Braunbären, Elche, Moschusochsen und Wölfe. Die Damhirsche, Rentiere und Ziegen können sogar gefüttert werden.

Von Kolind oder der Straße 15 aus, 2 km nördlich von Tirstrup, führt eine eigene Beschilderung zum Park. Die Buslinie 120, die zwischen Aarhus und Grenaa verkehrt, hält in der Nähe des Parks.

DAS SEENHOCHLAND

Eine der beliebtesten Gegenden Jütlands ist das sanfte Seenhochland (Søhøjlandet) mit seinen bezaubernden Hügeln, Wäldern und Seen, wie es sie sonst nirgendwo in Dänemark gibt. Hier fließt der längste Fluss des Landes (Gudenå, 160 km), hier liegt Jütlands größter See (Mossø) und hier erhebt sich Dänemarks höchster „Berg" (Møllehøj, niedliche 171 m). In den meisten Ländern würden solche Superlative atemberaubende Landschaften und sprachloses Staunen bedeuten. Nicht so in Dänemark! Statt himmelwärts starrend imposante Gipfel zu bestaunen, bewundern die Besucher hier eine sanfte und idyllische Naturlandschaft.

Silkeborg

42 700 EW.

In einem derart flachen Land wie Dänemark ist das von Hügeln umgebene Silkeborg geradezu ungewöhnlich. Die moderne und großzügig dimensionierte Stadt liegt an einem großen See. Zwar ist sie auch für Freunde moderner Kunst und Geschichtsbegeisterte interessant, am meisten aber hat sie Naturliebhabern zu bieten. Und so lockt die Umgebung zahlreiche Besucher an – keine Adrenalinjunkies, sondern in erster Linie Familien und Ruhesuchende. Denn die großen Wälder und Wasserwege sind geradezu ideal für gemütliche Radtouren, Wanderungen und Kanufahrten.

Sehenswertes

Silkeborg Museum MUSEUM
(www.silkeborgmuseum.dk; Hovedgårdsvej 7; Erw./Kind 50 Kr/frei; ⏲Mai–Mitte Okt. tgl. 10–17 Uhr, Okt.–April Sa & So 12–16 Uhr) Hier kann man den verblüffend gut erhaltenen Körper des **Tollund-Mannes** bewundern. Er ist der Star der sonst wenig überraschenden Ausstellung. Seine Gesichtszüge sind in allen Details so gut erhalten (sogar bis zu den Bartstoppeln!), dass man sich kaum losreißen kann. Wie beim Grauballe-Mann im Moesgård Museum von Aarhus geben auch sein Leben und Sterben bis heute Rätsel auf. Die vollständig konservierte Leiche wurde 1950 am Rand von Silkeborg gefunden und per Radiocarbonmethode auf etwa 350 v. Chr. datiert. Die durchgeführte Autopsie lässt vermuten, dass er erhängt wurde. Allerdings wurde der Tollund-Mann in einer Schlafposition gefunden, nur mit einem Lederhut über dem Gesicht und einer dünnen Lederschlinge um den Hals. Ist er als Gefangener hingerichtet oder den Göttern geopfert worden? Diese Frage konnte noch nicht beantwortet werden. Die Ausstellung ist ansonsten nicht so fesselnd wie die von Moesgård.

Museum Jorn KUNSTMUSEUM
(www.museumjorn.dk; Gudenåvej 7; Erw./Kind 70 Kr/frei; ⏲April–Okt. Di–So 10–17 Uhr, Nov.–März Di–Fr 12–17, Sa & So 10–17 Uhr) Nach ausführlichen Renovierungsarbeiten zeigt das Museum Jorn (ehemals Silkeborg Kunstmuseum) nun einige bemerkenswerte Arbeiten, z. B. die großen Keramikmauern von Jean Dubuffet und Pierre Alechinsky, die Besucher schon am Eingang begrüßen. Ebenfalls zu sehen sind viele Werke des Dänen Asger Jorn sowie anderer moderner Künstler wie Max Ernst, Le Corbusier und von dänischen Künstlern aus der einflussreichen CoBrA-Gruppe. Das Museum befindet sich 1 km südlich des Stadtzentrums.

KunstCentret Silkeborg Bad KUNSTMUSEUM
(Kunstzentrum im Badehaus Silkeborg; www.silkeborgbad.dk; Gjessøvej 40; Erw./Kind 60 Kr/frei; ⏲Mai–Sept. Di–So 10–17 Uhr, Okt.–Mai Di–Fr 12–16,

Silkeborg

Sa & So 11–17 Uhr) Das ehemalige Kurbad wurde 1883 erbaut und ist heute ein wunderschöner, moderner Ausstellungsraum mit ständigen wie wechselnden Ausstellungen. Gezeigt werden Gemälde, Plastiken, Keramik, Glaswaren, Design und Architektur, umgeben von einem publikumsoffenen Park mit zeitgenössischen Skulpturen. Das Museum befindet sich 2 km südwestlich der Stadt und wird von der Buslinie 17 bedient.

Aqua AQUARIUM

(www.visitaqua.dk, auf Dänisch; Vejlsøvej 55; Erw./Kind 115/60 Kr; ⏲Jan.–Nov. tgl. ab 10 Uhr) Rund 2 km südlich der Stadt befindet sich das Aqua, ein unterhaltsames Aquarium und Ausstellungszentrum inmitten der Seen. Es befasst sich mit den Ökosystemen der Region und zeigt neben allerlei Süßwasserfischen auch Wasservögel und putzige Fischotter. Das Ende der Öffnungszeit variiert (zwischen 16 und 18 Uhr).

Indelukket PARK

(Åhave Allé) Einen Spaziergang durch den malerischen Indelukket-Park am Fluss sollte sich keiner entgehen lassen. Er liegt etwa 1 km südlich der Touristeninformation (immer dem Åhavevej nach). Der Park beinhaltet einen Kiosk, Minigolf, einen Yachthafen

Silkeborg

Highlights
Silkeborg Museum C2

Aktivitäten, Kurse & Touren
1 Silkeborg Kanocenter C2
2 Ausflugsboote zum Himmelbjerget (Hjejlen) D2

Schlafen
3 Danhostel Silkeborg C4
4 Radisson Blu Hotel D1

Essen
5 Café 1.Række D2
6 Café Evald D1
7 Føtex-Supermarkt B2
8 Okkels Is A3
9 Restaurant Gastronomisk Institut B3

und eine Open-Air-Bühne. Fußgänger erreichen von hier aus auch das Museum Jorn, den Campingplatz und andere, weiter südlich gelegene Ziele.

Aktivitäten

Die Touristeninformation hält Infos zu unzähligen Aktivitäten bereit (darunter auch Golf, Reiten und Fischen). Nachfolgend sind einige der schönsten aufgeführt.

Bootsfahrten

Die **Hjejlen** (☎86 82 07 66; www.hjejlen.com; Havnen) ist der älteste Raddampfer der Welt, der noch in Betrieb ist. Seit 1861 verkehrt sie auf den Gewässern des Seenhochlands. Heute transportiert sie im Sommer (Juli–Mitte Aug. tgl. 10 und 14 Uhr) Touristen von Silkeborg zum Fuß des Himmelbjerget. Zwischen Mai und September verkehren auch andere Schiffe auf dieser Route (Erw. einfach/hin und zurück 80/115 Kr, bis zu 7-mal tgl., 1¼ Std.). Die Fahrt zählt zu den beliebtesten Touren des Seenhochlands und führt durch vielfältige Fluss- und Seenlandschaften. Weitere Stopps sind auch am Indelukket-Park und am Aquarium Aqua.

Kanufahren

Von Mai bis September wirbt die Touristeninformation für die beliebten Kanutouren durch die herrliche Landschaft (ohne Führung). Nähere Infos über die zwei- bis fünftägigen Ausflüge liefert die Website der Touristeninformation.

Wie der Name vermuten lässt, eignet sich die fünftägige **Familientour** (2 Erw. und 2 Kinder ab 319 Kr) bestens für Kinder. Sie folgt einer Route von Tørring nordwärts nach Silkeborg. Übernachtet wird auf Campingplätzen und in Zelten, die bereits aufgestellt sind. Auch Kochausrüstung wird gestellt. Die Teilnehmer müssen nur Schlafsack, Isomatte, Proviant und persönliche Sachen mitbringen. Die Familientour ist von Mitte Juni bis Ende August im Programm; kürzere Touren sind auch möglich.

Die **Pioniertouren** sind eine etwas anspruchsvollere Variante für Leute, die möglichst naturnah reisen und auf einfachen Zeltplätzen übernachten wollen.

Wer lieber in einem Bett schläft, entscheidet sich für die **Luxustour** mit Übernachtung und Verpflegung in reizvollen, alten Gasthöfen.

Natürlich kann auch jeder seine eigene Tour gestalten und sich bei den Kanuvermietern der Region informieren. Kanus kosten 100 Kr pro Stunde bzw. 380 Kr pro Tag. Die Vermieter liefern jede Menge Infos, arrangieren ggf. Transporte zum Ausgangspunkt und vermieten auch Zelte (vorher reservieren).

Als Tagestour empfiehlt sich die 24-km-Rundstrecke über die Seen ostwärts zum Himmelbjerget (etwas anstrengend und windexponiert) oder die bequemere Variante mit der Strömung von Silkeborg nordwärts nach Kongensbro (Rückfahrt mit dem Bus). Auskünfte gibt's beim **Silkeborg Kanocenter** (☎86 80 30 03; www.silkeborgkanocenter.dk, auf Dänisch; Østergade 36). Wem das Kanupaddeln zu anstrengend ist, der bekommt hier auch ein Motorboot (pro Std./Tag 180/850 Kr).

Schwimmen

Badesee gefällig? Besonders idyllisch – wenn auch etwas überlaufen – ist der Almindsø. Dazu von Frederiksberggade nach Süden und am Kreisverkehr in Richtung Horsens fahren. Nach 2 km kommt rechts ein Schild zum Badebereich. Hier findet man Holzstege, Umkleiden und einen Kiosk.

Wandern & Radfahren

Die Touristeninformation hat jede Menge Broschüren mit Wander- und Fahrradrouten. Lohnenswert sind vor allem die englischsprachigen Broschüren *12 beautiful bicycle tours* und *12 lovely walks in the Lakelands* (beide 40 Kr).

Der Buchenwald von **Nordskoven** ist von Wander- und Radwegen durchzogen und leicht zu finden: von der Touristeninformation via Åhavevej nach Süden und beim Hostel links über die alte Bahnbrücke.

Die ehemalige Bahntrasse zwischen Silkeborg und Horsens ist heute ein ausgezeichneter Rad- und Wanderweg von 50 km Länge. Die alte Militärstraße **Hærvej** (www.haervej.dk) durchquert die Region westlich von Silkeborg. Die 250 km lange historische Route beginnt an der deutschen Grenze und führt Richtung Norden auf Dänemarks Rückgrat entlang nach Viborg. Heutzutage ist es ein Reit- und Wanderweg.

Infos zu Leihrädern auf S. 251.

Festivals & Events

Riverboat Jazz Festival MUSIK

(www.riverboat.dk) Die Skandinavier lieben Jazz. Entsprechend beliebt sind die Jazzfestivals, z. B. das fünftägige Riverboat Jazz Festival, das Ende Juni in Silkeborg stattfindet. Es geht nicht ganz so zu wie in New Orleans, aber fast – mit einer Bootsfahrt auf dem Fluss und kostenlosen Jazzkonzerten in den Straßen.

Schlafen

Günstige Unterkünfte und Mittelklassehotels sind in der Stadt nicht gerade dicht gesät. B&Bs sind hier daher eine besonders gute Option (EZ/DZ 250/500 Kr). Die Touristeninformation hält dazu sogar eine eigene Broschüre bereit. Gegen eine Gebühr von 50 Kr kann man dort auch ein Zimmer buchen lassen.

Danhostel Silkeborg HOSTEL €

(☎86 82 36 42; www.danhostel-silkeborg.dk; Åhavevej 55; B 250 Kr, Zi. mit Gemeinschaftsbad/eigenem Bad 470/670 Kr; ⏲März–Nov.; @) Wegen der traumhaften Lage am Fluss und der modernen Ausstattung ist dieses Hostel sehr beliebt. Außerdem sind Budgetunterkünfte innerhalb der Stadtgrenzen Mangelware, sodass vorherige Reservierung dringend ratsam ist. Das Hostel bietet Tische im Freien und gemütliche Einrichtungen für Radtouristen, Familien und Backpacker aus ganz Europa. Von Juni bis August sind Schlafsaalbetten zu haben; das Frühstück kostet 65 Kr.

Gammel Skovridergaard HOTEL €€€

(☎87 22 55 00; www.glskov.dk; Marienlundsvej 36; EZ/DZ 1225/1550 Kr, Wochenende & Sommer 775/1150 Kr; @) In diesem herrlichen ehemaligen Landgut ist heute ein charmantes Hotel mit Konferenzzentrum untergebracht. Es ist nur 2 km südlich des Stadtzentrums (auf dem Weg zum Aqua) und trotzdem idyllisch zwischen Seen und Wäldern gelegen. Der Park ums Haus ist wunderbar, Zimmer und Ausstattung sind hervorragend,

Radisson Blu Hotel HOTEL €€

(☎88 82 22 22; www.radissonblu.com/hotel-silkeborg; Papirfabrikken 12; Zi. 995–1595 Kr;) Dieser Nobelschuppen befindet sich in den Gebäuden der ehemaligen Papierfabrik, die einst das wirtschaftliche Rückgrat der Stadt bildete, und liegt direkt am Fluss zwischen einigen Restaurants. Die Designerzimmer sind etwas klein, aber komfortabel und gut ausgestattet. Günstigere Wochenendpreise.

Ådalens Camping CAMPINGPLATZ, HÜTTEN €

(☎86 82 22 01; www.gudenaaenscamping.dk; Vejlsøvej 7; Erw./Kind/Stellplatz 79/42/60 Kr; @) Wer den Schildern zum Aqua folgt, findet 2 km südlich des Zentrums (unmittelbar südlich des Stadtparks Indelukket) diesen bewaldeten Platz am Fluss. Er vermietet neben Hütten und Wohnwagen (in der Hochsaison nur wochenweise) auch Fahrräder und Kanus. Zu erreichen mit Stadtbussen der Linie 10.

Essen & Ausgehen

Für beides gibt es in Silkeborg eigentlich nur zwei wichtige Adressen: die neu belebte Papirfabrikken (einstige Papierfabrik) und die Nygade mit ihren Fast-Food-Lokalen und internationaler Küche. An den Wochenenden konzentriert sich das Nachtleben an der Ecke von Nygade und Hostrupsgade.

Die Touristeninformation hat auf Anfrage Infos zu Hausbrauereien und Bauernläden *(gårdbutikker)* in der Region.

Café Evald INTERNATIONAL €€

(Papirfabrikken 10B; Hauptgerichte 89–199 Kr; ⏲Frühstück, mittags & abends) Zwischen den Familienrestaurants, Kinos und Café-Bars in der Papierfabrikken sticht der lebhafte Evald heraus, dessen Speisekarte für jeden das Richtige bietet. An einem Tisch mit Blick auf den Fluss schmeckt ein Bier von der örtlichen Grauballe Bryghus (Brauerei) besonders gut. Dazu vielleicht ein „Tapasteller" mit fünf kleinen saisonalen Probierhäppchen.

Restaurant Gastronomisk Institut EUROPÄISCH €€€

(☎86 82 40 97; Søndergade 20; Hauptgerichte abends 199–255 Kr; ⏲Di–Sa mittags & abends)

ABSTECHER

HERNINGS HERZ FÜR KUNST

Wer moderne Kunst mag, hat höchstwahrscheinlich schon mal von dem italienischen Konzeptkünstler Piero Manzoni (1933–1963) gehört. Was die meisten nicht wissen: Die größte öffentliche Sammlung seiner Arbeiten ist nicht in Mailand zu finden, sondern 40 km westlich von Silkeborg, am östlichen Stadtrand von Herning (46 300 Ew.), der regionalen Drehscheibe der Textilindustrie. Hier, im **HEART** (www.heartmus.dk; Birk Centerpark 8; Erw./Kind 75 Kr/frei; ⌚Di–So 10–17, Do 10–22 Uhr), Hernings bemerkenswertem Museum für zeitgenössische Kunst, sind Manzonis Werke neben denen solcher Visionäre wie Mario Merz und Man Ray zu sehen. Das Gebäude (entworfen vom US-Architekten Steven Holl) hat etwas von einem ungebügelten Hemd: verknitterte Wände und ein Dach, das aussieht wie ein Ärmel. Das ist auch volle Absicht, denn der Bau ehrt den dänischen Hemdenhersteller und passionierten Kunstsammler Aage Damgaard (1917–91), der die Sammlung gründete. 1960 und 1961 verbrachte Manzoni auf Damgaards Einladung den Sommer in Herning, um sich hier kreativ auszutoben. Herausgekommen sind eine ganze Reihe von Meisterwerken und der Grundstock für Hernings Manzoni-Vermächtnis. Aber im HEART ist noch viel mehr zu sehen als Konzeptkunst des 20. Jhs.: Jedes Jahr finden hier auch Weltklasseausstellungen zeitgenössischer Kunst statt.

Auf der anderen Straßenseite stellt das **Carl-Henning Pedersen und Else Alfelt Museum** (www.chpeamuseum.dk, auf Dänisch; Birk Centerpark 1; Erw./Kind 40 Kr/frei; ⌚Di–So 10–17 Uhr) farbenfrohe Malerei, Aquarelle, Mosaike, Keramik und Plastiken der Künstler Carl-Henning Pedersen (1913–2007) und Else Alfelt (1910–1974) aus. Hinter dem Museum befindet sich außerdem ein großer Skulpturenpark. Neben dem HEART steht Jørn Utzons **Hausprototyp** (nicht für Besucher geöffnet) und weiter südlich stolpert man noch über Ingvar Cronhammars ominöse Plastik **Elia**. Nordeuropas größte Skulptur dient als Blitzableiter, gibt willkürlich Gasflammen von sich und sieht aus wie irgendwas aus einem Science-Fiction-Film.

Vom HEART und seiner Nachbarschaft mal abgesehen hat Herning noch einiges zu bieten. Zum Beispiel die **Boxen Arena** (www.mch.dk; Kaj Zartows Vej 7), eine schicke neue Indoor-Sportarena und Konzertbühne, die auch auf der Tourenliste der großen Namen steht. 2011 gaben sich etwa George Michael, die Red Hot Chili Peppers, Britney Spears und Bob Dylan die Ehre (interessanterweise traten einige dieser Künstler nur in Herning auf – nicht in Kopenhagen).

Herning eignet sich von Silkeborg aus gut für einen Tagesausflug. Das lässt sich leicht mit dem Zug machen (einfach 58 Kr, 40 Min.). Wer die Museen sehen will, steigt in Birk Centerpark aus (nicht Herning Hauptbahnhof). Von hier aus ist es nur ein kurzer Spaziergang. Die Boxen Arena liegt südlich der Stadt an der Autobahn 15 (oder mit dem Zug zur Haltestelle Herning Messecenter fahren).

Der Name weckt Erwartungen – zu Recht allerdings, wie die saisonal wechselnde Speisekarte zeigt. Das im Sommer angebotene Drei-Gänge-Menü „Nordsee" (369 Kr) beginnt mit einem Langustenschwanz, danach folgen eine Hauptspeise aus Seeteufel und ein Nachtisch mit saisonalem Fruchtsorbet. Wer abends kommen will, sollte vorher reservieren.

Café 1.Række CAFÉ €

(Papirfabrikken 80; Sandwiches 32–58 Kr; ⌚mittags) Der Name bedeutet „erster Rang", was sich dadurch erklärt, dass das große und moderne Café zum Jysk Musik & Teaterhus gehört. Es hat eine wunderbare Terrasse am Wasser und einen Speisesaal mit fein gedeckten Tischen und vielen Topfpflanzen. Die kurze Speisekarte enthält hauptsächlich Smørrebrød. Im Sommer gibt's drei- bis viermal pro Woche abends ein günstiges Fischbuffet (199 Kr).

Okkels Is EIS €

(Nygade 26E) Hervorragendes selbst gemachtes italienisches Eis.

Føtex SUPERMARKT €

(Torvet 4; ⌚Mo–Fr 9–20, Sa 8–18 Uhr) Zentral gelegener Supermarkt mit Bäckerei und Café im Haus.

Praktische Informationen

Banken und sonstige Dienstleister findet man an der Haupteinkaufsstraße Vestergade.

Bibliothek (Hostrupsgade 41) Bietet Internetzugang.

Postamt (Bios Gade) Kleine, zentrale Filiale einen Block hinter der Vestergade.

Touristeninformation (☎86 82 19 11; www.visitsilke borg.dk; Åhavevej 2A; ⌚Juli–Aug. Mo–Fr 9.30–17.30, Sa 10–14 Uhr, April–Juni & Sept. Mo–Fr 9.30–16, Sa 10–13 Uhr, Okt.–März Mo–Fr 10–15 Uhr) Gut ausgestattete Touristeninformation neben dem Museum mit Blick auf den Fluss.

Anreise & Unterwegs vor Ort

Silkeborg liegt 37 km südlich von Viborg via Straße 52 und 43 km westlich von Aarhus via Straße 15.

Es hat halbstündliche Zugverbindungen mit Aarhus (66 Kr, 50 Min.) via Ry (34 Kr, 15 Min.).

Leihräder gibt's bei **Silkeborg Kayak og Cykel Udlejning** (www.skcu.dk; Åhave Allé 7; Mountainbike pro Tag 125).

Ry

5550 EW.

Das ruhige und ländliche Ry liegt im Herzen des Seenhochlands. Besucher finden einen hübschen Hafen mit Enten und Ausflugsschiffen zum Himmelbjerget vor, eine Kanuvermietung, einen Kiosk und einen Yachthafen. Die Umgebung bietet allerlei Möglichkeiten für Aktivitäten sowie idyllische Dörfchen als Ziel für Radtouren.

Aktivitäten

Die Touristeninformation in Ry hat Faltblätter zu Wander- und Radwegen.

Bootsfahrten

Hjejlen Boat Company BOOTSFAHRTEN

(☎86 82 07 66; www.hjejlen.com; hin & zurück Erw./Kind 75/40 Kr) Zwischen Juni und August sowie an Wochenenden im Mai und September fahren täglich drei bis vier Schiffe von Ry nach Himmelbjerget. Abfahrt in Ry: 10.15, 12.15 und 14.15 Uhr, in Himmelbjerget eine Stunde später. Passagiere müssen einen Tag im Voraus buchen.

Kanufahren

Ry Kanofart KANUFAHREN

(☎86 89 11 67; www.kanoferie.dk, auf Dänisch; Kyhnsvej 20; ⌚Mai–Mitte Sept.) Für die Erkundung der umliegenden Seen und Flüsse bietet Ry Kanofart Kanus zu 100/380 Kr pro Stunde/Tag. Auch hier – wie in Silkeborg – hilft das Personal bei der Planung längerer Touren auf der Gudenå.

Klettern

Dänemarks höchster Baum stand einst in einem Wald bei Ry. Nachdem er Opfer eines Sturms geworden war, haben findige Einwohner daraus einen 44 m hohen **Kletterbaum** gemacht. Wer auf ihm die Welt von oben betrachtet möchte, bekommt Infos bei der Touristeninformation.

Radfahren

Per Fahrrad lässt sich die stille Schönheit der Region auf besonders schöne Weise erkunden. Ideen für schöne Radtouren sind im Kasten auf S. 253 aufgeführt.

Ry Cykel RADFAHREN

(☎86 89 14 91; Parallelvej 9B) Ry Cykel hat seinen Sitz 9 km östlich des Bahnhofs auf dem Weg nach Skanderborg. Fahrräder werden ab 15 Kr pro Tag vermietet.

Wandern

Eine der schönsten Wanderungen bei Ry ist die 7 km lange Strecke in Richtung Westen zum Himmelbjerget (S. 253). Den Ausgangspunkt bildet der unbefestigte Weg, der etwa 400 m südlich der Ry-Brücke vom Rodelundvej abzweigt. Der beschilderte Weg führt zum Himmelbjerget-Kai und dann hinauf zum Aussichtsturm. Die Wanderung zum Himmelbjerget lässt sich schön mit einer Bootsfahrt zurück nach Ry oder weiter bis Silkeborg kombinieren.

Schlafen

Ry Park Hotel HOTEL €€

(☎86 89 19 11; www.ryparkhotel.dk; Kyhnsvej 2; EZ/DZ ab 790/990 Kr; @📶🏊) Rys einziges Hotel kennt zwei Zimmerkategorien, wobei die neu renovierten besser sind. Das große, einigermaßen angenehme Haus ist beliebt für Konferenzen und Hochzeiten und hilft bei Bedarf auch, Kanu- und Radtouren in der Umgebung zu organisieren. Ein Swimmingpool und ein gutes Restaurant befinden sich ebenfalls im Haus.

Birkhede Camping CAMPINGPLATZ, MOTEL €

(☎86 89 13 55; www.birkhede.dk, auf Dänisch; Lyngvej 14; Erw./Kind/Stellplatz 79/49/70 Kr, Motel DZ 625 Kr; ⌚Ende April–Mitte Sept.; 🏊) Dieser Platz 3,5 km außerhalb von Ry in waldreicher Lage ist nur mit dem eigenen Fahrzeug zu erreichen – aber wunderschön. Er bietet

ABSTECHER

TOUREN RUND UM RY

Dank der schönen Landschaft und zahlreicher kleiner Dörfer ist die Umgebung von Ry prädestiniert für Ausflüge mit dem Auto oder Rad. Radfahrer sollten allerdings bedenken, dass die Region um Ry längst nicht so flach ist wie der Rest von Dänemark.

Besonders schön ist die Tour von Ry auf der Straße 445 westwärts nach **Gammel Rye** (5 km). Eine Pause kann man beim alten *kro* oder der **Hollandwindmühle** (Møllestien 5) von 1872 (heute ein Holzschuhmuseum) einlegen.

Von Gammel Rye sind es weitere 4 km bis zum **Øm Kloster Museum** (Munkevej 8, Emborg; Erw./Kind 40 Kr/frei; ⌚Di–So 10–16 Uhr). Zwischen den Ruinen des mittelalterlichen Klosters sind unter Glasplatten die Gräber mit den 750 Jahre alten Knochen des Bischofs Elafsen von Aarhus und vieler seiner Äbte zu sehen.

Etwa 3 km östlich von Øm folgt der idyllische Ort **Boes**, ein winziger Weiler mit malerischen, reetgedeckten Häusern und bunten Blumengärten.

Von Boes sind es etwa 4 km zurück nach Ry, sodass die Gesamtstrecke rund 16 km beträgt. Wer Energie für weitere 12 km hat, dem sei die Fahrt bis zum Ostufer des **Mossø** ans Herz gelegt. Der größte See Jütlands ist ab Alken von hübschen Ferienhäusern gesäumt (den Schildern zur Fuldbro Mølle folgen). Für die Rückfahrt nach Ry geht es zunächst wieder nach **Alken** und dann über Svejstrup, so kann man die Hauptstraße umgehen.

einen Pool mit Wasserrutsche, einen Spielplatz, ein Seeufer sowie einen Kanu- und Fahrradverleih.

Essen

Am Skanderborgvej liegen einige Takeaway-Lokale und italienische Restaurants. Für einen Wander- oder Radltag ist ein Picknick auch nie verkehrt. Dafür ist die Bäckerei **Le Gâteau** (Klostervej 12; ⌚tgl. ab 7 Uhr) gegenüber vom Bahnhof eine gute Adresse. Nicht weit vom Hafen findet man einen großen Kvickly-Supermarkt.

Le Saison INTERNATIONAL **€€**
(Kyhnsvej 2; mittags 98–128 Kr, abends 168–288 Kr; ⌚mittags & abends) Das mit Abstand vornehmste Restaurant in Ry gehört zum Ry Park Hotel und hat eine umfangreiche Speisekarte voller Klassiker.

Praktische Informationen

Touristeninformation (☎86 69 66 00; www.visitskanderborg.com; Klostervej 3; ⌚Mo–Fr 7–16, Sa 10–12 Uhr) Äußerst hilfreiche Touristeninformation am Bahnhof.

Anreise & Unterwegs vor Ort

Ry liegt an der Straße 445, 20 km südöstlich von Silkeborg und 35 km westlich von Aarhus. Alle 30 Minuten fährt ein Zug von Ry nach Silkeborg (34 Kr, 15 Min.) und Aarhus (54 Kr, 30 Min.).

Infos zu Leihrädern siehe oben.

Himmelbjerget

Es hat schon etwas Rührendes, wenn ein Land einen seiner höchsten Punkte Himmelbjerget („Himmelberg“) nennt – besonders wenn er nur 147 m hoch ist. Für die meisten Ausländer ist es bloß ein Hügel, aber man hat von hier tatsächlich einen schönen Blick über die umliegenden Wälder und Seen, weshalb Touristen durchaus gerne herkommen. Die schäbigen Souvenirbuden hingegen beeinträchtigen das Naturerlebnis etwas.

Das Parken kostet 10 Kr; wenige Minuten später sind auf dem „Gipfel“ weitere 10 Kr für den 25 m hohen Aussichtsturm zu entrichten. Dabei ist der Blick auch ohne Besteigung sehr schön. Und der Turm hat ohnehin nur von Mai bis Mitte Oktober geöffnet.

In der Umgebung befinden sich einige interessante Gedenkstätten und die Wälder können mit markierten Wanderwegen aufwarten. Einer dieser Wanderwege führt vom Turm 1 km bergab zum Seeufer, wo die Fähren aus Ry und Silkeborg anlegen. Am Hafen lockt das **Hotel Julsø** (Snacks & Gerichte 60–245 Kr), ein anbetungswürdiges altes *kro* (Gasthaus) mit wirklich wunderschönem Panoramablick.

Rund um den Parkplatz liegen eine Handvoll nichtssagender Kioske und Cafés, aber auch das **Hotel Himmelbjerget**. Das alte chaletartige Hotel soll allerdings irgendwann im Laufe des Jahres 2013 durch eine neue Anlage mit 70 Zimmern und Wellnesscenter ersetzt werden.

An- & Weiterreise

Mit dem Auto erreicht man Himmelbjerget nach zehn Minuten von Ry auf der Straße 445 Richtung Westen. Außerdem führt von Ry aus ein schöner, 7 km langer Wanderweg dorthin. Auch die Anreise mit dem Schiff ab Ry oder Silkeborg ist reizvoll.

DAS LANDESINNERE

Die Landschaften im Inneren Jütlands reichen von bewaldeten Hügeln im Zentrum bis zu sanft gewellten Feldern im Osten. Überall in der Region findet man Industriebetriebe. Eine ganze Reihe von mittelgroßen Städten lohnen bei der Durchreise einen kurzen Aufenthalt, aber keinen größeren Umweg – etwa Fredericia, Vejle, Horsens, Skive und Holstebro.

Kurz: Wer wenig Zeit hat, sollte sich auf Orte und Regionen konzentrieren, die mehr zu bieten haben – z. B. Wikingerfunde, historische Kirchen oder Themenparks.

Jelling

3250 EW.

Das verschlafene Örtchen mit der großen Geschichte gilt als die Wiege des dänischen Königreiches, des Christentums in Dänemark und überhaupt von allem, was wirklich dänisch ist. Jelling war die Residenz von König Gorm dem Alten, dem ersten einer langen Reihe von Monarchen, die seit mehr als tausend Jahren bis heute ungebrochen regieren. Wo sich sein Schloss befunden hat, ist bis heute ungeklärt, andere Spuren seiner Herrschaft sind dagegen bei der Jelling Kirke erhalten geblieben. Viele Besucher kommen, um der Kirche ihre Reverenz zu erweisen, die Runensteine zu bewundern und die Grabhügel zu besteigen. 1994 wurde der Ort zum Unesco-Weltkulturerbe erklärt.

Sehenswertes

Jelling Kirke KIRCHE

(www.jellingkirke.dk, auf Dänisch; Vejlevej; Eintritt frei; ⌚Kirche Mo–Sa ab 8, So 12.30, 16–18 Uhr geschl., Außenanlage 24 Std.) Die um 1100 errichtete Jelling Kirke ist eine der bedeutendsten Stätten Dänemarks. Die gekalkten Wände zieren lebhafte **Fresken** aus dem 12. Jh., die zu den ältesten des Landes gehören. Hauptattraktion sind die beiden gut erhaltenen **Runensteine** unmittelbar vor der Kirche.

Der kleinere von beiden wurde zu Beginn des 10. Jhs. von Gorm dem Alten zu Ehren seiner Frau errichtet. Der größere stammt von seinem Sohn Harald Blauzahn und zeigt die älteste Christusdarstellung Skandinaviens. Die Inschrift lautet übersetzt:

König Harald, der ganz Dänemark und Norwegen gewonnen und die Dänen zum Christentum bekehrt hat, ließ diesen Stein für seinen Vater Gorm und seine Mutter Thyra errichten.

Harald Blauzahn hat tatsächlich die Schweden aus dem Land vertrieben und das dänische Volk auf friedliche Weise von der heidnischen Religion seines Vaters zum Christentum bekehrt. Der Stein wird daher allgemein auch „Taufschein Dänemarks" genannt. Er signalisiert die Ankunft des Christentums und zugleich einen königlichen Abschied von den alten Göttern des vorgeschichtlichen Dänemark. Fachleute vermuten, dass die um ein Fabelwesen gewundene Schlange auf der einen Seite des Steins diesen Glaubenswechsel symbolisiert.

Zwei hohe **Grabhügel** flankieren die Jelling Kirke. Der nördliche galt lange als das Grab Gorms und seiner Frau Thyra, doch als er 1820 ausgegraben wurde, enthielt er keine menschlichen Überreste. 1861 ließ Frederik VII. den südlichen Hügel ausgraben. Auch hier wurden nur einige Gegenstände und keine Gebeine gefunden.

In den 1970er-Jahren grub dann eine Gruppe von Archäologen unter der Jelling Kirke selbst und wurde fündig. Zum Vorschein kamen die Reste von drei älteren Holzkirchen. Die älteste davon soll von Harald Blauzahn errichtet worden sein. Auch eine Grabkammer wurde entdeckt. Sie enthielt menschliche Knochen und Goldschmuck, der mit den Stücken aus dem nördlichen Hügel übereinstimmte.

Fachleute gehen davon aus, dass es sich um die Gebeine von Gorm handelt, die sein Sohn vom nördlichen Hügel hierher umbetten ließ. Vermutlich hat Harald Blauzahn die Gebeine seiner Eltern den heidnischen Hügeln entnommen, um sie in geweihter Erde unter der Kirche zu bestatten. Die Überreste der Königin Thyra sind noch nicht gefunden worden.

Im Rahmen des **Jelling Project** (http://jelling.natmus.dk) unter der Leitung des Nationalmuseums wurde Jelling von 2008 bis

2011 näher untersucht. Ziel dabei war es, den Übergang vom heidnischen Glauben zum Christentum sowie die Etablierung des Königtums unter den Wikingern besser zu verstehen. Die Website bietet nähere Informationen zu den archäologischen Ausgrabungen.

GRATIS **Kongernes Jelling** MUSEUM
(Royal Jelling; www.kongernesjelling.dk; Gormsgade 23; ⌚Juni–Aug. Di–So 10–17 Uhr, Sept.–Mai Di–So 12–16 Uhr) Das Kongernes Jelling gegenüber der Kirche ist ein fesselndes, modernes Museum, das über die bedeutenden Kulturdenkmäler der Stadt und ihre Rolle in der Geschichte der dänischen Monarchie unterrichtet. Eine vergrößerte und eingefärbte Nachbildung des größeren Runensteins illustriert seine Bedeutung und ein Stammbaum zeigt die direkte Erblinie von Gorm dem Alten bis zur heutigen Königin Margrethe II.

Givskud Zoo & Løveparken ZOO, SAFARIPARK
(www.givskudzoo.dk; Løveparkvej 3, Givskud; Erw./Kind 160/95 Kr; ⌚Mitte April–Ende Okt. tgl. ab 10 Uhr) Vom Christentum zu den Löwen: Wer mit Kindern reist, macht sicher gern einen Abstecher in den nahen Givskud Zoo & Løveparken 10 km nordwestlich von Jelling. Den Safaripark mit vielen afrikanischen Tieren können Besucher im eigenen Fahrzeug oder in den Safaribussen des Parks (30 Kr) durchqueren. Fußwege führen zu den Elefanten- und Gorillagehegen. Für die Kleinen gibt es einen Streichelzoo. Das Ende der Öffnungszeit variiert (zwischen 16 und 20 Uhr). Anfahrt mit Buslinie 211 von Vejle via Jelling. In unmittelbarer Nähe des Parks befindet sich ein Danhostel.

Schlafen & Essen

In Jelling ist die Auswahl nicht gerade groß. Besser ist das Angebot in der größeren Stadt Vejle, 10 km südöstlich – und noch besser in Billund, 20 km westlich.

Jelling Camping CAMPINGPLATZ, HÜTTEN €
(☎75 87 16 53; www.jellingcamping.dk; Mølvangvej 55; Erw./Kind/Stellplatz 70/40/40 Kr; ⌚April–Sept.; 🏊) Den Platz bevölkern in den Ferien vor allem Familien, die die Nähe zum Givskud Zoo und zu Legoland suchen. Er bietet ein Schwimmbad, Spielplätze, ein Café und eine Fahrradvermietung. Außerdem vermietet er fertig aufgestellte Zelte, Wohnwagen und Hütten. Der Platz liegt 1 km westlich der Jelling Kirke.

Byens Café CAFÉ €€
(Møllegade 10; Gerichte 88–149 Kr; ⌚10–22 Uhr) Das schicke neue Byens Hus (Haus der Stadt) beherbergt die Stadtbibliothek, ein Kino, eine Galerie und ein geräumiges, luftiges Café, das den ganzen Tag Top-Qualität serviert (Brunchplatte, Sandwiches, Burger, Spareribs mit Rohkostsalat usw.). Innen sind die großen Kupferkessel der Hausbrauerei Jelling Bryggeri zu sehen. Die Biere stehen natürlich auch auf der Karte, z. B. das Kong Haralds Pilsener.

Jelling Kro TRADITIONELL DÄNISCH €€
(Gormsgade 16; mittags 89–98 Kr, abends 98–198 Kr; ⌚Di–So mittags & abends) Dieses knallgelbe Landgasthaus aus dem Jahr 1780 serviert traditionell-fleischlastiges dänisches Essen und ist voller Atmosphäre.

Praktische Informationen

Die Jelling Kirke steht im Zentrum des Orts. Vom Bahnhof ist es dorthin nur einen Spaziergang

MUSIK IM GRÜNEN

Skanderborg (18 250 Ew.) liegt etwa 15 km südöstlich von Ry und 30 km westlich von Aarhus und ist eigentlich eher langweilig, sieht man von der hübschen Lage am See ab. In Dänemark ist der Ort vor allem bekannt wegen des jährlichen **Skanderborg Festivals** (www.smukfest.dk), das sich selbst das „schönste Festival Dänemarks“ nennt – was angesichts der wunderschönen Location zwischen Seen und Buchenwald durchaus seine Berechtigung hat. Nur Roskilde ist noch größer, dafür hat dieses Festival den Ruf, chilliger und … naja … esoterischer angehaucht zu sein als der Riese auf Seeland. Eine Besonderheit ist zudem das sonntagsmorgens stattfindende Konzert des Philharmonischen Orchesters von Aarhus.

Das Festival steigt am zweiten Wochenende im August in Dyrehaven, einem Parkgelände einige Kilometer östlich der Stadt. Der unterhaltsame Mix aus hauptsächlich dänischen Rock- und Popinterpreten und einer Handvoll internationalen Künstlern zieht jährlich bis zu 40 000 Besucher in seinen Bann.

BLUETOOTH

Der Begriff „Bluetooth" bezeichnet heute die drahtlose Datenübertragung zwischen Computern, Mobiltelefonen etc. Aber woher kommt die Bezeichnung? Von Harald Blauzahn (engl. „Bluetooth"), der im 10. Jh. die bis dahin zerstrittenen Stämme von Dänemark und Norwegen einigte. Zu den dänischen Territorien zählte damals auch das heute schwedische Skåne, in dem die Firma Ericsson die Bluetooth-Technologie entwickelt hat. Analog zur Leistung Blauzahns verbindet sie einst getrennte Technologien miteinander. Das Bluetooth-Logo ist an eine nordische Rune angelehnt. So, jetzt wissen alle Bescheid ...

von zwei Minuten nordwärts über den Stationsvej.

Touristeninformation (☎75 87 13 01; www.visitjelling.dk; Gormsgade 23; ⏲Juni–Aug. Di–So 10–17 Uhr, Sept.–Mai Di–So 12–16 Uhr) Teil des Kongernes Jelling Museums, direkt gegenüber der Kirche.

An- & Weiterreise

Jelling liegt 10 km nordwestlich von Vejle an der Straße 442. Züge von Vejle fahren wochentags stündlich oder öfter, an Wochenenden etwas seltener (28 Kr, 15 Min.). Die Buslinie 211 bedient die gleiche Strecke zum gleichen Preis.

Billund & Legoland

6150 EW.

Legoland ist so sehr auf Familien ausgerichtet, dass Besucher ohne Kinder sich fast fehl am Platze vorkommen. Das sollte aber niemanden davon abhalten, seinem kindlichen Spieltrieb nachzugeben und einen ganzen Tag für den Park einzuplanen.

Beeindruckende Modelle und die Faszination solcher Themenparks haben Legoland zu einer der meistbesuchten Attraktionen Dänemarks gemacht. Es liegt genau im Zentrum Jütlands, 1 km nördlich der Stadt Billund.

Sehenswertes & Aktivitäten

Legoland THEMENPARK

Eine der Hauptattraktionen von Legoland ist **Miniland**, eine Liliputwelt aus 20 Mio. Lego-Bausteinen. Nicht nur Kinder staunen über die brillanten Nachbildungen von Amsterdam und Bergen, des Kennedy Space Center oder eines schottischen Schlosses. Danach zerrt wahrscheinlich jeder seine alten Legos wieder unter dem Bett hervor (nach dem Motto: Was die können, kann ich auch). Miniland präsentiert auch die **Sehenswürdigkeiten Dänemarks**, darunter Kopenhagens Nyhavn, Ribe, Skagen und Schloss Amalienborg. Mit dem Miniboot geht es zu Wahrzeichen wie der Freiheitsstatue, der Akropolis und einem ägyptischen Tempel. Die Detailtreue der Modelle im Maßstab 1:20 bis 1:40 ist beeindruckend. Das größte davon, **Mount Rushmore** mit den Porträts der vier US-Präsidenten, besteht aus 1,5 Mio. Lego-Steinen. Das kleinste ist hingegen eine Taube in Miniland, die gerade mal aus vier kleinen weißen Steinchen besteht.

Der neueste Bereich in Miniland steht ganz im Zeichen von **Star Wars**, wo mit 1,5 Mio. Steinchen sieben Szenen aus den Filmen detailgetreu nachgebildet wurden. Die vierbeinigen Kampfroboter sehen in Lego ebenso erstaunlich aus wie die Miniaturszene in der Kantine auf Tatooine.

Ein Übersichtsplan ist für die Erkundung des Parks sehr hilfreich. Die einzelnen Themenbereiche umfassen u. a. Legoredo Town, eine Wildweststadt; das Ritterreich Knight's Kingdom mit einer mittelalterlichen Burg; Pirate Land mit Schiffen und klirrenden Säbeln sowie Duplo Land mit harmlosen Fahrbetrieben und Aktivitäten für die Kleinsten.

Insgesamt sind die Fahrbetriebe und Aktivitäten von Legoland vor allem für kleinere Kinder interessant. Teenagern hat der Park längst nicht so viel zu bieten wie etwa der Tivoli. Wer es wilder mag, kann die Achterbahn **X-treme Racers** ausprobieren, die bis zu 60 km/h schnell wird, und den nahen **Power Builder**, einen riesigen Roboterarm, der die Schwerkraft aufzuheben scheint.

Für eine Atempause empfiehlt sich das **Atlantis**, ein Aquarium mit Lego-Modellen von Tauchern und U-Booten. Ruhigere Fahrten gibt es in großer Auswahl: vom traditionellen Karussell bis zum gemütlichen Miniaturzug. Im Eintrittspreis sind alle Fahrten inbegriffen, außer der **Statoil Fahrschule** (55 Kr), in der Kinder im Alter von sieben bis 13 Jahren den Führerschein für die Straßen von Legoland machen können.

GRATIS **Lalandia** WASSERPARK, UNTERHALTUNGSKOMPLEX

(www.lalandia.dk; Ellehammers Allé) Als wäre Billund nicht ohnehin schon komplett familienfokussiert, gibt's jetzt auch noch das neue Lalandia, einen protzigen Unterhaltungskomplex nach dem Motto: Las Vegas für die Kleinen (im südlichen Lolland gibt es noch so ein Teil). In diesem überdachten Komplex (wo der Himmel immer blau ist und die Temperatur angenehm warm) findet man neben dem **Aquadome Wasserpark** (Erw./Kind 210/160 Kr) und dem **Monky Tonky Spielplatz** (Eintritt 50 Kr) Spiele, Minigolf, Bowling, Sportaktivitäten, Kinderkonzerte sowie eine Handvoll Restaurants und Läden. Zum Komplex gehört auch eine Ferienhaussiedlung (wer sich hier einmietet, muss für Aquadome und Monky Tonky keinen Eintritt mehr zahlen). Weitere Details auf der Website.

Schlafen

Die Hotels in Billund sind teuer, aber trotzdem gut belegt. Sie sind überwiegend auf Familien mit Kindern ausgerichtet (farbenfrohes Dekor, Spielzimmer, Aktivitäten im Sommer etc.). Reservierung ist dringend ratsam.

LP TIPP **Hotel Legoland** HOTEL €€€
(☎75 33 12 44; www.hotellegoland.dk; Aastvej 10; normales EZ/DZ/FZ 1805/2210/3220 Kr, Themenzimmer 4120 Kr; @☐) Lego-Figuren begrüßen die Gäste hier schon an der Tür und in der Rezeption hängt eine *Mona Lisa* aus Lego-Steinen. Das Hotel offeriert viele kinderfreundliche Details, Spielzimmer und reichlich Platz für Erwachsene. Die guten Doppelzimmer entsprechen dem Standard. Besondere Stärke des Hotels sind die Familien- und die phantastischen Ritter-, Prinzessinnen- und Piratenzimmer. Im Preis enthalten sind das Frühstücksbuffet und der Eintritt ins Legoland.

LP TIPP **Legoland Village** HOSTEL €€
(☎75 33 27 77; www.legoland-village.dk; Ellehammers Allé; EZ/DZ/FZ Nachsaison 595/695/975 Kr, Hochsaison 825/925/1135 Kr; @☐) Das frühere Danhostel wurde inzwischen zum „5-Sterne-Familienhostel" ausgebaut. Es liegt neben dem Campingplatz. und hat große, helle Zimmer mit Platz für je fünf Personen – alle mit Bad, TV, WLAN und Lego-Klötzchen für die Kinder. Bettwäsche können die Gäste entweder mieten (60 Kr pro Pers.) oder selbst mitbringen. Das Frühstück ist im Preis enthalten. Außerdem gibt es eine Gästeküche. Auffällig sind die netten Lego-Dekorationen überall: von den Schlüsselanhängern bis zu den Haken hinter der Tür.

Billund FDM Camping CAMPINGPLATZ, HÜTTEN €
(☎75 33 15 21; www.billundcamping.dk; Ellehammers Allé; Erw./Kind/Stellplatz 83/45/60 Kr; @☐) Dieser ganzjährig gut besuchte Platz bietet jede Menge für die Kids: Spielplätze, Streichelzoo, Minigolf und im Sommer sogar Ponyreiten. Er ist sehr gepflegt, vermietet kleine, gut ausgestattete Chalets (für 5 Pers., 675–885 Kr) und hat ein Restaurant.

Zleep Hotel HOTEL €
(☎24 61 06 35; www.zleephotels.com; Flughafen Billund; DZ 299–799 Kr; @☐) Wer auf Extras verzichten kann, wird mit diesem hellen und nagelneuen Hotel einer aufstrebenden Kette ganz zufrieden sein. Es befindet sich gleich beim Flughafen Billund und hat einfache, behagliche Zimmer für bis zu vier Personen – alle tadellos, mit Bad und Kabel-TV. Am günstigsten sind die Preise bei Onlinebuchung. Das Frühstück kostet 69 Kr extra. Es gibt auch Fahrräder zu mieten – z. B. für die 2 km bis zum Legoland.

Hotel Propellen HOTEL €€
(☎75 33 81 33; www.propellen.dk; Nordmarksvej 3; EZ/DZ/FZ 1148/1298/1598 Kr @☐☐) Verglichen mit anderen Hotels der Stadt hat das Propellen ein Ambiente, das mehr die Erwachsenen anspricht. Mit Hallenbad, Spielzimmer und Spielplatz ist es aber zugleich auch auf Familien eingerichtet.
Die Erwachsenen werden die Sauna, die Jacuzzis und das Restaurant schätzen.

Essen

Es gibt Möglichkeiten, in Legoland oder Lalandia zu essen, darüber hinaus in den Hotelrestaurants sowie in Billund, wo es einen großen Supermarkt, zahlreiche Pizzerias und andere Angebote gibt.

Im Park befinden sich vor allem viele Picknickplätze sowie einige Restaurants und Lokale mit den üblichen Snacks zum Mitnehmen. Schon die Namen – Sandwich Supreme, Donut Bakery, Chicken Delight, Pizza Slice – machen klar, was es dort gibt. Wer sich zum Essen hinsetzen möchte, kann ins Family Buffet (Erw./Kind 159/88 Kr) oder Pizza & Pasta-Haus (Hauptgerichte 89–149 Kr) gehen oder im Saloon die Spare Ribs knabbern. Außerdem gelangt man vom Park direkt ins Legoland Hotel Restaurant.

LEGOLAND: PRAKTISCH & KONKRET

Wer in Billund ist, will höchstwahrscheinlich nach **Legoland** (www.legoland.dk; Erw./Kind 279/249 Kr; ⏲April–Okt. von 10 bis zwischen 18 und 21 Uhr, Nov.–März geschl.). Die meiste Zeit braucht man für das Schlangestehen am Ticketschalter, also Tickets am besten vorher online kaufen (die meisten Unterkünfte verkaufen sie ebenfalls). Der Preis für Erwachsene gilt ab 13 Jahren; Kinder unter zwei Jahren dürfen umsonst rein. Für Senioren ab 65 kostet der Eintritt 249 Kr. Der zweite Tag kostet nur 99 Kr, dazu muss man allerdings im Park am Tickethäuschen anstehen.

Innerhalb des Parks gibt es eine Bank, Geldautomaten, Schließfächer, einen Wickelraum, Leihkinderwagen und vieles mehr. Unnötig zu erwähnen, dass es natürlich auch einen riesigen Lego-Laden gibt, in dem immer reger Betrieb herrscht.

Kaum bekannt ist dagegen die Tatsache, dass eine halbe Stunde, bevor die Fahrbetriebe schließen, kein Eintritt mehr erhoben wird. Und da diese gewöhnlich ein oder zwei Stunden vor dem Park selbst schließen (siehe Website), bleiben mit etwas Glück bis zu 2½ Std., um wenigstens Miniland kostenlos zu erkunden.

Besucher mit eigenem Auto müssen sich auf dem Parkplatz gegenüber vom Eingang nicht unbedingt 50 Kr pro Tag aus der Tasche ziehen lassen. Etwas weiter weg gibt es noch viele kostenlose Parkplätze.

Legoland Hotel Restaurant BUFFET €€€
(☎75 33 12 44; Aastvej 10; Hauptgerichte 150–250 Kr; ⏲mittags & abends) Ein großes, helles Lokal mit einem umfangreichen Kindermenü. Das Mittagsbuffet (Erw./Kind 198/119 Kr) und das Abendessen (248/119 Kr) sind recht preisgünstig. Für Kinder sind die wie Lego-Klötzchen geschnittenen Kartoffeln der Renner! Auch Angebote *à la carte* stehen zur Auswahl. In der Hochsaison ist die Tischreservierung u. U. eine gute Idee.

La Famille Café & Bistro BUFFET €€
(Ellehammers Allé 2; Buffet Erw./Kind 168/84 Kr; ⏲abends) Am Campingplatz/Hostel lockt dieses budgetfreundlichere Lokal, das abends ein günstiges Fleischbuffet anbietet. Gefallen haben uns auch die „selbst gemachten Lunchpakete" (Erw./Kind 60/30 Kr) und das Essen zum Mitnehmen.

Praktische Informationen

Legoland Holidays (☎96 23 47 95; www.legolandholidays.dk) Offizielle Agentur, die Unterkunftspakete organisiert.

Touristeninformation (☎79 72 72 99; www.visitbillund.dk; Rådhuscentret 16; ⏲Mo–Fr 9–15, Sa 10–14 Uhr) Im Stadtteil Billund, südlich von Legoland und abseits des Grinstedvej.

An- & Weiterreise

Auto

Billund liegt an der Straße 28, 59 km nordöstlich von Esbjerg und 28 km westlich von Vejle.

Die großen, internationalen Autovermieter haben Schalter am Flughafen.

Bus

Billund hat keinen Bahnanschluss. Wer mit dem Zug reist, steigt daher meist in Vejle aus und nimmt dann den Bus. Die Buslinie 43 verbindet Vejle mit dem Flughafen Billund (61 Kr, 30 Min.). Die Buslinie 143 befährt von Vejle aus eine langsamere Route und hält in Legoland (61 Kr, 40 Min.), im Stadtzentrum von Billund sowie am Flughafen.

Bis zu zehn Busse täglich verkehren zwischen Billund und Aarhus (180 Kr, 1½ Std.). Weitere Verbindungen zum Flughafen gibt es u. a. in Esbjerg, Ribe und Kolding.

Flugzeug

Der **Flughafen Billund** (BLL; www.billundairport.dk) liegt praktisch vor dem Eingang zum Legoland und versorgt den größten Teil Jütlands. Dank der zentralen Lage hat er sich zum zweitgrößten Flughafen Dänemarks entwickelt.

Zahlreiche Flüge verbinden Billund mit vielen Städten in Skandinavien und dem restlichen Europa. Der skandinavische Billigflieger **Cimber Sterling** (www.cimber.com) hat eine Niederlassung in Billund und fliegt zu beliebten Ferienzielen der Dänen wie Mallorca und Malaga, London (Gatwick) und Dublin. **Ryanair** (www.ryanair.com) verbindet Billund mit Barcelona, Edinburgh, London (Stansted), Mailand, Rom und anderen Zielen.

Unterwegs vor Ort

Die Touristeninformation verleiht Fahrräder für 80 Kr am Tag.

Die meisten Stadtbusse halten im Stadtzentrum von Billund, in Legoland und am Flughafen. Im Sommer (Juli–Mitte August) verbindet außerdem ein Shuttlebus Unterkünfte und Attraktionen mit dem Zentrum und dem Flughafen.

Randers

60 700 EW.

Randers' Trümpfe sind die schöne Altstadt und der Regenwald-Zoo unter drei Kuppeln, der Familien und Tierfreunde begeistert. Zwar ist es die Industrie, die die Lebensgrundlage der Stadt bildet, dennoch gibt es hier historische und kulturelle Schätze zu entdecken. Randers ist nicht gerade touristisch, besitzt aber einige sehr unterschiedliche Attraktionen (von „Elvis" bis zu tropischen Tieren), die einen Abstecher lohnen.

Sehenswertes & Aktivitäten

Randers Regnskov ZOO

(www.regnskoven.dk; Tørvebryggen 11; Erw./Kind 165/95 Kr; ⏲tgl. 10–16 oder 18 Uhr) Die meistbesuchte Attraktion der Stadt ist dieser tropische Zoo (*regnskov* bedeutet Regenwald), wo die Temperatur unter der Glaskuppel immer zwischen schwülen 22 und 30 °C liegt (Kleidung entsprechend wählen!). Pfade führen durch den feuchtheißen Dschungel, in dem Krokodile, Affen, Pythons, Leguane, Orchideen, Hibiskus und andere tropische Tiere und Pflanzen „beheimatet" sind. Unter verschiedenen Kuppeln werden die Regenwälder Afrikas und Asiens nachgestellt, besonders eindrucksvoll ist der südamerikanische Bereich mit Wasserfällen und zahlreichen Tieren. Ein erstaunlich gut gestaltetes Ökosystem, auch wenn es näher am Polarkreis als am Äquator liegt.

Graceland Randers MUSEUM, UNTERHALTUNGSKOMPLEX

(www.elvispresley.dk; Graceland Randers Vej 3; ⏲10–18 Uhr) Rock 'n'Roll-Fans aufgepasst: 2 km südöstlich des Stadtzentrums gibt es ein **Elvis Presley Museum** (Erw./Kind 95/65 Kr). Das 2011 eröffnete Museum ist in einem Nachbau der Graceland-Villa untergebracht, der allerdings doppelt so groß ist wie das Original. Hier auf dem Land rechnet man ja nicht unbedingt mit einem Mausoleum der dänischen Könige. Stattdessen hat ein übereifriger Fan seine unsterbliche Liebe zu Elvis mit dieser persönlichen Sammlung an Andenken unter Beweis gestellt (wofür der Eintrittspreis allerdings ziemlich übertrieben ist). Schön ist z. B. das seltene Bild einer überwältigten Kronprinzessin Margrethe II. (die heutige Königin) bei einem Treffen mit Elvis in Hollywood im Jahr 1960. Der kitschige Komplex umfasst einen Elvis-Laden, eine typisch amerikanische Gaststätte und ein winziges Kino.

Danish Design Museum MUSEUM

(Hospitalsgade 13; Erw./Kind 50 Kr/frei; ⏲Do–So 11–16 Uhr) Aus dem Namen könnte man ja einen Zusammenhang zum feinen Design von Kopenhagen schließen. Weit gefehlt: Dieses kleine Museum stellt lediglich die eklekti-

STEIN AUF STEIN ZUM GROSSEN ERFOLG

Ole Kirk Christiansen hat es wahrscheinlich selbst nicht für möglich gehalten, welchen Erfolg seine kleine Idee einmal haben würde. Als die Geschäfte während der Depression von 1932 schlecht liefen, begann der gelernte Zimmermann in Billund mit der Herstellung von Holzspielzeug. Seine Firma nannte er Lego, eine Zusammensetzung aus *leg godt*, was auf Dänisch „spiel gut" bedeutet. Erst später stellte sich heraus, dass (nomen est omen) *lego* außerdem auf Lateinisch „ich setze zusammen" heißt. Ende der 1940er-Jahre kaufte Lego als erste dänische Firma eine Kunststoff-Druckgussmaschine und begann mit der Fertigung von Plastikblöcken, die sich miteinander verbinden ließen. Diese sogenannten Kombinationsklötzchen waren die Vorläufer der heutigen Lego-Steine.

Wie jede „Vom Tellerwäscher zum Millionär"-Geschichte hat auch die Lego-Story ihre Tragödie. 1960 ging das Lager für Holzspielzeug in Flammen auf. Die Firma beschloss daraufhin, sich ganz auf Plastikspielzeug zu konzentrieren und legte damit den Grundstein zum Erfolg. Lego-Steine wurden rasch zum beliebtesten Spielzeug in Europa. 2000 wählte das *Fortune Magazine* sie zum „Spielzeug des Jahres".

Den Publikationen zufolge besitzt jeder Mensch auf Erden durchschnittlich 75 Lego-Steine. Jede Sekunde werden sieben Lego-Schachteln verkauft (was sich in der Adventszeit allerdings auf 28 Schachteln pro Sekunde erhöht). Selbst im Hightech-Zeitalter folgt Lego dem natürlichen Wachstumsprozess: ein Schritt nach dem anderen, ein Klötzchen aufs andere. Die Firma (nicht jedoch der Themenpark) ist noch immer im Besitz von Ole Kirk Christiansens Nachkommen. Konzeption und Entwicklung werden hauptsächlich im Firmenhauptsitz in Billund erarbeitet, in dem rund 120 Entwickler beschäftigt sind.

Randers

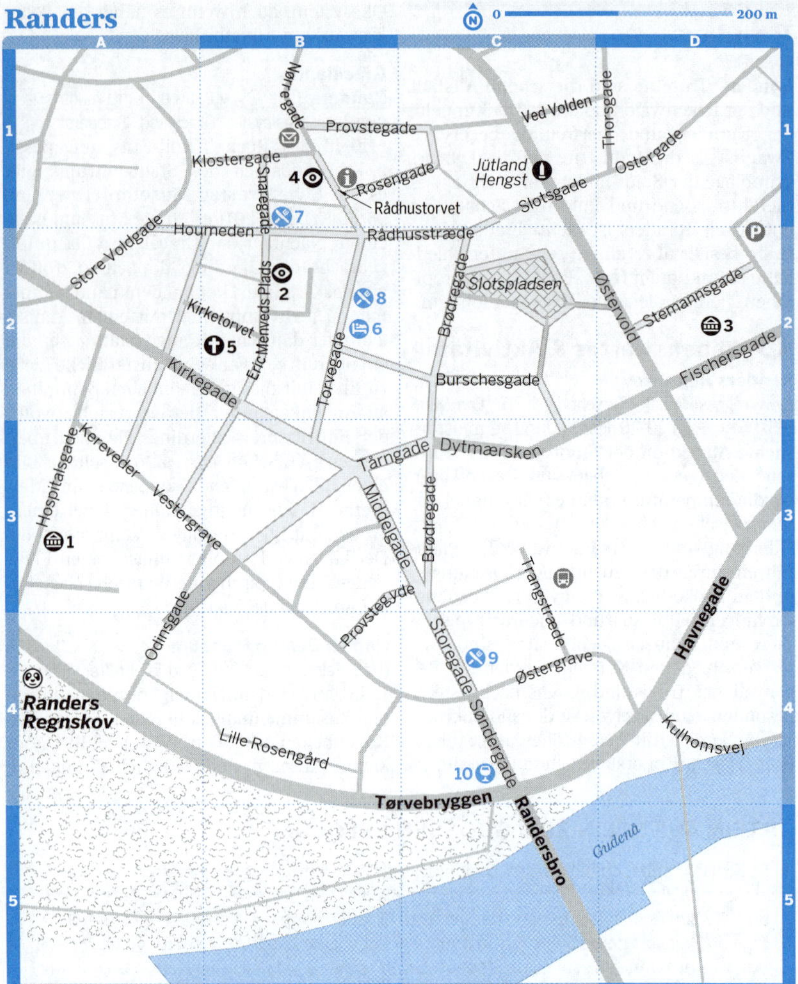

sche Sammlung seines Gründers aus. Dazu gehören alte Stereoanlagen, Lampen, Poster, Keramik und Roller. Absolutes Highlight ist das vom Designer Kay Bojesen entworfene Holzspielzeug.

Historische Gebäude ALTSTADT

Der mit Abstand interessanteste Teil von Randers ist die Innenstadt: ein Sammelsurium unterschiedlicher Baustile – mit historischen Juwelen zwischen modernen Bausünden. Eine von der Touristeninformation kostenlos erhältliche Broschüre hilft dabei, die architektonischen Besonderheiten zu entdecken und informiert über ihre Geschichte. Sie beschreibt einen Stadtrundgang und Baudenkmäler, die bis ins späte 15. Jh. zurückreichen, z. B. **Paaskesønnernes Gård** (Rådhustorvet 7); **Helligåndshuset** (Eric Menveds Plads), einst Teil eines mittelalterlichen Klosters, und die imposante, rote **Sankt Mortens Kirke** (Kirketorvet) aus dem Mittelalter.

GRATIS **Kulturhuset** MUSEUM

(Stemannsgade 2) Im modernen Kulturhuset ist neben der Stadtbibliothek auch das **Museum Østjylland** (⏲ Di–So 10–16 Uhr) untergebracht. Es besteht aus zwei Bereichen:

Randers

Highlighs
Randers Regnskov A4

Sehenswertes
1 Danish Design Museum A3
2 Helligåndshuset B2
3 Kulturhuset D2
Museum Østjylland .... (s. 3)
4 Paaskesønnernes Gård B1
5 Sankt Mortens Kirke B2

Schlafen
6 Hotel Randers B2

Essen
7 Café Borgen B1
8 Café Mathisen B2
9 Niels Ebbesens Spisehus C4

Ausgehen
10 Tante Olga C4

Einer widmet sich der Kulturgeschichte, der andere der Kunst. Sehenswert ist die Sammlung dänischer Werke von 1800 bis heute – vor allem die Glasinstallation *Cosmic Room* des färöischen Künstlers Tróndur Paturson.

Schlafen

Unterkünfte sind in Randers knapp. Die meisten Besucher des Randers Regnskov kommen im Rahmen eines Tagesausflugs von umliegenden Ferienorten wie Djursland hierher. Die Touristeninformation vermittelt auch Privatzimmer.

LP TIPP **Hotel Randers** HOTEL €€
(☎86 42 34 22; www.hotel-randers.dk; Torvegade 11; EZ/DZ/Suite ab 795/975/1375 Kr; Wi-Fi) Das nostalgische Art-déco-Schmuckstück wurde 1856 erbaut, in den 1920er-Jahren renoviert und hat sein einzigartiges Ambiente bis heute bewahrt. Das verdankt es nicht zuletzt seiner Besitzerin, der etwa 80-jährigen Fru Mathisen, die selbst im Hotel wohnt. Die Zimmer sind üppig und individuell ausgestattet. Wer sich ein „Antikzimmer" leisten kann, genießt eine Nacht lang eleganten Luxus.

Danhostel Randers HOSTEL €
(☎86 42 50 44; www.danhostelranders.dk; Gethersvej 1; B ab 196 Kr, EZ/DZ ohne Bad 378/428 Kr, mit Bad 515/540 Kr; @ Wi-Fi) Ein fröhliches, modernes Hostel gleich beim Park und zu Fuß zwölf Minuten nordwestlich des Zentrums. Es bietet Zimmer mit und ohne Bad und verbindet dabei sehr schön das Nützliche (Waschsalon, Küche) mit dem Angenehmen (Poolbillard, Tischtennis).

Hotel Kronjylland HOTEL €€
(☎86 41 43 33; www.hotelkronjylland.dk; Vestergade 51; DZ wochentags/Wochenende ab 749/1079 Kr; @ Wi-Fi) Das schicke Hotel am Bahnhof (10 Gehminuten westlich des Zentrums) ist bei Geschäftsleuten und Urlaubern gleichermaßen beliebt. Die frische Ausstattung und der gute Service sind beeindruckend. Die Preise variieren je nach Standard und Ansprüchen.

Essen & Ausgehen

Café Borgen CAFÉ €
(Houmeden 10; kleine Mahlzeiten 39–67 Kr; ⌚Brunch, mittags & abends) Bietet Tische im Freien und einen Speisesaal mit gedämpftem Licht. Es serviert einen guten Kaffee und eignet sich für ein gemütliches Mittagessen. Abends verwandelt es sich in ein ansprechendes Lokal für einen späten Drink.

Café Mathisen INTERNATIONAL €€
(Torvegade 11; mittags 75–128 Kr, abends 145–258 Kr; ⌚Mo–Sa mittags & abends) Das Mathisen mit seinem eleganten schwarz-weißen Dekor gehört zum entzückenden Hotel Randers und versetzt seine Gäste zurück in die Ära das Art-déco. Die Mittagsgerichte sind leicht und schlicht; bei der Abendkarte war sich das Mathisen nicht zu fein, neben geschmortem Kalb mit Trüffeln auch den guten alten Burger aufzuführen.

Niels Ebbesens Spisehus TRADITIONELL DÄNISCH €€
(Storegade 13; mittags 59–109 Kr, abends 179–259 Kr; ⌚mittags & abends) Dieses fotogene Restaurant ist nicht zu übersehen: ein rotes, dreistöckiges Fachwerkhaus von 1643. Passend zum historischen Gebäude ist auch die Karte traditionell dänisch: Hering, *peberbøf* (Pfeffersteak) oder *svinemørbrad* (Schweinelendchen).

Tante Olga BAR
(Søndergade 6; ⌚Do–Sa abends) Diese Club-Bar ist eine Institution in Randers. Sie bietet Livemusik, Standup Comedy, Bier und Whisky, Jazzabende und jede Menge Lokalkolorit.

Praktische Informationen

Der Bahnhof liegt westlich des Stadtzentrums. Zu Fuß gelangt man über die Vestergade in zwölf Minuten zum Rådhustorvet, dem Hauptplatz.

Touristeninformation (☎86 42 44 77; www.visitranders.com; Rådhustorvet 4; ⌚April–Okt.

Mo–Fr 10–17, Sa 10–14 Uhr, Nov.–März Mo–Fr 10–17 Uhr) Bietet jede Menge gute Infos zur Region sowie Fahrräder zum Ausleihen.

Anreise & Unterwegs vor Ort

Randers liegt an der E45, 76 km südlich von Aalborg, 36 km nördlich von Aarhus und 41 km östlich von Viborg auf der Straße 16. Alle Züge zwischen Aarhus (60 Kr, 30 Min.) und Aalborg (100 Kr, 50 Min.) halten am Bahnhof an der Jernbanegade, gleich westlich des Zentrums. Der Busbahnhof liegt abseits der Dytmærsken.

Hobro

11 500 EW.

Hobros wichtigstes Highlight ist Fyrkat, eine vor knapp 60 Jahren entdeckte Ringfestung der Wikinger. Die Stadt selbst liegt an der Mündung des Mariager-Fjords und ist ganz nett – hat aber an historischen Bauwerken sonst nicht viel zu bieten, da sie mehrfach abgebrannt ist. Heute ist Hobro vorwiegend ein Versorgungszentrum für die Bauernhöfe der Umgebung.

Sehenswertes

Fyrkat WIKINGERSTÄTTE

(Fyrkatvej; Erw./Kind inkl. Vikingecenter Fyrkat 60 Kr/frei; ⏲Mai–Sept. 12–17 Uhr) Die 1000 Jahre alte Festung Fyrkat südlich von Hobro ähnelt auffällig der bekannteren Festung Trelleborg im südlichen Seeland, auch wenn sie etwas kleiner ist. Fachleute gehen daher davon aus, dass beide um 1000 unter dem genialen Wikingerkönig Harald Blauzahn errichtet worden sind.

Als Archäologen die Festung um 1950 entdeckten, erkannten sie sofort ihre große Bedeutung. Die Ausgrabungen dauerten zehn Jahre. Fyrkat erwies sich als eine Militäranlage zur Überwachung des „Verkehrs“ in ganz Jütland. Offenbar haben 800 Wikinger und ihre Familien dort gewohnt. Archäologen vermuten, dass die Anlage kurz nach ihrer Fertigstellung durch ein Feuer verwüstet und aufgegeben wurde.

Wer heute über die grasbedeckten Ringwälle spaziert, kann sich gut vorstellen, wie die Wikingerkrieger hier einst gelebt haben. Die Anlage ist absolut symmetrisch gebaut und die vier Öffnungen im Ringwall waren einst imposante Tore nach den vier Himmelsrichtungen. Der Innenbereich war (wie bei Trelleborg) in vier Quadranten unterteilt. In jedem befand sich ein symmetrisches Bauwerk mit einem Innenhof, das den Bewohnern von Fyrkat als Unterkunft gedient hat. Fundamentblöcke skizzieren den Grundriss der lang gestreckten Gebäude und die Kühe in den umliegenden Feldern verleihen dem Ganzen noch eine zeitlose Kulisse.

Von den ursprünglichen Bauwerken ist keines erhalten geblieben, doch gleich außerhalb des Walls wurde ein Wikingerhaus in Stabbautechnik aus Eichenstämmen rekonstruiert. Am Eingang zur Festung stehen historische Bauernhäuser, darunter eine 200 Jahre alte Wassermühle, die noch immer funktioniert.

Fyrkat liegt 3 km südwestlich von Hobro und ist über den Fyrkatvej zu erreichen. Ein Taxi vom Bahnhof dorthin kostet etwa 100 Kr. Bei gutem Wetter lohnt es sich, am Vikingecenter Fyrkat auszusteigen und den letzten Kilometer bis zur Festung zu Fuß zu gehen. Busverbindungen gibt es keine.

Vikingecenter Fyrkat WIKINGER-FREILUFTMUSEUM

(Fyrkatvej; Erw./Kind inkl. Fyrkat 60 Kr/frei; ⏲Mai 10–16 Uhr, Juni–Aug. 10–17 Uhr, Sept. 10–15 Uhr) Als Ergänzung zur Festung Fyrkat wurde 1 km nördlich am Fyrkatvej ein Wikingerhof rekonstruiert. Archäologen glauben, dass es rings um die Festung solche Gehöfte gegeben hat, um die Bewohner mit frischen Lebensmitteln zu versorgen.

Mehr als zehn Jahre hat es gedauert, die Anlage mit Materialien und Werkzeugen der Wikingerzeit nachzubauen. Besonders eindrucksvoll ist das 33 m Langhaus. Kostümierte Darsteller bieten Vorführungen im Silberschmieden, Bogenschießen, Backen, Musik und weitere Wikingerhandwerke. Viele von ihnen sind Freiwillige, die jedes Jahr nach Fyrkat kommen, um für eine Woche oder länger wie die Wikinger zu leben: Sie schlafen in den Langhäusern und üben sich in Fertigkeiten der Wikingerzeit. Sie beantworten auch bereitwillig alle Fragen.

Hobro Museum MUSEUM

(Vestergade 21; Erw./Kind 30 Kr/frei; ⏲Mai–Sept. 12–17 Uhr) Um den Besuch abzurunden, bietet das Hobro Museum in einem Kaufmannshaus von 1821 interessante Funde von Fyrkat und Informationen über die Geschichte von Hobro.

Festivals & Events

Fyrkatspillet KULTUR

(www.fyrkatspillet.dk, auf Dänisch) Ende Mai/Anfang Juni dient Fyrkat alljährlich zwei Wochen lang als Kulisse für die Aufführungen des örtlichen Laienensembles Fyrkatspillet.

Gesprochen wird zwar Dänisch, doch der Handlungsverlauf ist leicht zu verfolgen (schöne Frauen, wilde Wikinger, klirrende Schwerter und ein Happy End). Informationen bieten die Touristeninformation Hobro und die Website des Ensembles.

Schlafen & Essen

Die Touristeninformation hat eine Liste mit Adressen von Privatunterkünften.

Hotel Amerika HOTEL €€
(☎98 54 42 00; www.hotelamerika.dk; Amerikavej 48; EZ/DZ ab 825/1075 Kr; @📶) Dieses Hotel liegt 2,5 km östlich des Zentrums. Wegen des weitläufigen Geländes und der Waldlage nahe dem Fjord wirkt es fast wie ein Landsitz. Die Zimmer sind recht luxuriös, klassisch möbliert und gut ausgestattet. Auch das Restaurant ist sehr nobel.

Danhostel Hobro HOSTEL €
(☎98 52 18 47; www.danhostelhobro.dk; Amerikavej 24; B/EZ/DZ 200/375/450 Kr; @) Das große, moderne Hostel etwa 1,5 km östlich der Stadt ist oft mit Schulgruppen besetzt; alle Zimmer haben ein eigenes Bad.

Restaurant Bies Bryghus DÄNISCH, HAUSBRAUEREI €
(Adelgade 26; mittags 88–124 Kr, abends 148–218 Kr; ⏲Di–So mittags & abends) Diese alte Brauerei wurde 1841 gegründet und versteckt sich in einem gepflasterten Innenhof abseits der Fußgängerzone. Seit seiner Wiedergeburt als helle Hausbrauerei serviert es zum eigenen Bier herzhafte Leckerbissen, vom Smørrebrød am Mittag bis zum Steak mit Sauce béarnaise am Abend.

Praktische Informationen

Der Bahnhof liegt am westlichen Stadtrand. Zum Zentrum ist es 1 km nach Osten via Jernbanegade, immer in Richtung Kirchturm. Banken, Supermärkte und andere Einrichtungen liegen an der autofreien Adelgade.

Touristeninformation (☎70 27 13 77; www.visitmaria gerfjord.dk; Søndre Kajgade 10; ⏲Juni–Aug. tgl., sonst kürzere Öffnungszeiten) Liegt am kleinen, süßen Hafen zwischen den Cafés und hat einen Fahrradverleih (praktisch, um nach Fyrkat zu kommen).

An- & Weiterreise

Die Straße 180 verbindet Hobro direkt mit dem 27 km südöstlich gelegenen Randers und der 49 km weiter nördlich gelegenen Stadt Aalborg. Die schnellere E45 verbindet diese Städte ebenfalls, führt aber nicht nach Hobro hinein.

Hobro liegt an der Bahnlinie Frederikshavn–Aarhus. Züge nach Randers (40 Kr, 15 Min.) und Aalborg (81 Kr, 40 Min.) verkehren zweimal stündlich.

Rebild Bakker & Rold Skov

Die rührende Geschichte der Rebild Bakker (Rebild-Hügel) begann 1912, als eine Gruppe dänischstämmiger Amerikaner dem Staat 200 ha bis dahin privater Wälder schenkte. Sie machten zur Auflage, dass das Gebiet in seinem ursprünglichen Zustand bewahrt bleibt, der Öffentlichkeit zugänglich ist und von dänischstämmigen Amerikanern für Festlichkeiten an US-Feiertagen genutzt werden darf.

Diese Geste des guten Willens hat das dänische Forstamt dazu veranlasst, auch die angrenzenden Wälder zu kaufen. Das

80 km² große Gebiet ist heute unter dem Namen **Rold Skov** (Wald von Rold) bekannt und bildet den größten zusammenhängenden Wald Dänemarks. Gute Wanderpfade führen durch Heidehügel und Wälder mit Eschen, Buchen und Eichen (auch super zum Mountainbiken).

Sehenswertes

Blockhaus Lincoln MUSEUM
(Erw./Kind 20 Kr/frei; ⏲Juni–Aug. tgl.) Das Blockhaus wurde nach dem Vorbild des Hauses gebaut, in dem der US-Präsident Abraham Lincoln aufgewachsen ist, und zeigt eine Ausstellung über die dänischen Auswanderer in Amerika. Es liegt gleich westlich des Parkplatzes am Beginn der Wanderwege.

Spillemandsmuseet MUSEUM
(Fiedlermuseum; Erw./Kind 25 Kr/frei; ⏲Mai–Sept. tgl., Okt.–April So) Dieses einfache Regionalmuseum liegt am äußersten Ende des Parkplatzes und widmet sich eher den schrulligeren Seiten des Landlebens: Gewehren, Fallen, Geigen und Volksmusik.

Aktivitäten

Mountainbiken

Doch, es stimmt: Diese Berge (falls man sie so nennen will) mit ihrem insgesamt 23 km umfassendes Netz von Trails sind ein Paradies für Mountainbiker. Infos zum Fahrradverleih stehen unter „Unterwegs vor Ort“.

Wandern

Innerhalb des Parks gibt es zahlreiche Wanderwege. Eine schöne Route von 4 km Länge beginnt auf einer Schafweide westlich des Parkplatzes. Sie führt zum Tophuset, dem 100 Jahre alten, reetgedeckten Häuschen der ersten Parkaufseher, weiter zum Lincoln-Blockhaus und zu dem als Cimbrerstenen bekannten Findling, den Anders Bundgaard in Gestalt eines zimbrischen Stiers behauen hat. Weiter geht es zu der Senke, in der die Feierlichkeiten am 4. Juli stattfinden, und zum Sønderland, der höchsten Erhebung des Parks (102 m). Besonders reizvoll ist die Wanderung im Sommer und Herbst, wenn das Heidekraut die Hänge purpurrot färbt.

Festivals & Events

Das **Rebild Festival** (www.rebildfesten.dk) findet seit 1912 statt und ist das größte Fest zum amerikanischen Unabhängigkeitstag am 4. Juli außerhalb der USA. Es wird mit Tanz, Countrymusic und Gastrednern aus den USA begangen. Inzwischen ist die Beliebtheit des Festes vor allem bei der jüngeren Generation gesunken. Die Teilnehmerzahl von einst 10 000 ist auf etwa 4000 zurückgegangen. Ausländische Gäste übernachten meist in Aalborg.

Schlafen & Essen

Rebild Bakker ist sehr malerisch – wenn auch ziemlich verschlafen. Außerhalb der Festzeit ist es mehr ein Ort für Tagesausflüge und Picknicks. Wer trotzdem übernachten will, hat dafür ein paar ordentliche Optionen.

Danhostel Rebild HOSTEL €

(☎98 39 13 40; www.danhostel.dk/rebild; Rebildvej 23; B/EZ/DZ 250/395/450 Kr; @📶) Das reetgedeckte Hostel ist schon richtig unverschämt fotogen und hat den gewohnt hohen dänischen Ausstattungsstandard. Die Zimmer befinden sich in einem Anbau hinter dem alten Hauptgebäude und haben alle ein eigenes Bad. Das Personal hilft bei Bedarf, ein Leihfahrrad zu vermitteln.

Rold StorKro HOTEL €€

(☎98 37 51 00; www.rold.dk; Vaelderskoven 13; Wanderer EZ/DZ 395/495 Kr, Standard EZ/DZ 895/1095 Kr; @📶🏊) Dieser klassische Gasthof befindet sich etwa 2 km hinter dem Eingang zum Park. Im Angebot sind einfache „Wandererzimmer" mit Gemeinschaftsbad und normale, modernisierte Zimmer, die allerdings recht teuer sind. Die Ausstattung ist gut, mit Swimmingpool im Haus und großem Minigolfplatz. Das Beste ist aber das **Panorama Restaurant** (mittags 55–155 Kr, abends 158–235 Kr) mit Ausblick auf die Wälder und traditioneller Speisekarte. Spezialität des Hauses ist frisches und geräuchertes Wild vom hauseigenen Grund.

Praktische Informationen

Touristeninformation (☎99 88 90 00; www.visit rebild.dk; KulturStationen, Sverriggårdsvej 4; ⌚Mo–Fr 9–16, Sa 9–12 Uhr) Das sehr hilfreiche Büro befindet sich gegenüber dem Bahnhof Skørping, 3 km östlich des Rebild Bakker. Es bietet eine Fülle von Infos und Karten über die Region. Achtung: Die Touristeninformation soll in nächster Zeit näher an den Park ziehen – möglicherweise schon 2013.

An- & Weiterreise

Die Straße 180 führt durch den Rold Skov und verbindet Rebild Bakker mit dem 23 km südlich gelegenen Hobro.

Die Züge zwischen Aalborg (54 Kr, 25 Min.) und Aarhus (144 Kr, 1¼ Std.) halten in Skørping. Von dort sind es 3 km nach Westen bis Rebild Bakker. Busse der Linie 104 verkehren wochentags stündlich zwischen Skørping und Rebild Bakker (18 Kr), am Wochenende seltener. Züge fahren u. a. nach Hobro (36 Kr, 20 Min.) und Randers (71 Kr, 40 Min.).

Unterwegs vor Ort

Rold Skov Cykler (☎98 39 11 72; Jyllandsgade 23) Hat Räder und Infos zum Mountainbiken; Stadträder/Mountainbikes kosten 150/250 Kr pro Tag.

Viborg

35 900 EW.

Reich an Religionsgeschichte und idyllisch an zwei Seen gelegen, ist Viborg ein höchst romantischer Ferienort. Während ihrer Blütezeit (unmittelbar vor der Reformation) hatte die Stadt 25 Kirchen. Heute sind davon im Zentrum nur noch zwei zu finden. Die Kathedrale erhebt sich in der hübschen Altstadt. Hier lässt man sich gerne treiben.

Sehenswertes & Aktivitäten

Viborg Domkirke DOMKIRCHE

(Sankt Mogens Gade 4; Eintritt gegen Spende; ⌚April–Sept. Mo–Sa 11–16, So mittags–16 Uhr, Okt.–März ab 15 Uhr geschl.) Die auffällige Viborg Domkirke mit ihren Zwillingstürmen ist von innen genauso schön wie von außen. Die wunderbaren **Fresken** von Joakim Skovgaard sind über einen Zeitraum von fünf Jahren (1908–13) entstanden und illustrieren die Geschichte der protestantischen Bibel. 1876 wurde die Kathedrale von Grund auf erneuert und ist seither die größte Granitkirche Skandinaviens. Vom Vorgängerbau (1100) zeugt nur noch die Krypta.

Von den Malereien sind zwei besonders bedeutend: Gott bei der Erschaffung der Frau (am Eingang links) und die zwölf Apostel und vier Evangelisten, wobei Paulus den Platz des Judas einnimmt (zentrales Deckenbild). Die 10 Kr für die Broschüre, welche den biblischen Hintergrund zu allen 51 Gemälden erklärt, sind gut angelegt. Die imposante Außenseite präsentiert sich mit wuchtigen Mauern und Rundbogen, wie sie für Bauten im normannischen Stil typisch sind. Während der Öffnungszeiten der Kirche können Besucher auch den Südturm besteigen (kostenlos), um den Blick über die Stadt zu genießen.

Skovgaard Museet KUNSTMUSEUM
(www.skovgaardmuseet.dk; Domkirkestræde 4; Erw./Kind 50 Kr/frei; ⌚Juni–Aug. Di–So 10–17 Uhr, Sept.–Mai Di–So 11–16 Uhr) Die Kunstgalerie gleich bei der Kathedrale zeigt neben Wechselausstellungen und Werken anderer Künstler weitere Arbeiten des Kirchenmalers Joakim Skovgaard.

Altstadt ALTSTADT
Die Altstadt erstreckt sich nördlich und westlich der Kathedrale. Die Touristeninformation hat hervorragende Infoblätter (auch englischsprachig), die Stadtrundgänge mit historischem und kulturellem Thema beschreiben. Malerische Häuser aus dem 16. Jh. säumen die **Sankt Mogens Gade**, u. a. Den Hauchske Gård mit der Hausnummer 7, Villadsens Gård mit der Nummer 9A und Den Gamle Præstegård mit der Nummer 11.

Viborg Stiftsmuseum MUSEUM
(Hjultorvet 4; Erw./Kind 40 Kr/frei; ⌚Mitte Juni–Aug. Di–So 11–17 Uhr, Sept.–Mitte Juni Di–Fr 13–16, Sa & So 11–17 Uhr) Das historische Museum ist ganz der religiösen Vergangenheit von Viborg gewidmet.

Margrethe I BOOTSFAHRTEN
(Erw./Kind 50/30 Kr; ⌚Mitte Mai–Aug. 14 Uhr) Im Sommer kann man mit der *Margrethe I* eine einstündige Rundfahrt auf den Seen mit schönen Blicken auf Viborg unternehmen. Ab Mitte Juni gibt es zusätzliche Fahrten. Das Schiff legt vor dem Golf Salonen am Randersvej ab. Von Mitte Mai bis September werden am Parkkiosk auch Kanus und Ruderboote vermietet (45/70 Kr für 30/60 Min.).

Schlafen

LP TIPP **Niels Bugges Hotel** BOUTIQUEHOTEL €€
(☎86 63 80 11; www.nielsbuggeskro.dk; Egeskovvej 26, Hald Ege; EZ/DZ ohne Bad 570/790 Kr, DZ/Suite mit Bad 1250/1450 Kr; 📶) Wir sind begeistert von diesem alten Gasthof im Wald außerhalb der Stadt (via Straße 13 nach Süden, dann Straße 12 westwärts und die erste Abzweigung rechts). Dieses Hotel ist ein eigenes Reiseziel: Design und Küche werden großgeschrieben. Das Boutiquehotel ist wunderschön im Landhausstil gestaltet: überall Blumenmuster, Patchwork und Antiquitäten. Auch die Bibliothek, die Freianlagen und das himmelblaue Restaurant Skov („Wald") haben uns begeistert.

Die Inhaber betreiben in der Nähe auch das am Seeufer gelegene **Niels Bugges Kro** (Ravnsbjergvej 69, Dollerup), ein Gasthaus mit traditionellerem Restaurant und ländlichem Nebengebäude mit noch schöneren Zimmern. Die Buslinie 53 fährt in diese Richtung.

Oasen Viborg BOUTIQUEHOTEL €€
(☎86 62 14 25; www.oasenviborg.dk; Nørregade 13; EZ/DZ 350/500 Kr, mit eigenem Bad 450/650 Kr; 📶) Der zentral gelegene Komplex mit einladenden Zimmern und Apartments schließt bestens die Lücke zwischen Hostels und teuren Businesshotels. Einige der Zimmer haben kein eigenes Bad, aber alle bieten Kabel-TV, kostenloses WLAN und Nutzung der Gästeküche. Das Frühstück wird in einem süßen kleinen „Café" im Garten serviert (75 Kr).

Danhostel Viborg HOSTEL €
(☎86 67 17 81; www.danhostel.dk/viborg; Vinkelvej 36; B 150 Kr, DZ mit/ohne Bad 460/390 Kr; ⌚Mitte Jan.–Nov.; @📶) Dieses gut geführte Hostel 3 km außerhalb der Stadt im Grünen und bei einem Botanischen Garten, der bis ans Ufer reicht, wirkt wie ein kleiner Landsitz. Im Garten gibt es eine Tischtennisplatte und ein Riesenschach. Die Zimmer sind super und haben zum Großteil ein eigenes Bad. Der Stadtbus 5 fährt in diese Richtung, hält aber nicht direkt vor dem Hostel. Gleich nebenan ist übrigens auch der Campingplatz.

Essen

Café Morville INTERNATIONAL €€
(Hjultorvet; Hauptgerichte 65–185 Kr; ⌚Mo–Sa Brunch, mittags & abends, So mittags) Das Morville ist eines jener schicken, ganztägig geöffneten Cafés, die es in fast jeder däni-

schen Stadt gibt. Vom Morgenkaffee bis zum Schlummertrunk und vom Brunch bis zum Burger wird hier alles serviert.

Brygger Bauers Grotter INTERNATIONAL €€€
(Sankt Mathias Gade 61; mittags 69–145 Kr, abends 205–285 Kr; Di–Sa mittags & abends) Die von Laternen gesäumte Gasse führt zu einem exquisiten Restaurant im über 100 Jahre alten Kellergewölbe. Die Atmosphäre hat jedoch ihren Preis; Mittagessen auf der Terrasse ist günstiger und weniger formell. Das Restaurant ist auch über die Domkirkestræde hinter der Kathedrale zu erreichen.

Tortilla Flats MEXIKANISCH €€
(Sankt Mikkelsgade 2; Hauptgerichte 95–140 Kr; Di–So abends) Ein witziger Laden mit kalifornisch angehauchtem mexikanischem Essen. Auch gut für Vegetarier.

Praktische Informationen

Postamt, Banken und andere Dienstleister sind an der Sankt Mathias Gade zu finden.

Touristeninformation (87 87 88 88; www.visitviborg.dk; Nytorv 9; Juni–Aug. Mo–Fr 9–17, Sa 9–14 Uhr, sonst kürzere Öffnungszeiten, Nov.–Feb. geschl.) Jede Menge Infos zur Umgebung, gute Broschüren und Landkarten sowie Fahrräder zum Ausleihen (100 Kr pro Tag).

An- & Weiterreise

Viborg liegt 66 km nordwestlich von Aarhus via Straße 26 und 41 km westlich von Randers via Straße 16. Züge von/nach Aarhus (124 Kr, 1¼ Std.) verkehren an Wochentagen halbstündlich, am Wochenende seltener. Der Bahnhof liegt 1 km südwestlich der Touristeninformation.

MITTLERE WESTKÜSTE

Die lang gestreckte, windige Westküste von Mitteljütland ist geprägt von Ferienorten, die überwiegend von deutschen Badegästen besucht werden. Am meisten Rummel wird um Holmsland Klit gemacht, eine schmale und fast 35 km lange Halbinsel aus Sand und Dünen, die den Ringkøbing-Fjord von der Nordsee trennt. Windsurfer strömen nach Hvide Sande, das die besten Windverhältnisse Dänemarks bietet.

Hvide Sande

3200 EW.

Hvide Sande („Weißer Sand") verdankt seine Existenz dem Wind. Treibsand drohte den Nordseezugang des Hafens von Ringkøbing zu blockieren, sodass 1931 eine Schleuse gebaut werden musste. Die hervorragenden Windverhältnisse machen den Ort zur ersten Adresse für Windsurfer.

Vom Wind abgesehen dreht sich alles um Fisch. Hvide Sande besitzt einen sehr aktiven Hafen für die Hochseefischerei mit Trawlern, Fischfabriken und einer Fischauktion am frühen Morgen. Außerdem gibt es ein kleines Fischereimuseum mit Aquarium bei der Touristeninformation. Diese gibt auch Informationen über Angeltouren mit einheimischen Sportfischern sowie zu den im Sommer für Touristen organisierten Fischauktionen.

Aktivitäten

Westwind WINDSURFEN, KITESURFEN
(97 31 25 99; www.westwind.dk, auf Dänisch; Mai–Okt.) Der beständige Westwind und die Wahl zwischen dem geschützten Ringkøbing-Fjord und der wilden Nordsee machen Hvide Sande zum idealen Ort für Windsurfer, vom Anfänger bis zum Fortgeschrittenen.

Der Veranstalter Westwind hat zwei Stützpunkte außerhalb von Hvide Sande (einen nördlich, einen südlich des Orts). Er bietet Kurse im Surfen, Windsurfen, Kitesurfen und Stehpaddeln (auch in deutscher Sprache; die Website gibt es ebenfalls auf Deutsch) und hält Leihausrüstungen sowie Kajaks bereit. Ein dreistündiger Einführungskurs für Windsurfer kostet 400 Kr; ein Kurs mit neun Stunden (in drei Blöcken zu je 3 Std.) kostet 995 Kr. Westwind garantiert, dass die Teilnehmer nach dieser Zeit selbstständig windsurfen können. Eine zweistündige Einführung ins Kitesurfen/Stehpaddeln kostet 290/350 Kr.

Kabel Park WASSERKI, WAKEBOARD
(30 29 26 26; www.kabelpark.dk; Gytjevej; Mitte April–Okt.) Dieses unterhaltsame Unternehmen befindet sich gleich neben der nördlichen Filiale von Westwind (in der „Aqua Sports Zone"). Hier lassen sich Wasserskifahrer und Wakeboarder am Drahtseil über einen 800 m langen Parcours ziehen. Für Fortgeschrittene gibt's sogar Sprungrampen. Anfänger können sich zwei Stunden lang einweisen lassen (395 Kr), sonst kosten ein/zwei Stunden 270/370 Kr, einschließlich Neoprenanzug und Wasserski bzw. Wakeboard. Allerdings ist allein schon das Zuschauen eine ziemlich coole Sache. Drum gibt es hier auch ein Café.

Vinterlejegaard Ridecenter REITEN
(☎75 28 22 77; www.vinterlejegaard.dk, auf Dänisch; Vesterledvej 9) Hvide Sande ist der perfekte Ort für Strandausritte bei Sonnenauf- oder -untergang (vorausgesetzt, es ist nicht zu stürmisch!). Details gibt's im Reitstall, der 8 km südlich von Hvide Sande liegt und einstündige Strandausritte für Anfänger und Fortgeschrittene für 175 Kr anbietet.

Schlafen

Die Touristeninformation vermietet topmoderne Hausboote sowie Ferienhäuser und Privatzimmer (die Hausboote und Ferienhäuser werden im Sommer gewöhnlich wochenweise vermietet).

Danhostel Hvide Sande HOSTEL €
(☎97 31 21 05; www.hvidesande.dk/danhostel; Numitvej 5; B 130 Kr, EZ/DZ ohne Bad 250/300 Kr, mit Bad 380/395 Kr; ⊙Feb.–Mitte Dez.; @ᯤ) Das Hostel liegt abseits des Trubels an einer Nebenstraße nördlich des Kanals. Das wie üblich komfortable Hostel bietet einfache, saubere Zimmer (meist mit Bad) und die Nutzung des nahen Sportzentrums, zu dem es gehört.

Hvide Sande Sømandshjem & Hotel HOTEL €€
(☎97 31 10 33; www.hssh.dk; Bredgade 5; EZ/DZ/FZ 745/945/1145 Kr; @ᯤ) Das einzige Hotel der Stadt hat schöne, frisch wirkende Zimmer in einem alten Seemannsheim am lebhaften Hafen. Im Haus befindet sich auch eine günstige Cafeteria.

Hvide Sande Camping CAMPINGPLATZ, HÜTTEN €
(☎97 31 12 18; www.hvidesandecamping.dk, auf Dänisch; Karen Brandsvej 70; Erw./Kind/Stellplatz 74/40/40 Kr; ⊙April–Okt.) Das ist *der* Platz für Windsurfer. Er liegt südlich der Stadt gegenüber dem Veranstalter Westwind (S. 266) und ist gut ausgestattet inklusive Hütten und Fahrradverleih.

Essen

Am Hafen gibt es einen Supermarkt und jede Menge Cafés, Eisdielen und Bäckereien, zugeschnitten auf die Wünsche der Urlauber.

Edgar Madsen MEERESFRÜCHTE €
(Metheasvej 11) Ein stolzer, alteingesessener Laden, spezialisiert auf die Früchte des Meeres. Ideal auch, um ein eigenes Picknick zusammenzustellen – Fischbrötchen gibt's schon für 30 Kr.

Restaurant Under Broen MEERESFRÜCHTE €€
(1. OG, Toldbodgade 20; mittags 78–138 Kr, abends 118–218 Kr; ⊙mittags & abends) Ein elegantes Restaurant direkt am Hafen bei den Fischerbooten, das – wie hier nicht anders zu erwarten – hervorragenden frischen Fisch serviert. Das Café Marina im Erdgeschoss bietet schlichtere Speisen zu günstigeren Preisen.

Praktische Informationen

Touristeninformation (☎70 22 70 01; www.visitvest.dk; Nørregade 2; ⊙Mo–Fr 9–17, Sa & So 10–14 Uhr) Auf der Nordseite des Kanals.

An- & Weiterreise

Hvide Sande liegt an der Straße 181. Busse der Linie 58 verkehren wochentags stündlich (sonst seltener) zwischen Hvide Sande und dem Bahnhof von Ringkøbing (34 Kr, 30 Min.).

Ringkøbing

9700 EW.

Das reizvoll am Fjord gelegene Ringkøbing ist ein nettes, wenngleich unauffälliges Städtchen, das als Versorgungszentrum für die umliegenden Badeorte dient. Im Vergleich zu den anderen Orten der mittleren Westküste weist Ringkøbing die meisten historisch geprägten Bauwerke auf. Es ist eine gute Basis für alle, die nicht nur Strandurlaub machen wollen.

Einst war Ringkøbing ein bedeutender Nordseehafen, bis Treibsand die Fjordmündung zunehmend nach Süden verlagerte und den für die Stadt lebenswichtigen Zugang zum Meer abzuschneiden drohte. Mit dem Bau einer Schleuse bei Hvide Sande wurde 1931 eine permanente Passage zur Nordsee sichergestellt. Heute spielt der Hafen keine sehr große Rolle mehr. Rings um die Stadt erheben sich Industrieanlagen und vor allem Windkraftwerke.

Sehenswertes

Historische Gebäude HISTORISCHE GEBÄUDE
Die Touristeninformation hält eine Broschüre über die historischen Bauwerke der Stadt bereit. Das **Hotel Ringkjøbing**, gleich bei der Touristeninformation, befindet sich in einem Fachwerkbau von 1601. Die **Kirche** nordwestlich des Hotels stammt aus dem Mittelalter, an ihrem Westpfeiler prangt eine Sonnenuhr von 1728. Für einen netten Bummel bietet sich der **Yachthafen** an, wo

TOP TIPPS FÜR DEN AKTIVURLAUB

Soll es etwas mehr als ein Spaziergang oder Schaufensterbummel sein? Dann können wir in Jütland folgende Highlights für den Aktivurlaub empfehlen:

» **Seenhochland** (S. 247) – eine herrliche Kanutour auf dem Fluss Gudenå

» **Hvide Sande** (S. 266) – Traumziel für Wind- und Kitesurfer

» **Klitmøller** (S. 291) – für Wasserratten, die vom kräftigen Wind profitieren wollen (Surfen und Windsurfen)

» **Rebild Bakker** (S. 263) – Dänemarks größtes Waldgebiet zieht Wanderer und Mountainbiker an

» **Rømø** (S. 214) – der Ort, um mit Kitebuggys und Blokarts neue Temporekorde aufzustellen

alte Fischerhütten neben modernen Bauten stehen. Dorthin gelangt man vom Torvet aus über die Vestre Strandgade.

Ringkøbing Museum MUSEUM
(Herningvej 4; Erw./Kind 40 Kr/frei; ⌚Juli & Aug. Mo–Fr 11–17, Sa 10–13 Uhr, sonst kürzer) Die interessantesten Ausstellungen in diesem östlich des Torvet gelegenen Museum beschäftigen sich mit der unglücklichen Grönlandexpedition (1906–08) unter der Leitung des Forschers Ludvig Mylius-Erichsen.

Schlafen

Campingplätze liegen 9 km westlich der Stadt bei Søndervig an der Straße 181.

Danhostel Ringkøbing HOSTEL €
(☎97 32 24 55; www.rofi.dk; Kirkevej 28; B 200 Kr, EZ/DZ 350/400 Kr, mit Bad 425/475 Kr; @📶) Das Danhostel gehört zu den besten Unterkünften der Stadt. Es bietet phantastische Gemeinschafts- und Erholungseinrichtungen, eine moderne Gestaltung, jede Menge Aktivitäten (immerhin ist es zugleich ein Sportzentrum) und große, helle Zimmer (meist mit Bad und Best TV). Außerdem gibt es eine Bowlingbahn, einen Spielplatz und eine Minigolfanlage - ein großes Plus für Familien. Nachteil: Das Hostel ist weder besonders leicht zu finden noch mit dem Bus zu erreichen. Es liegt 1,5 km nördlich des Bahnhofs via Holstebrovej.

Hotel Ringkjøbing HOTEL €€
(☎97 32 00 11; www.hotel-ringkobing.dk; Torvet 18; EZ/DZ 950/1095 Kr; 📶) Das Hotel in einem Gebäude von 1601 hat eine erstklassige Lage am Hauptplatz und viel nostalgischen Charme. Die Zimmer (über dem Restaurant und in ein paar Nebengebäuden) sind nicht alle gleich schön, es lohnt sich also, vor dem Buchen ein paar anzusehen.

Essen

Café & Restaurant Kræs DÄNISCH €€
(Ved Fjorden 2B; mittags 72–165 Kr, abends 155–245 Kr; ⌚Mo–Sa mittags & abends) Das hübsche, moderne Restaurant am Yachthafen punktet mit einer kleinen, aber guten Auswahl örtlicher Spezialitäten (ganz viel Fisch). Außerdem hat es einen kleinen Laden, der Wein, Kaffee und Schokolade verkauft. Mittags sind die *fiskefrikadeller* (Fischfrikadellen) und die herzhaften Pfannkuchen sehr zu empfehlen. Wem die Speisekarte hier nicht so zusagt, findet in der Nachbarschaft genügend Alternativen.

The Watchman's Pub TRADITIONELL DÄNISCH €€
(Torvet 18; mittags 79–129 Kr, abends 139–199 Kr; ⌚mittags & abends) Dieses gemütliche Restaurant im Hotel Ringkjøbing hat Tische im Freien am Torvet und eignet sich daher hervorragend, um Leute zu beobachten. Auch die umfangreiche Speisekarte mit guten, alten Klassikern wie Heringsplatten, gegrillter Scholle oder *fiskefrikadeller* ist nicht zu verachten.

Praktische Informationen

Touristeninformation (☎70 22 70 01; www.visitvest.dk; Torvet; ⌚Mo–Fr 10–17, Sa 9.30–13 Uhr) Zentral gelegen. Vermittelt auch Unterkünfte, vom Zimmer bis zum Strandhaus.

Anreise & Unterwegs vor Ort

Ringkøbing liegt an der Straße 15, 46 km westlich von Herning und 9 km von der Nordseeküste entfernt. Die Bahnlinie verbindet es mit Esbjerg (100 Kr, 1¾ Std.) und Struer (61 Kr, 1 Std.).

Busse der Linie 58 fahren wochentags etwa stündlich (sonst seltener) vom Bahnhof Ringkøbing nach Hvide Sande (34 Kr, 30 Min.).

Nordjütland

Inhalt »

Aalborg 270
Frederikshavn 277
Sæby 280
Læsø 279
Skagen 281
Råbjerg Mile 286
Hirtshals 286
Hjørring 287
Løkken 288
Hanstholm 289
Rubjerg Knude 290
Klitmøller 291
Nationalpark Thy 291

Gut essen

» Klitmøller Røgeri (S. 291)

» Mortens Kro (S. 274)

» Jensens Fiskerestaurant (S. 281)

» Skagens Museum Cafe (S. 285)

» Ruths Hotel (S. 284)

Schön übernachten

» Villa Vendel (S. 289)

» Villa Rosa (S. 274)

» Aahøj (S. 280)

» Badepension Marienlund (S. 284)

Auf nach Nordjütland

Der Limfjord trennt den Nordteil vom übrigen Jütland. Die Region bezaubert durch einzigartige Lichtstimmungen und die karge Landschaft voller Flugsand. Die Tourismuswerbung preist Nordjütland als „Lysets Land" (Land des Lichts) an. Wer schon einmal die weichen Blautöne in der Abenddämmerung am Strand erlebt hat, der weiß und versteht, warum dieses Stück Land Künstler begeistert.

Aber nicht nur die Maler zieht es hierher. Auch Windsurfer und Badegäste strömen nach Norden, sobald es das Wetter zulässt. Familien vergnügen sich in Zoos, Aquarien und Freizeitparks und Feinschmecker schwärmen vom fangfrischen Fisch.

Der beliebteste Ferienort Jütlands liegt am Nordzipfel Dänemarks: Skagen. Mit vornehmen Restaurants und Kunstmuseen ist es sehr kultiviert, zugleich aber auch wild und ursprünglich – ein Kontrastprogramm, das die ganze Region charakterisiert.

Reisezeit

Die beste Zeit für den Norden ist der Sommer. Im Juli und August sind Strände, Themenparks, Festivals und sonstige Aktivitäten in vollem Gange und die Unterkunftspreise erreichen Höchstniveau.

Aalborg hat das ganze Jahr über etwas zu bieten, und es hat durchaus seinen Reiz, sich einmal in der kühleren Jahreszeit an einem Ort wie Skagen einzuquartieren, um, unbehelligt von Touristenhorden und Hochsaisonpreisen, das wilde Meer ganz für sich zu haben. Schließlich kommt die dänische *hygge* (Gemütlichkeit) erst im Winter so richtig zum Vorschein.

Aalborg

103 600 EW.

An der engsten Stelle des Limfjords, der Jütland zweiteilt, sitzt Aalborg, Dänemarks viertgrößte Stadt. Das einstige Aschenputtel unter den dänischen Städten putzt sich seit einiger Zeit ganz ordentlich heraus: Neuerdings spielt sich das Leben vor allem am Hafen ab, wo moderne Bauprojekte die Aufmerksamkeit auf sich ziehen. In einer konzertierten Aktion wurden auch vernachlässigte Industriegelände und andere schäbige Gegenden in der Innenstadt aufgehübscht und wieder attraktiv gemacht. Mit kostenlosen Cityfahrrädern und Innenstadtbussen wirbt die Stadt um mehr Besucher.

Bisher dürfte Aalborg nicht unbedingt auf dem Reiseradar erschienen sein, aber das könnte sich bald ändern. Ob Architekturfans, Familien, Partygänger oder Geschichtsinteressierte: Die meisten Besucher finden hier durchaus ein paar Tage erholsame Beschäftigung.

Sehenswertes & Aktivitäten

Utzon Center
ARCHITEKTUR

(www.utzoncenter.dk; Slotspladsen 4; Erw./Kind 60 Kr/frei; Di–So 10–17 Uhr) Mit seinem unverwechselbaren silbrigen Dach zieht das Utzon Center am Kai alle Blicke auf sich. Das 700 m² große Design- und Architekturzentrum bzw. „dynamische unsd experimentelle Zentrum für Kultur und Wissen", wie es sich selbst nennt, ist das letzte Werk des berühmten dänischen Architekten Jørn Utzon (1918–2008), der vor allem für die Oper in Sydney bekannt ist. Er wuchs in Aalborg auf und starb kurz nach der Fertigstellung des nach ihm benannten Centers. Zu sehen sind wechselnde Ausstellungen zu Architektur, Design und Kunst. Im Haus befindet sich auch ein erstklassiges Restaurant. Besucher kommen mit der Eintrittskarte am gleichen Tag auch ins Museum Kunsten.

Hafenpromenade
WAHRZEICHEN

Aalborgs Hafenpromenade verläuft zwischen der Limfjordsbroen und dem Utzon Center und ist ein schönes Beispiel für ge-

Highlights

1. In **Grenen** (S. 288) am Schnittpunkt zweier Meere stehen
2. Die Kunst im **Skagens Museum** (S. 282) bewundern
3. **Aalborgs** (S. 270) neues Gesicht kennenlernen
4. Sich in **Klitmøller** (S. 291) vom Winde verwehen lassen
5. Auf der stillen Insel **Læsø** (S. 279) in die Vergangenheit reisen
6. An den Stränden von **Løkken** (S. 289) oder **Tornby** (S. 287) abhängen
7. An der **Rubjerg Knude** (S. 290) oder der **Råbjerg Mile** (S. 286) im Sand buddeln

lungene Stadtsanierung, die in diesem Fall einen heruntergekommenen Hafen für die Einwohner neu erschlossen hat. Die flanieren hier heute zwischen Restaurants, einem Park, einem Spielplatz, Basketballplätzen und vertäuten Schiffen (darunter ein alter Eisbrecher), die zu Esslokalen und Bars umgebaut wurden. Mit das Beste ist das brandneue Freibad **Aalborg Havnebad** (⏲Juli–Aug. 10–18 Uhr), das Besuchern die Möglichkeit gibt, sich im Limfjord zu erfrischen.

Ganz in der Nähe liegt das **Aalborghus Slot** (Slotspladsen) aus dem 16. Jh. Das Verwaltungsgebäude hat zwar nicht wirklich viel von einem Schloss, aber das kleine **Verlies** (Eintritt frei; ⏲Mai–Okt. Mo–Fr 8–15 Uhr) ist für Besucher zugänglich.

AALBORG CARD

Für alle, die mehrere Tage bleiben, könnte sich die Aalborg Card lohnen. Mit ihr ist der Eintritt zu den meisten Sehenswürdigkeiten sowie das Parken (an den Kennedy Arkaden südöstlich des Bahnhofs) und die Benutzung der öffentlichen Verkehrsmittel kostenlos. 24 Stunden kosten pro Erw./Kind 179/89 Kr, 72 Stunden 299/149 Kr. Wer teurere Adressen wie den Zoo auf seiner To-Do-Liste hat, sollte sich die Karte auf jeden Fall holen. Verkauft wird sie in der Touristeninformation.

Nordkraft KULTURZENTRUM

(www.nordkraft.dk; Kjellerups Torv) Ein umgebautes Elektrizitätswerk gehört ebenfalls zu Aalborgs neuen Anziehungspunkten. Es beherbergt ein Theater, eine Konzerthalle, ein Programmkino, eine Kunstgalerie, ein Fitnesscenter und ein paar Speiselokale. Der riesige Komplex ist insgesamt sehr gelungen, aber noch wenig etabliert; in dem vernachlässigten Stadtviertel drumherum dauern Sanierungs- und Baumaßnahmen an. Da hier auch die Touristeninformation zu finden ist, lohnt es sich, einen Blick auf den Veranstaltungskalender zu werfen.

Budolfi Domkirke DOM

(Algade 40; ⏲Juni–Aug. Mo–Fr 9–16, Sa 9–14, Sept.–Mai Mo–Fr 9–15, Sa 9–12 Uhr) Der Dom aus dem 12. Jh. steht im Zentrum der Altstadt. Sein liebliches Glockenspiel ertönt zu jeder vollen Stunde. Der weiß getünchte Innenraum verleiht dem Gotteshaus eine beinahe mediterrane Anmutung.

Farbenfrohe Fresken von 1500 schmücken die Decke über dem Eingang. Prachtvolle Schnitzereien zieren den vergoldeten Barockaltar und die reich geschmückte Kanzel. Im Sommer veranstaltet die Kirche auch Konzerte.

Aalborg Historiske Museum MUSEUM

(Algade 48; Erw./Kind 30 Kr/frei, Di frei; ⏲ Di–So 10–17 Uhr) Das historische Museum von Aalborg liegt einen Häuserblock westlich der Budolfi Domkirke. Die Ausstellungsstücke reichen von der Urgeschichte bis zur Gegenwart. Möbel und Inneneinrichtungen zeigen den Wohlstand der Aalborger Kaufleute zur Zeit der Renaissance.

Gråbrødrekloster Museet MUSEUM

(Algade 19; ⏲ Di–So 10–17 Uhr) Das unterirdische Museum versetzt den Besucher direkt von einer der belebtesten Einkaufsstraßen in die Welt eines mittelalterlichen Franziskanerklosters (Zugang über den Aufzug vor dem Kaufhaus Salling an der Algade). Der Eintritt ist frei, aber die Nutzung des Aufzugs kostet 30 Kr.

Helligåndsklostret KLOSTER

(CW Obels Plads 4; Erw./Kind 50 Kr/frei; ⏲englische Führungen Juli Mitte–Aug. Di 14 Uhr) Eine Gasse zwischen dem Aalborg Historiske Museum und dem Postamt führt zum riesigen Komplex des Heilig-Geist-Klosters, das 1431 erbaut wurde und ein paar faszinierende Fresken vorzuweisen hat. Die Innenräume sind allerdings nur im Rahmen einer Führung zu besichtigen.

Stadtbild HISTORISCHE GEBÄUDE

Einen großen Teil seines historischen Charakters hat Aalborg durch Industrie und Handel eingebüßt. Doch im Zentrum zeugen die alten Fachwerkhäuser noch immer vom Wohlstand der Renaissancekaufleute.

Entlang der Østerågade, östlich der Budolfi Domkirke, stehen drei bemerkenswerte historische Gebäude: das barocke **alte Rathaus** (1762) an der Ecke Østerågade/Gammel Torv, das fünfstöckige **Jens Bangs Stenhus** (1624) an der Østerågade 9 und der **Jørgen Olufsens Gård** (1616) an der Østerågade 25. Die beiden Letzteren haben schöne Renaissancefassaden. Jens Bangs Stenhus wurde von einem wohlhabenden Kaufmann erbaut und ist heute Sitz einer Apotheke. Jørgen Olufsens Gård, von einem

Aalborg

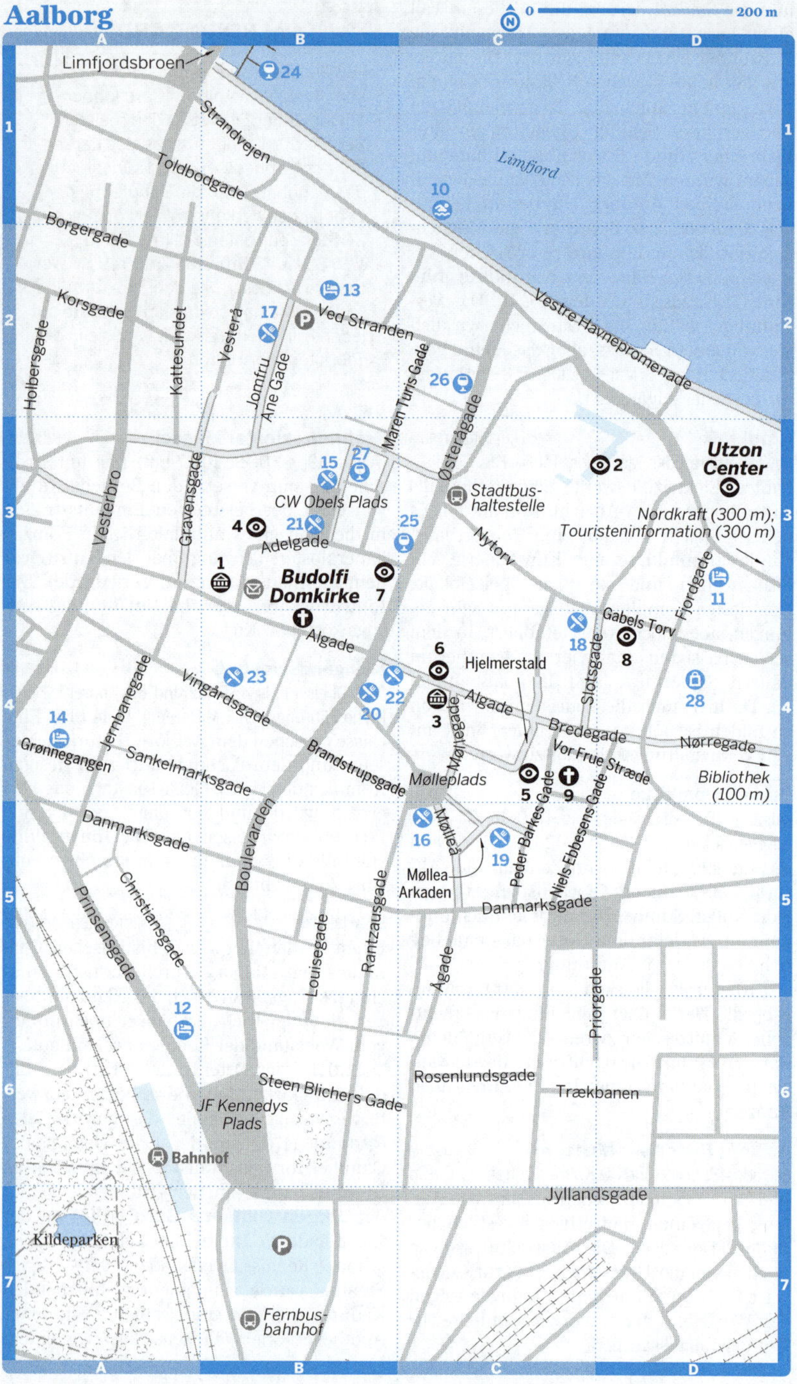
0
200 m
A
B
C
D
1
2
3
4
5
6
7
Limfjordsbroen
24
Strandvejen
Toldbodgade
Limfjord
10
Borgergade
Korsgade
13
17
Ved Stranden
Vesterå
Kattesundet
Holbersgade
Jomfru Ane Gade
Maren Turis Gade
26
Vestre Havnepromenade
Østerågade
15
27
CW Obels Plads
21
25
4
Adelgade
Gravensgade
Vesterbro
2
Utzon Center
Stadtbus-haltestelle
Nordkraft (300 m); Touristeninformation (300 m)
Nytorv
1
Budolfi Domkirke
7
Fjordgade
11
Algade
18
Gabels Torv
8
6
Hjelmerstald
Slotsgade
23
22
20
3
Algade
28
Vingårdsgade
Jernbanegade
14
Grønnegangen
Sankelmarksgade
Brandstrupsgade
Bredegade
Nørregade
Vor Frue Stræde
Mølleplads
Møllegade
5
9
Bibliothek (100 m)
Danmarksgade
Boulevarden
16
Møllea
19
Møllea Arkaden
Peder Barkes Gade
Niels Ebbesens Gade
Christiansgade
Prinsensgade
Rantzausgade
Danmarksgade
Louisegade
Ågade
Priorgade
12
Steen Blichers Gade
Rosenlundsgade
Trækbanen
JF Kennedys Plads
Bahnhof
Jyllandsgade
Kildeparken
Fernbus-bahnhof

Aalborg

Highlights
Budolfi Domkirke B4
Utzon Center D3

Sehenswertes
1 Aalborg Historiske Museum B3
2 Aalborghus Slot D3
3 Gråbrødrekloster Museet (unterirdisch) C4
4 Helligåndsklostret B3
Jens Bangs Stenhus (s. 25)
Jørgen Olufsens Gård (s. 26)
5 Langes Gård C4
6 Lift zum Gråbrødrekloster Museet C4
7 Altes Rathaus B3
8 Abfahrt Sightseeing Bus D4
9 Vor Frue Kirke C4

Aktivitäten, Kurse & Touren
10 Aalborg Havnebad C1

Schlafen
11 Cab Inn Aalborg D3
12 Prinsen Hotel A6
13 Radisson Blu Limfjord Hotel B2
14 Villa Rosa A4

Essen
15 Café KlosterTorvet B3
16 Café Ministeriet C5
17 Cox Orange B2
Friis Modern Steakhouse (s. 28)
18 Føtex-Supermarkt C4
19 Mortens Kro C5
20 Penny Lane B4
21 Pingvin Tapas & Vincafé B3
22 Schak Nielsen B4
23 SuperBrugsen-Supermarkt B4

Ausgehen
24 Den Fede Ælling B1
25 Duus Vinkjælder C3
26 Irish House C2
27 Søgaards Bryghus B3

Shoppen
28 Friis Shoppingcenter D4

reichen Bürgermeister erbaut, beherbergt heute ein gemütliches, irisches Pub.

Sehenswert ist auch das Viertel alter Fachwerkhäuser um die **Vor Frue Kirke** (Peder Barkes Gade), besonders die gepflasterte, als L angelegte Hjelmerstald. Auf halber Höhe der Straße ist der **Langes Gård** (Hjelmerstad 15) mit einem hübschen Innenhof voller Skulpturen und Keramik.

Die Touristeninformation gibt eine Broschüre aus, die zwei Rundgänge sowie die Gebäude und Sehenswürdigkeiten entlang des Wegs beschreibt.

GRATIS **Lindholm Høje** WIKINGERSTÄTTE

(Sonnenaufgang–Sonnenuntergang) Der Limfjord war so etwas wie eine Autobahn der Wikinger. Über ihn gelangten ihre Stoßtrupps per Langboot schnell und bequem in den Atlantik. Es überrascht daher nicht, dass auch das bedeutendste historische Erbe Aalborgs überwiegend aus der Wikingerzeit stammt.

Das stimmungsvolle Gräberfeld Lindholm Høje umfasst 700 Gräber aus der Eisen- und Wikingerzeit. Sie liegt auf einer grasigen Anhöhe, umsäumt von einem Wall von Buchen. Viele der Wikingergräber sind mit Steinen markiert, die zur ovalen Kontur eines Wikingerschiffs angeordnet wurden, mit zwei größeren Steinen als Bug und Heck. Am Ende der Wikingerära wurde das Gelände unter Flugsand begraben und blieb so bis heute erhalten.

Das **Lindholm Høje Museet** (Vendilavej 11; Erw./Kind 60 Kr/frei; April–Okt. tgl. 17–10, Nov.–März Di–So 10–16 Uhr) liegt gleich daneben. Es erklärt die Geschichte der Stätte und zeigt archäologische Funde. Riesige Wandbilder geben eine Vorstellung davon, wie die Menschen von Lindholm wahrscheinlich gelebt haben.

Die Buslinie 2 fährt vom Zentrum in 15 Minuten bis Lindholm Høje. Mit dem Auto geht es vom Zentrum in Richtung Norden über die Limfjordsbroen und durch Nørresundby. Dann via Lindholmsvej der Beschilderung folgen.

Kunsten KUNSTMUSEUM

(www.kunsten.dk; Kong Christians Allé 50; Erw./Kind 60 Kr/frei; Di–So 10–17 Uhr) Ein atemberaubendes Marmorgebäude, entworfen von dem finnischen Architekten Alvar Aalto, beherbergt das regionale Museum für moderne und zeitgenössische Kunst. Der lichtdurchflutete Innenraum präsentiert eine schöne Sammlung hauptsächlich dänischer Kunst. Unter anderem sind Arbeiten von J. F. Willumsen, Asger Jorn und Richard Mortensen zu sehen.

Zum Museum führt ein Tunnel unter dem Bahnhof hindurch. Er endet im **Kildeparken**, einer Grünanlage mit Skulpturen und Springbrunnen. Durch den Park, über die

Vesterbro und dann durch ein Wäldchen ist das Museum in zehn Minuten erreicht. Sonst fahren auch die Busse der Linie 15 dorthin. Besucher kommen mit der Eintrittskarte am gleichen Tag auch ins Utzon Center.

Aalborg Zoo ZOO
(www.aalborg-zoo.dk; Mølleparkvej 63; Erw./Kind 160/95 Kr; ganzjährig ab 10 Uhr) Der Zoo von Aalborg ist in ganz Dänemark bekannt. Zu den rund 1300 Tieren zählen Tiger, Zebras, Elefanten, Giraffen, Schimpansen, Pinguine und Eisbären. Er liegt südwestlich der Stadt und ist den Buslinien S3 und 11 zu erreichen. Das Ende der Öffnungszeit variiert (im Winter 15, im Juli 20 Uhr).

Geführte Touren

Zwischen Ende Juni und Anfang/Mitte August fährt sechs Wochen lang der Touristendoppeldecker **Sightseeing Bus** (www.sightseeingbussen.dk; Erw./Kind 60 Kr/frei; Abfahrt 11 und 13 Uhr) am Gabels Torv (vor dem Shoppingcenter Friis) ab. Er bietet eine 90-minütige Rundfahrt im Großraum Aalborg mit Kommentaren auf Dänisch und Englisch.

Festivals

Jedes Jahr Ende Mai steigt der **Karneval in Aalborg** (www.karnevaliaalborg.dk), die größte Karnevalsfeier Nordeuropas, bei der über 100 000 Teilnehmer und Zuschauer die Stadt auf den Kopf stellen. Es gibt eine riesige Straßenparade, einen Kinderkarneval und Livemusik.

Schlafen

Aalborgs Hotelszene ist – mit ganz wenigen Ausnahmen – eher glanzlos. Als ultimatives Lockmittel für Städtereisende fehlt eindeutig noch ein Boutiquehotel. Die Touristeninformation hat günstige Privatunterkünfte im Angebot.

LP TIPP **Villa Rosa** PENSION €€
(98 12 13 38; www.villarosa.dk; Grønnegangen 4; Zi. & Apt. 500–800 Kr; P) Die Pension ist die mit Abstand attraktivste Unterkunft der Stadt und zusätzlich preisgünstig und sehr zentral gelegen. Um eines der sechs opulent eingerichteten Zimmer zu ergattern, muss man zeitig buchen. Die Villa aus dem späten 19. Jh. hat drei Stockwerke (ohne Lift). Am preisgünstigsten sind die drei Apartments, besonders hübsch ist das Englische Zimmer. Drei Zimmer teilen sich ein großes Etagenbad und eine Gästeküche.

Cab Inn Aalborg BUDGETHOTEL €€
(96 20 30 00; www.cabinn.com; Fjordgade 20; EZ/DZ/3BZ ab 485/615/805 Kr; @) Die günstige, zuverlässig gute Cab-Inn-Kette ist neuerdings auch in Aalborg vertreten. Mit einem großen, modernen Hotel in zentraler Lage zwischen dem Utzon Center und dem neuen Einkaufszentrum Friis. Alle 239 Zimmer haben TV und Bad, die günstigeren sind allerdings ziemlich eng.

First Slotshotel Aalborg HOTEL €€
(98 10 14 00; www.firsthotels.com; Rendsburggade 5; DZ ab 846 Kr; P@) Einige der neu renovierten Zimmer in dem smarten Hotel gleich beim Utzon Center haben einen direkten Blick auf den Fjord. Angenehm sind außerdem die kostenlosen Parkplätze sowie die zentrale Lage. Die Preise bei Onlinebuchung beginnen teilweise schon bei relativ günstigen 570 Kr.

Danhostel Aalborg HOSTEL €
(98 11 60 44; www.bbbb.dk; Skydebanevej 50; B/DZ ab 196/436 Kr; P@) Das Hostel liegt nicht gerade zentral, sondern im Grünen, ist aber ideal für Leute, die auf dem Fjord paddeln möchten. Es vermietet Kanus und Kajaks. Die Zimmer sind einfach, aber alle mit Bad. In Sommer gibt es Schlafsaalbetten. Der angrenzende Campingplatz bietet günstige Hütten an. Er befindet sich in der Nähe des Yachthafens, 3 km westlich vom Zentrum. Anfahrt mit Buslinie 13.

Prinsen Hotel HOTEL €€
(98 13 37 33; www.prinsen-hotel.dk; Prinsengade 14; EZ/DZ ab 545/745 Kr; P@) Die modernen, schlichten (wenn auch teilweise recht kleinen) Zimmer und die Lage in Bus- und Bahnnähe machen das Hotel zu einer guten Option. Ein Nachteil ist der lange Fußmarsch zur Hafenpromenade.

Radisson Blu Limfjord Hotel HOTEL €€€
(98 16 43 33; www.radissonblu.com/hotel-aalborg; Ved Stranden 14; Zi. wochentags/Wochenende 1525/1125 Kr; P) Das Radisson gilt als schickstes Hotel der Stadt. Für das, was es zu bieten hat, sind die Standardpreise allerdings gesalzen. Unbedingt nach Online- oder sonstigen Nachlässen suchen!

Essen

Mortens Kro DÄNISCH-FRANZÖSISCH €€€
(98 12 48 60; www.mortenskro.dk; Mølleå 2–6, Mølleå Arkaden; 3-/5-/7-Gänge-Menü 498/698/898 Kr; Mo–Sa abends) Mortens Kro ist fraglos das beste – und teuerste – Restau-

rant der Stadt. Es gehört dem prominenten Meisterkoch Morten Nielsen und serviert eine Synthese aus französischer und dänischer Küche, die Betonung liegt auf heimischen Saisonprodukten (hausgeräucherte Forelle, pochierte Flunder, Blaubeerkuchen mit Baiser). Der Laden brummt, Reservieren ist angesagt. Und er liegt gut versteckt: In die Mølleå Arkaden gelangt man von der Peder Barkes Gade 40A oder vom Mølleplads aus.

Friis Modern Steakhouse FLEISCH €€
(Einkaufszentrum Friis; Mittagessen 75–125 Kr, Abendessen 125–298 Kr; ⏲Mo–Sa mittags & abends) Das helle, geschmackvolle Restaurant liegt zwar in einem Shoppingcenter (Zugang über die Nørregade), bietet aber die einmalige Gelegenheit, sich die Küche des bekannten Kochs Morten Nielsen zu erschwinglichen Preisen zu gönnen. Zum Steak aus regionaler Produktion (mittags 118 Kr) wird eine Auswahl an Soßen und Kartoffelbeilagen angeboten. Das dreigängige Abendmenü kostet 248 Kr.

Café KlosterTorvet CAFÉ-BAR €
(CW Obels Plads 4; Mahlzeiten 39–81 Kr; ⏲mittags & abends) Ein hippes Café mit cooler Studentenatmosphäre. Seine Merkmale sind billiges Essen (Baguette, Lasagne usw.), starker Kaffee, günstige Drinks und Backgammon spielende Gäste.

Penny Lane DELI, CAFÉ €
(Boulevarden 1; Sandwiches & Salate 75–78 Kr; ⏲Mo–Sa Brunch & mittags) Der himmlische Feinkostladen bietet für ein Picknick frisches, selbst gebackenes Brot, Käse aus der Region sowie Rauch- und Dörrfleisch. Das dazugehörige Café serviert eine exzellente Brunchplatte (99 Kr) sowie Sandwiches, Quiches und Törtchen.

Pingvin Tapas & Vincafé INTERNATIONAL €€€
(Adelgade 12; 4/6/8 Tapas 178/218/248 Kr; ⏲Mo–Sa mittags & abends) In der schicken Restaurant-Bar stehen 30 „Tapas“ zur Auswahl, wobei mit Tapas weniger kleine Gerichte zum Teilen gemeint sind, als so etwas wie Probierhäppchen. Kulinarische Sensationen wie Lamm aus der *tajine*, Enten*confit* oder Schwertfisch vom Grill munden ganz hervorragend zu einem Tröpfchen von der ebenfalls exzellenten internationalen Weinkarte.

Schak Nielsen FISCH €
(Algade 23; Hauptgerichte um 32 Kr; ⏲Mo–Sa mittags) Der Fischhändler hat alles von Sushi bis Fish & Chips. Es ist gut, macht Laune, und stillt den Hunger, ohne den Geldbeutel zu belasten.

Café Ministeriet CAFÉ, BAR €€
(Mølleplads; Hauptgerichte 75–175 Kr; ⏲Brunch, mittags & abends) Hier genießt eine modebewusste Klientel klassisches Café-Essen (Burger, Sandwiches, Salate usw.) in großzügigen Portionen und vorzugsweise auf der phantastischen Sommerterrasse. Abends kommen die Gäste auf ein paar Drinks.

Cox Orange INTERNATIONAL €€
(Jomfru Ane Gade 23; Mittagessen 75–98 Kr, Abendessen 159–228 Kr; ⏲mittags & abends) Das Cox Orange mit Backsteindekor, Terrasse und einer fleischlastigen Speisekarte (Steaks und Burger) bringt einen Hauch Klasse in die teilweise eher schäbige Straße, in der es liegt.

SELBSTVERSORGER

Føtex SUPERMARKT €
(Slotsgade 8; ⏲Mo–Fr 9–8, Sa 8–18 Uhr)

SuperBrugsen SUPERMARKT €
(Vingårdsgade 10; ⏲Mo–Fr 9–20, Sa 9–17 Uhr)

Ausgehen

Wer einen Flirt oder einen Drink bei lautem, hämmerndem Techno, Eurorock oder House Music sucht, findet beides auf der Jomfru Ane Gade, Aalborgs Partymeile. Hier reiht sich eine Bar an die andere, wobei sich die einzelnen Lokale äußerlich wenig unterscheiden. Es lohnt sich also, ein paar abzuchecken, um die passende Musik und die richtigen Leute zu finden. Unter der Woche geht es recht ruhig zu. Dann sind hier auch zahlreiche Dinnergäste mittleren Alters unterwegs. Aber am Wochenende, vor allem freitags und samstags, wird's turbulent.

An der Jomfru Ane Gade wird jeder selbst finden, was er sucht. Wir haben daher einige Lokale in den Nebenstraßen zusammengestellt, die weniger leicht zu entdecken sind.

LP TIPP **Den Fede Ælling** CAFÉ, BAR
(Strandvejen 12C; ⏲ Di–So ab 12 Uhr) Das fette Entlein ist eine tolle „Fjordbar“ mit Café auf einem cool umgebauten Hausboot unterhalb der Limfjordsbroen. Essen (das wechselnde 3-Gänge-Menü kostet 295 Kr) und Cocktails werden drinnen oder auf dem Oberdeck serviert. Der Service ist nicht der flotteste, wird aber vom Panoramablick über Aalborg mehr als kompensiert.

Irish House PUB

(Østerågade 25) Die Kulisse ist fast zu schön, um sich zu betrinken. Holzschnitzereien und Buntglasfenster schmücken das Gebäude aus dem 17. Jh. Donnerstags bis samstags wird Livemusik gespielt. Serviert wird günstige Kneipenkost und die Auswahl an Biersorten ist groß.

Søgaards Bryghus HAUSBRAUEREI

(CW Obels Plads 4) Jede dänische Stadt, die etwas auf sich hält, hat heutzutage eine Mikrobrauerei. Und die in Aalborg ist ein echter Knaller. Neben dem prunkvollen Gastraum gibt's auch zahlreiche Plätze im Freien. Dazu eine umfangreiche Speisekarte, sodass man hier mühelos einen ganzen Nachmittag bei dem einen oder anderen Hausbier zubringen kann.

Duus Vinkjælder RESTAURANT, BAR

(Østerågade 9) Ein Glas Wein bei Kerzenschein im romantischen, 300 Jahre alten Weinkeller unter Jens Bangs Stenhus ist eine wunderbare Art, den Abend zu beschließen. Und falls ein knurrender Magen die Romantik stören sollte, kann die große Auswahl traditionell dänischer Gerichte Abhilfe schaffen.

Praktische Informationen

Aalborg liegt zu beiden Seiten des Limfjords. Brücken und Tunnel verbinden die Stadthälften. Das Geschäftszentrum mit Läden, Restaurants etc. befindet sich in der Südhälfte.

Geld

Forex (Ved Stranden 22; ⌚Mo–Fr 9–18, Sa 10–15 Uhr) Wechselstube.

Jyske Bank (Nytorv 1)

Nordea (Algade 41)

Internetzugang

Bibliothek (Rendsburggade 2) Kostenloses Internet; Zugang über die Nørregade.

Medizinische Versorgung

Aalborg Sygehus Syd (☎99 32 11 11; Hobrovej 18–22) Krankenhaus etwa 2 km südlich der Stadt.

Budolfi Apotek (Ecke Vesterbro & Algade; ⌚24 Std.) Apotheke mit 24-Stunden-Dienst.

Notfälle

Polizei/Krankenwagen (☎112)

Polizei (☎96 30 14 48; Jyllandsgade 27) Östlich des Bahnhofs.

Post

Postamt (Algade 42; ⌚Mo–Fr 9.30–18, Sa 9.30–13 Uhr)

Touristeninformation

Det Danske Udvandrerarkiv (Dänisches Auswanderungsarchiv; ☎99 31 42 20; www.emiarch.dk; Arkivstræde 1; ⌚Mo–Do 9–16, Fr 9–14 Uhr) Hinter Vor Frue Kirke. Archiv für Daten und Aufzeichnungen zur dänischen Auswanderungsgeschichte. Ausländer mit dänischen Wurzeln können hier Ahnenforschung betreiben.

Touristeninformation (☎99 31 75 00; www.visitaalborg.com; Nordkraft, Kjellerups Torv; ⌚Mo–Fr 10–16.30 oder 17.30, Sa 10–13 Uhr) Die kleine, nicht zentral gelegene Touristeninformation im Nordkraft-Gebäude betreibt im Sommer Infostände mit wechselnden Standorten.

Waschsalon

Møntvask (Ecke Christiansgade & Rantzausgade) Münzwaschsalon.

An- & Weiterreise

Auto & Motorrad

Aalborg liegt 117 km nördlich von Aarhus und 65 km südwestlich von Frederikshavn. Die E45 umgeht die Innenstadt durch einen Tunnel unter dem Limfjord. Ins Zentrum führt die Straße 180, die nördlich und südlich davon an die E45 anschließt.

Die Straße 180 (Vesterbro) führt über die Limfjordsbroen nach Lindholm Høje und andere Orte nördlich der City.

Bus

Überlandbusse halten am Busbahnhof südlich des J. F. Kennedys Plads (hinter dem neuen Einkaufszentrum) in der Nähe des Bahnhofs. Die meisten größeren Städte in Jütland sind mit **X-bus** (www.xbus.dk, auf Dänisch) erreichbar.

Der Expressbus 888 von **Abildskou** (☎70 21 08 88; www.abildskou.dk) fährt zweimal täglich von Aalborg zum Bahnhof Valby in Kopenhagen (330 Kr, 5½ Std.).

Thinggaard Express (www.expressbus.dk, auf Dänisch) betreibt die Buslinie 980, die von Esbjerg über Viborg und Aalborg nach Frederikshavn fährt.

Flugzeug

Der **Flughafen Aalborg** (Flughafencode AAL; www.aal.dk) liegt 6,5 km nordwestlich vom Stadtzentrum. Von dort gehen Direktflüge nach/von Kopenhagen sowie Flüge nach/von Oslo und Amsterdam. Die Fluglinie **Norwegian** (www.norwegian.com) fliegt außerdem täglich nach London (Gatwick).

Zug

Züge fahren stündlich Richtung Norden nach Frederikshavn (99 Kr, 1¼ Std.), von dort gibt es Verbindungen nach Skagen (von Aalborg 135 Kr, 2 Std.), und Richtung Süden nach Aarhus (175 Kr, 1½ Std.) und Kopenhagen (388 Kr, 4½–5 Std.).

Unterwegs vor Ort

Vom/Zum Flughafen

Die Stadtbusse 2A, 2B und 22 verkehren mit hoher Frequenz zwischen Innenstadt und Flughafen (18 Kr).

Auto

Die Autovermietungen Hertz, Avis und Europcar haben Niederlassungen am Flughafen oder in der Stadt.

Abgesehen von einigen irreführenden Einbahnstraßen, ist Aalborg autofreundlich. In vielen Straßen ist Parken kostenlos (allerdings mit Zeitbegrenzung). Im Zentrum stehen Parkuhren. Daneben gibt es mehrere große Parkhäuser, etwa an der Ved Stranden 11 (gegenüber vom Radisson Hotel), an den Kennedy Arkaden (Zufahrt über die Østre Allé) und unter dem Einkaufszentrum Friis (Zufahrt über die Nyhavnsgade). Ganz billig sind sie allerdings nicht (bis zu 16 Kr pro Stunde, maximal 160 Kr für 24 Stunden).

Bus

Zwischen Ende Juni und Ende August fährt zwischen 10 und 17.30 Uhr (Sa und So nur bis 13.30 Uhr) alle 30 Minuten ein kostenloser Bus um den Innenstadtring. Auf der Strecke liegen die wichtigsten Sehenswürdigkeiten wie der Zoo, das Museum Kunsten und die Hafenpromenade.

Fast alle Stadtbusse fahren südlich des J. F. Kennedys Plads ab und halten an den zentralen Stationen Østerågade und Nytorv, nahe Burger King. Der normale Fahrpreis beträgt 18 Kr. Es gibt auch günstigere Zehnerkarten *(klippekort)* zu 118 Kr und zwischen Mai und August ein 24-Stunden-Ticket *(turistkort)*, das für Fahrten in ganz Nordjütland gilt (Erw./Kind 134/67 Kr). Fragen zu Tickets, Strecken und Fahrplänen beantwortet das sehr hilfsbereite Personal der **Nordjyllands Trafikselskab** (www.nordjyllandstrafikselskab.dk, auf Dänisch) im Infobüro bei der Busstation am J. F. Kennedys Plads (oder telefonisch unter ☎98 11 11 11).

Fahrrad

KOSTENLOSE FAHRRÄDER Von April bis Oktober stehen an verschiedenen Stellen in der Stadt kostenlose Cityfahrräder (www.aalborgbycyklen.dk) bereit. Wer ein Fahrrad ausleihen will, steckt 20 Kr in den Schlitz und bekommt sie bei Rückgabe wieder zurück.

FAHRRADVERLEIH Leihräder gibt's bei **Munk's Eftf** (www.munk-aalborg.dk; Løkkegade 25; pro Tag/Woche 80/400 Kr).

Taxi

Taxis können unter der Nummer (☎98 10 10 10) gerufen werden. Ein Taxistand befindet sich am Bahnhof.

Frederikshavn

23 300 EW.

Frederikshavn ist mehr ein Durchgangsort als ein Reiseziel. Jährlich passieren über 3 Mio. Menschen den Hafen; er ist der größte internationale Fährhafen Jütlands. Die meisten davon sind Skandinavier, die in Dänemark günstig Alkohol und Fleisch einkaufen. Die Stadt hat nicht den Zauber der benachbarten Küstenorte, doch ein paar angenehme Stunden können Besucher hier durchaus verbringen. Die Hauptattraktion ist Bangsbo, ein Ausflugsziel mit vielen Möglichkeiten. Zum Übernachten ist Skagen oder sogar Sæby die bessere Wahl.

Sehenswertes

Bangsbo MUSEUM, HISTORISCHES LANDGUT

Einen Besuch lohnt das Natur- und Kulturgebiet Bangsbo, 3 km südlich des Zentrums. Mittelpunkt ist das **Bangsbo Museum** (www.bangsbo.com; Dronning Margrethes Vej 6; Erw./Kind 50 Kr/frei; ⌚ganzjährig wochentags, Juni–Aug. Sa & So), ein ehemaliges Landgut. Im Gutshaus sind antike Möbel und Sammlerstücke zu bewundern. Die alten Landwirtschaftsgebäude zeigen Galionsfiguren, militärische Ausrüstung und Exponate zum dänischen Widerstand während des Zweiten Weltkriegs. Besonders faszinierend ist das Ellingå-Schiff, ein Handelsschiff aus dem 12. Jh. im Wikingerstil. Es wurde in einem nahegelegenen Flussbett gefunden und rekonstruiert. Die Buslinie 3 vom Zentrum hält nahe dem Eingang. Von dort sind es noch etwa 500 m zu Fuß durch den Wald bis zum Museum. Der angrenzende **Bangsbo Botaniske Have** (Botanischer Garten) mit Hirschpark eignet sich für einen Spaziergang oder ein Picknick.

Die **Festung Bangsbo** (Understedvej 21; Erw./Kind 50 Kr/frei; ⌚Juni–Sept. Mo–Fr 10–16 Uhr) liegt auf einem bewaldeten Hügel 800 m über dem Garten. In der atmosphärischen Bunkeranlage aus dem Zweiten Weltkrieg sind einige große Geschütze ausgestellt und sie bietet einen wunderbaren Ausblick bis nach Frederikshavn und auf das Meer.

Fredrikshavn

Fredrikshavn

Sehenswertes

1 Krudttårnet ... B1

Schlafen

2 Danhostel Frederikshavn City ... A3
3 Herman Bang Bed & Breakfast ... A1
4 Hotel Herman Bang ... A2

Essen

5 Karma Sushi & Cocktails ... A2

Krudttårnet TURM

(Kragholmen; Erw./Kind 15 Kr/frei; Juni–Aug. Di–Fr 10–16, Sa & So 11–16 Uhr) Wer auf einen Zug warten muss, kann die Zeit nutzen, um auf den weiß getünchten Pulverturm zu steigen, der ganz in der Nähe steht. Er ist das Überbleibsel einer Zitadelle, von der aus im 17. Jh. der Hafen bewacht wurde. Oben sind diverse Artillerieteile zu sehen.

Schlafen

Danhostel Frederikshavn City HOSTEL €

(98 42 14 75; www.danhostelfrederikshavn.dk; Læsøgade 18; B/EZ/DZ 200/500/550 Kr; @) Das brandneue Hostel in Frederikshavn hat eine ideale Lage: hinter der Touristeninformation und zwischen einem Supermarkt und einer Café-Bar. Die noch kaum benutzten Räumlichkeiten (alle Zimmer mit Bad) ziehen viele Fährpassagiere an. Die Gemeinschaftsbereiche sind erstklassig – der Innenhofgarten mit Grill ebenfalls. Das Frühstück kostet 50 Kr.

Hotel Herman Bang HOTEL €€

(98 42 21 66; www.hermanbang.dk, auf Dänisch; Tordenskjoldsgade 3; Standard EZ/DZ ab 795/945 Kr;) Die Zimmer im mittleren Preisbereich sind hell und gemütlich, die teuersten riesig, neu und luxuriös. Die günstigen Zimmer („Standardzimmer") haben ein mieses Preis-Leistungs-Verhältnis. Gäste fahren besser, wenn sie sich in der frisch renovierten Budget-Variante **Herman Bang Bed & Breakfast** (Skolegade 2; EZ/DZ mit Gemeinschaftsbad 400/500 Kr, mit Bad & Frühstück 500/600 Kr) einmieten. Das Hotel hat einen ausgezeichneten Wellnessbereich und einen Speisesaal im Stil eines amerikanischen Diners.

TopCamp Frederikshavn Nordstrand CAMPINGPLATZ, HÜTTEN €

(98 42 93 50; www.nordstrand-camping.dk; Apholmenvej 40; Stellplatz inkl. 2 Erw. 240–330 Kr; April–Sept. @) Die große Anlage 4 km nördlich der Stadt (in Gehweite zum Palme Stranden, Frederikshavns schönstem Strand) bietet jede Menge Spaß für Familien. Auch Hütten und Wohnwagen werden vermietet. Anfahrt mit Buslinie 4.

Essen

Karma Sushi & Cocktails JAPANISCH €€

(Lodsgade 10; 8 Stück hauseigene Sushi 125–165 Kr; Di–Sa abends) Bei akutem Hunger hat das östliche Ende der Lodsgade endlos viel zu bieten. Bei weitem die beste Wahl ist das Karma, eine Oase der Ruhe und Eleganz zwischen trubeligen italienisch-mexikanischen Lokalen. Die verführerisch frischen Sushi-Kreationen sind allerdings nicht ganz billig.

Møllehuset DÄNISCH €€

(Skovalléen 45; Mittagessen 95–195 Kr, Abendessen 185–225 Kr; tgl. mittags, Di–Sa abends) Das sympathische alte *kro* aus der Mitte des 18. Jhs. liegt traumhaft schön im Stadtteil Bangsbo. Die Speisekarte ist recht klein, aber mit Tapas, Käseplatten und frischem Fisch durchaus ansprechend.

ABSTECHER

LIEBLICHES LÆSØ

Der Reiz der Insel **Læsø** (2000 Ew.) sind ihre Wurzeln in der Vergangenheit. Sie liegt zwar nur 28 km vor der Küste von Frederikshavn, aber scheinbar mindestens 100 Jahre in der Vergangenheit. Das Landschaftsbild prägen kleine Bauernhöfe, Sandstrände, Heidelandschaft, Dünen, zauberhafte Örtchen und nicht zuletzt lebendige Traditionen.

Es wird erzählt, Königin Margrethe I. sei im 14. Jh. vor Læsø aus Seenot gerettet worden. Zum Dank soll sie ihren Rettern ein prachtvolles Gewand geschenkt haben, aus dem die Inseltracht hervorging. Im übrigen Dänemark waren solche regionalen Bräuche schon Anfang des 19. Jhs. weitgehend verschwunden; die Frauen auf Læsø trugen ihre Tracht bis nach dem Zweiten Weltkrieg Tag für Tag und tun es heute noch zu besonderen Anlässen.

Eine andere Tradition auf Læsø ist die Salzgewinnung. Der einstige Exportschlager wird heute in kleinen Souvenirsäckchen verkauft und weiterhin für seine medizinischen Eigenschaften sowie in der Gourmetküche geschätzt. Inselbesucher können die **Salinen** besuchen oder im **Læsø Kur** (www.saltkur.dk), einer Kur- und Wellnessanlage in einer ehemaligen Kirche, ein Salzbad nehmen.

Læsø hat keine großen Ferienanlagen. Es bietet ein paar kleine Orte (Vesterø Havn, Byrum und Østerby Havn), ein paar mittelalterliche Kirchen und eine Handvoll Museen (wie das Bauernmuseum mit Seegrasdach). Südlich der Hauptinsel liegt **Rønnerne**, ein von den Gezeiten geprägtes Feuchtgebiet mit ausgedehnten Küstenwiesen und Heideland, zahlreichen Seevögeln und einer einzigartigen Flora und Fauna.

Tagesausflüge nach Læsø

Gute Gelegenheit, die Insel zu erkunden, bieten Tagesausflüge von Frederikshavn mit Ankunft in Vesterø Havn. Im Angebot sind fünf verschiedene Touren, die alle auf der Internetseite des Fährunternehmens (www.laesoe-line.dk) beschrieben sind und inklusive Hin- und Rückreise zwischen 220 und 350 Kr kosten. Wer auf der Insel übernachtet, kann zu ermäßigten Preisen teilnehmen.

» Option 1: 4½-stündige Bustour auf der Insel mit den wichtigsten Sehenswürdigkeiten
» Option 2: Fahrradtour in Eigenregie mit Leihrad und Mittagessen
» Option 3: Bootsfahrt von Vesterø Havn zu einer Robbenkolonie
» Option 4: Näheres über Flora und Fauna der südlichen Rønnerne vom Wildhüter
» Option 5: Besuch bei Læsø Kur

Die Touren haben sehr unterschiedliche Anfangszeiten. Infos und Buchung online.

Übernachten auf Læsø

Die Touristeninformation in der Nähe des Fährhafens reserviert Ferienhäuser auf der ganzen Insel. Im Juli und August sollte man vorher reservieren. Die größeren Hotels haben ein Restaurant und bieten Pauschalen inkl. Abendessen und Frühstück an. Cafés gibt es ebenfalls genug, besonders in Vesterø Havn.

Bei der Planung eine längeren Aufenthalts hilft die Website www.laesoe-booking.dk.

Praktische Informationen

Die **Touristeninformation** (☎98 49 92 42; www.laesoe-tourist.dk; Vesterø Havnegade 17; ⏲Juni–Aug. Mo–Fr 9–15, Sa & So 9–14 Uhr, sonst kürzer) befindet sich 300 m östlich des Fährterminals am Vesterø Havn.

Verkehrsmittel und -wege

Zwischen Læsø und Frederikshavn (3–8-mal tgl., 1½ Std.) kreuzen die Schiffe der **Færgeselskabet Læsø** (☎98 49 90 22; www.laesoe-line.dk; Juli & Aug. Erw./Kind hin & zurück 215/105 Kr, Sept.–Juni 135/55 Kr).

Ein kostenloser, auf den Fahrplan der Schiffe abgestimmter Bus verkehrt wochentags stündlich zwischen den Städten Vesterø Havn, Byrum und Østerby Havn.

Fahrräder vermietet **Jarvis Cykler** (Vesterø Havnegade 29; 75 Kr pro Tag) beim Fährterminal. Die Touristeninformation bietet Radkarten mit verschiedenen Routenvorschlägen.

Praktische Informationen

Eine Fußgängerbrücke führt vom Fährhafen direkt zur Touristeninformation am Rand des Geschäftsviertels im Zentrum. Bahnhof und Busbahnhof liegen nebeneinander, etwa zehn Gehminuten nördlich vom Fährhafen. Die Danmarksgade ist eine Fußgängerzone mit Läden, Banken und anderen Dienstleistern.

Bibliothek (Parallelvej 16) Kostenloses Internet.

Postamt (Skippergade 27) Gleich neben dem Bahnhof.

Touristeninformation (☎98 42 32 66; www.visitfrederikshavn.dk; Skandiatorv 1; ⏲Mo–Fr 9–16, Sa 10–13 Uhr) Gegenüber dem Fährhafen, informiert über Stadt und Umgebung.

Anreise & unterwegs vor Ort

AUTO Frederikshavn liegt 65 km nordöstlich von Aalborg via E45) und 41 km südlich von Skagen via Straße 40.

BUS Das Busnetz reicht bis hinauf nach Hirtshals, Hjørring und Løkken. **Thinggaard Express** (www.expressbus.dk, auf Dänisch) betreibt die Buslinie 980, die von Frederikshavn über Aalborg und Viborg nach Esbjerg fährt (1–2-mal tgl., 340 Kr, 5 Std.).

FÄHRE Die **Stena Line** (www.stenaline.com) verbindet Frederikshavn mit Göteborg (Schweden) und Oslo (Norwegen). Nähere Informationen auf S. 342

FAHRRAD Die Touristeninformation hat Infos zu den kostenlosen Cityfahrrädern, die von Mitte April bis September bereitstehen. Der Schlüssel zum Fahrrad ist gleichzeitig eine Eintrittskarte zu den Hauptattraktionen der Stadt.

ZUG Frederikshavn ist die nördliche Endstation der Danske Statsbaner (DSB; nationales Bahnnetz). Ein privates Bahnunternehmen betreibt jedoch eine stündliche Zugverbindung Richtung Norden nach Skagen (54 Kr, 35 Min.). Die Züge der DSB fahren stündlich Richtung Süden nach Aalborg (99 Kr, 1¼ Std.) und Aarhus (228 Kr, 2¾ Std.).

Sæby

8900 EW.

Wie Skagen viele weltberühmte Künstler Skandinaviens inspiriert hat, so könnte man Sæby als eine geistige Heimat (oder zumindest Ferienwohnung) der nordischen Literatur bezeichnen. Das malerische Städtchen inspirierte den dänischen Schrifsteller Herman Bang zu der Erzählung *Sommerfreuden* und den Norweger Henrik Ibsen zu seinem Schauspiel *Die Frau vom Meer*. Im Sommer wimmeln der Hafen und die historische Altstadt von Touristen mit Eistüten in der Hand. Im Vergleich zu Skagen ist der Ort zwar ziemlich verschlafen, aber er hat jede Menge Charme.

Sehenswertes & Aktivitäten

Sæby Museum MUSEUM
(Algade 1–3; Erw./Kind 40 Kr/frei; ⏲ganzjährig Di–Fr, Juni–Aug. auch Sa & So) Das Stadtmuseum befindet sich nördlich der Touristeninformation in einem hübschen Fachwerkhaus aus dem 17. Jh. Es zeigt eine Bernsteinsammlung, ein Klassenzimmer von 1920 und ein viktorianisches Wohnzimmer.

Algade HISTORISCHE GEBÄUDE
Interessanter als das Museum sind wohl die Spuren der Stadtgeschichte, die ein Spaziergang durch die Algade enthüllt. Gärten, Fachwerkhäuser, eine Handvoll Künstlerateliers und ein paar Läden mit Kunsthandwerk säumen die älteste Straße der Stadt. An der Algade 7 steht das ehemalige Wohnhaus von Adda Ravnkilde (1862–83). Die unglückliche Dichterin schrieb drei Romane über das Los von Künstlerinnen in einer männerbeherrschten Welt, bevor sie sich mit nur 21 Jahren das Leben nahm.

Sæby Klosterkirke KIRCHE
(Strandgade 5; ⏲April–Okt. Mo–Sa 8–18, So 9–16, Nov.–März Mo–Sa 8–16 Uhr) Die Algade führt auf die Sæby Klosterkirke. Sie ist alles, was von dem einst vier Flügel umfassenden Karmeliterkloster von 1470 übrig geblieben ist. Die imposante Außenansicht findet eine Entsprechung im Inneren mit herrlichen mittelalterlichen Fresken sowie einer Kanzel und einer Gewölbedecke aus dem 16. Jh.

Hafen WAHRZEICHEN
Von der Kirche aus ist es über einen mit „Kirkestien" beschilderten Weg nicht weit zum Hafen. Er umfasst einen älteren und einen modernisierten Teil und hier liegen zahlreiche Fischrestaurants. Wer von der Größe der wirklich kleinen Kleinen Meerjungfrau in Kopenhagen enttäuscht war, wird der Skulptur der **Frau vom Meer** sicher mehr abgewinnen können. Sie entstand in Anlehnung an das gleichnamige Stück von Henrik Ibsen, der sich im Sommer 1887 auf Spaziergängen an Sæbys Stränden und durch die umliegenden Wälder ihre Geschichte durch den Kopf gehen ließ.

Schlafen

LP TIPP **Aahøj** PENSION €€
(☎98 46 11 27; www.aahoj.dk; Hans Aabelsvej 1; EZ/DZ ab 525/625 Kr) Mit viel Atmosphäre (neun

gemütliche Zimmer in einer eleganten Villa von 1896) und in erstklassiger, zentraler Lage ist das Aahøj zweifelsohne die beste Unterkunft der Stadt. Das Sonnenzimmer ist der perfekte Frühstücksraum, der idyllische Garten am Fluss lädt zum Faulenzen mit einem guten Buch ein. Im Juli wird eine Mindestaufenthaltsdauer von zwei Nächten verlangt.

Sæby Fritidscenter-Danhostel HOSTEL €
(☎98 46 36 50; www.saebyfritidscenter.dk; Sæbygaardvej 32; B 135 Kr, EZ/DZ mit Gemeinschaftsbad 255/300 Kr, mit eigenem Bad ab 410/420 Kr; @ ᯤ) Das hervorragende Hostel befindet sich etwa 1,5 km westlich der Innenstadt, neben einem großen Sportkomplex mitten im Grünen. Die Ausstattung hat den gewohnt hohen Standard; die günstigsten Zimmer sind die mit Gemeinschaftsbad, während die teuersten (560 Kr) Bad, Balkon, TV und Kühlschrank haben. Darüber hinaus gibt's süße, kleine Ferienhäuschen für fünf Personen.

Essen

Jensens Fiskerestaurant FISCH €€
(☎98 46 11 56; Havnen; Buffet mittags/abends 129/189 Kr; ⏲April–Sept mittags & abends) Die Restaurants im Hafen locken mit frischen Krabben und Fischleckereien aller Art. Das Jensens bietet im oberen Stock ein helles und vornehmes Restaurant mit Buffet und Gerichten *à la carte* (das Buffet ist die günstigere Alternative). Im Erdgeschoss serviert das zwanglosere Café Snacks und Gerichte zum Mitnehmen wie Fish & Chips (60 Kr). Wer im Restaurant essen will, sollte reservieren.

Frøken Madsen's Spisehus DÄNISCH €€€
(☎98 40 80 36; Pindborggade 1; Hauptgerichte abends 189–299 Kr; ⏲Sa & So mittags, Mi–So abends) Auf der Speisekarte des Frøken Madsen stehen internationale Gerichte und viele dänische Spezialitäten. Das Lokal liegt in einem gemütlichen Altbau einen Block von der Hauptstraße entfernt. Die Einrichtung ist sehr hübsch, aber an einem lauen Sommerabend möchte jeder einen Platz auf der Blumenterrasse am Bach bekommen. Am Abend sind die Preise für ein Hauptgericht mit hochwertigem, importiertem Rindfleisch gesalzen. Freitagabend (169 Kr) und Samstag- und Sonntagmittag (99 Kr) gibt es ein Buffet, bei dem das Geld besser angelegt ist. Reservierung erforderlich.

Praktische Informationen

Die **Touristeninformation** (☎98 46 12 44; www.visitsaeby.dk; Krystalgade 3; ⏲Juli–Mitte Aug. Mo–Fr 9–17, So 10–13, Mitte Aug.–Juni Mo–Fr 9–16, Sa 10–13 Uhr) ist mitten in der Stadt. Ganz in der Nähe liegt auch Sæbys Einkaufsstraße, die Vestergade.

An- & Weiterreise

Sæby liegt 12 km südlich von Frederikshavn an der Straße 180. Bahnanbindung hat es nicht, aber die stündlich verkehrende Buslinie 73, die zwischen Aalborg und Frederikshavn fährt, hält hier (27 Kr von Frederikshavn, 25 Min.).

Sæbys Busbahnhof liegt 300 m südwestlich vom Zentrum (von der Grønnegade in den Stationsvej abbiegen).

Skagen

8500 EW.

Skagen ist ein absolut traumhaftes Stückchen Dänemark. Das Städtchen bietet jede Menge Kunst, frische Meeresfrüchte, hübsche Ecken und charismatische Bewohner.

Bezaubert vom faszinierenden Licht und der malerisch-rauen Landschaft, zog es Mitte des 19. Jhs. viele Künstler nach Skagen. Heute strömen Urlauber hierher, angelockt von einem betriebsamen Hafen, Sandstränden und ausgelassener Atmosphäre. Im Sommer ist Skagen völlig überlaufen, verliert aber dadurch nichts von seinem Charme. Besonders die älteren Viertel mit den typischen gelben Häuschen mit roten Ziegeldächern und weißen Gartenzäunen sind zauberhaft. Auf die Feriengäste warten

JÜTLANDS SCHÖNSTE STRÄNDE

So warm wie am Mittelmeer wird das Wasser natürlich nie. Dafür hat Dänemark endlose, wunderschön weiße Sandstrände. Einige von Jütlands schönsten Sandmeilen sind:

» Südküste von Als (S. 223)
» Westküste von Fanø (S. 205)
» Grenaa (S. 245)
» Løkken (S. 288)
» Moesgård Strand (Aarhus; S. 232)
» Westküste von Rømø (S. 214)
» Skagen (S. 281)
» Tornby Strand (Hirtshals; S. 287)

Skagen

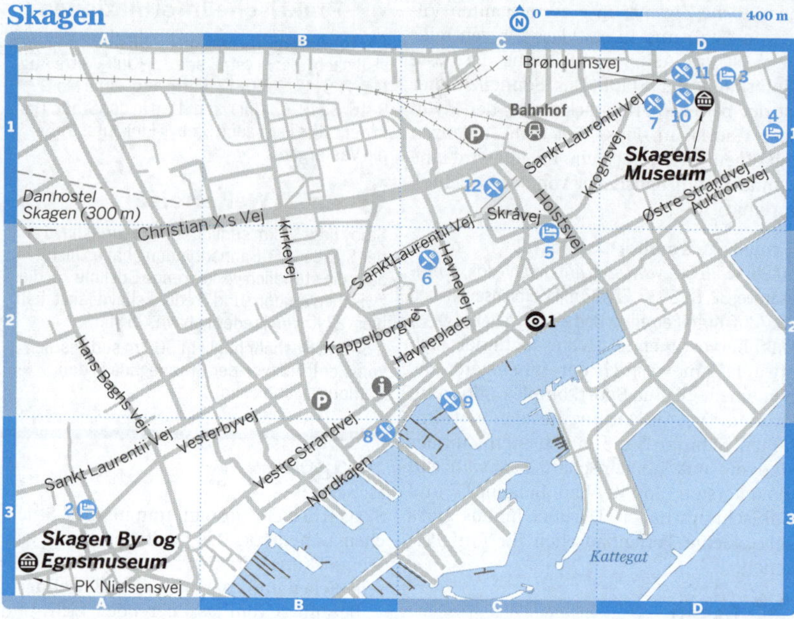

Skagen

Highlights

- Skagen By- og Egnsmuseum A3
- Skagens Museum D1

Sehenswertes

1 Fischmarkt C2

Schlafen

2 Badepension Marienlund A3
3 Brøndums Hotel D1
4 Finns Hotel Pension D1
5 Hotel Plesner C2

Essen

Brøndums Hotel .... (s. 3)
6 Jakobs Café & Bar C2
7 Karma Sushi D1
8 Pakhuset B3
9 Skagen Fiskerestaurant C2
10 Skagens Museum Café D1
11 Slagter Munch D1
12 SuperBrugsen-Supermarkt C1

Museen, Kunstgalerien, Fahrradvermietungen, Eisdielen und Restaurants, die fangfrischen Fisch servieren. Wer einmal hier war, versteht die Begeisterung vieler Dänen für diese Stadt.

Sehenswertes & Aktivitäten

Bei der Touristeninformation gibt es eine englischsprachige Broschüre (*Strolling in Skagen*) mit tollen Infos über die Stadt.

Der nächste Badestrand ist via Østre Strandvej zu erreichen. Die geschützte Ostküste eignet sich besonders für Familien; die Westküste ist rauer.

LP TIPP **Skagens Museum** KUNSTMUSEUM

(www.skagensmuseum.dk; Brøndumsvej 4; Erw./Kind 80 Kr/frei; ⌚Mai–Aug. tgl. 10–17 Uhr, Sept.–April Di–So) Mitte des 19. Jhs. entdeckten Maler das außergewöhnliche Licht von Skagen und die farbenfrohe Heide- und Dünenlandschaft. Begeistert stürzten sie sich auf das romantische Motiv der Fischerei, die seit Jahrhunderten das tägliche harte Brot der Einheimischen darstellt. Künstler wie P. S. Krøyer oder das Ehepaar Anna und Michael Ancher folgten dem neuen Trend, *en plein air* (unter freiem Himmel) zu malen – auch bei schlechtem Wetter. Ihre Arbeiten etablierten einen lebendigen neuen Stil, der international als „Skagener Schule“ bekannt wurde.

Das wunderbare Museum stellt Werke aus, die hier zwischen 1870 und 1930 entstanden sind – meist Porträts oder Szenen aus dem Alltag der Fischer. Die Gemälde von P. S. Krøyers sind beeindruckend, vor allem sein Bemühen „das Licht zu malen". Besonders fasziniert war er dabei von der „blaue Stunde", dem Übergang zwischen dem Tag und der Nacht, wenn Himmel und Meer ineinander übergehen und in einem einzigen Blauton verschwimmen.

Insgesamt vermitteln die Bilder sehr intensiv die Stimmung der Landschaft und dokumentieren zugleich die enge Gemeinschaft der Skagener Künstler. Im Museum befindet sich auch der ehemalige Speisesaal von Brøndums Hotel, in dem sich die Künstlergemeinde regelmäßig traf. Das Interieur wurde 1946 komplett im Hotel gegenüber ab- und hier wieder aufgebaut und hängt heute voller Porträts.

Grenen WAHRZEICHEN

Wie von so einem sauberen und ordentlichen Land nicht anders zu erwarten, endet Dänemark an seiner Nordspitze nicht einfach irgendwie im Nichts, sondern läuft in einem akkuraten Sandstreifen von wenigen Metern Breite aus. Hier treffen Kattegat und Skagerrak aufeinander und man kann tatsächlich mit je einem Bein in beiden stehen. Aber nicht zu tief, denn das Baden ist wegen heftiger Gezeitenströme und gefährlicher Brecher verboten.

Auf die Landspitze läuft der lange Sandstrand von Grenen zu, der sich 3 km nordöstlich von Skagen entlang der Straße 40 erstreckt. Am Ende der Straße liegen ein Parkplatz (12 Kr pro Std.), ein hervorragendes Restaurant und eine kleine Kunstgalerie. Von hier führt ein 30-minütiger Spaziergang am Grab des Schriftstellers Holger Drachmanns (1846–1908) vorbei zum nördlichsten Zipfel Dänemarks.

Wer diesen Fußmarsch scheut, kann den von einem Traktor gezogene **Sandormen** (Erw./Kind hin & zurück 25/15 Kr; ⌚April–Okt.) besteigen. Der „Sandwurm" startet am Parkplatz ab und verkehrt ab 9.30 Uhr den ganzen Tag je nach Bedarf.

Im Hochsommer pendelt die Buslinie 99 zwischen dem Bahnhof Skagen und Grenen (18 Kr).

Gammel Skagen STRAND

Das vornehme Gammel Skagen (Altes Skagen, auch Højen genannt) ist für traumhafte Sonnenuntergänge, noble Hotels und betuchte Sommergäste bekannt – ein exklusives Plätzchen für einen Ausflug am Spätnachmittag. Einst war es ein Fischerdorf, bis Sandstürme die Einwohner heimsuchten und viele an die geschütztere Ostküste vertrieben. Der Ort liegt 4 km westlich von Skagen: Richtung Frederikshavn, dann rechts via Højensvej zur Küste.

Skagen By- og Egnsmuseum MUSEUM

(www.skagen-bymus.dk; PK Nielsenvej 8; Erw./Kind 50 Kr/frei; ⌚Juni–Sept. tgl., Okt.–Mai Mo–Fr) Das Freilichtmuseum 200 m südwestlich des Hafens erzählt von Skagens maritimer Vergangenheit und gewährt anschaulich Einblick in das traditionelle Fischerleben, das es den Skagen-Malern so angetan hatte (allerdings ganz ohne Romantik!).

Tilsandede Kirke KIRCHENRUINE

Die „versandete Kirche" wurde Ende des 14. Jhs. als eine der größten Kirchen der Region erbaut, fiel aber dem Flugsand zum Opfer. Die Probleme begannen im 17. Jh. und wurden immer schlimmer. Es kam so weit, dass die Kirchgänger sich den Weg ins Gotteshaus freischaufeln mussten. Schließlich war der Sand stärker als die Gemeinde und 1795 wurde die Kirche geschlossen. Das Schiff wurde 1810 niedergerissen, aber der **Turm** (Erw./Kind 10/5 Kr; ⌚Juni–Aug.) steht heute noch. Er diente früher als Orientierungshilfe für die Seefahrt.

Der einsam daliegende Kirchturm und seine Umgebung gehören zum Naturschutzgebiet **Skagen Klitplantage**. Es steht etwa 5 km südlich von Skagen und ist an der Straße 40 gut ausgeschildert. Besonders schön ist ein Ausflug mit dem Fahrrad dorthin: von Skagen via Gammel Landevej.

Skagen Odde Naturcenter MUSEUM

(www.skagen-natur.dk, auf Dänisch; Bøjlevejen 66; Erw./Kind 65/30 Kr; ⌚Mo–Fr 10–16, Mai–Okt. Sa & So 11–16 Uhr) Das Erlebnismuseum befindet sich in einem herrlichen, von Utzon entworfenen Gebäude am nördlichen Stadtrand. Es widmet sich den Naturphänomenen, die Skagen so einzigartig machen (Treibsand, Lichtverhältnisse, Stürme und tosende Wogen). Der Eintritt ist teuer, aber das Museum gut gemacht und mit vielen interaktiven Angeboten für Kinder (z. B. ferngesteuerte Modellschiffe) ausgestattet.

Festivals

Seit 1971 füllt sich die Stadt am ersten Juliwochenende zum **Skagen Festival** (www.skagenfestival.dk) für Rock und Folk mit geladenen Interpreten, Straßenkünstlern und begeisterten Besuchern. Unterkünfte sollten weit im Voraus gebucht werden.

Schlafen

Die Touristeninformation reserviert Privatzimmer (DZ 375–425 Kr plus 75 Kr Buchungsgebühr) und Ferienhäuser (wochenweise). Wer im Sommer kommt, muss im Voraus buchen, denn dann werden die Hotelzimmer rar (und die Preise klettern in die Höhe; vor Juli und nach August ist es günstiger).

Badepension Marienlund PENSION €€
(☎98 44 13 20; www.marienlund.dk; Fabriciusvej 8; EZ/DZ Nachsaison 480/770 Kr, Hochsaison 610/1015 Kr; ⏱Mitte März–Okt.; 📶) Eine erstklassige Option mit gemütlicher Atmosphäre, idyllischem Garten und phantastischem Lounge- und Frühstücksraum. Alle 14 Zimmer sind hell, weiß und einfach. Als praktisch kinderfreie Zone ist das Haus ideal für Ruhe suchende Romantiker. Die Pension befindet sich in einem Wohnviertel westlich des Zentrums und vermietet auch Fahrräder.

Finns Hotel Pension PENSION €€
(☎98 45 01 55; www.finnshotelpension.dk; Østre Strandvej 63; EZ 525–775 Kr, DZ 750–975 Kr; ⏱Mitte April–Okt.) Innen wie außen ein Fest der Sinne. Das schwulenfreundliche, TV-freie Hotel nur für Erwachsene (keine Kinder unter 15) liegt nur einen Steinwurf vom Strand entfernt in einem Blockhaus, das 1923 als Ferienhaus für einen norwegischen Grafen gebaut wurde. Es bietet sechs individuell gestaltete Zimmer und zahllose Kunstobjekte, Fotografien, Antiquitäten und Erinnerungsstücke. Die zuvorkommenden Gastgeber servieren ein gutes Abendessen (275 Kr für zwei Gänge) und jeder kann es sich in der Bibliothek oder im Garten gemütlich machen.

Danhostel Skagen HOSTEL €
(☎98 44 22 00; www.danhostelskagen.dk; Rolighedsvej 2; B 150 Kr, EZ/DZ in der Hochsaison 500/600 Kr; ⏱März–Nov.; @📶) In dem modernen, funktionalen und sehr sauberen Hostel ist immer viel los. Für Familien und Gruppen ist es günstig, aber Doppelzimmer sind in der Hauptsaison sehr teuer (600 Kr mit oder ohne Bad). Zudem kosten Bettwäsche und Frühstück extra. Das Hostel liegt 1 km vom Bahnhof Skagen entfernt in Richtung Frederikshavn (Bahnreisende müssen am Frederikshavnsvej aussteigen!).

Grenen Camping CAMPINGPLATZ, HÜTTEN €
(☎98 44 25 46; www.grenencamping.dk; Fyrvej 16; Stellplatz inkl. 2 Erw. 220–310 Kr; ⏱Mitte April–Mitte Sept.; @📶) Der belebte, gut organisierte Campingplatz liegt am Meer, Richtung Grenen: perfekt. Zahlreiche Bäume spenden Schatten und die Ausstattung ist exzellent. Auch Hütten (im Juli nur wochenweise) und Fahrräder werden vermietet.

FISCHERS FRITZ

Der frühe Vogel fängt den Wurm. Aber wer fängt den Fisch? Wer das wissen will, geht am besten zum **Fischmarkt** (Auktionsvej 10; ⏱Mo–Fr ab 7 Uhr) am Hafen, wenn die Fischerboote mit ihrem Fang einlaufen. Hier verhandeln Käufer und Verkäufer in schnellstem Dänisch und mit unwiderstehlicher Theatralik. Die Fischer mit ihren harten, wettergegerbten Gesichtszügen haben auch das ein oder andere Seemannsgarn in petto.

Brøndums Hotel HOTEL €€
(☎98 44 15 55; www.broendums-hotel.dk; Anchersvej 3; EZ/DZ mit Gemeinschaftsbad 850/1350 Kr) Das charmante Hotel ist ein geschichtsträchtiger Ort und war in seiner Blütezeit Treffpunkt der Skagener Künstler. Zwar wurde vor nicht allzu langer Zeit renoviert, aber angesichts der Tatsache, dass es nach wie vor nur Gemeinschaftsbäder anbieten kann, sind die Preise ziemlich hoch. Im nahe gelegenen **Nebengebäude** sind weitere Zimmer, teilweise mit Bad. Das Frühstücksbuffet ist ein Gedicht, das hauseigene Restaurant ebenfalls hervorragend. Ganzjährig geöffnet.

Hotel Plesner BOUTIQUEHOTEL €€
(☎98 44 68 44; www.hotelplesner.dk; Holstvej 8; Zi. 895–1695 Kr; 📶) Das Plesner hat 16 frische, kleine Zimmerchen. Liebe zum Design zeigt sich überall – auch in der großartigen Gartenlounge.

Ruths Hotel HOTEL €€€
(☎98 44 11 24; www.ruths-hotel.dk; Hans Ruths Vej 1, Gammel Skagen; Zi. ab 1725 Kr; ⏱Feb.–Dez.; 📶🏊) Das Hotel in Gammel Skagen ist eines der besten Kurhotels in Dänemark, mit ausgezeichnetem Restaurant, Wellnesscenter und einem stilvollen Mix aus Moderne und Tradition.

Essen & Ausgehen

Am Hafen verkaufen etwa ein Dutzend Imbissstände frische Meeresfrüchte, die man drinnen oder draußen verspeisen oder mitnehmen kann. Fangfrische Garnelen/Krabben *(rejer)* sind besonders beliebt; eine große Portion kostet 100 Kr. Am Havnevej, der Straße zwischen Hafen und Zentrum, liegen zahlreiche Restaurants und Bars, darunter auch einige italienisch-mexikanische Lokale – eine seltsame Gattung, die wir außerhalb Dänemarks noch nirgends angetroffen haben. Am Havneplads wird es etwas schäbiger (jedenfalls nach dänischem Standard). Hier sind auch ein paar Nachtclubs.

Wenn die Stadt im Sommer zum Bersten voll ist, sind Reservierungen dringend angeraten.

LP TIPP **Skagens Museum Cafe** CAFÉ €
(Brøndumsvej 4; Mittagessen 60–95 Kr; ⏲mittags) Wer morgens oder nachmittags einen Kaffee trinken will, kann das nirgends schöner als in dem verwunschenen Garten des Sommercafés im Skagens Museum tun. Dazu gibt's eine tolle Auswahl an selbstgebackenen Kuchen und Törtchen für 35–45 Kr. Ins Café kommt man auch ohne Museumseintritt zu zahlen.

Ruths Hotel FRANZÖSISCH €€
(☎98 44 11 24; Hans Ruths Vej 1, Gammel Skagen; Restaurant: 3/4/5 Gänge 650/750/950 Kr, Brasserie; Hauptgerichte 145–195 Kr; ⏲Brasserie mittags & abends) Das gehobene, formelle Restaurant im Ruths (April–September 3- bis 5-mal pro Woche abends geöffnet) wird von einem französischen Starkoch, dem Michelin-gekrönten Michel Michaud, betrieben. Zu heftig für's Urlaubsbudget? Für diesen Fall gibt's noch **Ruths Brasserie** mit einer großen Terrasse und französischen Klassikern, die regionale Produkte bestens zur Geltung bringen. Besonders lecker: hausgeräucherter Lachs oder Fischsuppe. Wer's traditioneller mag, wird mit Tatar oder Schnecken sicher glücklich. Die Bäckerei der Brasserie verkauft ihre unwiderstehlichen Teilchen ab 7.30 Uhr.

Pakhuset MEERESFRÜCHTE €€
(☎98 44 20 00; Rødspættevej 6; Café: Hauptgericht 160–235 Kr, Restaurant: 3-/4-Gänge-Menü 350/390 Kr) Das beste Lokal der Stadt? Da gibt es gleich zwei ebenbürtige Anwärter. Beide Hafenrestaurants punkten mit Meeresfrüchten, toller Atmosphäre und später am Abend als gemütliche Bars (häufig mit Livemusik). Anspruchsvolle Genießer werden sich im oberen Stock des ausschließlich abends geöffneten Pakhuset wohlfühlen. Es serviert frische, sorgfältig zubereitete Fischgerichte auf luxuriös gedeckten Tischen. Im familiären Café im Erdgeschoss (mittags und abends geöffnet) gibt es günstigere Gerichte wie Fischsuppe oder gedämpfte Muscheln. Die drinnen aufgestellten Masttops haben uns so beeindruckt, dass wir dem Pakhuset den Vorzug vor seinem Rivalen, dem Skagen Fiskerestaurant, geben.

Skagen Fiskerestaurant MEERESFRÜCHTE €€
(☎98 44 35 44; Fiskehuskaj 13; Café: Hauptgerichte 87–235 Kr, Restaurant: 3-Gänge-Menü inkl. Wein ab 525 Kr) Das Hafenrestaurant ist enger Konkurrent um die Auszeichnung als bestes Restaurant der Stadt. Wie das Pakhuset serviert es im Erdgeschoss ein weniger formelles Mittag- und Abendessen (*fiskefrikadeller* und fangfrische Garnelen zum Selberpulen) und im oberen Stock ein gehobenes Abendessen. Dass es unten eher rustikal hergeht, sieht man schon am mit Sand bestreuten Fußboden.

Brøndums Hotel DÄNISCH-FRANZÖSISCH €€€
(☎98 44 10 55; Anchersvej 3; Mittagessen 75–145 Kr, Abendessen 185–345 Kr; ⏲mittags & abends) Das Brøndums serviert traditionelle dänische Küche mit französischem Einfluss, darunter viele Fischgerichte. Das Essen wird im nostalgischen Speisesaal serviert. Trotz der noblen Atmosphäre kann hier jeder auch zum Smørrebrød oder nachmittags auf Kaffee und Kuchen hereinschneien. In der warmen Jahreszeit stehen auch Tische im Bilderbuch-Garten sowie im ersten Stock auf der schönen „Champagnerterrasse".

Jakobs Café & Bar INTERNATIONAL €€
(Havnevej 4A; Mittagessen 79–185 Kr, Abendessen 185–255 Kr; ⏲Brunch, mittags & abends) Die Terrasse der entspannten Café-Bar ist perfekt zum Leutebeobachten und die umfangreiche Speisekarte verzeichnet beliebte Standards wie Burger, Caesar's Salad, *moules-frites* und Steak. In langen Sommernächten wimmelt das Lokal von jungen Dänen, die sich hier ein paar Drinks genehmigen, bevor sie in die Nacht ausschwärmen. Am Wochenende gibt's Livemusik.

Karma Sushi SUSHI €
(Sankt Laurentii Vej 15; Sushi-Box mit 8 Stück 89–99 Kr) In dem Take-away wird all der frische Fisch, den es hier gibt, bestens weiterverarbeitet. Ein großes *temaki* ist für halbwegs günstige 69 Kr zu haben. Die Küche schließt um 20 Uhr.

SELBSTVERSORGER

SuperBrugsen SUPERMARKT
(Sankt Laurentii Vej 28; ⌚Mo–Fr 9–19, Sa 9–16 Uhr) Hat eine hauseigene Bäckerei, die ab 7.30 geöffnet ist. Der Supermarkt selbst ist im Sommer täglich bis 20 Uhr geöffnet.

Slagter Munch METZGER, FEINKOST
(Sankt Laurentii Vej 1) Die Schlange vor der Tür ist die beste Reklame für den preisgekrönten *skinke* (Schinken) und die Wurst von Slagter Munch. Außerdem gibt's eine gute Auswahl an Salaten und Delikatessen, die sich gut für einen Picknick eignen.

ℹ Praktische Informationen

Die Hauptstraße Sankt Laurentii Vej zieht sich fast auf ganzer Länge durch die schmale, lange Stadt und ist nie mehr als fünf Gehminuten vom Meer entfernt. Auch der Bahnhof liegt an dieser Straße, 100 m nördlich des autofreien Zentrums.

Bibliothek (Christian X's Vej) Im neuen *Kulturhus in* Kappelborg, das auch ein Kino beherbergt. Kostenloser Internetzugang.
Danske Bank (Havnevej 1)
Nordjyske Bank (Sankt Laurentii Vej 39)
Postamt (Sankt Laurentii Vej 28) Im SuperBrugsen-Supermarkt.
Touristeninformation (☎98 44 13 77; www.skagen.dk; Vestre Strandvej 10; ⌚Juli–Aug. Mo–Sa 9–16, So 10–14, Mo–Fr 9.30–16 Uhr, Sept.–Juni Sa 9.30–13 Uhr) Die gut ausgestattete Touristeninformation am Hafen bietet Infos über Sehenswürdigkeiten, Ferienattraktionen und Aktivitäten in der Region.

ℹ An- & Weiterreise

AUTO Skagen liegt 41 km nördlich von Frederikshavn via Straße 40 und 49 km nordöstlich von Hirtshals via Straße 597 und 40.

BUS Im Sommer verbindet die Buslinie 99 Skagen mit anderen Städten und Ferienattraktionen im Norden (s. S. 288).

ZUG Nach Frederikshavn gehen stündlich Züge eines privaten Bahnbetreibers (54 Kr, 35 Min.).

ℹ Unterwegs vor Ort

AUTO Parkplätze sind im Sommer immer knapp. Gebührenpflichtige Plätze (12 Kr pro Stunde) gibt es neben und vor der Touristeninformation sowie am Bahnhof.

FAHRRAD Das ideale Fortbewegungsmittel hier ist das Fahrrad; viele Orte haben einen Verleih. **Skagen Cykeludlejning** (www.skagencykeludlejning.dk; Banegårdspladsen; pro Tag/Woche 80/325 Kr) liegt direkt am Bahnhof und bietet eine breite Auswahl. Eine zweite Filiale befindet sich nahe dem Hafen an der Fiskergangen 10.

TAXI **Taxis** (☎98 43 34 34) stehen am Bahnhof.

Råbjerg Mile

Dänemarks größte Wanderdüne, die Råbjerg Mile, ist ein phantastisches Naturphänomen. Es macht riesigen Spaß, die 40 m hohen Hügel zu erkunden; beinahe könnte man sich sogar zwischen ihnen verlaufen – so groß ist das Gebiet. Die Düne entstand im 16. Jh. und bewegt sich jährlich um 15 m in Richtung Osten. Dabei hinterlässt sie eine feuchte Sandschicht, die sich westwärts bis zum Skagerrak erstreckt. Sie wird bewusst nicht befestigt und wird vermutlich irgendwann im Kattegat verschwinden.

Råbjerg Mile liegt 16 km südwestlich von Skagen und ist auf der Straße nach Kandestederne, die von der Straße 40 abgeht, ausgeschildert. Vom Bahnhof Hulsig, an der Bahnstrecke Frederikshavn–Skagen, sind es etwa 4 km.

Hirtshals

6200 EW.

Hirtshals ist bei norwegischen Schnäppchenjägern beliebt und überwiegend von rauen Seeleuten bewohnt. Der moderne Ort hat bestimmt noch keinen Schönheitspreis gewonnen, eignet sich aber als Ausflugsbasis. Der Grund dafür sind Fährverbindungen in den *ganz* hohen Norden (nach Island, zu den Färöer und nach Norwegen), Strände und eine beeindruckende Meeresfauna.

Sehenswertes & Aktivitäten

Nordsøen Oceanarium AQUARIUM
(www.nordsoenoceanarium.dk; Willemoesvej 2; Erw./Kind 150/80 Kr; ⌚Juli–Aug. 10–18, Sept.–Juni 10–16 Uhr) Wer sich immer schon fragt, was in der Tiefe des Meeres lauern mag, ist im beeindruckenden Nordsee-Ozeanarium genau richtig. Es ist Nordeuropas größtes Aquarium. In einem riesigen, vierstöckigen Becken mit 4,5 Mio. Liter Meerwasser schwimmen Tausende von Nordseemakrelen und Heringen. Täglich um 13 Uhr steigt ein Taucher hinein, um sie zu füttern (im Juli und August gibt es eine zusätzliche Fütterung um 16 Uhr). Die Robben werden um 11 und 15 Uhr gefüttert. Mit Streichelbecken und Spielplätzen ist das Aquarium ein Ziel für Familienausflüge.

Besucher mit eigenem Auto können via E39 bis beinahe zum Aquarium fahren (ausgeschildert). Wer mit dem Zug von Hjørring kommt, steigt am Bahnhof Lilleheden aus, von wo es noch fünf Minuten zu Fuß sind.

Tornby Strand STRAND

Urlauber, die zu ihrem Glück nichts anderes brauchen als einen langen Sandstrand, finden ihr Eldorado 5 km südlich von Hirtshals am Tornby Strand. Der Sand ist so fest, dass viele ihre Autos direkt hinter der Brandung parken. Die hohen Dünen und die Küstenwälder hinter dem südlichen Abschnitt sind ein herrliches Wandergebiet.

Tornby Strand ist von Hirtshals über die Straße 55 und den Tornby Strandvej zu erreichen. Das Dorf bietet im Sommer einen Campingplatz, ein paar Unterkünfte und Lokale.

Schlafen & Essen

Danhostel Hirtshals HOSTEL €

(☎98 94 12 48; www.danhostelhirtshals.dk; Kystvejen 53; B 150 Kr, DZ mit/ohne Bad 570/520 Kr; ⌚März–Okt.; @📶) In dem guten und günstigen Hostel 1 km südwestlich vom Bahnhof arbeitet hilfsbereites Personal, die Ausstattung ist gewohnt gut und die Zimmer sind funktional eingerichtet, wie es in allen Danhostels Standard ist. Größter Vorteil ist die strandnahe Lage. Von Juni bis Mitte September stehen Schlafsaalbetten zur Verfügung.

Hotel Hirtshals HOTEL €€

(☎98 94 20 77; www.hotelhirtshals.dk; Havnegade 2; DZ Hotel/Motel ab 895/695 Kr; 📶) Das Hotel Hirtshals liegt am Hauptplatz beim Fischerhafen. Es bietet helle, komfortable Zimmer mit hohen Decken – und teilweise mit Meerblick. Günstig ist die Lage in der Nähe der Restaurants. Hier übernachten viele Norweger, die mit der Fähre anreisen. Im älteren Nebengebäude werden günstigere, schlichte Motelzimmer (ohne TV und Telefon, dafür mit Bad) vermietet.

Hirtshals Kro FISCH €€

(Havnegade; Mittagessen 55–189 Kr, Abendessen 95–198 Kr; ⌚mittags & abends) Das beste Restaurant der Stadt bietet mit niedrigen Decken, Holzbalken und einem Sammelsurium von Fischereigerätschaften reichlich Atmosphäre. Zum Gasthaus gehören eine große Terrasse und eine intime Bar, in der sich die Norweger gern mit dem (für ihre Verhältnisse) billigen dänischen Bier vollaufen lassen.

Praktische Informationen

Hauptfußgängerzone ist die westlich des Bahnhofs gelegene Nørregade. Zum Meer hin endet die Nørregade auf dem weiten Den Grønne Plads (Grüner Platz). Dahinter liegt der Fischerhafen mit blau gestrichenen Booten. In der Nähe sind auch Banken und andere Dienstleister.

Die **Touristeninformation** (☎98 94 22 20; www.visithirtshals.dk; Dalsagervej 1; ⌚Mo–Fr 9–16, Sa 9–12 Uhr) ist Teil des neuen *Velkomstcenter* (Willkommenszentrum), das 2,5 km südöstlich vom Bahnhof bei der E39 nach Aalborg steht, um für Autoreisende, die von den Fähren aus Norwegen kommen, gut erreichbar zu sein.

Anreise & unterwegs vor Ort

AUTO Hirtshals liegt 49 km südwestlich von Skagen via Straße 597 und Straße 40 sowie 41 km nordwestlich von Frederikshavn via E39 und Straße 35.

BUS Die Sommerbuslinie 99 (s. S. 288) hält am Nordsøen Oceanarium, am Tornby Strand und am Bahnhof Hirtshals.

FÄHRE Für die folgenden internationalen Fähren ist Hirtshals der Haupthafen (weitere Informationen auf S. 342):

Color Line (www.colorline.com) Bedient die norwegischen Häfen Kristiansand und Larvik.

Fjordline (www.fjordline.com) Betreibt einen schnellen Katamaran, der von Mitte April bis Mitte September nach Kristiansand fährt, sowie eine ganzjährige Fähre über Stavanger nach Bergen.

Smyril Line (www.smyrilline.com) Wöchentliche Überfahrten auf die Färöer und nach Island.

ZUG Der Bahnhof ist an der Havnegade, westlich des Fährhafens. Eine Privatbahn verbindet Hirtshals mindestens einmal pro Stunde (27 Kr, 20 Min.) mit Hjørring. Von Hjørring verkehren DSB-Züge nach Aalborg, Frederikshavn und Ziele weiter südlich.

Hjørring

24 800 EW.

Dass die Binnenstadt Hjørring nur eine Handvoll Hotels hat, sagt eigentlich schon alles. Feriengäste wohnen lieber in den umliegenden Badeorten. Wer allerdings ohne eigenes Fahrzeug reist, ist mit Hjørring gar nicht so schlecht beraten, denn von dort bestehen gute Verbindungen zu vielen Orten der Region. Außerdem ist Hjørring ein attraktiver Dienstleistungsstandort, der zudem mit mittelalterlichen Kirchen, Straßenkunst und einigen guten Restaurants und Geschäften viel mehr Atmosphäre hat als Hirtshals.

SOMMERBUSLINIEN

Das dänische Bahnnetz deckt Nordwestjütland nicht ab. Sommerurlauber ohne eigenes Auto sind oft auf den *Toppen af Denmark* angewiesen. Das ist die Buslinie 99, die von Jütlands nördlichstem Zipfel (Grenen) an der Nordwestküste entlang über Skagen, Gammel Skagen, Hirtshals, Tornby Strand, Hjørring, Lønstrup, Løkken, Fårup Sommerland (hier mit Anschluss an die Buslinie 200E nach Aalborg) und Blokhus fährt. Selbstverständlich auch in umgekehrter Richtung.

Der Bus fährt nur in der Hochsaison, etwa sechs Wochen lang (von Ende Juni/ Anfang Juli bis Mitte August). Fahrpläne liegen aus, Auskünfte werden aber auch unter der Telefonnummer ☎98 11 11 11 erteilt. Die Website der **Nordjyllands Trafikselskab** (NT; Nordjütländische Transportgesellschaft; www.nordjyllandstrafikselskab.dk) ist auf Dänisch, aber die Fahrpläne sind unter *Sommerbus* leicht zu finden.

Wenn Hjørring als Aktionsbasis dienen soll, ist das attraktive **Hotel Phønix** (☎98 92 54 55; www.phoenix-hjoerring.dk; Jernbanegade 6; EZ/DZ 795/895 Kr; 📶) (mittleres Preissegment) dank der Nähe zu Bus und Bahn dem außerhalb gelegene Hostel unbedingt vorzuziehen.

Praktische Informationen

Hjørrings Altstadt um den zentralen Springvandspladsen reicht nordwärts bis zum Sankt Olai Plads, an dem gleich drei mittelalterliche Kirchen stehen. Der Springvandspladsen liegt via Jernbanegade fünf Gehminuten nördlich des Bahnhofs; auf der autofreien Strømgade 200 m weiter nordwärts kommt man zum Sankt Olai Plads.

Die **Touristeninformation** (☎72 33 48 78; www.visithjoerring.dk; Østergade 30; ⏲Mo–Fr 10–18, Sa 10–13 Uhr) ist bei der Bibliothek, im neuen Einkaufszentrums Metropol.

An- & Weiterreise

AUTO Hjørring liegt 35 km westlich von Frederikshavn via Straße 35 und 17 km südlich von Hirtshals via Straße 55 bzw. E39.

BUS Hjørring wird von den Regionalbussen der **Nordjyllands Trafikselskab** (NT; Nordjütländische Transportgesellschaft; www.nordjyllands trafikselskab.dk, auf Dänisch) mit Verbindungen in viele Teile Nordjütlands gut bedient. Der Busbahnhof liegt auf der anderen Straßenseite vom Bahnhof mit Zugang von der Asylgade.

ZUG Die Stadt befindet sich an der DSB-Strecke Aarhus–Frederikshavn und ist Endstation einer kleinen Privatbahn nach Hirtshals. Per Bahn zu erreichen sind:

Aalborg (81 Kr, 45 Min.)

Aarhus (208 Kr, 2¼ Std.)

Frederikshavn (54 Kr, 30 Min.)

Hirtshals (27 Kr, 20 Min.)

Skagen (63 Kr, 1½ Std.) Mit Umsteigen in Frederikshavn.

Løkken

1600 EW.

Auch wenn eine ganze Generation von Dänemarkurlaubern daran zweifeln mag: Løkken ist mittlerweile tatsächlich ein attraktiver Urlaubsort für alle Altersgruppen. Einst trafen sich hier im Sommer ausschließlich partywütige Teenager, aber inzwischen ist der Ort erwachsen geworden und zieht eine ruhigere Klientel an.

Hauptmagnet des ehemaligen Fischerdorfs ist der breite Sandstrand mit Geschäften, Eisdielen und Cafés. Während der kühleren Monate hält der Ort Winterschlaf.

Sehenswertes & Aktivitäten

Fårup Sommerland THEMENPARK

(www.faarupsommerland.dk; Pirupvejen, Blokhus; Eintritt 205–230 Kr; ⏲Mitte Juni–Mitte Aug. tgl. ab 10, Mai & Anfang Sept. tageweise geöffnet) Der rundum gelungene (und teure) Erlebnispark ist eine der fünf meistbesuchten Ferienattraktionen in Dänemark. Zielgruppe sind Familien auf der Suche nach Spaß. Für den sorgen Achterbahnen, kindersichere Karusselle und ein riesiger Wasserpark mit Wellenpool und Wasserrutschen. Alle Besucher über drei Jahren zahlen den gleichen Eintrittspreis. Nachmittags fällt er je nach Jahreszeit auf 130–160 Kr. Das Ende der Öffnungszeit variiert (zwischen 17 und 21 Uhr). Nähere Infos zu Öffnungstagen und -zeiten auf der Website.

Der Park befindet sich am Stadtrand von Blokhus, etwa 15 km südlich von Løkken. Er ist so beliebt, dass die Sommerbusse von Aalborg (200E), Frederikshavn (89) und Skagen (99, über Hirtshals, Hjørring und Løkken) hier eine Haltestelle eingerichtet haben.

Løkken Strand STRAND

Kostenlose Vergnügen bietet Løkkens traumhafter Strand, auf der einen Seite gesäumt von weißen Ferienhausreihen, auf der anderen von Fischerbooten (im Winter werden die gut 450 Strandhäuschen landeinwärts eingelagert). Kitesurfer nutzen hier den kräftigen Westwind (Ausrüstung muss jeder selbst mitbringen).

Ortskunde MUSEEN

(Juni–Aug. kürzere Öffnungszeiten) Zwei nette, kleine Museen, das **Løkken Museum** (Nørregade 12; Erw./Kind 10 Kr/frei) und das **Kystfiskerimuseet** (Küstenfischereimuseum; Ndr Strandvej; Erw./Kind 10 Kr/frei) nahe beim Strand, erzählen Løkkens Geschichte, die vom Meer geprägt ist.

Schlafen

Die Touristeninformation führt eine Liste zahlreicher Ferienhäuser, die in der Hauptsaison wochenweise vermietet werden. Auch Hotels und Apartments sind vor allem auf längere Aufenthalte ausgerichtet. Details zu Privatunterkünften ebenfalls bei der Touristeninformation.

LP TIPP **Villa Vendel** PENSION €€

(98 99 14 56; www.villavendel.dk; Harald Fischers Vej 12; Zi. 400–660 Kr, Apt. 675–950 Kr;) Das entzückende Haus östlich vom Torvet ist Mitglied im Verbund der Small Elegant Hotels – und das passt. Das ganzjährig geöffnete Haus mit fünf Zimmern (vier mit Gemeinschaftsbad) und fünf Apartments (zwei an dieser Adresse, drei an anderen Orten innerhalb der Stadt) ist mit alten Möbeln und blanken Holzböden stilecht eingerichtet. Außerdem gibt's eine Gästeküche, einen Innenhof für das Frühstück im Freien (60 Kr) und einen großen Garten. Das erfreuliche Gesamtbild wird abgerundet durch freundliche Besitzer, die lokale Information bereithalten, und ein tolles Preis-Leistungs-Verhältnis.

Løkken Campingcenter & Hytteby CAMPINGPLATZ, HÜTTEN €

(98 99 17 67; www.loekken-hytteby.dk, auf Dänisch; Søndergade 69; Erw./Kind/Stellplatz 95/35/25 Kr; Mitte April–Aug.) Der einzige verbliebene Campingplatz bietet an Ausstattung und Spielmöglichkeiten für Kinder alle Schikanen und ist damit absolut familientauglich. Er ist nur wenige Hundert Meter von Ort und Strand entfernt. Die Hütten werden wochenweise vermietet.

Essen

Den Torvet säumen zahlreiche Lokale mit Tischen im Freien und einer Gästeschar heiterer Urlauber. **Bolcheriet** (Torvet 1; Juli tgl., Feb.–Juni & Aug.–Dez. Mi–So) zeigt, wie leckere Lutscher hergestellt werden, und verkauft sie natürlich auch gleich.

Peter Baadsmand PUB, RESTAURANT €€

(Sdr Strandvej 4; Mittagessen 59–129 Kr, Abendessen 2-/3-Gänge-Menü 249/279 Kr; mittags & abends) Das urwüchsige Pub in Strandnähe ist allein schon wegen des Inventars einen Besuch wert. Die Bar ist aus einem alten Ruderboot gezimmert. Requisiten wie Schiffslaternen, Taue, Balken und Fischergerät sorgen für reichlich Atmosphäre. Auf den Tisch kommt gute Hausmannskost und zu späterer Stunde gibt es Live- und/oder Diskomusik.

Løkken Fiske-Restaurant FISCH €€

(Nørregade 9; Mittagessen 55–79 Kr, Abendessen 178–249 Kr; mittags & abends) Das Lokal am Torvet serviert günstige Mittagsgerichte wie Fish & Chips oder Hering auf Roggenbrot. Abends gibt es exklusivere Gerichte wie in Butter gebratene Hummerschwänze oder Grönlandheilbutt. Ein besonderer Genuss ist das abendliche Fischbuffet (174 Kr).

Praktische Informationen

Die sehr hilfsbereite **Touristeninformation** (98 99 10 09; www.loekken.dk; Møstingsvej 3; Juli–Aug. Mo–Sa 10–16, Sept.–Mai Mo, Di, Do & Fr 10–15, Sa 9–12 Uhr) liegt hinter dem Torvet; sie bietet massenweise Infos über die Region und bucht Hotels und Sommerhäuser. Ein Fahrradverleih gehört auch dazu.

An- & Weiterreise

Løkken liegt an der Straße 55, 18 km südwestlich von Hjørring. An Wochentagen verkehrt die Buslinie 71 stündlich (am Wochenende seltener) zwischen Løkken und Hjørring (36 Kr, 30 Min.) sowie zwischen Løkken und Aalborg (72 Kr, 70 Min.). Im Sommer fährt auch die Buslinie 99 (s. S. 288) über Løkken.

Hanstholm

2400 EW.

Trotz eines interessanten Kriegsmuseums und der Lage an der Grenze zu einem neu ernannten Nationalpark ist das moderne Hanstholm ein reizloser Ort, dessen Kern aus nichts als einem faden, kleinen Einkaufszentrum besteht. Der Stern dieser

ABSTECHER

RUBJERG KNUDE

Angesichts der Düne von Rubjerg Knude, 13 km nördlich von Løkken auf dem Weg nach Lønstrup, kommt niemand an der Erkenntnis vorbei, dass hier oben Mutter Natur Regie führt. **Rubjerg Knude Fyr**, der Leuchtturm, stand bei seiner Eröffnung im Jahr 1900 200 m vom Wasser entfernt und 60 m über dem Meeresspiegel. Mit der Zeit schlich sich das Meer immer weiter heran, sodass der Leuchtturm in den 1960er Jahren geschlossen werden musste, nachdem er wegen Flugsand vom Meer aus häufig fast nicht mehr zu sehen gewesen war. 1980 wurde er dann als Museum wieder eröffnet, mit einer Ausstellung über Wanderdünen, musste aber 2002 erneut schließen, als die Museumsgebäude zunehmend unter Sand verschwanden. So wurde er zu einer Kuriosität und zum Fotomotiv. Aufgrund der zunehmenden Küstenerosion geht man davon aus, dass er innerhalb der nächsten zehn Jahre ins Meer stürzen wird. Weitere Informationen unter www.rubjergknude.dk.

Zur Rubjerg Knude gelangt man am besten über die Straße 55. Von Løkken aus nach Nordosten fahren und nach etwa 6 km links auf den ausgeschilderten Lønstrupvej abbiegen. Vom Parkplatz aus ist es ein ganz schöner Fußmarsch bis zum Leuchtturm. Zwei Kilometer südlich des Parkplatzes zeigt **Strandfogedgården** (Erw./Kind 40 Kr/frei; ⌚Mitte Juni–Mitte Sept. 11–17 Uhr) eine Ausstellung über den Leuchtturm und die Geologie der Region. Der Sommerbus 99 fährt die Gegend an.

Stadt sinkt offenbar, denn die Fähren, die einst den großen Hafen ansteuerten, fahren heute eher nach Hirtshals.

Sehenswertes

Aussichtspunkt AUSSICHT

Hanstholms imposanter Handelshafen wurde 1967 fertiggestellt. Seither wuchs die Stadt zu einem der größten Fischereihäfen Dänemarks und einem Industriezentrum heran. Vom Ende des Helshagevej hat man einen guten Blick über den Hafen (immer der Beschilderung „Havneudsigt" folgen). Hier oben liegt die **Brasserie Pyten** (Mittagessen 84–138 Kr), ein großes Café mit Panoramablick. Von April bis September ist es nachmittags geöffnet.

MuseumsCenter Hanstholm MUSEUM

(www.museumscenterhanstholm.dk; Molevej 29; Erw./Kind 60/25 Kr; ⌚Juni–Aug. 10–17, Feb.–Mai & Sept.–Okt. 10–16 Uhr) Hanstholm spielte eine Schüsselrolle bei der Besetzung Dänemarks durch die Nazis. Das eindrucksvolle Museum ist um einen deutschen Bunker zentriert, der damals Teil von Hitlers „Atlantikwall" war, einer Kette von Festungen, die von Kirkenes in Norwegen bis zu den Pyrenäen reichte. Ein Dokumentationszentrum liefert viele Infos und bietet Einblick in das Leben der Einheimischen unter den Nazis. Das Museum liegt 300 m westlich vom Stadtzentrum und ist gut ausgeschildert.

Schlafen & Essen

Viele Restaurants gibt es hier nicht. Das Museum hat ein Café, mittags bietet sich die Brasserie Pynten an (s. o.) und abends das Hotel. Wem das zu wenig ist, der fährt am besten nach Klitmøller.

Hotel Hanstholm HOTEL €€

(☎97 96 10 44; www.hotelhanstholm.dk, auf Dänisch; Christian Hansens Vej 2; EZ/DZ 795/1145 Kr; @ 🛜 🏊) Schickes Hotel landeinwärts vom Hafen, nahe dem „Zentrum" bzw. Einkaufszentrum. Die Zimmer haben hohen Standard und das Zusatzangebot ist ebenfalls üppig: Schwimmbad, Sauna und Restaurant (Hauptgerichte abends 148–218 Kr).

Praktische Informationen

Die im Sommer geöffnete **Touristeninformation** (☎97 92 19 00; www.visitthy.dk; Tårnevej 21; ⌚Ende Juni–Aug. Mo–Fr 12–7, Sa 11–14 Uhr) ist im 1843 erbauten Leuchtturm untergebracht, den man für 10 Kr auch hochsteigen kann.

An- & Weiterreise

Die Straßen 181, 26 und 29 enden alle in Hanstholm. Der nächste Bahnhof liegt 21 km weiter südlich in Thisted, erreichbar über die Straße 26. Die Buslinien 90 und 322 bieten eine regelmäßige Verbindung zwischen Thisted und Hanstholm (27 Kr 40 Min.), die Buslinie 322 fährt über Klitmøller.

Klitmøller

800 EW.

Klitmøllers windige Lage und die Wellen, die dort auflaufen, haben dem Fischerdörfchen den Beinamen „kaltes Hawaii" eingetragen und es zu einem der beliebtesten Surfziele in Europa gemacht. Der kleine Ferienort steht voller Sommerhäuser, zwischen denen die Surfer in Neoprenanzügen herumlaufen, in denen ihnen der eisige Wind nichts anhaben kann.

Jedes Jahr im September wird in Klitmøller eine Weltcupveranstaltung der PWA (Professional Windsurfing Association) ausgetragen.

Aktivitäten

Weniger professionelle Surfer müssen nicht die Segel streichen. Neben den tosenden Wellen der Nordsee gibt es ein paar Kilometer östlich von Klitmøller den Vandet Sø, einen See, auf dem Surfer jeden Levels kreuzen.

Westwind Klitmøller WINDSURFEN, KITESURFEN

(☎97 97 56 56; http://klitmoller.westwind.dk; Ørhagevej 150) Westwind liegt am Strand. Enthusiastische Surflehrer vermitteln die Grundlagen in Sachen Windsurfen, Kitesurfen, Wellenreiten und Stehpaddeln (auch auf Deutsch!). Ein dreistündiger Einführungskurs für Windsurfer kostet 400 Kr. Für sechs Unterrichtsstunden sind es 799 Kr. Das Unternehmen garantiert, dass jeder Teilnehmer nach dem sechstündigen Kurs selbstständig surfen kann. Die 4½-stündige Einführung ins Kitesurfen kostet 899 Kr. Wer den Sport schon beherrscht, kann hier die Ausrüstung dafür mieten.

Cold Hawaii Surf Camp SURFEN

(☎29 10 88 73; www.coldhawaiisurfcamp.com; Ørhagevej 151) Ein Israeli mit ausgezeichneten Surfkenntnissen macht Westwind Konkurrenz und bietet stundenweise Unterricht (90 Min. 190 Kr) und Surfcamps an, sowie einen Board- und Neoprenanzugverleih. Dazu betreibt er eine Unterkunft am Ort (Schlafsaalbetten 199 Kr).

Schlafen & Essen

Zum Zeitpunkt der Recherche war das **Klitmøller Gammel Kro & Badehotel** (www.klitmollerbadehotel.dk; Krovej 15) wegen umfangreichen Renovierungsarbeiten geschlossen. Auf dem Gelände sollen auch Ferienwohnungen entstehen. Das Neueste dazu gibt's auf der Website.

Günstige Schlafsaalbetten werden auch über Cold Hawaii Surf Camp vermietet.

Nystrup Camping CAMPINGPLATZ, HÜTTEN €

(☎97 97 52 49; www.nystrupcampingklitmoller.dk, auf Dänisch; Trøjborgvej 22; Erw./Kind/Stellplatz 79/frei/60 Kr; @📶) Der beliebte Campingplatz unter Bäumen ist immer gut bevölkert von windhungrigen Typen und mit Surfausrüstung vollgestellt. Zur guten Ausstattung gehören ein Reitstall, eine Fahrradvermietung und ein Spielplatz. Obendrauf gibt's einen Minimarkt und ein Café.

LP TIPP **Klitmøller Røgeri** FISCH €

(Ørhagevej 152; Gerichte 47–88 Kr; ⏲Mai–Sept mittags & abends) Bietet nahe dem Strand eine fantastische Auswahl frischer und geräucherter Meeresfrüchte. Hier können die Gäste bei Fish & Chips (65 Kr) oder einem Baguette mit Garnelen die Akrobaten auf dem Wasser in Aktion beobachten.

NATIONALPARK THY

Der **Nationalpark Thy** (www.nationalparkthy.dk) ist einer von fünf neuen Nationalparks, die in den letzten Jahren in Dänemark eröffnet wurden und erstreckt sich zwischen Hanstholm und Agger Tange über 55 km die Nordseeküste entlang. Er umfasst 244 km² Küste, Dünen, Seen, Nadelwälder und Moor. Damit bietet er Abenteuerlustigen jede Menge windgepeitschte, weite Landschaften zum Wandern auf markierten Wegen, Radfahren und Reiten sowie zur Vogelbeobachtung. Geschichtsinteressierte haben auch etwas zu entdecken: Fischerdörfchen und deutsche Bunker aus dem Zweiten Weltkrieg.

Die örtlichen Touristeninformationen helfen bei der Planung von Aktivitäten im Park. Infos gibt's auch online unter www.visitthy.dk. Von April bis Oktober ist im Parkgebiet selbst ein kleines Informationszentrum geöffnet. Es befindet sich in dem Küstenörtchen Stenbjerg, auf halbem Weg zwischen Agger und Klitmøller an der Straße 181. Die Buslinie 313 fährt von Thisted (wo es einen Bahnhof gibt) nach Stenbjerg.

Fiskerestaurant Niels Juel FISCH €€
(Ørhagevej 150; Fischbuffet 149 Kr; ⌚Mai–Sept. Di–So abends) Die große Terrasse des erhöht gelegenen Restaurants mit reetgedecktem Dach ist ideal geeignet, um die Surfer zu beobachten. Das günstige Fischbuffet scheint sich vor Heringen, Krabben und Lachs zu biegen. Unterhalb des Restaurants liegt eine zwanglose und ganztägig geöffnete Café-Bar mit Fassbier und Fast Food.

ℹ An- & Weiterreise

Klitmøller liegt rund 11 km südwestlich von Hanstholm via Straße 181 und 18 km nordwestlich von Thisted via Straße 557. Die Buslinie 322 verkehrt mit hoher Frequenz zwischen allen drei Städten. Von Thisted fahren Züge nach Süden.

Dänemark verstehen

DÄNEMARK AKTUELL **294**

Sind es Stabilität, Nachhaltigkeit und soziale Sicherheit, die die Dänen zum glücklichsten Volk der Welt machen?

GESCHICHTE **296**

Zeugen der Vergangenheit: Moorleichen, Wikingerburgen, alte Kirchen und prachtvolle Schlösser.

DÄNISCHES DESIGN **307**

Richtungsweisende moderne Architektur und beneidenswert schöne Möbel und Haushaltswaren – dänisches Design ist schlichtweg toll!

OUTDOORAKTIVITÄTEN **310**

In Dänemark ist Radfahren mehr als ein Hobby, es ist eine Lebensart. Wanderwege und Wassersport gibt es natürlich auch.

ESSEN & TRINKEN **316**

Innovative Neue Nordische Küche oder, ganz traditionell, Schwein mit Kartoffeln – was in dänischen Restaurants und Cafés auf den Tisch kommt.

LITERATUR & FILM **324**

Land der Märchenerzähler, existenzialistischen Denker, erfolgreichen Krimiautoren und unkonventionellen Filmemacher.

Dänemark aktuell

Glück & Harmonie?

Die Dänen sind zum großen Teil ein glückliches Völkchen. Glaubt man den Umfragen zur Zufriedenheit in der Bevölkerung und all den Ranglisten zur Lebensqualität, ist Dänemark sogar die glücklichste Nation der Welt und gehört zu den Ländern mit der höchsten Lebensqualität.

Die Grund ist offensichtlich: Trotz der globalen Finanzkrise hat das Land das höchste Bruttoinlandsprodukt pro Kopf in der EU und die Arbeitslosigkeit ist relativ gering. Bildung ist kostenlos und die Sozialleistungen sind geradezu beneidenswert.

Aber hinter der Zufriedenheit der Dänen steckt mehr. Besucher von Kopenhagen oder fast jeder anderen dänischen Stadt erleben überall ein harmonisches städtisches Leben.

Dennoch, wer genauer hinschaut, wird – wie in einem Märchen von Hans Christian Andersen – auch eine dunkle Seite entdecken. Wie in anderen europäischen Staaten tendiert in dem bekanntermaßen liberalen Land die Politik mehr und mehr ins rechte Lager. Ängste wegen der Zuwanderung, besonders aus muslimischen Ländern, und des Verfalls traditioneller Werte haben sich breit gemacht.

Trotz aller Bemühungen um Integration und entsprechender staatlicher Maßnahmen bleiben ethnische, kulturelle und religiöse Spannungen und Vorurteile bestehen. Viele Dänen sind der Ansicht, dass ihre Toleranz auf eine harte Probe gestellt wird, und verunsichert. Andererseits ist die Bereitschaft, die unterschwellige Ablehnung nichteuropäischer Einwanderer offen zu thematisieren, gering.

» Bevölkerung: 5,56 Mio.

» Fläche: 43 098 km²

» Küstenlänge: 7314 km

» Höchste Erhebung: Møllehøj 171 m

» Arbeitslosigkeit: 4,2 %

» Bruttoinlandsprodukt pro Kopf: 27 900 €

Politik & Wirtschaft

Nach einem Jahrzehnt der konservativen Regierung und mit einer stockenden Wirtschaft in der globalen Finanzkrise schlug das politische

Top-Ikonen

» **Königin Margrethe** Die verehrte Monarchin

» **Dannebrog** Die dänische Flagge

» **Hans Christian Andersen** Der berühmte Märchenerzähler

» **Wikinger** Mehr als nur Plünderer

» **Lego** Die Kunstoff-Bauklötze, die die Kinderzimmerwelt veränderten

» **Hygge** Behaglichkeit, Zufriedenheit, Heiterkeit

Top-Songs

» **„Wonderful Copenhagen"** (Danny Kaye) Das Lied schwirrt wohl jedem Kopenhagen-Reisenden im Kopf herum

» **„Barbie Girl"** (Aqua) Heißer Anwärter auf den Titel nervigster Song aller Zeiten

Räumliche Verteilung der Bevölkerung (%)

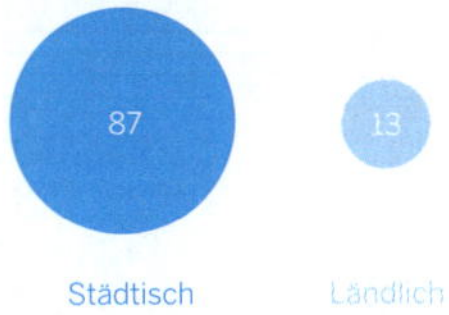

Gäbe es nur 100 Dänen, wären …

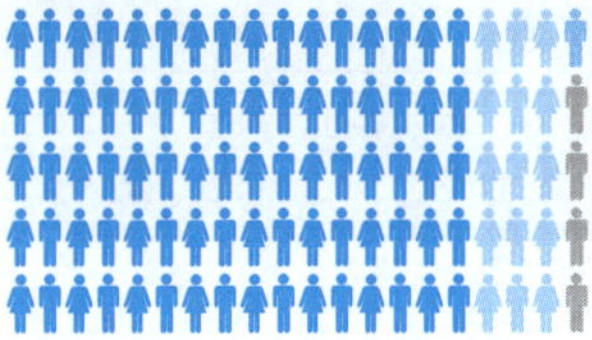

80 Lutheraner
15 keiner Religionsgemeinschaft zugehörig
4 Muslime
1 Sonstige

Pendel Dänemarks wieder nach links aus. Die Wahl von 2011, bei der es im Wahlkampf hauptsächlich darum ging, welche Seite die dänische Wirtschaft besser wieder ins Lot bringen könne, brachte nach einem knappen Sieg eine Mitte-Links-Koalition an die Macht. Geführt wird die neue dänische Regierung erstmals von einer Frau, der Sozialdemokratin Helle Thorning-Schmidt. Ihre Partei versprach, einige der harten Immigrationsgesetze der letzten Regierung rückgängig zu machen und die öffentlichen Ausgaben zu erhöhen, um die Wirtschaft anzukurbeln. Finanziert werden soll das überwiegend über Steuererhöhungen für Spitzenverdiener und Banken.

Obwohl das Land mit die höchsten Steuersätze der Welt hat, findet eine signifikante Mehrheit der Dänen, dass ihre Steuerabgaben angesichts der Sozialleistungen, die sie dafür genießen, gerecht sind.

Das Stufensystem bei der Einkommenssteuer ist kompliziert. In etwa liegen die Steuersätze bei 30 % für Einkommensschwache, 36 % für Durchschnittsverdiener und 45 % für Einkommensstarke. Die Mehrwertsteuer beträgt 25 %.

Nachhaltigkeit

Ebenso bewundernswert wie ihre Haltung gegenüber Bürgerpflichten (die Wahlbeteiligung bei Parlamentswahlen liegt bei 87 %; Steuerhinterziehung ist relativ selten), ist auch die Konsequenz der Dänen beim Umweltschutz. Während einige westliche Regierungen noch immer um die Glaubwürdigkeit der Klimaforschung streiten (besonders Australien und die USA), setzt Dänemark seine Ziele für Nachhaltigkeit längst in die Tat um. 20 % der Energieversorgung Dänemarks stammen aus Windkraft, zudem ist das Land Marktführer in der Windkrafttechnologie und exportiert viele Windturbinen. Dänemark strebt völlige Unabhängigkeit von fossilen Brennstoffen bis 2050 an, die Stadt Kopenhagen will bis 2025 CO_2-neutral sein. Einzelne Inseln wetteifern darum, welche die „grünste" ist – Samsø ist offiziell eine schadstofffreie Insel, auf der Strom ausschließlich durch Wind und mittels Solarzellen erzeugt wird.

Zum Königreich Dänemark gehören auch Grönland und die Färöer, die jeweils autonome Regierungen haben.

Mythenbrecher

» **„Fly on the Wings of Love"** (Olsen Brothers) Stolzer Eurovisions-Gewinner von 2000

» **„Played-A-Live (The Bongo Song)"** (Safri Duo) Großer, hämmernder Clubhit

» **„Fascination"** (Alphabeat) Unangestrengter Wohlfühlpop

» Nicht alle Dänen sind blond.

» Mit ein bisschen Insiderwissen ist Dänemark nicht teurer als andere westeuropäische Länder.

» Dänemark ist zwar freizügig (es war das erste Land der Welt, das 1969 Pornografie legalisierte), aber das heißt nicht, dass die Bevölkerung lüstern und sexbesessen ist.

Geschichte

Obwohl Dänemark ein kleines Land ist, hat es in der Geschichte Nordeuropas eine große Rolle gespielt. Die Wikinger waren Meister im Schiffbau und bereisten ohne Karte und Kompass die Weltmeere. Dänische Renaissance-Könige nahmen Einfluss auf Politik und Kultur in Europa, wie auch die Philosophen und Schriftsteller, die im 19. Jh. in Kopenhagen lebten und arbeiteten, und einige Wissenschaftler und Mediziner im 20. Jh.

DOLMEN

Die steinzeitlichen Dorfbewohner bestatteten ihre Toten in Dolmen. Die Grabstätten aus großen, aufgerichteten Steinen, auf denen ein Deckstein ruht, sind immer noch überall auf Dänemarks Wiesen und Feldern zu finden.

Von Stein, Bronze & Eisen

Schon vor Zehntausenden von Jahren tauchten die ersten Menschen in der Region auf und hinterließen Relikte wie bearbeiteten Feuerstein. Das Eis zog sich so weit zurück, dass Flechten und Moose gediehen, was Rentierherden herführte, denen die Menschen als Jäger folgten. Um 12 000 v. Chr. ließen sie sich dauerhaft nieder.

Die Steinzeitmenschen waren Jäger und Sammler. Als das Klima allmählich wärmer wurde, zogen sie ans Meer, um sich von Fisch, Seevögeln und Robben zu ernähren. Später begannen die Menschen Landwirtschaft zu betreiben. Sie gaben das Umherziehen auf und gründeten bei den Feldern Dörfer.

Um 1800 v. Chr. begannen die ersten Handwerker, Waffen, Werkzeuge, Schmuck und fein gearbeitete Kunstgegenstände aus Bronze herzustellen. Dieses neue Metall kam auf dem Handelsweg von weit her, etwa aus Kreta und Mykene. Dann entpuppte sich das vor Ort verfügbare Eisen als robustes Rohmaterial für Pflüge, die den Ackerbau so ergiebig machten, dass sich größere Agrargemeinschaften davon ernähren konnten.

Die sprachlichen und kulturellen Wurzeln des heutigen Dänemarks gehen auf die Ankunft des Volkes der Dänen in der jüngeren Eisenzeit zurück. Der Stamm zog vermutlich um 500 n. Chr. von Schweden nach Süden.

ZEITACHSE

um 12 000 v. Chr.

Erste dauerhafte Siedlungen in Jütland und auf benachbarten Ostseeinseln.

um 4000 v. Chr.

Ackerbau und Viehhaltung setzen sich durch. Waldland wird durch Brandrodung zu fruchtbaren Getreideäckern.

um 1800 v. Chr.

Import von Bronze, aus der geschickte Handwerker Waffen, Werkzeug, Schmuck und Kunstgegenstände fertigen. Handelsverbindungen mit dem Süden sichern den Bronzenachschub.

Zu Beginn des 9. Jhs. lag das Territorium des heutigen Dänemarks am äußersten Rand Europas. Doch Karl der Große (reg. 768–814) dehnte den Machtbereich der Franken nordwärts bis ins heutige Norddeutschland aus. Um einer fränkischen Invasion vorzubeugen, ließ Godfred, König von Jütland, einen schon früher angelegten Erdwall erweitern und befestigen, das Danewerk (dän.: Danevirke). Dennoch unternahmen die Franken erste Vorstöße, unter den Dänen das Christentum mit Waffengewalt zu verbreiten.

Die Wikinger verbreiteten solchen Schrecken, dass die Engländer ein besonderes Gebet in ihre Gottesdienste aufnahmen: „Bewahre uns, oh gütiger Herr, vor dem Wüten der Nordmänner."

Die Wikinger

Die meisten Leute denken bei dem Wort „Wikinger" automatisch an einen hochgewachsenen Krieger mit gehörntem Helm, der aus einem Wikingerschiff springt, um fröhlich plündernd und schändend die frühchristliche Welt in Angst und Schrecken zu versetzen. Einige dieser „Nordmänner", wie man sie auf den britischen Inseln, einem ihrer liebsten Tummelplätze, nannte, hatten sicherlich eine Vorliebe fürs Plündern und Metzeln, ganz zu schweigen von Sklavenhandel, Raub und der Massakrierung von Priestern und Mönchen. In Wirklichkeit ist die Geschichte der Seefahrer aus Norwegen, Dänemark und Schweden, die als „Wikinger" bekannt wurden, aber viel komplexer als die Legenden und das schlichte Bild, das entsetzte Berichterstatter der Zeit zeichneten.

Die Wikingerzeit umspannt fast drei Jahrhunderte, aber das Vorgehen der Wikinger änderte sich im Laufe der Jahrzehnte. Als offizieller Startschuss gilt die Plünderung des Klosters von Lindisfarne vor der Küste von Northumbria in Nordostengland durch die Nordmänner im Jahr 793 n. Chr. Wahrscheinlich hatte es schon Jahrzehnte zuvor Überfälle gegeben, die aber nicht überliefert sind. Überlebende des Angriffs beschrieben die schlanken Wikingerschiffe mit ihren quadratischen Segeln als „Drachen, die durch die Lüfte fliegen" und die Angreifer als „Furcht erregende Heiden".

Um das mal klarzustellen: Die Wikinger trugen keine gehörnten oder geflügelten Helme und feierten ihre Massaker auch nicht, indem sie Met aus Schädelbechern schlürften. Sie trugen allerdings teils sehr sprechende Namen wie Erik Blutaxt und Sven Gabelbart.

Zu Anfang fielen die Wikinger oft über Kirchen und Klöster her, wegen der dort gehorteten Gold- und Juwelenschätze. Nebenbei gingen in diesen Raubzügen auch unzählige unersetzliche Bücher und andere Kulturschätze verloren. Dass sie sich ausgerechnet an Mönchen vergriffen, war ein Grund für die schlechte Presse, die die Wikinger bekamen. Die Mönche waren die Geschichtsschreiber jener Zeit, und so ist es ihre Sicht der Dinge, die überliefert ist.

Die Wikinger waren dabei vor allem von Abenteuerlust getrieben, und wussten sich unüberschaubare Verhältnisse oder politische Instabilität in einer Region zunutze machten. Mit der Zeit wurden ihre Fahrten jedoch von reinen Raubzügen zu organisierten Expeditionen, die Kolonien fernab der Heimat gründeten. Dass die Wikinger mit ihren Blitzüberfäl-

um 500 n. Chr.

Einwanderung der Dänen. Der Stamm, der wahrscheinlich von Schweden nach Süden wanderte, prägte die sprachlichen und kulturellen Wurzeln des modernen Dänemarks.

793

Der Überfall auf das Kloster Lindisfarne in Nordostengland ist der erste dokumentierte Wikinger-Raubzug.

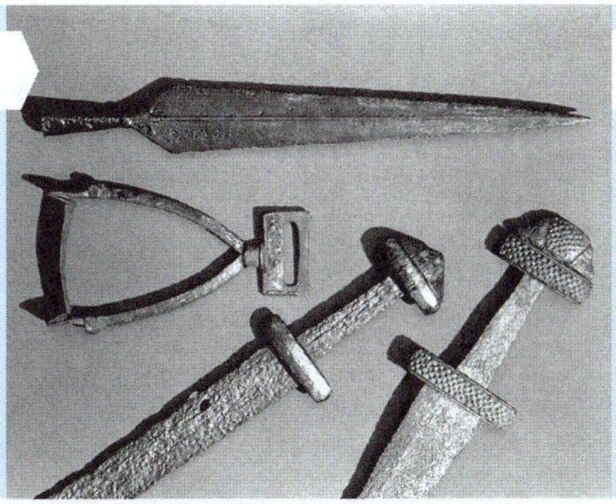

THE ART GALLERY COLLECTION / ALAMY ©

» Steigbügel und Waffen aus der Wikingerzeit

DÄNEMARKS MOORLEICHEN

Die Menschen, die zur Eisenzeit in Dänemark lebten, hinterließen kaum Zeugnisse ihrer Kultur, geschweige denn schriftlichen Quellen. Was wir über die frühen Dorfgesellschaften wissen, ist vor allem einigen außergewöhnlichen Entdeckungen in den letzten Jahrhunderten zu verdanken.

In dänischen Mooren wurden bei Entwässerungsmaßnahmen und beim Torfstechen Hunderte oft erstaunlich gut erhaltener Leichen von Männern, Frauen und Kindern gefunden, die größtenteils aus der jüngeren Eisenzeit (den Jahrhunderten rund um Christi Geburt) stammen. Viele der Leichen werfen spannende kriminalistische Fragen auf: Durch wessen Hand starben sie und warum? Manche von ihnen wurden offenbar nicht einfach nur im Moor bestattet (üblicher war damals die Verbrennung), sondern rituell getötet, vielleicht im Rahmen religiöser Zeremonien oder zur Besänftigung der übernatürlichen Kräfte, die die Menschen der Eisenzeit wohl in den Mooren vermuteten.

Falls es sich um rituelle Tötungen handelte, waren diese Menschen dann Opfer oder Freiwillige? Da wäre etwa die Moorleiche von Windeby, sie wurde 1952 in Windeby bei Eckernförde in Schleswig-Holstein entdeckt. Anscheinend hatte man dem auf etwa elf Jahre geschätzten Jungen die Augen verbunden und das Haar sorgfältig geschoren, was auf ein Ritual hindeutet. Andere wurden wahrscheinlich schlicht überfallen, ermordet und im Moor versenkt. Die unschönen Todesumstände des Grauballe-Manns lassen jedenfalls auf eine brutale Hinrichtung schließen. Die hervorragende Ausstellung rund um seine Person in Aarhus (S. 231) ist eine faszinierende Lektion in Geschichte und Kriminaltechnik, doch der Fall bleibt rätselhaft.

Die berühmteste aller Moorleichen ist der Tollund-Mann in Silkeborg (S. 247). Besonders fesselnd ist sein Gesicht, das bis hin zu den Bartstoppeln hervorragend erhalten ist. Der Mann in den Dreißigern war bei seiner Entdeckung nackt bis auf die kunstvoll geflochtene Lederschlinge, mit der er erdrosselt wurde, und die Lederkappe, die er seit nunmehr 2000 Jahren trägt. Sie rahmt ein vollkommen friedvolles Gesicht.

len Könige und Stammesführer in Panik versetzten, mehrte ihre schaurige Berühmtheit.

Ihre Aktivitäten erschöpften sich aber nicht in Überfällen und Blutvergießen. Die Wikinger waren auch erfolgreiche Händler, außerordentliche Seefahrer und unersättliche Entdeckungsreisende, die es bis nach Byzanz, Russland, Nordafrika, ans Kaspische Meer und sogar nach Bagdad trieb. Außerdem gründeten sie Siedlungen in Island, Grönland und Neufundland.

Da, wo sie sich niederließen, wie in Nordfrankreich und auf den britischen Inseln, erwiesen sie sich als tüchtige Bauern. Im Übrigen waren sie auch gewiefte Politiker, die in der Fremde ihre eigenen Königreiche gründeten, sich durch Heiraten mit dem einheimischen Adel verbanden

950–985

König Harald I. (Blauzahn), Sohn von Gorm dem Alten, eint Dänemark und betreibt von seinem Hof in Jelling die Christianisierung der Dänen.

985–1014

Unter der Herrschaft von Harald Blauzahns Sohn Sven Gabelbart sowie seinen Enkeln Harald II. und Knud dem Großen wird England erobert und ein kurzlebiges anglodänisches Königreich gegründet.

1066

Der Sieg Harolds II. von England über die norwegischen Wikinger in der Schlacht von Stamford Bridge läutet das Ende der Wikingerzeit ein.

1137–1157

Innere Zwistigkeiten, Meuchelmorde und Intrigen erschüttern Dänemark, bis Valdemar I., der Sohn von Knud Lavard, 1157 den Thron besteigt und das fortschrittliche *Jyske Lov* (Jütlandgesetz) erlässt.

oder von Lokalherrschern Schutzgelder erpressten (ein Beispiel ist die Gründung des verhassten Danelag in England). Selbst die Schlacht von Hastings 1066 war nicht so sehr eine Schlacht zwischen England und Frankreich als vielmehr ein Kampf zwischen zwei Anführern nordischer Herkunft, Wilhelm dem Eroberer und Harold II.

Sesshaftwerdung und Assimilierung war Gründe, warum die Überfälle und Kämpfe nachließen. Harald Blauzahns großer Runenstein (S. 254) auf dem Friedhof von Jelling zeugt von einem noch wichtigeren Faktor: Die Christianisierung Skandinaviens im 10. Jh. führte zu engeren kulturellen Banden und einem gewissen Grad der „Zivilisierung".

Lohnende Wikingersehenswürdigkeiten in Dänemark sind außer den Runensteinen von Jelling z. B. das Nationalmuseet in Kopenhagen (S. 43), die Wikingerfestung von Trelleborg (S. 120) und das Ribe VikingeCenter (S. 210 – für alle, die gern sehen wollen, wie lebendige Wikinger sich mit Gummischwertern verdreschen, und wer wollte das nicht?). Den besten Eindruck von der technischen Überlegenheit, Kühnheit und Zähigkeit der Wikinger bietet das Wikingerschiffsmuseum in Roskilde (S. 105).

Wichtige Wikingerstätten

- Lindholm Høje
- Langschiffe in Roskilde
- Ladbyskibet
- Nationalmuseet

Einig Dänemark (mehr oder weniger)

Zu Beginn des 9. Jhs. war Jütland (mit Teilen von Südnorwegen) mehr oder weniger unter einem König vereint. Ein Schritt zur Vereinigung der Territorien, die das heutige Dänemark bilden, erfolgte im späten 9. Jh., als die Krieger des norwegischen Häuptlings Hardegon die Halbinsel Jütland eroberten und Hardegon von hier aus seine Macht auf die umliegenden Inseln ausdehnte.

Die dänische Monarchie ist die älteste Europas.

MONARCHIE

Als Begründer der dänischen Monarchie gilt Hardegons Sohn Gorm der Alte, der im frühen 10. Jh. seinen Herrschaftssitz in Jelling im Zentrum Jütlands hatte. Sein Sohn Harald Blauzahn regierte 35 Jahre, vollendete die Eroberung Dänemarks und christianisierte die Dänen – auch, um seine mächtigen fränkischen Nachbarn im Süden zu beschwichtigen, die schon ein Jahrhundert zuvor den Missionar Ansgar ausgeschickt hatten, um in den dänischen Städten Ribe und Hedeby Kirchen zu bauen.

Harald Blauzahns Sohn Sven Gabelbart (reg. 987–1014) sowie seine Enkel Harald II. (reg. 1014–18) und Knud der Große (reg. 1019–35) eroberten England und gründeten ein kurzlebiges anglodänisches Königreich, das einen Großteil der britischen Inseln umfasste. Knud der Große saß als erster dänischer König auf dem englischen Thron, regierte aber nicht viel anders als ein englischer König, außer dass er skandinavische Krieger beschäftigte, um seine Herrschaft zu sichern. Nach dem Tod von Knuds Sohn Hardeknud verschob sich das Machtgleichgewicht zuguns-

1219

Der Dannebrog (die dänische Flagge, heute die älteste Nationalflagge der Welt) wird zum ersten Mal gehisst – angeblich fiel er bei einer Schlacht in Estland als göttliches Zeichen vom Himmel.

» Der Dannebrog

1363

Norwegens König Håkon ehelicht Margrethe, die Tochter des dänischen Königs Valdemar IV. Ihr steht eine Zukunft als einflussreiche und mächtige Königin bevor.

1375–1387

Der fünfjährige Oluf wird nach dem Tod Valdemars IV. König von Dänemark und fünf Jahre später auch König von Norwegen. Nach seinem Tod regiert seine Mutter Margrethe.

ten der englischen Erben Alfreds des Großen. Viele dänische Siedler entschieden sich trotzdem, in England zu bleiben.

Die Dänen versuchten mehrfach erfolglos, England zurückzuerobern. Die Niederlage der norwegischen Wikinger gegen Harold II. von England in der Schlacht von Stamford Bridge 1066 läutete das endgültige Ende der Wikingerära ein.

Alles, was es über die dänischen Monarchen zu wissen gibt, ist unter www.danskekonger.dk nachzulesen.

Blutrünstiges Mittelalter

Das frühe Mittelalter war überschattet von internen Querelen, Verschwörungen, Gegenverschwörungen und Morden, in die rivalisierende Adlige, reiche Großgrundbesitzer und korrupte kirchliche Würdenträger verstrickt waren – man werfe nur einen Blick auf die bluttriefende Zeit von 1086 bis 1157.

König Valdemar I. einte das kriegsmüde Land schließlich wieder und erließ die ersten schriftlich fixierten Rechtsvorschriften Dänemarks, das *Jyske Lov* (Jütlandgesetz). Seine Nachfolger erließen weitere Gesetze, die für ihre Zeit recht fortschrittlich waren: keine Einkerkerung ohne rechtmäßigen Grund, jährliche Versammlung des *hof* (Reichsrats) und Einsetzung des ersten Obersten Gerichts.

Margrethe, die nach dem Tod ihres jungen Sohns Oluf 1387 faktisch die Macht übernommen hatte, wurde bald offizielles Staatsoberhaupt und Dänemarks erste regierende Königin. Im Jahr darauf baten schwedische Adlige, die ihren ungeliebten deutschen König Albrecht III. (Herzog von Mecklenburg) loswerden wollten, Margrethe um Hilfe. Sie erklärten Margrethe zu ihrer Regentin und die schickte zum Dank dänische Truppen nach Schweden.

In den 1470er Jahren gründete König Christian I. den Elefantenorden. Angeblich mit Bezug auf die sagenhaft Tat dänischer Krieger, die während der Kreuzzüge Elefanten angegriffen und getötet haben sollen.

Ein Jahrzehnt später gründete Margrethe die Kalmarer Union, die offizielle Vereinigung Dänemarks, Norwegens und Schwedens, um der mächtigen deutschen Hanse die Stirn zu bieten, die den Handel in der Region beherrschte.

1410 startete Margrethes Großneffe, König Erik VII., einen Angriff auf die Hanse. Der Misserfolg schwächte die Kalmarer Union entscheidend. Eriks Politik, öffentliche Ämter in Schweden und Norwegen mit Dänen zu besetzen, vergiftete die Beziehungen zur Aristokratie in diesen Ländern zusätzlich. 1438 zog sich der schwedische Rat aus der Union zurück, woraufhin der dänische Adel Erik entthronte.

Eriks Nachfolger, König Christoph III., glättete die Wogen. Er versprach, die Regierungen der drei Länder zu trennen. Trotzdem blieb die Union eine wackelige Angelegenheit. Die Schweden wählten 1523 einen eigenen König: Gustav Vasa. Damit war die Kalmarer Union am Ende, aber Norwegen blieb noch drei Jahrhunderte unter dänischer Herrschaft.

1396–1439

Margrethes Großneffe, König Erik VII., unternimmt einen erfolglosen Angriff auf die Hanse, der die Mittel der Kalmarer Union erschöpft. 1439 wird er vom dänischen Adel abgesetzt.

1534

Nach dem Tod König Frederiks I. dringen hanseatische Söldner aus Lübeck nach Südjütland und Seeland vor. Die dänischen Bauern und das Bürgertum begrüßen die Invasoren.

1588–1648

Die lange Regierungszeit von Christian IV. verläuft gedeihlich und friedlich, bis er 1625, um schwedische Expansionsbestrebungen zu bremsen, in den Dreißigjährigen Krieg eingreift – mit verheerenden Folgen.

THE ART ARCHIVE / ALAMY ©

» Rosenborg Slot Christian IV.

Reformation & Bürgerkrieg

Die dänische Reformation wurde zur erbitterten Machtprobe zwischen der Monarchie und der katholischen Kirche. Im Zentrum der religiösen und politischen Umwälzungen stand König Frederik I. Dieser gelobte zunächst, gegen die Häresie und für den Katholizismus zu kämpfen, aber schon zehn Jahre später lud er lutherische Prediger nach Dänemark ein. Als Frederik starb, stürzte das Fehlen eines eindeutigen Nachfolgers das Land in einen Bürgerkrieg. Im Jahr darauf (1534) marschierten hanseatische Söldner aus Lübeck nach Südjütland und Seeland ein. Sie wurden von den meisten Bauern und Bürgerlichen, die sich im Aufstand gegen den Adel befanden, als Befreier begrüßt.

Durch die Revolte aufgeschreckt, wählte eine Koalition aus Aristokraten und katholischen Bischöfen den Lutheraner Christian III. zum König. Die Rebellion tobte trotzdem weiter. In Jütland wurden Herrenhäuser in Brand gesteckt und die Bauern zogen gegen die Armeen des Adels ins Feld. Da griff Christians Feldherr Johann Rantzau ein. Er schnitt Lübeck vom Meer ab und marschierte nordwärts durch Jütland, wo er die Bauernrevolte erbarmungslos niederschlug. Anschließend belagerten Rantzaus Truppen Kopenhagen, dessen Kaufleute den Aufstand unterstützten, weil sie nichts dagegen hatten, sich der Hanse anzuschließen. Von der Außenwelt abgeschnitten, trotzten die Kopenhagener Bürger ein Jahr lang Hunger und Seuchen, bevor sie sich 1536 ergaben.

Christian III. festigte seine Macht, indem er den aufständischen Kaufleuten und Bürgern von Kopenhagen Milde versprach, wenn sie zukünftig königstreu wären. Die katholischen Bischöfe dagegen ließ er einkerkern und Klöster, Kirchen und sonstigen Kirchenbesitz für die Krone beschlagnahmen. Es folgte die Errichtung der dänisch-lutherischen Kirche, deren Spitze das Königshaus bildete. Die Monarchie, die durch den konfiszierten Kirchenbesitz in Reichtum schwamm, ging enorm gestärkt aus dem Bürgerkrieg hervor.

WAPPEN

In den 1660er-Jahren wurde ein Eisbär in das dänische Wappen aufgenommen: Er symbolisierte den dänischen Herrschaftsanspruch auf Grönland.

Krieg mit Schweden & Absolutismus

Nach einer Periode des Friedens und Wohlstands verwickelte Christian IV. bei dem Versuch, die schwedische Expansion zu bremsen, Dänemark in die verheerenden Wirren des Dreißigjährigen Krieges, aus dem das Land moralisch und finanziell ruiniert hervorging.

Christians Nachfolger Frederik III. witterte in der schwedischen Besetzung Polens die Chance, es Schweden heimzuzahlen, und erklärte dem Nachbarn 1657 erneut den Krieg – eine fatale Entscheidung, da Dänemark für einen solchen nicht gerüstet war. Karl X. Gustav von Schweden führte seine Truppen aus Polen durch Deutschland nach Jütland und plünderte sich nach Norden. Im Winter 1657/58 – dem strengsten Winter

1658

Dänemark unterzeichnet den Frieden von Roskilde – die größte Demütigung in seiner Geschichte – und verliert ein Drittel seines Territoriums, u. a. Bornholm und alle Gebiete auf dem schwedischen Festland.

1660–1665

König Frederik III. errichtet eine absolute Monarchie und führt eine absolutistische Verfassung ein, das *Kongeloven* (Königsgesetz), das fast zwei Jahrhunderte in Kraft bleibt.

1675–1720

Die Monarchie rüstet wieder auf und führt drei weitere Kriege gegen Schweden (1675–79, 1699–1700 und 1709–20), ohne die verlorenen Gebiete zurückzugewinnen. Darauf folgt eine relativ friedliche Periode.

1784

Kronprinz Frederik VI. übernimmt die Macht. Er beteiligt fortschrittliche Großgrundbesitzer an der Regierung und führt umfangreiche Reformen durch, die die Rechte des einfachen Volks stärken.

der dänischen Geschichte – ließ er seine Soldaten über den zugefrorenen Kleinen Belt zwischen Fredericia und der Insel Fünen marschieren. Sein unheimliches Kriegsglück entmutigte die Dänen dermaßen, dass er ohne ernsthaften Widerstand weiter über den Großen Belt bis nach Lolland und dann nach Falster vorstoßen konnte. Der schwedische König war kaum über den ebenfalls zugefrorenen Storstrømmen nach Seeland vorgedrungen, als das tauende Eis hinter ihm brach und ihn samt seiner Vorhut von der übrigen Streitmacht abschnitt. Die Dänen aber waren nicht fix genug, ihren plötzlichen Vorteil zu erkennen: Statt den schwedischen König gefangen zu nehmen, baten sie um Frieden und ließen sich auf einen weiteren verhängnisvollen Friedensvertrag ein. 1658 trat Dänemark mit dem schmachvollen Friedensvertrag von Roskilde ein Drittel seines Territoriums ab, u. a. die Insel Bornholm und alle seine Besitzungen auf dem schwedischen Festland. Nur Bornholm, das sich später in einer blutigen Revolte gegen Schweden erhob, kehrte unter die dänische Flagge zurück.

Die Macht des Königs war so unbegrenzt, dass sich die Nachfolger Frederiks III. bei der Krönungsmesse die Krone selbst auf den Kopf setzten, da niemand sonst würdig erschien, dies zu übernehmen.

Auch die absolute Monarchie kehrte 1660 zurück, als Frederik III. hinterhältig eine Versammlung des Adels einberief, die Adeligen festsetzte und sie zwang, die Befugnisse des Reichsrats außer Kraft zu setzen. Er erklärte sich zum obersten Herrn auf Erden, der über allen menschlichen Gesetzen stehe und nur Gott untertan sei. In den Jahrzehnten danach rüstete die allmächtige Monarchie wieder auf und brach weiterhin fruchtlose Kämpfe mit Schweden vom Zaun. Trotzdem kehrte schließlich so etwas wie Frieden ein. Einen großen Teil des 18. Jhs. gelang es Dänen und Schweden, ohne größere Feindseligkeiten zu koexistieren.

Revolution

Zu Beginn des 19. Jhs. begannen Dänemarks Handelsaktivitäten Großbritannien zu beunruhigen, das inzwischen die führende Seemacht der Welt war. Als Dänemark mit Schweden, Preußen und Russland einen Pakt schloss, in dem es seine bewaffnete Neutralität erklärte, unternahm Großbritannien 1801 einen Flottenangriff auf Kopenhagen, der die dänische Flotte schwer beschädigte und Dänemark zum Rücktritt vom Pakt zwang.

Nach Napoleons Niederlage 1814 erzwang Schweden, das mit Großbritannien verbündet war, von Dänemark, das mit Frankreich im Bunde gewesen war, die Abtretung Norwegens.

Dänemark konnte weitere Konflikte vermeiden und sogar vom Kriegsgeschäft profitieren, bis 1807 ein Vertrag zwischen Frankreich und Russland die Dänen wieder in die europäischen Konflikte hineinzog. Die Briten sahen Napoleons wachsenden Einfluss im Ostseeraum mit Argwohn und fürchteten, dass Dänemark Frankreich unterstützen könnte. Trotz der erklärten dänischen Neutralität nahm die britische Flotte Kopenhagen in einem Überraschungsangriff unter heftigen Beschuss, setzte einen großen Teil der Stadt in Brand, zerstörte die Werften und beschlagnahmte die dänische Flotte.

spätes 18. Jh.

Die Lehnspflichten der Bauern werden abgeschafft. Große Ländereien werden aufgeteilt und an die Landlosen vergeben. Einführung einer Schulpflicht bis zum Alter von 14 Jahren.

1800–1801

Dänemark erklärt in einem Pakt mit Schweden, Preußen und Russland seine bewaffnete Neutralität. Großbritannien greift Kopenhagen an, zerschlägt die dänische Flotte und zwingt Dänemark, vom Pakt zurückzutreten.

1846–1849

In Europa gären Unruhen. Zwei wachsende dänische Gruppen – Bauern und Liberale – vereinen sich 1846 zur liberalen Partei. 1849 wird die dänische Verfassung beschlossen und die absolute Monarchie abgeschafft.

1901

Die Venstrereformparti (Linke Reformpartei) kommt an die Macht und startet ein ehrgeiziges soziales Reformprogramm; u. a. wird das Frauenwahlrecht in der Verfassung verankert.

Obwohl dieser völlig grundlose Angriff sogar vom britischen Parlament entschieden verurteilt wurde, rückte Großbritannien die Schiffe nicht wieder heraus. Vielmehr machten die Briten den Dänen ein Bündnisangebot, das diese – wen wundert's? – ablehnten, um sich stattdessen der kontinentaleuropäischen Allianz gegen Großbritannien anzuschließen. Großbritannien revanchierte sich mit einer Blockade der dänischen und norwegischen Gewässer, die Dänemark in Armut und Norwegen in eine Hungersnot stürzte.

Trotz solcher Katastrophen zu Beginn des 19. Jhs. ging es Dänemarks Wirtschaft schon in den 1830er-Jahren wieder blendend. Parallel dazu erlebte es eine Blüte der Kunst und Kultur. Der Philosoph Søren Kierkegaard, der Theologe Nikolai Frederik Severin Grundtvig und der Schriftsteller Hans Christian Andersen waren führende Persönlichkeiten des kulturellen Lebens. Der Bildhauer Bertel Thorvaldsen staffierte Kopenhagen mit seinen majestätischen klassizistischen Statuen aus und Christoffer Wilhelm Eckersberg begründete eine eigene dänische Malschule.

Dänemark: Von den Anfängen bis zur Gegenwart von Jörg-Peter Findeisen ist ein gut geschriebener Streifzug durch das Leben in Dänemark im Wandel der Zeiten.

Demokratie

Im Frühjahr 1848 schwappte die Revolution durch Europa. Dänemarks neue politische Parteien, die aus den Debattierkammern der neuen Provinzversammlungen entstanden waren, standen bereit, die schwindende Macht der Monarchie zu übernehmen. Der neue dänische König Frederik VII. verabschiedete sich auf Druck der liberalen Partei von der absoluten Monarchie und ließ eine demokratische Verfassung ausarbeiten. Sie sah ein Parlament mit zwei Kammern vor, dem Folketing und dem Landsting. Die Mitglieder sollten vom Volk gewählt werden. Der König behielt ein gewisses Mitspracherecht, aber die gesetzgebende Gewalt ging auf das Parlament über. Die Verfassung setzte auch eine unabhängige Richterschaft ein und garantierte das Recht auf Rede-, Religions- und Versammlungsfreiheit. Dänemark verwandelte sich auf einen Schlag von einer Quasi-Diktatur in eins der demokratischsten Länder Europas.

Dänemarks neue Verfassung sah aber auch vor, das Grenzherzogtum Schleswig ungeachtet seiner deutschen Sprache und Kultur zu einem Teil Dänemarks zu machen. Die deutsche Bevölkerung des Herzogtums verbündete sich daraufhin mit dem benachbarten Holstein. Jahrelange Unruhen waren die Folge. 1864 erklärte der damalige preußische Ministerpräsident Otto von Bismarck dem militärisch schwachen Dänemark den Krieg und eroberte Schleswig. Dieser neuerliche Schlag gegen Dänemarks Souveränität ließ Zweifel aufkommen, ob Dänemark sich überhaupt als Nation behaupten könnte.

Nach dieser Niederlage übernahm in Dänemark eine konservative Regierung die Macht – und behielt sie bis zum Ende des Jahrhunderts. Unter den Konservativen erlebte die Wirtschaft große Fortschritte: den

1943
Als ruchbar wird, dass die Nazis Juden in Konzentrationslager deportieren wollen, werden in einer hastig geplanten Operation des dänischen Widerstandes 7200 Menschen nach Schweden geschmuggelt.

1953
Die weibliche Thronfolge wird in der Verfassung verankert, damit Margrethe II. als erste Königin seit dem 14. Jh. Dänemarks Thron besteigen kann.

1973
Dänemark tritt der Europäischen Gemeinschaft (heute Europäische Union) bei.

2000
Die Dänen demonstrieren, dass ihnen das Projekt Europa allmählich zu weit geht, und stimmen gegen die Einführung des Euro.

DÄNEMARKS STERNSTUNDE

Während des Zweiten Weltkriegs stand Dänemark fünf Jahre lang unter deutscher Besatzung. Als die Nazis im Oktober 1943 begannen, dänische Juden zu verhaften, um sie in die Vernichtungslager zu transportieren, schmuggelte die Widerstandsbewegung im Rahmen einer beispiellosen Rettungsaktion etwa 7200 Juden – rund 90 % der im Land verbliebenen – ins neutrale Schweden.

landesweiten Ausbau des Eisenbahnnetzes und die rasante Industrialisierung, durch die Schiffsbau, Brauereiwesen und Zuckerherstellung zu mächtigen Industriezweigen heranwuchsen.

Nach der Niederlage Deutschlands im Ersten Weltkrieg, an dem Dänemark nicht teilgenommen hatte, stimmten die Nordschleswiger per Volksabstimmung über ihre zukünftige Staatszugehörigkeit ab. Über die Hälfte der Bevölkerung votierte für den Anschluss an Dänemark. So fiel die politische Grenze weitgehend mit der Sprachgrenze zusammen.

Für die Anstrengungen zur Rettung der jüdischen Bevölkerung wurde Dänemark in der Holocaust-Gedenkstätte Yad Vashem in Jerusalem durch die Pflanzung eines Baums in der Allee der „Gerechten unter den Völkern" geehrt.

Das 20. Jahrhundert

Bei Ausbruch des Zweiten Weltkriegs bekräftigte Dänemark erneut seine Neutralität. Angesichts der wachsenden Präsenz der Alliierten in Norwegen schielte Deutschland jedoch begehrlich auf Küstenstützpunkte in Nordjütland. Im April 1940 besetzten die Deutschen in einer Blitzaktion entscheidende strategische Stellungen in Dänemark und schließlich das gesamte Land. Bis zum August 1943 konnten sich die Dänen eine gewisse Autonomie in inneren Angelegenheiten bewahren, doch dann rissen die Nazis die Macht vollständig an sich. Der dänische Widerstand formierte sich im Handumdrehen.

Bis auf die Insel Bornholm, die von der sowjetischen Armee heftig bombardiert wurde, überstand Dänemark den Zweiten Weltkrieg relativ unbeschadet.

In der Nachkriegszeit machten die Sozialdemokraten Dänemark zum Inbegriff des Sozialstaats mit umfassender sozialer Absicherung von der Wiege bis zur Bahre, von der medizinischen Versorgung über die Bildung bis zur Sozialhilfe. Die Wirtschaft wuchs, es entstanden mehr als genug Arbeitsplätze, Frauen drängten in nie da gewesener Zahl auf den Arbeitsmarkt und die Einkommen stiegen enorm.

Mit den Bonn-Kopenhagener Erklärungen von 1955 regelten der deutsche und der dänische Staat das Minderheitenproblem in der Grenzregion endgültig. Sie gestanden den jeweiligen Minderheiten kulturelle und politische Sonderrechte zu.

2000–2001

Die Olsen Brothers gewinnen in Stockholm den Eurovision Song Contest 2000. Kopenhagen ist im folgenden Jahr Austragungsort des Gesangswettbewerbs.

GAMMA-RAPHO / GETTY IMAGES ©

» Kronprinz Frederik und Kronprinzessin Mary

2004

Kronprinz Frederik heiratet die gebürtige Australierin Mary Elizabeth Donaldson – Millionen in aller Welt erleben die Märchenhochzeit am Bildschirm mit.

In den 1960er-Jahren rebellierte die Jugend in den Großstädten, weil sie die Nase voll hatte vom zunehmenden Materialismus, dem weltweiten Wettrüsten und dem autoritären Bildungssystem. Ihren Höhepunkt erreichte die Bewegung 1971 in Kopenhagen, als Demonstranten den Zaun einer verlassenen Militärbasis am Ostrand von Christianshavn niederrissen und das Gelände in eine Kommune, die Freistadt Christiania, verwandelten. Sie lockte Tausende von Menschen an und die Regierung ließ Christiania als „soziales Experiment" bestehen – bis heute.

Auch Dänemarks Beziehungen zum Ausland blieben nicht ganz ungetrübt. Das Land trat 1973 der Europäischen Gemeinschaft, der Vorgängerinstitution der EU, bei, ließ sich aber später nur zögerlich auf Ausweitungen der EU-Kompetenzen ein. Den Maastrichter Vertrag von 1992 (der die Bedingungen für eine engere wirtschaftliche und politische Zusammenarbeit festlegte) sowie die Einführung des Euro lehnte es ab.

Gleichzeitig hielt Dänemark seine Führungsposition in Sachen sozialliberaler Politik, etwa durch die frühe Einführung der gleichgeschlechtlichen Ehe (1989) und die intensive Nutzung alternativer Energiequellen.

In den späten 1990er- und frühen 2000er-Jahren stellte eine Koalition der rechts-liberalen Partei Venstre mit der Konservativen Volkspartei die Regierung, die sich nach Bedarf von der nationalistischen rechtsgerichteten Dänischen Volkspartei unterstützen ließ. Diese neue Machtstruktur führte 2002 zum Erlass neuer Einwanderungsgesetze, die zu den schärfsten in ganz Europa gehören, u. a. mit restriktiven Vorschriften bei Ehen zwischen Dänen und Ausländern.

Dänemark heute

Seit der Jahrhundertwende ist in Dänemark gesellschaftlich und politisch einiges los – nach dänischen Maßstäben jedenfalls. Wie andere europäische Länder ist auch das traditionell liberale Dänemark in letzter Zeit nach rechts gedriftet. Dies äußert sich u. a. in zunehmenden Vorbehalten gegen die Einwanderung – vor allem aus muslimischen Ländern – und in einem Verfall der traditionellen Werte.

Die Ereignisse des Jahres 2006 warfen ein beunruhigendes Schlaglicht auf die kulturellen und religiösen Herausforderungen der Immigrationsthematik. Nachdem die Zeitung *Jyllands-Posten* eine Reihe von Mohammed-Karikaturen veröffentlicht hatte, war Dänemark zumindest in den Augen vieler Muslime plötzlich der „böse Bube" – eine ganz ungewohnte Rolle für das Land – und wurde Zielscheibe teils gewalttätiger Demonstrationen in aller Welt. Für viele Muslime ist jede bildliche Darstellung Mohammeds tabu. Die liberalen Nachrichtenredakteure in Dänemark und Europa hingegen sahen das Recht, solche Bilder zu veröffentlichen, als grundlegenden Bestandteil der freien Meinungsäußerung.

Im Jahr 2000 sprachen sich die Dänen in einer Volksabstimmung gegen die Einführung des Euro aus.

2005–2006
Die Zeitung *Jyllands-Posten* druckt Mohammed-Karikaturen ab, die Dänemark zur ielscheibe gewalttätiger Demonstrationen in aller Welt machen.

2007
Bei der Folketingswahl (Parlamentswahl) dominierte die rechtsliberale Venstre-Partei und sichert Amtsinhaber Anders Fogh Rasmussen zum dritten Mal in Folge einen Sieg.

2011
Machtwechsel im Parlament: Ein Mitte-Links-Bündnis formiert sich unter der Sozialdemokratin Helle Thorning-Schmidt

2012
Im ersten Halbjahr 2012 hat Dänemark die EU-Ratspräsidentschaft unter dem Vorsitz des dänischen Europaministers Nicolai Wammen inne.

Am deutlichsten manifestiert sich der Umschwung wohl im Aufstieg der Dänischen Volkspartei (Dansk Folkeparti – DF), inzwischen eine wichtige Mehrheitsbeschafferin im dänischen Parlament. Die DF tritt u. a. für die Monarchie, die Staatskirche, eine starke Landesverteidigung und Recht und Ordnung ein. Konkret war der Einfluss der DF ausschlaggebend für die dänische Unterstützung des Irakkriegs von 2003, der von den USA, Großbritannien und ihren Alliierten geführt wurde, und für Dänemarks Engagement in Afghanistan.

Zum Ende des Jahrzehnts, als sich eine zunehmende Unzufriedenheit mit der schwächelnden Wirtschaft des Landes breitmachte, begann das Pendel wieder in Richtung der Linken zurückzuschwingen. Die Wahlen im September 2011 brachten mit knappem Ergebnis eine neue Mitte-Links-Regierungskoalition. Näheres auf S. 294.

Dänisches Design

Gibt es ein designbewussteres Land als Dänemark oder eine designversessenere Hauptstadt als Kopenhagen? Klar, die Italiener schätzen ein schönes Sofa und die Franzosen haben ihre Mode, aber in Sachen profunde Designkompetenz macht den Dänen keiner etwas vor.

Eine ihrer größten Stärken ist die Liebe zu meisterhaft ausgeführter Gebrauchskunst. Gemeinsam mit ihren skandinavischen Nachbarn haben sie Architektur und Innenarchitektur sowie das Design von Möbeln und Haushaltsgeräten in aller Welt geprägt. Seit den 50er Jahren waren dänische Designer in diesem Bereich richtungsweisend und schufen Produkte, die von kühlen, klaren Linien, eleganten Formen und auf das Wesentliche beschränkter Funktionalität definiert waren.

Copenhagen X (www.cphx.dk) ist eine ergiebige Informationsquelle zu neuer Architektur, Innovation und Stadtentwicklung in der Hauptstadt. Die Website bietet herunterladbare Stadtpläne mit Fahrradwegen und Podcasts für Architekturfans.

Architektur

In der zweiten Hälfte des 20. Jhs. setzten dänische Architekten neue Stilrichtungen durch. Der einflussreichste unter ihnen war Jørn Utzon (1918–2008), dessen Hauptwerk die 1973 eingeweihte Oper von Sydney

ARCHITEKTUR DER HAUPTSTADT

Funktional, menschenfreundlich, naturverbunden und einfühlsam: Das sind Adjektive, mit denen man die klassisch dänische Nachkriegsarchitektur beschreiben kann. Typische Vertreter waren Architekten wie Jørn Utzon und Arne Jacobsen. Ihre meist zurückhaltende Version der Moderne wurde seit den 1990er-Jahren durch einen kühneren, auffälligeren, auch aggressiveren Baustil abgelöst.

Unsere Top Five der modernen Architektur in Kopenhagen sind:

» **Radisson Blu Royal Hotel** (Arne Jacobsen) Jacobsen gab sich nicht mit dem Entwurf des Gebäudes zufrieden, er designte die komplette Inneneinrichtung des Hotels bis hin zu Türgriffen und Besteck. Das Zimmer 606 ist noch immer so eingerichtet wie bei der Eröffnung 1960.

» **Schwarzer Diamant** (Schmidt, Hammer & Lassen) Der monolithische Bibliotheksanbau aus schwarzem Granit und Rauchglas direkt am Wasser wurde 1999 fertiggestellt und ist ein klares Bekenntnis zur modernen Architektur.

» **Operaen** (Henning Larsen) Das große öffentliche Bauwerke Kontroversen auslösen, ist scheinbar unvermeidlich. Das Opernhaus von 2005 ist keine Ausnahme. Über die gedrungene Form herrscht geteilte Meinung, aber die Innenausstattung aus Marmor und Ahornholz findet uneingeschränkte Bewunderung.

» **Arken** (Søren Robert Lund) Nicht weniger bekannt als das Museum für zeitgenössische Kunst selbst ist der futuristische Bau (1996 vollendet, Erweiterungen 2008 und 2009). Die Schiffsform ist von der Lage am Strand inspiriert.

» **Skuespilhuset** (Lundgaard & Tranberg) Der Neubau des Schauspielhauses (2008 fertiggestellt), gegenüber dem Opernhaus und in unmittelbarer Nähe der Bibliothek, ist ein eleganter Glasbau mit einem bis über das Wasser auskragenden Obergeschoss.

ist. Er bereicherte die traditionelle dänische Architektur um Elemente aus der Kunst der Maya, des Islam und aus Japan.

Jørn Utzons Bauten sind im jütländischen Esbjerg und Skagen zu bewundern, aber seine schönste Hinterlassenschaft ist das Utzon Center in seiner Heimatstadt Aalborg. Das im Jahr seines Todes eingeweihte Gebäude des Design- und Architekturzentrums ist das letzte Bauwerk, das der berühmte Architekt entwarf.

Weitere namhafte, dänische Architekten waren Johan von Spreckelsen (1929–1987), der den riesigen Würfelbau der Grande Arche in Paris entwarf, und Arne Jacobsen (1902–1971), Vorreiter der internationalen Modernismus und Pionier des dänischen Bauhausstils. Er schuf als Gesamtkunstwerk das Radisson Blu Royal Hotel in Kopenhagen und das funktionalistische Rathaus in Aarhus (Innenausstattung von Hans Wegner). Der Prototyp seines Kubeflex-Sommerhauses ist im Museum Trapholt in Kolding zu sehen.

DESIGN WEEK

Wie es sich für eine Designmetropole gehört, findet in Kopenhagen alle zwei Jahre (ungerade Jahreszahlen) Ende August/Anfang September ein Designevent statt, die Copenhagen Design Week (www.copenhagendesignweek.com).

Möbel & Wohnraum

So wunderbar designorientierte Läden, Hotels und Restaurants auch sind (und ehrlich, sie *sind* wunderbar), am schönsten kommt dänisches Design in seinem „natürlichen Umfeld“ zur Geltung: in einer dänischen Wohnung. Für die Dänen ist gutes Design nicht nur etwas für Museen und Institutionen; sie leben damit und benutzen es im Alltag. Und da sie dänische Marken importierten vorziehen, zeigen sie darin auch eine diskrete patriotische Ader.

Eine dänische Wohnung zeichnet sich dadurch aus, dass im Wohnzimmer eine Musikanlage oder ein Fernseher von Bang & Olufsen steht, Lampen von Poul Henningsen von der Decke hängen, Stühle von Arne Jacobsen oder Hans Wegner im Esszimmer stehen und der Tisch mit Geschirr von Royal Copenhagen, Besteck von Georg Jensen und Gläsern von Bodum gedeckt ist.

Moderne, dänische Möbel werden nach praktischen Gesichtspunkten konzipiert und nach dem Prinzip, dass sich das Design an den Bedürfnissen des Nutzers orientieren muss. Der klare, geradlinige Stil geht auf

ANFÄNGE DES MODERNEN DÄNISCHEN DESIGNS

„Das moderne dänische Design geht auf die 1950er-Jahre zurück. Damals gab es nicht nur bemerkenswert viele begabte Designer, sondern auch zahlreiche Hersteller, die sich für gutes Design interessierten und von den traditionellen dunklen und schweren Möbeln die Nase voll hatten.

Das war eine ideale Zeit für Dänemark, denn in so einem kleinen Land ist es für begabte Leute einfacher, Kontakt zu finden und zusammenzuarbeiten. Außerdem lag damals ein großer Teil Europas in Schutt und Asche, während Dänemark vom Krieg weitgehend unberührt geblieben war. Da das Land erst spät industrialisiert wurde, war das traditionelle Handwerk hier noch lebendig. Und ein wichtiger Schlüssel zum Erfolg war schließlich die dänische Liebe zum Detail und zur Einfachheit.

Die wirklichen Innovationen finden heute jedoch fernab von Möbeln und Raumausstattung in den Bereichen von Landwirtschaft und Industrie statt. Einige der jungen Designer sind noch von den großen Vorbildern der 1950er-Jahre beeinflusst, aber viele gehen ihren eigenen Weg. Heute ist das dänische Design viel weniger provinziell. Die Designer reisen mehr als früher und ihre Arbeit wird durch zahlreiche Einflüsse geprägt.

Auch wenn die Stile sich ändern, so bin ich doch sicher, dass auch für unsere heutigen Designer vor allem eins im Mittelpunkt steht: die Funktionalität für den Endverbraucher. Und das war schon immer eine Stärke des dänischen Designs.“

Birgitta Capetillo, Designberaterin

DÄNISCHE STUHLKLASSIKER

Dänische Designer wie Arne Jacobsen haben mit geradezu fanatischer Besessenheit monate- und sogar jahrelang an der Perfektionierung eines Stuhls gearbeitet. Die Ergebnisse ließen die Welt aufmerken – in den 1950er-Jahren widmete ihnen *sogar* das *Time Magazine* eine Titelseite. Es gibt Dutzende Modelle, im Folgenden ein paar Klassiker.

» **Runder Stuhl** (Hans Wegner) Das US-Magazin *Interiors* setzte den Stuhl 1950 aufs Titelblatt und nannte ihn „den schönsten Stuhl der Welt“. Schließlich wurde er nur noch als „der Stuhl“ bezeichnet und kam zu Weltruhm, als 1961 die Präsidentschaftskandidaten Richard Nixon und John F. Kennedy eine Fernsehdebatte darin führten.

» **Die Ameise** (Arne Jacobsen) Der wohl berühmt-berüchtigtste Stuhl der Welt – nicht zuletzt dank einer Fotografie von Lewis Morley, für den 1963, kurz vor der Aufdeckung des Profumo-Skandals, das Callgirl Christine Keeler rittlings auf einem solchen posierte.

» **Das Ei** (Arner Jacobsen) Der Sessel wurde zum Inbegriff für den Jetset der 50er Jahre. Jacobsen entwarf ihn für das Radisson Blu Royal Hotel.

» **Panton Chair** (Verner Panton) Nachdem er an der Entwicklung von Jacobsens Ameise beteiligt gewesen war, setzte Panton die Beschäftigung mit Kunststoffmöbeln fort. Sein berühmtester Entwurf wurde der Panton Chair.

» **NXT** (Peter Karpf) Buchenschichtholz, formgespannt aus einem Stück charakterisiert dieses Design optimaler Einfachheit, das 30 Jahre bis zur Produktionsreife brauchte. Aus ihm entwickelte sich die noch immer erfolgreiche Stuhlserie Voxia.

den Architekten und Möbeldesigner Kaare Klint (1888–1954) zurück, der an der Königlichen Akademie für Bildende Kunst in Kopenhagen die Abteilung Möbeldesign gründete. Er beschäftigte sich besonders intensiv mit der Ergonomie von Möbeln, namentlich von Stühlen.

1949 schuf Hans Wegner (1914–2007), ein Zeitgenosse Klints, den Runden Stuhl. Seine fließend geschwungenen Linien machten ihn auf Anhieb zu einem Klassiker und zum Vorbild für viele weitere Entwürfe. Vor allem aber öffnete er dänischen Möbeln erstmals einen großen Exportmarkt. Eine wunderbare Sammlung von Wegner-Stühlen ist im Museum Tønder in der Heimatstadt des Designers ausgestellt (s. S. 217).

Ein Jahrzehnt nach Wegners Rundem Stuhl entwarf Arne Jacobsen den Stuhl *The Ant* (Ameise). Er war für die Massenproduktion gedacht und wurde das Vorbild für stapelbare Stühle, wie sie heute weltweit in Schulen und Schnellrestaurants stehen. Weitere berühmte Jacobsen-Stühle sind *The Egg* (Ei) und *The Swan* (Schwan), zwei organisch geformte, gepolsterte Drehsessel mit Sternfuß, entworfen für das Radisson Blu Royal Hotel.

Der bekannteste dänische Lampendesigner ist Poul Henningsen (1894–1967). Seine Grundsätze lauteten: Das Licht muss weich sein, der Schirm muss einen angenehmen Schatten werfen und der Leuchtkörper darf nicht direkt sichtbar sein. Sein Modell PH 5 von 1958 ist bis heute eine der beliebtesten Hängelampen in Dänemark.

Die klaren Linien eines gelungenen Industriedesigns prägen auch die Audio- und TV-Systeme von Bang & Olufsen sowie dänische Haushaltsgegenstände. Als Vaters des dänischen Gebrauchssilbers gilt der Bildhauer und Silberschmied Georg Jensen (1866–1935). Das von ihm gegründete Unternehmen, das 1904 die ersten Bestecke auf den Markt brachte, ist heute noch führend.

INDEX ist eine in Dänemark gegründete gemeinnützige Gesellschaft zur Förderung von Design und Designkonzepten, die das Leben von Menschen weltweit verbessern. Mehr über das Projekt ist auf www.indexaward.dk zu erfahren.

Outdoor-aktivitäten

Das Meer spielt für Dänemark eine wichtige Rolle. Auf den 406 Inseln, von denen 70 bewohnt sind und die zusammen über 7314 km Küste verfügen, ist kein Fleck weiter als 52 km vom Meer entfernt.

Nach dem überwiegend grauen Winter blüht Dänemark im Sommer förmlich auf. Das kleine Land bietet abwechslungsreiche Möglichkeiten für Aktivurlauber, vom Insel-Hüpfen mit dem Drahtesel bis zu Kanutouren im Seenhochland. Das Meer ist nie weit entfernt, sodass es immer Gelegenheit gibt, zu angeln, zu segeln, zu surfen oder am Strand zu entspannen. Die Nationalparks sind ausgezeichnete Wanderreviere. Radfahren ist immer und überall eine Option.

Radfahren

Das mehr als 12 000 km lange Radwegenetz und die relativ wenig befahrenen Landstraßen, die sich durch die hübsche, sanft gewellte Landschaft ziehen, sind ein Paradies für Radfahrer.

In Dänemark steht das Fahrrad nicht nur als Alltagsvehikel hoch im Kurs, auch der Fahrradurlaub wird immer beliebter, sowohl bei den Dänen selbst als auch bei ausländischen Besuchern. Das große Plus für Radwanderer sind die elf nationalen Fahrradrouten (siehe S. 312), die alle in sehr gutem Zustand sind. Daneben existieren aber auch noch zahllose regionale und lokale Strecken, bestens geeignet für Genussradler sowie Familien mit Kindern.

Dänische Radler genießen Rechte, die in den meisten anderen Ländern motorisierten Verkehrsteilnehmern vorbehalten sind. Es gibt eigene Radspuren auf städtischen Hauptstraßen und durch zentrale Stadtgebiete, Straßenschilder für den Fahrradverkehr und Fahrradständer vor Lebensmittelgeschäften, Museen, Bahnhöfen und an vielen anderen

SOMMER UND WINTER

Wer Dänemark ansteuert, um in der freien Natur aktiv zu sein, sollte die Jahreszeit berücksichtigen. Manche Leute sagen, Dänemark habe zwei Winter, einen grünen und einen weißen. Auch wenn das übertrieben ist, das Wetter kann tatsächlich ziemlich launisch sein. Am beständigsten und sommerlich warm ist es von Mitte Juni bis Mitte August. Dann sind auch genügend Reisende unterwegs, sodass Schiffe regelmäßig verkehren und Freizeitbeschäftigungen wie z. B. Unterricht im Windsurfen durchgehend angeboten werden. In diesen zwei Monaten bietet Dänemark die größte Vielfalt an Outdooraktivitäten. Je nach Nachfrage gelten entsprechende Angebote auch schon ab Mai und bis Mitte/Ende September.

Und im Winter? Dänemark ist kein Reiseziel für Wintersportfreunde: Der höchste „Gipfel" ist gerade mal 171 m hoch. Das heißt nicht, dass die Dänen keinen Schneesport betreiben – sie tun es, aber oben in Norwegen.

RADFAHREN AUF BORNHOLM

Bornholm, die Perle der Ostsee, eignet sich ideal für Erkundungstouren mit dem Rad. An Hauptstraßen, in weiten Wäldern, entlang stillgelegter Eisenbahntrassen und schöner Sandstrände verlaufen mehr als 230 km Radwege. Es gibt pittoreske Küstendörfer und mittelalterliche Rundkirchen zu besichtigen, und für die Mühen des Radelns belohnt die ausgezeichnete regionale Küche.

Auf der 24 km langen Gourmet-Radroute von Gudhjem nach Østermarie und weiter nach Svaneke z. B., vorbei an Schokoladen-, Karamell- und anderen Süßigkeitenherstellern, Räuchereien, Hofläden, einer Molkerei und einer Kleinbrauerei, lassen sich prima Kalorien sammeln und gleich wieder verbrennen. Informationen halten die Touristeninformation in Rønne und die Radverleiher bereit.

öffentlichen Orten. Die Autofahrer nehmen hier so viel Rücksicht auf die Radfahrer, dass das Radfahren zur geradezu surrealen Erfahrung wird.

Auch Unterkünfte sind für Fahrradreisende leicht zu finden, ob in kleinen Landgasthöfen oder auf Campingplätzen. Ein Vorteil der geringen Entfernungen im Land ist, dass es ist nie weit bis zum nächsten Nachtlager und einer heißen Dusche ist.

Die besten Verleihe mit guten Fahrrädern sind in Kopenhagen und Aarhus zu finden. Mehr Infos zum Fahrradtransport gibt's auf S. 344.

Fahrradrouten

Die Radrouten sind mit blauen Schildern mit einem weißen Fahrradsymbol darauf gekennzeichnet.

- » Nationale Routen: weiße Routennummer in rotem Viereck, Nord-Süd-Routen haben ungerade Nummern, Routen in Ost-West-Richtung gerade.
- » Regionale Routen: weiße Routennummer auf blauem Viereck, Nummer 16 bis 99.
- » Lokale Routen: weiße Routennummer auf blauem Viereck, Nummer 100 bis 999.

Einen Überblick über die elf nationalen Fahrradrouten gibt der Kasten auf S. 312 .

Planung & Informationen

Der beste Tipp für eine Radtour durch Dänemark: Man schnappe sich eine Karte und plane selbst. Selbstverständlich werden auch Touren angeboten, die hervorragend organisiert, meist aber ziemlich teuer sind.

Die beste Karte für die Routenplanung ist die *Cycling Map of Denmark* (25 Kr) im Maßstab 1:500 000, auf der alle nationalen Fernwege verzeichnet sind (Achtung: Für die Durchführung der einzelnen Touren ist der Maßstab der Karte zu groß!). Jede Region gibt außerdem eigene Fahrradkarten im Maßstab 1:100 000 heraus, zu denen oft ein Radwanderführer mit Unterkünften, Sehenswürdigkeiten und weiteren regionalen Informationen gehört, sodass man sich seine Strecke leicht selbst zusammenstellen kann. Diese Radführer sind auch auf Deutsch erhältlich, kosten etwa 129 Kr und sind in allen Touristeninformationen oder im Internet im Shop des Dansk Cyklist Forbund auf http://shop.dcf.dk zu bekommen.

Websites

Cycle Guide DK (http://cycleguide.dk) Mit Schwerpunkt Kopenhagen, aber gute allgemeine Hinweise zu Sicherheit und lokalen Gepflogenheiten.

Dansk Cyklist Forbund (www.dcf.dk, teils nur auf Dänisch) Website des Dänischen Radfahrerverbandes.

RADFAHREN

Die Cycling Embassy of Denmark (www.cycling-embassy.dk) hält nicht nur umfangreiche Informationen bereit, sondern auch interessante Statistiken: 16 % aller täglichen Fahrten werden in Dänemark mit dem Rad unternommen. Neun von zehn Dänen besitzen ein Fahrrad, und 45 % der Kinder radeln zur Schule.

DIE DÄNISCHEN FAHRRADROUTEN

ROUTE NR.	ROUTEN-NAME	LÄNGE	BESCHREIBUNG
1	Vestkystruten (Westküsten-Route)	560 km (70 % asphaltiert)	Beginnt in Rudbøl (bei Møgeltønder an der deutschen Grenze) und führt an der windgepeitschten Westküste Jütlands nach Skagen, durch Sandstrände, Watt und Dünen. Achtung: Viel Wind! Siehe auch www.northsea-cycle.com.
2	Diagonalruten (Diagonal-Route)	420 km (80 % asphaltiert)	Beginnt im nordjütländischen Fischerort Hanstholm und führt Richtung Südosten durch Zentraljütland nach Ebeltoft. Die Fähre Elbeltoft–Odden ermöglicht es, die Route durch Nordseeland nach Kopenhagen fortzusetzen.
3	Hærvejsruten (Hærvej-Route)	450 km (78 % asphaltiert)	Führt von Skagen mitten durch Jütland bis nach Padborg an der deutschen Grenze. Ab Viborg folgt die Route dem Hærvej, dem alten Heerweg. Siehe auch www.haervej.dk.
4	Øst-Vest Ruten (Ost-West-Route)	310 km (90 % asphaltiert)	Führt von Søndervig an der westjütländischen Küste Richtung Osten nach Aarhus, dann geht's mit der Fähre hinüber nach Kalundborg und weiter durch Seeland nach Kopenhagen.
5	Østkystruten (Ostküsten-Route)	650 km (90 % asphaltiert)	Die längste Route beginnt in Skagen und verläuft die ganze Ostküste Jütlands hinunter nach Sønderborg.
6	Englandsruten (England-Route)	330 km (92 % asphaltiert)	Beginnt am Fährhafen von Esbjerg (wo die Fähren nach England ablegen, daher der Name der Route) und führt Richtung Osten durch Fünen und Seeland nach Kopenhagen. Die 18 km lange Storebælt-Brücke zwischen Fünen und Seeland dürfen Radfahrer nicht benutzen und müssen hier mit dem Zug fahren.

Visit Denmark (www.visitdenmark.com/radfahren) Jede Menge nützliche Informationen rund um den Fahrradurlaub in Dänemark.

Schwimmen

Den größten Teil des Jahres können die Wassertemperaturen selbst abgehärtete Naturen zum Schaudern bringen, aber in den wärmeren Monaten (Juli und August) lädt das Meer durchaus zum Schwimmen ein. Generell ist die Ostsee um ein, zwei Grad wärmer als die Nordsee. Die Qualität der dänischen Strände ist hervorragend: Fast alle können mit sauberem Wasser, seidigem Sand und reichlich Platz dienen. Wer an der jütländischen Westküste schwimmen geht, sollte sich vor Strömungen in Acht nehmen. Baden in der Nordsee ist nicht ganz ungefährlich. Ansonsten sind die Gewässer in der Regel ruhig und kindergeeignet.

Im Übrigen gibt es in fast jeder Stadt eine *svømmehal* (Schwimmhalle), familienfreundliche Aquazentren mit beheizten Schwimmbecken. Je neuer diese Hallenbäder, desto größer und grandioser. Einige warten mit 50-m-Becken sowie Wasserrutschen, Whirlpools, Kinderspielplätzen und Wellnessbereichen auf.

ROUTE NR.	ROUTEN-NAME	LÄNGE	BESCHREIBUNG
7	I Hvidernes Fodspor (Auf den Fußspuren der Weißen)	240 km (90 % asphaltiert)	Eine familienfreundliche Strecke ab Odden in Nordwestseeland Richtung Süden durch Nordfalster und Lolland bis nach Rødbyhavn.
8	Grænseruten (Grenz-Route)	360 km (95 % asphaltiert)	Führt durch Süddänemark und erfordert mehrere Insel-Hüpfer. Die Route beginnt in Rudbøl, durchquert Jütland bis nach Als, dann geht's hinüber nach Südfünen und über Langeland, Lolland und Falster bis nach Møns Klint. Siehe auch www.grenzroute.com.
9	Øresundsruten (Øresund-Route)	290 km (92 % asphaltiert)	Bei dieser Route bestehen wegen der Fähren am Start- (Helsingør) und Endpunkt (Gedser) Verbindungen nach Schweden und Deutschland. Die Route folgt der Ostküste Seelands und führt dann Richtung Süden über Møn und Falster.
10	Bornholm Rundt (Bornholm-Rundweg)	105 km (90 % asphaltiert)	Das idyllische Bornholm säumt ein beliebter Radrundweg, mit sehr angenehmen Entfernungen zwischen diversen Sehenswürdigkeiten und Dörfern.
12*	Limfjordsruten (Limfjord-Route)	610 km (90 % asphaltiert)	Die neueste Route führt rund um den Limfjord in Nordjütland. Gelegenheit zum Abkürzen bieten Brücken und Fähren, die den Meeresarm überqueren. Siehe auch www.visitlimfjorden.com.

*Achtung: Es gibt keine Route 11!

Wassersport

Die windreiche Westküste Jütlands hat einen guten Ruf in der Wind- und Kitesurferszene: Die zuverlässigen Windbedingungen locken Surfer aus ganz Europa nach Klitmøller und Hvide Sande.

Beide Orte veranstalten übers Jahr zahlreiche Wettbewerbe und bieten hervorragende Surfreviere sowohl für Anfänger wie für Könner. Experten können die wilden Brecher der Nordsee durchpflügen, während Neulinge sich auf den Binnenfjorden in aller Ruhe mit dem Brett vertraut machen können.

Sowohl in Klitmøller als auch in Hvide Sande werden Ausrüstung und Unterricht im Wind- und Kitesurfen angeboten. Auch ungewöhnlichere Wassersportarten wie Stand-up-Paddle-Surfing sind möglich. In Hvide Sande gibt es eine coole Wasserski-Seilbahn.

Segeln

Mit seiner abwechslungsreichen, 7314 km langen Küstenlinie und seinen 406 Inseln ist Dänemark wie gemacht zum Segeln, und die Dänen sind selbst begeisterte Segler. Besonders beliebt ist das Gebiet zwischen Jütland und Schweden. Raues Meer, zahmere Küstengewässer und stille Fjorde, in Kombination mit Dutzenden hübscher, kopfsteingepflasterter

TOP-STRÄNDE

Unsere Autoren haben ganz Dänemark erkundet – dies sind ihre Lieblingsbadestellen:

Kopenhagen (Islands Brygge) Kein Strand, dafür mitten in Kopenhagen: Dass stylische Freibad im Hafenkanal bietet einen tollen Blick auf die Innenstadt.

Seeland (Tisvildeleje) Sandbänke, Flachwasser und schicke Hotels an der „nordseeländischen Riviera".

Møn, Falster & Lolland (Marielyst, Falster) Endlose Sandstrände und familiäre Urlaubsstimmung.

Bornholm (Dueodde) Feiner Sand, endloser Strand und weiter Himmel vor bewaldetem Hinterland.

Fünen (Drejø, Skarø und Hjortø) Die winzigen Inseln südwestlich von Svendborg sind wahre Refugien für wildes Baden abseits des Ferienrummels – nur die Seevögel leisten einem Gesellschaft.

Südjütland (Rømø) Meilenweit Leere an der Westküste und spektakuläre Action mit vom Wind angetriebenen Gefährten im Süden.

Zentraljütland (Hvide Sande) Wind- und Kitesurfer nutzen den Nordseewind.

Nordjütland (Skagen) Wind und Wanderdünen im Westen, ruhige, für Kinder geeignete Gewässer im Osten, und über allem leuchtet jenes berühmte Licht, das so viele Künstler hierher gezogen hat.

und oft historischer Hafenstädtchen, bieten ideale Möglichkeiten, sich das Land zu erschippern. Yachten und Motorboote mit aller erforderlichen Sicherheits-, Wohn- und Navigationsausstattung können gemietet werden. Die Preise variieren stark, je nach Saison und Größe des Boots.

Yachten vermieten z. B. **Scancharter** (www.scancharter.com) und **JIM Søferie** (www.jim-soeferie.dk). Auf der Website von JIM Søferie finden sich auch einige Tourenvorschläge; weitere Infos bieten www.visitdenmark.com/segeln und www.archipelago.nu.

Für Leute, die sich nicht selbst als Skipper betätigen möchten, bieten alle größeren Orte an der Südküste von Fünen in den Sommermonaten Segeltörns im südfünischen Archipel an.

Dank Blue Flag (www.blueflag.org) kann man sich vor einem Strandbesuch über die Wasserqualität und den ökologischen Zustand des Gebiets informieren. Blue Flag ist eine unabhängige Organisation, die die nachhaltige Entwicklung an Stränden und Yachthäfen fördert, indem sie solche Orte, die ihren strengen Anforderungen gerecht werden, öffentlich auszeichnet.

Kanu- & Kajakfahren

Küste und Meeresarme, Flüsse und Seen sind auch ein Paradies für Kanuten und Kajaker. Das Einzige, was im berglosen Dänemark fehlt, ist Wildwasser.

Die schönsten Kanu- und Kajaktouren lassen sich auf den Flüssen Gudenå (in Jütland) und Suså (auf Seeland) unternehmen. Die idyllischen Wälder und sanften Gewässer des beliebten Seenhochlands in Zentraljütland eignen sich auch wunderbar zum Radfahren und Wandern, aber besonders zum Kanufahren: Hier sind Mehrtages-Kanu- und Camping-Exkursionen möglich. Kanus und sonstige Ausrüstung können in Silkeborg geliehen werden. Die Seen stellen im Großen und Ganzen keine besondere Herausforderung dar, etwas Erfahrung ist jedoch von Vorteil.

Ein gutes Kanurevier sind auch die kleinen und großen Buchten und Halbinseln dänischer Meeresarme, etwa des Limfjords in Nordjütland oder des Roskilde-Fjords, Holbæk-Fjords und Isefjords auf Seeland.

Wandern

Im Vergleich mit den größeren Nachbarn gibt's in Dänemark nicht viel Wildnis. Wandern ist daher kein Volkssport wie das Radfahren, aber durchaus populär. Die Fremdenverkehrsämter wollen aber auch diesen

Sport- und Freizeitbereich weiter ausbauen. Informationen bietet www.visitdenmark.com/wandern.

Alle örtlichen Touristeninformationen können Hinweise auf Wanderwege in der Umgebung geben. In Jütland gibt's einige landschaftlich schöne Wege durch die Nationalparks Rebild Bakker und Mols Bjerge und das Seenhochland; auf Südfünen ist der Inselmeerpfad (S. 175) besonders reizvoll.

Der Hærvej ist eine 250 km lange alte Heerstraße von der deutschen Grenze Richtung Norden nach Viborg, die mittlerweile zu einer beliebten und gut gepflegten Rad-, Wander- und Reitroute umgewandelt worden ist. Die Website www.haervej.dk informiert über das Angebot entlang der Strecke.

Angeln

Die abwechslungsreiche Küstenlinie sowie die Seen und Flüsse Dänemarks eignen sich ideal für einen Anglerurlaub. Alles Wissenswerte, z. B. über erforderliche Angellizenzen, steht auf www.visitdenmark.com/angeln.

Essen & Trinken

Restaurantempfehlungen stehen für jede Region am Anfang des jeweiligen Kapitels. Informationen zu Reisen und Essen mit Kindern gibt es auf S. 34.

Bis vor wenigen Jahren wäre Dänemark wohl kaum auf einer Empfehlungsliste für Feinschmecker gelandet. Heutzutage betet die Gourmetwelt die Altäre der Neuen Nordischen Küche an, und Kopenhagen steht ganz oben auf der Liste als Reiseziel bei denjenigen, die sich für neueste kulinarische Trends interessieren (ob sie aber eine Reservierung im Noma bekommen ...?).

Die dänische Hauptstadt verwöhnt Gourmets mit dem besten Restaurant der Welt (Noma, 2010 und 2011 in der S. Pellegrino-Liste der 50 besten Restaurants auf Platz eins), dem besten Jungkoch der Welt (Rasmus Kofoed gewann 2011 den Bocuse d'Or, die Goldmedaille bei der Kochweltmeisterschaft), und sie besitzt mehr Restaurants mit Michelinsternen als jede andere nordische Stadt. Das hat sich herumgesprochen: Dänemark kann auf seine landwirtschaftlichen Erzeugnisse stolz sein und auf die Chefköche, die das Talent und das Handwerk besitzen, das Beste daraus zu machen.

Zwei hochrangige Festivals rund ums Essen sind **Copenhagen Cooking** (www.copenhagencooking.dk), der größte Kochwettbewerb Dänemarks jedes Jahr Ende August, und **Sol Over Gudhjem** (www.solovergudhjemkonkurrence.dk, auf Dänisch), das jedes Jahr im Juni auf Bornholm ausgetragen wird.

EINMALIGES AUS DÄNEMARK

» **Neue Nordische Küche** Kreationen der kulinarischen Top-Bewegung sollten möglichst in einem der angesagten Restaurants Kopenhagens probiert werden (Tisch reservieren!).

» **Smørrebrød** Variantenreich belegtes Roggenbrot, von Rindertartar bis hin zu Ei und Krabben; eines der beliebtesten kulinarischen Exporte Dänemarks.

» **Sild** Geräuchert, gepökelt, gebeizt oder gebraten: Hering ist die lokale Spezialität und wird am besten großzügig mit *akvavit* heruntergespült (mit Kümmel gewürzter Schnaps).

» **Kanelsnegl** Ein „gewichtigter" Genuss; die Zimtschnecke ist ein süßes Buttergebäck, manchmal auch mit Schokoguss.

» **Akvavit** Der beliebteste Schnaps in Dänemark ist der Kümmelbranntwein aus Aalborg, der als „Kurzer" den Rachen für das folgende *øl* (Bier) freispült.

» **Bier** Carlsberg ist noch immer der Marktführer, bekommt aber zunehmend Konkurrenz von einer stetig wachsenden Schar kleiner Hausbrauereien wie z. B. Ølfabrikken (Roskilde), Amager Bryghus (Kopenhagen) und Mikkeller (in verschiedenen Brauereien).

EINE FRAGE DES GESCHMACKS

Der eigentlich untadelige gute Geschmack der Dänen hat auch seine „dunklen" Seiten. Ziemlich beliebt sind – warum auch immer – folgende Gerichte:

» Eingelegter Hering in Currysoße. Klingt schrecklich, funktioniert aber erstaunlich gut.

» Salzige Lakritze. Wer's mag …

» Remoulade. Eine säuerliche Mayonnaise mit Gewürzen und gehackten sauren Gurken, die von den Dänen bei jeder Gelegenheit aufs Essen geklatscht wird.

» *Stegt flæsk med persillesovs*. Fett aus dem Schweinebauch (also reines Fett), gebraten, in Petersiliensoße. Mmmm, unübertroffen.

» *Peberrod*. Meerrettich, den die Dänen garen und zu Fleisch, Fisch – im Prinzip zu allem – reichen.

Neue Nordische Küche

Was genau ist eigentlich die Neue Nordische Küche? Und wie konnte aus der dänischen Hauptstadt mit ihren ewigen Fleisch-mit-Kartoffeln-Standardgerichten ein kulinarischer Motor für die Welt werden?

Im internationalen Rampenlicht stehen vor allem die jungen Küchenchefs in Kopenhagen, von denen viele bei den einflussreichsten Meisterköchen der Welt gelernt haben.

Die jungen Talente setzen einerseits diese internationalen Erfahrungen ein und besinnen sich andererseits wieder auf qualitätsvolle regionale Erzeugnisse – Schwein, Rind, Wild, Meerestiere, Wurzelgemüse, wilde Beeren – und auf die natürliche Erntezeit. Nach und nach haben sie ihren Radius erweitert und Zutaten aus ganz Nordeuropa einbezogen. Diese Produkte sind einzigartig und gedeihen oft nur in den extremen klimatischen Bedingungen der nordischen Landschaften und Gewässer, z. B. der grönländische Moschusochse, die große Miesmuschel von den Färöer Inseln, Wildbeeren aus Finnland oder Trüffeln von der schwedischen Insel Gotland.

René Redzepi vom Noma treibt dieses Prinzip auf die Spitze: Er meidet alle nicht heimischen Produkte in seinen Gerichten (also kein Olivenöl, keine Tomaten). Er variiert unspektakuläre, häufig übersehene Zutaten (Hülsenfrüchte und Getreide) und gräbt vergessene Kochtraditionen wieder aus. Er ist auch bekannt dafür, in der Natur nach Kräutern und Pflanzen zu suchen. Die Zutaten werden gekonnt zubereitet mit einer Mischung aus traditionellen Techniken (Pökeln, Räuchern, Beizen und Konservieren) und moderner Experimentierlust.

Aber auch der Geist und die Gemeinschaft der dänischen Köche und Restaurantchefs sticht heraus. Viele Köche der begehrtesten Restaurants haben mal im Noma gearbeitet, und ganz im Geist der dänischen Freundlichkeit unterstützen, testen und fördern sie alle wiederum junge Kochtalente, aber auch Sommeliers, regionale und Biobauern, Festivalbetreiber usw.

Natürlich macht nicht die gesamte dänische Küche eine Revolution durch. Die Dinge ändern sich langsam, aber dafür stetig, so wie es in Dänemark nun mal üblich ist.

Die Dänen entdecken nach und nach, dass vor ihrer Nase tolle saisonale Produkte wachsen. Es hat eine allgemeine Rückbesinnung eingesetzt, wodurch ein Interesse für traditionelle Gerichte entstanden ist und Köche nun mit Stolz wieder alte Rezepte ausgraben. Manch ein gewöhnliches Restaurant hat sich von der Einheitsküche verabschiedet und führt nur noch lokale Gerichte – teil modern interpretiert.

NOMA

Einen Tag, nachdem das Noma 2010 zum besten Restaurant der Welt gekürt worden war, gingen 100 000 Reservierungswünsche dort ein. Das Restaurant kocht um die 75 Essen am Tag, an fünf Tagen in der Woche – eine Reservierung kommt einem Lottogewinn gleich.

RENÉ REDZEPI & DIE NEUE NORDISCHE KÜCHE

2010 und 2011 hat das Kopenhagener Restaurant Noma von René Redzepi die S. Pellegrino-Liste der 50 besten Restaurants der Welt angeführt und damit eine bisher unbekannte globale Aufmerksamkeit auf die Restaurantszene Kopenhagens gelenkt. Eine kurze Einführung in die nordische Küche vom Meister selbst:

In der nordischen Küche geht es um ein Gespür für Zeit und Ort, Reinheit, Natur, Hingabe, Geduld und Entschiedenheit. Meine Inspirationen finde ich in den Landschaften Nordeuropas, in Erinnerungen und im Gespräch mit Erzeugern, Kollegen und Menschen, die in der Natur leben.

Eine wenig bekannte lokale Zutat ist Röhrkohl, eine Pflanze, die wir an der Küste von Seeland pflücken. Es ist eine Saftpflanze, die wie Koriander schmeckt.

Meine mazedonische Herkunft hilft mir, lokale Produkte und Kochtechniken in verschiedenen Kontexten zu betrachten. So kennen viele Dänen bestimmte Lebensmittel und Kochmethoden nur in einem einzigen Zusammenhang.

Feinschmecker sollten in Kopenhagen auf keinen Fall das traditionelle dänische Smørrebrød bei Schønnemann und den frischen Fisch an Kødbyens Fiskebar verpassen.

Aufgeschrieben von Cristian Bonetto

Typisches & Spezialitäten aus Dänemark

Beim durchschnittlichen Dänen kommen eher nicht die spektakulären Gerichte à la Noma auf den Tisch. Die meisten bevorzugen weiterhin herzhafte Gerichte mit Fleisch und Kartoffeln. Im Folgenden werden die wichtigsten Bestandteile des traditionellen dänischen Essens vorgestellt:

Fleisch

Claus Meyer (www.clausmeyer.dk) gehört zu den Superstars der dänischen Kochszene – er ist Fernsehkoch, Ausbilder, Mitgründer des Restaurants Noma, Kochbuchautor und noch einiges mehr. Auf Deutsch ist von ihm erschienen: Salatwerkstatt mit 80 knackigen Rezepten für Salat- und Dressingvariationen.

Zu den traditionellen Fleischgerichten gehören *frikadeller* – gebratene Hackfleischbällchen, die in der Regel mit gekochten Kartoffeln und Rotkohl serviert werden *(fiskefrikadeller* sind aus Fisch). Schweinefleisch *(flæsk* oder *svinekød)* ist allgegenwärtig: *flæskesteg* ist Schweinebraten, meist mit Kruste, dazu gibt es Kartoffeln und Kohl; *mørbradbøf* ist Schweinefilet.

Rind *(bøf* oder *okse)* ist beliebt, es wird in günstigerer Hausmannskost als Hack, aber auch in der teureren Steakvariante zubereitet (häufig mit Sauce béarnaise). *Hakkebøf* ist eine mit gebratenen Zwiebeln bedeckte Hackboulette, dazu Kartoffeln, braune Soße und Rüben als Beilage. Auf Restaurantkarten steht inzwischen auch wieder häufiger *pariserbøf*, eine kurz angebratene Rinderboulette mit Kapern, einem Eigelb, Zwiebeln und Meerrettich (schmeckt besser, als es klingt).

Fisch & Meeresfrüchte

Die ausgedehnte Küste des Landes lässt schon vermuten, dass es ausgezeichneten Fisch gibt. Hering *(sild)* ist ein Standard. Lachs *(laks)* ist ebenso alltäglich – *gravad laks* ist geräuchert oder gepökelt, in Dill mariniert und wird mit einer süßen Senfsoße serviert. Gebratene, panierte Scholle *(stegt rødspætte)* gibt es meist mit Petersilienkartoffeln, pochierter Kabeljau *(kogt torsk)* wird in der Regel mit Senfsoße und gekochten Kartoffeln serviert. Ein weiteres Gericht, das wieder vermehrt auf den Speisekarten des Landes auftaucht, ist der leckere *stjerneskud* (wörtlich heißt das „Shooting Star"); es besteht in der Regel aus einem gedünsteten und einem gebratenen Fischfilet (oft Scholle) mit geräuchertem Lachs, Krabben und Kaviar auf einer Scheibe Brot.

Die Dänen pflegen die Tradition des Fischräucherns. Überall entlang der Küste stehen Räuchereien für Hering, Aal, Krabben und anderes Meeresgetier. Die bekanntesten sind auf Bornholm. Krabben *(rejer)* und

Hummer *(hummer)* sind ausgesprochen lecker – besonders wenn sie frisch vom Kutter kommen, z. B. im Hafen von Skagen.

Smørrebrød

Wie überall in der westlichen Welt haben auch die Dänen Sushi und Sandwiches für den kleinen Happen zwischendurch entdeckt. Dennoch schlägt ihr Herz auch für den traditionellen Mittagssnack, das Smørrebrød. Das einfache Smørrebrød besteht aus einer Scheibe Roggenbrot und wird variantenreich belegt z. B. mit Roastbeef, kleinen Krabben, eingelegtem Hering, Leberpastete oder gebratenem Fischfilet. Smørrebrød ist meist so üppig garniert, dass es am Ende fast zu schade ist hineinzubeißen.

Smørrebrød wird mittags in vielen Restaurants und Cafés angeboten, günstiger ist es allerdings in Bäckereien oder Smørrebrød-Imbissen in der Nähe von Bahnhöfen oder Bürohäusern. Die Aussprache klingt etwa wie „Smö-brröh"; nicht verzweifeln, auch mit viel Üben wird es nie wie bei einem Muttersprachler klingen.

Zu den Regeln des dänischen Smørrebrød gehört, dass geräucherter Lachs immer auf hellem Weizenbrot serviert wird, Hering auf Roggenbrot.

Wer im Sommer in ländlichen Gegenden unterwegs ist, sieht öfter Verkaufsstände an der Straße. Hier werden frische Produkte direkt vom Bauern verkauft (oft mit einer Schachtel, in die man den fälligen Betrag wirft). *Jordbær* sind Erdbeeren, *kirsebær* sind Kirschen, *ærter* Erbsen und *kartofler* sind Kartoffeln.

Koldt Bord

Eine weitere dänische Besonderheit ist der *koldt bord* (wörtlich „kalter Tisch"), ein Buffet mit kalten Speisen, z. B. Aufschnitt, geräuchertem Fisch, Käse, Rohkost, Salaten, Dips, Brot und Kräckern. Außerdem gibt es häufig ein paar warme Gerichte, wie *frikadeller* und gebratenen Fisch (meist Scholle). Herzstück ist der Hering, der in allerlei Varianten angeboten wird – eingelegt, mariniert oder mit Curry.

Gebäck

Das süße Plundergebäck, das viele auch unter dem Namen Kopenhagener kennen, heißt in Dänemark verwirrenderweise *wienerbrød* und ist in Bäckereien an fast jeder zweiten Straßenecke in verschiedenen Varianten zu haben. Angeblich geht der Name auf einen dänischen Bäcker zurück, der im 18. Jh. nach Österreich zog, wo er das Gebäck aus buttrigem Blätterteig perfektionierte. Dänen essen es auch gern zum Frühstück.

Hotdogs

Traditionell gehört die *pølse* (Hotdog) von einem der Imbisswagen der Stadt zu den Lieblingssnacks der Dänen. Überall wird genau die gleiche Wurst im Brötchen mit verschiedenen Soßen angeboten. Zu fortgeschrittener Stunde, nach ein paar Bierchen, ist es zugegebenermaßen schwer, der Verlockung eines Hotdogs mit Senf und Ketchup zu widerstehen.

MIT DÄNEN ABENDESSEN

Zwei Agenturen vermitteln traditionelle Abendessen bei Dänen zu Hause, sozusagen Dänemark und seine Küche aus erster Hand. Die Gastfamilien wohnen meist in Kopenhagen (Dine with the Danes vermittelt auch in anderen Orten). Die Veranstalter bemühen sich, Alter und Interessen der Teilnehmer aufeinander abzustimmen. Ein Abend mit zwei bis drei Gängen kostet um 400/200 KR pro Erwachsener/Kind (8–14 Jahre). Anmeldungen gehen online, möglichst eine Woche im Voraus.

Dies sind die Agenturen:

Dine with the Danes (www.dinewiththedanes.dk)
Meet the Danes (www.meetthedanes.dk)

SPEISEKARTEN LESEN

Hier ein paar der wichtigsten dänischen Begriffe – viele Restaurants haben auch Karten auf Englisch:

spisekort oder menu	Karte
børnemenu	Kindergericht
dagens ret	Tagesgericht
retter	Gerichte
forretter	Vorspeisen
hovedretter	Hauptgerichte
desserter	Nachspeisen
ost	Käse
mad	Essen
drikke	Getränke
tag selv buffet	Selbstbedienungsbuffet
udvalg af	Auswahl von
morgenmad	Frühstück
frokost	Mittagessen
middag oder aftensmad	Abendessen

Neben dem Angebot à la carte bieten viele Cafés und Restaurants auch günstige Menüs mit zwei, drei oder vier Gängen – auf Dänisch: „2-retter menu" oder „3-retter-menu".

Essen in Dänemark

Der typische dänische Tag beginnt mit dem Frühstück *(morgenmad)*. Ausländische Gäste staunen oft über die kalorienhaltige, stoffwechsellähmende Zucker-, Fett- und Kohlenhydratorgie aus Gebäck, Brot, Käse und Aufschnitt, die morgens aufgefahren wird. Wer es etwas leichter mag, beginnt mit Müsli und Joghurt.

Neben Kopenhagen ist auch Bornholm ein beliebtes Ziel für Gourmets. Auf der Insel gibt es hervorragende Räuchereien, viel Bioanbau, exzellente Restaurants und zahlreiche lokale Spezialitäten und Leckerbissen, von Karamellbonbons bis zu lokal gebrautem Bier.

Mittags *(frokost)* gibt es Smørrebrød oder auch schon mal Sushi zum Mitnehmen oder ein einfaches Sandwich. Das Abendessen *(aftensmad* oder *middag)* ist die Hauptmahlzeit des Tages. Pasta, Pizza oder Fleisch mit Gemüse sind die üblichen Verdächtigen – es sei denn, man erwartet Gäste. Dann wird das aktuelle Kochbuch eines berühmten Meisterkochs zu Rate gezogen. Abends zum Essen auszugehen, war abgesehen von besonderen Anlässen früher eher unüblich. Das verändert sich gerade, besonders in den Städten und bei der jüngeren Generation.

Wohin zum Essen?

Viele dänische Restaurants servieren mittlerweile Gerichte aus frischen lokalen und saisonalen Zutaten; dafür lohnt sich manchmal auch ein Umweg. In ländlichen Gegenden gibt es historische Schlösser und Herrenhäuser, wie Dragsholms Slot oder Søllerød Kro auf Seeland, wo versierte Küchenchefs spektakuläre Gaumenerlebnisse zaubern. In den größeren Städten reicht das Angebot vom modernen Edellokal über angesagte Restaurant-Bars bis hin zu traditionellen Gaststuben mit Smørrebrød, Hering und Akvavit.

Doch jenseits des Lärms um die Neue Nordische Küche kann man in Dänemark auch richtig schlecht essen, vor allem in ländlichen Regionen, wo Gäste nach wie vor trockene Schnitzel, gummiartige Pizza oder eintönige Pastagerichte aufgetischt bekommen. Um Enttäuschungen dieser Art zu vermeiden, helfen ein paar Tipps: Traditionelle *røgeri* (Räuchereien) entlang der Küste verkaufen erstklassige und günstige Fischgerichte. In vielen Dörfern gibt es noch einen altmodischen *kro* (Gasthaus), wo klassische dänische Hausmannskost gekocht wird. Und in der *bageri*

(Bäckerei) beweisen die Dänen ihre Backkünste, ganz besonders wenn es um *rugbrød* (Roggenbrot) geht.

Die Küchen in Gasthäusern und Restaurants schließen in Dänemark früher als in anderen europäischen Ländern, meist um 22 Uhr (in kleineren Städten auch schon um 21 Uhr). Nach dem Schließen der Küche gehen viele Restaurants und Cafés in urbanen Gebieten in einen „Barmodus" über, und es werden gepflegte Getränke zu DJ- oder Livemusik gereicht. In manchen größeren Städten schließen viele Lokale im Juli und/oder August.

Günstig essen

Essen gehen ist ein teurer Spaß in Dänemark, vor allem in Feinschmeckerlokalen, wo man oft noch tiefer in die Tasche greifen muss als in vergleichbaren Restaurants in Paris oder London. Wer seine Kronen zusammenhalten möchte, hält mittags nach Sparmenüs Ausschau, die die meisten angesagten Restaurants anbieten. Auch alkoholische Getränke sind in diesen Lokalen besonders kostspielig. Selbst in der mittleren Preisklasse kann das Essen im Restaurant ins Geld gehen (200 Kr sind auch in einem ganz normalen Café schnell weg). Es lohnt sich, sich etwas umzusehen und ausgehängte Speisekarten zu studieren. Getränke sind grundsätzlich teuer - ein Saft oder Kaffee kostet oft um 40 Kr.

Wichtige Regeln: Beim Zuprosten dem Gegenüber in die Augen schauen. Und dem Gastgeber zum Abschied immer für Speis und Trank danken, auch wenn es nur eine Tasse Kaffee gab.

Neben den schon erwähnten Räuchereien und Bäckereien gibt es noch andere Möglichkeiten, günstig zu essen. Es gibt viele Thai- und Chinarestaurants, die wenigsten sind allerdings authentisch. Mittelmeerküchen und italienische Restaurants bieten die üblichen Pizza- und Pastagerichte, oft zu günstigen Preisen. Derzeit sprießen immer mehr Restaurants mit italienisch-mexikanischen Gerichten (eine ungewöhnliche Kombination) wie Pilze aus dem Boden. Einfache griechische, libanesische und türkische Imbisse verkaufen Schawarma (Fladenbrot mit Fleischstücken gefüllt) und sind eine gute Alternative zu den Fast-Food-Ketten, die hier auch nicht so allgegenwärtig sind, wie sonst in Europa. Billig, allerdings nicht gerade gesund, kann man auch an einem der schon erwähnten *pølsevogn* (Handkarren, an denen Hotdogs jeder Art verkauft werden) essen.

Frühstück

Hotels und Hostels bieten fast ausnahmslos ein umfangreiches Frühstücksbuffet mit Gebäck, Brot, Käse, Aufschnitt, Früchten, Saft, Müsli, Joghurt, gekochten Eiern und eventuell sogar einigen warmen Gerichten (Rührei, Schinken, Würstchen). In mittel- und erstklassigen Häusern ist das Frühstück in der Regel im Preis inbegriffen, Budgetunterkünfte und Hostels berechnen um 60 Kr pro Person. Wenn kein Frühstück angeboten wird, sind Bäckereien eine gute Alternative. Auch viele größere Supermärkte haben einen eigenen Backstand, der meist schon vor dem Supermarkt öffnet (um 7.30 Uhr). Spätaufsteher können den Tag an ei-

BRUNCH

Dänen frühstücken selten auswärts. Sie lieben es allerdings, im großen Stil zu brunchen. Viele Cafés und Restaurants fahren an Wochenenden zwischen 10 und 14 Uhr ein üppiges Buffet auf, das zwischen 120 und 150 Kr kostet (nichtalkoholische Getränke inklusive). An Wochentagen bieten viele Lokale bis zum Mittagstisch einen Frühstücksteller *(brunch tallerken)*. Das ist meist eine Auswahl von Brunch-Klassikern: Müsli und Joghurt, Aufschnitt, Brot, Käse und etwas Süßes (Gebäck oder Pfannkuchen) – ein kleines Stück Frühstückshimmel auf einem Teller. Herrlich!

nem Frühstücksbuffet oder mit einem Frühstücksteller in einem Restaurant oder Café beginnen.

Vegetarier & Veganer

Trotz der landesweiten Begeisterung für Schweineprodukte werden Vegetarier überall problemlos etwas Essbares finden (in kleineren Städten schrumpft allerdings die Auswahl). In Cafés gibt es gewöhnlich verschiedene Salate, und an der Smørrebrød-Theke findet sich oft auch eine vegetarische Alternative. Die meisten Restaurants haben mindestens ein Gericht für Vegetarier auf der Karte oder zaubern auf Wunsch etwas auf den Tisch.

Dänisch kochen: Gerichte und ihre Geschichte von Charlotte Noer: Die geborene Kopenhagenerin arbeitete einst als Köchin in einem alteingesessenen Restaurant der Stadt und hat in diesem Band einen Rundumblick auf dänische Tafeln zusammengetragen; mit vielen Rezepten.

Trinkgeld

Die Restaurantrechnung enthält bereits ein Bedienungsgeld, und es wird in der Regel kein extra Trinkgeld gezahlt. Es ist aber durchaus üblich, die Rechnungssumme aufzurunden, wenn die Bedienung besonders gut gewesen ist.

Getränke

Die Dänen trinken leidenschaftlich gern, nicht nur ihre weltberühmten, heimischen Biere. Die meisten Restaurants und Cafés haben Bier *(øl)*, Wein *(vin)* und Schnäpse im Angebot. Auch Supermärkte verkaufen Alkohol während der normalen Öffnungszeiten. Die Preise sind im Vergleich zu den anderen skandinavischen Ländern niedrig, nicht allerdings im Vergleich zu deutschen Preisen.

Bier

Die Dänen sind außerordentliche Bierproduzenten und -verbraucher. Die Carlsberg Brauerei, eine der weltgrößten Brauereien mit Sitz in Kopenhagen, produziert Marken wie Carlsberg und Tuborg und ist der größte Bierexporteur in Europa. Jeder Däne trinkt im Durchschnitt rund 90 l Bier im Jahr. Damit gehört Dänemark in die Top-10-Liste der größten Biertrinkernationen der Welt.

Am besten verkauft sich in Dänemark Pils, ein helles Bier mit 4,6 % Alkoholgehalt. Daneben gibt es noch viele andere Biersorten, von leichten Bieren mit 1,7 % Alkohol bis zu Starkbieren mit bis zu 8 %. Der Alkoholgehalt wird auf den Flaschenetiketten angegeben. Einige Begriffe rund ums Bier:

WEIHNACHTEN IN DÄNEMARK

Es überrascht nicht, dass *hygge* (Gemütlichkeit) beim dänischen Weihnachtsfest *(jul)* ganz groß geschrieben wird. Kerzen, festlicher Schmuck und blinkende Lichter halten die winterliche Dunkelheit in Schach. Heiligabend wird festlich im Kreis der Familie begangen. Zum Essen gibt es traditionell gebratene Ente oder Gans mit Rotkohl und Kartoffeln, die Geschenke liegen unter dem Weihnachtsbaum, und es werden gemeinsam Lieder gesungen.

Eine weitere Tradition an Heiligabend ist der Reispudding, der nach dem eigentlichen Essen warm serviert wird. Im Inneren ist eine einzelne ganze Mandel versteckt, und die Person, die die Mandel findet, bekommt einen Preis (z. B. eine Süßigkeit aus Marzipan). Natürlich gibt es auch besonderes Weihnachtsgebäck, wie *brunekager* und *peberkager* (Leb- oder Pfefferkuchen) und *klejner* (Schmalzgebäck). *Æbleskiver* sind kleine, kugelförmige Apfelkrapfen, die in der Adventszeit traditionell zum *gløgg* (Glühwein) serviert werden. Außerdem gibt es ein spezielles Weihnachtsbier und Akvavit.

Am 25. Dezember werden die Reste für ein gutes *koldt bord* (kaltes Buffet) aufgebaut.

FLASCHENPFAND

Die meisten nicht alkoholischen Getränke und Biere werden in Flaschen verkauft (Glas und Kunststoff). Zum Kaufpreis wird auch in Dänemark ein Pfand *(pant)* aufgeschlagen, die Rückgabe der leeren Flaschen erfolgt im Supermarkt. 1,50 Kr pro Flasche machen einen nicht reich, helfen aber der Umwelt.

» *øl* – Bier
» *pilsner* – Pils
» *lyst øl* – Leichtbier
» *lagerøl* – dunkles Pils
» *fadøl* – Fassbier
» *porter – dunkles Starkbier*

Etwas gelangweilt von der nicht enden wollenden Pils-Welle der beiden großen dänischen Biermarken, haben sich die Dänen in den letzten Jahren vermehrt den Bieren kleinerer Hausbrauereien zugewandt. Überall im Land verteilen sich inzwischen mehr als 120 kleine Brauereien (Mikrobrauereien). Jede dänische Stadt, die etwas auf sich hält, hat nun ihr eigenes *bryghus* (Brauerei), wo häufig innovative Geister eine breite Palette von Biersorten herstellen.

Viele Bars und Kneipen bieten handgebraute Flaschenbiere und wechselnde Fassbiere an; auf den Karten stehen lokale neben großen Marken. Und zum größten Bierfest des Landes, zum **Ølfestival** (beer festival.dk, auf Dänisch) Mitte bis Ende Mai in Kopenhagen, kommen über 13 000 durstige Fans.

BIER

Mikkel Borg Bjergsø bezeichnet sich selbst als „reisenden Brauer". In ganz Europa und in den USA besucht er berühmte Brauereien, um dort jeweils ein einzigartiges Bier zu brauen. Im Mikkeller, seiner Kellerbar in Kopenhagen, läuft hausgebrautes Bier aus dem Zapfhahn, dazu gibt es spezielle Flaschenbiere. www.mikkeller.dk.

Wein

Auch Wein weckt zunehmend die Leidenschaft der Dänen; es gibt sogar einige Weingüter in Dänemark. In den letzten 30 Jahren haben immer mehr Dänen ihr Lieblingsgetränk Bier gegen Wein eingetauscht, Tendenz steigend. Rotwein (75 %) ist beliebter als Weißwein (25 %). Zur traditionellen dänischen Küche passen schwere Rotweine besonders gut, die essiglastigen Heringvariationen verkraften aber auch einen kräftigen Riesling. Einer der dänischen Winzer ist der Universalist Claus Meyer. Auf der winzigen Insel Lilleø zwischen Seeland und Lolland bemüht er sich um die Herstellung eines Weißweins, benannt nach Arwen, der Tochter seines Kollegen René Redzepi (Noma).

Anders als in den anderen skandinavischen Ländern hat die dänische Regierung kein Verkaufsmonopol auf Alkohol. So ist Wein ein erschwingliches Produkt in dänischen Supermärkten. Die Vorliebe für Weine aus der neuen Welt ist in den letzten Jahren sehr gestiegen.

Wichtige Weinbegriffe auf Dänisch sind *hvidvin* (Weißwein), *rødvin* (Rotwein), *mousserende vin* (Schaumwein) und *husets vin* (Hauswein). *Gløgg* ist ein Glühwein, der in der Weihnachtszeit besonders beliebt ist und mit Mandeln und Rosinen verfeinert wird.

Akvavit

Der beliebteste Schnaps Dänemarks ist der in Aalborg hergestellte *akvavit*. Es gibt verschiedene Sorten; üblicherweise werden sie aus Kartoffeln hergestellt und mit Kümmel gewürzt. Am Aquavit wird in Dänemark nicht genippt, sondern er wird mit einem Schluck hinunter gekippt, meist gefolgt von einem Bier.

Literatur & Film

Wie in anderen Bereichen ist auch in Sachen Literatur und Film Dänemarks Beitrag zur europäischen Kultur, setzt man ihn zur Größe des Landes und zur Bevölkerungszahl ins Verhältnis, überproportional groß.

Eine gute Einführung in das Werk von Kierkegaard bietet die Biografie samt Darstellung der Hauptwerke Sören Kierkegaard zur Einführung von Konrad Paul Liessmann.

Literatur

Das goldene Zeitalter

Die erste Hälfte des 19. Jhs. wird wegen der kulturellen Blüte und des wirtschaftlichen Aufschwungs in Dänemark als Goldenes Zeitalter bezeichnet. Zwei Superstars der dänischen Literatur wurden in dieser Zeit weltbekannt: Hans Christian Andersen (1805-75), dessen Märchen in mehr Sprachen übersetzt wurden als jedes andere Buch (mal abgesehen von der Bibel), und der Philosoph und Theologe Søren Kierkegaard (1813-55), der als Wegbereiter des Existentialismus gilt.

Es war einmal ...

Für die Dänen ist Hans Christian Andersen die Summe aus Shakespeare, Goethe und Dickens. Das mag etwas hoch gegriffen erscheinen für einen „Märchenerzähler", aber Andersen war mehr als das. Nicht nur, dass er im Alleingang die Kinderliteratur auf den Kopf stellte, er schrieb auch Erzählungen, Theaterstücke und einige faszinierende Reisebücher. Seine Märchen von der kleinen Meerjungfrau, des Kaisers neuen Kleidern und dem hässlichen Entlein wurden in über 170 Sprachen übersetzt und sind neben Grimms Märchen in unser literarisches Bewusstsein eingeschrieben, wie wenige andere Werke.

Andersen verlieh seinen Tieren, Pflanzen und unbelebten Gegenständen eine magische Menschlichkeit. Gegenspieler sind bei ihm keine Hexen oder Trolle, sondern menschliche Schwächen wie Gleichgültigkeit und Eitelkeit. Oft sind es kindliche Helden, die die Welt am klarsten sehen. Seine Märchen sind dadurch warmherzig und humorvoll, das machte sie über Grenzen und Generationen hinweg zu Weltliteratur. Sein Werk soll Charles Dickens, Oscar Wilde und viele andere moderne Autoren beeinflusst haben.

Orte zu Hans Christian Andersen

- Den Gamle Gaard, Faaborg
- Fyrtøjet, Odense
- HC Andersens Barndomshjem, Odense
- HC Andersens Hus, Odense

Andersen kam 1805 in Odense als Sohn eines Schuhmachers und einer Wäscherin zur Welt. In seinen autobiografischen Texten beschönigte er seine Kindheit als arm aber idyllisch. Sein Vater starb, als er elf war. Kurz danach büxte Andersen nach Kopenhagen aus und begab sich als ungebildeter 14-jähriger auf eine klassische Märchenmission, um sein Glück in der großen Stadt zu machen. Er versuchte sich in verschiedenen Berufen und scheiterte, bis er schließlich mit dem Schreiben Erfolg hatte – zunächst mit Gedichten und Theaterstücken, später mit Prosa.

Sein später Erfolg und der damit verbundene Reichtum waren ein kleiner Ausgleich in seinem ansonsten unglücklichen Leben. Andersen

DÄNISCHE BESTSELLER

» *Andersens Märchen von* Hans Christian Andersen – das berühmteste dänische Buch weltweit

» *Entweder – Oder von* Søren Kierkegaard – das erste große Werk vom Vater des Existentialismus

» *Fräulein Smillas Gespür für Schnee von* Peter Høeg – Weltbestseller, der zu großen Teilen im Kopenhagener Stadtteil Christianshavn spielt

» *Schweigen im Oktober von* Jens Christian Grøndahl – reflexiver Roman über das Ende einer Ehe

» *Wir Ertrunkenen* von Carsten Jensen – die fulminante Erzählung über die Einwohner von Marstal, der Stadt der Seefahrer auf der Insel Ærø, erschien 2006 (2010 auf Deutsch) und wurde zum besten dänischen Roman der letzten 25 Jahre gewählt.

war neurotisch, sexuell ambivalent und schwer hypochondrisch, was das unruhige, nomadische Leben, das er bis zu seinem Tod führte, teilweise erklärt. Sein Schaffen umfasst Lyrik, Erzählungen, Reisebücher, Theaterstücke und drei Autobiografien, insgesamt 156 Werke. Er starb 1875 an Leberkrebs und liegt auf dem Assistens Kirkegård in Kopenhagen begraben.

Literatur des 20. Jahrhunderts

Preisgekrönte Prosa

Um 1870 eroberte der Realismus mit zeitgenössischen Themen die Literatur. Einer seiner führenden Vertreter, Henrik Pontoppidan, gewann für seine „authentischen Beschreibungen des Alltags in Dänemark" 1917 den Nobelpreis für Literatur (zusammen mit seinem Landsmann Karl Gjellerup).

Mit Johannes Vilhelm Jensen gewann 1944 erneut ein Däne den Literaturnobelpreis. Sein Werk Des Königs Fall wurde 1999 von dänischen Zeitungen zum Buch des Jahrhunderts gewählt. Der historische Roman in drei Bänden (1900 bis 1901, deutsch 1912) erzählt die Geschichte von König Christian II.

Internationaler Beifall

Die berühmteste dänische Schriftstellerin des 20. Jhs. ist Karen Blixen (1885-1962). Ihre Karriere begann mit *Sieben phantastische Geschichten* (1934), die sie in New York unter dem Pseudonym Isak Dinesen veröffentlichte. Weltbekannt ist ihr Buch *Afrika, dunkel lockende Welt* (1937) über ihr Leben auf einer Farm in Kenia. Die Verfilmung unter dem Titel *Jenseits von Afrika* (1985) wurde mit sieben Oscars ausgezeichnet. Ihr Anwesen in Dänemark (S. 90) ist heute ein Museum.

Einer der bekanntesten zeitgenössischen Autoren Dänemarks ist Peter Høeg, dessen Romane meist von unangepassten Außenseitern der Gesellschaft handeln. 1992 erschien sein Weltbestseller *Fräulein Smillas Gespür für Schnee*, ein spannender Krimi über eine Grönländerin in Kopenhagen, der 1997 auch verfilmt wurde.

Aktuelle Trends

Krimis aus dem Norden

Das derzeit unglaublich beliebte Genre des skandinavischen Krimis scheint von schwedischen (Henning Mankell, Stieg Larsson) und norwegischen (Jo Nesbø) Autoren dominiert zu sein, während Dänemark vor allem mit gefeierten Fernsehkrimis auf sich aufmerksam macht, wie mit den Serien *Protectors – Auf Leben und Tod*, *Der Adler – Spur des Verbrechens*, *Kommissarin Lund – Das Verbrechen* und *Unit One – Die Spezialisten*, die alle mit einem Emmy-Award ausgezeichnet wurden oder zumindest nominiert waren.

Zu den besten dänischen Fernsehkrimis gehört *Kommissarin Lund – Das Verbrechen* (2007). Die düstere Geschichte nähert sich in zehn nervenaufreibend spannenden Teilen langsam der Aufklärung des Mordes an einem jungen Mädchen.

Es gibt aber auch bemerkenswerte dänische Krimiautoren, wie Jussi Adler-Olsen, dessen Romane seit 2009 auch die deutschen Bestsellerlisten stürmen, und der 2011 den nordischen Krimipreis „Glasnøglen" gewann. 2009 erschien in Deutschland unter dem Titel *Erbarmen* der erste Roman seiner fesselnden Thriller-Reihe über das Sonderdezernat Q.

Wer von den Krimis aus dem Norden nicht genug bekommen kann, findet reichlich Informationsquellen im Internet – auch zu anderen Preisträgern des genannten Krimipreises, der übrigens nach dem Roman *The Glass Key* (Der gläserne Schlüssel) von US-Autor Dashiell Hammett benannt wurde.

Film

Ein früher Meister des Kinos

Der berühmteste dänische Regisseur des frühen 20. Jhs. ist Carl Theodor Dreyer (1889-1968). Er ist vor allem für sein Meisterwerk *Die Passion der Jungfrau von Orléans* von 1928 bekannt. Der Stummfilm gilt als Meilenstein der Filmgeschichte, u. a. wegen der dramatischen Bildsprache und der dominierenden Großaufnahmen, die damals etwas völlig neues waren. Kritiker sprachen damals von „überirdischen Aufnahmen".

In der Liste der „Essential 100" des Toronto International Film Festival von 2010 wird Carl Theodor Dreyers *Die Passion der Jungfrau von Orléans* als einflussreichster Film aller Zeiten geführt.

Oscarerfolge

Doch erst in den 1980er Jahren konnten dänische Regisseure die Aufmerksamkeit eines größeren internationalen Publikums gewinnen – und wurden dafür gleich mit einem Sack voll Preisen belohnt.

1988 gewann *Babettes Fest* (1987) in der Regie von Gabriel Axel den Oscar für den besten fremdsprachigen Film. Der Film beruht auf einer Erzählung von Karen Blixen. Drei Jahre davor hatte die Hollywood-Verfilmung ihres Werkes *Jenseits von Afrika* sieben Oscars gewonnen. *Babettes Fest* spielt 1871 in einem Küstendorf auf zerklüfteten Felsklippen im Westen Dänemarks, wo eine französische Haushälterin das Leben zweier frommer Schwestern nachhaltig beeinflusst. Der Film über ein außergewöhnliches Festessen setzte Maßstäbe für Filme, die sich um das Thema Essen drehen.

DÄNISCHE FILMHITS

» *Pelle der Eroberer* (1988) – Regisseur: Bille August
» *Babettes Fest* (1987) – Regisseur: Gabriel Axel
» *In einer besseren Welt* (2010) – Regisseurin: Susanne Bier
» *Italienisch für Anfänger* (2000) – Regisseurin: Lone Scherfig
» *Idioten* (1998) – Regisseur: Lars von Trier
» *Nach der Hochzeit* (2006) – Regisseurin: Susanne Bier
» *Fräulein Smillas Gespür für Schnee* (1997) – Regisseur: Bille August
» *Breaking the Waves* (1996) – Regisseur: Lars von Trier
» *Das Fest* (1999) – Regisseur: Thomas Vinterberg
» *Qivitoq* (1956) – Regisseur: Erik Balling

Schon ein Jahr später gewann überraschend wieder ein dänischer Film den Oscar für den besten fremdsprachigen Film (ebenso wie die Goldene Palme in Cannes): *Pelle der Eroberer* in der Regie von Bille August ist die Verfilmung des gleichnamigen Romans von Martin Andersen Nexø über das schwierige Leben eines Einwanderers in Dänemark im 19. Jh.

2011 wurde erneut ein dänischer Film mit dem Oscar für den besten fremdsprachigen Film ausgezeichnet: *In einer besseren Welt* von Susanne Bier. Das langsam erzählte Drama beginnt mit einer Rauferei unter Kindern und endet mit Untreue, tödlichem Verlust, bösen Kriegsherren und Rache. Das stereotype Bild vom gemütlichen und friedlichen Dänemark wird in Frage gestellt.

Regisseure, die man kennen muss

Dänemark hat renommierte Regisseure vorzuweisen, von denen viele den Sprung nach Hollywood geschafft haben.

Bille August ist vor allem für seine Literaturverfilmungen bekannt: *Pelle der Eroberer* (1988); *Das Geisterhaus* (1993), nach dem Roman der chilenischen Autorin Isabel Allende; *Fräulein Smillas Gespür für Schnee* (1997), die Verfilmung des Bestsellerromans von Peter Høeg; *Les Misérables* (1998), eine Adaptation des Klassikers von Victor Hugo.

Susanne Bier ist eine der führenden Regisseurinnen Dänemarks. Sie hat sich mit den angesehenen dänischen Produktionen *Brothers – Zwischen Brüdern* (von dem es ein US-amerikanisches Remake unter dem Titel *Brothers* gibt), *Nach der Hochzeit* (2006) und *In einer besseren Welt* (2010) auch international einen Namen gemacht.

Lone Scherfig zeigte in ihrer romantischen Komödie *Italienisch für Anfänger* (2000) seelisch lädierte Dänen, die die Sprache der Liebe lernen, und landete damit einen internationalen Erfolg. Sie führte auch Regie bei der düsteren Komödie *Wilbur Wants to Kill Himself* (2002), einer dänisch-schottischen Produktion. Zuletzt erntete sie viel Anerkennung für den britischen Film *An Education* (2009).

Thomas Vinterberg ist ein Mitunterzeichner des Manifests „Dogma 95". Er schrieb das Drehbuch und führte Regie bei dem ersten Dogma-Film *Das Fest* (1999) und erhielt dafür viel Beifall. Die nachfolgenden Filme waren weniger erfolgreich, der düstere Film *Submarino* (2010) könnte jedoch die Rückkehr auf die Erfolgsspur bedeuten.

Nicholas Winding Refn wurde bekannt als Regisseur der mutigen und brutalen *Pusher*-Trilogie, mit der er in die kriminelle Unterwelt Kopenhagens eintauchte. Mit seinem letzten Werk, dem US-amerikanischen Neo-Noir-Film *Drive*, gewann er 2011 beim Filmfestival in Cannes die Goldene Palme für die beste Regie.

Und dann ist da natürlich noch Lars von Trier – eine ganz eigene Kategorie des dänischen Films.

WEBSITES

Zwei hervorragende Websites versorgen Cineasten mit allem Wissenswerten über den dänischen Film, die von Det Danske Filminstitut (Das dänische Filminstitut; www.dfi.dk) und die von Zentropa (www.zentropa.dk), der äußerst einflussreichen Filmproduktionsfirma von Lars von Trier.

Lars von Trier & Dogma 95

Ob er nun die Apokalypse verfilmt wie in *Melancholia* (2011), die Verstümmelung weiblicher Genitalien zeigt wie im polarisierenden *Antichrist* (2009) oder missverständliche Sympathiebekundungen für Hitler abgibt, wie während des Filmfestivals in Cannes 2011, Lars von Trier bleibt der bedeutendste dänische Regisseur und Drehbuchautor des 21. Jhs., der nicht aufhört, seinem Ruf als Enfant terrible der Filmwelt gerecht zu werden.

Zu den bekanntesten Filmen von Lars von Trier gehören das Melodrama *Breaking the Waves* (1996) mit Emily Watson in der Hauptrolle, das in Cannes mit dem Großen Preis der Jury ausgezeichnet wurde; *Dancer in the Dark* (2000) mit der isländischen Sängerin Björk und Catherine

Deneuve, der 2000 in Cannes die Goldene Palme gewann; und der experimentelle Spielfilm *Dogville* (2003) mit Nicole Kidman.

Von Trier ist einer der Verfasser des Manifests „Dogma 95", das von manchen auch als Keuschheitsgelübde bezeichnet wird: Die künstlerischen Regeln verpflichten die Filmemacher auf einen minimalistischen Ansatz, u. a. darf nur mit Handkameras und nur bei natürlichem Licht gefilmt werden, spezielle Effekte oder vorproduzierte Musik sind nicht erlaubt. Das Manifest fand leidenschaftliche Anhänger und traf gleichermaßen auf breite Ablehnung. Sein Einfluss auf das moderne Kino kann nicht unterschätzt werden.

Praktische Informationen

ALLGEMEINE INFORMATIONEN . . 330

Botschaften & Konsulate 330
Medien 330
Elektrizität 330
Ermäßigungen 331
Essen 331
Feiertage & Ferien 331
Frauen unterwegs 331
Geld 331
Gesundheit 332
Karten 333
Öffnungszeiten 333
Internetzugang 334
Rechtsfragen 334
Reisedokumente 334
Reisen mit Behinderung 334
Schwule & Lesben 334
Telefon 334
Touristeninformation 335
Unterkunft 335
Versicherung 337
Zeit 338
Zoll 338

VERKEHRSMITTEL & -WEGE 339

AN- & WEITERREISE 339
Einreise 339
Flugzeug 339
Auf dem Landweg 340
Übers Meer 341

UNTERWEGS VOR ORT . . . 342
Auto & Motorrad 342
Bus 344
Fahrrad 344
Flugzeug 344
Nahverkehr 344
Schiff/Fähre 345
Trampen 345
Zug 345

SPRACHE 346

Allgemeine Informationen

Botschaften & Konsulate

Folgende Botschaften und Konsulate gibt es in Kopenhagen:

Deutschland (☎35 45 99 00; Stockholmsgade 57)

Finnland (☎33 13 42 14; Sankt Annæ Plads 24)

Island (☎33 18 10 50; Strandgade 89)

Norwegen (☎33 14 01 24; Amaliegade 39)

Österreich (☎39 29 41 41; Sølundsvej 1)

Schweden (☎33 36 03 70; Sankt Annæ Plads 15A)

Schweiz (☎33 14 17 96; Amaliegade 14)

MEDIEN

» **Zeitungen:** *Jyllands-Posten* und *Politiken* sind die führenden unter rund 50 dänischsprachigen Zeitungen. Dänische Nachrichten auf Englisch liefert die *Copenhagen Post* (www.cphpost.dk). Deutschsprachige Zeitungen und Zeitschriften gibt es tagesaktuell in größeren Städten und Ferienregionen. In Südjütland erscheint die Tageszeitung *Nordschleswiger* für deutschsprachige Dänen; sie informiert auch über Ereignisse aus Deutschland.

» **Radio:** Radio Danmark International sendet auf 1062MHz. Fünfminütige Kurznachrichten auf Englisch werden montags bis freitags um 10.30, 17.05 und 22 Uhr ausgestrahlt. Andere Sender bringen dänischsprachige Nachrichten, Musik und Kulturprogramme. Deutsche Sender können im südlichen Teil Dänemarks gut auf UKW empfangen werden, sonst auf MW und KW.

» **TV:** Das dänische Fernsehen strahlt regionale und internationale Programme aus. Englischsprachige Filme werden meist im Original mit dänischen Untertiteln gezeigt. Deutsche Satellitenkanäle können in den meisten Hotels und Ferienparks empfangen werden, deutsche Sender in den grenznahen Gebieten sogar über Antenne.

Elektrizität

In Dänemark wird der Eurostecker mit zwei runden Zapfen verwendet; das Netz führt 230 V Wechselstrom (50 Hz).

Es gibt auch Stecker mit drei Zapfen.

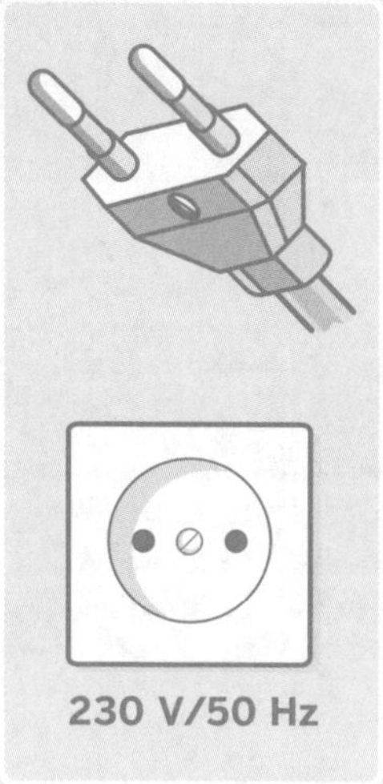

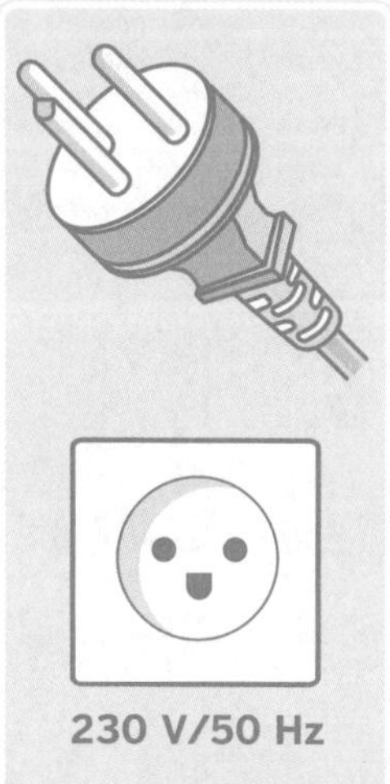

Ermäßigungen

Copenhagen Card (24/72 Std. Erw. 229/459 Kr, Kind 115/225 Kr) Damit hat man Zutritt zu allen wichtigen Sehenswürdigkeiten in der Stadt und der Umgebung und kann uneingeschränkt Busse und Bahnen in Kopenhagen und ganz Nordseeland benutzen. Die Karte gibt es am Hauptbahnhof, in den Touristeninformationen und in einigen Hotels. Einige andere größere Städte wie Aarhus und Aalborg bieten ähnliche Karten.

Internationaler Studentenausweis (International Student Identity Card; www.isic.org) Damit gibt's Ermäßigungen in vielen öffentlichen Verkehrsmitteln und in einigen Museen und Sehenswürdigkeiten.

Essen

Dänemark und insbesondere Kopenhagen ist das kulinarische Zentrum Skandinaviens. Die Hauptstadt kann sich zahlreicher Restaurants mit Michelinsternen rühmen. Detaillierte Infos zur dänischen Küche s. S. 316.

Für die Klassifizierung haben wir als Richtwert den durchschnittlichen Preis eines Hauptgerichts zugrunde gelegt. Bei Lokalen, die vorwiegend Smørrebrød oder Menüs servieren, sind wir vom Preis für ein ganzes Essen ausgegangen.

Die Preiskategorien für Hauptgerichte bei den in diesem Buch empfohlenen Restaurantadressen sind:

€ unter 100 Kr

€€ von 100 Kr bis 200 Kr

€€€ über 200 Kr

Feiertage & Ferien

Viele Dänen nehmen ihren Jahresurlaub in den ersten drei Juliwochen. Darüber hinaus gibt es zahlreiche Feiertage.

An Feiertagen haben die Banken und die meisten Geschäfte geschlossen, und die öffentlichen Verkehrsmittel fahren nur eingeschränkt.

Neujahr (Nytårsdag) 1. Januar

Gründonnerstag (Skærtorsdag) Donnerstag vor Ostern

Karfreitag (Langfredag) Freitag vor Ostern

Ostersonntag (Påskedag) Im März oder April

Ostermontag (2. Påskedag)

Buß- und Bettag (Stor Bededag) Vierter Freitag nach Ostern

Christi Himmelfahrt (Kristi Himmelfartsdag) Sechster Donnerstag nach Ostern

Pfingstsonntag (Pinsedag) Siebter Sonntag nach Ostern

Pfingstmontag (2. Pinsedag) Siebter Montag nach Ostern

Verfassungstag (Grundlovsdag) 5. Juni

Heiligabend (Juleaften) 24. Dezember (ab Mittag)

1. Weihnachtstag (Juledag) 25. Dezember

2. Weihnachtstag (2. Juledag) 26. Dezember

Schulferien

Winterferien Eine Woche im Februar oder März

Osterferien Eine Woche um Ostern

Sommerferien Etwa vom 20. Juni bis 10. August

Herbstferien Eine Woche Mitte Oktober

Weihnachten und Neujahr Zwei Wochen

Frauen unterwegs

Alleinreisende Frauen werden in Dänemark weniger Probleme haben als in den meisten anderen Ländern. Trotzdem sollten sie natürlich die klassischen Gefahrensituationen vermeiden, z. B. Trampen oder nachts allein in den Straßen unterwegs sein.

Der Notruf für Vergewaltigungsopfer und andere Notfälle ist ☎112.

Center for Information om Kvinde-og Kønsforskning (Kvinfo, Dänisches Zentrum für Informationen zu Frauen- & Geschlechtsfragen; www.kvinfo.dk) ist ein Hilfezentrum und Treffpunkt für Frauen.

In Aarhus ist das **Kvindemuseet i Danmark** (Frauenmuseum in Dänemark; www.womensmuseum.dk) interessant. Es bietet historische und thematische Ausstellungen und ein Café.

Geld

Dänemark ist zwar EU-Mitglied, doch die Einführung des Euro wurde im Jahr 2000 per Volksentscheid abgelehnt. Die Landeswährung (Krone) wird international mit DKK abgekürzt, in Nordeuropa mit Dkr und innerhalb Dänemarks mit Kr. In diesem Führer verwenden wir die Abkürzung „Kr".

Die Krone ist in 100 Øre unterteilt. Es gibt Münzen zu 50 Øre sowie zu ein, zwei, fünf, zehn und 20 Kronen. Scheine gibt es im Wert von 50, 100, 200, 500 und 1000 Kronen.

Die Krone ist an den Euro gekoppelt. Wechselkurse und Preisinfos s. S. 14.

In Ferienregionen ist der Euro oft Zweitwährung, aber Vorsicht vor den frei gestalteten Wechselkursen!

Bargeld

Die Wechselstuben am Flughafen von Kopenhagen haben für alle planmäßig eintreffenden Flüge geöffnet. Auf den Fähren nach Dänemark gibt es ebenfalls Wechselstuben. Außerdem akzeptieren die Geschäfte an Bord viele Fremdwährungen (darunter natürlich vor allem den Euro); Wechselgeld wird in Kronen herausgegeben.

Einige Banken, vor allem in Kopenhagen, haben sogar Automaten, die die wichtigsten ausländischen Währungen rund um die Uhr in dänische Kronen wechseln.

Geldautomaten

Die meisten dänischen Banken haben Geldautomaten (auch mit deutschsprachigem Bedienungsmenü), an denen man mit Kreditkarte (Visa oder MasterCard) und Maestro-(EC-)Karte Geld abheben kann. Die Automaten stehen zwar auch außerhalb der Banköffnungszeiten zur Verfügung, aber nicht immer rund um die Uhr. Besonders außerhalb von Kopenhagen sind viele nachts geschlossen – meist von 1 bis 6 Uhr.

Die Wechselkurse sind bei der Nutzung von Geldautomaten oft recht günstig, aber viele Banken berechnen Gebühren für internationale Transaktionen oder für die Nutzung von Automaten einer anderen Bank.

Kreditkarten

Kreditkarten, wie Visa und MasterCard, werden in Dänemark verbreitet akzeptiert. Manchmal kann man auch mit American Express zahlen.

Vielerorts (Hotels, Tankstellen, Restaurants, Geschäfte) wird bei der Benutzung einer ausländischen Kreditkarte eine Gebühr von bis zu 3,75 % aufgeschlagen. Falls dies der Fall ist, muss z. B. auf der Speisekarte oder an der Rezeption darauf hingewiesen werden.

Bei Verlust oder Diebstahl sollte man die ausstellende Gesellschaft umgehend informieren. In Kopenhagen unter:

AmEx (☎70 207 20)
MasterCard (☎80 01 60 98)
Visa (☎80 01 02 77)

Reiseschecks

Der Hauptvorteil von Reiseschecks und aufladbaren Geldkarten ist der Diebstahlschutz. Größere Gesellschaften wie American Express und Thomas Cook bieten meist problemlos Ersatz.

Sollen verlorene Reiseschecks ersetzt werden, ist es wichtig, dass man die Nummern eingelöster Schecks notiert hat. Diese Liste sollte zusammen mit den Rufnummern für den Notfall getrennt von den Schecks aufbewahrt werden.

Trinkgeld

In Restaurantrechnungen und Taxipreisen ist das Trinkgeld bereits enthalten. Zusätzliches Trinkgeld ist nicht nötig (Angestellte werden in Dänemark in der Regel gut bezahlt). Es ist jedoch üblich, den Betrag aufzurunden, wenn der Service gut war.

Gesundheit

Vorsorge ist der Schlüssel für die Gesundheit unterwegs. Die richtige Vorbereitung – insbesondere bei bereits bestehenden Gesundheitsproblemen – erspart im Urlaub viel Ärger. Vor jeder längeren Reise ist ein Besuch beim Zahnarzt zu empfehlen. Ein Ersatzpaar Kontaktlinsen bzw. eine zweite Brille und den Brillenpass nicht vergessen. Medikamente nur in klar beschrifteten Originalverpackungen mitnehmen. Hilfreich ist auch ein unterschriebenes und datiertes Dokument des Arztes, das den Gesundheitszustand und die benötigten Medikamente beschreibt (mit Bezeichnung des Wirkstoffs). Wer Spritzen oder Injektionsnadeln mitführt, sollte auch dafür ein Dokument des Arztes dabeihaben, um die medizinische Notwendigkeit zu belegen.

Versicherungen

Die Europäische Krankenversicherungskarte (European Health Insurance Card, EHIC) ersetzt seit 2006 das Formular E111. Sie bietet EU-Bürgern sowie Bürgern der Schweiz und Liechtensteins umfassenden Krankenversicherungsschutz in akuten Fällen. Chronische Krankheiten und Krankenrücktransporte sind nicht abgedeckt. Die Karte ist kostenlos bei der örtlichen Krankenkasse erhältlich.

Da einige Kosten nicht abgedeckt sind (z. B. Krankenrücktransport oder privatärztliche Behandlung), ist der zusätzliche Abschluss einer privaten Auslandsreisekrankenversicherung zu empfehlen, zumal diese in der Regel sehr günstig ist. Mitglieder eines Automobilclubs oder Pauschalreisende haben diese manchmal im Paket mit drin.

Empfohlene Impfungen

Für die Einreise nach Dänemark werden keine speziellen Impfungen verlangt; nur Personen, die aus einem entsprechenden Infektionsgebiet kommen, müssen gegen Gelbfieber geimpft sein.

Medizinische Versorgung & Kosten

Gute medizinische Versorgung ist in Dänemark gewährleistet. Bei kleineren Problemen helfen die Apotheken mit Tipps und rezeptfreien Medikamenten. Sie wissen auch, wo ärztliche Hilfe zu finden ist. Die zahnärztliche Versorgung ist gut. Trotzdem sollte vor längeren Reisen jeder eine Kontrolluntersuchung machen lassen. Die größte Apothekenkette in Dänemark ist Matas mit über 200 Niederlassungen.

Infektionen

Dänemark ist frei von FSME (Frühsommer-Meningoenzephalitis); auf der Insel Bornholm sind Einzelfälle allerdings aufgetreten. FSME kann durch Zeckenbisse übertragen werden. Dabei handelt es sich um eine virale Erkrankung des zentralen Nervensystems. Wer sich in Risikogebieten aufhält und viel draußen ist (z. B. Camper und Wanderer), sollte sich impfen lassen. Zwei Impfungen gewähren ein Jahr lang Schutz, drei Impfungen bis zu drei Jahre lang.

Borreliose kann davon abgesehen überall auftreten,

wo es Zecken gibt; dagegen gibt es keine Impfung.

Hitzschlag & Unterkühlung

Das Klima in Dänemark ist ganzjährig so mild, dass Besucher keinem erhöhten Risiko ausgesetzt sind. Oftmals wird jedoch unterschätzt, dass der Körper auch bei gemäßigten Temperaturen und sogar bei bedecktem Himmel überhitzen kann. Umgekehrt kann er selbst bei milder, aber nasser Witterung auskühlen – etwa beim Radfahren oder Wandern.

Ein Sonnenstich tritt in Folge von Flüssigkeits- und Salzmangel auf und kann in schweren Fällen durch Überhitzung des Körpers bis zum Hitzschlag führen. Symptome sind Kopfschmerz, Schwindel, Übelkeit und Müdigkeit. Einfaches Mittel der Vorbeugung: Viel trinken. Zur Behandlung von Hitzeschäden Wasser und/oder verdünnte Fruchtsäfte trinken und den Körper mit kühlem Wasser oder Ventilatoren kühlen. Salzmangel kann mit salzhaltigen Flüssigkeiten wie Suppen behoben werden oder einfach durch stärker gesalzene Speisen.

Akute Unterkühlung wird durch einen plötzlichen Temperaturabfall ausgelöst, chronische Hypothermie durch einen langsamen Wärmeverlust über mehrere Stunden hinweg. Symptome sind Zittern, ungelenke Bewegungen und Benommenheit. Vordringlich muss weiterer Wärmeverlust durch Wetterschutz sowie warme und trockene Kleidung verhindert werden. Heiße, gesüßte Getränke, gegenseitiges Wärmen oder ein Lagerfeuer können die betroffene Person wieder aufwärmen.

Karten

Exzellentes Kartenmaterial ist in größeren Städten wie Kopenhagen, Odense, Aarhus und Aalborg bei den Touristeninformationen kostenlos erhältlich. Die Touristeninformationen kleinerer Städte bieten meist einfachere Karten, die aber für Besichtigungen ausreichen.

Eine gute farbige *Straßenkarte Dänemark* ist beim dänischen Fremdenverkehrsamt in Deutschland für 4 € erhältlich: VisitDenmark, Glockengießerwall 2, 20095 Hamburg. Auch Autovermietungen haben meist gute, kostenlose Karten.

Für die Anforderungen der meisten Reisenden reichen diese Karten aus. Wer allerdings Seitenstraßen und abgelegene Winkel erkunden möchte, dem empfehlen wir detaillierte Karten, wie Kort- og Matrikelstyrelsen sie im handlichen Atlasformat veröffentlicht. Sie sind unter der Bezeichnung *Færdselskort 1:200 000 Danmark* in vielen Buchhandlungen erhältlich.

Öffnungszeiten

Büros sind meist montags bis freitags von 9 bis 16 Uhr geöffnet, Banken montags bis freitags von 9.30 bis 16 Uhr (donnerstags bis 18 Uhr), an Flughäfen und in größeren Bahnhöfen auch länger.

Die üblichen Ladenöffnungszeiten sind wochentags von 9.30 bis 17.30 Uhr (freitags bis 19 Uhr) und samstags bis 14 Uhr. Geschäfte dürfen am ersten Sonntag des Monats und an den Sonntagen im Dezember öffnen, viele machen von

Klima

Kopenhagen

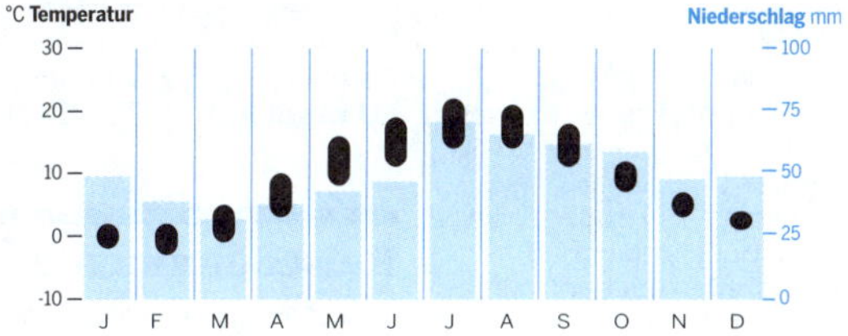

Esbjerg

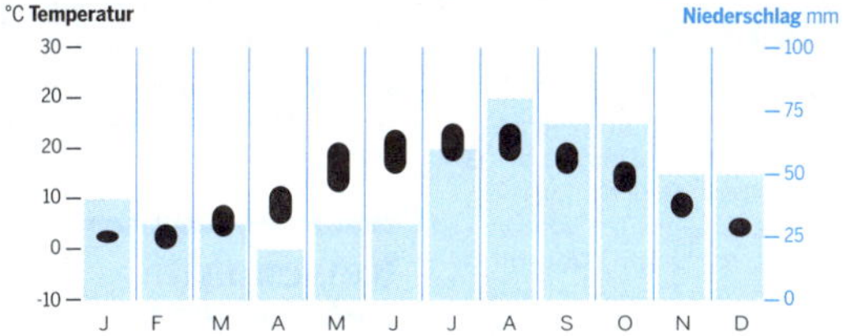

Fanø

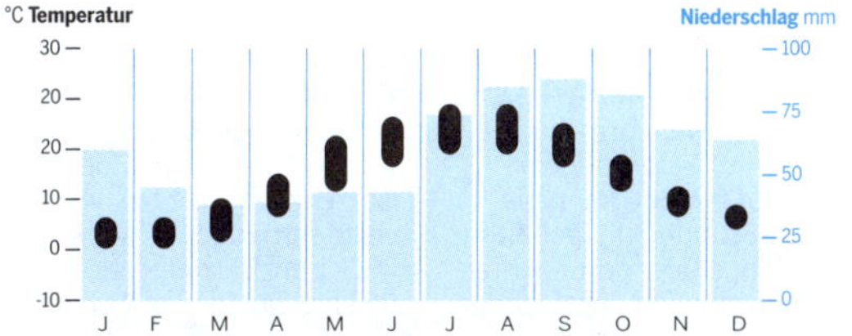

INTERNETZUGANG

Dank der weiten Verbreitung von WLAN, Laptops und Smartphones scheint das gute alte Internetcafé vom Aussterben bedroht zu sein. In den größeren Städten in Dänemark gibt's vielleicht ein paar Cafés für Gamer und Reisende ohne Laptop, in kleineren Orten bekommt man Zugang zum Internet am wahrscheinlichsten in den öffentlichen Bibliotheken: Hier gibt's Computer mit kostenlosem Internetzugang, die Nutzungsbedingungen variieren jedoch, manchmal muss vorher reserviert werden. Die Bibliotheken bieten außerdem – genauso wie viele Cafés – kostenloses WLAN.

In Hotels und Hostels ist in der Regel WLAN vorhanden (in diesem Buch mit dem Symbol 📶 gekennzeichnet) und oft auch im Preis inbegriffen. Einige Hostels und Hotels bieten Gästen einen Computer zur Nutzung an, entweder kostenlos oder für eine geringe Gebühr (mit dem Symbol @ gekennzeichnet).

dieser Regelung jedoch keinen Gebrauch.

Restaurants und Cafés sind meist von 11 bis 23 oder 24 Uhr geöffnet. Bars und Clubs schließen montags bis mittwochs gegen 1 Uhr und donnerstags bis samstags zwischen 3 und 5 Uhr.

Postämter haben montags bis freitags von 9 oder 10 bis 17 oder 17.30 Uhr geöffnet, samstags bis 12 oder 13 Uhr.

Im Buch sind die Öffnungszeiten nur dann aufgeführt, wenn sie von den normalen Zeiten abweichen.

Rechtsfragen

Bei Alkohol am Steuer ist die Polizei sehr streng. Schon ein, zwei kleine Drinks können ausreichen, um die Promillegrenze von 0,5 zu überschreiten. Wer mit Alkohol am Steuer erwischt wird, muss mit einer hohen Geld- und möglicherweise sogar einer Freiheitsstrafe rechnen.

Auch bei Drogen verstehen die Ordnungshüter keinen Spaß. Offiziell ist Cannabis in jeder Form illegal.

Wer in Dänemark eine Straftat begeht, kann bis zu 24 Stunden festgehalten werden, ehe er dem Richter vorgeführt wird. Verdächtige haben das Recht, über die Anschuldigung informiert zu werden, einen Anwalt zu sprechen und ohne Anwalt jede Aussage zu verweigern. Wer keinen Rechtsanwalt kennt, bekommt von der Polizei eine Liste. Kostenlose Rechtsauskunft gibt es unter **EU Legal Aid** (☎33 14 41 40).

Reisedokumente

Deutsche, Österreicher und Schweizer benötigen für die Einreise einen gültigen Personalausweis oder Reisepass.

Allgemeine Visafragen beantwortet der Immigrationsservice **Udlændingeservice** (www.nyidanmark.dk).

Reisen mit Behinderung

Dänemark arbeitet ständig daran, die Zugänglichkeit von Gebäuden, Verkehrsmitteln und sogar Waldgebieten und Stränden für Behinderte zu verbessern. Dennoch ist etwas Vorausplanung wichtig. Eine hilfreiche Infoquelle ist die Internetseite www.visitdenmark.com. Mit einem Klick auf „Barrierefreies Reisen" unter dem Punkt „Reiseplanung" öffnet sich eine Liste nützlicher Links – etwa zu örtlichen Behindertenführern, gut zugänglichen Reisezielen, Transportmöglichkeiten und hilfreichen Organisationen.

Ein Großteil der dänischen Reisebroschüren – darunter der Hotelführer des dänischen Fremdenverkehrsamts, das Verzeichnis des Campingplatzverbands und der Hostelführer – geben an, welche Einrichtungen behindertengerecht sind.

In Dänemark können sich Behinderte an den **Dansk Handicap Forbund** (http://dhf-net.dk) wenden.

Schwule & Lesben

In Anbetracht der Toleranz gegenüber alternativen Lebensweisen jeder Art ist es kein Wunder, dass Dänemark ein beliebtes Reiseziel für Schwule und Lesben ist. Vor allem Kopenhagen hat eine aktive Schwulengemeinde und ein schillerndes Nachtleben. Aber auch in anderen Städten gibt es Schwulen- und Lesbentreffs.

Allgemeine Infos bietet **Landsforeningen for Bøsser og Lesbiske** (LBL, Dänischer Verband für Schwule und Lesben; www.lbl.dk).

Eine nützliche Internetseite mit englischsprachigen Besucherinformationen und Verzeichnissen ist www.copenhagen-gay-life.dk.

Das bedeutendste Schwulen- und Lesbenereignis des Jahres ist die **Copenhagen Pride Parade** (auch bekannt als Mermaid Pride Parade; www.copenhagenpride.dk), ein riesiges Spektakel an einem Samstag im August. Außerdem gibt es das Schwulen- und Lesben-Filmfestival **Mix Copenhagen** (www.mixcopenhagen.dk) im Oktober.

Telefon

Dänemark hat natürlich ein gut funktionierendes Telefonsystem und an den öffentlichen Plätzen wie Bahnhöfen und Einkaufsstraßen gibt es zahlreiche Telefonzellen.

Zur Auswahl stehen Karten- und Münztelefone, wobei die Zahl der letzteren allmählich abnimmt. Münztelefone können mit allen dänischen Geldstücken von 1 bis 20 Kr gefüttert werden, geben jedoch kein Wechselgeld heraus.

Die dänischen *Gelben Seiten* gibt es auch online unter www.degulesider.dk; der Link zur englischen Version steht unten auf der Seite. Zur Beachtung: Die Buchstaben æ, ø und å stehen am Ende des dänischen Alphabets, also im Telefonbuch nach dem Z.

Handys

Dänemark verwendet das weltweite GSM-Netz, sodass es mit Handys keine Probleme geben dürfte. Wie es von einem technologisch fortschrittlichen Land zu erwarten ist, hat fast jeder Däne ein Mobiltelefon – aber er weiß es auch vernünftig und rücksichtsvoll zu nutzen. Besucher sollten diesem Beispiel folgen. Wer sein Handy von zuhause benutzen, aber die hohen Gebühren für Auslandsgespräche vermeiden möchte, kann sich eine dänische Rufnummer geben lassen. Diesen Service bietet z. B. **Rebtel** (www.rebtel.com).

Dänische Mobilfunkbetreiber, die Prepaid-SIM-Karten anbieten – mit denen das Telefonieren billiger sein sollte als mit der eigenen Karte –, sind z. B.:

TDC-mobil (tdc.dk)
Telenor (www.telenor.dk)
Telia (telia.dk)

Telefonnummern

Alle dänischen Telefonnummern haben acht Ziffern. Es gibt keine Ortsvorwahl. Das heißt, es müssen immer alle Ziffern gewählt werden – auch bei Ortsgesprächen.

Die örtliche Telefonauskunft ist unter ☎118 zu erreichen. Internationale Auskünfte – auch über Gebühren, R-Gespräche etc. – gibt es unter ☎113.

Die internationale Vorwahl für Dänemark lautet ☎45. Um vom Ausland in Dänemark anzurufen, muss zuerst der internationale Zugangscode des jeweiligen Landes (meist 00) gewählt werden, dann ☎45 und schließlich die achtstellige Rufnummer.

Der internationale Zugangscode von Dänemark in andere Länder ist ☎00. Für ein internationales Direktgespräch ab Dänemark muss also zunächst die ☎00 gewählt werden, dann die internationale Vorwahl, Ortsvorwahl und Rufnummer.

Telefonkarten

Für Vieltelefonierer ist eine Telefonkarte *(telekort)* empfehlenswert. Telefonkarten sind mit einem Wert von 30, 50 oder 100 Kr erhältlich und können für örtliche sowie internationale Gespräche genutzt werden. Sie werden in Postämtern und an Kiosken verkauft.

Kartentelefone sind im Endeffekt etwas günstiger als Münztelefone, da nur für die tatsächlich genutzte Zeit bezahlt wird. Das aktuelle Zeitguthaben wird angezeigt. Eine abtelefonierte Karte kann durch eine neue ersetzt werden, ohne den Anruf zu unterbrechen. In den Telefonzellen gibt es englischsprachige Hinweise, wie die Karten benutzt werden und wo sich die nächste Verkaufsstelle befindet.

Touristeninformation

Wichtige Verkehrsknotenpunkte in Dänemark sind bestens mit Touristeninformationen versorgt – nähere Infos in den einzelnen Kapiteln. Wichtige Websites für Dänemarkbesucher sind www.denmark.dk und www.visitdenmark.com. Regionale Touristeninformationen sind:

Bornholm (www.bornholm.info)
Fünen (www.visitfyn.dk)
Kopenhagen (www.visitcopenhagen.dk)
Nord- & Mitteljütland (www.visitnordjylland.dk)
Ostjütland (www.visiteastjutland.com)
Seeland, Møn, Falster & Lolland (www.visiteastdenmark.com)
Südjütland (www.sydjylland.com)
Westjütland (www.visitvest.dk)

Unterkunft

Der Standard von Campingplätzen, Hostels, Pensionen und Hotels in Dänemark ist hoch – das hat jedoch seinen Preis.

Außerhalb von Kopenhagen bieten die Hotels nur wenig Vielfalt. Das liegt zum Teil daran, dass ein paar wenige große Ketten den Markt beherrschen. Das bedeutet: Wirklich billige Hotels sind selten, andererseits gibt es außerhalb der Hauptstadt auch kaum Luxus- oder Boutiquehotels. Wenn es etwas anderes als ein Kettenhotel sein soll, empfehlen sich Schlosshotels, historische Herrenhäuser und Bauernhöfe.

Campingplätze, Hostels und Privatzimmer haben einen exzellenten Standard und garantieren Komfort zu

UNTERKÜNFTE ONLINE BUCHEN

Die Internetseite www.lonelyplanet.com bietet weitere Infos zu den Unterkünften und Empfehlungen unserer Autoren. Hier gibt es Insiderinfos, ausführliche Berichte und unabhängige Beurteilungen zu den besten Unterkünften. Und sie können auch gleich online gebucht werden.

ES STEHT IN DEN STERNEN ...

Dänische Campingplätze werden vom Dänischen Campingverband mit Sternen bewertet. Dabei bedeutet

» **ein Stern:** fließend Wasser, Toiletten, mindestens eine Dusche und ein elektrischer Anschluss für Rasierer;

» **zwei Sterne:** mindestens eine Dusche pro 25 Stellplätze, Küche mit Warmwasser und Kochplatten, Kinderspielplatz, max. 2 km vom nächsten Lebensmittelgeschäft entfernt;

» **drei Sterne:** Waschbecken mit Warmwasser, Gemeinschaftsraum, großer Kinderspielplatz, Still-/Wickelraum, Becken zum Wäschewaschen oder Waschmaschinen, max. 1 km vom nächsten Lebensmittelgeschäft entfernt. Vier oder fünf Sterne weisen auf noch umfassendere Einrichtungen hin.

» Auch Hostels werden nach einem Sternesystem klassifiziert (ein bis fünf Sterne). Ein Hostel mit nur einem Stern ist sehr einfach. Zwei Sterne bedeuten Gepäckaufbewahrung und einen kleinen Laden. Hostels mit vier und fünf Sternen bieten ein Fernsehzimmer und mindestens 75 % ihrer Zimmer mit eigener Dusche und WC.

einem guten Preis. Wohnungen und Ferienhäuser für Selbstversorger stellen eine gute und kostengünstige Alternative für Familien und Gruppenreisende dar, die länger an einem Ort bleiben wollen.

Die örtlichen Touristeninformationen haben Verzeichnisse der Unterkünfte und erledigen gegen eine geringe Gebühr meist auch Reservierungen. Im Juli und August ist es ratsam, rechtzeitig zu buchen. In diesen Monaten sind selbst Campingplätze manchmal ausgebucht.

Einige Hotels und Restaurants haben Umweltsiegel wie den Grünen Schlüssel (www.green-key.org); Ziel ist es, den Einsatz von Energie, Chemikalien und nicht erneuerbaren Ressourcen zu minimieren.

Die Preiskategorien für Unterkünfte beziehen sich auf Doppelzimmer:

€ unter 600 Kr (inkl. Campingplätze und Schlafsaalbetten)

€€ von 600 Kr bis 1500 Kr

€€€ über 1500 Kr

Camping

Mit mehr als 500 offiziellen Plätzen ist Dänemark bestens auf Camper eingestellt. Jedoch haben besonders in Badeorten einige Campingplätze nur während der Sommermonate geöffnet, andere von Frühling bis Herbst. Etwa 100 sind ganzjährig in Betrieb und einige bieten auch Nebensaisonpreise.

Auf allen Campingplätzen braucht man einen Campingpass. Die Camping Card International wird akzeptiert. Sonst muss man auf dem ersten Campingplatz oder bei der Touristeninformation ein dänisches Carnet erwerben. Ein Jahrespass, der alle Kinder unter 18 Jahren einschließt, kostet 100 Kr.

Der übliche Preis für eine Übernachtung im Zelt oder Wohnwagen beträgt für Erwachsene 55–70 Kr und für Kinder etwa die Hälfte. Im Sommer erheben manche Plätze einen Zuschlag von 30–40 Kr pro Zelt/Wohnwagen.

Viele dänische Campingplätze vermieten einfache Hütten und/oder stationäre Wohnwagen mit Platz für 4–6 Personen. Meist bieten sie eine Kochgelegenheit. Bettwäsche und Decken sind selten inbegriffen, können jedoch gegen Gebühr geliehen werden; oder man bringt einen eigenen Schlafsack mit. Eigene Duschen und Toiletten sind in der Regel nicht vorhanden; es können die des Campingplatzes mitbenutzt werden. Im Sommer werden die Hütten meist nur wochenweise vermietet – zu Preisen ab 2400 Kr.

Ein Tipp für Backpacker und Radler: Selbst als „ausgebucht" gekennzeichnete Campingplätze haben oft noch ein Plätzchen für Reisende ohne Auto.

Campen ist in Dänemark nur auf offiziellen Campingplätzen oder – mit Erlaubnis des Besitzers – auf Privatgelände erlaubt. Auch mit einem Wohnwagen oder Wohnmobil am Strand oder auf einem Parkplatz zu campen, kann Geldstrafen nach sich ziehen.

Weitere Informationen auf www.danishcampsites.dk und www.dk-camp.dk.

Ferienwohnungen und -häuser

In den Badeorten gibt es zahlreiche Ferienhäuser und -wohnungen. Sie werden meist wochenweise vermietet und müssen reserviert werden. Die Preise variieren je nach Unterkunft und Saison erheblich, liegen aber meist unter denen der Hotels.

DanCenter (☎70 13 00 00; www.dancenter.dk) vermittelt Ferienhäuser im ganzen Land. Auch viele Touristeninformationen erledigen Buchungen. Ferienhäuser bietet außerdem **Novasol** (☎70 42 44 24; www.novasol.dk).

Herrenhäuser

In Dänemark gibt es unzählige Schlösser und Herrenhäuser, die ihre stilvollen Zimmer in herrlicher Lage an Urlauber vermieten. **Danske Slotte & Herregaarde** (☎86 60

38 44; www.slotte-herregaarde.dk) vermittelt Zimmer in über 50 Herrenhäusern und kleinen Schlössern. Einzelzimmer kosten 600–1800 Kr, Doppelzimmer 700–2300 Kr – jeweils einschließlich Frühstück. Entsprechende Broschüren sind per Post und in vielen Touristeninformationen erhältlich.

Hostels

Rund 100 Jugendherbergen gehören zum Dachverband **Danhostel** (☎33 31 36 12; www.danhostel.dk), der wiederum dem weltweiten Verbund Hostelling International (HI) angeschlossen ist.

Dänische Hostels stehen Gästen aller Altersgruppen zur Verfügung – Familien und Gruppen genauso wie Einzelurlaubern. Für ein Schlafsaalbett werden meist 150–240 Kr pro Person berechnet, für Einzelzimmer 300–650 Kr, für Doppelzimmer 300–700 Kr und in größeren Zimmern 50–60 Kr pro zusätzlicher Person.

Typisch für die Schlafsäle sind einfache Etagenbetten. Decken und Kissen werden gestellt, Bettwäsche muss entweder mitgebracht oder gemietet werden (45–65 Kr pro Aufenthalt). Alle dänischen Hostels bieten ein All-you-can-eat-Frühstücksbuffet für rund 60 Kr und einige auch ein Abendessen (etwa 90 Kr) an. Die meisten haben außerdem eine Gästeküche mit Kochgeschirr.

Rechtzeitige Reservierung ist – besonders im Sommer – zu empfehlen. In manchen Hostels schließt die Rezeption bereits um 18 Uhr. In den meisten ist sie zwischen 12 und 16 Uhr nicht besetzt.

Von Mai bis September sind die Hostels häufig von Schulgruppen besucht, in der Nebensaison haben die meisten zumindest zeitweise geschlossen.

Hotels

Hotels mit Zimmern unter 600 Kr (DZ mit Bad) werden in diesem Buch als Budgetunterkünfte klassifiziert, bei 600–1500 Kr gelten sie als Mittelklasse- und bei 1500 Kr und mehr als Spitzenklassehotels. Diese Kategorien basieren auf den Standardpreisen; oft gibt es auch Rabatte.

Die billigsten Unterkünfte sind zwar recht schlicht, aber es gibt praktisch keine schäbigen oder unsicheren Hotels in Dänemark. Interessant ist, dass viele der besseren Hotels nur etwa ein Drittel mehr kosten als die Billighotels, besonders an Wochenenden oder mit einem Rabattangebot.

Kro bedeutet zwar „Landgasthof", bezeichnet aber meist ein dänisches Motel und liegt gewöhnlich an einer Hauptstraße oder am Stadtrand. Ein *kro* ist in der Regel preisgünstiger und einfacher als ein Hotel.

Sowohl Hotels als auch *kroer* bieten in der Regel ein All-you-can-eat-Frühstück, das einfach ausfallen kann (Brot, Käse und Kaffee), manchmal aber auch ein üppiges Angebot umfasst.

Die Gruppe **Danske Kroer & Hoteller** (☎75 64 87 00; www.krohotel.com) verkauft „Gutscheine" für ihre mehr als 100 Unterkünfte. Sie sind in dänischen Touristeninformationen und Reisebüros erhältlich und kosten ab rund 750 Kr für eine Nacht im Doppelzimmer, bis zu 1700 Kr und mehr für zwei Nächte in einem Zimmer für zwei Erwachsene und zwei Kinder. Eigenes Bad und Frühstück sind jeweils eingeschlossen. Allerdings gibt es Sperrzeiten, zu denen die Gutscheine nicht gelten, und Zeiten, zu denen Aufschläge von bis zu 400 Kr erhoben werden.

Privatzimmer

Wer in Privatunterkünften übernachtet, lernt Land und Leute hautnah kennen. Die Preise variieren stark, liegen aber durchschnittlich bei 400/450 Kr pro Einzel-/Doppelzimmer. Meist ist Frühstück zu einem Preis ab 60 Kr pro Person erhältlich. Die Quartiere können im Haus des Gastgebers oder in separaten Nebengebäuden liegen.

Reservierungen erledigen viele Touristeninformationen oder **Dansk Bed & Breakfast** (☎39 61 04 05; www.bedandbreakfast.dk).

Urlaub auf dem Bauernhof

Eine tolle Möglichkeit, das ländliche Dänemark zu erleben, ist ein Aufenthalt auf einem Bauernhof. Das kann eine einfache Übernachtung mit Frühstück sein oder sogar Mitarbeit auf dem Hof beinhalten. Eine gute Anlaufstelle für Interessenten ist **Landsforeningen for Landboturisme** (www.bondegaardsferie.dk). Diese Organisation vermittelt Unterkünfte auf über 110 Höfen im ganzen Land. Die Vielfalt ist beeindruckend: Von modernen Häusern bis hin zu alten, strohgedeckten Fachwerkgebäuden ist alles dabei. Die Übernachtungskosten einschließlich Frühstück betragen durchschnittlich um die 350 Kr pro Person und Tag (Kinder unter 12 Jahre zahlen die Hälfte). Zur Auswahl stehen auch Wohnungen oder kleine Bauernhäuschen für Selbstversorger mit bis zu sechs Betten, die pro Woche ca. 2500 bis 4500 Kr kosten.

Am besten ist es natürlich, vorher zu reservieren, aber manchmal sind auch unterwegs noch Bauernhäuser mit Schildern (*værelse* – Zimmer frei) zu entdecken.

Versicherung

Eine Reiseversicherung, die Diebstahl, Verlorenes und/oder medizinische Versorgung abdeckt, ist sicher keine schlechte Idee. Aber aufgepasst: Die Policen variieren sehr stark. Wichtig ist es, das Kleingedruckte zu lesen. So schließen manche Versicherungen z. B. ausdrücklich das „Ausüben gefährlicher Aktivitäten" aus, wozu auch Motorradfahren zählen kann.

Besonders zu beachten ist, ob die Police Kranken- und Rücktransporte umfasst. EU-Urlauber müssen die Europäische Krankenversicherungskarte mit sich führen (s. Gesundheit S. 332). Damit kann die ärztliche Behandlung direkt über die Versicherung abgewickelt werden.

Eine weltweit gültige Reiseversicherung gibt es unter www.lonelyplanet.com/travel_services. Sie kann hier jederzeit – sogar noch von unterwegs – online abgeschlossen, aufgestockt und in Anspruch genommen werden.

Zeit

In Dänemark gilt – wie in Deutschland – die Mitteleuropäische Zeit (MEZ).

Auch in Dänemark gibt es die Sommerzeit: Am letzten Sonntag im März werden die Uhren eine Stunde vorgestellt – und am letzten Sonntag im Oktober wieder zurück. *Klokken,* was soviel heißt wie „Uhr" (bei Zeitangaben), wird mit *kl* abgekürzt (kl 19.30 bedeutet also 19.30 Uhr).

Zoll

Besucher aus EU-Ländern dürfen 10 l Spirituosen und 800 Zigaretten zollfrei einführen. Für Besucher aus anderen Ländern sind es 1 l Spirituosen und 200 Zigaretten.

Verkehrsmittel & -wege

Die Anreise nach Dänemark gestaltet sich einfach. Die Hauptstadt Kopenhagen hat Flugverbindungen in alle Welt, und einige Fluggesellschaften fliegen auch kleinere Airports im Land an, wobei sich das bei den geringen Entfernungen kaum rechnet. Eisenbahnen, Straßen und Brücken verbinden das Land mit Deutschland und Schweden, und es gibt zahlreiche Fährverbindungen.

Im Land selbst ist das Herumreisen ebenso problemlos. Die meisten Zug-, Auto- oder Busfahrten sind so kurz, dass sie zwischen zwei Mahlzeiten passen.

Flüge, Rundfahrten und Bahntickets können online unter www.lonelyplanet.com/bookings gebucht werden.

AN- & WEITERREISE

Einreise

Einreisende aus der EU brauchen bei Ankunft per Flugzeug keine Formulare ausfüllen. Besucher, die ein Visum benötigen, werden von den Einreisebeamten etwas genauer kontrolliert. Nähere Informationen zu den Visabestimmungen s. S. 334.

An den Landesgrenzen zwischen Deutschland und Dänemark gibt es kaum Grenzkontrollen – auch wenn 2011 gelegentliche Zollkontrollen von dänischer Seite wieder eingeführt wurden. Bei der Einreise per Fähre werden die Ausweise meist nicht kontrolliert.

Reisedokumente

Deutsche, Österreicher und Schweizer benötigen für die Einreise einen gültigen Personalausweis, zur Weiterreise nach Grönland oder auf die Färöer einen Reisepass.

Flugzeug

Flughäfen

Die meisten internationalen Flüge landen auf dem **Flughafen Kopenhagen** (www.cph.dk) in Kastrup, etwa 9 km südöstlich des Stadtzentrums (weitere Informationen zum Flughafen s. S. 15).

Einige internationale Flüge steuern auch kleinere Regionalflughäfen an:

Aalborg (www.aal.dk) Für Nordjütland.

Aarhus (www.aar.dk) Für Ostjütland.

Billund (www.bll.dk) Zweitgrößter Flughafen Dänemarks; für Mitteljütland (nur einen Katzensprung von Legoland entfernt).

Esbjerg (www.esbjerg-lufthavn.dk) Für Westjütland.

Karup (www.karup-lufthavn.dk) Für Mitteljütland.

Sønderborg (www.sonderborg-lufthavn.dk) Für Südjütland.

Fluglinien

Dutzende internationale Fluggesellschaften fliegen Dänemark an. Aktuelle Informationen bieten die Internetseiten der Flughäfen.

REISEN & KLIMAWANDEL

Jede Form des Reisens, die auf Brennstoff auf Kohlenstoffbasis beruht, erzeugt CO_2, die Hauptursache des von Menschen verursachten Klimawandels. Modernes Reisen ist von Flugzeugen abhängig, die vielleicht pro Kilometer und Person weniger Kraftstoff als die meisten Autos verbrauchen, aber sehr viel weitere Strecken zurücklegen. Auch die hohen Luftschichten, in die Flugzeuge Treibhausgase (auch CO_2) und Schadstoffe ausstoßen, spielen eine wichtige Rolle beim Klimawandel.

Viele Websites bieten „Emissionsrechner", mit denen Reisende die CO_2-Emissionen ihrer Reise ausrechnen und die Auswirkung dieser Treibhausgase mit einem Beitrag für klimafreundliche Projekte in der ganzen Welt ausgleichen können. Lonely Planet gleicht die CO_2-Bilanz aller Reisen der Mitarbeiter und Autoren aus.

FEHMARN–LOLLAND

Da die Brücken- und Tunnelverbindung zwischen Dänemark und Schweden ein so großer Erfolg ist, gibt es mittlerweile Pläne für eine Verbindung zwischen der deutschen Insel Fehmarn und der dänischen Insel Lolland. Diskutiert wird noch darüber, ob die 19 km lange Lücke über den Fehmarnbelt per Brücke oder Tunnel geschlossen werden soll; darüber soll 2012 entschieden werden – wahrscheinlich wird eine Tunnellösung herauskommen.

Egal, ob Brücke oder Tunnel: Mit dem Bau soll 2014 begonnen werden, sodass die Verbindung 2020 steht und die Reisezeit zwischen Hamburg und Kopenhagen erheblich verkürzt wird. Näheres über das Projekt auf www.femern.de.

Fluglinien mit Hauptsitz in Dänemark sind:

Cimber Sterling (www.cimber.com)

Scandinavian Airlines (SAS; www.flysas.com) Fluggesellschaft Dänemarks sowie Norwegens und Schwedens.

Auf dem Landweg

Die einzige echte Landgrenze Dänemarks ist die mit Deutschland. Die Øresund-Brücke nach Schweden fungiert im Grunde ebenfalls als Landgrenze.

Auto & Motorrad

Wer mit dem eigenen Fahrzeug nach Dänemark einreist, benötigt einen gültigen Führerschein, Fahrzeugschein und Versicherungsnachweis.

DEUTSCHLAND

Die Autobahn E45 (A7) ist die Hauptroute von Deutschland nach Dänemark, es gibt jedoch auch ein paar kleinere Grenzübergänge. Von der deutschen Grenze verläuft die E45 Richtung Norden durch Jütland bis nach Frederikshavn. Dank der Brücke zwischen Jütland und der Insel Fünen und der mautpflichtigen Brücke von Fünen nach Seeland (die 18 km lange Storebæltsbroen, Brücke über den Großen Belt) kann man von Deutschland mit dem Auto bis nach Kopenhagen und weiter nach Schweden fahren.

Zu den dänischen Inseln verkehren außerdem Fähren; Näheres dazu auf S. 341.

NORWEGEN

Bei Reisen nach Norwegen sind Autofähren am günstigsten. Weitere Informationen s. S. 342.

SCHWEDEN

Die 16 km lange Øresundsbron (Øresund-Brücke) führt von Kopenhagen via Autobahn E20 nach Malmö in Schweden. Die Verbindung besteht aus einem Meerestunnel, der künstlichen Insel Peberholm und einer Hängebrücke für Straßen- und Bahnverkehr. Die Mautstation befindet sich auf der schwedischen Seite. An den mit Personal besetzten Schaltern kann man bar bezahlen, an automatisierten Schaltern per Kredit- und EC-Karte; grüne Fahrspuren sind für Autos mit speziellem Sender, die einfach durchfahren dürfen. Näheres auf www.oresundsbron.com.

Dazu gibt's noch Autofähren, z. B. Göteborg–Frederikshavn, Varberg–Grenaa und Helsingborg–Helsingør. Näheres dazu auf S. 342.

Bus

Kopenhagen ist vom übrigen Europa aus sehr gut mit dem Bus zu erreichen. Auch die größeren Städte in Jütland verfügen über internationale Busverbindungen, z. B. von Aalborg und Aarhus über den Fährhafen Hirtshals nach Norwegen.

Das umfassendste Netz bietet **Eurolines** (www.eurolines.com bzw. www.touring.de), ein Zusammenschluss verschiedener europäischer Busunternehmen. Passagiere von 12 bis 25 Jahre, Senioren (über 60) und Studierende mit gültigem Ausweis erhalten 10 % Rabatt. Kinder zwischen vier und elf Jahre bezahlen 50 % des Fahrpreises, Kinder unter drei 20 %. Ein Hin- und Rückfahrschein ist jeweils 10 bis 15 % billiger als zwei Einzelfahrscheine. Reservierung empfohlen.

In der Hochsaison (Juli und August sowie Mitte Dezember bis Anfang Januar) ist je nach Reisestrecke eventuell ein Aufschlag von 20 bis 70 Kr fällig.

BUSFAHRPREISE NACH KOPENHAGEN

VON	FAHRPREIS EINFACH	DAUER	HÄUFIGKEIT
Berlin	48 €	7 Std.	tgl.
Hamburg	44 €	5¾ Std.	tgl.
Frankfurt/Main	99 €	13 Std.	tgl.
Dresden	63 €	11 Std.	tgl.
Stockholm	385 Kr	9¾ Std.	fast tgl.

MITFAHREN

Wer zur Reduzierung der Fahrkosten Mitreisende sucht, findet auf www.carpooling.com ein – auch internationales – Suchportal.

Fahrpreise ab ausgewählten Zielen nach Kopenhagen zeigt die Tabelle auf S. 340.

Das Unternehmen **Abildskou** (www.abildskou.dk), das nicht zu Eurolines gehört, fährt von Berlin nach Aarhus (9 Std., tgl.) mit Stopps in Flensburg und Neumünster in Deutschland sowie Kolding und Vejle in Dänemark. Ab Hamburg besteht ebenfalls eine Verbindung (Stadt und Flughafen; 5–6 Std.).

Fahrrad

Fahrräder kann man per Schiff, Flugzeug oder auch Bahn mit nach Dänemark nehmen.

Bahn Für die Fahrradmitnahme in der Bahn sind je nach Zugtyp eine Fahrradkarte und eine Reservierung erforderlich.

Fähre Die Dänemark-Fähren sind gut auf Passagiere mit Fahrrädern eingestellt; der Transport ist meist sehr günstig.

Flugzeug Fahrräder können per Flugzeug transportiert werden, jedoch ändern sich die entsprechenden Regelungen der Fluglinien häufig, und die Bedingungen zum Radtransport fallen sehr unterschiedlich aus. Wer sein Rad mitnehmen möchte, sollte das weit im Voraus mit der Fluglinie abklären, am besten noch vor dem Kauf des Flugtickets.

Zug

Die dänische Staatsbahn, **Danske Statsbaner** (DSB; ☎70 13 14 15; www.dsb.dk), erteilt Auskünfte über Fahrpläne und -preise.

InterRail-Tickets gelten in Zügen der DSB. Dieses Angebot ist aber nur interessant, wenn man außer Dänemark noch weitere europäische Länder bereisen möchte. Eine Kurzinfo steht im Kasten unten.

Weitere Infos über Bahnverbindungen innerhalb Dänemarks siehe unten.

Übers Meer

Es gibt Fährverbindungen von Dänemark nach Norwegen, Schweden, Deutschland, Polen (via Schweden), Island, den Färöern und Großbritannien.

Die Fährpreise variieren stark je nach Saison und Wochentag. Am teuersten ist es gewöhnlich an Sommerwochenenden, am billigsten unter der Woche im Winter. Oft sind Ermäßigungen erhältlich, etwa für Rückfahrtickets, für Fahrzeuge inklusive Insassen, für Inhaber von Bahnpässen sowie Studenten und Senioren. Kinder zahlen meist die Hälfte des regulären Preises.

Autoreisende sollten zeitig reservieren – besonders im Sommer und an Wochenenden. Für die Mitnahme eines Fahrrads fällt in der Regel eine geringe Gebühr an.

Deutschland

BornholmerFærgen (www.faergen.de) Verkehrt von April bis Oktober von Sassnitz auf Rügen nach Rønne auf Bornholm (3½ Std., 3–8-mal wöchentl.). Die einfache Überfahrt kostet in der Hochsaison für Erwachsene 210 Kr.

Scandlines (www.scandlines.de) Fährt zu den süddänischen Inseln: Puttgarden–Rødbyhavn (auf Lolland; 85 Kr in der Hauptsaison, 45 Min., jede halbe Std.); Rostock–Gedser (auf Falster; 100 Kr in der Hauptsaison, 1¾ Std., 9-mal tgl.).

SyltExpress (www.syltfaehre.de) Verkehrt ganzjährig mehrmals am Tag zwischen Havneby (an der Westküste von Rømø) und Sylt (45 Min.). Die einfache Fahrkarte kostet für Erwachsene in der Hauptsaison 74 Kr.

Färöer & Island

Smyril Line (www.smyrilline.com) Fährt das ganze Jahr über mindestens einmal pro Woche (Fahrdauer 37 Std.) vom nordjütländischen Hafen Hirtshals zur Hauptstadt der Färöer, Tórshavn. Die einfache Überfahrt kostet für Erwachsene in der Hochsaison 505 Kr (plus mind. 360 Kr für einen

BAHNPÄSSE

InterRail-Pässe (www.interrailnet.com) sind an den meisten größeren Bahnhöfen, in Studentenreisebüros und im Internet erhältlich.

Der **Global Pass** für Bahnfahrten in 30 Ländern ist in fünf Versionen erhältlich, von fünf Reisetagen innerhalb eines Zeitraums von zehn Tagen bis zu einem ganzen Reisemonat. Die Preise variieren je nach Alter und Reiseklasse. Ein Monat freie Fahrt in der 2. Klasse kostet 619 €. Andere Preise gelten für Kinder (4 bis 11 J.), Jugendliche (12 bis 25 J.) und Senioren (ab 60 J.). Kinder bis drei Jahre fahren umsonst.

Der **Ein-Länder-Pass** für Dänemark ist für drei, vier, sechs oder acht Reisetage innerhalb eines Monats erhältlich. Ein 8-Tages-Pass kostet für Erwachsene in der 2. Klasse 235 €.

Kabinenschlafplatz). Von April bis Oktober fahren die Fähren auf einer einwöchigen Rundstrecke bis zum isländischen Seyðisfjörður, auf der sowohl auf dem Hinals auch auf dem Rückweg in Tórshavn angelegt wird. Es gibt auch Pauschalangebote.

Norwegen

Color Line (www.colorline.com) Verkehrt ganzjährig zweimal täglich auf den Strecken Kristiansand–Hirtshals (3¼ Std.) und Larvik–Hirtshals (3¾ Std.). Auf beiden Routen kostet die einfache Fahrt in der Hauptsaison für Erwachsene ab 500 Kr.

DFDS Seaways (www.dfdsseaways.com) Fährt täglich zwischen Oslo und Kopenhagen (16½ Std.). Die einfache Fahrkarte kostet für Erwachsene in der Hauptsaison ab 1100 Kr.

Fjordline (www.fjordline.com) Betreibt auf der Strecke Kristiansand–Hirtshals (einfach ab 289 Kr in der Hauptsaison, 2¼ Std.) von Mitte April bis Mitte September zwei- oder dreimal täglich einen schnellen Katamaran. Außerdem unterhält Fjordline ganzjährig Fährverbindungen von Bergen über Stavanger nach Hirtshals (Bergen–Hirtshals 20 Std., Stavanger–Hirtshals 11½ Std.). Auf beiden Strecken kostet die einfache Fahrt in der Hauptsaison für Erwachsene ab 279 Kr.

Stena Line (www.stenaline.com) Verkehrt im Juli und August täglich, sonst sechsmal pro Woche von Oslo nach Frederikshavn. Die Fahrtdauer beträgt zwischen 8½ und 13 Stunden. Die einfache Fahrkarte kostet für Erwachsene in der Hauptsaison 215 Kr.

Polen

Polferries (www.polferries.com) Fährt von Świnoujście (Swinemünde) täglich nach Ystad in Südschweden (7¾ Std.); von dort verkehrt für Passagiere ohne Auto ein Anschlussbus über die Øresund-Brücke nach Kopenhagen. Wer ein Auto dabeihat, erhält einen Passierschein für die Brücke. Von Ystad verkehren außerdem regelmäßig Fähren nach Bornholm. Die einfache Fahrkarte kostet für Erwachsene in der Hauptsaison 520 Kr.

Schweden

BornholmerFærgen (www.bornholmerfaergen.dk) Verkehrt bis zu achtmal täglich zwischen Ystad und Rønne (Bornholm; Schnellfähre 1¼ Std., regulär 2½ Std.). Die einfache Fahrkarte kostet für Erwachsene in der Hauptsaison 181 Kr.

Scandlines (www.scandlines.de) Absolviert bis zu viermal stündlich die 20-minütige Fahrt von Helsingborg nach Helsingør. Die einfache Fahrkarte kostet für Erwachsene in der Hauptsaison 28 Kr.

Stena Line (www.stenaline.com) Verkehrt auf zwei beliebten Strecken: Göteborg–Frederikshavn (300 Kr in der Hauptsaison, Schnellfähre 2 Std., regulär 3½ Std.) und Varberg–Grenaa (205 Kr in der Hauptsaison, 4¼–5¼ Std.).

UNTERWEGS VOR ORT

Auto & Motorrad

Dänemark ist ein angenehmes Land für Autoreisende. Straßenzustand und Beschilderung sind sehr gut, und der Verkehr ist – außer zur Rushhour – selbst in Großstädten gemäßigt. Viel Aufmerksamkeit erfordern jedoch die zahlreichen Radfahrer; oft haben sie Vorfahrt. Wer rechts abbiegt, muss auf jeden Fall immer nach Radfahrern Ausschau halten.

Die Autobahnauf- und -abfahrten sind klar erkennbar. Straßen aus den Stadtzentren sind nach der Stadt benannt, in die sie führen (so heißt z. B. die Straße, die von Odense nach Faaborg führt, Faaborgvej). An den Autobahnen gibt es etwa alle 50 km Tankstellen mit Toiletten, Wickelräumen und Minimärkten.

Die zahlreichen Fähren transportieren Autos zu recht günstigen Preisen: durchschnittlich das Dreifache des Preises für eine Person. Grundsätzlich sollten Autoreisende im Voraus reservieren – selbst wenn es nur wenige Stunden vorher ist. An Wochenenden und Feiertagen können die Fähren auf den Hauptrouten ausgebucht sein. Weitere Fährinformationen zu bestimmten Regionen enthalten die jeweiligen Kapitel.

Kurze, aber nützliche Infos bieten die (auch englischsprachigen) Seiten von www.trafikken.dk. Die Hotline ☎1888 bietet automatisierte Verkehrsinformationen

DIE ULTIMATIVE REISEWEBSITE

Die Hauptinformationsquelle für das Reisen in Dänemark ist www.rejseplanen.dk. Hier kann man Start und Ziel einer gewünschten Reiseroute sowie Datum und Tageszeit eingeben und erhält dann die besten Reisemöglichkeiten, egal ob zu Fuß oder mit Bus und Bahn. Die Busrouten sind verlinkt, und Fahrdauer und -preise sind aufgeführt. Wer möchte, kann auch Reisezeit, Kosten und sogar CO_2-Emissionen für die Fahrt mit öffentlichen Verkehrsmitteln bzw. dem eigenen Fahrzeug vergleichen.

ENTFERNUNGEN (KM)

	Aalborg	Kopenhagen	Esbjerg	Frederikshavn	Grenaa	Helsingør	Kalundborg	Kolding	Næstved	Nyborg	Odense	Ringkøbing	Rødby	Skagen	Thisted	Tønder	Viborg	Århus (Aarhus)
Aalborg	---																	
Kopenhagen	402	---																
Esbjerg	216	298	---															
Frederikshavn	65	465	278	---														
Grenaa	136	367	216	193	---													
Helsingør	443	47	339	506	408	---												
Kalundborg	345	103	241	408	310	139	---											
Kolding	199	230	72	261	164	271	173	---										
Næstved	342	85	238	405	307	125	71	152	---									
Nyborg	274	228	170	337	239	169	71	102	68	---								
Odense	243	165	139	306	208	206	108	71	105	37	---							
Ringkøbing	174	336	81	236	188	377	279	115	276	208	177	---						
Rødby	410	181	306	473	375	221	176	238	105	136	173	344	---					
Skagen	105	505	319	41	233	546	448	302	445	377	346	277	513	---				
Thisted	90	399	185	138	186	440	342	196	339	271	240	123	407	172	---			
Tønder	284	315	77	347	249	356	258	86	255	187	156	148	323	387	252	---		
Viborg	80	323	136	142	100	354	266	119	263	195	164	94	331	183	87	205	---	
Århus (Aarhus)	112	304	153	171	63	345	ferry	101	244	176	145	127	312	212	153	186	66	---

(Verkehrsbedingungen, Baustellen, Umleitungen) – leider nur auf Dänisch.

Führerschein

Wer im Urlaub ein Auto leihen möchte, benötigt dafür nur den nationalen und keinen internationalen Führerschein.

Kraftstoff

Erhältlich sind verbleites und bleifreies Benzin sowie Diesel. Zur Zeit der Recherche lag der Preis bei rund 12 Kr pro Liter.

In den Städten sind Tankstellen gewöhnlich bis 22 oder 24 Uhr geöffnet, es gibt jedoch auch einige rund um die Uhr geöffnete Tankstellen. Auf dem Land schließen viele Tankstellen am frühen Abend und bleiben am Wochenende ganz geschlossen. An einigen finden sich jedoch rund um die Uhr zugängliche Zapfsäulen mit Kreditkartenzahlung.

Maut

Es gibt zwei mautpflichtige Strecken in Dänemark:

» Die 18 km lange Autobahnbrücke über den **Storebælt** (Großen Belt) zwischen Fünen und Seeland (www.storebaelt.dk). Die einfache Maut für Pkw/Motorrad beträgt 220/115 Kr. Informationen unter ☎70 15 10 15.

» Die 16 km lange Autobahnstrecke über eine Brücke und durch einen Tunnel über den **Øresund** zwischen Dänemark und Schweden (www.oresundbron.com). Die einfache Maut für Pkw/Motorrad beträgt 295/165 Kr. Informationen unter ☎70 23 90 60.

Mietwagen

Mietwagen sind in Dänemark relativ teuer, auf jeden Fall teurer als in Deutschland. Wer sich jedoch ein wenig umschaut, kann erheblich sparen. Normale Preise beginnen vor Ort bei etwa 650 Kr pro Tag für einen Kleinwagen; wie überall wird es pro Tag billiger, je länger man einen Wagen mietet.

WOHNMOBILE

Dänemarkurlaube mit Wohnmobil erfreuen sich zunehmender Beliebtheit. Die meisten Campingplätze sind dafür gut ausgestattet. Allerdings ist es in Dänemark verboten, „wild“, also z. B. auf Autobahnrastplätzen, zu übernachten.

Am günstigsten ist es in der Regel, vor der Reise über eine internationale Autovermietung zu reservieren. Es lohnt sich, nach Sonderangeboten, Vorkasserabatten etc. zu fragen.

Avis, Budget, Europcar und Hertz gehören zu den größten Vermietern in Dänemark. Sie haben Büros in allen großen Städten sowie an Flughäfen und anderen Einreisestellen. Rein dänische Anbieter gibt es nur sehr wenige.

Recht günstig können Wochenendangebote sein: einschließlich Steuer und Versicherung rund 1000 Kr für einen Kleinwagen von Freitagnachmittag bis Montagmorgen. Wer weit fahren möchte, sollte auf unbegrenzte Kilometerzahl achten; sonst kann es sein, dass ab ca. 300 km jeder weitere Kilometer extra kostet.

Verkehrsregeln

» Autos und Motorräder müssen auch am Tag mit Abblendlicht fahren.

» Für den Fall einer Panne muss stets ein Warndreieck mitgeführt werden.

» Es gilt Gurtpflicht. Kinder unter 135 cm Körpergröße dürfen nur in einem Kindersitz reisen oder in einem Rückhaltesystem, das Alter, Gewicht und Größe des Kindes angepasst ist.

» Für Motorradfahrer (jedoch nicht für Radfahrer) besteht Helmpflicht.

» Geschwindigkeitsbegrenzungen: 50 km/h in geschlossenen Ortschaften, 80 km/h auf Landstraßen, bis zu 130 km/h auf Autobahnen; für Fahrzeuge mit Anhänger max. 70 km/h. Die Bußgelder für Geschwindigkeitsüberschreitungen können sehr heftig ausfallen.

» Telefonieren am Steuer ohne Freisprecheinrichtung ist verboten.

» Die Promillegrenze liegt bei 0,5.

» In der Regel braucht man zum Parken eine Parkscheibe.

» An Autobahnen gibt es alle 2 km eine Notrufsäule. Pfeile auf den Straßenbegrenzungspfosten zeigen die Richtung zur nächsten Säule an. Sonst im Notfall die ☎112 wählen.

Bus

Langstreckenbusse sind nicht so gefragt wie Züge, obwohl manche bis zu 25 % günstiger sind.

Tägliche Expressbusse fahren zwischen Kopenhagen und Aarhus (290 Kr, 3 Std.) sowie Kopenhagen und Aalborg (330 Kr, 5½ Std.). Vollständige Fahrpläne für die in Jütland angefahrenen Orte siehe www.abildskou.dk.

Täglich verkehrt außerdem ein Expressbus zwischen den jütländischen Hafenstädten Frederikshavn und Esbjerg (über Aalborg, 340 Kr, 5 Std.). Weitere Infos auf www.expressbus.dk und in den jeweiligen Kapiteln.

Fahrrad

Dänemark eignet sich bestens für einen Urlaub mit dem Fahrrad. Selbst der Transport des Rads ist günstig: Gegen eine geringe Gebühr kann es auf Fähren und in Zügen mitgenommen werden (im Flugzeug ist es komplizierter, s. S. 341). Allerdings muss die Mitnahme bei der DSB mindestens drei Stunden vor Abfahrt reserviert werden, da die Räder meist in einem separaten Zugteil transportiert werden.

Im ganzen Land gibt es traumhafte Radstrecken. Weitere Infos s. S. 310.

Es ist wichtig, das Rad immer abzuschließen – vor allem teurere Modelle. Räder werden leider recht oft gestohlen, besonders in größeren Städten.

Leihräder

In fast jedem Ort können Fahrräder gemietet werden, z. B. bei Touristeninformationen, Hotels und Campingplätzen sowie in manchen Radläden. Einige noblere Hotels bieten ihren Gästen die kostenlose Nutzung von Fahrrädern, und in den größten Städten (Kopenhagen, Aarhus, Odense, Aalborg) gibt es ein kostenloses städtisches Leihsystem *(Bycykler)*. Radfahrer müssen in Dänemark keinen Helm tragen.

Ein einfaches Fahrrad zu leihen, kostet etwa 80/350 Kr pro Tag/Woche. Helme sind meist nicht inbegriffen.

Flugzeug

Da Dänemark ein kleines Land ist und die Bahnverbindungen gut sind, bieten sich Inlandflüge nicht so sehr an. Sie werden meist von Geschäftsreisenden genutzt oder im Anschluss an internationale Flüge nach Kopenhagen. Trotzdem gibt es eine Reihe von Flügen zwischen der Hauptstadt und entfernteren Ecken des Landes.

Cimber Sterling (www.cimber.com) Bietet Flüge von Kopenhagen nach Aalborg, Aarhus, Billund, Bornholm, Karup und Sønderborg. Fliegt außerdem zwischen Billund und Bornholm.

Scandinavian Airlines (SAS; www.flysas.com) Verbindet Kopenhagen mit Aarhus und Aalborg.

Nahverkehr

Bus

Fast jede dänische Stadt verfügt über ein Nahverkehrsbusnetz. In kleineren Orten befindet sich der Knotenpunkt der Stadtbusse zumeist beim Bahnhof und/oder Fernbus-Bahnhof.

Eine normale Busfahrt kostet gewöhnlich zwischen 18 und 26 Kr. Günstiger ist eine Mehrfahrtenkarte (z. B. eine Zehnerkarte), die *klippekort*.

Taxi

Taxis stehen generell in Innenstädten, nahe großen Einkaufszentren und an Bahnhöfen. Leuchtet das *fri*-Zeichen (oder ein grünes Licht), ist das Taxi frei und kann durch Winken angehalten werden. Aber man kann auch jederzeit telefonisch ein Taxi bestellen. Das Trinkgeld ist bereits im Fahrpreis inbegriffen.

Schiff/Fähre

Die vielen Inseln Dänemarks sind durch ein umfassendes Fährnetz miteinander verbunden. Näheres in den jeweiligen Regionalkapiteln.

Trampen

Per Anhalter zu fahren, ist nirgendwo auf der Welt sicher und daher nicht zu empfehlen. Wer dennoch trampt, sollte sich darüber im Klaren sein, dass er ein zwar geringes Risiko, jedoch potenziell mit ernsthaften Konsequenzen eingeht.

Trampen ist in Dänemark nicht sehr weit verbreitet und daher auch nicht sehr praktisch. Auf Autobahnen ist es außerdem verboten.

Näheres zum Trampen auf www.digihitch.com.

Zug

Dänemark hat ein zuverlässiges Bahnsystem mit günstigen Preisen und guten Verbindungen. Das Netz deckt den größten Teil des Landes ab, mit Ausnahme der südlichen Inseln und eines Teils von Nordwestjütland. Hier ersetzt ein gut ausgebautes Busnetz die Bahn.

Die meisten Fernzüge verkehren auf Hauptstrecken den ganzen Tag über mindestens stündlich. Die staatliche Bahngesellschaft **DSB** (☎70 13 14 15; www.dsb.dk) betreibt so gut wie alle Züge in Dänemark. Es gibt folgende Zugtypen:

InterCity (IC) Ultramodern und sehr komfortabel mit Leselicht, Kopfhörerbuchsen, Spielbereichen für Kinder.

InterCityLyn (ICL) Auf einigen viel befahrenen Strecken. Ausstattung wie ein InterCity, aber mit weniger Haltestellen.

Regionaltog Regionalzüge; gewöhnlich keine Reservierung möglich.

S-tog Die Stadtbahnen/S-Bahnen im Großraum Kopenhagen.

Preise & Ermäßigungen

Die Standardpreise liegen bei etwas über 1 Kr pro Kilometer; die teuerste Zugstrecke ist mit rund 450 Kr die von Kopenhagen nach Skagen. Die Gebühr für eine Platzreservierung beträgt 30 Kr. Genauso wie in Deutschland gibt es in den Zügen auch Ruhezonen (die sehr ernst genommen werden!).

Ein **DSB 1** (1.-Klasse-Ticket) kostet gewöhnlich 50 % mehr als ein Normalticket. Mit einem DSB1-Ticket hat man in IC- und ICL-Zügen eine automatische Sitzplatzgarantie.

Es gibt folgende Rabatte:

Kinder unter 12 Jahre Fahren in Begleitung eines mit einer normalen Fahrkarte reisenden Erwachsenen kostenlos; jeder Erwachsene kann bis zu zwei Kinder umsonst mitnehmen.

> **TIPP**
>
> Fast alle Bahnhöfe verfügen über Gepäckschließfächer (ab 20 Kr für 24 Std.).

Kinder unter 15 Jahre Zahlen 50 % eines Erwachsenentickets.

Gruppen Für Minigruppen von drei bis sieben Personen (mindestens zwei Erwachsene), die auf derselben Fahrkarte reisen, gibt es 20 % Rabatt; für acht oder mehr Erwachsene ist ein *gruppebillet* erhältlich (Näheres dazu bei der DSB).

Orange Ermäßigte Fahrkarten (z. B. 99 Kr für längere Strecken wie von Kopenhagen nach Aarhus) – jedoch ist die Zahl dieser Tickets begrenzt. Die Karten sollte man so weit wie möglich im Voraus kaufen (bis zwei Monate vor Fahrtantritt); bessere Chancen auf ein günstiges Ticket hat, wer montags bis donnerstags oder an einem Samstag außerhalb der Hauptverkehrszeiten reist.

Senioren (ab 65 J.) Erhalten freitags und sonntags 25 % und an den anderen Tagen 50 % Ermäßigung.

Jugendliche (16 bis 25 J.) Können für 185 Kr eine ein Jahr gültige DSB WildCard (Jugendkarte) erwerben und erhalten damit freitags und sonntags 25 % und an den anderen Tagen 50 % Ermäßigung.

Bahnpässe

Näheres zu den Bahnpässen, die man in Dänemark benutzen kann und die teilweise vor der Ankunft im Land gekauft werden müssen, s. Kasten S. 341.

Sprache

NOCH MEHR DÄNISCH

Zusätzliche Informationen zur Sprache und nützliche Wendungen für diejenigen, die fit in Englisch sind, gibt es im *Scandinavian Phrasebook* von Lonely Planet. Es kann online auf **shop.lonelyplanet.com** oder als Lonely Planet iPhone Phrasebook im Apple App Store erworben werden.

Als Mitglied der nordgermanischen Sprachenfamilie ist Dänisch eng mit Schwedisch und Norwegisch verwandt. Die Sprache wird von etwa 5,5 Mio. Dänen gesprochen und ist nicht nur die offizielle Landessprache Dänemarks sondern – neben Grönländisch und Färöisch – auch zweite Amtssprache auf Grönland und den Färöern. Bis 1944 war Dänisch auch auf Island offizielle Amtssprache und wird dort heute noch in den Schulen als erste Fremdsprache unterrichtet. In Schleswig-Holstein genießt Dänisch einen besonderen Status als Minderheitensprache der dort lebenden 30 000 Dänen.

Die dänische Aussprache hat einige Eigenheiten und ist für Ausländer nicht ganz einfach zu meistern. Vokale werden in zwei Variationen, gedehnt oder kurz, ausgesprochen, dazukommen „zusammengezogene Vokale“ bzw. Diphtonge. Konsonanten werden häufig „verschluckt“ oder weggelassen, sodass (in Verbindung mit Vokalen) ein Kehlkopflaut oder *stød* (stöjdh) entsteht. Die betonten Silben sind in der Aussprachehilfe kursiv gedruckt; höfliche bzw. informelle Formen sind mit „hf“ bzw. „inf“ gekennzeichnet.

GRUNDLAGEN

Hallo.	*Goddag.*	gu·*da*
Tschüss.	*Farvel.*	far·*vel*
Ja./Nein.	*Ja./Nej.*	ja/nei
Bitte.	*Vær så venlig.*	vär sso *ven*·lij
Danke.	*Tak.*	tack
Bitte schön.	*Selv tak.*	sel tack
Entschuldigen Sie.	*Undskyld mig.*	*unn*·sküll mei
Tut mir leid.	*Undskyld.*	*unn*·sküll

Wie geht's?
Hvordan går det? — wur·*den* gor dee

Gut, danke.
Godt, tak. — gott tack

Wie heißen Sie/heißt du?
Hvad hedder De/du? (hf/inf) — wa *hey*·a di/du

Mein Name ist ...
Mit navn er ... — mitt naun är ...

Sprechen Sie/Sprichst du Deutsch/Englisch?
Taler De/du tysk/engelsk? (hf/inf) — *ta*·la di/du tüsk/*eng*·elsk

Ich verstehe nicht.
Jeg forstår ikke. — jei for·*stor i*·cke

UNTERKUNFT

Wo ist ein ...?	*Hvor er der ...?*	wor är der ...
Campingplatz	*en campingplads*	en *kaam*·ping·plas
Gasthaus	*et gæstehus*	et *ges*·te·hus
Hotel	*et hotel*	et ho·*tel*
Jugendherberge	*et vandrehjem*	et *vän*·dre·hjem
Haben Sie ein ... Zimmer?	*Har De et ... værelse?*	haar di et ... *wärl*·se
Einzel	*enkelt*	*eng*·kelt
Doppel	*dobbelt*	*do*·bbelt
Wieviel kostet es ...?	*Hvor meget koster det*	wor *mee*·jet *kos*·ta dee
pro	*per ...?*	peer ...
Nacht	*nat*	natt
Person	*person*	per·*son*

RICHTUNGSANGABEN

Wo ist ...?
Hvor er ...? wor är ...

Wie ist die Adresse?
Hvad er adressen? waa är a·dräs·sen

Können Sie mir das (auf der Karte) zeigen?
Kan De/du vise mig det (på kortet)? (hf/inf) kan di/du vi·se mei dee (po kor·tet)

Wie weit ist es (entfernt)?
Hvor langt (væk) er det? wor längt (väg) är dee

Wie komme ich dahin?
Hvordan kommer jeg derhen? wor·dän ko·ma jei där·hen

Biege ...	*Drej ...*	drai ...
an der Ampel	*ved trafiklyset*	vee traa·fik·lü·set
an der Ecke	*ved hjørnet*	vee hjör·nedh
links	*til venstre*	til vens·tre
rechts	*til højre*	til höj·re

Es ist ...	*Det er ...*	de är ...
an der Ecke	*på hjørnet*	po hjör·net
gegenüber	*på modsate side af ...*	po mohdh·sa·te si·dhe a ...
geradeaus	*lige ud*	li·e udh
hinter ...	*bag ...*	baa ...
links	*til venstre*	til vens·tre
nahe (bei ...)	*nær (ved)*	när (vee ...)
neben ...	*ved siden af ...*	vee si·dhen a ...
rechts	*til højre*	til höj·re
vor ...	*foran ...*	fo·ran ...
weit (entfernt)	*langt (væk)*	längt (väg)

ESSEN & TRINKEN

Was würden Sie/würdest du empfehlen?
Hvad kan De/du anbefale? (hf/inf) wa kan di/du an·bee·fa·le

Was ist die örtliche Spezialität?
Hvad er den lokale specialitet? wa är den loh·ka·le spee·sia·li·teet

Haben Sie vegetarische Gerichte?
Har De vegetarmad? haar di vee·ge·taar·madh

Prost!
Skål! skool

Ich hätte gerne ..., bitte.	*Jeg vil gerne have ..., tak.*	jei vil ger·ne ha ... taak
dieses Gericht	*den ret*	den rät
Karte	*menuen*	me·nü·en
Rechnung	*regningen*	ree·ning·en
Weinkarte	*vinkortet*	vin·kor·tet

Schilder

Indgang	Eingang
Udgang	Ausgang
Åben	Geöffnet
Lukket	Geschlossen
Forbudt	Verboten
Toilet	Toiletten
Herrer	Männer
Damer	Frauen

Könnten Sie ein Gericht kochen ohne ...?	*Kan De lave et måltid uden ...?*	kan di la·ve et mol·tidh u·dhen ...
Butter	*smør*	smör
Ei	*æg*	äg
Fleisch	*kødboullion*	ködh·bu·ll·jong

Mini-Sprachführer

Abendessen	*middag*	mi·da
Bar	*bar*	baar
Café	*café*	ka·fee
Essen	*mad*	madh
Flasche	*flaske*	flas·ke
Frühstück	*morgenmad*	morrn·madh
Gabel	*gaffel*	gaf·fel
Getränk	*drink*	drink
Glas	*glas*	glas
heiß	*varm*	vaarm
Imbiss	*mellemmåltid*	me·lem·mol·tidh
kalt	*kold*	kol
Karte	*menu/spisekort*	me·nü/spi·se·kort
Kindergericht	*børne menu*	bör·ne·me·nü
Löffel	*ske*	skee
Markt	*marked*	maar·kedh
Messer	*kniv*	kniiv

Fragewörter

Wann?	*Hvornår?*	wor·nor
Warum?	*Hvorfor?*	wor·for
Was?	*Hvad?*	wa
Wer?	*Hvem?*	wem
Wie?	*Hvordan?*	wor·dän
Wo?	*Hvor?*	wor

mit	med	mee
Mittagessen	frokost	froh·kost
ohne	uden	u·dhen
Restaurant	restaurant	res·toh·rang
Tagesgericht	dagens ret	da·ens rät
Tasse	kop	kop
Teelöffel	teske	tee·skee
Teller	tallerken	ta·ller·ken

Fleisch & Fisch

Aal	ål	ool
Dorsch	torsk	torsk
Fisch	fisk	fisk
Fleisch	kød	ködh
Forelle	forel/ørred	foh·rel/ör·redh
Hammel	fårekød	fo·re·ködh
Hering	sild	sil
Huhn	hønsekød	hön·se·ködh
Hummer	hummer	hu·ma
Kalb	kalvekød	kal·ve·ködh
Lachs	laks	laks
Lamm	lammekød	la·me·ködh
Meeresfrüchte	skaldyr	skal·dür
Rind	oksekød	ok·se·ködh
Schwein	svinekød	svi·ne·ködh
Steak	engelsk bøf	eng·elsk böf
Thunfisch	tunfisk	tun·fisk

Obst & Gemüse

Ananas	ananas	a·na·nas
Apfel	æble	äb·le
Aprikose	abrikos	a·bri·kohs
Banane	banan	ba·nan
Birne	pære	pä·re
Blumenkohl	blomkål	blom·kol
Bohnen	bønner	bö·na
Champignon	champignon	sham·pin·jong
Erbsen	ærter	är·ta
Erdbeere	jordbær	jor·bär
Erdnuss	jordnød	jor·nödh
Frucht	frugt	frugt
Gemüse	grønsag	grön·saa
Gurke	agurk	a·gurk
Kartoffel	kartoffel	ka·to·ffel
Kirsche	kirsebær	kir·se·bär
Kohl	kål	kol
Lauch	porre	po·re
Mais	majs	mais
Möhren	gulerødder	gu·le·rö·dha
Nuss	nødder	nö·dha
Orange	appelsin	a·pel·sin
Pfirsich	fersken	fers·ken
Pflaume	blomme	blo·me
Spinat	spinat	spi·nat
Wassermelone	vandmelon	vän·mee·lon
Zitrone	citron	si·trohn
Zwiebel	løg	löj

Sonstiges

Brot	brød	brödh
Butter	smør	smör
Ei	æg	äg
Eis	is	is
Honig	honning	ho·ning
Käse	ost	oost
Knoblauch	hvidløg	vidh·loj
Kuchen	kage	ka·e
Marmelade	syltetøj	sül·te·toj
Nudeln	nudler	nudh·la
Pfeffer	peber	pee·wa
Reis	ris	ris
Sahne	fløde	flö·dhe
Salat	salat	sa·lat
Suppe	suppe	sup·pe
Zucker	sukker	suk·ka

Getränke

Bier	øl	öl
Buttermilch	kærnemælk	kär·ne·melk
Kaffee	kaffe	ka·fe
Limonade	citronvand	si·trohn·vän
Milch	mælk	mälk
Mineral-wasser	mineralvand/ danskvand	mi·ne·ral·vän/ dansk·vän
Rotwein	rødvin	rödh·vin
(Orangen) saft	(appelsin-) juice	(aa·pel·sin·) jus
Sekt	mousserende vin	mu·see·ra·ne vin
Softdrink	sodavand	soh·da·vän
Tee	te	tee
Wasser	vand	vän
Weißwein	hvidvin	vidh·vin

IM NOTFALL

Hilfe!	*Hjælp!*	hjälp
Geh weg!	*Gå væk!*	go väg
Rufe ...!	*Ring efter ...!*	ring *ef*·ta ...
einen Arzt	*en læge*	en *le*·je
die Polizei	*politiet*	poh·li·*ti*·et

Das ist ein Notfall!
Det er et nødstilfælde! dee är et *nödhs*·til·fä·le

Ich habe mich verfahren.
Jeg er faret vild. jei är *faa*·ret vil

Ich bin krank.
Jeg er syg. jei är süj

Hier tut es weh.
Det gør ondt her. de gör unt här

Ich bin allergisch gegen (Antibiotika).
Jeg er allergisk over for (antibiotika). jei är a·*ler*·gisk *o*·va for (an·ti·bi·*oh*·ti·ka)

Wo ist die Toilette?
Hvor er toilettet? wor är toi·*le*·tet

EINKAUFEN & DIENSTLEISTUNGEN

Wo ist ...?	*Hvor er ...?*	wor är ...
eine Bank	*der en bank*	där en bank
ein Geldautomat	*der en pengeautomat*	där en *penj*·au·toh·mat
ein Internet-Café	*den internet café*	en *in*·ta·net ka·*fee*
die Post	*der et postkontor*	där et *post*·kon·tohr
die nächste Telefonzelle	*den nærmeste telefonboks*	den *när*·mes·te te·le·*fohn*·boks
eine öffentliche Toilette	*der et offentligt toilet*	där et *o*·ffent·lit toi·*let*
die Touristeninformation	*turistkontoret*	tu·*rist*·kon·toh·ret

Ich suche ...
Jeg leder efter ... jei *le*·dha *ef*·ta ...

Darf ich mal sehen?
Må jeg se? mo jei see

Hätten Sie noch andere?
Har De andre? haar di *aan*·dre

Wieviel kostet es?
Hvor meget koster det? wor *mee*·jet *kos*·ta dee

Das ist zu teuer.
Det er for dyrt. dee är for dürt

Was ist der günstigste Preis?
Hvad er jeres laveste pris? wa är *je*·res *la*·ve·ste pris

Da ist ein Fehler in der Rechnung (Restaurant/Geschäft)
Der er en fejl i regningen/kvitteringen. där är en feel i *rej*·ning·en/kvi·*tee*·ring·en

ZEITANGABEN & DATEN

Wie spät ist es?
Hvad er klokken? wa är *klo*·ken

Es ist (zwei) Uhr.
Klokken er (to). *klo*·kken är (to)

Halb (zwei)
Halv (to). hal (to)

Zu welcher Zeit ...?
Hvad tid ...? wa tiidh ...

Um ...
Klokken ... *klo*·ken ...

morgens	*om morgenen*	om *morr*·nen
nachmittags	*om eftermiddagen*	om *ef*·tee·mi·da·en
abends	*om aftenen*	om *aaft*·nen
gestern	*i går*	i gor
heute	*i dag*	i da
morgen	*i morgen*	i morrn

Zahlen

1	*en*	en
2	*to*	to
3	*tre*	tree
4	*fire*	fir
5	*fem*	fem
6	*seks*	seks
7	*syv*	sü
8	*otte*	*ot*·te
9	*ni*	ni
10	*ti*	ti
20	*tyve*	*tü*·ve
30	*tredive*	*tredh*·ve
40	*fyrre*	*für*·re
50	*halvtreds*	hal·tres
60	*tres*	tres
70	*halvfjerds*	hal·fjers
80	*firs*	firs
90	*halvfems*	hal·fems
100	*hundrede*	*hun*·re·dhe
1000	*tusind*	*tu*·sen

Montag	*mandag*	*men*·da
Dienstag	*tirsdag*	*tirs*·da
Mittwoch	*onsdag*	*uns*·da
Donnerstag	*torsdag*	*tors*·da
Freitag	*fredag*	*fre*·da
Samstag	*lørdag*	*lör*·da
Sonntag	*søndag*	*sön*·da

Januar	*januar*	*ja*·nu·ar
Februar	*februar*	*feb*·ru·ar
März	*marts*	maarts
April	*april*	a·*pril*
Mai	*maj*	mai
Juni	*juni*	*ju*·ni
Juli	*juli*	*ju*·li
August	*august*	au·*gust*
September	*september*	sep·*tem*·ba
Oktober	*oktober*	ohk·*toh*·ba
November	*november*	noh·*vem*·ba
Dezember	*december*	dee·*sem*·ba

VERKEHRSMITTEL & -WEGE

Öffentliche Verkehrsmittel

Ist das ... (Aarhus)?	*Er dette ... til (Århus)?*	är *dä*·tte ... til (*or*·hus)
der Bus	*bussen*	*bus*·sen
das Flugzeug	*flyet*	*flü*·et
das Schiff	*båden*	*bo*·dhen
der Zug	*toget*	*to*·et

Wann fährt der ... Bus?	*Hvad tid er den ... bus?*	wa tidh är den ... bus
erste	*første*	*förs*·te
letzte	*sidste*	*sis*·te
nächste	*næste*	*näs*·te

Verkehrszeichen

Ensrettet	Einbahnstraße
Indkørsel Forbudt	Keine Einfahrt
Motorvej	Autobahn
Omkørsel	Umleitung
Parkering Forbudt	Parken verboten
Selvbetjening	Selbstbedienung
Vejarbejde	Straßenarbeiten
Vigepligt	Vorfahrt beachten

Ein ... Fahrschein (nach Odense), bitte.	*En ... billet (til Odense), tak.*	in ... bil *let* (til *oh*·dhen·se) tack
einfach	*enkelt*	*eng*·kelt
hin- & zurück	*retur*	ree·*tur*

Wann kommt (der Zug) an/fährt ab?
Hvornår ankommer/ afgår (toget)? — wor·*nor an*·ko·ma/ *af*·gor (*to*·et)

Hält er in (Østerport)?
Stopper den/det på (Østerport)? — *sto*·pa den/de po (*ös*·ta·port)

Was ist die nächste Station/der nächste Halt?
Hvad er næste station/ stoppested? — wa är *näs*·te sta·*schohn*/ *sto*·pe·stedh

Könnten Sie mir sagen, wann wir in (Roskilde) sind.
Sig venligst til når vi kommer til (Roskilde). — si *ven*·list til nor vi *ko*·ma til (*ros*·kil·le)

Bitte bringen Sie mich zu (dieser Adresse).
Vær venlig at køre mig til (denne adresse). — vär *ven*·li at *kö*·re mei til (*de*·ne a·*dres*·se)

Bitte halten Sie hier.
Venligst stop her. — *ven*·list stop här

Auto & Fahrrad

Ich möchte ein ... mieten	*Jeg vil gerne leje en ...*	jei vil *ger*·ne *lei*·je en ...
Auto	*bil*	bil
Fahrrad	*cykel*	*sü*·kel
Motorrad	*motorcykel*	*moh*·tor·sü·kel

Benzin	*benzin*	ben·*sin*
Luft	*luft*	luft
Öl	*olie*	*ohl*·ie
Parkplatz	*parkere*	paar·*kee*·re
Reifen	*dæk*	däk
Tankstelle	*benzin-station*	ben·*sin*·sta·schohn

Ist das die Straße nach (Kronborg Slot)?
Fører denne vej til (Kronborg Slot)? — fö·ra *de*·ne vei til (*krohn*·borg slot)

Komme ich da mit dem Fahrrad hin?
Kan jeg cykle derhen? — kan jei *sük*·le där·*hen*

Ich brauche einen Mechaniker.
Jeg har brug for en mekaniker. — jei haar bru for en me·*ka*·ni·ka

Ich habe kein Benzin mehr.
Jeg er løbet tør for benzin. — jei är *lö*·bet tör for ben·*sin*

Ich habe einen Platten.
Jeg er punkteret. — jei är pung·*tee*·ret

GLOSSAR

Die Buchstaben æ, ø und å stehen am Ende des dänischen Alphabets. Begriffe und Wendungen zu Essen und Trinken, s. S. 320

akvavit – Schnaps
allé – Allee
amt – Landkreis
apotek – Apotheke

bad – Bad
bageri – Bäckerei
bakke – Hügel
banegård – Bahnhof
bibliotek – Bibliothek
billet – Fahrschein (P-billet bedeutet, dass ein Parkschein benötigt wird)
billetautomat – Fahrschein- bzw. Parkscheinautomat
Bue Flag– internationale Auszeichnung von Stränden und Yachthäfen für hohe Qualität in Bezug auf Sauberkeit, Sicherheit und Umweltverträglichkeit
bro – Brücke
bryggeri – Brauerei
bugt – Bucht
by – Stadt
børnemenu – Kindergericht

campingplads – Campingplatz
cykel – Fahrrad

dag – Tag
dagens ret – Tagesgericht
dansk – Dänisch
domkirke – Dom
DSB – Danske Statsbaner (Dänische Eisenbahngesellschaft)
dyrepark – Zoo
døgn – Zeitspanne von 24 Stunden

Fyn – Fünen
fyr – Leuchtturm
færge – Fähre
færegehavn – Fährhafen

gade – Straße
gammel, **gamle** – alt
gård – (Bauern)Hof

hav – Meer
have – Garten
havn – Hafen
helligdage – Feiertage
hus – Haus
hverdage – wochentags (Montag bis Freitag)
hygge – gemütlich machen (Verb), Gemütlichkeit (Substantiv)
hyggelig – gemütlich (Adjektiv)
hytte – Hütte

IC – Intercity-Zug
IR – Interregio-Zug

jernbane – Eisenbahn
Jylland – Jütland

kart – Karte
keramik – Töpferware
kirke – Kirche
kirkegård – Friedhof
klint – Klippe
klippekort – Mehrfachfahrschein
klit – Düne
kloster – Kloster
konditori – Konditorei
kort – Karte
kro – Krug
kunst – Kunst
køkken – Küche
køreplan – Fahrplan

lufthavn – Flughafen
lystbådehavn – Yachthafen

mad – Essen
magasin – Kaufhaus
morgenmad – Frühstück
museet – Museum
møntvask –Münzwaschmaschine

nat – Nacht
nord – Norden
ny – neu

og – und

plads – Platz
plantage – Pflanzung, Baumschule
P-skive – Parkscheibe
pris – Preis

retter – Gerichte (Essen)
rundkirke – Rundkirche, auf Bornholm
rutebilstation – Busbahnhof (für Fernbusse)
røgeri – Räucherei
rådhus – Rathaus

samling – Sammlung (meist Kunst)
Sjælland – Seeland
skov – Wald
slagter – Schlachter
slot – Schloss
smørrebrød – belegtes Butterbrot
sti – Pfad, Weg
strand – Strand
stykke – Stück
sund – Meerenge
svømmehal – Schwimmbad
syd – Süden
sø – See

teater – Theater
tog – Zug
torv, **torvet** – Platz, Marktplatz
turistkontor – Touristeninformation
tårn – Turm

udsigt – Aussicht
uge – Woche

vandrerhjem – Jugendherberge
vej – Straße
vest – Westen
værelse – Zimmer (zu vermieten);

wienerbrød – Kopenhagener, dänisches Plundergebäck, wörtlich „Wiener Brot“

ø – Insel, meist als Suffix hinter dem eigentlichen Namen der Insel
øl – Bier
øst – Osten

å – Fluss
år – Jahr

Hinter den Kulissen

WIR FREUEN UNS ÜBER EIN FEEDBACK

Post von Travellern zu bekommen, ist für uns ungemein hilfreich – Kritik und Anregungen halten uns auf dem Laufenden und helfen, unsere Bücher zu verbessern. Unser reiseerfahrenes Team liest alle Zuschriften genau durch, um zu erfahren, was an unseren Reiseführern gut und was schlecht ist. Wir können solche Post zwar nicht individuell beantworten, aber jedes Feedback wird garantiert schnurstracks an die jeweiligen Autoren weitergeleitet, rechtzeitig vor der nächsten Nachauflage. Wir bedanken uns durch die Nennung der Namen für die Beiträge; besonders wertvolle Hinweise werden mit ausgewählten Digital-Kapiteln belohnt.

Wer uns schreiben will, erreicht uns über **www.lonelyplanet.de/kontakt**

Hinweis: Da wir Beiträge möglicherweise in Lonely Planet Produkten (Reiseführer, Websites, digitale Medien) veröffentlichen, ggf. auch in gekürzter Form, bitten wir um Mitteilung, falls ein Kommentar nicht veröffentlicht oder ein Name nicht genannt werden soll. Wer Näheres über unsere Datenschutzpolitik wissen will, erfährt das unter www.lonelyplanet.com/privacy.

DANK VON LONELY PLANET

Vielen Dank an die folgenden Leser, die mit der letzten Auflage unterwegs waren und uns hilfreiche Hinweise, nützliche Tipps sowie interessante Anekdoten geschickt haben:

G. Borchorst, Rowena Cahill, Marta Fernández, Ines Freier, Edward Arturo Haeusler, Kathrine Hansen, Mike Honings, Gary Kauffman, Jesper Klausholm, Jens Højlund Lauridsen, Henrik Madsen, Mick Mandrup, Annemarie Oorthuizen, Despoina Papadopoulou, Brian Quinn, Louisa Radice, Morag Reynish, Rolf Richardson, Ander Schroeder, Alex Smith, Vic Sofras, Mikkel Sönnichsen, T. J. van de Ven, Arie van Oosterwijk, Bart vd Nieuwenhuizen, Guy Voets, Stephen Ziguras

DANK DER AUTOREN

Carolyn Bain

Ganz herzlich danke ich meiner dänischen Familie, den Østergaards, die mich immer wieder mit so viel Wärme in den Schoß der Familie aufnehmen. Durch die besondere Unterstützung der Folgenden ist die Reise unvergesslich geworden: Sally O'Brian und William und Fiona Reeve waren tolle Begleiter im Noma; mit Graham Harris war Legoland ein großer Spaß; Karin Vidstrup Monk begleitete mich bei der Kaffeekritik in Aarhus. Poul Nielsen gilt mein Dank für seine Gastfreundschaft in Hald Ege, und Cristian Bonetto danke ich dafür, dass er mich beim Schreiben immer wieder zum Lachen gebracht hat und für seine tolle Arbeit. Und schließlich *tusind tak* an die zahllosen Dänen, die mich so großzügig mit ihrem Wissen unterstützt haben, darunter Tina Jensen, Peter Jacobsen, Marie-Louise Munter und Christian Holmsted Olesen.

Cristian Bonetto

Ein aufrichtiges *tak* geht an alle, die mir ihr Fachwissen zur Verfügung gestellt haben, bei Themen wie dänischer Kunst, bei Design und Essen bis hin zu Tipps über die besten Fahrradwege. Ganz besonders danke ich Vivi Schlechter, Henrik Bajer, Daniel Kruse, Tue Hesselberg Foged sowie Mads und Mikkel Marschall. Und in der Heimat gebührt ein großer Dank meinen Co-Autoren Carolyn Bain und Andrew Stone.

Andrew Stone

Noch einmal ein herzliches Dankeschön an Michael und Lissen, die der erste Grund für meinen Besuch in Dänemark und auch jetzt wieder so herrlich gastfreundlich waren: Kommt bloß nicht auf die Idee, das Schloss jemals wieder zu verlassen. Bei den Recherchen vor Ort waren die vielen Touristeninformationen außerordentlich hilfreich und natürlich auch die Einheimischen, die mir gern Tipps und Ratschläge gaben. *Tusind tak*.

QUELLENNACHWEIS

Die Daten für die Klimakarte stammen von Peel MC, Finlayson BL & McMahon TA (2007) „Updated World Map of the Köppen-Geiger Climate Classification", *Hydrology and Earth System Sciences*, 11, 163344.

Titelfoto: Nyhavn Kanal, Kopenhagen; Massimo Borchi/Corbis

Viele Fotos in diesem Reiseführer können unter www.lonleyplanetimages.com lizenziert werden.

Über dieses Buch

Dies ist die 2. deutsche Auflage von Dänemark, sie basiert auf der mittlerweile 6. englischen Auflage, die von Carolyn Bain, Cristian Bonetto und Andrew Stone recherchiert wurde. An der 5. Auflage haben Andrew Stone, Carolyn Bain, Michael Booth und Fran Parnell mitgearbeitet, und für die 4. Auflage waren Andrew Bender, Sally O'Brien, Andrew Stone, Rick Starey und Michael Grosberg vor Ort. Glenda Bednure und Ned Friary haben die 1. Auflage verfasst und das Buch für die 2. und 3. Auflage aktualisiert. Die englische Ausgabe dieses Reiseführers wurde vom Londoner Lonely Planet Büro in Auftrag gegeben. Produziert wurde sie von:

Verantwortliche Redakteure Katie O'Connell, Glenn van der Knijff
Leitender Redakteur Evan Jones
Leitender Kartograf Jolyon Philcox
Leitende Layoutdesignerin Wendy Wright
Redaktion Barbara Delissen, Brigitte Ellemor, Martine Power, Kirsten Rawlings
Kartografie Amanda Sierp
Layout Chris Girdler, Jane Hart
Redaktionsassistenz Janet Austin, Kim Hutchins, Kate Kiely, Anne Mulvaney,Gabrielle Stefanos
Kartografieassistenz Enes Basic, Jennifer Johnson
Layoutassistenz Joseph Spanti
Umschlagdesignerin Liz Abbott
Bildredaktion Sabrina Dalbesio
Redaktion Sprachführer Annelies Mertens

Dank an Helen Christinis, Ryan Evans, Yvonne Kirk, Trent Paton, Susan Paterson, John Taufa, Branislava Vladisavljevic, Gerald Walker, Juan Winata

DIE LONELY PLANET STORY

Ein ziemlich mitgenommenes, altes Auto, ein paar Dollar in der Tasche und Abenteuerlust – 1972 war das alles, was Tony und Maureen Wheeler für die Reise ihres Lebens brauchten, die sie durch Europa und Asien bis nach Australien führte. Die Tour dauerte einige Monate, und am Ende saßen die beiden – erschöpft, aber voller Inspiration – an ihrem Küchentisch und schrieben ihren ersten Reiseführer *Across Asia on the Cheap*. Innerhalb einer Woche hatten sie 1500 Exemplare verkauft. Lonely Planet war geboren.

Heute hat der Verlag Büros in Melbourne, London und Oakland mit mehr als 600 Mitarbeitern und Autoren. Und alle teilen Tonys Überzeugung, dass ein guter Reiseführer drei Dinge erfüllen sollte: informieren, bilden und amüsieren. Und an diesem Grundsatz änderte sich auch nichts, als 2011 BBC Worldwide alleiniger Inhaber von Lonely Planet wurde.

DIE AUTOREN

Carolyn Bain

Hauptautorin, Süd-, Mittel- & Nordjütland

Die in Melbourne geborene Carolyn hat als Teenager ein unvergessliches Jahr im Herzen Jütlands verlebt. Sie spricht (etwas gebrochen) Dänisch mit einem *jysk* (jütländischen) Akzent – nach Aussage von Leuten, die es wissen müssen. Seit damals kehrt Carolyn so oft wie möglich nach Dänemark zurück, um in die Gastfreundschaft, Geschichte und *hygge* einzutauchen. Und sie kommt natürlich regelmäßig vorbei, wenn sie die Reiseführer zu verschiedenen Teilen Nordeuropas (darunter Schweden und Estland) aktualisiert. Wie schon in der vorigen Auflage hat sie auch diesmal Jütland bearbeitet, und wie bei jeder Reise nach Dänemark hat sie auf Flohmärkten nach Designerstühlen gesucht, viele dänische Frühstücksteller verputzt und ihre Lieblingsorte Skagen und Ribe besucht.

Mehr über Carolyn Bain unter:
lonelyplanet.com/members/carolynbain

Cristian Bonetto

Kopenhagen; Seeland; Møn, Falster & Lolland; Bornholm

Als Fan moderner Möbel, lokaler kulinarischer Spezialitäten und fahrradgestärkter Körper hatte Cristians Interesse an Dänemark etwas Schicksalhaftes. Seit seinem ersten Besuch 2003 hat der ehemalige Autor von Seifenopern eine chronische Obsession für das Land, die lockere Lebenseinstellung und die kreative Ader der Dänen entwickelt. Seine Meditationen über alles Dänische finden sich in den Lonely Planet Titeln Copenhagen Encounter und den skandinavischen Führern sowie in unzähligen Magazinen weltweit. Wenn er nicht gerade an Sauerklee knabbert, über die Insel Møn radelt oder Alphabeat-Songs herunterlädt, ist Cristian wahrscheinlich gerade auf der Suche nach angesagten Plätzen an seinen anderen Lieblingsorten – New York, Neapel und seiner geliebten Heimatstadt Melbourne.

Mehr über Cristian Bonetto unter:
lonelyplanet.com/members/cristianbonetto

Andrew Stone

Fünen, Geschichte, Allgemeine Informationen

Der Journalist und Autor hat Dänemark Ende der 1990er Jahre das erste Mal besucht, um Freunde zu besuchen, die sich dort niedergelassen haben. Seitdem ist er fast jedes Jahr dort gewesen, mal zum Vergnügen, mal aus Arbeitsgründen. Bei den Recherchen für die letzten beiden englischen Ausgaben von Lonely Planet Denmark und die drei Auflagen des Lonely Planet Reiseführers Scandinavia hat er praktisch das ganze Land bereist.

Mehr über Andrew Stone unter:
lonelyplanet.com/members/andrewstone

Register

Im Dänischen erscheinen die Buchstaben æ, ø und å am Ende des Alphabets.

A

Aa Kirke 149
Aalborg 270, **272**
Aarhus 13, 225, **228-229**, **13**
  Aktivitäten 234
  An- & Weiterreise 242
  Ausgehen 239
  Essen 237
  Festivals & Events 235
  Geführte Touren 235
  Öffentliche Verkehrsmittel 243
  Praktische Informationen 241
  Sehenswertes 225
  Shoppen 241
  Touristeninformation 242
  Unterhaltung 240
  Unterkünfte 235
  Unterwegs vor Ort 242
Aarhus Domkirke 232
Aarhus Festival 23, 235
Absalon, Bischof 41, 47, 53, 116
Aktivitäten 20, 21, 268, 310, *siehe auch einzelne Aktivitäten*
akvavit 323
Alken 253
Allinge 158
Almindingen 150
Als 223
Amalienborg Slot 54
Andersen, Hans Christian 324
  Als 223
  Copenhagen 53, 56, 59
  Faaborg 179
  Køge 111
  Odense 165
Angeln 102, 315
Anreise 339
Apostelhuset 122
Aquarien
  Aqua 248
  Danmarks Akvarium 83
  Fiskeri- og Søfartsmuseet 202
  Fjord & Bælt 176
  Kattegatcentret 245
  Nordsøen Oceanarium 286
Architektur 20, 307, *siehe auch* Utzon, Jørn
Arken Museum für Moderne Kunst 83
ARoS Aarhus Kunstmuseum 225, **13**
Art Copenhagen 64
Assistens Kirkegård 59
August, Bille 327
Augustenborg Slot 223
Autofahren 15
  Anreise 340
  Entfernungstabelle 343
  Mietwagen 343
  Unterwegs vor Ort 342
  Verkehrsregeln 343
Avernakø 179
Axel, Gabriel 326
Avernakø 179

B

Bakken 84
Baltic Sea Glass 154
Bangsbo 277
Bauernhof, Urlaub auf dem 337
Behinderung, Reisen mit 334
Bevölkerung 294
Bier 322, *siehe auch* Brauereien, Festivals 22, 323
Billund 257
Bjørnø 179
Blauzahn, Harald 105, 120, 254, 256, 262, 299
Blixen, Karen 87, 90, 325, 326
Blokarts 215
Blumenfestival 169
Boes 253
Bogø 137
BonBon-Land 123
Bootsfahrten *siehe auch* Kanufahren, Segeln
  Fünen 169, 182
  Kopenhagen 61, 62
  Lolland 142
  Mitteljütland 249, 252, 265
  Møn 136
  Seeland 97, 102, 106
  Südjütland 202
Bornholm 8, 36, 144, **145**, **8**, **13**, **20**
  An- & Weiterreise 145
  Essen 144
  Highlights 145
  Klima 144
  Reisezeit 144
  Unterkünfte 144
Bornholms Kunstmuseum 157
Bornholms Middelaldercenter 158
Bornholms Museum 146
Botschaften 330
Brahe, Tycho 50, 95
Brauereien
  Bornholm 154
  Fünen 173
  Kopenhagen 60
  Mitteljütland 250, 255, 263
  Møn 131
  Nordjütland 276
  Seeland 123
  Südjütland 206, 213, 222
Bregninge Kirke 186
Bücher 304, 318, 322, *siehe auch* Literatur
Burgen & Schlösser
  Aalborghus Slot 271
  Amalienborg Slot 54
  Augustenborg Slot 223
  Charlottenborg 54
  Christiansborg Slot 51
  Dragsholm Slot 110
  Egeskov Slot 177
  Fredensborg Slot 99
  Frederiksborg Slot 96
  Gammel Estrup 246
  Gåsetårnet 125
  Hammershus Slot 160
  Koldinghus 198
  Kronborg Slot 10, 90, **10**
  Ledreborg Slot 109
  Marienlyst Slot 94
  Marselisborg 234
  Rosenborg Slot 57, **300**
  Schackenborg 219
  Schloss Gråsten 222
  Schloss Sønderborg 220
  Skovsgaard 190
  Søbygård 195
  Tranekær Slot 189
  Valdemars Slot 185
  Vallø Slot 115
Busfahren 340, 344
Børsen 53

C

Camping 336
Carl Nielsen Museet 168
Carlsberg-Besucherzentrum 60
Charlottenborg 54
Charlottenlund 83
Christian IV. 301
  Kopenhagen 41, 50, 57

000 Verweise auf Karten
000 Verweise auf Fotos

Fünen 185
Seeland 91, 94, 96, 106, 107, 111
Christiania 41, 55
Christiansborg Slot 51
Christianshavn 55, 67, 71, 3
Christiansø 160
Copenhagen Design Week 23, 64, 308, 23
Copenhagen Distortion 22, 63
Copenhagen Fashion Week 21
Copenhagen Jazz Festival 22, 63, 77, 9
Copenhagen Pride 22, 63
CPH:DOX 64
CPH:PIX 21, 63

D

Dagmar-Kreuz 112
Danfoss Universe 223
Danmarks Akvarium 83
Danmarks Tekniske Museum 94
Dannebrog 299, 299
Davids Samling 58
De Kongelige Repraesentationslokaler 52
Den Fynske Landsby 169
Den Gamle By 230
Den Gamle Rådhus 209
Denmark Design Center 47
Design 12, 20, 307, 12, 23
Denmark Design Center 47
Designmuseum Danmark 54
Festivals 23, 64
Highlights 20
Möbel & Wohnraum 308
Designmuseum Danmark 54
Det Kongelige Bibliotek 52
Djursland 243
Dogma 95 327
Dolmen 296
Dragsholm Slot 110
Drejø 182
Dreyer, Carl Theodor 326
Dueodde 150, 13
Dybbøl Mølle 221
Dyrehaven, Aarhus 234
Dyrehaven, Jægersborg 84

E

E-Mail-Zugang 334
Ebeltoft 243
Egeskov Slot 177
Einreise 339

000 Verweise auf Karten
000 Verweise auf Fotos

Elektrizität 330
Elmelunde 133
Elmelunde Kirke 133
Elsinore 90, **92**
Elvis Presley Museum 259
Empiregården 130
Erlebnisparks *siehe* Vergnügungs- & Themenparks
Ermäßigungen 330
Aalborg 271
Aarhus 233
DSB WildCard 345
Kopenhagen 82
Esbjerg 202
Esrum Kloster 97
Essen 316, 330
Brunch 321
Bücher 318, 322
Festivals 22, 24, 64, 156, 316
Günstig essen 321
Highlights 19
Infos im Internet 318, 319
Kinder 34
Neue Nordische Küche 3, 317, 6
Noma 71, 318, 6
Räuchereien 318
Smørrebrød 319
Sprache 320, 347
Typisches & Spezialitäten 318
Vegetarier 322
Etikette 17
Events *siehe auch* Festivals
Art Copenhagen 64
Weihnachtsmärkte 24
Copenhagen Design Week 23, 64, 308, 23
Copenhagen Fashion Week 21
Geburtstag von Dronning Margrethe II 63
Kopenhagen Contemporary 64
Kulturhavn 63
Kulturnatten 24, 64
Sculpture by the Sea 22, 235
Experimentarium 59

F

Faaborg 179, **181**
Fähren 341, 345
Fahrradfahren *siehe* Radfahren
Falster 36, 127, 137, **138**
An- & Weiterreise 137
Essen 127
Highlights 128
Klima 127
Reisezeit 127
Unterkünfte 127
Fanefjord Kirke 136
Fanø 205
Fanø Klitplantage 206
Feiertage 331
Ferien 331
Ferienhäuser 336
Ferienwohnungen 336
Fernsehen 331
Festivals 21, *siehe* auch Events
Aarhus Festival 23, 235
Aarhus Jazz Festival 235
Blumenfestival 169
Carl Nielsen Internationaler Musikwettbewerb & Festival 169
Copenhagen Blues Festival 24, 64
Copenhagen Carnival 63
Copenhagen Cooking 24, 64
Copenhagen Distortion 22, 63
Copenhagen Jazz Festival 22, 63, 77, 9
Copenhagen Pride 23, 63
CPH:DOX 64
CPH:PIX 21, 63
Fyrkatspillet 262
Halloween 24
Hamlet-Aufführungen 22
Karneval in Aalborg 21, 274
Kulturnacht, Odense 169
Maribo Jazz Festival 141
Mittsommerfest 22
NorthSide Festival 235
Odense International Film Festival 169
Rebild Festival 264
Riverboat Jazz Festival 22, 250
Roskilde Festival 22, 107, 23
Sankt Hans Aften 63
Skagen Festival 22, 283
Skanderborg Festival 23, 255
Sol over Gudhjem 22, 156
Sorø Internationale Musikfestival 118
Spot Festival 235
Tønder Festival 23, 218
Vinter Jazz Festival 63
Wikinger Moot 235
Winter Jazz Festival 21
Æro Jazzfestival 191
Ølfestival 22, 323
Festungen
Fyrkat 262
Gåsetårnet 125
Hammershus Slot 160
Koldinghus 198
Trelleborg 119
Film 326
Dogma 95 327
Festivals 21, 63, 169
Highlights 326
Infos im Internet 326
Flugreisen 339, 344
Folketinget 53

Folkmusik 23, 218
Frauen unterwegs 331
Fredensborg 98
Fredensborg Slot 98
Frederik, Kronprinz 18, **304**
Frederiksborg Slot 96
Frederikshavn 277, **278**
Frederiksø 161
Fregatten Jylland 244
Freiluftmuseen
- Bornholms Middelaldercenter 158
- Den Fynske Landsby 169
- Den Gamle By 230
- Frilandsmuseet Lyngby 84
- Frilandsmuseet Maribo 141
- Jernalderlandsbyen 169
- Middelaldercentret 138
- Ribe VikingeCenter 210
- Sagnlandet Lejre 109
- Skagen By- og Egnsmuseum 283
- Vikingecenter Fyrkat 262

Frilandsmuseet (Lyngby) 84
Frøslevlejrens Museum 221
Fuglsang Kunstmuseum 143
Führungen *siehe* Touren
Fünen 36, 163, **164**, **2**
- Essen 163
- Highlights 164
- Klima 163
- Reisezeit 163
- Unterkünfte 163

Fyns Hoved 178
Fyns Kunstmuseum 167
Fyrkat 262
Fyrtøjet 165
Fårup Sommerland 288

G

Galerien *siehe* Kunstmuseen
Gammel Estrup 246
Gammel Rye 253
Gammel Skagen 283
Ganggräber *siehe* Hügel- & Ganggräber
Geld 17, 331
Geldautomaten 332
GeoCenter Møns Klint 135
Geografie 294
Geschäftszeiten 333
Geschichte 296
- 20. Jahrhundert 304
- 21. Jahrhundert 305
- Bücher 304
- Bürgerkrieg 301
- Demokratie 303
- Dreißigjähriger Krieg 301
- Eisenzeit 296, 298
- Infos im Internet 300
- Konflikt mit Großbritannien 302
- Kopenhagen 41
- Krieg mit Schweden 301
- Mittelalter 300
- Reformation 301
- Steinzeit 296
- Vertrag von Roskilde 302
- Wikinger 297
- Zweiter Weltkrieg 304

Gesundheit 332
Getränke 322, *siehe auch* Bier, Brauereien, Wein
Gilleleje 102
Givskud Zoo & Lion Park 255
Glaskunst
- Baltic Sea Glass 154
- Glasmuseet Ebeltoft 244
- Gudhjem Glasøgeri 154
- Holmegaard Glasværker 122, 123

Golf 206, 216
Graceland Randers 259
Grauballe-Mann 231, 298
Grenaa 245
Grenen 283
Grenzübergänge 340
Græsholm 161
Gråsten 222
Grønsalen 136
Gudhjem 154, **155**
Gåsetårnet 125

H

Hallegård 151
Hamlet 90, 94
Hammeren 160
Hammermøllen 94
Hammershus Slot 160
Handys 15, 335
Hanstholm 289
H.C. Andersens Hus 165
HEART 251
Helligdomsklipperne (Heiligtumsklippen) 158
Helsingør 90, **92-93**
Herning 253
Hillerød 96
Himmelbjerget 253
Hindsholm 178
Hirtshals 286
Hjortø 182
Hjørring 287
Hobro 262
Holmegaard Glasværker 123
Holte 85
Hornbæk 100, **101**
Hornbæk Plantage 100
Hostels 337
Hotels 337
Hügel- & Ganggräber 136
- Grønsalen 136
- Jelling Kirke 254
- Klekkende Høj 136
- Kong Asgers Høj 136
- Kong Humbles Grav 190
- Lindholm Høje 273
- Mårhøj 178

Humlebæk 84
Hvide Sande 266
hygge 2
Hærvej 250, 315
Høeg, Peter 325
Høst Oluf 157

I

Imax Tycho Brahe Planetarium 60
INDEX 309
Infos im Internet 15
- Film 326
- Essen 318, 319
- Geschichte 300
- Nachhaltigkeit 15
- Radfahren 311
- Reisen in Dänemark 342

Inseln 19 *siehe auch einzelne Inseln*
Internetzugang 334

J

Jacobsen, Arne 65, 68, 199, 233, 308, 309
Jazz
- Festivals 21, 22, 63, 77, 141, 191, 235, 250
- Aarhus Jazz Festival 235
- Copenhagen Jazz Festival 22, 63, 77, **9**
- Maribo Jazz Festival 141
- Riverboat Jazz Festival 22, 250
- Vinter Jazz Festival 21, 63
- Æro Jazzfestival 191

Jelling 254
Jelling Kirke 254
Jens-Olsens-Uhr 47
Jorn, Asger 82, 84, 247, 273
Jütland
- Mitteljütland 37, 224, **226**
- Nordjütland 37, 269, **270**
- Südjütland 37, 197, **198**

Jütlandgesetz 300

K

Kanufahren 314
- Falster 139
- Kopenhagen 63
- Langeland 190
- Mitteljütland 249, 252

Seeland 108, 123
Æro 194
Karmeliterklostret 92
Karneval in Aalborg 274
Karrebæksminde 123
Karten 333
Kattegatcentret 245
Keldby 133
Keldby Kirke 133
Kerteminde 175
Kierkegaard, Søren 60, 303, 324
Kinder 30, *siehe auch* Vergnügungs- & Themenparks, Aquarien, Zoos & Safariparks
Aarhus 234
Highlights 20
Kopenhagen 62
Kino *siehe* Film
Kirchen & Kathedralen
Aa Kirke 149
Aarhus Domkirke 232
Bregninge Kirke 186
Budolfi Domkirke 271
Christiansborg Slotskirke 52
Elmelunde Kirke 133
Fanefjord Kirke 136
Grenaa Kirke 245
Holmens Kirke 53
Jelling Kirke 254
Keldby Kirke 133
Kristkirken 218
Maribo Domkirke 141
Marmorkirken 54
Møgeltønder Kirke 219
Nylars Kirke 148
Ribe Domkirke 207
Roskilde Domkirke 106
Rundkirchen 157
Rømø Kirke 215
Sankt Ansgars Kirke 55
Sankt Bendts Kirke 112
Sankt Catharinæ Kirke 209
Sankt Knuds Kirke 167
Sankt Mariæ Kirke 91
Sankt Mortens Kirke 121
Sankt Nicolai Kirke 111
Sankt Olai Domkirke 93
Sankt Peders Kirke 121
Sankt Petri Kirke 51
Slotskirken, Hillerød 97
Sorø Kirke 116
Stege Kirke 129
Svaneke Kirke 152
Sæby Klosterkirke 280

000 Verweise auf Karten
000 Verweise auf Fotos

Tilsandede Kirke 283, **11**
Viborg Domkirke 264
Vor Frelsers Kirke 56
Vor Frue Kirke, Aarhus 232
Vor Frue Kirke, Kopenhagen 50
Vor Frue Kirke, Vordingborg 125
Østerlars Kirke 157
Kitesurfen 313
Falster 139
Hvide Sande 266
Langeland 190
Nordjütland 291
Klampenborg 84
Klassische Musik 118, 169
Kleine Meerjungfrau 56
Klekkende Høj 136
Klima 14, 21, 333, **14**, *siehe auch einzelne Regionen*
Klimawandel 339
Klinteskoven 134
Klintholm Havn 136
Klitmøller 291
Knud II. (der Große) 167, 299
Knudshoved Odde 125
Knuthenborg Safaripark 143
Kolding 198, **200**
Koldinghus 198
Kommandørgården 214
Kong Asgers Høj 136
Kong Humbles Grav 190
Kongernes Jelling 255
Konsulate 330
Kopenhagen 6, 35, 40, **42**, **44-45**, **48-49**, **3**, **6-7**
Aktivititäten 61
An- & Weiterreise 80
Ausgehen 73
Essen 40, 68
Festivals & Events 63
Geführte Touren 62
Geschichte 41
Highlights 42
Infos im Internet 80
Kanaltouren 62
Kinder 62
Klima 40
Latinerkvarter 47, **48-49**
Notfälle 80
Praktische Informationen 80
Reisezeit 40
Sehenswertes 43
Shoppen 78
Strøget 47, 66, 69, **48-9**
Tivoli 43, 64, **31**
Touristeninformation 80
Unterhaltung 75
Unterkünfte 40, 64
Unterwegs vor Ort 81
Vesterbro 59, 67, 72, **44-5**
Korsør 121
Kosten 14, *siehe auch* Geld, Wechselkurse
Kreditkarten 332
Kristkirken 218
Kronborg Slot 10, 90, **10**
Krudttårnet 278
Kultur 2, 294
Kulturnatten 24, 64
Kunsten 273
Kunstmuseen *siehe auch* Museen
Arken Museum für Moderne Kunst 83
ARoS Aarhus Kunstmuseum 225, **13**
Bornholms Kunstmuseum 157
Carl-Henning Pedersen and Else Alfelt Museum 251
Charlottenborg 54
Danish Poster Museum 231
Davids Samling 58
Den Hirschsprungske Samling 59
Esbjerg Kunstmuseum 202
Faaborg Museum for Fynsk Malerkunst 179
Fuglsang Kunstmuseum 143
Fyns Kunstmuseum 167
Galleri Nicolai Wallner 60
HEART 251
Kunsten 273
KunstCentret Silkeborg Bad 248
Kunsthallen Brandts 167
Kunstmuseet i Tønder 217
Louisiana 84, **28**
Museet for Samtidskunst 108
Museum Jorn 247
Nils Stærk 60
Ny Carlsberg Glyptotek 46
Ny Carlsberg Vej 68 60
Oluf Høst Museum 154, 157
Ordrupgaard 83
Ribe Kunstmuseum 210
Skagens Museum 282
Skovgaard Museet 265
Statens Museum for Kunst 57
Thorvaldsens Museum 52
Tickon 189
Trapholt 199
V1 Gallery 60
Vestsjællands Kunstmuseum 117
Kvindemuseet 233
Køge 111, **113**

L

Ladbyskibet 177
Lakolk 216
Lalandia (Mitteljütland) 256
Lalandia (Lolland) 143
Langeland 187, **187**
Langelandsfort 190
Latinerkvarter 47, 69, 66, **48-49**
Ledreborg Slot 109
Legoland 9, 256, **9**, **32**
Lejre 109
Lesben 334
  Copenhagen Pride 23, 63
  Kopenhagen 74, 75
Lille Molle 57
Lindholm Høje 273
Liselund 135
Literatur 324, *siehe auch* Bücher
Lolland 36, 127, 141, **142**
  An- & Weiterreise 141
  Essen 127
  Highlights 128
  Klima 127
  Reisezeit 127
  Unterkünfte 127
Louisiana 84, **28**
Lyngby 84
Lyø 179
Læsø 279
Løkken 288

M

Mandø 214
Margrethe I. 107, 116, 279, 300
Margrethe II. 53, 63, 259
Marie, Prinzessin 18
Maribo 141
Marielyst 139, **140**
Marienlyst Slot 94
Marmorkirken 54
Marselisborg 234
Marstal 194
Mary, Kronprinzessin 18, **304**
Medien 330
Medizinische Versorgung 332
Melsted 154, **155**
Mennesket ved Havet 202
Middelaldercentret 138
Mitteljütland 37, 224, **226**
  Essen 224
  Highlights 226
  Klima 224
  Reisezeit 224
  Unterkünfte 224
Mittsommerfest 22
Möbel & Innenausstattung 308
Mobiltelefone 335
Mode 21
Moesgård 231
Mols Bjerge Nationalpark 245
Moorleichen 298
  Grauballe-Mann 231, 298
  Tollund-Mann 247, 298, **11**
Moseløkken, Granitbruch 160
Mossø 253
Motorradfahren
  An- & Weiterreise 340
  Entfernungstabelle 344
  Unterwegs vor Ort 342
  Verkehrsregeln 343
Mountainbiken *siehe* Radfahren
Museen *siehe auch* Kunstmuseen, Freiluftmuseen
  Aalborg Historiske Museum 271
  Anne Hvides Gård 182
  Bangsbo Museum 277
  Besættelsesmuseet 233
  Blockhaus Lincoln 263
  Bornholms Forsvarsmuseum 148
  Bornholms Museum 146
  Bymuseet Møntergården 168
  Carl Nielsen Museet 168
  Danfoss Universe 223
  Danmarks Jernbanemuseum 169
  Danmarks Legetøjsmuseum 186
  Danmarks Mediemuseum 167
  Danmarks Tekniske Museum 94
  De Kongelige Stalde & Kareter 53
  Den Gamle Gaard 179
  Denmark Design Center 47
  Designmuseum Danmark 54
  Elvis Presley Museum 259
  Empiregården 130
  Experimentarium 59
  Faaborg Arrest 179
  Flaske Peters Samling 192
  Forsorgsmuseet Viebæltegård 182
  Frihedsmuseet 55
  Fyrhistorik Museum på Nakkehoved 102
  Fyrtøjet 165
  Frøslevlejrens Museum 221
  GeoCenter Møns Klint 135
  Graceland Randers 259
  H.C. Andersens Barndomshjem 165
  H.C. Andersens Hus 165
  Hammerichs Hus 192
  Helsingør Bymuseum 93
  Herregårdsmuseet 246
  Historiecenter Dybbøl Banke 221
  Hobro Museum 262
  Johannes Larsen Museet 176
  Karen Blixen Museet 87
  Kongernes Jelling 255
  Kvindemuseet 233
  Københavns Museum 60
  Køge Museum 111
  KØS 111
  Langelandsfort 190
  Lille Tårn 161
  Maritimt Center Danmark 182
  Marstal Søfartsmuseum 194
  Medicinsk Museion 55
  Moesgård 231
  Museet Falsters Minder 138
  Museet for Fotokunst 167
  Museet Ribes Vikinger 210
  Museet Skibsklarerergaarden 94
  Museum Østjylland 260
  MuseumsCenter Hanstholm 290
  Nationalhistoriske Museum 97
  Nationalmuseet 43
  Naturama 182
  NaturBornholm 149
  Naturhistorisk Museum 233
  Næstved Museum 122
  Orlogsmuseet 57
  Ringkøbing Museum 268
  Roskilde Museum 108
  Silkeborg Museum 247
  Skagen Odde Naturcenter 283
  Sorø Museum 117
  Spillemandsmuseet 263
  Steno Museet 233
  Stiftsmuseum Maribo 141
  Sydsjællands Museum 125
  Teatermuseet 53
  Tegners Museum & Skulpturenpark 102
  Tønder Museum 217
  Utzon Center 270
  Viborg Stiftsmuseum 265
  Vikingemuseet Ladby 177
  Vikingemuseum 233
  Wikingerschiffsmuseum 105, **12**
  Zoologisk Museum 59
  Øhavsmuseet Langeland 188
  Øm Kloster Museum 253
Museumsø 106
Musik *siehe auch* Jazz, Rock & Pop
  Carl Nielsen Internationaler Musikwettbewerb & Festival 169
  Copenhagen Blues Festival 24, 64
  Nielsen, Carl 168, 174
  Skagen Festival 22, 283
  Sorø Internationale Musikfestival 118
  Tønder Festival 23, 218
Møgeltønder 219
Møn 36, 127, 129, **130**
  An- & Weiterreise 129
  Essen 127

Highlights 128
Klima 127
Reisezeit 127
Unterkünfte 127
Møns Klint 134
Mårhøj 178

N

Nachhaltig reisen 15
Nationalmuseet 43
Nationalparks
Mols Bjerge Nationalpark 245
Nationalpark Thy 291
Nationalpark Vadehavet 214, **32**
Rebild Bakker 263
Naturama 182
NaturBornholm 149
Neue Nordische Küche 317, **6**
Nexø 151
Nielsen, Carl 168, 174
Noma 71, 316, **6**
Nordby 205
Nordjütland 37, 269, **270**
Essen 269
Highlights 270
Klima 269
Reiserouten 27, **27**
Reisezeit 269
Unterkünfte 269
Nordkraft 271
Nordskoven 250
Nordsøen Oceanarium 286
Notfälle 5, 80, 349
Ny Carlsberg Glyptotek 46
Nyhavn 53, 67, 70, **6-7**
Nykøbing F 137
Nylars Kirke 148
Nyord 132
Næstved 121, **122**
Nørrebro 57, 72, 74, **44-45**
Nørreport 57, 67, **44-45**

O

Odense 165, **166-167**
Aktivitäten 169
An- & Weiterreise 174
Ausgehen 173
Essen 172
Festivals & Events 169
Praktische Informationen 174
Sehenswertes 165
Shoppen 174
Stadtspaziergang 170

000 Verweise auf Karten
000 Verweise auf Fotos

Touristeninformation 174
Unterhaltung 173
Unterkünfte 169
Unterwegs vor Ort 175
Öffnungszeiten 333
Olsker 158
Oluf Høst Museum 154

P

Padborg 221
Paradisbakkerne 150
Parks & Gärten
Bangsbo Botaniske Have 277
Botanisk Have 58, 231
Dyrehaven, Aarhus 234
Dyrehaven, Jægersborg 84
Fredensborg Slotshave 99
Hornbæk Plantage 100
Indelukket, Silkeborg 248
Kongens Have 58
Liselund 135
Marselisborg 234
Munke Mose 169
Slotshaven 97
Troldeskoven 103
Pflanzen 134
Politik 295
Privatzimmer 337

R

Radfahren 310, 315, **8**
Anreise 341
Bornholm 20, 150, 154, 157, 311, **20**
Fünen 175, 178, 180
Geführte Touren 62
Infos im Internet 311
Karten 311
Kopenhagen 61, 62, 81
Mitteljütland 243, 249, 252, 253
Møn 129
Nordjütland 277, 279, 286, 291
Routen 311, 312
Unterwegs vor Ort 344
Ærø 191
Radio 331
Randers 259, **260**
Randers Regnskov 259
Räuchereien 318
Rebild Bakker 263
Rebild Festival 264
Rechtsfragen 334
Reisedokumente 334, 339
Reiseplanung 16, *siehe auch einzelne Regionen*
Basiswissen 14, 16
Bornholm 36
Falster 36
Fünen 36
Infos im Internet 15
Kinder 30
Kopenhagen 35
Lolland 36
Mitteljütland 37
Møn 36
Nordjütland 37
Reiserouten 25
Reisezeit 14, 21
Seeland 35
Südjütland 37
Veranstaltungskalender 21
Wiederholungstäter 18
Reiserouten 25
Reiseschecks 332
Reisezeit 14, 21, **14**
Reiten 215, 250, 267, 291, 315
Religion 295
Ribe 11, 207, **208**, **11**
Ribe Domkirke 207
Ribe VikingeCenter 210
Ringkøbing 267
Ringsted 112
Riverboat Jazz Festival 22, 250
Rock- & Pop
NorthSide Festival 235
Roskilde Festival 22, 107, **23**
Skagen Festival 22, 283
Skanderborg Festival 23, 255
Spot Festival 235
Rold Skov 263
Romsø 176
Rosenborg Slot 57, **300**
Roskilde 105, **106**, **12**, **23**
Roskilde Domkirke 106
Roskilde Festival 22, 107, **23**
Rubjerg Knude 290
Rubjerg Knude Fyr 290
Rudkøbing 187, **188**
rundekirker 157
Rundetårn 47
Rungsted 87
Rundkirchen 157
Ry 252
Rø Plantage 150
Rømø 214, **215**
Rønne 146, **147**
Rønnerne 279
Råbjerg Mile 286

S

Safariparks *siehe* Zoos & Safariparks
Sagnlandet Lejre 109
Sandvig 158
Sankt Bendts Kirke 112
Sankt Catharinæ Kirke 209

REGISTER N-S

Sankt Knuds Kirke 167
Sankt Olai Domkirke 93
Sankt Peders Kirke 121
Schlittschuhlaufen 234
Schlösser *siehe* Burgen & Schlösser
Schloss Gråsten 222
Schloss Sønderborg 220
Schulferien 331
Schwarzer Diamant 52
Schwimmen 61, 312, *siehe auch* Strände
Schwule 334
  Copenhagen Pride 23, 63
  Kopenhagen 74, 75
Sculpture by the Sea 235
Seeland 35, 86, 35, **87**
  An- & Weiterreise 87
  Essen 86
  Highlights 87
  Klima 86
  Reiserouten 29, **29**
  Reisezeit 86
  Unterkünfte 86
Seen
  Esrum Sø 99
  Hammer Sø 160
  Mossø 253
  Søndersø 141
Seenhochland 247
Segeln 10, 313, **10**
Shoppen *siehe einzelne Orte*
Silkeborg 247, **248**
Sitten & Gebräuche 17
Skagen 11, 281, **282**, **11**, **28**
Skagen By- og Egnsmuseum 283
Skagen Festival 283
Skagen Klitplantage 283
Skanderborg 255
Skanderborg Festival 255
Skandinavisk Dyrepark 247
Skarø 182
Slotshaven 97
Slotsholmen 51
Slotslyngen 160
Smørrebrød 318
Snogebæk 150
Sol over Gudhjem 156
Sommerfugle og Tropeland 151
Sorø 116, **117**
Sorø Kirke 116
Sprache 16, 2
  Essen 320, 347
  Glossar 351
  Notfälle 349
  Unterkünfte 346
Statens Museum for Kunst 57
Stege 129, **132**
Storebælts-forbindelsen 121
Strände
  Aarhus 234
  Amager Strandpark 62
  Balka 152
  Bellevue 62, 84
  Charlottenlund 62, 83
  Dueodde 150, **13**
  Ebeltoft 244
  Fanø 205
  Gammel Skagen 283
  Gilleleje 102
  Grenaa 245
  Highlights 281, 314
  Hornbæk 100
  Karrebæksminde 123
  Klintholm Havn 136
  Køge 111
  Lakolk 216
  Løkken 289
  Marielyst 139
  Melsted 154
  Moesgård 232, 234
  Nexø 152
  Ristinge 190
  Rømø 215
  Sønderborg 221
  Sønderstrand 215
  Tisvildeleje 103
  Tornby Strand 287
  Ulvshale Strand 131
Strøby Egede 111
Strøget 47, 66, 69, **48-9**
Südjütland 37, 197, **198**
  Essen 197
  Highlights 198
  Klima 197
  Reisesaison 197
  Unterkünfte 197
Surfen 291
Svaneke 152, **153**
Svendborg 182, **183**
Syd Fyenske Veteranjernbane 180
Sæby 280
Søby 195
Sønderborg 220
Sønderho 205
Sønderstrand 215
Søndersø 141

T

Tagesbudget 14
Taxis 345
Tegners Museum & Skulpturenpark 102
Telefon 334
Telefonkarten 335
Themenparks *siehe* Vergnügungs- & Themenparks
Thorvaldsen, Bertel 50, 52
Thorvaldsens Museum 52
Tickon 189
Tiere *siehe* Vogelbeobachtung, Nationalparks, Zoos & Safariparks
Tilsandede Kirke 283, **11**
Tissø 118
Tisvilde Hegn 103
Tisvildeleje 103
Tivoli 43, 64, **31**
Tivoli Friheden 234
Tollund-Mann 247, 298
Tornby Strand 287
Touren *siehe auch* Bootsfahrten
  Aalborg 274
  Aarhus 235
  Kopenhagen 56, 62
  Nationalpark Vadehavet 214
  Ribe 210
  Silkeborg 249
  Wattenmeer 214
Touristeninformation 335
Trampen 345
Tranekær 189
Trapholt 199
Trelleborg 119
Trelletorp 120
Trier, Lars von 327
Trinkgeld 17, 322, 332
Troense 185
Troldeskoven 103
Tønder 217
Tåsinge 185

U

Ulvshale 131
Umweltfragen
  Blue Flag 314
  Green Key 336
  Infos im Internet 15
  Klimawandel 339
  Nachhaltigkeit 15, 194, 295
Unterkünfte 335, *siehe auch einzelne Orte*
Unterwegs in Dänemark 342
Utzon, Jørn 202, 251, 270, 283, 307
Utzon Center 270

V

Valdemars Slot 185
Vallø 115
Vegetarier 322
Veranstaltungskalender 21
Vergnügungs- & Themenparks 20, 32, *siehe auch* Aquarien, Zoos & Safariparks
  Bakken 84
  BonBon-Land 123

Djurs Sommerland 246
Fårup Sommerland 288
Gorilla Park 182
Lalandia (Lolland) 143
Lalandia (Mitteljütland) 256
Legoland 9, 256, **9**, **32**
Middelaldercentret 138
Tivoli 43, **31**
Tivoli Friheden 233
Verkehrsmittel 15
Versicherungen 332, 337
Vesterbro 59, 67, 72, 73, **44-5**
Vestsjællands Kunstmuseum 117
Viborg 264
Viborg Domkirke 264
Viby 178
Vikingecenter Fyrkat 262
Vikingemuseet Ladby 177
Vogelbeobachtung 21
Bornholm 151
Christiansø 161
Fünen 179, 182
Langeland 190
Møn 132, 134
Nordjütland 279
Sort Sol 21
Südjütland 206, 214
Vor Frue Kirke, Aarhus 232
Vor Frue Kirke, Kopenhagen 50
Vordingborg 125

W

Währung 14, 17
Wandern 314
Bornholm 154, 161
Fünen 175, 180
Inselwandern 175
Mitteljütland 232, 249, 252, 253, 263
Nordjütland 291
Seeland 100, 102, 103, 125
Südjütland 216
Wasserki 266
Wattenmeer 214
Websites *siehe* Infos im Internet
Wechselkurse 15
Wegner, Hans 309
Weihnachtsmärkte 24
Wein 149, 323
Weiterreise 339
Wellness 216, 279
Wetter 14, 21, **14**, *siehe auch einzelne Regionen*
Wikinger 105, 118, 119
Fyrkat 262
Fyrkatspillet 262
Geschichte 297
Highlights 19
Hobro Museum 262
Jelling-Grabhügel 254
Jelling-Runensteine 254
Ladbyskibet 177
Lindholm Høje 273
Museet Ribes Vikinger 210
Ribe VikingeCenter 210
Tissø-Herrenhofkomplex 118
Trelleborg 119
Trelletorp 120
Vikingemuseum 233
Waffen **297**
Wikingerfriedhof von Trelleborg 120
Wikinger Moot 235
Wikingerschiffsmuseum 105, **12**
Øhavsmuseet Langeland 188
Wikingerschiffsmuseum 105, **12**
Windsurfen 313
Falster 139
Hvide Sande 266
Langeland 190
Klitmøller 291
Rømø 215
Wirtschaft 294
WLAN 334

Z

Zeit 338
Zeitschriften 331
Zeitungen 331
Zoll 338
Zoologisk Have 61
Zoos & Safariparks
Aalborg Zoo 274
Givskud Zoo & Lion Park 255
Guldborgsund Zoo 138
Knuthenborg Safaripark 143
Odense Zoo 165
Randers Regnskov 259
Ree Park – Ebeltoft Safari 244
Skandinavisk Dyrepark 247
Sommerfugle og Tropeland 151
Zoologisk Have 61
Zoopark Sydsjælland 123
Zugfahren 341, 345
Zweiter Weltkrieg 304
Besættelsesmuseet 233
Frøslevlejrens Museum 221
MuseumsCenter Hanstholm 290

Æ

Ærø 191, **192**
Ærøskøbing 192

Ø

Ølfestival 22
Øresund-Küste 87, **10**
Østerlars Kirke 157

Å

Åkirkeby 149
Århus *siehe* Aarhus

000 Verweise auf Karten
000 Verweise auf Fotos

Auf einen Blick

Mit diesen Symbole sind wichtige Kategorien leicht zu finden:

- Sehenswertes
- Strände
- Aktivitäten
- Kurse
- Geführte Touren
- Feste & Events
- Schlafen
- Essen
- Ausgehen
- Unterhaltung
- Shoppen
- Praktische Informationen/ Transport

Diese Symbole bieten wertvolle Zusatzinformationen:

- Telefon
- Öffnungszeiten
- Parkplatz
- Nichtraucher
- Klimaanlage
- Internet verfügbar
- WLAN verfügbar
- Swimmingpool
- Vegetarische Auswahl
- englischsprachige Karte
- Kinder willkommen
- Haustiere willkommen
- Bus
- Fähre
- Metro
- Subway/U-Bahn
- Straßenbahn
- Bahn

Die Reihenfolge spiegelt die Bewertung durch die Autoren wider.

Empfehlungen von Lonely Planet:

- LP TIPP – Das empfiehlt unser Autor
- GRATIS – Hier bezahlt man nichts
- Nachhaltig und umweltverträglich

Diesen Einrichtungen bescheinigen unsere Autoren ein starkes Engagement für die Nachhaltigkeit – zum Beispiel indem sie regionale Erzeuger unterstützen, ökologisch wirtschaften oder Umweltprojekte unterstützen.

Kartenlegende

Sehenswertes

- Strand
- buddhistisch
- Burg
- christlich
- hinduistisch
- islamisch
- jüdisch
- Denkmal
- Museum/Galerie
- Ruine
- Weingut/Weinberg
- Zoo
- Sehenswürdigkeit

Aktivitäten, Kurse & Touren

- tauchen/schnorcheln
- Kanu/Kajak fahren
- Ski fahren
- surfen
- Swimmingpool
- wandern
- windsurfen
- sonstige Aktivitäten/ Kurse/Touren

Schlafen

- Hotel, Hostel
- Camping

Essen

- Restaurant

Ausgehen

- Bar, Kneipe
- Café

Unterhaltung

- Unterhaltung

Shoppen

- Shoppen

Praktisches

- Post
- Touristeninformation

Transport

- Flughafen
- Grenzübergang
- Bus
- Seilbahn/ Standseilbahn
- Radweg
- Fähre
- Metro
- Schwebebahn
- Parkplatz
- S-Bahn
- Taxi
- Bahn
- Straßenbahn
- Tube Station
- U-Bahn
- sonstiger Transport

Verkehrswege

- Mautstraße
- Autobahn
- Hauptstraße
- Landstraße
- Verbindungsstraße
- sonstige Straße
- unbefestigte Straße
- Platz/Promenade
- Treppe
- Tunnel
- Fußgänger-brücke
- Spaziergang
- Abstecher vom Spaziergang
- Pfad

Grenzen

- Staatsgrenze
- Provinzgrenze
- umstrittene Grenze
- Bezirksgrenze
- Meeresschutzgebiet
- Klippen
- Mauer

Städte

- Hauptstadt (Staat)
- Hauptstadt (Bundesland/Provinz)
- Großstadt
- Stadt/Ort

Geografie

- Hütte/Unterstand
- Leuchtturm
- Aussichtspunkt
- Berg/Vulkan
- Oase
- Park
- Pass
- Rastplatz
- Wasserfall

Gewässer

- Fluss, Bach
- periodischer Fluss
- Sumpf/Mangroven
- Riff
- Kanal
- Gewässer
- Salzsee/trockener/ periodischer See
- Gletscher

Gebietsform

- Strand/Wüste
- christlicher Friedhof
- sonstiger Friedhof
- Park/Wald
- Sportplatz
- Sehenswertes (Gebäude)
- Highlight (Gebäude)

Lonely Planet Publications,
Locked Bag 1, Footscray,
Melbourne, Victoria 3011,
Australia

Obwohl die Autoren und Lonely Planet alle Anstrengungen bei der Recherche und bei der Produktion dieses Reiseführers unternommen haben, können wir keine Garantie für die Richtigkeit und Vollständigkeit dieses Inhalts geben. Deswegen können wir auch keine Haftung für eventuell entstandenen Schaden nehmen.

Verlag der deutschen Ausgabe:
MAIRDUMONT, Marco-Polo-Str. 1, 73760 Ostfildern,
www.mairdumont.com, lonelyplanet@mairdumont.com

Chefredakteurin deutsche Ausgabe: Birgit Borowski

Redaktion: Bintang Buchservice GmbH, www.bintang-berlin.de
Übersetzung: Petra Dubilski, Valeska Henze, Gunter Mühl, Kathrin Schnellbächer
Lektorat: Dorit Aurich, Gudrun Raether-Klünker, Julia Niehaus
Satz: Gritta Deutschmann
Technischer Support: Typopoint, Ostfildern/Kemnat

Dänemark
2. deutsche Auflage, September 2012,
übersetzt von *Denmark, 6th edition*, Mai 2012
Lonely Planet Publications Pty

Die meisten Fotos in diesem Reiseführer können bei Lonely Planet Images, www.lonelyplanetimages.com, auch lizenziert werden.

Printed in China